中国应急管理学会蓝皮书系列

中国石油石化
安全生产与应急管理行业发展
蓝皮书
(2024—2025)

中国应急管理学会
中国石油集团安全环保技术研究院有限公司
中国应急管理学会石油石化安全与应急工作委员会　组织编写
公共安全科学技术学会石油与化工安全专业工作委员会
中国职业安全健康协会防火防爆专业委员会

中国石化出版社
·北京·

内 容 提 要

《中国石油石化安全生产与应急管理行业发展蓝皮书(2024—2025)》集成中国应急管理学会、中国石油集团安全环保技术研究院与中国石油、中国石化、中国海油、国家管网、国家能源等集团公司的专家团队，对涉及石油石化安全应急领域行业动态和未来发展趋势的重大问题和国家政策进行深入分析，运用专业视角提出关于企业和行业发展未来需求等重大问题的分析观点。全书分为政策分析篇、行业动态篇、技术发展篇、实践探索篇、数据统计篇及附录六部分。

本书具有较强的权威性和时效性，对于石油石化及相关能源行业理论研究者和实际工作者具有一定的参考价值。

图书在版编目(CIP)数据

中国石油石化安全生产与应急管理行业发展蓝皮书. 2024-2025 / 中国应急管理学会等组织编写. — 北京 : 中国石化出版社, 2025. 6. — ISBN 978-7-5114-8027-9
Ⅰ. F426. 22; TE687

中国国家版本馆 CIP 数据核字第 2025UT2737 号

中国石化出版社出版发行
地址：北京市东城区安定门外大街 58 号
邮编：100011　电话：(010)57512500
发行部电话：(010)57512575
http://www. sinopec-press. com
E-mail：press@ sinopec. com
北京科信印刷有限公司印刷
全国各地新华书店经销
*
710 毫米×1000 毫米 16 开本 23 印张 394 千字
2025 年 6 月第 1 版　2025 年 6 月第 1 次印刷
定价：158. 00 元

《中国石油石化安全生产与应急管理行业发展蓝皮书(2024—2025)》
编　委　会

《中国石油石化安全生产与应急管理行业发展蓝皮书(2024—2025)》
编　写　组

主　　编: 雍瑞生

执行主编: 储胜利　王　驰　王　勇

副 主 编: 陈　硕　李云涛　付　帅

成　　员: (以姓氏笔画为序)

丁俊刚　王林涛　王　宠　王雅杰　王　蕊
牛明勇　邓金睿　甘亦凡　申伟平　包正东
毕逢东　伊其明　刘　义　刘　迅　买　炜
纪　磊　李宣仪　李　娜　李　鑫　宋文娟
迟久伟　张广文　张巳喜　张延斌　张宝森
张　敏　陈建红　林　辉　周　扬　周宝山
庞云山　郑文培　郑钰山　郎需庆　孟玉强
赵成斌　姜习权　高　楠　章小华　隋丰伟
韩相军　魏振强

前言 PREFACE

石油石化行业作为国家能源安全和经济发展的支柱产业，其安全生产与应急管理水平直接关系到社会稳定、生态安全和可持续发展。近年来，随着全球能源转型加速、“双碳”目标深入推进，以及新质生产力在工业领域的广泛应用，我国石油石化行业正面临安全生产标准升级、应急管理体系优化、数字化转型加速等多重挑战。在此背景下，《中国石油石化安全生产与应急管理行业发展蓝皮书（2024—2025）》以政策为引领、以技术为支撑、以实践为依托，全面梳理行业发展现状，深入分析未来趋势，旨在为行业管理者、科研机构及从业人员提供权威参考。

“政策分析篇”：系统梳理了2024年最新政策法规、标准规范及监管动态，并邀请行业专家对重点政策进行深度解读。例如，应急管理部发布的《化工园区安全风险智能化管控平台建设指南》，推动化工园区向数字化、智能化安全管理迈进；国家发展改革委、国家能源局联合印发的《氢能产业发展中长期规划（2024—2035年）》则对氢能储运、加注等环节的安全标准提出更高要求。这些政策的落地，标志着我国石油石化行业安全生产正从“被动合规”向“主动防控”转变。

“行业动态篇”：详细记录了四大集团在HSE管理体系建设、风险防控、应急能力提升等方面的最新实践。例如：中国石油全面推进“工业互联网+安全生产”平台建设，实现风险实时监测与智能预警；中国石化深化双重预防机制，推动隐患治理向数字化转型；中国海油加强海洋石油防台风策略研究，提升极端天气应对能力；国家管网构建“智慧管道”系统，强化长输管道安全运行保障。这些实践不仅提升了企业本质安全水平，也为行业高质量发展提供了可复制的经验。

“技术发展篇”：聚焦行业前沿技术，涵盖井控安全、泄漏监测、氢能安全、智能巡检等关键领域。其中：智能监测技术——基于 AI 的油气泄漏监测系统可实现毫秒级预警，大幅降低事故风险；氢能安全技术——随着绿氢产业快速发展，高压储氢、输氢管道安全成为研究重点；机器人及无人机应用——智能巡检机器人替代人工进入高危区域，无人机在油气火灾救援中发挥重要作用。这些技术的突破，标志着石油石化行业正从传统“人防”向“技防+智防”升级。

“实践探索篇”：汇集了油气田、炼化、管道销售及消防救援等领域的典型案例，如：新疆油田基于数字化平台的隐患管理模式，实现隐患闭环管理；金陵石化创新安全管理体系，推动“责任到人、考核到岗”；西气东输公司建立异常事件管理机制，提升管道运行可靠性；专职消防队探索 AI 在火灾救援中的应用，提升应急响应效率。这些案例生动展现了企业如何将政策要求、技术成果转化为实际生产力，为行业提供宝贵经验。

“数据统计篇”：通过事故事件统计、科技成果奖励、应急队伍建设等数据，客观反映行业安全绩效。例如，2024 年油气行业事故总数同比下降 12%，表明安全治理成效显著；同时，国家级科研课题中，约 30%聚焦氢能安全、碳捕集封存等新兴领域，体现行业技术转型方向。

本书立足行业现状，放眼未来发展，希望为政府部门、企业及研究机构提供决策支持，推动我国石油石化行业迈向更安全、更智能、更可持续发展的新阶段。

限于编者学识，书中难免存在疏漏与不足，诚望业界专家和广大读者批评指正。

编　者

2025 年 5 月

目录 CONTENTS

实践探索篇

数据统计篇

附录

政策分析篇

第一章　政策法规标准发布情况

2024年，国家相继出台了安全生产与应急有关部门规章和规范性文件共40项，其中部门规章8项，规范性文件32项。2024年1月1日起开始实施的安全生产与应急有关标准163项，标准分类涉及GB、AQ、YJ等多个领域。详见附录1。

第二章　重要政策法规专家解读

一、《中华人民共和国突发事件应对法》

2024 年 6 月 28 日，十四届全国人大常委会第十次会议高票通过修订后的《中华人民共和国突发事件应对法》(以下简称《突发事件应对法》)，国家主席习近平签署主席令予以公布，自 2024 年 11 月 1 日起施行。《突发事件应对法》是突发事件应对领域的基础性、综合性法律，这次全面修订，是应急管理法治建设进程中具有里程碑意义的一件大事，将为应急管理事业高质量发展提供有力法治保障。

(一) 修订《突发事件应对法》的重大意义

突发事件应对法自 2007 年公布施行以来，对预防和减少突发事件的发生，控制、减轻和消除突发事件引起的严重社会危害，规范突发事件应对活动和应急管理工作，保护人民生命财产安全，维护国家安全、公共安全、生态环境安全和社会秩序，发挥了重要保障作用。

(二) 修订《突发事件应对法》的工作过程和总体思路

一是坚持以习近平新时代中国特色社会主义思想为指导，贯彻落实党的二十大精神和党中央关于突发事件应对工作的决策部署，把坚持中国共产党对突发事件应对工作的领导、深化党和国家机构改革、加强我国应急管理体系和能力建设的新成果新经验，上升为制度规范，以法律形式予以明确。

二是坚持问题导向，针对现行法施行以来反映出的问题与不足，系统总结多年来突发事件应对工作的正反两方面经验，进一步完善相关制度措施、健全相关体制机制，切实提高本法的针对性、实效性和可操作性。

三是坚持本法作为突发事件应对领域基础性、综合性法律的定位不变，处理好与本领域其他专门立法的关系，做到相互衔接、有效配合、并行不悖。本法规定，《传染病防治法》等有关法律对突发公共卫生事件应对作出规定的，适用其规定；有关法律没有规定的，适用本法。

四是明确突发事件应对工作应当坚持的基本原则，即坚持总体国家安全观，统筹发展与安全；坚持人民至上、生命至上；坚持依法科学应对，尊重和保障人权；坚持预防为主、预防与应急相结合。这些原则贯穿本法全篇，体现在具体条文和制度设计之中。

（三）《突发事件应对法》在应急管理法律制度体系中的定位

一是有利于明确本法对于实施宪法相关制度的重要意义，为有效应对突发事件提供坚实法治保障。二是本法规定的重要制度充分体现出我国社会主义宪法的性质特征和制度优势。三是稳妥处理突发事件应对和紧急状态的关系，做好制度之间的有效衔接。

（四）《突发事件应对法》修订的主要内容

（1）坚持和加强党对突发事件应对工作的全面领导。中国共产党领导是中国特色社会主义最本质的特征，是中国特色社会主义制度的最大优势，是实现中华民族伟大复兴的根本保证。实践证明，党的集中统一领导是战胜一切风险和突发事件的“定海神针”，党的领导核心作用是我们成功应对重大突发事件的关键所在。这次修法增加规定，突发事件应对工作坚持中国共产党的领导，坚持以习近平新时代中国特色社会主义思想为指导，建立健全集中统一、高效权威的中国特色突发事件应对工作领导体制，完善党委领导、政府负责、部门联动、军地联合、社会协同、公众参与、科技支撑、法治保障的治理体系，把坚持党的领导最高政治原则贯彻到突发事件应对工作全过程各方面。

（2）坚持人民至上。这次修法深入贯彻以人民为中心的发展思想，贯彻尊重和保障人权的宪法原则，切实保护人民群众生命财产安全。一是在总则中增加规定，突发事件应对工作应当“坚持人民至上、生命至上”，“坚持依法科学应对，尊重和保障人权”。二是完善突发事件应对措施体现比例原则的规定，要求“有多种措施可供选择的，应当选择有利于最大限度地保护公民、法人和其他组织权益，且对他人权益损害和生态环境影响较小的措施，并根据情况变化及时调整，做到科学、精准、有效”。三是加强个人信息保护的相关内容，严格规范个人信息处理活动。四是充分保障社会各主体合法权益，增加规定国家在突发事件应对工作中应当对未成年人等群体给予特殊、优先保护；明确为受突发事件影响无人照料的无民事行为能力人和限制民事行为能力人提供及时有效帮助。五是规定对受突发事件影响的各类人群开展心理援助工作。

（3）健全管理与指挥体制。这次修法增设专章，对管理与指挥体制作出系统规定。一是规定国家建立统一指挥、专常兼备、反应灵敏、上下联动的应急管理体制和综合协调、分类管理、分级负责、属地管理为主的工作体系。二是明确县级以上人民政府及其应急管理、卫生健康、公安等有关部门在突发事件应对中的职责。三是明确跨行政区域突发事件应对及协同应对机制。四是规定突发事件应急指挥机构的设立和人员组成，明确突发事件应急指挥机构在突发事件应对过程中发布的决定、命令、措施，与设立它的人民政府发布的决定、命令、措施具有同等效力，法律责任由设立它的人民政府承担。五是明确乡镇街道、村(居)委会以及武装力量等在突发事件应对工作中的职责，鼓励支持引导社会力量依法有序参与突发事件应对工作，进一步形成突发事件应对工作合力，提升全社会突发事件应对的整体水平。

（4）完善突发事件信息报送和发布制度。为确保突发事件相关信息及时上传下达，这次修法推动进一步畅通报送渠道、完善发布机制。一是建立健全网络直报和自动速报制度。二是加强应急通信系统、应急广播系统建设。三是明确规定报送报告突发事件信息要做到及时、客观、真实，不得迟报、谎报、瞒报、漏报，或者授意他人迟报、谎报、瞒报，不得阻碍他人报告信息。四是规定国家建立健全突发事件信息发布制度，有关人民政府和部门及时向社会公布突发事件相关信息和决定、命令、措施等信息；对于虚假或者不完整信息，应当及时发布准确的信息予以澄清。五是规定新闻采访报道制度，支持新闻媒体开展采访报道和舆论监督。新闻媒体采访报道突发事件应当及时、准确、客观、公正。

（5）强化应急保障。为了加强应急物资、运输、能源保障，推动有关产业发展和场所建设，为突发事件应对工作提供坚实物质基础，这次修法作出规定：一是建立健全应急物资储备保障制度，县级以上地方人民政府根据需要，依法与有条件的企业签订协议，企业根据协议进行应急救援物资等的生产、供给。二是建立健全应急运输保障、能源应急保障等体系。三是加强应急避难场所的规划、建设和管理工作。四是发布警报，进入预警期后，对重要商品和服务市场情况加强监测，并与《价格法》等有关法律作了衔接规定。

（6）加强突发事件应对能力建设。为了有效提高突发事件应对能力，为突发事件应对工作提供更坚实的制度支撑、人才保障和技术支持，这次修法作出规定：一是明确国家综合性消防救援队伍是应急救援的综合性常备骨干力量，增加基层应急救援队伍、社会力量建立的应急救援队伍的有关规定，并明确政府应当推动专业应急救援队伍与非专业应急救援队伍联合培训、联合演练，提高合成应急、协同应急的能力。二是规定应急预案的制定、完善、演练。制定应急预案应当广泛听取各方面意见，并根据实际需要、情势变化、应急演练中发现的问题等及时作出修订；人民政府、基层组织、企业事业单位、学校等应当分别面向社会公众、居民、村民、职工、学生及教职工开展应急宣传教育和应急演练。三是发挥科学技术在突发事件应对中的作用，在突发事件应对中加强现代技术手段的依法应用，加强应急科学和核心技术研究，加大应急管理人才和科技人才培养力度，不断提高突发事件应对能力。

（7）全流程完善突发事件应对制度体系。这次修法牢牢把握事前、事中、事后三个环节，着力完善全覆盖全链条的突发事件应对制度体系。一是建立健全突发事件监测制度。对可能发生的突发事件进行监测，通过多种途径收集突发事件信息，对突发事件隐患和监测信息及时汇总、分析、评估、报告。二是建立健全突发事件预警制度。明确发布警报应当明确的内容，以及宣布进入预警期后人民政府可以采取的措施；建立健全预警发布平台和预警信息快速发布通道，特别要求公共场所和其他人员密集场所要确保突发事件预警信息及时、准确接收和传播。三是建立健全突发事件应急响应制度。在规定突发事件应急响应级别划分标准由国务院或者国务院确定的部门制定的基础上，增加规定县级以上人民政府及其有关部门应当在突发事件应急预案中确定应急响应级别，给予地方一定自主权；明确人民政府可以采取的应急处置措施。四是完善事后恢复与重建的相关规定。在突发事件的威胁和危害得到控制或者消除后，在原法规定停止执行相关应急处置措施的基础上，增加规定人民政府应当宣布解除应急响应的程序。同时，对受突发事件影响地区的人民政府组织协调尽快恢复秩序、开展恢复重建的各类措施作出具体规定。

（8）充分发挥社会力量在突发事件应对中的作用。为了充分调动社会各方力量参与突发事件应对工作的积极性、主动性，进一步形成合力，这次修法作出规定：一是建立突发事件应对工作投诉、举报制度，鼓励人民群众监督政府及部门等的不履职行为。二是完善表彰、奖励制度，对在突发事件应对工作中做出突出贡献的单位和个人，按照国家有关规定给予表彰、奖励。三是建立健全突发事件专家咨询论证制度，发挥专业人员在突发事件应对工作中的作用。四是支持、引导红十字会、慈善组织以及志愿服务组织、志愿者等社会力量参与应对突发事件。五是鼓励公民、法人和其他组织储备基本的应急自救物资和生活必需品，居委会、村委会等基层组织在紧急情况下立即组织群众开展自救与互救等先期处置工作。

（9）完善相关法律责任规定。一是增加对在突发事件应对处置中违反法律规定采取应对措施，侵犯公民生命健康权益的法律责任。二是增加对于违反突发事件应对中个人信息保护规定的法律责任。三是考虑到突发事件应对处置往往情势紧迫，对于法律责任的追究，增加规定要“综合考虑突发事件发生的原因、后果、应对处置情况、行为人过错等因素”，做到过罚相当，鼓励一线干部在临机处置时勇于担当作为。四是考虑到在突发事件应对过程中，往往会有公民为了避免人身、财产损害而采取避险行为的情况，在本法中增加与《民法典》《刑法》等法律关于紧急避险的衔接性规定，为公民在突发事件应急处置中开展自救互救、减少损失提供法律依据。

（五）做好修订后突发事件应对法的贯彻实施

一要扎实开展法律学习培训和宣传解读工作。突发事件应对工作事关重大、牵涉广泛。这次修改是一次全面修订，明确了突发事件应对的理念原则，建立健全了一批新的制度机制，提出了新的更高工作要求。

二要抓紧做好制度配套工作。突发事件应对法作为应急管理法律制度体系框架中的基础性、综合性法律，下一步，要落实十四届全国人大常委会立法规划，抓紧制定危险化学品安全法、国家消防救援人员法、自然灾害防治法等相关法律。修订后的《突发事件应对法》要求建立健全的制度机制，有些需要通过制定配套规定来保证相关条款的实施。

三要准确把握新规定新要求。现行做法中与修订后的《突发事件应对法》规定要求不一致的，必须认真贯彻执行修订后的《突发事件应对法》的规定。

二、《突发事件应急预案管理办法》

2024 年 6 月 28 日修订通过，11 月 1 日起施行。法律条文从原来 7 章 70 条增加至 8 章 106 条。强化以习近平新时代中国特色社会主义思想为指导的突发事件应急管理领导体制和多元治理体系；细化应急指挥机构组成与职责，引入网络直报等现代手段，强化部门协调；提升应急预案的针对性和实效性，加强预案衔接；强调完善应急物资、运输、能源保障体系；强化信息系统互联互通，细化预警机制；明确应急响应级别与措施，增加生态监测和心理援助，增加责任追究条款。新修订的《突发事件应急预案管理办法》（以下简称《办法》）突出系统思维、统筹谋划，进一步优化完善了突发事件应急预案体系，体现在以下三个方面。

（一）将应急预案体系建设放在突出地位

2019 年 11 月，习近平总书记在主持中央政治局第十九次集体学习时强调，要加强应急预案管理，健全应急预案体系，落实各环节责任和措施。应急预案体系是指以国家总体应急预案为龙头、各级各类应急预案及其配套支撑文件等构成的有机整体。不同预案之间有着紧密衔接、分工协作、相互支撑的关系，应急管理功能和目标的实现，依靠应急预案体系整体发挥作用；不同区域、不同领域、不同主体都有自己的应急预案子体系。因此，《办法》第一条就将其目的由“规范突发事件应急预案管理”修订为“加强突发事件应急预案体系建设，规范应急预案管理”，体现了对应急预案工作的系统性思维、体系性谋划，突显了对应急预案体系建设和管理的重要性。

（二）明确应急预案体系建设和管理的责任主体

《办法》新增了对应急预案体系建设和管理责任主体的规定。新增的第五条第一款明确“国务院统一领导全国应急预案体系建设和管理工作，县级以上地方人民政府负责领导本行政区域内应急预案体系建设和管理工作”。第四条明确“应急预案管理遵循统一规划、综合协调、分类指导、分级负责、动态管理的原则”。第八条规定在各级人民政府的总体应急预案中要明确“预案体系构成”。这些规定明确应急预案体系建设和管理是各级人民政府的重要职责，各级人民政府在制定和修订总体应急预案时，要基于公共安全风险评估等相关成果，对本辖区的应急预案体系进行统一规划、优化设计、合理调整，并在总体应急预案中明确预案体系构成。

《办法》第五条第二款明确“突发事件应对有关部门在各自职责范围内，负责本部门(行业、领域)应急预案管理工作；县级以上人民政府应急管理部门负责指导应急预案管理工作，综合协调应急预案衔接工作”。其中，应急管理部门“综合协调应急预案衔接工作”的重要内容就是确保应急预案体系的完整性、协调性，不同预案的内容体现紧密衔接、分工协作、相互支撑，不出现相互脱节、相互矛盾等问题；而突发事件应对有关部门则应该对所负责行业、领域的应急预案子体系建设加强指导与协调。

（三）优化完善应急预案体系的基本构成及内容

当前，“横向到边、纵向到底”的应急预案体系已基本形成，但是现有应急预案体系中巨灾应对预案、应急保障预案、跨区域多主体联合预案、重要基础设施保护预案、预案配套支撑文件等尚不完善；部分地方、基层单位和社区应急预案内容不够贴合本地实际，存在照抄照搬上级预案、“上下一般粗”、缺乏针对性、实用性等问题。

因此，《办法》第二章“分类与内容”部分，在保持应急预案体系构成基本稳定的同时，对部分应急预案进行了补充，对应急预案内容要求进行了完善。例如，新增第十四条明确了“国家有关部门和超大特大城市人民政府可以结合行业(地区)风险评估实际，制定巨灾应急预案，统筹本部门(行业、领域)、本地区巨灾应对工作”，弥补了巨灾应急预案方面的欠缺；第十一条将应急保障类预案由“队伍、物资、装备、资金等资源保障”调整为包括“通信、交通运输、医学救援、物资装备、能源、资金以及新闻宣传、秩序维护、慈善捐赠、灾害救助等保障功能”，并增加了此类预案内容中的主要任务、资源调用或应急响应程序、具体措施等要求。

在不同应急预案内容方面，《办法》更加重视预案的针对性、实用性和可操作性，更加强调组织指挥、风险防控、监测预警、响应程序流程、应急联动等内容，优化细化了不同应急预案的内容要素，特别是针对基层应急预案形式化严重、实用性不强等问题，第十五条第三款明确“乡镇(街道)、村(社区)应急预案的形式、要素和内容等，可结合实际灵活确定，力求简明实用，突出人员转移避险，体现先期处置特点”，第十六条第三款明确“安全风险单一、危险性小的生产经营单位，可结合实际简化应急预案要素和内容”，为各地结合实际开展基层单位预案形式、要素和内容等探索创新留下了广阔空间。

总体而言，新修订的《办法》以总体国家安全观为统领，按照构建大安全大应急框架要求，强化了应急预案体系顶层设计、基本构成及主要内容，明确了责任主体，通过应急预案“成体系编制、成体系管理、成体系运用、成体系联动”，对于补齐巨灾应对预案、跨区域多主体联合预案、应急保障预案、重要基础设施保护预案、基层应急预案等短板，加强上下级、部门间、地区间、政府与企业社会等相关预案在指挥体制、工作机制和保障条件等方面的衔接，进一步增强应急预案体系的整体效能将发挥重要作用。

三、《生产安全事故罚款处罚规定》

2024 年 1 月 10 日，应急管理部印发了《生产安全事故罚款处罚规定》(以下简称《规定》)，自 2024 年 3 月 1 日起施行。

（一）修改的背景及必要性

《生产安全事故罚款处罚规定(试行)》(2007 年 7 月 12 日国家安全监管总局令第 13 号公布，2011 年 9 月 1 日第一次修正、2015 年 4 月 2 日第二次修正)自 2007 年公布实施以来，在严格追究生产安全事故责任、保障人民群众生命财产安全等方面发挥了重要作用。2021 年修改的《中华人民共和国行政处罚法》对行政处罚的定义、种类、设定、实施主体、程序等内容作出修改，进一步完善了行政处罚制度。2021 年修改的《中华人民共和国安全生产法》进一步强化和落实生产经营单位的主体责任，加大了对事故责任单位、责任人员罚款处罚力度。2022

年7月国务院办公厅印发《关于进一步规范行政裁量权基准制定和管理工作的意见》，对行政处罚等行政裁量权基准的适用提出了明确要求。据此，有必要对《生产安全事故罚款处罚规定(试行)》的相关内容作出修改，以适应当前和今后一个时期生产安全事故罚款处罚工作需要。

(二) 修改过程

深入学习领会党中央、国务院有关文件精神和要求，按照《中华人民共和国行政处罚法》《中华人民共和国安全生产法》的相关要求，在前往部分省份进行专题调研，听取各级应急管理部门的意见建议的基础上起草了《规定》初稿。经征求有关部门、社会公众及部分中央企业、行业协会意见，按照各方面反馈意见修改完善后，《规定》经应急管理部部务会议审议通过，自2024年3月1日起施行。

(三) 修改的主要内容

《规定》共24条，主要修改内容如下：

1. 关于规章名称和适用主体

结合2015年修改以来的实施情况，删去规章名称中的“试行”，本次修改后的规章名称为：生产安全事故罚款处罚规定。2018年机构改革后，应急管理部履行原国家安全监管总局的相关职责；2020年，国家煤矿安全监察局更名为国家矿山安全监察局，应急管理部的非煤矿山安全监管职责划入国家矿山安全监察局，据此《规定》适用主体明确为应急管理部门、矿山安全监察机构。

2. 修改完善的主要内容

(1) 完善事故罚款处罚裁量权基准，维护当事人合法权益。《规定》是应急管理系统关于事故罚款处罚的裁量权基准，是对《中华人民共和国安全生产法》《生产安全事故报告和调查处理条例》事故罚款有关规定进行细化量化的具体执法尺度和标准。修改出台《规定》也是贯彻落实国务院办公厅《关于进一步规范行政裁量权基准制定和管理工作的意见》的具体举措，对进一步规范事故罚款处罚裁量权基准，更好维护行政相对人和人民群众合法权益，解决事故罚款处罚该严不严、该宽不宽、畸轻畸重、类案不同罚等方面问题具有重要意义。《规定》在《生产安全事故罚款处罚规定(试行)》的基础上，将一般事故、较大事故、重大事故和特别重大事故的罚款金额合理划分为三个阶次，对《中华人民共和国安全生产法》第一百一十条和《生产安全事故报告和调查处理条例》第三十五条、第三十六条规定的不同情形所对应的罚款幅度，根据事故等级和后果等情形予以细化量化，进一步调整和完善了关于生产安全事故相关罚款处罚的裁量基准。

(2) 结合实践依法规范有关严重违法情节的认定。《中华人民共和国安全生产法》第一百一十四条第二款明确，发生生产安全事故，情节特别严重、影响特别恶劣的可以按照罚款数额的二倍以上五倍以下对负有责任的生产经营单位处以罚款。《规定》按照相关法律法规的规定，结合安全生产工作实际，对情节特别严重、影响特别恶劣的情形予以细化，明确了关闭、破坏直接关系生产安全的监控、报警、防护、救生设备等六种可以按照罚款数额的二倍以上五倍以下对负有责任的生产经营单位处以罚款情形。

（3）根据法律规定调整明确相关的罚款金额。根据《中华人民共和国安全生产法》规定，《规定》对一般事故、较大事故、重大事故、特别重大事故的罚款金额，事故发生单位主要负责人未依法履行安全生产管理职责导致发生生产安全事故等违法行为的罚款金额进行了调整。同时按照《中华人民共和国安全生产法》第九十六条的规定，增加了对事故发生单位其他负责人和安全生产管理人员未依法履行安全生产管理职责导致发生生产安全事故予以罚款的规定。

四、《中央企业安全生产考核实施细则》

2024 年 3 月 7 日，国务院国资委正式印发了《中央企业安全生产考核实施细则》。该细则强调了依法依规的原则，明确指出在中央企业负责人的经营业绩考核中，将依据各级政府有关部门对事故调查认定的性质、级别和责任等因素，进行相应的降级或扣分处理。同时，该细则还坚持了分类分级的监管原则，根据《中央企业安全生产监督管理办法》，将中央企业划分为三个类别，并针对不同类别进行差异化的安全生产监管。此外，事故责任也被明确划分为主要责任、次要责任和相关责任三个等级，以便更准确地界定和处理安全生产事故。

在实施过程中，该细则遵循三个基本原则：一是依法依规，确保考核的公正性和权威性；二是分类分级，根据企业规模和安全生产风险等级进行差异化监管；三是从严从实，加大对生产安全责任事故企业的考核力度，确保考核结果的准确性和有效性。

此外，细则还明确了降级和扣分的具体情形。对于在考核年度内发生重大及以上生产安全责任事故且承担主要责任或次要责任的企业，以及存在瞒报生产安全事故行为或累计达到降级规定的企业，将对其负责人年度经营业绩考核结果予以降级处理。而对于承担事故主要责任但未达到降级标准的企业，则按照一定标准进行扣分处理。

对于承担事故主要责任且未达到降级标准的企业，将根据事故等级和责任程度进行扣分处理。具体来说，发生较大生产安全责任事故时，第一类企业每起扣

0.4~0.8分，第二类企业每起扣0.8~1.2分，第三类企业每起扣1.2~2.0分。

若企业承担事故次要责任但未达到降级标准，其负责人的年度经营业绩考核也将受到一定程度的扣分。扣分标准为：第一类企业在发生较大生产安全责任事故时每起扣0.2~0.4分，发生重大生产安全责任事故时每起扣0.8~1.2分；第二类企业在发生较大生产安全责任事故时扣分，标准为每起0.4~0.8分；第三类企业在发生较大生产安全责任事故时，每起扣0.8~1.2分。

对于承担事故相关责任但未达到降级标准的企业，其负责人的年度经营业绩考核将按照更轻的扣分标准进行。具体来说，发生较大生产安全责任事故时，第一类企业每起扣0.1~0.2分，重大生产安全责任事故时每起扣0.2~0.4分，特别重大生产安全责任事故时每起扣0.4~0.8分；第二类和第三类企业以此类推，但扣分幅度有所不同。

若企业已受到降级处理，且在此期间再次发生其他事故，将按照降级后的扣分标准继续进行考核。

在一个月内连续发生2起较大及以上生产安全责任事故，或同类事故在同一区域同一企业重复发生时，将按照同级别的事故扣分标准上限进行扣分处理。

此外，《中央企业安全生产考核实施细则》还规定了其他相关事项，确保考核工作的全面性和公正性。

（一）事故责任等级的认定依据

本细则中，事故责任等级的认定主要依据政府部门出具的事故调查报告。具体而言，主要责任指对事故发生负有首要责任或直接责任，或在事故调查报告中明确为主要责任、直接责任，或未明确主要责任但单独认定承担重要责任的情形。次要责任则指不承担主要责任，但对事故发生负有重要责任，或在事故调查报告明确为重要责任、管理责任、监管责任等的情形。而相关责任则涉及事故调查报告认为基于其他原因需承担一定责任的情形。

（二）考核期的处理

在考核期内，若政府部门未出具事故调查报告，企业可申请延期考核。如未申请，则将按照主要责任标准进行当期考核。

（三）特定情况下的考核标准

对于组织机构不健全、未按规定设置安全生产总监或安全投入不到位的企业，一旦发生较大及以上生产安全责任事故，将按照事故扣分标准上限进行严肃考核。同时，若发生造成重大影响的火灾、爆炸等其他事件，且经调查应承担责任，将参照生产安全责任事故进行相应考核。

此外，对于生产作业过程中应预见的风险未采取必要防范措施，导致在地质灾害、自然灾害中造成人员伤亡，或在非生产作业环节发生责任事故的情况，也将参照同级别的生产安全事故进行考核。

（四）激励机制

国务院国资委将组织中央企业开展安全生产管理评价，对于评价结果为优秀的企业，将按照有关规定在中央企业负责人年度经营业绩考核中予以加分，以鼓励企业持续加强安全生产工作。

（五）制度建设要求

企业应制定并完善本企业的安全生产考核相关制度，确保安全生产考核与企业负责人年薪及企业年度薪酬总额紧密挂钩。特别是对于安全生产风险较高的企业，更应建立结合过程考核与事故考核的安全生产考核体系。

五、《中央企业安全生产监督管理办法》

国资委 2024 年 1 月 9 日发布《中央企业安全生产监督管理办法》，2024 年 3 月 1 日起施行。提出对中央企业安全生产实行分类监管，董事长、总经理同为安全生产第一责任人，第一类中央企业、涉矿中央企业集团总部应配备专职安全生产总监等要求；强调把承包商和劳务派遣人员纳入企业安全管理体系。

（一）总体要求

中央企业必须严格遵守国家安全生产法律法规，坚持安全第一、预防为主、综合治理的方针，加强安全生产管理，确保安全生产。

（二）安全生产责任制

中央企业应建立健全安全生产责任制，明确各级管理人员和操作人员的安全生产职责。

企业主要负责人对本企业的安全生产工作全面负责，应定期组织安全生产检查，及时发现和消除安全隐患。

（三）安全生产管理

中央企业应设置安全生产管理机构或者配备专职安全生产管理人员，负责安全生产日常管理工作。

企业应制定安全生产规章制度和操作规程，加强安全生产教育培训，提高员工的安全意识和操作技能。

企业应建立安全生产事故应急预案，定期组织演练，提高应对突发事件的能力。

（四）安全生产监督

国务院安全生产监督管理部门和有关部门对中央企业的安全生产工作实施监督管理，定期开展安全生产检查，督促企业落实安全生产主体责任。

对于违反安全生产法律法规的中央企业，相关部门将依法进行查处，并追究相关责任人的法律责任。

（五）事故报告和应急处理

中央企业应按照国家有关规定，及时、准确报告生产安全事故，并积极配合相关部门进行事故调查和处理。同时，企业应加强应急管理工作，确保在发生事故时能够迅速、有效地进行应急处置。

综上所述，中央企业安全生产监督管理办法要求企业加强安全生产管理，落实安全生产责任制，强化安全生产监督，确保安全生产。企业应严格遵守相关法律法规，加强自查自纠，及时发现和消除安全隐患，确保员工生命安全和企业财产安全。

六、《中央企业安全生产管理评价办法》

国资委办公厅2024年2月1日印发《中央企业安全生产管理评价办法》，强调中央企业要每年对本企业安全生产管理状况开展一次自评，形成自评报告，并保存有关支撑材料备查，于次年1月31日前将自评报告报送国资委，评价内容包括控制性、约束性和引领性3类指标。

七、《关于进一步提升基层应急管理能力的意见》

2024年9月21日印发，《关于进一步提升基层应急管理能力的意见》（以下简称《意见》）将习近平新时代中国特色社会主义思想和习近平总书记关于应急管理的重要论述作为根本遵循，既是回望过去、对我国基层应急管理工作实践探索的科学总结，又是立足当前、解决突出问题的务实举措，更是着眼长远、对加强基层应急管理工作的顶层设计和战略谋划。《意见》除引言以外，主要包括六个部分内容：第一至第五部分是重点任务和措施，共21条，从强化基层应急管理组织指挥、安全风险防范、应急救援队伍实战、应急处置、应急管理支撑保障等五大能力，作出针对性的部署安排。第六部分是强化组织实施，对抓好贯彻落实、明确细化责任、表彰奖励和责任追究等提出要求。概括起来，《意见》突出四个“注重”：

一是注重加强党对应急管理工作的全面领导。党是风雨来袭时人民群众最可靠的主心骨。应急管理事关人民群众生命财产安全、事关社会稳定，必须坚持和加强党的全面领导。《意见》明确提出“把党的领导贯彻到基层应急管理工作全过程各方面”，完善基层应急管理组织体系，发挥党总揽全局、协调各方的领导核心作用，把各方资源力量统筹起来，把党员群众发动起来，确保基层应急管理各项工作有力、有序、有效。

二是注重人民至上、生命至上。公共安全是最基本的民生，人民立场是我们党的根本政治立场。习近平总书记强调：“在保护人民生命安全方面，我们必须不惜一切代价，我们也能够做到不惜一切代价。”《意见》坚持以人民为中心的发展思想，把“两个至上”作为根本价值遵循，在落实预警“叫应”机制、及时传达到户到人、转移避险、做好灾后救助等方面提出明确要求，做好随时应对灾害事故的应急准备，切实做到救民于水火、助民于危难、给人民以力量。

三是注重推动公共安全治理模式向事前预防转型。应急管理的基础在预防。救得再成功，不如不发生。要坚持从源头上防范化解重大安全风险，真正把问题解决在萌芽之时、成灾之前。《意见》围绕推动公共安全治理模式向事前预防转型，提出强化智能监测预警、做实隐患排查治理、依法开展监督检查等措施，旨在指导基层除隐患、抓整治、“治未病”，在“防”上铆足劲，在平时下功夫，特别是紧盯基层末梢，眼睛向下、向下、再向下，做到风险隐患排查不留死角，整改落实不挂空挡。

四是注重筑牢防灾减灾救灾的人民防线。公共安全连着千家万户，人民群众既是安全治理的参与者、推动者，也是安全成果的享有者、受益者。加强基层应急管理能力，需要全社会的共同努力。《意见》倡导群策群力、群防群治，鼓励群众发现报告风险隐患、开展科普宣传、支持社会应急力量发展、组织群众自救互救，旨在把人民群众广泛动员起来、组织起来，凝聚社会安全共识、提升全民安全素养，推动形成“人人讲安全、个个会应急”的良好局面。

八、《精细化工产业创新发展实施方案(2024—2027 年)》

2024 年 7 月 2 日，工业和信息化部等九部门印发《精细化工产业创新发展实施方案(2024—2027 年)》(以下简称《实施方案》)。精细化学品和化工新材料(以下统称精细化工)附加值高、需求增速快，是石化化工行业稳增长、转型升级的重要引擎，是制造业高质量发展不可或缺的物质支撑。近年来，我国精细化工产业迅速发展：一是产业规模不断增长，2023 年实现营业收入约 3.9 万亿元，生产产品超过 3 万种，农药、染料、涂料、颜料、食品和饲料添加剂等产量世界第一。二是技术进步不断加快。湿化学品、电子特气等重点产品供应能力有效提升，资源利用率、本质安全及清洁生产水平显著提高。三是企业活力不断增长。精细化工百强企业平均营收超百亿元，骨干企业在聚氨酯、氟化工等领域形成较强竞争力，中小企业深耕细分领域，涌现出千余家专精特新“小巨人”企业。四是集聚发展取得成效。全国已有400多家化工园区将精细化工作为主导产业，东部沿海及中西部地区各自依托市场、交通、资源等优势，形成一批精细化工特色产业集群。但也要看到，精细化工产业发展还面临企业研发投入较低、技术装备基础不牢、高端产品供给能力有待提升、安全环保压力较大、上下游协同不足等问题，制约产业高质量发展。出台《实施方案》，旨在充分发挥我国石化化工产业基础雄厚、市场规模超大和应用场景丰富等优势，将大力发展精细化工作为产业延链补链强链、转型升级的主攻方向，引导精细化工产业高端化、绿色化、智能化发展，为推进新型工业化、建设制造强国提供坚实基础。

《实施方案》以习近平新时代中国特色社会主义思想为指导，深入贯彻落实党的二十大精神，坚持需求牵引和创新驱动相结合，以增强高端产品供给能力培育发展新动能，以提高绿色安全水平筑牢发展根基，以集约化布局增强发展韧性，做好重点产品、做精重点技术、做强重点企业、做优重点园区，打造高效绿色安全融合的产业体系。一是明确定位，细化落实有关规划政策要求。落实国家“十四五”规划和2035年远景目标纲要、全国新型工业化推进大会部署以及“十四五”石化化工行业高质量发展指导意见等有关要求，提出精细化工创新发展的量化目标、具体任务和重点工程。二是聚焦重点，促进产业延链补链强链。发展一批高端产品，突破一批关键技术，提升优势产品竞争力；推广一批绿色化、安全化、智能化先进技术；建设一批主导产业特色鲜明、要素效益领先的园区。三是强化协同，优化创新体系和产业布局。布局精细化工创新平台，完善创新体系；壮大龙头企业、培育中小企业，激发协同创新活力；引导地方聚焦主导产业延链补链强链，打造特色产业集群，构建优势互补的产业格局。

目前，我国精细化工创新体系仍然不够健全。精细化工产品专用属性强，研发和服务成本高，国内精细化工企业研发投入不足，上下游协同攻关意识不强，缺乏典型应用场景发掘，影响产品推广应用和性能迭代提升。化工中试项目审批周期长、落地难问题突出，影响新技术产业化进程。亟须完善精细化工创新体系，加快科技成果转化应用。

《实施方案》提出三点措施：一是布局建设创新平台。加强国家重点实验室和制造业创新中心建设，发挥产业创新联盟作用，促进上下游协同创新和生产应用示范引领，围绕关键共性技术布局一批中试平台。二是推进中试项目落地。制定化工中试装置建设管理规范，强化产业、应急、环保等政策协同，基于专业化评价进一步优化化工中试装置安评、环评工作，积极开展关键工序和新工艺中试，推动研发成果加快转化为生产力。三是促进上下游协同创新。引导产业链龙头企业联合相关企业、高校、院所等组建产学研用创新联合体，加快新技术、新产品和新装备协同攻关、验证和应用，全面提升产业链基础能力，持续推进高压电缆绝缘及屏蔽材料、电子特气、微通道等先进技术及产品“一条龙”应用示范。《实施方案》设置“精细化工中试平台建设工程”专栏，鼓励地方聚焦磷矿资源高效利用技术、精细化工低危化高效化生产共性技术等关键共性技术开展中试平台建设，为加快科技成果产业化创造条件。

九、《社会应急力量分类分级测评实施办法（试行）》

2024 年 10 月 11 日，应急管理部印发《社会应急力量分类分级测评实施办法（试行）》（以下简称《办法》）。《办法》是规范社会应急力量建设、助力提升整体救援效能的基础性文件，对于规范社会应急力量分类分级测评工作、建立科学合理的测评工作体系、客观准确评价整体能力水平具有十分重要的意义。

《办法》共分为总则，测评程序和方法，复测、升级和管理，结果应用，附则，共 5 章 27 条。其中：总则部分明确了测评目的、适用范围等测评要求，规定了测评专业类别，确定了测评工作的职责分工；测评程序和方法部分规定了公共科目和专业科目的测评流程，提出了测评方案编制与审核、专家选择与确定、评定内容与要求等开展测评工作的方式方法；复测、升级和管理部分规定了复测和升级测评的程序，以及注销测评等级的情形和相关违规行为的处理措施；结果应用部分明确了测评等级证书可以作为队伍能力证明等内容；附则部分明确了开展测评工作的执行标准等内容。

出台《办法》是贯彻落实习近平总书记关于应急管理重要论述和党中央、国务院决策部署的务实举措。党中央、国务院高度重视和关心社会应急力量健康发展，习近平总书记多次作出重要指示。2022 年 2 月 14 日，国务院印发的《“十四五”国家应急体系规划》中提出，要对社会应急力量“组织实施分级分类测评”。出台《办法》，是贯彻落实习近平总书记关于应急管理重要论述的实际举措，是适应应急管理体制改革、推动应急管理社会动员相关政策措施创新的现实需要，是打造社会应急力量救援梯队、助力提升整体救援效能的有效途径，为推进社会应急力量健康发展提供制度保障。

出台《办法》是规范社会应急力量建设的迫切需求。社会应急力量作为国家应急救援力量体系的重要组成部分，为保护人民群众生命安全发挥了积极作用，但也存在管理不够科学、救援能力参差不齐、装备配备标准不高、自我保障能力有限等问题，亟须进一步规范指导。出台《办法》，旨在建立科学规范、流程顺畅、操作性强的测评工作体系，通过对社会应急力量日常管理、装备配备、专业能力等方面的综合评定，带动提升社会应急力量规范化管理、专业化救援能力水平，实现“以评促建”的目的。

出台《办法》是指导应急管理部门科学引导社会应急力量参与救援救助的实际需要。从现实情况看，部分应急管理部门对社会应急力量能力水平不够了解，导致灾害来临时不能科学有效组织协调其参与应对处置工作。《办法》有助于应急管理部门客观、准确地评价社会应急力量能力水平，遴选出一批政治立场坚定、队伍管理严格、救援能力精湛、装备配备良好、行动规范有序的社会应急力量，为合理、高效引导社会应急力量参与救援救助任务提供辅助参考。

十、《工业和信息化领域数据安全事件应急预案(试行)》

2024 年 10 月 19 日，工业和信息化部印发《工业和信息化领域数据安全事件应急预案(试行)》(以下简称《应急预案》)的通知。《应急预案》作为工业和信息化领域数据安全事件处置工作的指导性政策文件，正文共八章四十条，重点明确了以下八方面内容：一是界定《应急预案》适用范围，明确了数据安全事件以及事件分级的相关概念定义；二是明确了工业和信息化领域数据安全应急处置工作的组织体系，规定了领导机构、办事机构、地方行业监管部门、数据处理者、应急支撑机构等单位的构成及职责；三是明确了开展数据安全风险监测预警工作的具体流程和要求；四是明确了不同级别数据安全事件应急处置工作的具体流程和要求；五是规定了重大及以上数据安全事件应急工作结束后，地方行业监管部门和数据处理者的具体工作要求；六是提出预防保护、应急演练、宣传培训、手段建设、重大活动期间保障共五项预防措施；七是提出落实责任、奖惩问责、经费保障、工作协同、物资保障、国际合作、保密管理共七项保障措施；八是规定了应急预案修订原则和排除条款等要求。此外，《应急预案》在附件中还细化了数据安全事件分级方法、事件上报模板、事件总结报告模板、应急处置流程图等内容，为各方开展应急处置工作提供细化实操指导。

《应急预案》明确了“工业和信息化部、地方行业监管部门、数据处理者、应急支撑机构”等各类主体的职责分工。其中，工业和信息化部职责主要由工业和信息化部网络安全和信息化领导小组及工业和信息化领域数据安全工作机制承担，具体为工业和信息化部网络安全和信息化领导小组统一领导数据安全事件应急管理工作，负责特别重大数据安全事件的统一指挥和协调。工业和信息化领域数据安全工作机制(具体工作由工业和信息化部网络安全管理局牵头承担)负责统筹开展工业和信息化领域数据安全应急处置工作；及时向部网信领导小组报告数据安全事件情况，提出特别重大数据安全事件应对措施建议；负责重大数据安全事件的统一指挥和协调处置；根据需要协调较大、一般数据安全事件应急处置工作。

地方行业监管部门主要包括各省、自治区、直辖市及计划单列市、新疆生产建设兵团工业和信息化主管部门，各省、自治区、直辖市通信管理局和无线电管理机构，负责组织开展本地区本领域数据安全事件应急处置工作，结合实际根据本预案分别制定本地区本领域数据安全事件应急预案。

数据处理者负责本单位数据安全事件预防、监测、应急处置、报告等工作，应当根据应对数据安全事件的需要，制定本单位数据安全事件应急预案。其中，中央企业应当督促指导所属企业在数据安全事件应急处置工作中履行属地管理要求，并负责全面梳理汇总企业集团本部、所属企业的数据安全事件应急处置相关情况，按要求及时报送工业和信息化部。

十一、《应急管理行政处罚裁量权基准》

2024 年 11 月 1 日，应急管理部印发《应急管理行政处罚裁量权基准》(以下简称《裁量权基准》)。进一步指导地方各级应急管理部门规范行使应急管理行政处罚裁量权，推进严格规范公正文明执法。

应急管理部认真贯彻落实习近平总书记重要指示批示精神，按照党中央、国务院关于行政裁量权基准制度的相关要求，对国务院有关部门及江苏、浙江、山东、湖南等多个省份行政处罚裁量权基准制定情况进行了研究梳理，按照有关要求和程序，组织制定了《裁量权基准》。《裁量权基准》对规范应急管理领域行政处罚裁量权，防止行政裁量权滥用，促进严格规范公正文明执法，具有重要意义，主要体现在“三个有利于”。

首先，制定《裁量权基准》有利于进一步强化新时代应急管理法治建设。党的十八大以来，随着全面依法治国深入推进，《行政处罚法》《安全生产法》以及应急管理领域一系列法律法规规章相继修改。制定《裁量权基准》是当前应急管理和安全生产执法实践的需要，对于保障法律法规得到正确有效实施和提高全系统执法质量将起到重要作用。其次，制定《裁量权基准》有利于推动提升全系统执法规范化水平。《裁量权基准》从国家层面统一了应急管理领域行政处罚“度量衡”，对应急管理行政处罚裁量权进行了合理限制和规范，明确了相关违法行为对应的法定依据、裁量阶次、适用条件和具体标准等内容，对法律、行政法规和部门规章中原则性规定和具有一定弹性的执法权限、裁量幅度等进行了细化量化，并按照《行政处罚法》有关规定，明确了不予处罚、从轻处罚、减轻处罚、从重处罚等情形，能够使应急管理领域行政执法更加精准、更加规范，确保行政处罚裁量权在法定范围内正当行使。最后，制定《裁量权基准》有利于统一行政执法裁量标准。目前已经有不少省份制定了本行政区域内安全生产行政处罚裁量权基准，但因裁量标准不统一、裁量幅度不合理等原因，一定程度上导致了应急管理执法实践中存在“类案不同罚”“畸轻畸重”等问题。《裁量权基准》印发后，各地区可以据此对本行政区域的行政处罚裁量权基准进行细化完善，进一步指导各级应急管理部门规范行使行政处罚裁量权，更好保护人民群众合法权益，维护公平竞争市场秩序，切实减轻基层和企业负担。

《裁量权基准》共梳理了 37 部当前应急管理领域现行有效的法律、行政法规和部门规章，其中包括《中华人民共和国安全生产法》《中华人民共和国突发事件应对法》两部法律，《生产安全事故报告和调查处理条例》等六部行政法规，《安全生产事故隐患排查治理暂行规定》等 29 部部门规章。国家消防救援局、国家矿山安全监察局、中国地震局按照职责分别制定消防、矿山安全、地震领域行政处罚裁量权基准。

《裁量权基准》对涉及危险化学品、烟花爆竹、石油天然气、工贸、安全评价检测检验机构、突发事件、生产安全事故等 233 项违法行为进行细化裁量，并以《应急管理综合行政执法事项指导目录（2023 年版）》中列明的行政执法事项作为主要排序依据。其核心部分为“裁量细则”，可概括为违法行为、法律规定、处罚依据、裁量阶次、适用条件和具体标准“六个方面”。其中，“违法行为”以引用法条规定为主，参考《应急管理综合行政执法事项指导目录（2023 年版）》的“事项名称”表述，引用内容具体到条、款、项，一款或一项为一个违法行为。“法律规定”“处罚依据”引用与违法行为对应的义务条款和禁止性条款内容，对同一违法行为均有规定的，按照法律效力层级依次列明。“裁量阶次”按照《应急管理行政裁量权基准暂行规定》等要求，综合考虑违法事实、性质、手段、情节、后果和改正措施等因素，根据社会危害性、情节严重性等并结合各地已经印发的裁量权基准做法，将 233 项违法行为划分为 A、B、C 三档或 A、B、C、D

四档裁量阶次。其中，划定为三档的有 220 项，划定为四档的有 13 项。“适用条件”包括：违法所得数额、违法行为次数、违规物品数量、项目投资金额、用人单位人数规模、违法行为存续期间、事故以及违法行为严重性等。“具体标准”的设定只针对行政处罚中的“罚款”，并且充分考虑各地经济发展水平和企业情况差异，坚持兼收并蓄、宜粗不宜细等原则，尽量吸收包含各地已经印发的裁量权基准，力争保持处罚的一致性。

同时，《裁量权基准》同步印发了适用说明和应急管理轻微违法行为可以不予行政处罚事项清单。一方面，对制定的目的依据、适用范围、概念定义、阶次划分、适用规则、从轻从重处罚情形、不予行政处罚情形、不予设定裁量权基准情形、引用法律法规更新时间等进行明确，为地方各级应急管理部门执法人员规范精准使用《裁量权基准》提供指引。另一方面，筛选 7 项违法行为，规定不予行政处罚的适用主体、适用情形和监管措施，指导各地进一步做好包容审慎监管执法相关工作。

第三章　重要标准解读

一、《安全管理体系 要求》(GB/T 43500—2023)

2023 年 11 月 27 日，国家市场监督管理总局、国家标准化管理委员会联合发布了 GB/T 43500—2023《安全管理体系 要求》，并于 2024 年 6 月 1 日开始实施。

2021 年 6 月，我国对《中华人民共和国安全生产法》进行了第三次修订，其中明确要求树立安全发展理念，坚持安全第一、预防为主、综合治理的方针，从源头上防范化解重大安全风险。此外，《安全生产治本攻坚三年行动方案(2024—2026 年)》也提出了结合国际通用的职业安全管理体系，于 2024 年试点建设中国特色的安全生产管理体系标准。正是在这样的背景下，《安全管理体系 要求》应运而生。

《安全管理体系 要求》不仅提出了安全管理体系的基础性和通用性要求，还涵盖了组织及环境、领导作用与全员参与等多个核心要素。其核心内容为：组织及环境，领导作用与全员参与，组织结构、职责和权限的明确，全员参与安全管理的实施，风险应对策略的策划，安全目标及其实现路径的规划，变更管理流程的规范，资源的合理配置，内部沟通机制的建立，运行控制的执行，绩效评价体系的构建，以及持续改进机制的完善等。

该管理体系的运行模式并非静态的，而是采用了“策划-实施-检查-改进”的螺旋上升式持续改进循环。通过实施这一安全管理体系，组织能够确保其安全方针、承诺、领导力、各层级的参与、与相关方的有效沟通、资源配置、安全文化建设、风险分级管控以及隐患排查治理等方面达到最佳状态。同时，通过持续监视评价安全绩效，可以及时发现并纠正偏差，持续改进安全管理水平，将风险管控关口前移，从而有效消除事故隐患。

建设符合中国国情、彰显中国特色的安全管理标准体系，对于提升公共安全治理水平、坚持安全第一和预防为主的原则、构建大安全大应急框架、完善公共安全体系以及推动公共安全治理模式向事前预防转型等方面都具有深远的意义。

与 2016 年 12 月 13 日发布、2017 年 4 月 1 日实施的 GB/T 33000—2016《企

业安全生产标准化基本规范》(以下简称《基本规范》)相比，《安全管理体系 要求》展现出以下独特之处：

（1）提出部门差异。《基本规范》由原国家安全生产监督管理总局提出，而《安全管理体系 要求》则是由国家市场监督管理总局、国家标准化管理委员会共同提出。

（2）适用范围不同。《基本规范》主要针对工矿企业，助力其安全生产标准化建设。相较之下，《安全管理体系 要求》的适用范围更为广泛，不仅涵盖工矿企业，还包括社区、功能区、公共场所、校园、交通、消防及防灾减灾等多个领域。

（3）内容差异明显。《基本规范》详细规定了企业安全生产标准化管理体系的建立、保持与评定原则，以及目标职责、制度管理等多个方面的核心技术要求。而《安全管理体系 要求》则更侧重于组织及环境、领导作用与全员参与等基础性管理框架的构建。

（4）分级及管辖不同。《基本规范》中，企业标准化等级分为一级、二级、三级，并由应急管理部等相关部门进行定级。相比之下，《安全管理体系 要求》作为组织的自主行为，并未涉及分级情况。

两者共同之处亦不少。首先，两者都属于安全管理体系范畴，都强调全员参与，并涉及“相关方”“变更”“风险”“安全文化”及“持续改进”等核心内容。其次，《基本规范》中的企业主要负责人与《安全管理体系 要求》中的最高管理者在内涵上具有相似性，只是后者在涵盖范围上更为广泛。此外，两者都聚焦于“隐患排查治理”，但后者在逻辑性和系统性上更为出色。同时，两者也都设有体系运行评审环节，但后者在完备性和严谨性上更为突出。

二、《工贸企业重大事故隐患判定标准》

中华人民共和国应急管理部令第 10 号《工贸企业重大事故隐患判定标准》(以下简称《判定标准》)已经 2023 年 3 月 20 日应急管理部第 7 次部务会议审议通过，自 2023 年 5 月 15 日起施行。

《判定标准》针对近年来工贸行业典型事故暴露出的新问题、新情况，聚焦可能造成群死群伤的重大安全风险，充分考虑企业新技术、新装备的运用和安全水平整体提升等因素，明确了 3 方面 64 项重大事故隐患情形。其中管理类共 3 项，吸取近年来工贸企业因承包、承租单位管理混乱、无证作业频发事故的教训，增加了承包承租单位安全管理、特种作业人员持证上岗要求。行业类列举了冶金、有色、建材、机械、轻工、纺织、烟草等7个行业共47项重大事故隐患情形。专项类列举了存在粉尘爆炸危险、使用液氨制冷，以及存在硫化氢、一氧化碳等中毒风险的有限空间作业等3个领域共14项重大事故隐患情形。

第三条　工贸企业有下列情形之一的，应当判定为重大事故隐患：

（一）未对承包单位、承租单位的安全生产工作统一协调、管理，或者未定期进行安全检查的。

判定情形：

（1）生产经营项目、场所发包或者出租给其他单位的，企业未与承包单位、承租单位签订专门的安全生产管理协议，或者未在承包合同、承租合同中约定各自的安全生产管理职责。

（2）生产经营项目、场所发包或者出租给其他单位的，企业与承包单位、承租单位签订的安全生产管理协议、承包合同、承租合同中，免除或者转嫁企业安全生产工作统一协调、管理义务。

（3）生产经营项目、场所发包或者出租给其他单位的，企业未按照安全生产规章制度或者协议、合同中的要求，定期对承包单位、承租单位进行安全检查，或者发现安全问题未督促整改。

（二）特种作业人员未按照规定经专门的安全作业培训并取得相应资格，上岗作业的。

判定情形：

（1）企业使用未取得相应特种作业操作证的特种作业人员上岗作业。

（2）企业使用伪造特种作业操作证的特种作业人员上岗作业。

（3）企业使用特种作业操作证已过有效期或者到期未复审的特种作业人员上岗作业。

三、《硝酸铵安全技术规范》（GB 44022—2024）

应急管理部组织制定的国家标准《硝酸铵安全技术规范》（GB 44022—2024），自2024年11月1日起实施。该规范适用于硝酸铵生产企业的生产、储存、应急处置的安全管理，不适用于港口经营、民用爆炸物品、国防科研生产。

该标准作为国家强制性标准，聚焦硝酸铵爆炸风险管控，规定了硝酸铵生产企业在设计等方面的基本要求，以及硝酸铵生产、储存、应急处置环节的安全要求，明确了固体硝酸铵和硝酸铵溶液储存安全条件要求，强调了外部安全防护距离、设置调峰装置、安全联锁、监测温控预警的有关要求，将有效强化硝酸铵安全风险源头管控。

在设计方面，通盘考虑企业总体风险控制，结合国内硝酸铵生产企业特点，并参考其他高危化学品领域管理经验，该规范明确提出，企业应进行合理的产能设计和规划，生产固体硝酸铵项目应配套建设硝基复合肥料、硝酸铵溶液等调峰装置或产能分流设施，调峰装置或分流设施的设计规模应有效平衡固体硝酸铵产销量。“将管控措施由‘治堵’变为‘治疏’，既充分考虑企业规模化生产实际，又有效降低了风险。”相关专家说。

在生产运行方面，该规范不仅规定了安全管理的内容，也明确了硝酸铵生产工序中诸多工艺控制原则和一系列重要工艺参数控制范围。同时，结合国内外硝酸铵领域的生产安全事故教训，该规范强制规定了一些异常工况下的处置要求，并对管式反应器法、容积式反应器法和塔式造粒法的安全监控和联锁设置提出了明确规定。

在产品安全方面，该规范明确了危险性分类、爆炸危险性鉴定、不合格品管理、“一书一签”等管理要求。

硝酸铵具有遇火、高温、猛烈撞击发生爆炸的危险特性。国内外曾多次发生涉及硝酸铵的重特大爆炸事故，教训极其深刻。近几年，国务院安委办、应急管理部连续组织开展多轮次硝酸铵专项整治工作，针对全部生产企业提出“一企一策”，针对性解决每家企业存在的各类问题；并且还在近年的重点工作计划中，特别明确要坚持高危细分领域“2+X”管控机制，“2”中的一项就是指硝酸铵领域专项工作。

我国是硝酸铵生产和使用大国，硝酸铵生产、储存、运输、销售、使用等各个环节点多、线长、面广，风险高、影响大的局面长期存在。与此同时，我国之前在硝酸铵安全领域没有完整、系统、统一的技术规范，在监管上缺乏上位法的支撑。该标准的发布填补了硝酸铵生产安全管理标准的空白，实施后将有力推动硝酸铵生产企业提升本质安全水平。应急管理部将加强宣贯，结合典型事故案例开展解读，纳入重点检查和专家指导服务工作，指导推动各地区和有关企业进一步提升硝酸铵重大安全风险防控意识，科学规范安全管理，着力精准有效防范重特大事故。

四、《生产安全事故应急救援评估规范》（AQ 9012—2023）

2024 年 1 月 23 日，应急管理部批准并公告发布《生产安全事故应急救援评估规范》（以下简称《规范》），《规范》的编制和发布实施，标志着我国应急救援评估工作向科学化、精细化转型。综合《规范》全部内容、强制性标准特征并结合救援评估的实践视角，《规范》及其实施工作具有5个比较明显的特点：

一是全面性。要素全：应急救援评估内容关联到安全生产诸项要素和事前、事中、事后全过程。责任全：评估对象涉及"事故单位、事发地人民政府及参加处置和救援的部门、单位"，将属地管理责任、部门监管责任和企业主体责任全部纳入。方式全：通过统筹运用"资料分析、询问谈话、专家论证、现场勘查、技术鉴定"等评估方式，构建起全面深入开展救援评估的"工具箱"，为有效"分析应急救援过程、特点及做法，总结应急救援的成功经验和问题不足"奠定了制度基础。

二是规范性。这是作为强制性标准的本质特征。在语言表述上，《规范》全部技术内容为强制性，全文使用"应包括但不限于"的表述高达17处之多，这些都是"规定动作"而非"自选动作"。在制度效力上，具有法律上的强制性，《规范》适用于指导较大及以上生产安全事故应急救援评估工作，并可作为监管执法部门的执法依据。违者，将依照有关法律法规相关条款实施处罚。在实践效能上，作为法律法规实施的重要技术支撑和必要补充，《规范》的宣贯与实施，有助于规范各相关方落实落细安全生产责任，促进提升安全风险防范水平和安全基础保障能力。

三是科学性。从研制角度看，《规范》起草组来自"政产学研用"各有关领域，相关人员对国内外标准及救援评估工作具有丰富的实践经验，《规范》的起草、征求意见、技术审查严格遵守规定流程，各项工作环环相扣、无缝衔接，为《规范》的科学严谨奠定了基础。从宣贯角度看，《规范》从颁布到实施设置六个月的过渡期，保证了标准实施主体和社会各界充分了解掌握标准内容。从实施角度看，《规范》来源实践又指导实践，以往评估实践中积累的一些经验纳入其中，这些宝贵经验源于救援评估组求真求是的态度与作风，《规范》实施需要将这样的态度与作风一以贯之。

四是联动性。生产安全事故应急救援各项相关工作注重协同联动、协调一致，在《规范》中也有体现。一方面，《规范》要求置身其中的事故单位应"配合和支持参与应急救援的队伍及其他应急救援力量开展救援"；事发地人民政府要关注"信息在部门间的共享情况"，应主动加强"现场管理、交通管制、医疗卫生、环境监测、舆情引导协调联动"，统筹"应急、公安、卫健、电力、通信、供水、燃气、气象、城管、交通、环保部门救援力量及物资装备保障情况"。另一方面，从最近几起重特大事故救援评估的实践情况看，作为依法成立的事故调查组的下设工作组，事故救援评估组既按照职责独立开展工作，又充分与综合组、技术组、管理组等协调联动，保障相关工作有力有序开展。

五是操作性。《规范》正文详细给出了每个评估程序需要完成的流程，以及准备资料、评估报告相关内容和要求，便于参与应急救援评估人员“按图索骥”，可以迅速了解救援评估的基本要求、方法和工作内容。附录A将应急救援评估的项目、内容、方式和结果“一表统揽”，为撰写评估报告提供简捷明了的基础资料；附录B为报告编制大纲，做到了“纲举目张”，便于提高报告编制效率。

五、《危险化学品单位应急救援物资配备要求》（GB 30077—2023）

《危险化学品单位应急救援物资配备要求》于2023年12月28日发布，2024年9月1日实施。

（一）基本要求部分

本文件适用于危险化学品生产和贮存单位应急救援物资的配备。不适用于涉及危险化学品经营、运输、使用等的单位。

企业应急救援队伍的定义是：依法建立的、配置有应急救援人员和应急救援器材、装备和物资，并定期组织应急救援演练，承担处置企业内各类危险化学品事故、救援遇险人员等应急救援任务的专业队伍或专职队伍。

增加了前提：配备了人、器材和物资的才算应急救援队伍，没有物资和器材只有人的不能算为应急救援队伍。

危险化学品单位分为3类，分别为第一类、第二类和第三类，类别划分方法与原规范没有差别，只不过附注增加了两条：

“危险化学品重大危险源级别，按单位中重大危险源的最高等级确定”和“企业规模按从业人员、营业收入划分不一致的，按最低等级确定”。

这两条可以有效地避免企业和监管机构之间的互相拉扯。

应急救援物资配备确保系统配套、搭配合理、功能齐全、数量充足，满足单位员工现场应急处置和企业应急救援队伍所承担救援任务的需要。这条与前面所述的应急救援队伍前提相呼应。

危险化学品单位应结合单位或辖区内典型事故及其他特殊处置场景需求，选择增配应急救援物资的种类和数量以及本文件中未列出的新型装备。

国家标准是最低配备要求，如果单位内危险化学品特殊或者发生了一个历史上没有过的特殊事故，危险化学品单位应当增配应急救援物资。

另外，对于出现的新事物应当接受，比如本文件中增配名录就新增了无人机的配置要求。

(二) 作业场所配备要求

手电筒、对讲机都是每人一个，而且规定了包括作业人员随身携带的同类物资。

也就是说明，手电筒、对讲机这两个物品在储存区域内可以为零，但是必须保证当班人员每人一个。

自吸过滤式防毒面具，1 个/人。没有“包括作业人员随身携带的同类物资”的要求，而且也不像化学品防护服一样备注了要求“具有有毒、腐蚀性危险化学品的作业场所”。

因此自吸过滤式防毒面具必须在储存区域内设置，且设置与当班人数数量相当的自吸过滤式防毒面具。

额外增加了水带和多功能水枪的要求。水带要求长度不小于 50m。

水带和多功能水枪的配备都有一个前提：允许用水灭火、稀释或降温的场所。例如：对于电石等这类物品的场所无须配置这两种物资。

增加了危化品收容输转器具。

去掉了堵漏器材的配备要求。

估计考虑的情况是：

对于确需堵漏的物质，如剧毒的液氯等，一般在其他规范内都做了要求。

对于其他的危险化学品，堵漏器材无须配置，反倒会可能因为冒险堵漏而发生更大的事故。

如对于易燃易爆液体，泄漏后的应急措施不应当由现场操作人员执行堵漏操作，应由专业应急救援人员执行，否则堵漏操作反倒更有可能导致泄漏的物料着火爆炸，从而造成事故扩大。

而且根据目前安全要求的发展方向，鉴于最近因为堵漏而发生的一系列事故，后期对于易燃易爆危险化学品堵漏、打“卡子”情况会严格控制。

(三) 应急救援队伍配备要求

1. 应急救援人员的防护装备配备要求变化情况

一级化学防护服配备有了前提，涉及中等毒性及以上、强腐蚀性等危险化学品的企业配备，只有其他危险化学品的企业无须配备一级化学防护服。

增加了在强热辐射场所下的隔热服配备要求。请注意：这个不是灭火防护服，而是隔热服，适用于在炼钢等企业高温辐射情况下的应急。

原先的防静电内衣修改防静电套装，更加完善，包括了服装、鞋、帽、内衣、手套。还提出了低温情况下的防低温背心和防寒服。

在带电区域，对化学品防护手套和防化靴提出了绝缘要求。

增加了应急呼叫器的配备要求，每人一个。

2. 车辆配置要求相比原要求大大简化

第一类危险化学品单位配置数量大于等于 3 辆，其中：

灭火抢险救援车至少 1 辆；

多功能抢险救援车或气体防护车至少 1 辆；

危险化学品事故抢险救援车或防化洗消抢险救援车至少 1 辆。

第二类危险化学品单位配置数量大于等于 1 辆，灭火抢险救援车至少 1 辆。

另外规范对车辆的性能指标提出了要求，其中多功能抢险救援车牵引质量要求下降，从原先的牵引质量 10t 下降到第一类 7. 5t，其他 5t。

3. 救援应急车内应急物资

医用氧气瓶改为了供氧设备；

头戴式照明灯要求防爆；

增加了风向仪的配备要求。

4. 应急救援队伍物资

附件中规定了应急救援队伍抢险救援物资配备要求，与车内的应急救援物资以及作业现场的应急救援物资不同，需要单独配置。

注意第三类危险化学品单位应急救援队伍可以不单独配备，而允许使用作业场所应急救援物资。

第四章　国家安全监管要闻

一、全国应急管理工作会议在京召开

2024 年 1 月 3~4 日，全国应急管理工作会议在京召开。

会议指出，2023 年是全面贯彻党的二十大精神的开局之年，面对各类灾害事故风险明显上升的严峻挑战，应急管理部门和消防救援队伍坚持把学习贯彻党的二十大精神作为首要政治任务，坚决贯彻落实习近平总书记重要指示精神，以时时放心不下的责任感履职尽责，有效防控重大安全风险，全力应对各类灾害事故，着力完善应急管理体系，全面提升应急处置能力，大力建设堪当时代重任的干部队伍，保持了全国安全生产和防灾减灾救灾形势的总体平稳。

会议指出，2024 年是新中国成立 75 周年，是实现"十四五"规划目标任务的关键一年，做好应急管理工作责任重大、任务艰巨。安全生产要强治本、见实效。全面开展安全生产治本攻坚三年行动，聚焦当前制约安全生产的深层次矛盾问题，着力抓企业主要负责人安全教育培训、重大事故隐患判定标准体系完善、重大事故隐患动态清零、安全科技支撑和工程治理、从业人员安全素质提升、安全管理体系建设、精准执法和帮扶、全民安全素质提升，努力实现本质安全水平大的提升。全力防范重点领域重大风险，矿山方面要强力开展行业安全整治，全面排查"过筛子"，扎实开展隐蔽致灾因素普查和重大灾害超前治理；危化品方面要制定化工企业异常工况安全处置准则，深入推进化工园区安全整治提升，持续防控高危细分领域安全风险；消防方面要对重点单位和人员密集场所开展"拉网式"排查，全面整治突出风险隐患，防止漏管失控；工贸方面要突出高风险领域、高风险场所、高风险作业，深入开展排查整治。同时，有效发挥各级安委办职能作用，指导督促各有关部门有力推进本行业领域安全生产治本攻坚。防灾减灾救灾要强能力、健机制。实施好自然灾害应急能力提升工程，聚焦最突出的短板弱项，高质量推进预警指挥、救援能力、巨灾防范、基层防灾工程实施，加快建成跨地域、跨层级、跨部门的灾害预警指挥体系，支持基层实施一批物资储备、实战实训、战勤保障等基础设施改造升级项目，完善震害防御数据系统和构造探察装备，加快补齐应急救援队伍装备短板。健全防灾减灾救灾机制。防汛抗旱要全面压实各级各方责任，强化预警和应急响应联动；抗震救灾要推动实施地震易发区房屋设施加固工程，优化应急响应机制，完善多层次应急避难场所；森林草原防灭火要加强监测预警新技术、新装备、新系统应用，健全源头管控、联防联控、群防群治长效机制；救灾救助要修订完善地方各级预案，完善救灾物资储备和快速调拨机制；综合减灾要健全自然灾害风险普查评估常态化机制，深化普查成果应用。

会议要求，应急能力要强体系、聚合力。建强各级应急指挥部体系，坚持系统观念、实战牵引、科技赋能，强化应急指挥场所功能建设，健全工作机制，提升保障能力，基本形成部省市县上下贯通、协调联动的应急指挥部体系；深化消防救援队伍整合改革，坚持统一领导、分级指挥，中央主建、地方主用等重大原则，完善条块结合、以条为主的双重管理体制；打造综合救援攻坚力量，加强救援力量和装备配备，提升快速机动响应能力，全面提高应对复杂任务的实战本领；统筹各类救援力量建设，优化国家安全生产应急救援队伍规划布局，加强应急救援专业力量建设，推动形成多元化应急救援力量体系。管理体系要强基础、增效能。大力提升基层应急管理能力，突出完善基层应急管理组织体系，抓实全国综合减灾示范创建工作，推动地方党委和政府把基层应急管理能力建设摆上重要议事日程，做好与基层党的建设、基层治理、乡村振兴等重点工作的统筹谋划和部署推进；加强法治科技人才支撑保障，着力推进应急管理法律法规和重要标准制修订，深化实施“智慧应急”战略，组织实施“应急科技领军人才”等人才计划；完善全社会参与应急管理机制，进一步激活和规范安全生产专业技术服务市场，统筹推动安全生产举报和诚信体系建设，大力发展应急产业，支持各类应急科普基地建设，推出全民安全公开课。

会议强调，新征程展现应急管理新担当新作为，必须持之以恒建设一支堪当民族复兴重任的高素质专业化应急管理干部队伍。要强化政治固本，坚持把党的政治建设作为根本性建设紧抓不放，持续深化党的创新理论武装，巩固拓展主题教育成果，着力加强组织建设，从思想上凝心铸魂、从政治上固本培元。要提升能力本领，持续开展全国应急管理干部实战大练兵活动和执法比武竞赛，开展经常性调查研究，引导干部在实践中练就真本领、硬功夫。要激励担当作为，着力加强理想信念、宗旨本色、职能使命教育和正确政绩观教育，真诚关爱应急管理干部职工和基层消防指战员，不断提升职业荣誉感和吸引力。要勇于自我革命，完善全覆盖的监督机制，强化巡视整改和成果运用，持续深入纠治“四风”，确保队伍风清气正。

二、全国城镇燃气安全专项整治工作专班办公室组织召开工作调度视频会议

2024 年 1 月 5 日，全国城镇燃气安全专项整治工作专班办公室组织召开工作调度视频会议，总结前一阶段城镇燃气安全专项整治工作进展情况，对下一阶段重点工作进行部署要求。

会议强调，各级工作专班要深入学习贯彻习近平总书记重要指示批示精神，坚决落实党中央、国务院决策部署，以“时时放心不下”的责任感和“时不我待”的紧迫感，按照《全国城镇燃气安全专项整治工作方案》部署，统筹做好当前集中攻坚和后两个阶段巩固提升、建立长效机制工作，全力完成好城镇燃气安全专项整治任务。

一是加快建立燃气安全隐患常态化排查机制。保持排查整治高压态势，“春节”“两会”期间，各地专项整治工作专班要继续层层压实责任，紧盯重点环节，坚决防止重特大事故发生。压实企业主体责任，发挥好送气服务人员的监督员、检查员、宣传员作用。健全公众监督举报和投诉核查机制，对举报燃气安全的线索快速核实、重奖快奖。

二是健全燃气安全隐患消存量、控增量机制。切实管控好风险隐患，坚决落实“有隐患不用气，用气没有隐患”要求。及时开展排查整治“回头看”，确保存量安全隐患整改真正“清仓见底”。严控增量安全隐患，加强人财物等要素保障，扎实推进城市燃气管道老化更新改造、燃气安全监管智能化建设，推进城镇燃气及气瓶、燃气具及配件市场治理整顿，从源头遏制新的安全隐患产生。

三是更好发挥监管执法震慑作用。突出重点从严监管执法，紧盯生产经营“问题气”和问题燃气具、违规从事燃气工程、安全管理弄虚作假等问题，采取实行停产整顿、关闭取缔、顶格处罚和“一案双罚”等措施，形成高压态势。加强联合监管执法，提高震慑效力，强化以案示警，处罚结果及时向社会公开。

四是推进燃气安全管理长效机制建设。夯实法治基础，完善燃气经营许可管理、气瓶充装许可管理、燃气具及配件市场监管等规定。完善燃气产品标准，提高燃气具产品及配件安全要求。强化规划引领，制定燃气发展规划，有序优化燃气厂站设施布局，科学引导行业市场整合，因地制宜推进“瓶改管”“气改电”。加强科技研发，聚焦绿色、低碳、智能、安全，创新和推广应用一批燃气和燃气具新技术、新材料、新装备。

五是持续强化燃气安全培训与宣传。常态化开展燃气安全宣传教育，用好新媒体资源和力量，推出更多短视频等群众爱听、爱看、可交流、能互动的宣传产品，推动形成“人人讲安全，个个会应急”的社会氛围。及时推广可复制案例和经验做法，促进交流互鉴，共同提升排查整治质量和城镇燃气本质安全水平。

三、国务院国资委、应急管理部联合召开中央企业安全生产工作视频会议

2024 年 1 月 29 日，国务院国资委、应急管理部联合召开中央企业安全生产工作视频会议。国务院国资委党委书记、主任张玉卓表示，安全生产责任重于泰山，国资央企要坚决把思想和行动统一到习近平总书记重要指示精神上来，坚决落实党中央、国务院关于安全生产的重大部署，全面开展安全生产大排查，坚决遏制各类安全事故多发连发势头，努力以高水平安全保障高质量发展。中央企业要充分发挥表率作用，切实把各级安全生产责任真正扛起来，把保安全生产的各项举措真正落下去。工作上要重点做好“六个紧盯”，抓紧抓实中央企业安全生产工作，坚决防止重特大安全生产事故发生，要紧盯责任压实，在思想上始终高度警醒，全面落实安全生产责任制，切实抓好安全生产治本攻坚重点任务。紧盯消防安全，全面落实消防安全集中除患攻坚大整治行动，坚决做到消防安全排查“大起底”、火灾隐患整治“全覆盖”、安全教育和逃生演练“常态化”。紧盯危险化学品安全，持续加强全程管控，切实抓好重大危险源管理，防止非必要人员聚集，做好重点企业的帮扶指导，加快设备更新改造，对带病运行、超期服役、风险不可控的装置，要坚决淘汰。紧盯矿山领域安全，从严抓好“人防”“物防”“技防”措施落实，从严抓好应急保供期间安全生产工作，坚决有力落实各项防控举措，严禁以保供名义超能力、超强度、超定员组织生产。紧盯建筑施工领域安全，强化危大工程安全管控、作业现场安全监管、开复工阶段安全确认、分包单位安全管理，扎实开展现场检查巡查，有效遏制事故多发态势。紧盯民航安全，全面加强飞机和设施设备定检维修、队伍作风和能力建设、各类灾害风险预警防范，全方位消除安全生产因素和制度流程隐患。

国务院安委会副主任、应急管理部部长王祥喜指出，在国务院国资委的有力领导下，中央企业扎实开展重大事故隐患专项排查整治 2023 行动和安全管理强化年行动，持续完善安全管理体系，积极推进安全科技水平提升，安全生产形势总体保持稳定。他强调，今年是新中国成立 75 周年，是实现“十四五”

规划目标任务的关键一年，要坚决贯彻习近平总书记关于安全生产的重要论述，特别是近期多次重要指示批示精神，按照全国安全生产电视电话会议部署，切实在思想上高度警醒起来，充分发挥中央企业示范带头作用，扎实推进安全生产治本攻坚三年行动，有效防控重大安全风险，坚决遏制重特大事故发生。要在统筹高质量发展和高水平安全上走在前，央企主要负责人要充分发挥把方向、抓全局、压责任的关键作用，把安全发展理念全面贯穿到企业规划、建设、生产、经营全过程，以实际成效彰显中央企业的政治担当。要在坚决防范遏制重特大事故上做表率，压实基层安全责任措施，提高排查整治专业水平，把推动化工老旧装置更新改造、提高煤矿深部开采技术装备水平、加强民航飞行安全、打通消防生命通道等作为重中之重，下大力气解决导致事故多发的突出问题。要在治理安全生产薄弱环节上出硬招，强化兼并重组企业、外包作业、检维修、野外施工等安全管理，切实解决制约企业安全生产的突出问题，严防自然灾害引发伤亡。要在提高企业本质安全水平上树标杆，更加注重安全培训、科技支撑和中国特色企业安全管理体系建设，推动从根本上消除事故隐患、从根本上解决问题。要在重特大灾害事故应急处置上挑重担，把国家专业救援队伍建好管好用好，以实战为导向开展常态化应急演练，不断提升应对急难险重灾害事故的能力。

四、全国安全生产电视电话会议：压紧压实责任　认真排查隐患　狠抓工作落实　坚决遏制各类安全事故多发连发势头

2024 年 1 月 26 日下午，国务院召开全国安全生产电视电话会议。中共中央政治局常委、国务院总理李强强调，要全面开展安全生产风险隐患大排查，突出做好群众身边的风险隐患、重点行业领域风险隐患、重点地区风险隐患的排查整治，努力把风险隐患解决在萌芽状态。要紧扣“常”“长”二字，综合运用日常检查、专项抽查、巡回督查等方式，加强跟踪问效。要积极运用新一代信息技术，推进安全风险智能化管控、安全监管数字化转型。要统筹做好防灾减灾救灾工作，坚持底线思维、极限思维，提前做好应对准备，加强监测预警，严格执行预警响应联动机制，科学高效开展抢险救灾。

李强强调，要紧紧抓住责任制这个“牛鼻子”，严格落实安全生产责任，真正把“时时放心不下”的责任感转化为“事事心中有底”的行动力，以责任到位推动安全制度措施到位。要坚持“党政同责、一岗双责、齐抓共管、失职追责”和“三管三必须”，压实企业主体责任，推动企业加快健全安全责任体系。要全

面落实全链条监管机制，明确责任分工、健全工作机制、推进联合监管，切实消除监管空白、形成监管合力。要坚持务实功、求实效，既重过程更重结果，以扎实过硬作风扭转安全生产被动局面。要切实夯实基层基础，提升基层应急管理能力，推进基层应急管理专业化规范化，提升从业人员安全素质和技能，筑牢安全生产人民防线。

五、应急管理部召开2024年度全国危险化学品安全监管工作视频会

2024年1月19日，全国危险化学品安全监管工作视频会在京召开。会议指出，在应急管理部党委的坚强领导下，2023年各地应急管理部门固化、深化、拓展危险化学品安全风险集中治理工作措施，扎实开展重大事故隐患专项排查整治2023行动，有效应对重大事故反弹和复杂严峻形势挑战，化工事故总量保持下降，全国安全生产形势保持总体平稳。

会议强调，当前全国危险化学品安全生产基础还不稳固，事故仍有反复，依然处于攻坚克难、滚石上山的关键期。各单位要提高政治站位，保持清醒头脑，继续落实中办国办关于全面加强危险化学品安全生产工作的意见和“十四五”危险化学品安全生产规划方案，以防范重大安全风险和提升本质安全水平、人员技能素质水平、信息化智能化管控水平、安全监管能力水平为着力点，精准推进治本攻坚行动，突出审批许可、监管执法、基层基础等重点环节，加强监测预警和数字化转型，保持重大事故隐患动态清零，推动全国危险化学品安全生产形势持续稳定好转，以高水平安全服务高质量发展，为经济社会发展营造良好安全环境。

六、国家安全生产应急救援队伍建设工作视频会议在京召开

2024年2月2日，国家安全生产应急救援队伍建设工作视频会议在北京召开。会议指出，2023年，安全生产应急救援战线深入学习贯彻习近平总书记关于应急管理的重要论述，奋发有为，推动国家专业队建设再上新台阶，在重特大事故灾害抢险救援、安全风险防范中发挥积极作用，有力维护了人民群众生命财产安全。

会议强调，要以习近平新时代中国特色社会主义思想为指导，全面贯彻党的二十大精神，深入贯彻落实党中央、国务院决策部署和部党委工作要求，固本强基推动安全生产应急救援事业高质量发展。要坚决扛起抢险救援主责主业，积极助力安全风险防范化解，稳步推进专业救援力量建设，持续夯实科技信息化支

撑，实战化开展培训演练比武竞赛，提升国家专业队规范化标准化水平，主动承担考核巡查等技术服务，大力营造应急救援文化氛围。

七、应急管理部：强化政治担当　认真履职尽责　以饱满精神状态全力投入开年各项工作

2024 年 2 月 19 日，应急管理部党委书记、部长王祥喜主持召开部党委会和部务会，传达学习贯彻国务院第三次全体会议精神，研究部署节后安全防范和年度固本强基重点工作。会议强调，要增强全局意识、大局观念，围绕推进中国式现代化这个最大政治，认真履职尽责，有效防范化解重大安全风险，努力为高质量发展提供安全稳定环境。要牢固树立造福人民的政绩观，坚持严格执法和指导服务相结合，继续做好对重点地区的安全生产帮扶，主动为企业解决实际问题，提高整体行政效能。要锤炼过硬作风，加强作风建设，完善和优化考核巡查、督查检查等工作机制，坚决反对形式主义、官僚主义和简单化、一刀切做法，切实减轻基层和企业负担，以高水平安全服务高质量发展。

会议强调，要毫不松懈、严查密防，抓好节后和全国两会安全风险防控。协调有关部门加强春运返程交通和景区旅游安全监管，紧盯元宵节风险全面排查“三类场所”和灯会、庙会等大型活动安全隐患，加强烟花爆竹燃放安全宣传。采取“四不两直”明查暗访方式，加大曝光通报力度，督促地方和企业紧绷节后安全这根弦，对复产矿井逐一现场验收，全面“体检”灾害严重、大班次等重点矿井，强化危化品企业检维修、动火等特殊作业安全管理，严防设备设施带病复工复产。要高度警惕、及时响应，高效做好防灾减灾救灾工作。会同相关部门加强雨雪冰冻灾害监测会商，指导支持地方扎实细致做好防范应对，尽最大努力减轻对节后返程、能源保供等带来的不利影响。督促地方严格落实林区巡查巡护责任制度，进一步加强火源和人员管控，防范人为因素引发森林火灾；消防救援队伍要在重点地区前置力量，确保发生火情打早打小打了。指导有关地区继续做好地震、地质灾害、融雪洪水和凌汛等风险防范。要系统谋划、攻坚克难，扎实推进固本强基重点工作落实见效。着眼打基础、利长远，围绕持续深化党的创新理论武装、全面开展安全生产治本攻坚三年行动、实施自然灾害应急能力提升工程、完善基层应急管理组织体系等重点任务，细化工作措施，明确时间表、路线图，全力以赴抓落实。加强高危岗位安全培训和应急文化建设，着力提升公众安全意识和避险逃生技能。

八、应急管理部：切实把思想和行动统一到党中央决策部署上来为高质量发展筑牢安全底板守牢安全底线

2024 年 2 月 26 日，应急管理部党委书记、部长王祥喜主持召开部党委会和部务会。会议强调，中央全面深化改革委员会第四次会议审议通过《关于进一步提升基层应急管理能力的意见》，充分体现了党中央着眼我国严峻复杂安全形势，加快补齐应急管理突出短板的深谋远虑，对于推动应急管理体系和能力现代化具有重大而深远的意义，要抢抓重大机遇，推动基层应急管理能力全面提升。要理顺管理体制，加强党对基层应急管理工作的领导，发挥应急管理部门综合优势以及相关部门和有关方面专业优势，衔接好“防”和“救”的责任链条，明确各级职责划分，共同把应急管理职责担起来，做到预防在先、发现在早、处置在小。要建强救援队伍，指导各地根据地区人口数量、经济规模、灾害事故特点、安全风险程度等因素，配齐配强应急救援力量，统筹抓好综合、专业、社会等各类救援队伍建设。要加强能力保障，推动项目资源向基层倾斜，支持基层建设应急物资储备点，配备卫星电话等通信设备，确保紧急情况下及时先期处置。要强化教育培训，精心组织实施实战大练兵培训计划，推动安全科普宣传下基层，常态化组织开展疏散演练，提升群众安全意识和自救互救能力。

会议指出，全国“两会”召开在即，要采取更有针对性、更务实的举措，全力稳控安全形势，为全国“两会”胜利召开营造良好安全环境。要坚决防范遏制重特大事故。深刻吸取近期火灾事故教训，督促各地突出“三类场所”和高层居民楼等，全面彻底排查整治各类消防安全风险隐患，集中治理电动自行车进楼入户等突出问题。严格矿山、化工等高危企业复工复产程序和标准，认真落实重大危险源包保责任制，强化动火、检修维修等特殊作业管理。持续深入开展安全生产大排查，深化重点行业领域专项整治，推动监管力量下沉一线，强化明查暗访、警示曝光。要有力防控森林草原火灾等自然灾害。发动各方力量，扎实开展森林草原火灾重大隐患动态清零和查处违规用火行为专项行动，加强野外火源管控力度，进村入户开展防火宣传，筑牢森林草原防火人民防线。进一步加强火点监测预警，推动指挥、力量和装备“三靠前”，发生火情坚决打早打小打了。同时，持续抓好防震减灾和雨雪冰冻、凌汛、沙尘暴等灾害防范应对工作。

九、应急管理部召开 2024 年全国安全生产培训工作视频会议

2024 年 3 月，应急管理部召开 2024 年全国安全生产培训工作视频会议。会

议深入学习贯彻习近平新时代中国特色社会主义思想，认真落实全国安全生产电视电话会议、国务院安委会安全生产治本攻坚三年行动方案和全国应急管理工作会议部署，对近期发布的《安全生产培训机构基本条件》（AQ 8011—2023）进行宣贯，深入总结近年来安全生产培训工作，分析形势问题，部署2024年重点工作。应急管理部党委委员、副部长宋元明出席会议并讲话。

会议指出，近年来，安全生产培训工作取得积极成效，深入开展了打击假冒政府网站制售假冒安全生产证书、安全生产培训“走过场”两个专项整治，完善了一批规章制度和考试题库，持续夯实基层基础，培训工作整体水平有效提高。

会议要求，要按照安全生产治本攻坚三年行动部署，以“三项岗位人员”为重点，全面提升从业人员安全素质能力。要通过“培训+帮扶+监督”手段，坚决压实生产经营单位主要负责人的安全培训责任；要扎实开展特种作业人员安全技术培训考核专项治理，坚决淘汰一批不合格培训机构和考试点；要优化考试点布局，强化实操考试能力建设，大力提升“三项岗位人员”考试质量；要推广应用“互联网+特种作业人员综合管理服务”系统，推动特种作业人员管理模式向事前预防转型；要加大对安全生产培训监管执法力度，倒逼生产经营单位培训责任落实。

十、应急管理部：扎实推进部系统党纪学习教育　切实转化为防范化解安全风险的实际效果

2024年4月15日，应急管理部党委书记、部长王祥喜主持召开部党委会暨部党建工作领导小组会议和部务会。会议强调，要认真贯彻落实国务院常务会议部署，坚持疏堵结合，全面开展电动自行车安全隐患全链条整治，充分发挥各级安委会和消安委作用，主动担当、靠前一步，统筹推进各项任务落实；加强建筑架空层使用管理检查，集中治理电动自行车“进楼入户”等违规行为。同时，深刻吸取近期事故教训，举一反三做好当前安全生产和防灾减灾救灾各项工作。要深化重点行业领域安全整治。指导各地深化“三类场所”火灾隐患大整治。坚持不懈推动矿山安全八项硬措施落实，扎实做好汛期瓦斯、水害、火灾、冲击地压等重大灾害治理，督促落实尾矿库防泄漏、防溃坝等措施。深化危化品、工贸等领域风险隐患排查治理，加强检修维修、动火作业、有限空间作业等重点环节安全管控，强化油气储罐防雷击、防高温等措施。督促有关部门进一步加强旅游安全管理，持续推动燃气、建筑施工、渔业船舶、特种设备等领域安全专项整治。要有力防范应对各类自然灾害。会同有关部门滚动会商研判灾害天气变化情况，

指导相关地区及时启动响应，出现险情灾情果断转移受威胁人员，科学高效救援救灾。继续做好地震、地质灾害、森林草原火灾等灾害风险隐患排查治理，做好预案、队伍、装备、物资等各项应急准备，全力维护人民群众生命财产安全。

十一、国务院安委会办公室应急管理部部署开展2024年全国“安全生产月”活动

2024年6月是第23个全国“安全生产月”，6月16日为全国“安全宣传咨询日”。国务院安委会办公室、应急管理部印发关于开展2024年全国“安全生产月”活动的通知，明确2024年全国“安全生产月”活动主题为“人人讲安全、个个会应急——畅通生命通道”，对开展好2024年全国“安全生产月”活动作出安排部署。

通知要求，各地区、各有关部门和单位要认真组织学习习近平总书记关于安全生产重要论述和重要指示批示精神，通过开展专题研讨、集中宣讲、辅导报告等，全面领会习近平总书记关于安全生产重要论述的精髓要义。组织开展“安全生产大家谈”“班前会”“以案普法”等活动，组织观看安全生产警示教育片和“全民安全公开课”等，推动树牢安全发展理念。要聚焦“畅通生命通道”这一主要内容，讲解生命通道标识的含义和识别方法、保持生命通道畅通的必要性和法律责任，扩大“畅通生命通道”的宣传面、影响力。宣传应急疏散知识与技能，增强公众应对突发事件的避险能力。运用举报奖励机制，鼓励广大群众积极举报身边的安全隐患。要围绕活动主题，举行安全倡议、安全宣誓和安全文化特色文艺演出等活动，由专业人员解答公众关于家庭、社区、工作场所生命通道自查、自改、报修等问题。鼓励各类安全科普宣教和体验基地免费向社会公众开放，发动安全领域专家和时代楷模、最美应急管理工作者等具有影响力的社会公众人物集中开展安全宣传。要持续推进安全宣传“五进”工作，组织参加“畅通生命通道”系列疏散逃生演练、“避险逃生训练营”短视频新媒体展播、“危急时刻之生命英雄”应急科普趣学、网络知识答题等全国性活动，不断提升公众风险防范、安全应急意识和自救互救能力，营造浓厚安全氛围。

十二、应急管理部就安全生产资格证书涉假专项治理情况举行发布会

2024年5月29日上午，应急管理部针对安全生产资格证书涉假专项治理情况举行新闻发布会，公安部治安管理局、住房城乡建设部工程质量安全监管司、

市场监管总局特种设备安全监察局、最高人民法院刑事审判第一庭、最高人民检察院第一检察厅有关负责人将出席。

应急管理部：为整治培训走过场、考试把关不严等问题，进一步规范培训考核秩序，市场监管总局、应急管理部于2024年3月至10月，在全国范围内开展特种作业人员安全技术培训考核专项治理。这项治理的主要任务是，按照有关部门规章和刚颁布的《安全生产培训机构基本条件》强制性标准要求，全面核查培训考试机构的基本条件，提升其能力水平，遏制特种作业操作证乱象；工作阶段分为动员部署、自查自改、执法检查3个阶段，目前正处在自查自改阶段。应急管理部会同市场监管总局通过“网络交易社会协同共治系统”，指导督促淘宝、抖音、京东等平台排查下架“包过”“免考”等违规宣传信息，净化网络宣传空间；组织全国6000余家培训考试机构，全覆盖进行自查自改，其中4356家已完成自查自改，整改问题12727项，通过更新改造培训场所设施、增加师资力量等，提升了特种作业人员培训考试质量。

证书涉假专项治理主要针对证件，培训考核专项治理主要针对培训考试机构，两者是互相促进、协同联动的关系，在培训考核专项治理中发现的假证线索，要依法严厉打击，而打击假证也会引导更多的从业人员通过正规渠道考取证书，需要合格的培训考试机构来承接。接下来，我们将一体推进这两项工作，不折不扣抓落实，坚决取得成效。

市场监管总局特种设备安全监察局：市场监管总局高度重视安全生产资格证书涉假专项治理工作，按照《安全生产资格证书涉假专项治理工作方案》部署要求，结合市场监管部门职能职责，重点做好四个方面的工作：

一是组织用人单位开展自查自改。督促指导特种设备生产、使用单位全面排查特种设备安全管理和作业人员持证情况，落实企业安全主体责任，防范无证上岗、持假证上岗等情况发生。对自查出的假证问题，督促用人单位立行立改，并将问题线索及时报告市场监管部门，涉嫌构成犯罪的，按照规定及时移交公安机关。

二是组织考试机构开展自查自改。组织特种设备安全管理和作业人员考试机构的主要负责人开展一轮自查自改，督促及时整改发现的问题隐患，严厉打击考试机构弄虚作假、纵容、参与或者组织考试作弊等违法违规行为，严格考试把关，严惩害群之马，净化考试环境。

三是严格监管和执法处罚。进一步完善“逢查必检证书”工作机制，加强对特种设备安全管理和作业人员持证上岗情况的监督检查，完善全国证书数据库，开展证书比对筛查，畅通社会监督渠道，及时核查处理相关投诉举报，严厉打击无证上岗、持假证上岗等违法违规行为，从严处罚违法违规用人单位和从业人员。对发现使用虚假证书的，深挖背后的问题线索并及时移交，协助配合公安、检察院、法院等部门严厉打击违法犯罪行为。

四是加强网络平台监管。督促网络交易平台根据发证机关要求及时清理下架涉嫌假证有关信息，通过开展网络交易监测等方式对平台落实情况进行检查。根据相关部门提供的关键词组织开展互联网广告监测，提供线索供有关部门筛选甄别，对有关部门确认为虚假的依法进行查处。

十三、国家防总办公室、应急管理部研究部署重点地区防汛抗旱抢险救灾工作

为深入学习贯彻习近平总书记关于防汛抗旱工作重要指示精神，落实国家防总防汛抗旱抢险救灾工作调度要求，6 月 26 日，国家防总办公室、应急管理部组织专题视频会商调度，与气象、水利、自然资源、住房城乡建设等部门联合会商，视频调度浙江、安徽、江西、湖南等省份，研判汛情发展态势，研究部署重点地区防汛抗旱抢险救灾工作。应急管理部副部长、水利部副部长王道席主持会商。

会商指出，目前长江中下游及江淮地区进入梅雨集中期，近期长江中下游地区强降雨仍将维持，极端性、致灾性强，且与前期降雨落区高度重叠，长江中下游、太湖及周边河网出现涨水过程，防汛抗洪形势复杂严峻。会商强调，要层层压实责任，树牢风险意识和底线思维，切实落实党委政府主体责任，督促落实防汛分片包保责任制，把责任体系延伸到基层最末梢和最小工作单元；合理安排基层一线人员工作作息，优化基层力量配置，确保夜间值守随叫随应。

会商要求，要加强响应联动，强化组织领导和统筹协调，加密组织联合会商研判，提高响应速度、加大响应力度、清楚响应内涵、落实响应措施，树立与灾情、与时间赛跑的意识，协同做好防汛抢险救灾工作；聚焦行洪河道、水库水电站、山洪灾害风险区、地质灾害隐患点等重点部位，持续开展风险隐患排查整改。要发挥工程作用，切实把江河流域的防洪调度工作谋划好、落实好，针对防洪重点地区，开展精细化调度；沿江、沿湖省份要全面落实巡查防守责任措施，强化对薄弱堤段、穿堤建筑物、历史溃口段、老险工险段、中小型水库等重点部位的巡查抢护，确保险情抢早抢小。要规范预警“叫应”，提高预警信息精度，全面落实直达基层一线的预警发布和“叫应”机制，构建预警、响应、反馈核实工作闭环；落实地质灾害“隐患点+风险区”双控要求，提前果断扩面转移危险区

群众，坚决避免群死群伤。要统筹防洪排涝，抓紧组织对排涝泵站、涵闸、排水管网等设施设备管理运行情况进行排查，畅通排水渠道；紧盯地下空间、桥涵隧道、下穿立交等重点部位，细化防洪排涝预案，落实应急措施，确保城市正常运行。要强化通信保障，立足极端情形，进一步加强力量统筹和重点部位力量调派，确保第一时间组织救援救灾；抓紧解决断路、断网、断电时的应急通信保障问题，提高“三断”情况下的快速反应能力。同时，坚持防汛抗旱两手抓，谨防部分地区旱涝急转风险。

国家防总维持对湖南、浙江、安徽、江西的防汛三级应急响应，新增派工作组赴黑龙江一线协助指导防汛抗洪工作。

十四、应急管理部举行例行新闻发布会通报上半年全国安全生产和自然灾害形势

2024 年 7 月 12 日，应急管理部举行例行新闻发布会，通报上半年全国安全生产和自然灾害形势，介绍近期防汛抗旱、抢险救援和救灾救助有关工作情况。应急管理部新闻发言人、新闻宣传司司长申展利通报了上半年全国安全生产和自然灾害形势。

（一）全国安全生产形势

上半年全国生产安全事故起数和死亡人数保持“双下降”，共发生各类生产安全事故 9229 起、死亡 8507 人，同比分别下降 26. 2%、19. 3%，全国安全生产形势呈现“稳中向好”的特点。一是重特大事故下降，上半年发生重特大事故 5 起、死亡 94 人，同比减少 4 起、100 人。二是部分行业重大风险防控取得明显成效，化工和工贸行业未发生重特大事故，建筑业重特大事故同比减少。三是一些领域专项整治取得积极进展，燃气领域未发生重特大事故，工贸行业有限空间较大事故多发势头得到有效遏制。四是大多数地区安全形势明显好转，全国 32 个省级统计单位中有 29 个事故起数和死亡人数同比“双下降”。

（二）全国自然灾害形势

上半年，各种自然灾害共造成全国 3238. 1 万人次不同程度受灾，因灾死亡失踪 322 人，紧急转移安置 85. 6 万人次，倒塌房屋 2. 3 万间，农作物受灾面积 3172. 1 千公顷，直接经济损失 931. 6 亿元。上半年我国自然灾害形势主要有以下特点：一是强降雨过程频繁且极端，主要江河洪水发生早、量级大，多地因强降雨引发山洪、城镇内涝和山体滑坡、泥石流等次生灾害，特别是 6 月份以来，广东、广西、福建、安徽、湖南等地重复受灾，灾情较重。二是西南、中南、华南

地区地质灾害多发散发，以山体滑坡、崩塌、泥石流为主。我国大陆地区发生5级以上地震22次，主要集中在新疆、西藏、青海、四川等地，未造成重大损失。三是强对流天气高发，风雹灾害点多面广，北方以大风、冰雹为主，南方以短时强降雨、雷暴大风为主。四是南北方地区旱情交替发展，主要影响西南、西北、华北、黄淮等地，给局地农业生产造成不利影响，目前已基本缓解。五是年初中东部地区低温雨雪冰冻灾害影响范围广、持续时间长、雨雪强度大、降水相态复杂，对群众出行和生产生活等造成严重影响。六是森林草原火灾总量处于低位，华北、东北、西南局地火险形势严峻。

十五、国务院安委会：推动建立完善事故隐患内部报告奖励机制

2024年7月25日，国务院安委会发布了《关于推动建立完善生产经营单位事故隐患内部报告奖励机制的意见》。意见要求：坚持以习近平新时代中国特色社会主义思想为指导，认真贯彻落实习近平总书记关于安全生产重要论述，坚持人民至上、生命至上，坚持安全第一、预防为主，按照安全生产治本攻坚三年行动总体要求，推动建立完善各行业领域生产经营单位事故隐患内部报告奖励机制，促进生产经营单位自觉主动、动态性开展事故隐患自查自纠，构筑安全生产领域的“人民防线”。2025年6月底前，推动煤矿、非煤矿山、石油天然气开采、化工（含石油化工）、医药、危险化学品、烟花爆竹、交通运输（含道路、铁路、民航、水上交通运输、城市轨道交通）、建筑施工（含隧道施工）、民用爆炸物品、燃气、渔业船舶、工贸、电力等重点行业领域的生产经营单位建立并实施事故隐患内部报告奖励机制；2025年底前，推动其他行业领域生产经营单位建立并实施事故隐患内部报告奖励机制。

十六、应急管理部启动危化品重大危险源企业2024年专项督查核查

为深入贯彻习近平总书记关于安全生产工作的重要指示精神，持续强化危化品重大安全风险防控，应急管理部近日启动危化品重大危险源企业2024年专项督查核查工作。

自9月起，应急管理部陆续派出17个工作组深入危化品重大危险源、海洋石油、陆上石油和油气长输管道等重点企业，聚焦安全管理、本质安全设计、操作运行、作业安全、设备管理、消防与应急等方面的风险隐患，核验各地区和有关企业化工和危化品安全生产治本攻坚三年行动重点任务落实质效。工作组还将

对2024年以来安全生产明查暗访和专家指导服务发现的企业特殊作业管理不到位、报警管理不规范、从业人员学历资质不符合要求等屡查屡犯问题的整改和举一反三情况进行抽查。

本次督查核查将对发现的重大隐患和突出问题加大通报曝光力度，督促对违法违规行为依法严肃查处，压紧压实各地区和有关企业安全责任，强化隐患整改闭环，有效管控重大安全风险，坚决遏制重特大事故。目前，有关工作组已赴甘肃、新疆、福建等地开展督查核查工作。

十七、关于贯彻落实国家标准《道路运输危险货物车辆标志》的通知

为深入贯彻落实党中央、国务院决策部署，进一步规范道路运输危险货物车辆标志产品生产和使用，提升危险货物道路运输安全管理水平，国家修订发布了国家标准《道路运输危险货物车辆标志》(GB 13392—2023，以下简称新GB 13392标准)，将于2025年4月1日起正式实施。为切实做好新GB 13392标准贯彻实施工作，相关部门联合下发了关于贯彻落实国家标准《道路运输危险货物车辆标志》(GB 13392—2023)的通知。

十八、应急管理部：深入贯彻落实习近平总书记重要讲话精神坚定信心　担当作为　全力完成全年目标任务

2024年10月8日，应急管理部召开部党委会和部务会，会议强调，要深入贯彻落实习近平总书记重要讲话精神和党中央决策部署，坚定信心、担当作为、攻坚克难，着力防范化解重大安全风险，全力完成应急管理全年各项重点目标任务。

会议强调，在各方共同努力下，前三季度安全生产形势总体平稳，各类灾害应对有力有序有效。第四季度是事故灾害高发时段，要提高警惕、严密防范，扎实推进年度重点任务，有效稳控安全形势。一要坚决防范遏制重特大事故。扎实推进安全生产治本攻坚三年行动，深入开展矿山安全八条硬措施落实、危化品重大危险源治理等专项整治行动。高质量开展安全生产和消防年度考核巡查，压实各地区、各有关部门责任，督促根据风险变化加大安全监管力度，切实把隐患消灭在事故发生之前。二要加快解决群众身边的安全风险。持续推进消防安全整治，紧盯人员密集、风险突出的“三类场所”，扎实推进“拆窗破网”、电动自行车等安全整治。协同有关部门加强房屋安全排查治理。推动有关部门加强旅游和交通安全监管，加强对“野景区”、网红打卡点的安全警示宣传和流动巡查，严防违规冒险进入。三要扎实做好秋冬季防灾减灾救灾工作。毫不松懈抓紧抓实森

林草原防灭火，加快提升大兴安岭等重点地区森林草原火灾防控能力。指导强降雨地区开展地质灾害“隐患点+风险区”全面排查，出现险情征兆及时组织转移避险。提早研究低温雨雪冰冻灾害防范应对工作，抓紧完善专项应急预案，在重点地区预置应急力量物资，推广防冻除冰新技术新设备。全力支持受灾地区做好冬春救助和恢复重建。

十九、全国危险化学品经营安全监管工作座谈会在大连召开

2024 年 10 月，全国危险化学品经营安全监管工作座谈会在大连召开。会议强调，危险化学品经营领域的“黑天鹅”和“灰犀牛”风险并存，安全监管面临的形势复杂严峻，抓好下一阶段危险化学品经营安全监管工作必须坚持以党的二十大和二十届三中全会精神为指引，坚持“先立后破”，更加主动推进主责主业改革创新；坚持从更贴合实际的角度推动安全风险管控数字化转型，以数字化赋能安全监管、减轻基层负担；突出安全隐患排查整治责任倒查，加强培训、完善标准、逐企建档、严格执法，着力根治问题隐患“屡查屡有、屡改屡犯”；牢固树立监管与服务并重理念，更好统筹发展和安全，有效发挥专家指导服务的作用，切实帮扶企业解决实际问题。

二十、国务院 2024 年度省级政府安全生产和消防工作考核巡查正式启动

国务院 2024 年度省级政府安全生产和消防工作考核巡查正式启动。由国务院安委会有关成员单位负责同志带队的 22 个考核巡查组陆续进驻 31 个省级政府和新疆生产建设兵团，对 2024 年度安全生产和消防工作开展考核巡查。

此次考核巡查自 11 月初开始，到 11 月底结束。考核巡查工作将坚持严的基调、严的氛围，突出强烈的问题导向，聚焦习近平总书记重要指示批示精神和党中央决策部署学习贯彻情况、安全生产责任落实情况，安全生产治本攻坚三年行动、城镇燃气安全专项整治、电动自行车安全隐患全链条整治等 11 项重点工作开展情况，以及重大事故隐患和群众身边的隐患排查整治情况等，把“多通报、多发督促函、多暗访、多拍摄隐患场景”贯穿全过程，做好专家指导服务，强化督导问效和闭环管理，确保考实评准。通过严格深入考核巡查，持续压紧压实各级党委政府和有关部门责任，精准查找漏洞，督促整改落实，坚决防范遏制重特大生产安全事故发生，确保岁末年初安全生产形势持续稳定。

考核巡查组坚持提升考核巡查效能与整治形式主义为基层减负并重，将综合

运用专题座谈、调阅材料、个别谈话、走访问询、受理举报、现场抽查、下沉督查等方式开展工作，对每个省级政府以“必查+选查”重点行业领域的方式，对有关企业单位和场所开展明查暗访，通过发现的问题隐患，倒查有关部门履职情况。

进驻期间，各考核巡查组将通过设立举报电话、电子邮箱和信访邮箱等方式接收群众举报，坚决查处群众身边的安全生产和消防安全重大问题隐患，对典型重大问题，将提级督办并移交属地倒查责任。

二十一、李强主持召开国务院常务会议　研究推动平台经济健康发展有关工作等

国务院总理李强 2024 年 11 月 22 日主持召开国务院常务会议，研究推动平台经济健康发展有关工作，讨论《中华人民共和国危险化学品安全法(草案)》，审议通过《国务院关于修改和废止部分行政法规的决定(草案)》。

会议指出，发展平台经济事关扩内需、稳就业、惠民生，事关赋能实体经济、发展新质生产力。要进一步加强对平台经济健康发展的统筹指导，加大政策支持力度，壮大工业互联网平台体系，支持消费互联网平台企业挖掘市场潜力，强化平台经济领域数据要素供给，促进数据依法有序跨境流动，增强平台经济领域政策与宏观政策取向一致性。要规范市场竞争秩序，健全常态化监管制度，推动平台企业规范经营、有序竞争、提升质量，促进各方主体互利共赢。要切实保障消费者和劳动者合法权益，健全线上消费投诉公示、消费后评价等制度，指导平台企业依法规范用工，更好发挥平台经济对促进就业的重要作用。

会议讨论并原则通过《中华人民共和国危险化学品安全法(草案)》，决定将草案提请全国人大常委会审议。会议指出，要时刻绷紧危化品安全这根弦，坚持人民至上、生命至上，坚持安全第一、预防为主、综合治理，构建安全风险分级管控和隐患排查治理双重预防机制，加强生产、储存、使用、经营、运输等全过程的安全管理。要强化企业主体责任，落实政府监管责任，加强跨部门、跨区域联合执法，坚决防范遏制重特大事故发生。要强化危化品安全源头治理，提高从业人员专业技能，用好大规模设备更新政策，加快推进化工老旧装置淘汰退出和更新改造，最大限度降低安全风险。

二十二、中央经济工作会议在北京举行　其中涉及安全

2024 年 12 月 11 日至 12 日，中央经济工作会议在北京举行。中共中央总书记、国家主席、中央军委主席习近平出席会议并发表重要讲话。习近平在重要讲

话中总结 2024 年经济工作，分析当前经济形势，部署 2025 年经济工作。

会议涉及安全内容：

会议强调，要加强党对经济工作的领导，坚持干字当头，增强信心、迎难而上、奋发有为，确保党中央各项决策部署落到实处。要强化正向激励，激发干事创业的内生动力。切实为基层松绑减负，让想干事、会干事的干部能干事、干成事。坚定不移惩治腐败，保持公平公正的市场环境、风清气正的营商环境。坚持求真务实，坚决反对热衷于对上表现、不对下负责、不考虑实效的形式主义、官僚主义。统筹发展和安全，抓好安全生产，有效防范和及时应对社会安全事件。增强协同联动，反对本位主义，形成抓落实的合力。加强预期管理，协同推进政策实施和预期引导，提升政策引导力、影响力。同时，要准确把握世情国情党情社情，加强战略谋划，制定好中央“十五五”规划建议。

二十三、国务院安委会办公室召开中央建筑企业安全生产形势分析会

2024 年 12 月 12 日，国务院安委会办公室召开中央建筑企业安全生产形势分析会，深入贯彻落实习近平总书记关于安全生产的重要指示批示精神，通报近期建筑施工安全生产形势，推动深刻吸取事故教训，深入推进建筑行业安全生产治本攻坚三年行动。

会议指出，2024 年以来，全国安全生产形势持续稳定好转，但建筑业安全生产形势不容乐观，涉及中央企业较大及以上事故有所增加。一些央企项目现场安全管理不到位，安全责任未有效传导到基层一线。当前正值岁末年初，赶工期、抢进度现象突出，事故易发多发，中央企业要充分发挥带头表率作用，进一步加强建筑施工安全生产工作，扎实开展今冬明春安全生产和自然灾害风险隐患排查整治，坚决防范遏制重特大事故发生。

会议要求，要深入学习贯彻习近平总书记重要指示批示精神，进一步增强做好安全生产工作的责任感、使命感、紧迫感，深刻汲取教训，将“时时放心不下”的责任感，转化为“事事心中有底”的行动力；要进一步增强安全责任传导的穿透力，确保安全措施落实到作业一线；要进一步加强分包领域问题的整治力度，严厉打击转包、违法分包、“包而不管”等突出问题；要学好用好重大事故隐患判定标准，扎实推动重大事故隐患动态清零；要抓早抓小，源头防范，深入整治，确保岁末年初安全生产，对因安全责任不落实导致发生重特大事故的，要依法从严从重追责问责。

行业动态篇

第一章 中国石油安全生产与应急管理工作动态

一、2024 年度工作进展

2024 年，面对国家趋严趋紧的安全监管要求和严峻复杂的安全生产形势，中国石油党组坚决贯彻习近平总书记“发展决不能以牺牲安全为代价”的安全发展理念，第一时间学习贯彻习近平总书记关于安全生产的重要指示批示精神，第一时间部署落实国务院安委会、应急管理部和国资委等相关部委的工作要求，始终把安全生产作为高质量发展的前提和基础，始终把安全生产与改革发展同谋划同部署，实现了安全生产形势总体平稳可控，有力促进了中国石油高质量发展基础和保障能力持续提升。

（一）坚持从严监管，推动安全责任落实归位

党组认真落实“第一议题”制度，深入学习贯彻习近平总书记重要指示批示精神，董事长率先垂范，逢会必讲安全，调研必查安全，落实第一责任；总经理带头践行有感领导，上下半年主持召开中国石油安全生产视频会，对重点工作进行安排部署；其他党组领导深入落实“三管三必须”，切实履职尽责。总部部门、专业公司、各企业落实党组安排要求，党政同责、一岗双责、齐抓共管，形成工作合力。在总部、专业公司层面建立月度安全生产形势分析例会制度，开展以“风险辨识和隐患排查”为主要内容的例行 HSE 活动，印发 17 期《安全风险提示函》，“一企一策”风险提示 78 次。升级“安全生产红线”管控，对触碰“红线”的 5 起一般 B、C 级生产安全事故实施升级调查处理。组织层层修订安全环保责任书，收紧业绩考核指标，明确企业杜绝一般 A 级工业生产安全事故、二级单位杜绝一般 B 级生产安全事故、基层单位杜绝一般 C 级生产安全事故，一旦发生亡人事故即启动业绩考核和责任追究。油气新能源公司结合专业公司 3 个层级岗位职责，分类制定安全环保责任指标并逐级签订责任书，进一步压实责任。分企业“一把手”、总经理、安全总监三个层次开展履职测评和述职评议，中油国际对所属海外项目新任职主要负责人全面开展履职测评和述职评议。

（二）坚持标本兼治，推动专项整治落地见效

扎实推进安全生产治本攻坚三年行动和城镇燃气管道“带病运行”专项治理，董事长担任领导小组组长统筹安排部署，总经理定期听取进展汇报，主持季度推进会部署重点任务。治本攻坚围绕“一防四提升”部署28项重点任务，城镇燃气管道“带病运行”专项治理明确停用、更新改造和巩固提升等各阶段安排。中国石油先后组织召开动员部署会和4次季度推进会，在7个区域建立常态化督导巡查工作机制，确保各项整治任务落地见效，提升安全监管效能。治本攻坚以来，全面完成444座重点井站场、6.8万口停产井、2548口含硫化氢天然气井、169条老旧长输管道、35套高危细分领域生产装置、259座油气储存基地、40座海洋石油有人值守设施风险隐患排查治理，实现重大隐患动态清零。推进海洋石油“1222”监管机制建设，贯彻落实习近平总书记贺信指示精神，指导做好“梦想”号作业前首次安全备案。天然气销售公司、油气新能源公司加大城镇燃气管道“带病运行”专项治理力度，停用不符合安全要求管道30条，更新改造燃气管道560km、场站和设施83座，更换加装安全装置243万户，改造立管816km，城镇燃气管道和设施本质安全水平持续提升。

（三）坚持系统思维，推动HSE体系运行优化

完善体系审核方式方法，强化差异化审核，实施内审指导的企业数同比增加92%。聚焦系统性管理问题及整改效果，较大及以上问题整改现场验证率100%。体系审核的组织方式、审核内容、审核重点进一步优化完善。深化基层HSE标准化建设，完成新标准下60%基层站队达标任务，动态评选出20个集团级示范站队，指导完成200个企业级示范站队评审。强化安全记分管理，突出记分结果应用，将承包商全面纳入记分，全年对15.56万人次记16.43万分，问责6.14万人。中油技服在落实安全记分基础上，引入正向积分奖励机制，有效提高员工积极性。强化履职能力考评，制定《企业领导干部安全生产应知应会》，开展企业安全总监专项培训。加快推进科技兴安，在风险智能监测、智能巡检、智能报警等方面建立16项典型实用技术目录，发布激光甲烷监测、智能视频监控等重点技术设备配置应用指南，统筹完成应急管理部安全智慧井队站场试点建设任务。

二、面临的形势和存在的问题

当前，中国石油QHSE工作面临着新形势新任务新要求。中央经济工作会议强调统筹发展和安全，抓好安全生产，协同推进降碳减污扩绿增长，加紧经济社会发展全面绿色转型。将借鉴中央生态环境保护督察模式开展安全生产考核巡查。生态环境保护标准更新加快、要求更高，将建立以排污许可为核心的污染物排放管控体系。对标对表国家部署要求，中国石油目前工作中还存在差距和短板。

（一）员工安全意识不足，责任制落实仍存在较大差距

绝大部分事故是员工缺乏安全意识造成的。在2024年的事故中，员工明明知道高处作业规定摘掉安全带双钩、无防护措施进入受限空间、设备控制系统自动状态人员进入操作、清罐时使用铁器敲打等违章作业存在的安全风险，但是麻痹松懈，抢工期、图省事、走捷径，不遵守规章制度和操作规程，导致事故发生。

（二）设备设施老化陈旧，本质安全水平不高

经初步统计，中国石油有超过20年的老旧炼化装置225套，涉及21家地区企业，2000年前建设的燃气管道9300km，各类停产时间超过六个月的采油气井、注入井，以及未完成永久性封堵的报废井57993口，设备设施腐蚀老化，极易发生泄漏失效，事故隐患集中显现，隐患治理任务非常艰巨。

（三）“风险隐患排查整改不彻底、事故事件教训吸取不深刻、领导干部履职尽责不到位”等问题依然突出

风险隐患排查走形式，上级开展下级不动，没有压茬推进，不能穿透到基层现场；部分基层单位不能结合实际有针对性地开展风险辨识，照搬照抄上级风险提示函，风险辨识上下一般粗；部分单位“带病运行”管道更新改造进度滞后。

（四）“低老坏”现象和“三违”行为屡查屡有，暴露出安全管理“上热中温下冷”问题依然突出，基层安全执行力仍然不足

有的基层单位对上级安全管理要求不上心，对风险提示预警不重视，麻痹松懈，管理混乱，特别是生产经营任务重时，重效益轻安全，抢进度走捷径，心存侥幸，导致事故发生。有的车间、站队基础不牢、工作不实，管理“宽松软”，设备“低老坏”，环境“脏乱差”，造成现场风险隐患漏管失控，导致险情频发甚至引发事故。有的员工不严格遵守规章制度和操作规程，不认真执行“劳动纪律、工艺纪律、操作纪律”三大纪律，违反“反违章禁令”和“保命条款”，无知无畏、冒险蛮干、害人害己。

（五）新能源新材料新业态快速发展，新的安全风险逐渐显现

中国石油在风光热电氢、CCUS、水封洞库等新能源、新材料、新业态领域快速发展，由于部分新兴产业缺乏国家或行业标准，同时企业对新兴产业的管理经验相对缺乏，管控能力相对薄弱，对潜在风险的认识不足，导致新的安全风险日益突出。

三、2025年重点工作部署

深入学习贯彻习近平总书记关于安全生产的重要论述，认真落实党中央、国务院的决策部署，按照中国石油党组工作要求，持续深化"四全""四查""四个坚持"认识和实践，深入开展安全生产治本攻坚2025年"强基固本"专项行动和城镇燃气管道"带病运行"专项治理，健全完善风险分级管控和隐患排查治理双重预防工作机制，加快推动安全管理从严格监管阶段中期向中后期迈进，以高水平安全保障中国石油高质量发展。

（一）聚焦强基固本行动，持续提升风险防控能力

深入推进安全生产治本攻坚三年行动，制定2025年"强基固本"行动方案，持续开展油气勘探开发、危险化学品、城镇燃气管道"带病运行"等安全风险隐患排查治理。开展井控及停产井、硫化氢、承包商、重点工程及炼化大检修、新能源新材料新事业等5个重点领域专项整治。深化海洋石油"1222"监管机制建设，突出做好有人值守设施安全风险自评估和深度评估。强化风险提示预警，坚持常态化开展风险辨识与隐患排查例行HSE活动，企业分层级开展风险辨识并落实管控措施。强化隐患排查治理，完善判定标准，分级督办隐患治理项目，加强正向激励，奖励排查整改隐患，构筑安全生产人民防线。强化基层应急能力建设，严格落实"135"应急处置原则，明确生产现场班组长突发紧急状况下的直接处置权，优化完善重点岗位应急处置卡并加强培训演练，确保紧急情况能够"一招应急"，避免事态扩大。强化消防网格化、区域化监管，确保专职消防队建设通过国家验收。

（二）聚焦审核优化完善，持续夯实基层基础工作

深刻吸取体系审核未发现数据造假问题的教训，持续优化审核组织方式，深化实施差异化审核，进一步提高专项审核和内审指导的比例。加强审核现场技术监测和举报暗访等手段应用，强化审核专家队伍建设，完善分级管理和激励考评机制。强化审核后评估管理，严格对标开展审核质量评估。强化问题闭环整改和结果应用，加大对触碰红线、违法违规、弄虚作假、屡查屡有等典型问题的追溯问责及通报考核。深化基层站队HSE标准化建设，推进新标准下80%基层站队达标，全面完成"十四五"基层站队标准化"百千示范工程"。巩固提升全员安全

履职能力，修订履职能力评估管理制度和评估标准，常态化开展企业“一把手”、总经理、安全总监的安全履职测评和述职评议。持续推进数智化技术赋能安全环保，加快智能视频监控、气体泄漏智能监测等安全实用技术设备的应用，全面推进安全生产智能管控项目建设，升级污染源在线监测、固体废物和 VOCs 管控系统，构建污染源在线监测数据质量管控体系。

第二章　中国石化安全生产与应急管理工作动态

2024年，中国石化坚持以习近平新时代中国特色社会主义思想为指导，认真贯彻落实党的二十届三中全会和习近平总书记视察胜利油田、九江石化重要指示精神，坚持问题导向，强化底线思维，落实严管举措，深入开展安全生产治本攻坚暨安全管理提升年行动、绿色企业行动第二阶段工作，全力配合中央生态环境保护督察，安全环保形势持续稳定向好，集团公司安全绿色高质量发展实现新进步。

一、2024年度工作进展

（一）紧盯痛点难点，加强企业消防专业管理

1. 开展消防安全隐患集中排查整治行动

中国石化积极落实全国安全生产电视电话会议部署和国务院安委会办公室通知要求，深刻汲取河南南阳市“1·19”学校宿舍楼重大火灾事故、江西新余市“1·24”临街店铺特别重大火灾事故教训，督促全系统加强办公场所以及人员密集场所风险隐患排查治理，落实落细防范措施。结合石化企业自身实际开展专项行动，充分识别管控火灾事故风险，重点针对消防安全基础管理、生产经营场所消防安全管理和办公、居住及宾馆（招待所）等人员密集场所消防安全管理等3个方面16小项，全面排查整治消防安全隐患。组织企业自查自改问题9000余项，总部还组织对北京、天津、上海、广州、成都等地集中办公场所和宾馆进行抽查，检查整改问题约200项。

2. 开展电动车专项治理行动

集团公司制订下发《关于进一步加强电动自行车消防安全管理的通知》，跟踪督促企业从五个方面落实相关管理要求，加强办公楼、宾馆、酒店、会议中心及自管小区等人员密集场所的电动自行车存放、充电安全管理。总部组织对百川公司、北京化工研究院等驻京单位重点场所开展消防专业抽查，并督促做好检查问题整改。落实中央领导批示要求，组织摸查驻京单位和重点企业电动自行车消

防安全管理工作情况，向党组领导进行报告。截至目前，集团公司范围内未发生因电动自行车引发的火警事件。

3. 开展消防安全月活动

以“全民消防、生命至上”为主题，紧盯重点领域和关键环节，组织全体企业强化消防安全基础管理，加强全员消防安全宣传教育和培训演练，加强办公、居住等人员密集场所消防安全检查，抓实井场、生产装置、油品罐区等生产经营场所消防安全管理和专职消防队伍达标建设收尾工作，落实消防安全责任，整治消防安全隐患，推动消防安全治理模式向事前预防转型，坚决防范火灾事故发生。

（二）对标部委要求，扎实推进专职消防队伍建设

1. 加强消防人才队伍建设

以 3 号文达标建设为契机，集团公司健康安全环保管理部协同党组组织部大力推进消防人才队伍建设。一是制定下发《关于加强专职消防队伍人力资源管理的意见》，对于消防队伍用工模式、人员配置等内容都做出具体规定，特别是明确一线消防员转换为合同制用工的相关要求，为吸引骨干人才创造条件，推动集团公司专职消防人才队伍建设迈出坚实步伐。二是组织油田、炼化和销售企业对照《专职消防救援队伍劳动定员》标准完成本单位专职消防队伍“三定”方案编制工作，完善消防队伍组织机构，配齐配强专业技术人员，得到国家消防救援局抽查验收组肯定。三是组织镇海炼化、广州石化、济南炼化、仪征化纤、扬子石化、金陵石化、茂名石化等企业平稳有序完成消防队伍用工形式调整规范工作，将原有劳务派遣用工转换为阶段性合同制用工，充分激发了队伍活力。

2. 加强消防装备及营房建设

根据国务院安委办 3 号文要求，健康安全环保管理部牵头先后 4 次组织会议，组织总部发展计划部、物装部、相关事业部与企业投资发展、安全、消防等部门进行逐家对接，统筹做好油田、炼化和油品销售企业、石油销售公司的消防车辆更新、装备补充和营房建设工作。目前多数车辆及装备已顺利到货，个别新建、改建消防站任务较重的企业，正在督促加快推进项目建设工作。

3. 组织消防队伍达标建设预验收

总部牵头对所属 16 家专职消防队伍劳务外包企业开展了专项评估。评估组综合 5 项国家部委和集团公司相关文件、标准详细制定了评估表，并在现场逐项审核，共计实地复核了 26 座消防站定级及达标建设情况；查阅了企业和队伍管理制度 245 份、训练大纲 62 份、灭火预案 337 份；抽考了执勤队长、指挥员、驾驶员、战斗员等 220 人，对战备执勤、业务理论知识及实操技能等进行测试；

同时对营房、训练场地设施进行了勘验；现场随机抽取场景组织应急演练16次，比较详实地对企业消防队伍进行了全面“体检”。总体来看，多数被评估企业基本满足3号文达标验收条件。健康安全环保管理部已通过视频会议、OA发文等形式逐家反馈评估报告和问题清单，督促相关企业抓紧做好问题整改，确保顺利通过验收。

（三）严管厚爱并重，持续强化消防队伍内部管理

1. 组织专职消防队伍技能竞赛

2024年，组织了中国石化首届专职消防队伍技能竞赛。竞赛决赛共设置8个科目，39家企业的273人(39名指挥员、234名消防战斗员)参赛，在中国石化近年举办的一类竞赛中创造了参赛人数最多、竞赛科目最多等纪录。竞赛定位准确，纪律措施严明，办赛公平公正，突出应急救援的科学性、技术性和创新性，实现了节约高效、安全顺利、公平公正的办赛目标，应急管理部、河南省应急厅等政府部门和集团公司党组组织部、相关事业部、参赛单位均给予高度评价，20家新闻媒体进行了广泛报道，在行业内形成较好的正向传播效应。

2. 加强消防专业培训交流

2024年，总部牵头举办“消防装备大家讲”活动15期，通过骨干队伍专业技术人员讲解主战装备的原理、维护、使用要点，带动形成了消防队伍学好装备的热潮，有效推动队伍提升了消防装备应用管理水平。组织了3期应急专业骨干培训班，对企业消防队伍保持常态化业务培训，提升专业技术管理水平。完成了《应急能力建设和评估指南》《空气呼吸器使用及维护技术规范》《消防应急通信指挥系统技术规范》等标准制修订，为应急消防专业管理加强技术支撑。

3. 打造消防队伍品牌形象

总部牵头在“奋进石化”微信公众号开设“应急队伍”栏目，采写报道专职消防队伍比武竞赛、抢险救援、培训宣传、党建管理等方面的典型经验和先进典型，有效加强应急消防专业的对外宣传工作。2024年累计发布稿件32期204篇，充分展示了中国石化专兼职应急队伍风采，有效增强了队伍凝聚力，助力打造了集团公司“党和人民好企业”形象。

（四）夯实专业基础，加强应急消防专业技术管理

1. 做好消防专业标准制修订工作

紧跟行业发展变化和现场应用反馈，组织制修订了《消防设施运行操作技术规范》《消防应急通信指挥系统技术规范》《泡沫灭火剂质量监督和管理要求》《空气呼吸器使用及维护技术规范》等多个技术标准。

2. 组织消防专题技术研究

先后组织企业消防队伍对危化品罐车泄漏事故救援技术、救援现场通信装备配置与升级等热点难点问题开展专题研讨，结合典型案例研究应对措施，有效提升了消防队伍专业技术管理水平。

3. 研究新能源消防安全风险管控措施

组织完成加油站增设光伏发电的消防安全对策措施，形成研究报告，推动国家相关部委对光伏与加油站合建项目出台政策法规标准。

（五）履行央企职责，积极参与社会救援与应急处置

各企业专职消防队伍在护卫自身安全的同时，积极响应国家部委和地方政府指令参与社会救援。2024 年，胜利油田、中原油田、河南油田、天津石化、广州石化、湖南石化、川维化工等企业先后参与湖南等地洪灾、天津渤海化工火灾、广东韶关泥石流等救援工作，展现了中国石化讲政治、顾大局、勇担当、善作为的央企形象，得到部委高度肯定。

二、面临的形势与挑战

以习近平同志为核心的党中央始终高度重视安全生产工作，习近平总书记站在新的历史方位，就安全生产工作作出了一系列重要指示批示，提出了一系列新思想新观点新思路，反复告诫要牢固树立安全发展理念，正确处理安全和发展的关系。2024 年以来，国家层面又陆续修订发布了新版《突发事件应对法》《国家突发事件总体应急预案》，对于应急管理工作提出了新的更高要求。中国石化作为中国最大的成品油和石化产品供应商，世界第一大炼油公司、第二大化工公司，加油站总数位居世界第二，是上下游、产供销、内外贸一体化的特大型能源化工集团公司，业务范围广、产业链条长，多数生产经营企业涉及危险化学品，火灾、爆炸等事故风险始终存在。特别是随着社会进步和人民群众生活水平的提高，民众对于事故的可接受阈值降低，一旦发生事故极易造成负面社会影响，引起高度关注。在当前安全生产严格监管阶段尚未跨越的前提下，集团公司安全环保形势依然严峻复杂，丝毫不可松懈，需要进一步强化应急准备、预防事故发生、提高应急处置水平，坚决守住安全生产底线。

三、2025 年工作思路

坚持以习近平总书记关于安全生产重要论述为指导，认真贯彻习近平总书记视察胜利油田、九江石化重要指示精神，牢固树立以人为本、安全第一、环保优先理念，压实全员责任，坚持从严管理，强化考核问责，以安全生产治本攻坚三年行动为主线，统筹专业抓过程，重心向下抓基础，治本攻坚抓根本，全力防范化解重大风险隐患，全面提升本质安全环保水平，为加快建设具有强大战略支撑力、强大民生保障力、强大精神感召力的中国石化提供有力保障。

四、2025 年工作计划

1. 强化应急准备工作

修订发布新版中国石化级应急预案，结合近年国家法规政策变化做好预案衔接，同步组织宣贯培训。精心策划实施集团公司级应急演练，通过情景构建等方式检验企业各层级的应急能力。

2. 强化基层单位应急能力建设

调研总结油田、炼化、销售等各板块的先进经验、典型案例，持续推动落实“135”应急处置原则，有效提升企业基层的应急处置能力。

3. 落实国务院安委办 3 号文和集团公司要求，圆满完成专职消防队伍达标建设工作，做好国家部委联合验收准备

开展自建自管消防队伍达标预验收，督促企业抓紧完成装备到货、营房建设等收尾工作，落实队伍“三定”方案，建设完善组织机构，打通人才成长通道，提升薪酬待遇和福利保障水平，确保队伍稳定。

4. 强化应急值守，做好突发事件应急处置

组织企业专职消防队伍加强值勤备战，及时做好突发事件应急处置，同时积极参与社会救援，充分发挥石化企业队伍在危化救援等方面的专业特长，展现了负责任、敢担当的央企社会形象。

5. 加强标准化管理，提升队伍实战能力

组织企业锚定“在国内争一流、站排头的企业专职消防队伍”建设目标，按照“五规范一大纲”要求从严做好消防队伍的战备执勤、业务训练、装备管理、监护与救援行动和正规化建设等各方面工作，严肃队容风纪、锤炼意志品质，不断提升队伍的正规化、专业化、职业化管理水平。

6. 加强信息化建设

依托智能运营 2.0 系统，做好应急指挥系统的升级完善，将应急指挥与生产运行状况结合，提前了解突发事件先兆，将事故预防关口前移，避免事故发生，为及时开展应急处置赢得主动，避免次生事故。改进应急指挥方式，优化应急资源调配，强化应急通信保障，有效提升应急指挥水平。

第三章　中国海油安全生产与应急管理工作动态

2024年，在中国海油集团党组坚强领导和安委会统一部署下，集团上下一心，贯彻落实党中央、国务院决策部署，坚持总体国家安全观，统筹发展和安全，着力防范化解重大风险，扎实推进安全生产治本攻坚三年行动和基层基础提升精益管理，安全生产形势整体平稳，生态环境治理成效显著，自然灾害防范有力，全面质量管理体系初步形成，健康基础提升明显，为保障集团公司高质量发展提供坚实基础。

一、2024年安全生产与应急管理工作回顾

（一）聚焦安全意识提升，主体责任有效压实

1. 统筹推进部署

2024年，中国海油党组深入贯彻落实党中央重大决策部署，深刻认识安全环保工作特殊重要性，把安全环保工作作为一项重要政治任务来抓，通过"第一议题"第一时间学习贯彻，安委会和专项会第一时间部署落实，日常例会指导推动，日常调研检查问效，各方面工作开展有力有效。传达落实国家部委全国安全生产电视电话会议精神6次，召开全系统安全生产视频会4次，召开各领域专题研讨会15次。

2. 核心能力建设

在制度建设方面发布隐患奖励相关制度，修订承包商管理相关制度；数字化专项方面开发中国海油QHSE管理信息系统及出海人员跟踪管理系统；在老旧设备改造方面集团成立了设备设施更新改造工作领导小组，开展危化品老旧装置安全风险评估；在健康管理方面发布《中国海油健康管理提升行动方案》；承包商管理方面发布《关于深化提升承包商安全管理工作的通知》，组织承包商经验交流6000余次，提醒、约谈、通报承包商1900余家，表彰承包商800余家，进入承包商黑名单人员1400余人；排查整治问题隐患156715项，进行隐患排查专项奖励9026人次；各类安全环保培训覆盖职工人员226万人次，海学线上培训累

计140余万学时。

（二）聚焦应急基础提升，精细管理更加扎实

1. 应急体系构建

中国海油聚焦溢油、消防、救援、井控、工程抢维修五个方面，从制度、装备、人员、科研四个维度出发，系统性提升海上应急能力，形成海上应急能力提升“一盘棋”局面，初步建成区域联动、立体高效、权职责分明的专业应急力量。

签订应急救援互助协议及救助战略合作框架协议等8项，深化政企合作，推进区域联动机制建设；应急救援能力提升方面开展直升机机型更换，达到“昼间搜救、夜间搜寻”的能力，实现“空中120”全海域覆盖；溢油应急能力提升方面有效溢油处置能力达1818m^3/d。推进特殊环境溢油应急能力建设，冰区/恶劣海况及防火围控能力显著提升；井控应急能力提升方面，天津基地补充浅水应急装备364台/套，整体形成较为完善的浅水井控应急救援和风险预防能力，陆地非常规井控应急保障能力建设初具规模；消防应急能力提升方面常态化海上平台风险评估，排查消防应急薄弱环节和短板，配置FIFI Ⅱ消防等级船舶11艘，实现全海域覆盖，陆地专职消防队完成国家达标任务。

2. 全天候应急救援

共参与海上救助行动81次，动用船舶134艘、直升机24架次；救助遇险船舶41艘、遇险人员142人；参与火灾抢险等6次。其中8月辽宁省葫芦岛市部分乡镇突发洪涝灾害，中国海油启动空中120，完成4班次救援任务，营救当地村民18人；超强台风“摩羯”灾后重建，投入志愿者536人次，投入救援车19车次，应急物资2000余件，应急管理部部长王祥喜批示：反应迅速，成功救援，值得肯定。

3. 应对严峻台风挑战

2024年自然灾害形势严峻，特别是影响较大的台风具有强度整体偏强、秋台偏多且集中爆发、个别台风强度极端等特点。中国海油坚持以人为本、上下联动，积极作为，成功应对了超强台风“摩羯”影响范围广、持续时间长、冲击强度大等挑战，机制有效，应对得力。

按照“早动员、早宣贯、早执行、早落实”的原则，科学研判、上下联动、底线思维，在实践中不断固化机制、动态防范有力有效应对了2024年复杂严峻的台风形势，“底线防台、科学防台”理念得到了深刻认识和践行。2024年受影响并采取应对措施的台风11个，强度整体偏强、个别台风强度极具极端性，其中7个为超强台风，占比全年的64%。撤离人员35000余人次，动用直升机千架

次，船舶 100 余船次。

二、2025 年安全生产工作目标

2025 年是中国海油“十四五”规划收官之年，也是“十五五”规划的衔接之年。锚定“坚决防止较大事故、全面防范一切事故、始终追求零死亡”的安全生产目标不动摇，加快质量健康安全环保管理体系和能力现代化建设，实现政治站位、思想认识水平进一步提升，防范化解风险能力、安全环保支撑能力、质量健康保障能力进一步增强，QHSE 管理体系有效运行，体制机制更加完善，基层基础更加扎实，QHSE 领域数字化转型取得阶段性进展，绿色低碳转型进一步加快。

三、2025 年重点工作安排

（一）强化双重预防，提升安全效能，提高风险防控能力

一是深化风险评估机制。深化“十大安全环保风险”逐级评估机制，强化全员参与风险识别，构建风险联防联控联治机制；同一区域内不同单位的十大风险形成联通联动，进一步提升风险研判能力。二是加强全流程风险管控。强化项目全过程风险管控，严格执行“三同时”管理要求。深化关键设备设施完整性管理，有序推进老龄化海上固定式生产设施主结构安全评估和中下游低能效设备、化工老旧装置、海底和陆上管道更新改造。三是强化隐患排查。利用先进工具和技术，提高隐患排查质效。建立同业务单位“互查”机制，加强安全监督、业务监督及派出单位评估。用足用好隐患排查奖励措施，激发员工发现和上报隐患积极性。四是境外差异化安全管理。结合境外项目资产业务、安全环保风险、碳排放管控和当地实际，构建境外项目分类管理和监督检查机制，健全境外项目 HSSE 风险识别与管控相关制度，制定降碳目标，因地制宜实施差异化管理。

（二）突出数智赋能，推进科技兴安，提升监测预警能力

一是加快 QHSE 信息系统建设。推动钻井平台运行参数接入安全风险监测预警系统；升级出海人员动态跟踪系统（MTS），实现全海域出海人员数据共享；持续优化中下游标准版安全风险智能化管控平台功能。二是开展 QHSE 业务域数据治理。深入开展数据治理需求分析、数据标准体系建设、源头数据治理、数据实施等数据治理工作，跨单位、跨部门实现信息快速获取、传递、共享、利用，避免重复填报，提升数据一致性和准确性，最大化发挥数据价值。三是推广先进技术应用。推动潜水现场建立水上和水下全方位视频监控，做好水下机器人、海上人员定位、化工装置智能拆除、危化品道路运输技防措施、安全智慧站场、安全

智慧油库、安全智慧工地等技术研发和应用。四是发挥“产学研用”主导作用。加快深远海油气开采安全研究中心建设，进一步推动科技成果转化；与清华大学等高等院校建立长效合作机制，开展全域视频识别技术、环境风险探测预测技术、多风险综合性分析超前预警技术应用。

（三）紧盯应急领域，强化全过程管控，提升专业管理能力

一是建立“大应急”联防联控机制。携手政企探索建立“大应急”的联防联控系统机制，强化各级应急预案衔接，优化应急指挥责任界面，开展各层级应急预案有效性评估；强化安保区域协同机制建设。二是强化专项应急能力。强化专职消防队伍建设，明确制度体系、人员训练要求，确保专职消防队完成国家达标验收开展极端情况海上溢油处置、人员撤离等效能分析，加强应急救援新材料、新技术的研发应用。三是强化应急保障和信息报送。严格落实“叫应”机制，严格执行领导干部值班值守、关键岗位24h值班制度。四是科学防灾联动机制。聚焦防台、防汛重大风险，整合内外部资源，拓宽气象预警资源池、技术池，强化“气象预报、灾害研判、应急预案”联动，提高工作主动性、科学性。

第四章　国家管网安全生产与应急管理工作动态

国家管网集团贯彻落实国家能源安全“四个革命、一个合作”的重大战略成果，肩负着保障国家能源安全的光荣使命，承载着服务国家战略、服务人民需要、服务行业发展的管网初心。

油气管网覆盖地域广、公众关注度高、社会影响面大，输送介质具有高压、易燃、易爆、易污染等危害性。做好安全生产是国家管网集团最大的政治。国家管网集团自组建运营以来，始终统筹发展和安全，坚持安全生产先于一切、高于一切、重于一切，持续保持了安全生产总体平稳态势。

一、2024 年安全工作情况

（一）安全生产管控机制持续改进

1. 全员安全生产责任持续压紧压实

印发《落实中央企业安全生产管理评价工作实施方案》，“一企一策”开展企业 HSE 过程管控绩效评价。逐级签订《安全环保责任书》，多维度量化评价并推动主要负责人和安全总监述职，从严亡人事故“先免后查”和失职追责。全面推广基层岗位 HSE 责任“三个一”，实现“一岗一考核”结果与 HSE 绩效硬挂钩。

2. QHSE 管理体系持续改进

健全 QHSE 管理体系架构，聚焦承包商、作业许可、双重预防机制、管道线路和应急管理等 5 个管理重点，对 21 家生产建设类企业实施体系精准审核。基于岗位开展管理追溯，同步实施流程遵从性测试，促进制度、体系、流程深度融合。创新应用精准审核机制实施承包商专项安全检查。

3. 基础管理工作不断加强

完善 5.0 安全制程，将集团 20 项安全制度优化整合为 10 项，满足区域化改革和“两级管理”模式需要。实施企业安全总监、审核员、作业监护人考评师等专项培训 19 期，举办首届安全管理职业技术竞赛，促进安全能力提升与现场措施落实整体协同。

4.“科技兴安”支撑作用开始凸显

开展双防机制模块功能提升，60座重大危险源安全数据实现与14家省级政府平台动态链接。深化HSE管控一体化平台迭代升级，优化作业许可、风险隐患等核心功能23项，数字化拉通跨业务流程7个，实现与IMS系统作业、巡检、应急等数据应用共享。

（二）双重预防机制建设成效显著

1. 双重预防机制有效运行

完善较大以上风险隐患判定标准和排查规范，将设备失效与缺陷故障纳入隐患排查范围，动态开展风险隐患排查整治并健全“一企两清单”。推动生活后勤电磁灶改造，液化气灶及气瓶全面“清零”。加大隐患“吹哨人”奖励，集团公司层面奖励24起“吹哨”隐患，涉及员工40名，发放奖金79万元，各企业奖励1086名员工，发放奖金125万元。

2. 重大风险挂牌督办成效显著

深化主要负责人带头“抓落实、抓整改”机制，紧盯关键措施强化整治，推动鲁宁线老旧管道、文23储气库井控风险、站库共用控制系统等企业挂牌重大风险通过治理实现降级。

3. 承包商安全管理持续改进

修订《承包商安全监督管理规定》，强化承包商安全“等同化”管理理念和过程考核，从严管控承包商准入资质、招标选商、现场监管、考核评价等全链条风险，刚性执行承包商“黑名单”制度。

4. 直接作业环节风险管控更加有效

制定新版作业许可制度，严把作业风险管控许可、培训、入场、监督、应急“五道关”；实施数字赋能，配置作业监护记录仪1700余台。实现作业全程数字化办票，全年累计开具电子作业票16万余张，月均1.29万张。简化作业办票操作，办票时长缩短至5min内。

（三）重点领域安全专项整治扎实推进

1. 治本攻坚三年行动稳步开展

制定实施方案及3个专项行动，推动安全生产基础性、源头性、机制性问题系统整改。推进安全生产“大反思、大讨论”，通过《新安全》杂志和集团专栏等发布典型经验和“谈安全”文章59篇。

2. 油气储存基地、老旧管道有效管控

完成油气储存基地对标自评和深度评估。紧盯33处交叉资产储罐全部签订安全管理协议。完成29条、3427km老旧管道风险评估和问题整治。

3. 安全“三同时”源头管控全面加强

印发新建项目可研安全分册、安全评价等报告模板，严格建设项目安全审查，严控新增人员密集型高后果区。全年推动川二线东段等7项重点工程安全审查获批。

（四）大应急管理体系持续深化

1. 应急预案体系不断完善

制定《极端情况应急保供专项应急预案》，建立完善“1+15”总体与专项应急预案体系。督导企业Ⅱ级应急预案演练48项，其中实战33项、占比68.75%。

2. 圆满承办中央企业消防应急演练

承办并高标准开展“前期消防与工艺处置、事故初报与信息呈报、专职消防队火场初战、支援力量协同作战、灭火后处置”等5个预设演练科目，消防应急演练能力得到显著提升。

3. 专职消防队达标建设稳步推进

推动32支自建消防队装备结构优化，加强14支依托、联建消防队应急联动。常态化开展专职消防队员“体能训练+技能实训”。举办集团公司第二届消防比武。对19支重点站库消防队开展专家帮扶和达标提升。

二、2025年安全工作目标

坚持“零缺陷、零伤害、零事故、零污染”奋斗目标，突出安全过程管控、过程监督和过程考核，坚决杜绝较大及以上生产安全事故，中央企业安全生产管理评价在一类央企中排名靠前。

三、2025年重点工作安排

（一）更加突出过程管控，着力健全安全责任体系

1. 健全全员、全过程、全岗位、全流程安全责任制和责任倒查机制

细化量化各级安全生产责任目标。推行企业各级主要负责人“重要工作亲自部署、重大问题亲自过问、重要环节亲自协调”、其他分管领导“一岗双责”。严格安全生产“一票否决”和亡人事故“先免后查”机制，从严追责问责。

2. 强化安全生产过程考核

围绕安全生产管理评价既定目标，聚焦任务落实、事故死亡率降低、隐患整治、管理创新、科技兴安、应急保障等方面持续发力。修订集团公司安全环保领

域过程考核体系，健全过程考核重点与 QHSE 管理体系审核协同衔接机制，“一企一策”实施安全单元绩效考核评价。

3. 健全 HSE 岗位责任“三个一”机制

持续优化基层单位 HSE“一岗一清单”，实现 HSE 责任与岗位业务深度融合。加大基层过程考核力度和 HSE 绩效挂钩权重。优化“一岗一考核”数字化承载，逐步推动 IT 系统自动考核评价。

（二）更加注重系统思维，持续加强 QHSE 管理体系建设

1. 推进 QHSE 管理体系与制程融合

全面梳理 QHSE 风险管控关键控制点、关键流程和关键环节，优化精准审核检查表。开发数字化审核工具，强化 QHSE 管理体系遵从度测试，重点排查基层单位制程执行，深化体系与制程融合落地。

2. 健全差异化体系审核机制

重点审核风险隐患排查整治、应急体系、应急能力建设等关键要素。对生产建设型企业开展全覆盖的差异化精准审核，向上开展管理追溯和专业分析，推动安全管理水平持续改进。强化问题系统性整改，对审核发现严重问题和失职失责人员调查追责，通过“小切口”推动提升“大安全”。

3. 加强企业内部审核监督

督导企业内审过程质量、问题整改、严重问题追责，推动生产建设型企业全年实施 2 次内审，即 1 次覆盖全部基层现场审核、1 次聚焦薄弱单位和管理短板专项审核。

（三）更加注重问题导向，着力提升油气管网本质安全水平

1. 深化油气储运设施本质安全

推进老旧管道、城区段管道本质安全改造，完成洪荆线、长宁支线等改线，推进陕京一线城区段、库鄯原油管道、东临复线滨州段改线，持续推进管道存量占压整治。加强输油站场资产交叉风险防范，“一库一策”重点管控。深化油品罐区管控，开展油气储存基地问题整改“回头看”。推进浅盘式内浮顶成品油储罐安全性改造。

2. 深化工程建设源头治本提升

系统加强物资研发、设计、采购、制造、售后等全生命周期质量管控，强化承压关键设备、主要外购原材料、关键部件采购渠道与入厂质量监管。落实质量控制点和工序“三检制”，严格执行特殊焊口“一口一案”、裂纹口“一口一查”，推行无损检测 100%第四方复评。全面推进智能工地建设，开展项目在线抽查和异地远程监管。

（四）更加注重融合生产经营，全面深化双重预防工作机制

1. 完善风险隐患双重预防机制

印发新版《安全风险分级管控与隐患排查治理管理规定》，建立 2025 年重大安全风险清单，两级挂牌督办施工承包商管理、X70 及以上钢级天然气管道环焊缝质量、第三方施工等 10 项重大安全风险。突出责任、措施、资金、时限和预案“五落实”，强化督导检查，确保隐患按期整治销项。

2. 统筹风险隐患管控标准化规则

完善集团公司安全风险数据库和数据标准，推行安全风险辨识、评估、管控和隐患排查治理标准化管理。深化 IMS 系统设备设施数据与双重预防模块集成拉通，推动安全风险管控融入生产巡检、检验检测、预防性维护等各业务环节，实现风险管控和隐患排查对象源头统一。

3. 加强薄弱环节风险隐患排查治理

深化“隐患就是事故”理念，在关注重大隐患同时兼顾化解小风险、消除小隐患，加强边缘站场、非传统领域、“小施工”和生产辅助系统风险隐患排查。强化异常事件管理，对未遂先兆、小的隐患、小的涉险及时防范消除，防止风险隐患量的累积引起质的变化。

（五）更加注重项目全过程融入，推动安全“三同时”有效落实

1. 多措并举加快推进安评获批

严格执行安全“三同时”政策法规要求并融入建设项目全过程、各环节，加强安全评价专业力量和工作质效，全力推进川二线、长春—石家庄管道、苏皖豫管道、文 23-安庆等重点项目安全审查。

2. 提升安评报告和安全专篇质量

完善安评报告、安全专篇模板并全面推广应用。对可研和初步设计文件实施 HSE 专组审核，持续强化内审和复核把关作用，探索评价报告 AI 大模型自动编审方式，保证报告质量，加快报审进度。

（六）更加聚焦短板，推动承包商和高风险作业监管向基层末梢聚焦发力

1. 深化承包商安全数字化监管

采取 L5/L6 承载、AI 大模型开发、智能终端应用等数字化方式，固化承包商安全管理程序、关键环节和管控要求，重点解决承包商入场培训考核、关键人员到场履职、安全风险识别与措施落实等关键问题。

2. 加大承包商和高风险作业领域追责问责

修订《安全生产十大禁令释义》，推动安全管控失职情形与《员工违规行为处理规定》等制度有效衔接。聚焦作业 JSA 分析、安全交底和现场监护等关键环节，重点抓线上办票要求与现场措施落实一致性。动态跟踪、月度通报作业许可管理细节。

（七）更加注重预防，提升道路交通和消防安全统筹管理能力

1. 加强道路交通安全管理顶层设计

建设车辆道路交通安全监控平台，推进自有、租赁车辆北斗卫星定位系统终端替代，对一类车辆全覆盖实施实时智能预警。建立运行车辆安全关键监控数据和异常状况类别、频次及后果统计分析机制。制定并数字化承载车辆运行安全考核量化标准，及时开展通报和安全考核。

2. 加强消防安全统筹管理

健全消防安全管理制度，修订《消防安全检查规范》等 L5/L6 作业指导文件。重点开展油气生产单位、人员密集场所消防安全评估。实施畅通消防“生命通道”专项整治，深化办公后勤场所特别是高层建筑消防专项检查和火灾预防工作。

3. 加强专职消防队达标建设

印发《集团公司专职消防队训练大纲》，建立专职消防队指战员培训考核体系，推进企业专职消防队达标建设。组织企业深化政策对标，集中整治消防装备、消防站用房、执勤训练等典型问题，做好 2025 年国家部委消防联合验收。

（八）更加注重综合施策，协同发挥安全支撑保障作用

1. 加强应急预案体系建设

开展集团公司“1+15”应急预案体系评估修订，督导所属企业逐级完善应急预案、现场处置方案及应急处置卡。按照“平战结合”原则，常态化开展基于情景构建的“双盲”演练和实战演练，深化演练评估，切实增强应急预案实战性。

2. 深化全员安全履职能力提升

印发并执行《集团公司全员安全环保履职能力提升专项方案》。统筹开发 HSE 培训教材课件，系统化开展全员安全培训，创新性推行“作业区安全综合培训、企业本部专业人员技能提升培训”。开展安全管理人员专业资质达标行动，实施全集团公司 1.3 万名作业安全监护人“冬训”和再考核上岗。

3. 深化特色安全文化建设

挖掘油气管道行业安全生产典型经验和特色做法，编制《安全文化建设指引手册》。积极引导员工参加安全生产月、消防宣传月和全国应急管理普法等活动，加强安全发展理念宣贯和事故警示教育，形成“全员参与、齐抓共管”安全格局。

技术发展篇

第一章　井筒(井控)安全技术

郑钰山　李　勇　梁　爽　张巳喜　杨云朋　李学峰

(中国石油安全环保技术研究院)

一、井控与井筒完整性安全技术现状分析

(一) 井控安全管理发展现状

目前，油气勘探正在全面推进超深层和非常规油气资源的开发，钻井井控面临特殊岩性地层压力预测精度低、多产层多压力系统复杂、主要产层安全密度窗口窄、老井井口油气泄漏等一系列安全挑战。“十三五”以来，中国石油天然气集团公司(简称中国石油)按照“深化东部、加快西部、油气并重、常非并举”的战略布局，油气开发在深层碳酸盐、致密砂岩、页岩等领域遍地开花，增储上产取得重大成效。特别是深层碳酸盐岩储层，具有巨大的资源潜力，已成为未来油气勘探开发的重点领域，我国先后发现并探明建成了安岳、普光、元坝、塔中、库车等一批深层碳酸盐岩油气田，超深井钻井已进入8000m时代，但面临的井控形势也愈加严峻。据统计，西南油气田2019—2020年深井钻井中共发生溢流预警58井次，处理高套压事件11井次；塔里木油田、青海油田以及东部油田压裂干扰引起浅层井喷呈现高发态势。

数据显示，高压、高产、高含硫、超深井(以下简称“三高一超”)、水平井和浅层次生气是井控风险重灾区，井控技术面临新的挑战。“十三五”每年溢流险情次数相比“十二五”呈现下降趋势，但油气钻井一旦发生井控事故，将会给企业形象造成极其严重的负面影响，给社会和环境带来巨大灾难和损失。

1. 井控标准规范

“十三五”期间，石油与天然气行业出台了多项标准和规范，进一步提升井控管理能力。

2021年，中国石油发布了《石油与天然气井下作业井控规定(2021)》，包括设计的井控要求、井控装备、作业过程的井控要求、防火防爆防硫化氢等安全措

施、井喷失控的紧急处理、井控培训及井控管理制度等六个方面。规定井下作业的地质设计、工程设计、施工设计中必须有相应井控要求或明确的井控设计，对井控装备的选用、安装、试压、使用和管理等指出详细规定，强调作业过程中要采取技术措施控制井口，防止事故发生。

2022年颁布了Q/SY 02552—2022《钻井井控技术规范》，规定了钻井井控设计、井控装置、钻开油气层前的准备和检查验收、钻完井过程中的井控要求、防火防爆防硫化氢措施和井喷失控的处理要求。

2023年发布了SY/T 6868—2023《石油天然气钻采设备　井控系统》，规定了地面(陆地和海上)和水下钻井井控系统的配置、安装、维护、试验的方法和要求，适用于地面(陆地和海上)和水下钻井井控系统的防喷器组、节流和压井系统、控制系统、内防喷工具及辅助设备。

2024年出台的SY/T 6690—2024《井下作业井控技术规程》，旨在规范井下作业中的井控技术，确保作业安全性和效率，适用于相关能源行业的井下作业操作。

2025年公布的GB/T 31033—2025《石油天然气钻井井控技术要求》，规范了井控设计、井控装置、钻井液性能、压力监测、特殊作业井控要求、应急管理、人员培训与资质。

2. 井控应急救援保障技术

井控技术虽然有了长足发展，但理论、技术、管理还不甚完善，必须发展井喷应急救援技术。川庆钻探公司率先建成了国内第一个油气井灭火公司，并挂牌成为国家油气田救援广汉基地、跨国(境)生产安全事故应急救援常备力量，成功完成国内外50余次抢险救援作业，刷新了多项世界油气井救援纪录。2021年4月6日中国石油集团成立东部、中部、西部三个井控应急救援响应中心。

自20世纪70年代开始，美国、加拿大相继成立了多家专业化服务公司，基本上都为大型油气田技术服务公司的子公司。目前国际上比较知名的井控应急服务企业主要有美国的Boots & Coots公司、Wild Well Control公司、Cudd Well Control及加拿大的Safety Boss公司等，其服务区域包括中东、中亚、北美等地域。典型的成功案例包括海湾战争导致的科威特油井灭火、墨西哥湾“深水地平线”海洋钻井平台井喷爆炸着火处置等。

井喷失控着火后，传统做法是先灭火再救援，但灭火后复燃风险高，存在极高的闪爆和人员中毒危险。因此，国内自主研制了具备图像采集与传输、周边环境检测功能的井口侦察机器人，65MPa/800mm的远距离水力喷砂切割装置、一体化井口重置装置等专用装备，形成了险情侦察、冷却掩护、切割清障、井口重置、协同决策五大井控应急救援技术系列，形成了全过程带火作业技术，具备了地层压力 70MPa、天然气无阻流量 $200\times10^4m^3/d$ 失控井的井喷应急救援能力。针对井口装置腐蚀、冲蚀、锈蚀而密封不严的井控隐患，国内外均已成功研制了 105MPa 冷冻暂堵装置、105MPa 带压钻孔装置及环形坡口机等专业化装备，形成了成熟的工艺技术，在川渝、长庆等区块规模化应用 200 余井次，最高井口作业压力 50.2MPa，最高硫化氢含量 $5.333g/m^3$。

（二）井筒完整性技术发展现状

近年来，在深地、深水及非常规油气开采生产中，油气井井筒完整性失效事件层出不穷，不仅造成了严重的经济损失和人员伤亡，还会影响环境保护，为人类社会可持续发展埋下了巨大隐患。表 3-1 为近年来的井筒完整性失效事故，可见井筒完整性的研究对油气行业发展具有重要意义。

表 3-1　近年来的国际井筒完整性失效事故

时间/年	事故	后果
2004	英国北海 Snorre A 平台 P-31A 井天然气井喷	181 人撤离
2009	西澳大利亚 Montara 的 H1-ST1 井泄漏	历经 74 天封井，每天漏油量约 2000 桶，海面浮油东西跨度约 180km
2010	美国墨西哥湾深水地平线事故	11 人死亡，约 68.4 万 t 原油泄漏等
2011	蓬莱 19-3 油田漏油事故	康菲和中国海油合计赔偿 16.83 亿元
2013	阿塞拜疆 Bulla Deniz 气田 90 号探井井喷起火	62 人撤离
2014	长庆油田钻井闪爆事故	直接经济损失 300 万元
2015	美国 Aliso Canyon 天然气大规模泄漏	碳足迹超过墨西哥湾深水地平线事故的石油泄漏量
2021	蓬莱 19-3 油田 WHPV 平台 V29 井井喷失火	99 人撤离，3 人失踪
2022	美国圣奥古斯丁县东北部气井爆炸	2 人死亡，3 人受伤就医
2023	美国得州油田钻井着火爆炸	死亡人数尚未确定

根据不同标准，井筒完整性定义略有差异：1998 年，NORSOK D-010（第 2 版）中将降低地层流体不受控制泄漏的风险而建立的井筒有效屏障定义为井筒完整性；2006 年，API RP90 标准把井筒完整性定义成油气井正常开采过程中降低地层流体失控外泄的风险工艺技术、措施及管理方案；2004 年，挪威石油工业协会 NORSOK D-010（第 3 版）标准将井筒完整性定义为：采用有效的技术、管理

手段来降低开采风险，保证油气井在成功废弃前的整个开采期间的安全；2011年，挪威工业协会117标准《挪威石油工业协会井完整性推荐指南》(*Norwegian Oil and Gas Association Recommended Guidelines for Well Integrity*)将井筒完整性保障时间由开发设计初期延伸至开采阶段。现阶段普遍采用2013年挪威石油工业协会发布的NORSOK D-010(第4版)中的定义：井筒完整性是指应用技术、操作和组织解决方案，以降低在整个油气井生命周期内地层流体失控释放的风险。

1986年，挪威提出了世界上首个井筒完整性相关标准NORSOK D-010，开启了井筒完整性的研究热潮。35年来，随着油气资源勘探开发难度增大及环境保护意识的觉醒，世界各国积极开展了涵盖设计、建井、操作、干预(修井、调产)、弃井阶段的油气井全生命周期井筒完整性研究，并取得了一些成果。表3-2为近年来国内外权威机构或公司对不同环境、不同工况下的油气井井筒完整性制定的标准规范，可见石油行业对井筒完整性的重视与日俱增，但我国井筒完整性标准较少，制定的时间也较晚，未能占据国际领先地位。

表3-2　世界主要井筒完整性标准

时间/年	标准名称	机构
2001	NACE MR0175 石油和天然气生产中含 H_2S 环境中使用的材料	美国腐蚀工程师协会
2003	NORSOK D-010-R3 钻井及作业过程中井筒完整性	挪威石油工业协会
2006	API RP 90 海上油田环空压力管理推荐做法	美国石油学会
2010	API 65-2 建井中的潜在地层流入封隔	美国石油学会
2010	API RP 5A3 套管、油管、管线及钻杆的螺纹推荐规范	美国石油学会
2013	NORSOK D-010-R4 钻井及作业过程中井筒完整性	挪威石油工业协会
2013	API TR PER15K-1 高温高压设备检验与认证方案	美国石油学会
2013	API 96 深水井筒设计与建井	美国石油学会
2015	API TECHNICAL REPORT 17TR8 高温高压井设计指南	美国石油学会
2015	API RP 100-1 水力压裂作业的井身结构及井筒完整性准则	美国石油学会
2015—2017	高温高压及高含硫井筒完整性指南、设计准则和管理规范	中国石油天然气集团有限公司
2016	API RP 90-2 陆上油田环空压力管理推荐做法	美国石油工程师协会
2016	OLF 井筒完整性推荐指南修订版	挪威石油工业协会
2017	ISO 16530-1 全生命周期井完整性管理发布	国际标准化组织
2017	Q/HS 14031 海上油气井完整性要求	中国海洋石油集团有限公司

续表

时间/年	标准名称	机构
2018	API 17TR8-1 高温高压井设计指南(第 1 版)	美国石油学会
2018	API SPEC 5CT 套管和油管规范(第 10 版)	美国石油学会
2018	API RP 65-1 深水井固井浅水流动区	美国石油学会
2018	ISO/TR 27918 综合 CCS 项目的井筒生命周期风险管理	国际标准化组织
2019	ISO 20815：2018 石油、石化和天然气工业生产保证和可靠性管理	国际标准化组织
2019	API 17TR8-2 高温高压井设计指南(第 2 版)	美国石油学会
2021	NORSOK D-010-R5 钻井和作业过程井筒完整性	挪威石油工业协会
2021	API RP 90-1 海上油井环空套管压力管理(第 2 版)	美国石油学会
2022	API TR 17TR8-3 高温高压设计指南(第 3 版)	美国石油学会

(三) 油气井屏障泄漏诊断技术现状

1. 氦示踪剂测漏技术

氦气(He)是一种无色无味的惰性气体，在空气中的体积含量约 0.0005%(5ppm)，常态下不会与其他物质发生反应。氦气在水中的溶解度是已知气体中最小的，也是除氢气以外密度最小的气体，约为 0.18g/L，远远低于空气的密度(约为 1.3g/L)。由于氦气原子尺寸小，更容易从细微气孔中渗出，是密封性测试最佳的示踪气体，可以大幅提高密封性检测精度和效率，而且可以定量确定泄漏量。氦气可以通过天然气分离法、空气分馏法等方法大量制取，价格相对便宜，因此可以在工业和民用的诸多场合广泛应用。用氦气作示踪气体的质谱检漏仪，是示踪气体检漏中灵敏度最高、使用最普遍的一种检漏仪器。

氦气检漏技术也叫氦气示踪法检漏技术，有吸枪法和真空箱法两种检测氦气泄漏的方法。在流程设备等大型泄漏检测中适用吸枪检测法。吸枪检测法是将测试气体(空气、氮气等中加入一定比例的氦气)加压后充入待检测系统，在被检测系统中形成均匀的高压混合气体，抽取检测点气体样本进行检测。在质谱仪(MSLD)中，样本气体在高度真空环境中被高能粒子轰击，形成不同质量的带电(离子化)粒子，在通过磁场时的偏转半径不同，因此不同物质按粒子进行质量分离。分离后的离子依次进入离子检测器，采集放大离子信号，经计算机处理，绘制成质谱图。

由于质谱检漏仪精度高（可达到 10^{-7}mbar·L/s）、反应灵敏（小于 1s），因此氦气检漏技术相对普通检漏技术效率更高；氦气检漏技术安全可靠，不污染环境，不会对流程设备和保温造成损坏；氦气检漏设备自动化程度高、操作简单，两个人就可以操作。

根据位置，从内到外的井筒组件分别为生产管柱、生产套管、中间套管和表面套管。如图 3-1 所示，生产油管柱泄漏连接油管和生产套管环空。这种情况使得示踪气体可以从井口注入生产套管环空，并随着气体向上流入地面，泄漏到生产管柱中。因此，采油树上监测的示踪气体返回时间和浓度信息可用于判断生产管柱的泄漏位置。

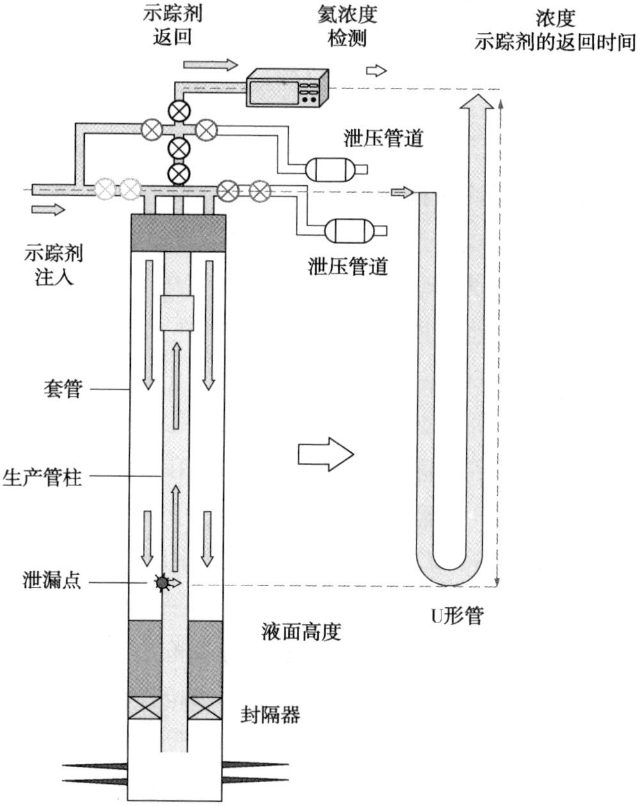

图 3-1　基于示踪剂的生产管柱检测示意图

基于氦示踪剂的泄漏测试系统的主要功能是将氦气和天然气按一定体积比混合，将混合物注入测试井的环形空间，并检测井口流动的生产气体中所含氦的浓度。如图 3-2 所示，测试系统的气路使用路径 I 将压力保持在相对稳定的水平，并确保通过压缩机的氦气压力符合要求。同时，安装在气路中的阀门可以根据预设阈值自动调整氦和气体的体积比；路径Ⅱ用于将天然气引入系统。路径Ⅱ连接相邻的油井，从中可以将气体输送到系统。

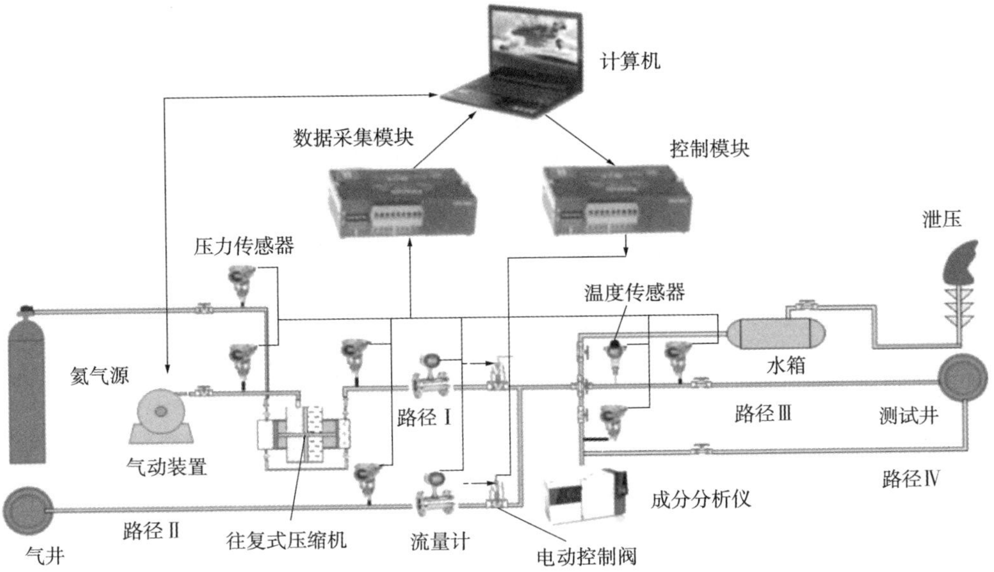

图 3-2　系统示意图

由于杂质影响，例如与气体一起产生的液体，有必要在输送到系统之前过滤相邻井的气体。为了将气体压力保持在相应的稳定水平，安装了恒压和压力调节阀，使天然气与氦气以预设速率混合成为可能。混合物通过路径Ⅲ注入环空。路径Ⅳ用于从测试井采集采出气体样本，并检测返回井口的氦气含量。

技术特点：

（1）基于氦示踪剂的生产管柱泄漏检测和定位技术的优点是从地面测试，无须关井或节流，该技术还可应用于气举监测。

（2）该检测技术仅用于检测环空液位以上生产管柱的泄漏点。在进行测量之前，需要保证示踪剂段塞的适当长度、注入浓度、压力和流量数据应准确。

2. *回声仪液面监测技术*

随着油气井的使用年限增加，封隔器、油套管接箍会出现渗漏现象，致使环空中的保护液不断漏失，环空套压出现异常，需及时补充加注保护液。但由于环空保护液液面无法准确获取，如图 3-3 所示，加注量无法准确计算，只能简单依靠井口液体是否返出地面判断环空是否加注满保护液，存在作业风险和加注量、加注时间的不确定性，迫切需要准确测定环空保护液的液面位置，以确定合理的加注量和加注时间，同时平衡封隔器上下压力，确保油气井长期安全生产。

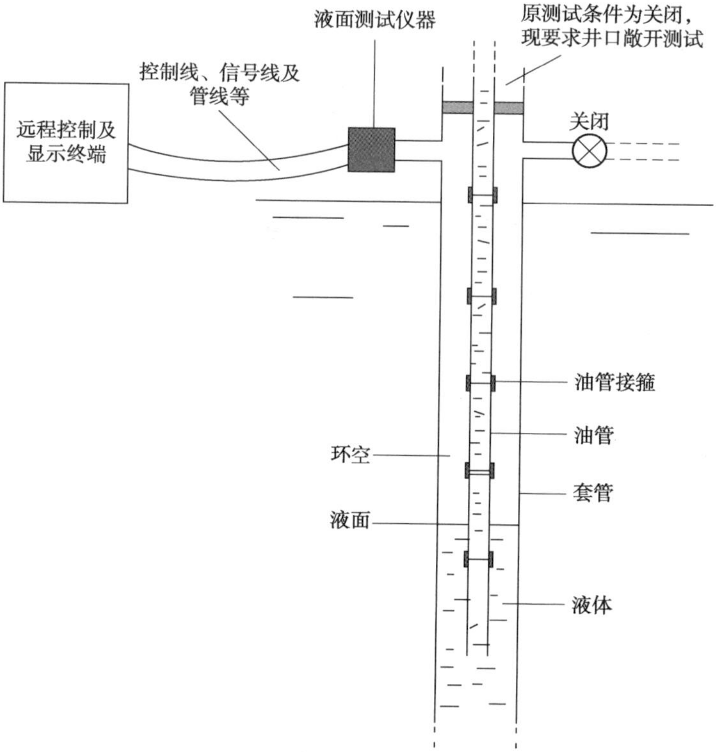

图 3-3　环空液面监测示意图

图 3-4　10MPa 低压气枪实物图

回声仪液面监测是目前既常用又经济的环空液面监测工艺技术。回声仪环空液面监测是通过远程控制，使仪器内氮气在瞬间向井内释放，产生声波信号，通过接收装置(如微音器)接收钻杆或油管接箍和井内液面的反射回波，反射回波由经接收装置放大后，转化为数字信号，经数据采集接口输入微处理器或计算机，通过软件进行分析和处理，得到准确的井内液面位置。该技术目前主要采用了回声仪主机与 10MPa 低压气枪和 35MPa、105MPa 高压气枪组合使用，如图 3-4～图 3-6 所示。

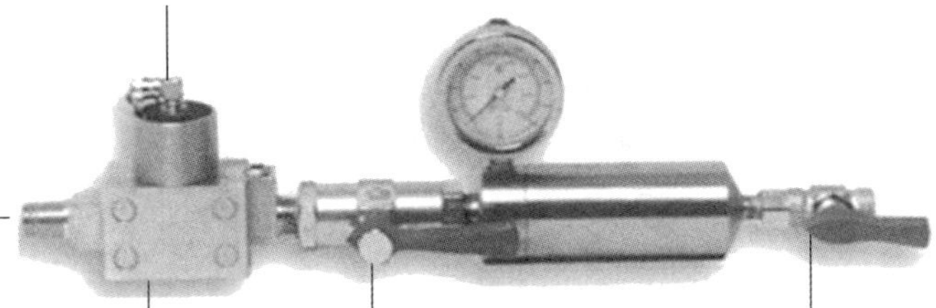

图 3-5　35MPa 气枪实物图

图 3-6　105MPa 气枪实物图

由于井下管柱复杂，环空空间狭小且测试时连接方式受限，测试信号中噪声干扰比较多，声波速度计算误差较大，需采用小波降噪方法进行滤波，解决“信号突变处”识别度低的问题，然后对传统声波计算方法进行校正，提高液面计算的精度。

小波降噪方法的本质就是将测试信号与低通滤波器和带通滤波器进行褶积，即用小波变换将测试信号进行分解和重构，分解就是将信号分解成不同频率通道的部分，分解后信号为两部分：其中一部分反映了信号的背景值，即信号的趋势值，另外一部分反映了信号的细节值，即信号变化的剧烈点，重构就是将处理后的细节值与趋势值一同重构回去，得到高分辨率的信号。其中对细节值的处理一般可采取平滑滤波来压制噪声或采取反褶积法加强有用信息。

3. 基于气体示踪的微泄漏监测技术

基于气体示踪的微泄漏监测技术是通过在密闭容器外检测示踪剂含量来判断容器是否发生微泄漏。示踪气体通常选择六氟化硫（SF_6），其为一种人工合成的惰性气体，无色、无味、无毒、无腐蚀性、不燃、不爆炸，具有良好的化学稳定性和热稳定性，作为安全性保护气被广泛应用于电力和电器工业中，可作为盐穴储气库微泄漏监测技术的气体示踪剂。气体示踪剂检测方法对 SF_6 进行定性定量分析，获得满足现场微泄漏监测要求的极低 SF_6 含量的检出限和标准气体定量曲线。

痕量气体示踪剂检测主要依托于气相色谱-傅里叶变换静电场轨道阱高分辨质谱仪(型号：赛默飞 Q Exactive GC Orbitrap)。该仪器采用先进的静电场轨道阱(Orbitrap)检测技术，具有良好的灵敏度，满足示踪剂痕量气体检测要求。检测流程如图 3-7 所示：①采用在线冷冻大气采样器低温采集监测点的空气样本，将采集后的吸附柱两端密封，放置于-20℃便携式冷阱中保存；②采用在线多气氛反应热解/热脱附炉对低温保存的吸附柱进行大体积、快速热脱附，释放吸附的气体示踪剂；③脱附后的气体载入气相色谱-傅里叶变换静电场轨道阱超高分辨质谱仪进行检测、记录。

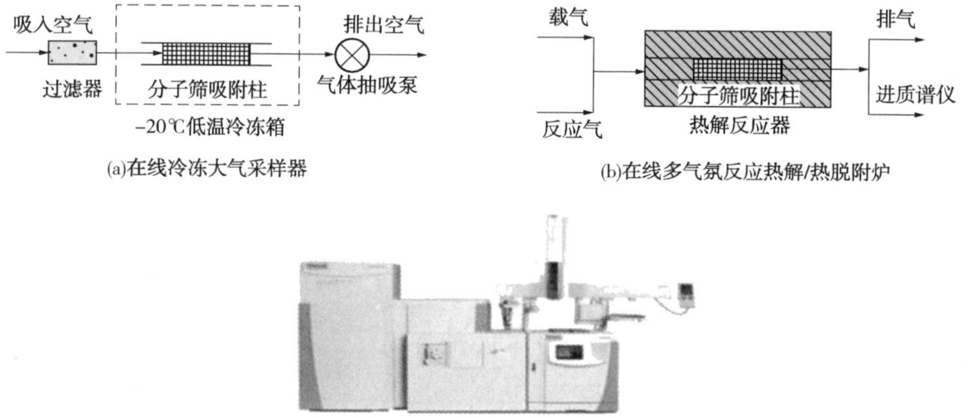

(a)在线冷冻大气采样器　(b)在线多气氛反应热解/热脱附炉

(c)气相色谱-傅里叶变换静电场轨道阱超高分辨质谱仪

图 3-7　痕量气体示踪剂检测流程图

气体示踪技术可在盐腔微泄漏监测、腔体间连通性监测、环空带压井筒微泄漏监测和井口及地面管线微泄漏监测方面发挥重要作用，可实现盐穴储气库微泄漏监测和评价。

4. 光纤分布式声波传感系统监测技术

光纤传感技术的优越性在于能够实现对监测对象的长期实时全面覆盖，光纤具有实时直读、寿命长、传输与监测距离长、耐高温高压、不受电磁干扰、可靠性高、井下无电等特点，且传感部件和信号传输部件均为功能型光纤，成本低廉，可用于长期可靠的连续在线监测。

利用光波在光纤中传输时相位、偏振等对振动敏感的特性，连续实时地监测光纤附近的振动。根据干涉传感原理和后向散射探测技术，当管柱某处发生泄漏即可扰动光纤，使此处的后向散射光强减弱，结合达到探测器的时间即可定位泄漏点。

如图3-8所示，分布式光纤泄漏监测（Distributed Acoustic Sensing，DAS）技术利用相干瑞利散射光的相位而非光强来探测音频范围内的声音或振动等信号，当声音或振动引起该位置干涉光相位的线性变化，通过提取该位置不同时刻的干涉信号并解调，可实现对外界物理量的定量测量。DAS技术不仅可以利用相位幅值大小来提供声音或振动事件强度信息，还可利用线性定量测量值来实现对声音或振动事件相位和频率信息的获取。

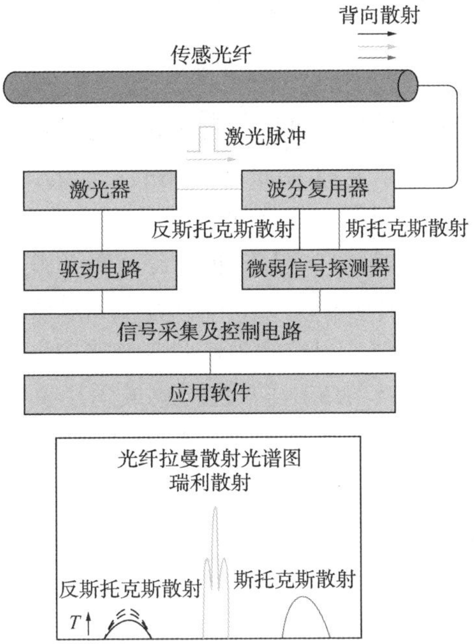

图3-8　分布式光纤泄漏监测系统

根据探测器探测到的后向散射光强及到达探测器的时间即可知道沿光纤路径上任一点的初始后向散射光强。由于物理量改变的是干涉光相位，因此该技术具有非常高的灵敏度。

技术特点：

（1）分布式光纤振动监测（DAS）技术能够准确发现泄漏点并进行报警，泄漏情况可于±1m内空间准确定位，如图3-9所示，系统测量泄漏量下限为0.83L/min。

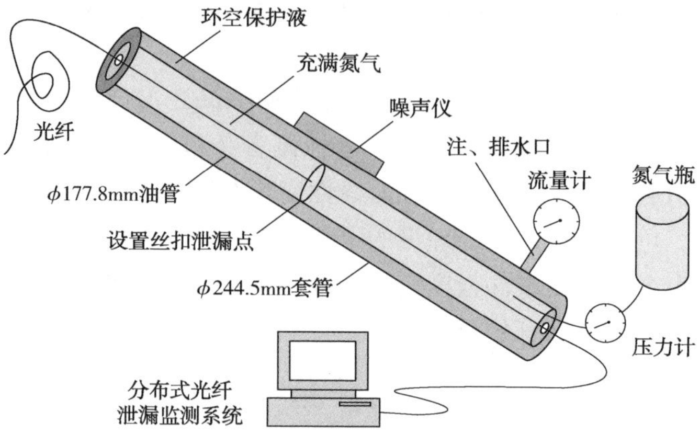

图 3-9　光纤分布式声波传感系统示意图

（2）系统的模式识别功能可以滤除杂乱干扰信号并准确识别有用信号，且分布式光纤振动监测（DAS）系统具有实时性监测特点，可用于实时监测气体在生产井注采运行过程中是否发生泄漏，保障油气的安全运行。

（3）由于分布式温度探测（DTS）是一项已经成熟的井温监测技术，且通过利用多模光纤的光时域反射（OTDR），用光纤中的光传播速度和背向光的回波时间对所测各温度点进行精确定位，以监测生产状态井筒内温度分布情况从而判断泄漏发生的位置。将 DTS 技术与 DAS 技术进行集成运用、互为验证是提高仪器监测精度和准确性的下一步探索，有助于进一步 DAS+DTS 新型光纤井下泄漏检测技术的形成。

二、井控与井筒完整性安全技术需求分析

（一）井控完整性安全技术需求分析

井控完整性技术面临的挑战主要体现在所钻地层复杂、井型变化和作业方式变革，导致钻井过程中溢流、井喷等风险逐步加大。主要表现是：①钻井工程逐步向“三高一超”井进军，频繁油气显示日益常态化。川渝、新疆和青海等地区的勘探开发不断向深部地层延伸，深井超深井数量快速上升，地质工程条件日益复杂，井身结构难以满足需求。②钻井过程中窄安全密度窗口带来新的井控风险。一方面深层油气藏基本都蕴藏天然气，缝洞更为发育，导致储层对压力敏感、安全钻井密度窗口窄；同时各类油气资源开发的井型基本采用了大斜度井和水平井，随着储层内井段延长，井筒与储层接触面的扩大、ECD 差异加大，压力敏感问题凸显，极易导致溢漏同存的复杂险情。③偶发的浅层气容易快速导致井

喷事故，特别是经过高强度增产措施后的井筒完整性缺陷，造成地层压力上窜引起异常高压圈闭，钻井中经常在上部地层发生井控遭遇战，据统计，近20年发生的井喷失控事故中浅层井喷占比高达80%。面临新的地层、新的井型、新的作业方式，井控技术也表现出诸多不适应。

（二）井筒完整性安全技术需求分析

井筒作为一个由众多屏障单元构成的有机体系，每个屏障单元不仅存在自身独有的风险隐患，而且各单元之间还会相互作用，这使得井筒完整性评价成为一个棘手难题。国内外学者使用了事故树、事件树、马尔科夫模型、蒙特-卡罗模型、中心点法等安全评价方法和统计学理论用于完整性评价。但是，目前所取得的研究成果虽尚未构建起具体、可量化且客观性强的评价指标体系，但发现了可靠性等方法在量化屏障单元失效风险方面的可行性。

人工智能、大数据等前沿科学展现出卓越的数据处理效能，能够深度探寻数据间依靠人工难以察觉的关联，进而对事故进行预测并做出决策，因而在各行各业得到广泛应用。就我国油气行业而言，同样需要对现场数据收集工作予以统一规范，构建起完善的共享数据库。通过这一举措，不仅能够提升现有平台的利用效率，还有助于达成井筒完整性的智能管理。

三、思考与建议

（一）开展溢漏同存复杂工况井控风险演化机制研究

针对溢漏同存复杂动态流动系统，探究不同溢漏工况地面响应特征，建立溢漏同存模式识别方法。拓展早期溢流识别新方法，开展多种方式结合的井下溢流识别传感器、井筒环空液面监测仪、钻井液进出口精准流量监测仪研制，加大钻井安全密度窗口扩展技术研究与技术推广。

针对复杂工况压井难题，加强压井边界条件研究，建立基于井底平衡、最快压稳、井筒最大承受能力等准则的压井模型，开发井筒缺陷的工艺参数动态优化与压井方式转化的动态可视化压井模拟软件，为压井提供科学依据和高效作业支持。

（二）建立数据驱动的井筒完整性风险定量评价平台

（1）在当前油气行业的发展进程中，井筒完整性风险评价已成为重点研究方向。然而，鉴于存在众多风险因素，面临着识别困难、量化棘手以及精度欠佳等难题。并且，因缺乏可靠的数据库，致使诸如人工智能大数据这类高新技术在完整性风险评价中的应用受阻。国外已成功研发出多款井筒完整性风险评价商用软件，这些软件能够实现数据存取、将油气井风险可视化、进行风险等级评估以及管控环空带压等诸多功能。与之形成对比的是，国内目前尚未有通用的井筒完整性风险评价软件，在很大程度上仍依赖人工操作。

（2）国内亟待加快推进完整性定量评价方法的研发进程，借助油气井检测数据，实现井筒完整性评价从定性到定量的重大跨越。应积极推动油气公司开展数据库的搭建工作，并促进数据共享，以此为井筒完整性智能管理平台筑牢数据根基。此外，还需攻克不同类型井在完整性方面面临的难题，为我国油气勘探开发迈向里程碑式发展提供坚实保障。

第二章　油气泄漏监测技术

孙秉才　邓金睿

（中国石油安全环保技术研究院）

一、引言

油气能源是国民经济的命脉，石油石化工业是保障国家繁荣昌盛、人民美好生活、社会长治久安的重要基石，肩负着我国“端牢能源饭碗”的重大使命。安全生产是经济发展的前提，2024 年《政府工作报告》强调要“坚持高质量发展与高水平安全良性互动”，守住安全发展底线，对于全面建设社会主义现代化国家意义重大。然而，石油石化装置工艺流程复杂，涉及高温高压、有毒有害、易燃易爆介质的储运与加工环节。随着运行时间累加容易因设备设施完整性失效，人员错误操作、违章作业及非法破坏等引发危险化学品泄漏，进而导致的着火、爆炸事故时有发生，造成人民群众伤亡、经济财产损失和生态环境破坏，威胁社会公共安全。

2019 年以来，中共中央办公厅、国务院办公厅、应急管理部等相继发布了《关于加快推进危险化学品安全生产风险监测预警系统建设的指导意见》《关于全面加强危险化学品安全生产工作的意见》《“十四五”危险化学品安全生产规划方案》《安全生产治本攻坚三年行动方案（2024—2026 年）》等一大批重要文件，旨在搭建化工和危险化学品安全生产、油气储运、石油天然气开采等行业领域安全风险监测预警系统，推动气体泄漏微量、快速检测等先进技术方法应用，加强泄漏管理，实现安全生产风险自动感知分析和异常情况的智能化预警监控。

发展气体泄漏微量快速检测技术，加强危险化学品泄漏监测预警，由泄漏“事后处置”向“事前预防”转变，防范火灾爆炸事故，为筑牢安全生产防线提供支撑。从气体监检测技术的监测覆盖范围分类，可分为点域监测式气体传感器、线域监测式气体探测器和面域监测式气体探测器三大类。沈英等人、李家琨等人分别对气体光学检测技术及气体红外成像检测技术进行了详细综述。鉴于石油石化工业常见危险气体在红外波段具有特征吸收，相比较点域、线域气体检测技术，基于红外光谱成像技术的面域气体探测器的独特优势在于监检测区域覆盖范围大，可实现泄漏气体可视化监测预警，有助于泄漏点快速锁定与准确溯源。按照分光方式的不同，红外光谱成像技术主要分为滤波片型、棱镜型、光栅型以及干涉型，这几种检测技术随着光谱分辨率提高的同时，时间分辨率随之降低。干涉型分光技术是将干涉图通过傅里叶变换转换得到红外光谱的检测技术，相比较色散光谱，傅里叶变换红外光谱(FTIR)主要有以下优点：(1)多通道(Fellgett 优点)，探测器能够同时检测和测量入射光中的所有频率和强度信息；(2)高通量(Jacquinot 优点)，没有限光元件，入射光能够全部通过光圈；(3)高精度(Connes 优点)，傅里叶变换红外光谱仪光学结构简单、精密，核心部件干涉仪动镜运动稳定，测量的重复性和精度很高。

近些年，被动式 FTIR 气云成像技术因其利用太阳、天空或自然热物体作为红外辐射源无须其他主动辐射源，可检测光谱范围大，可同时检测气体种类多，以及在信噪比(SNR)、分辨率、检测限等诸多优势，被广泛应用于大气中痕量危险气体检测。本文首先介绍了 FTIR 的基本原理与被动式 FTIR 危险气云成像的基本理论，其次对国内外被动式 FTIR 成像技术与装备进行梳理，重点阐述了装备的研究进展及在危险气云成像监测方面的应用情况，最后对被动式 FTIR 光谱成像技术的发展提出展望。

二、基本原理

(一) 红外光谱

电磁辐射波谱中，波长范围在 0.76~1000μm 的电磁波成为红外辐射光谱。波长的倒数称为波数(cm^{-1})，通常将小于 400cm^{-1}区域称为远红外区，4000~400cm^{-1}区域称为中红外区，13000~4000cm^{-1}区域称为近红外区。红外光谱是一种基于分子中原子振动、转动光谱的技术，红外辐射与物质的相互作用可以理解为与振动、转动相关的分子偶极子的变化。

(二) 傅里叶变换红外光谱(FTIR)

红外光谱仪于 20 世纪 40 年代实现了商业化，当时仪器依靠棱镜作为色散元件，到了 50 年代中期，衍射光栅引入色散器件。然而，红外光谱学最重要的进步是傅里叶变换的引入。FTIR 是基于两束光之间光程差的变化产生辐射干涉信号的原理，通过傅里叶变换的数学方法极大地提高了红外光谱的质量，并最大限度地减少了获得数据所需的时间。此外，随着计算机的不断改进，红外光谱学也取得了更大的进步。

FTIR 中最常用最经典的干涉仪是迈克尔逊(Michelson)干涉仪，由两个垂直的反射镜组成，其中一个可以在垂直于平面的方向上移动，分束器平分这两个反射镜的平面。来自远处的气云辐射被聚焦到入射光圈上，并由反射镜或透镜准直，准直光束被分束器分成两束，两个光束行进到固定反射镜(定镜)和移动反射镜(动镜)，并返回到分束器并在分束器处重新汇合，50%强度光束通过样品被引导到探测器，50%强度光束返回到辐射源。动镜以几乎恒定的速度扫描通过定镜和动镜与分束器等距点并超过该点。当反射镜与分束器等距时，两束光具有相等的光程或零光程差，并且重新汇合的光束完全同相并且在输出光束中相长干涉。随着动镜被扫描远离等距点并且光程差增加，两个光束逐渐同相和异相移动，并且由探测器针对来自辐射源的每个单一频率测量的输出强度随着光程差正弦地变化，输出光强随光程差的变化称为干涉图。

(三) 被动式傅里叶变换红外光谱成像技术

泄漏气云的被动遥感是基于对云团中分子吸收和发射的红外辐射的分析。结合文献，图 3-10 展示了石化园区泄漏气体监测场景中简化的三层辐射传输模型示意图，该模型将辐射沿着大气光路传输过程划分为三层，在这三层被认为在物理和化学性质方面是均匀的，每一层吸收进入该层辐射的一部分，同时向外传输辐射。第三层来自环境背景(如天空、绿植、地面、装置、设备设施等)的辐射，通过泄漏气体云团(第二层)向气云与光谱仪之间的大气(第一层)传播。

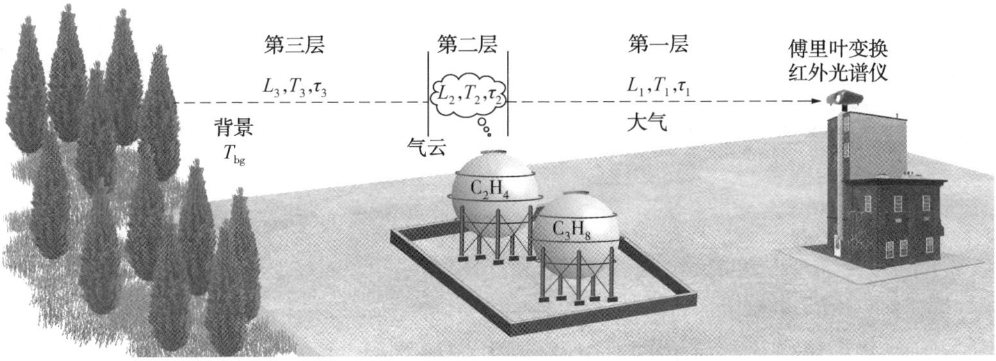

图 3-10　被动式 FTIR 气云成像技术示意图

三、国内外被动式傅里叶变换红外光谱成像技术研究进展

(一) 国外被动式傅里叶变换红外光谱成像技术研究进展

国外主要由德国布鲁克(Bruker)公司、加拿大 Telops 公司和加拿大 ABB Bomem 公司研发过被动式傅里叶变换红外光谱辐射计或光谱成像装备，并已形成商业化产品。

1. Bruker 公司 SIGIS 2、HI 90 产品技术发展现状

（1）SIGIS 系统

SIGIS（Scanning Infrared Gas Imaging System），全称扫描红外气体成像系统，是一种基于干涉仪与单像素探测器元件和扫描镜相结合的遥感成像系统。经过硬件、软件及识别算法的迭代更新，现已形成 SIGIS 2 版本商业化产品，由 OPAG 系列干涉仪（Bruker Daltonics）、望远镜、步进电机驱动的方位角-仰角扫描镜、包含数字信号处理器（FTIR DSP）数据处理和控制系统、图像处理系统（Video DSP）、可见光像机、用于控制和显示结果的计算机组成。

在泄漏气云识别和量化算法方面，除直接分析亮度-温度光谱之外，针对薄气云和厚气云开发出两种气云柱浓度定量的方法。对于高透过率 τ 的气云光谱（$\tau>0.8$，薄气云），优选热平衡假设的方法，即气云温度等于环境温度，其中气云温度是通过分析二氧化碳或水的特征来估计；对于较低透过率 τ 的气云光谱（厚气云），不应用热平衡假设，而是应用包含目标化合物柱浓度作为参数的非线性模型，通过最小化测量的光谱和使用模型计算的光谱之间的差异来量化柱浓度，最佳拟合参数由 Levenberg-Marquardt 方法确定。

在距离 2.5km 的工厂烟囱的排放物进行监测成像，图 3-11（a）显示了对氨气的识别效果，目标监测区域内氨气云的位置由浅色伪彩色像素显示，深色伪彩色像素表示氨测量光谱和参考光谱之间的高相关系数（$R>0.85$）。此外，图 3-11（b）和图 3-11（c）分别为使用最小二乘法拟合的氨特征系数来计算信噪比图像和氨气测量光谱和参考光谱之间的相关系数图像。

（2）HI 90

单像素探测器扫描成像系统基于顺序图像采集，即系统顺序记录图像中每个像素的光谱，空间和时间分辨率较低。随着焦平面阵列（FPA）技术的发展，设计可见光图像实时采集的 FTIR 成像系统成为可能。与受所有像素的顺序测量所需时间限制的扫描成像系统相比，基于 FPA 探测器的 FTIR 成像系统能够同时测量视场范围（阵列的所有像素）的所有光谱，具有更高的空间分辨率，但是，FPA 探测器单个阵元面积通常比单像素探测器的面积小三个数量级，导致单个阵元的光谱信噪比较低，需要开发时域降噪和空间滤波相关识别算法来降低系统噪声。

在多云天、探测距离约 800m 处的汉堡港易北河中的一艘小船上释放了 SF_6 气体（8~10g/s），使用 HI 90 进行监测，图 3-12 显示了 SF_6 气云扩散识别的图像流（间隔 15s）。使用 3×3 像素高斯空间滤波对图像进行处理，伪彩色为识别算法计算出的 SF_6 气体相关系数。

(a)工厂排放的氨气羽流图像

(b)氨的信噪比

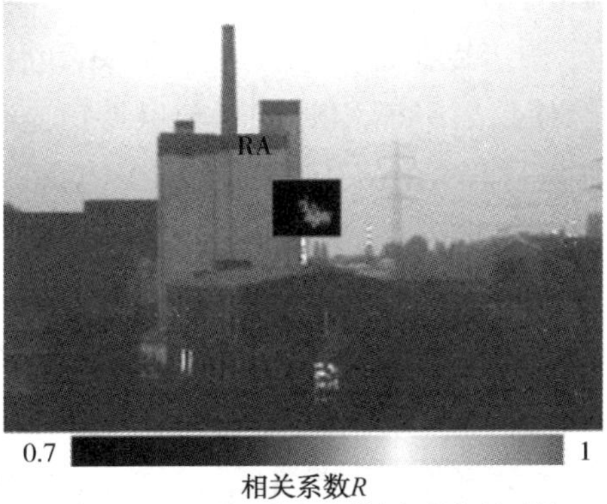

(c)氨气测量光谱和参考光谱之间的相关系数

图 3-11　对氨气的识别效果

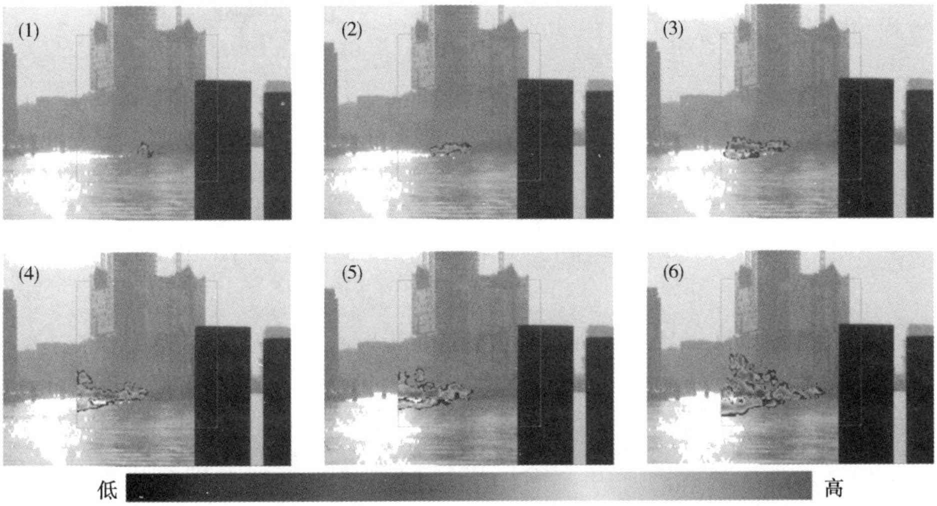

图 3-12　SF_6 气云扩散识别结果相关性系数图像流(间隔 15s)

2. Telops 公司 Hyper-Cam 系列化产品技术发展现状

（1）Hyper-Cam 红外高光谱成像系统

Telops 公司成立于 2000 年，是一家从事红外高光谱遥感成像产品的生产制造商，总部位于加拿大魁北克市。2004 年，Chamberland 等人开发了基于傅里叶变换技术的便携式红外高光谱成像系统（FIRST）（Hyper-Cam 原理样机），该系统由迈克尔逊干涉仪、数据采集子系统（红外透镜、FPA 探测器和电子器件）、校准子系统、加热子系统和主控制器组成。除子系统外，还有用于实时可见光视频图像对准的平行小孔相机。长波 FPA 探测器阵列为 320×256，瞬时视场为 0.35mrad，光谱分辨率范围在 $0.25\sim150cm^{-1}$，最佳分辨率为 $4cm^{-1}$。

Telops 公司基于 FIRST 研发了 Hyper-Cam 短波、长波红外设备，系统结构原理示意图如图 3-13 所示。迈克尔逊干涉仪结构中 M_2 镜使用回射镜代替平面镜，因而更容易移动 M_1 镜，使反射平面相对于光轴保持恒定位置，此方案最大限度减少了光路中大的反射镜行程条件下传统平面镜因镜面偏斜而导致的大的测量误差。

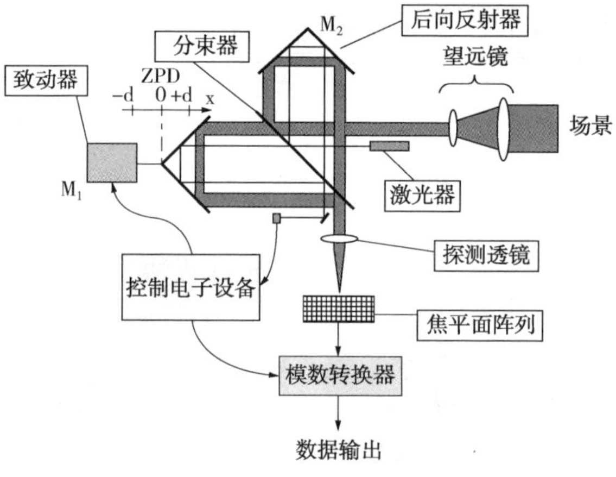

图 3-13 Hyper-Cam 系统结构示意图（左）和实物照片（右）

2009 年，Telops 公司推出了如图 3-14 所示的支持机载平台的 Hyper-Cam 探测器模块，有单相机和双相机两种配置。在飞机或直升机经历运动和姿态变化时能够实时补偿前向运动、俯仰、滚转和偏航的指向精度，提供稳定的测量条件。同时，该模块配备了地理定位设备，可以提供高质量的地理校正红外超光谱图像。

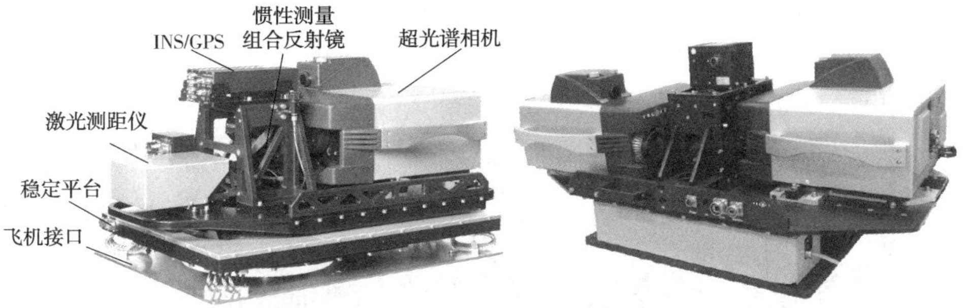

图 3-14　Hyper-Cam 集成机载探测器模块：单相机配置(左)和双相机配置(右)

如图 3-15 所示，机载高光谱成像可以在测绘采集和瞄准采集两种模式下进行。测绘采集模式中当飞机在关注区域上方飞行时，连续记录各个图像或数据立方体；瞄准采集模式利用图像运动补偿(IMC)反射镜组件，用于记录目标区域连续高光谱数据。

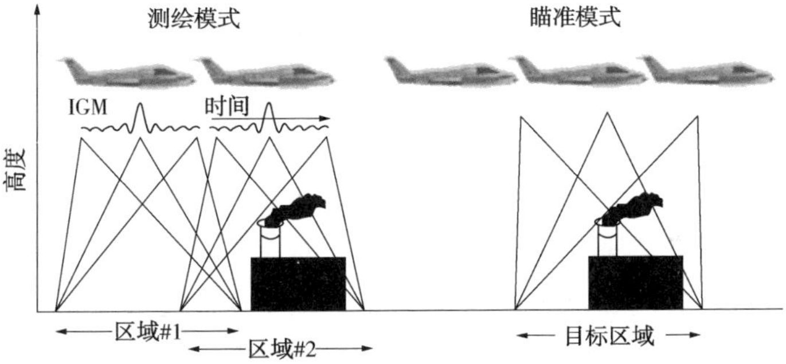

图 3-15　Hyper-Cam 机载平台测绘采集(左)和瞄准采集(右)模式

研究人员利用机载 Hyper-Cam 长波相机(7.7~11.7μm)在魁北克市上空使用目标采集模式(在同一飞行线期间在同一区域进行 8 次采集)对丙酮和甲醇的释放进行了检测。Hyper-Cam 相机安装在配备全球定位系统(GPS)和惯性运动单元(IMU)的稳定平台上，飞行高度为 700m，像素大小为 1M，光谱分辨率 $5cm^{-1}$，约 1s 时间获取一张完整干涉图，IMC 反射镜组件使用 GPS/IMU 数据来有效地补偿数据采集期间的飞机运动。以丙酮监测为例，图 3-16 显示了目标采集模式下的丙酮柱浓度序列图(时间偏移 0.7s)，检测到的最大浓度约为 650ppm · m，烟羽中心纵向范围为 25m，侧风范围为 10m。在羽流中观察到的丙酮的平均总质量为 11g(标准偏差为 0.9g)，假设烟羽的垂直范围与侧风范围相似，估计出烟羽中心的局部浓度约为 65ppm · m。估计的丙酮气体羽流中心的平均线性质量为

2. 1g/m（标准差为 0. 5g/m）。通过观察羽流的空间位移，从第一幅图像到最后一幅图像，羽流中心浓度空间偏移的最大值估计为 8m，平均风速约为 1. 5m/s 左右，估算得到羽流流量为 3. 1g/s（标准差为 0. 8g/s）。

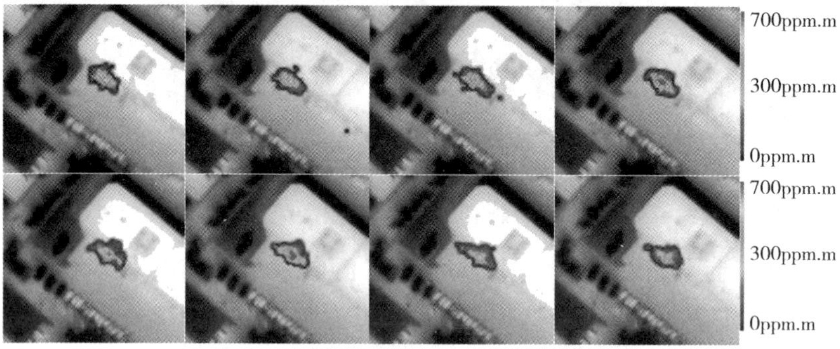

图 3-16 Hyper-Cam 机载平台目标采集模式下丙酮羽流监测柱浓度序列图

（2）Hyper-Cam Airborne Mini 成像系统

2021 年，Telops 发布了商业版的机载小型化高光谱红外成像系统——Hyper-Cam Airborne Mini，主要包括光学头（OH）、主动稳定平台（ASP）、控制与处理箱（CPB）等子系统，如图 3-17 所示。Hyper-Cam Airborne Mini 采用 320×256 像素斯特林制冷型 SLS 超晶格探测器，响应波段在 7. 4~11. 8μm 长波红外区域，光谱分辨率为 0. 5~64cm^{-1}，视场角为 13. 5°×10. 9°，总重量为 24kg，体积小于 2 立方英尺。来自目标检测区域的红外辐射通过前向光学器件进入系统，由微型迈克尔逊干涉仪调制，以记录探测器阵列中每个像素的干涉图。像素级干涉图经过快速傅里叶变换及两点辐射校准后得到数据立方体，可适用于气体检测、矿物勘探、危化品监视等领域遥感探测。

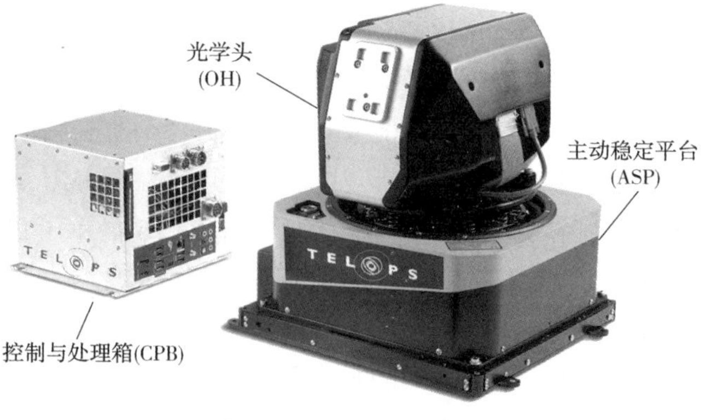

图 3-17 Hyper-Cam Airborne Mini 成像系统

(3) Hyper-Cam Mini xLW 成像系统

Hyper-Cam Mini xLW 是一款体积小、重量轻、功率低(稳态功耗 170W，峰值功耗 320W)的红外高光谱成像系统，可以在实验室和远程现场环境中使用，主要由 OH、CPB 和电池组子系统组成。Hyper-Cam Mini xLW 成像系统使用 320×256 像素斯特林制冷型 SLS 超晶格探测器，响应波段 7.4~12.5μm 扩展长波红外，光谱分辨率最高可达 $4cm^{-1}$(137spectral channels)，视场角为 14°×11°，最小探测距离 0.8m。见图 3-18。

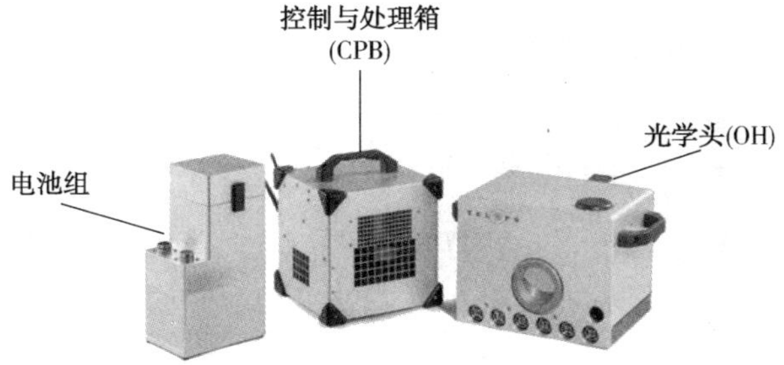

图 3-18 Hyper-Cam Mini xLW 成像系统

3. ABB Bomem 公司

ABB Bomem 公司位于加拿大魁北克市，是一家航天、航空领域 FTIR 仪、生产工业化标准系统的制造商。2009 年，ABB Bomem 公司在 MR 系列 FTIR 辐射计基础上开发出模块化、可拓展配置的商业成像 FTIR 辐射计 MR-i，主要由输入光学器件(望远镜)、干涉仪(包含氦氖计量激光器)、两个输出模块、光学头结构(其他子系统和控制电子设备等)和控制单元组成。

ABB 升级了 iCATSI 配置，使用平面探测器阵列取代了 16 个光电二极管线型探测器阵列，以解决不同的测量场景需求。与此类探测器类型通常提供的 8~12μm 光谱范围相比，该探测器能够提供 8~14μm 光谱范围，高效实现更多化学物质检测，如 BBr_3、BF_3、氟光气(COF_2)、HCN 等。同时，研究人员使用 HITRAN 数据库开发了一个仅包含 CO_2 和 H_2O、分辨率 $16cm^{-1}$、50m 和 1km 距离的简化大气透过率模型。

配置高焦距卡塞格伦望远镜的 LWIR 焦平面阵列 iCATSI 每个像素的瞬时视场角为 65urad，1.5km 探测距离下对烟囱尾气羽流进行检测，每个像素覆盖10cm×10cm，总视场为 16m×16m。从图 3-19 中可以看到，烟囱尾气羽流

主要含有 CO_2 和水蒸气，光谱图中区域 2 对应于来自烟囱的热羽流，区域 1 对应于平流层，区域 3 对应于比高于环境温度的烟囱顶部。

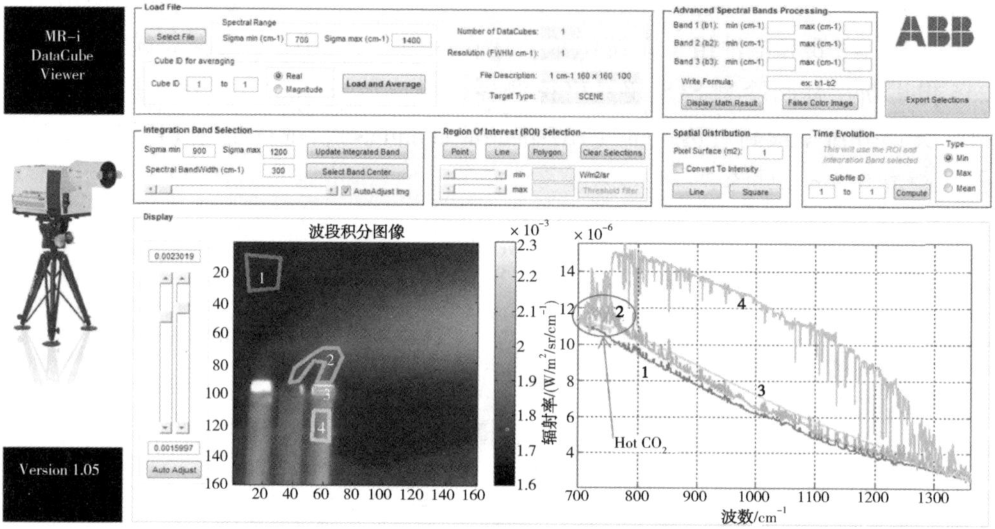

图 3-19　1cm⁻¹分辨率下校准辐射率烟囱尾气检测

（二）国内被动式傅里叶变换红外光谱成像技术研究进展

与国外相比，国内在被动式 FTIR 气云成像技术研发领域进展缓慢，但是经过近些年技术积累，研究机构、企业等单位持续开展研究，已经取得了一定进步，相关技术装备、产品已进入产业化示范应用阶段。

2021 年，中国石油集团安全环保技术研究院有限公司与中国科学院安徽光学精密机械研究所经过多年联合攻关，开展了单像素探测器被动式 FTIR 气云成像技术研发与装备研制工作，并形成防爆型 S1 型红外成像监控报警仪产品，实现油气生产、加工、储运环节重点风险场所危化气体泄漏监测预警的产业化推广应用，取得了积极进展。

针对被动式 FTIR 气云成像监测系统（图 3-20）测得的泄漏气云浓度程长积成像分辨率低且受风速、风向影响难以分析的问题，开发出一种泄漏气云浓度程长积图像重构方法。首先，采用双三次插值法对气云的低分辨率浓度程长积图像进行采样；其次，以最大 NECL 作为阈值分割高分辨率气云图像，同时应用图像形态处理和泄漏气云的评价准则对泄漏气云进行检测；最后，将泄漏气云的高分辨率浓度程长积图像叠加到背景图像上，SF_6 放气遥测实验结果表明该方法能够有效重构泄漏气云羽流轨迹，并可视化呈现泄漏点位置。见图 3-21。

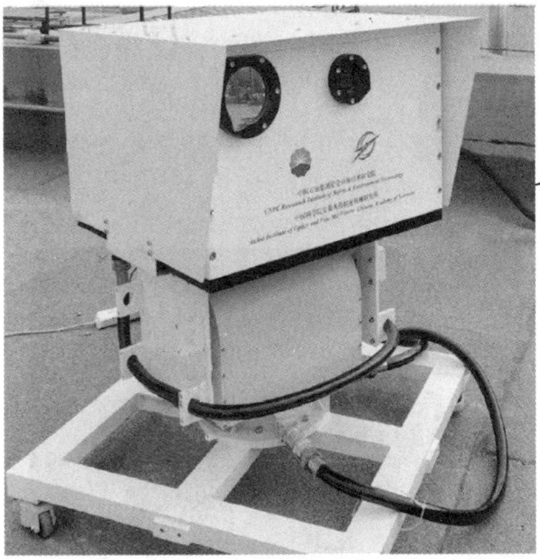

(a)实物照片

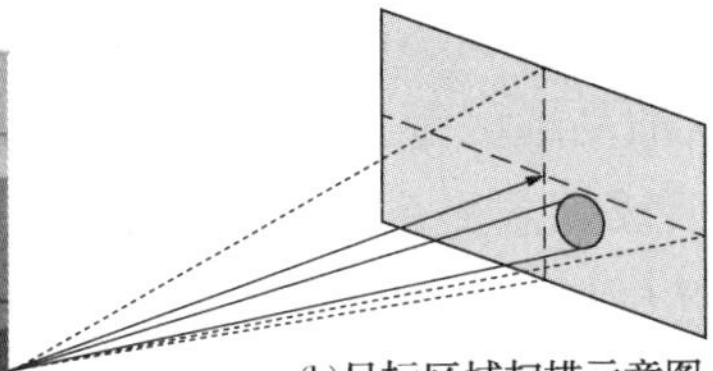

(b)目标区域扫描示意图

(c)控制软件界面

图 3-20　被动式 FTIR 气云成像监测系统

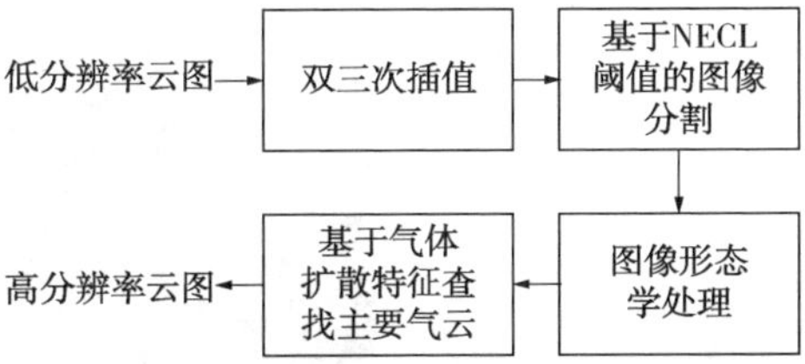

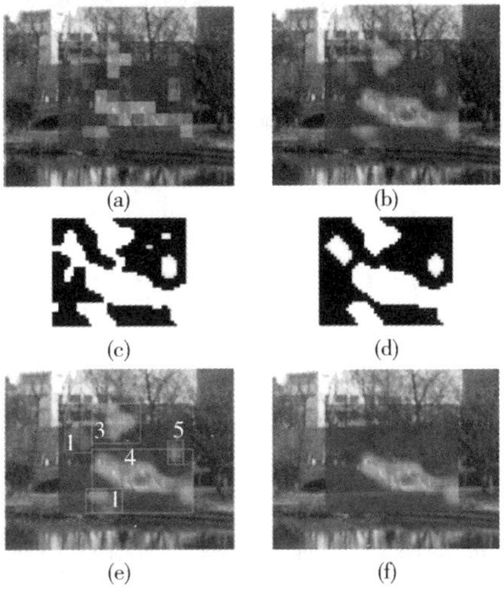

图 3-21　泄漏气云浓度程长积图像重构方法(上图)和 SF_6 气云重构过程(下图)

随后，研究人员利用研制的 FTIR 气云成像监测系统在炼化企业、油气集输站场装置区及油品罐区等油气生产、加工场所开展了大量现场验证试验。结果表明，FTIR 气云成像监测系统可以在 200~1100m 探测距离下准确识别出二氧化硫（SO_2）、丙烯（C_3H_6）、对二甲苯（PX）、甲苯等组分并可视化成像，检测效果如图 3-22 所示。

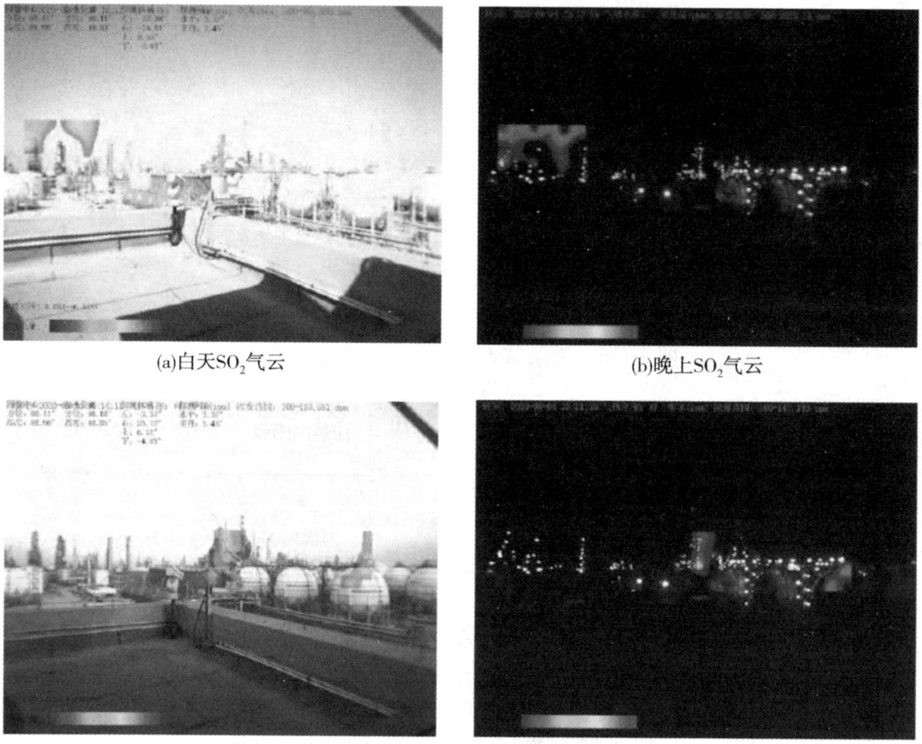

(a)白天SO_2气云

(b)晚上SO_2气云

(c)白天PX气云

(d)晚上PX气云

图 3-22　气云检测效果图

进一步地，通过与成品油储罐通气孔气样色谱分析数据对比，发现遥测气体组分与色谱分析结果相吻合且浓度变化趋势基本一致[如图 3-23(a)、图 3-23(b)所示]；通过对比烟气在线监测数据，发现遥测气体组分及监测浓度变化趋势与其具有一致性。为石油石化企业高风险区域大范围、远距离气体泄漏监测提供了技术补充，应用前景广阔。

油气集输场站、油品储罐区、炼油化工装置区等高风险场所环境背景复杂，往往包含天空、植被、墙体、地面、工艺设备设施等多种类型，如图 3-24(a)所示，并且同一监测场景不同时间段、不同气象条件下物体辐射发射率不同，导致不同目标的 FTIR 气云成像监测系统测量光谱存在差异，如图 3-24(b)所示，实际监测过程中受复杂环境背景辐射干扰而影响系统监测效果。针对上述问题，FTIR 气云成像监测系统基于简化的红外辐射“背景层-气云层-大气层”三层传输模型，植入背景辐射去噪算法，采用线性拟合及背景辐射扣除的方法，对目标区域气云透过率谱进行计算，获取了准确的测量结果，提升了系统的监测预警能力，检测效果如图 3-24(c)和图 3-24(d)所示。

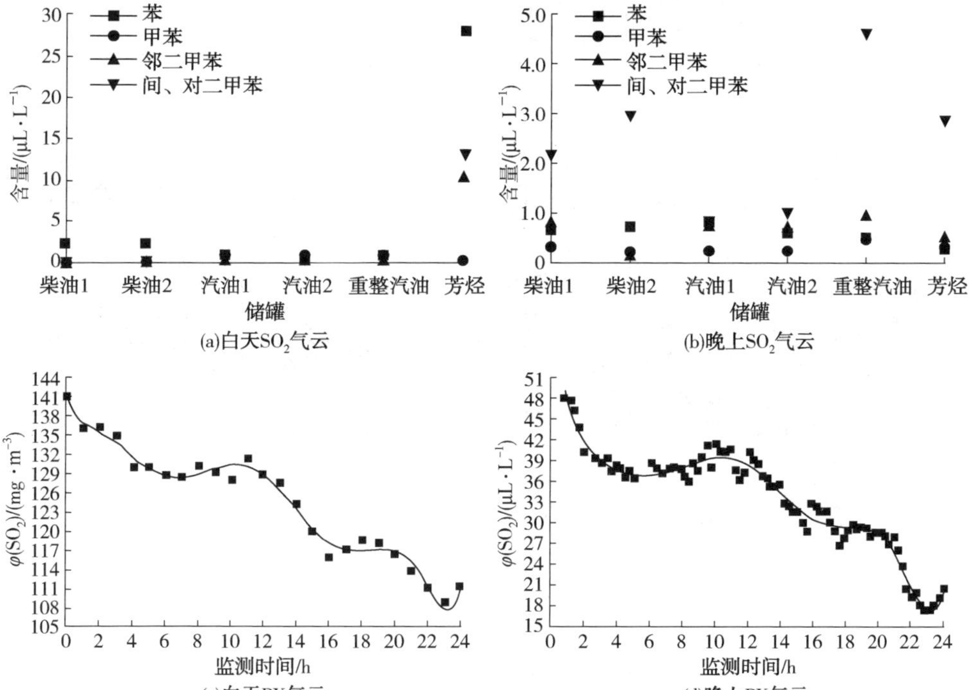

图 3-23　不同目标的 FTIR 气云成像监测系统测量光谱

除上述研究机构的研究工作外，国内其他研究机构也开展了被动式 FTIR 气云成像技术研究。2023 年，闫涬等人利用搭载小型 FPA 探测器的被动式 FITR 气云成像设备，开发出夜间月光散射条件下高时空分辨率、高精度污染气体云测量方法，并在化工园区开展了污染物排放监测实验测量，根据硫化物(SO_2、H_2S 气体)高光谱数据实现气云成像(成像周期 1.5s)，获得了气云辐亮度、浓度时空分布图(空间分辨率约为 0.4m×0.4m)，如图 3-25 所示。

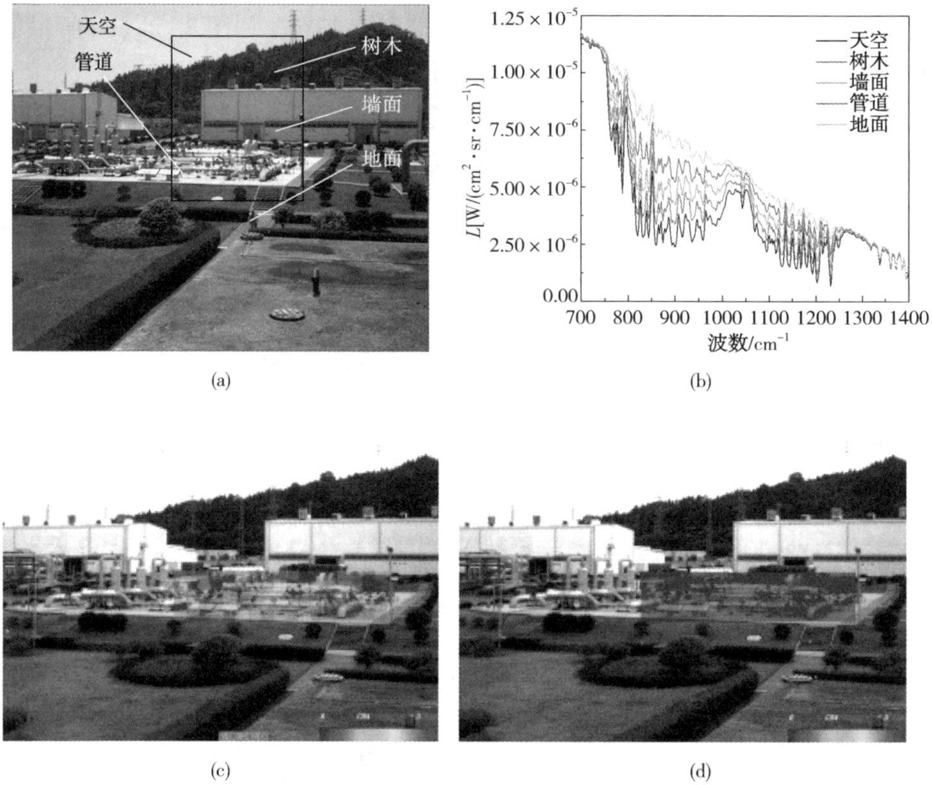

图 3-24　现场复杂环境背景类型(a)和辐射亮度曲线(b)，
环境背景辐射扣除前(c)和扣除后(d)检测效果图

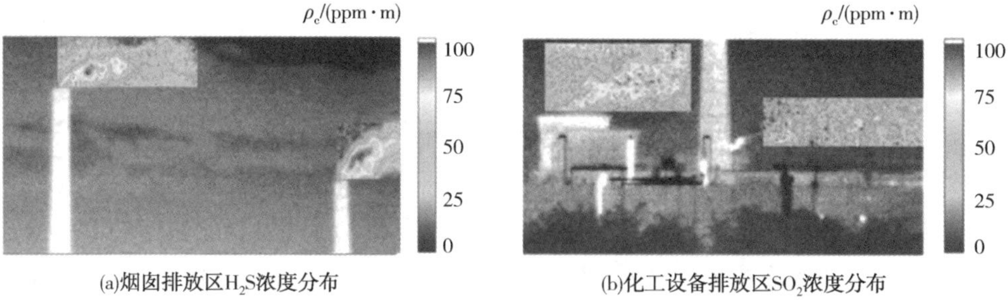

图 3-25　烟囱与化工设备排放区硫化物浓度分布图

四、结论与展望

被动式 FTIR 气云成像技术是基于危化气体对红外波段特征吸收特性，进行非接触光学面域监测，具有覆盖范围大、检测光谱范围大、可同时检测气体种类多、远距离探测能力强等优点，是对现有气体检测报警器技术、激光遥测技术的有力补充，也是搭建“点-线-面”立体式气体泄漏监测预警系统的有效手段，在石油石化行业危化气体泄漏可视化监测预警方面具备广阔的应用前景。国内外技术优势研究机构、企业正在积极布局、研发被动式 FTIR 气云成像技术，抢占未来产业新发展、新赛道，奋力践行能源安全高质量发展新战略。

（一）完善被动式 FTIR 气云成像技术评价、应用标准体系

目前，关于石油石化行业点域监测式气体传感器选型、安装、使用，有国家标准 GB/T 50493—2019《石油化工可燃气体和有毒气体检测报警设计标准》作为指导性文件，但是对于被动式 FTIR 气云成像技术这一在石化行业新兴的气体泄漏检测技术，缺乏相关标准体系做支撑。针对被动式 FTIR 气云成像设备的技术要求、试验方法、安装要求、安装检测等，中国石油集团安全环保技术研究院有限公司制定了企业标准进行探索、实践，亟须完善该类技术设备的性能测试、出厂检验、配置标准、安装要求、维护校准等方面的国家标准体系，规范被动式 FTIR 气云成像技术进一步推广应用，提高重点风险场所的危化气体泄漏监测技术水平。

（二）高灵敏度被动式 FTIR 气云成像技术

被动式 FTIR 气云成像技术可应用于重大泄漏危机管理(如生化战争、危化品泄漏事故、火山喷发等)、污染物排放环境监测(烟囱排放、飞机发动机排气等)、工业泄漏安全监测。光谱噪声一定时，被动式 FTIR 气云成像设备的灵敏度取决于目标气体光谱和环境背景光谱的等效辐射温度的差值，温差越大，灵敏度越高。在工业泄漏安全监测应用场景中，泄漏气云与大气环境或者环境背景之间并不总是存在大温差的有利条件，因此被动式 FTIR 气云成像技术需要在高分辨率成像、气体识别算法和系统快速响应等方面持续攻关，特别是光学系统优化、光谱复原算法开发、仪器线型畸变矫正、特征光谱数据库建立等，以提高适应性、灵敏度、检测精度和抗干扰性，实现远距离、微量泄漏的探测。

（三）加强用户端设备运行管理

用户端建立完整的被动式 FTIR 气云成像设备管理运行制度，因地施策对设备分级、分类，制定设备使用、运维操作规程等技术文件，设立运行管理人员岗

位并定期组织专业培训，设置合理报警阈值，制定报警处理程序及应急处置预案，可以充分发挥被动式 FTIR 气云成像技术优势。同时，鉴于被动式 FTIR 气云成像设备服务器端精密化、专业化程度较高，配置参数较多，开发功能交互性强、界面友好、操作简便的客户端软件以及应用层面移动终端的信息查询与推送功能，有助于提升用户体验，更好地服务于现场安全生产。

第三章　油气储运安全技术

李云涛[1]　邓金睿[2]

［1. 中国石油大学(北京)；2. 中国石油安全环保技术研究院］

一、国内外油气储运行业情况

(一) 国内外油气储运行业发展概况

近些年国内经济呈现出了高速发展的态势，而随着相关技术的不断完善，油气储运行业也迅速发展。当前，世界能源行业正在发生深刻变化，以天然气为代表的清洁高效能源以及新能源加速发展，正在引发全球能源格局深刻变革。中国正在推动能源生产和消费革命，更加注重绿色低碳发展，明确提出到2030年天然气在一次能源消费中的占比提高到15%左右，加快油气主干管网、区域性支线管网和配气管网建设，完善LNG接收站布局和配套外输管道，推进国内油气管网互联互通，中国油气储运设施建设从数量到质量都将实现飞跃。

在油气储运行业基础设施发展方面，截至2022年底，我国已建成油气长输管道里程累计达到18.0万km。其中，主干天然气管道总里程达到11.6万km，原油管道总里程达到3.2万km，成品油管道管网总长达到3.2万km。石油储罐方面，截至2022年我国已建成9处原油储备基地，还有6处计划完成或已部分投入使用的原油储备基地。石油储备能力能达到8500万t，将近6亿桶。地下储气库方面，我国建成地下储气库(群)27座，储气库调峰能力约$14.2\times10^9m^3$，主要集中在华北地区。LNG接收站方面，我国已经建设完成(含新建、扩建)的LNG接收站项目有23个，总接收能力$9330\times10^4t/a$，其他扩建、新建的LNG接收站预计在未来四年内陆续建成投产。

在油气储运行业安全状况方面，我国油气储运设施分布广、数量大、服役环境复杂、技术和管理水平参差不齐，致使油气储运设施安全运行情况相对薄弱。近年来，发生了一些重大油气储运设施事故，给国家和人民群众生命财产造成重大损失。统计数据显示，油气管道主要受第三方破坏、腐蚀、施工缺陷/材料失效、自然力破坏、误操作这五种因素影响。例如，2013 年的青岛黄岛原油管道泄漏爆炸事故，导致 63 人遇难，150 余人受伤，直接经济损失 7 亿多元。贵州晴隆段天然气管道焊口断裂爆燃等事故。对于石油储罐，通过分析近年来有报道的石油储罐事故，将储罐事故原因分为 6 大类：外部干扰、本体损伤与设备故障、人为失误、环境因素、自然灾害、其他未知原因。对于地下储气库，通过事故调查和参考国内外地下储气库事故分类，可将储气库事故分为以下七大类：外部干扰、钻井相关设备损坏、运行失效、设计施工缺陷、人因失误、自然灾害、其他未知原因。对于 LNG 接收站事故，调研了国内外 246 起 LNG 接收站事故，归纳总结了以下 5 大类事故：外部因素、LNG 接收站相关设备损伤、设计施工缺陷、人因失误及其他未知原因。

（二）油气储运行业基础设施概述

1. 油气管道

（1）国内油气管道行业发展现状

随着“全国一张网”改革方案的提出，主干油气管道实现统一并网运行，截至 2021 年，从中国石油、中国石化和中国海油接收管道总里程 9216km，在建管道总里程 4922km，完成管道焊接 1103km，投产管道项目 1781km，主干网络已基本整合完毕，先后包括广东、湖南、湖北、福建、甘肃、海南、浙江等省级管网融入“全国一张网”。据统计数据显示，“全国一张网”的总里程达到了 4.93 万 km，“全国一张网”正在加快融合。

依据《中国天然气发展报告(2022)》，2021 年全国天然气消费量 3690 亿 m^3，相较于 2020 年增加了 410 亿 m^3，同比增长 12.5%。随着天然气消费量的快速增长，天然气管道的建设成为油气管道建设的中坚力量，截至 2021 年，天然气管道总里程达到了 11.6 万 km，同比增长了 5%以上，较 2020 年增加了 6000km，相较于原油管道新建的 1690km 以及成品油管道新建里程 598km，天然气管道成为油气管道建设主力军。

（2）国外油气管道行业发展现状

截至 2020 年底，全球在役油气管道总里程约 2.019×10^6km，其中天然气管道约 135.0×10^4km，占管道总里程的 66.9%；原油管道约 4.01×10^5km，占管道总里程的 19.8%；成品油管道约 2.68×10^5km，占管道总里程的 13.3%。全球管道主要集中于北美地区、欧洲、俄罗斯及中亚地区、亚太地区。世界范围内，油气管道总长排前三的国家分别是美国、俄罗斯、中国。

（3）发展趋势

《十四五现代能源体系规划》明确，中国正在推动能源生产与消费革命，油气在能源中的地位逐步提高，今后10~15年仍是油气管道建设的高峰期。从建设的里程来看，我国的油气管道建设将继续向高压、高钢级、大口径方向发展。油气管道建设将继续提速，运输能力将大幅度提升，我国油气管道工程建设有望实现2025年规划的目标。从油气管网结构上来看，“全国一张网”已经基本形成，未来“四大战略通道+五纵五横”天然气管网架构、“四大进口通道+三大区域”原油管网架构将快速发展，油气管道“全国一张网”将进一步成型。从油气管道工程建设结构来看，我国油气管道工程建设主要以天然气管道建设为主。未来，油气基础设施建设稳步推进。中国油气管网在建设速度、智能化发展等方面明显加快，天然气基础设施建设持续发力。同时，智能化建设将是油气管道发展的重要趋势，作为长输管道下游的城镇燃气管道，其老化更新改造将成为“十四五”期间重点工作之一。

2. 油气储备行业

（1）大型石油储罐

① 国内大型石油储罐发展现状

20世纪90年代，中国开始建设石油战略储备库，截至2022年，已建成12个国家石油储备基地：天津、鄯善、舟山、黄岛（地面和洞库）、独山子、镇海、惠州、大连、兰州、锦州（洞库）、金坛、湛江。天津、鄯善基地扩容进行中；惠州基地已建成，当前总库容约为6000万m^3。目前，我国的石油储备能力基本达到国际能源署设定的石油储备量安全标准线90天，但相对欧美发达国家，石油储备及保障能力仍显不足。

截至2022年，我国已有2000余座原油储罐，单台罐容最大为$15\times10^4m^3$，具备最大储罐容积$15\times10^4m^3$的设计、建设和运行技术，相比$10\times10^4m^3$储罐，节省钢材5%、占地面积7%~22%。但目前$10\times10^4m^3$储罐仍占主体地位，其中，天津、镇海等单个石油储备基地的$10\times10^4m^3$大型储罐高达100座之多。尽管我国原油储备基地建设起步晚、时间短，但是在近50年时间内的努力中，已经跻身世界石油储备国前列，具备了设计、建造、检测、维修原油储备基地的能力。目前，我国的原油储罐不断向着大型化、集中化发展，将成为提升我国石油储备能力的重要支柱。

② 国外大型石油储罐发展现状

国外大型储罐的发展始于20世纪60年代，如今已有60多年的发展史。由于起步早、发展快，美国、日本等国家在大型储油罐的设计、施工、运行、维护方面开展了大量的理论研究和实践探索，不仅有先进的技术、丰富的经验，而且有系统化、标准化、规范化的指导法规。1962 年美国率先建造了世界上第一台 $10\times10^4m^3$ 原油储备基地，委内瑞拉于 1967 年建造了 $15\times10^4m^3$ 容积的储罐，1971 年日本建造了 $16\times10^4m^3$ 的储罐，随后，沙特阿拉伯建成了 $20\times10^4m^3$ 的大型储罐。目前，世界上最大单台罐容积已高达 $24\times10^4m^3$，日本还设计出了 30 万 m^3 的特大型储罐。此外，美国大型储油罐多为（10～15）万 m^3，同时还拥有盐矿洞穴、水封洞穴等地下储油库。日本拥有 10 座国家石油储备基地和若干民间储备，大型储罐多为（10～15）万 m^3，拥有半地上、地下、海上储罐以及地下洞穴。欧洲各国的地上原油储罐以 10 万 m^3 大型储罐为主，地下原油储库多为地下盐穴、水封储油库形式。

③ 大型石油储罐发展趋势

20 世纪 90 年代，中国开始建设石油战略储备库，截至 2020 年已建成 9 个国家石油储备基地，储油能力 3773×10^4t。根据全球大宗商品数据提供机构 Kpler 的估计，截至 2022 年 6 月 21 日，中国的战略石油储备总体库存为 9. 261 亿桶，在 2020 年 9 月甚至超过 9. 8 亿桶。

（2）地下储气库

① 国内地下储气库发展现状

地下储气库是将管网中的天然气重新注入地下可保存气体的空间而形成的一种人工气田或气藏，是保障供气安全、实现季节性调峰的一种主要手段。地下储气库共有四种类型，包括油气藏型、含水层型、盐穴型、矿坑型，其中油气藏型为应用最为广泛的储气库类型。

20 世纪 70 年代，我国曾在大庆油田进行过利用气藏建设储气库，但真正意义上开始储气库建设是在 20 世纪 90 年代初，随着陕甘宁大气田的发现和陕京天然气输气管线的建设，为了保证北京、天津两大城市的安全供气，在天津附近的大港油田利用枯竭凝析气藏建成了大张坨储气库群，即大张坨、板 876 和板中北储气库。截至 2024 年底，中国共建成地下储气库 27 座，其中，中国石油 23 座（含 2020 年划归国家管网的部分储气库）、中国石化 3 座、江苏港华燃气 1 座，已建天然气储气库调峰能力为 $142\times10^8m^3$ 左右，其中中国石油运营储气库（含国家管网）$130\times10^8m^3$，中国石化运营储气库（含国家管网）$15\times10^8m^3$，港华燃气储气库 $0.5\times10^8m^3$。从已建 27 座储气库分析，主要以气藏型为主，盐穴型 3 座。虽然我国储气库起步晚、地质条件差，但经过 20 多年的理论创新，建设了一批难度较大的储气库，短期内实现了从零到百亿立方米级调峰能力的历史性跨越，迈入快速发展阶段。

② 国外地下储气库发展现状

国外储气库建设起步较早，加拿大于 1915 年开始建设储气库，是储气库建设最早的国家。世界主要天然气生产与消费大国，如美国、俄罗斯及英国，以及主要依靠进口来满足消费的国家，如法国和意大利，均已经建设了相对完善的储气库。截至 2022 年，全球 36 个国家共建成储气库 716 座，总工作气量 $4211\times10^8m^3$，占当年天然气消费量的 12%，主要集中于美国、欧盟、俄罗斯。其中美国、欧盟、俄罗斯已建储气库分别为 414 座、179 座、34 座。美国储气库主要分布在东北部、中部等能源消费中心，工作气量占比为 18%。欧盟天然气主要依赖进口，多座地下储气库联网运行，具有明显的互联互通特征，工作气量占比为 29%。俄罗斯为出口导向型的发展模式，主要在向欧洲出口天然气管道附近和西部消费区，工作气量占比为 17%。从储气库类型来看，枯竭气藏型 478 座，含水层型 82 座，盐穴型 107 座，枯竭油藏型 45 座，岩洞型 4 座。我国所建设的储气库从数量上远远低于美国、欧盟，储气能力更是相差甚大，所建的地下储气库种类单一，大部分以油气藏型为主，其他类型较少甚至没有，同时，地下储气库之间的联网互通、储气库与输气管道之间的连接能力以及储气库调峰能力等方面均与国外储气库建设发展存在较大的差距。

③ 发展趋势

依据国家总体战略部署，中国将形成四大区域性联网协调的储气库群，储气库发展已步入黄金期，其将在推进中国能源生产和消费革命、保障能源安全方面发挥重大作用，储气库未来将向着集约、高效、智能、科技、经济等方面发展。

目前，我国“十四五”现代能源体系规划力争 2025 年天然气产量达到 2300 亿立方米以上，这势必要加强地下储气库的建设。同时，“十三五”时期累计建成长输管道 4.6×10^4km，全国天然气管道总里程约达到 11×10^4km，未来的储气库建设将依托天然气“全国一张网”而深度融合、联动，统一参与全国范围内调峰应急，并将在天然气产业链中发挥越来越大的作用，通过储气库独立运营管理和单独的市场化定价机制，实现储气库运营管理和利用效率双提升。

（3）LNG 接收站

① 国内 LNG 接收站发展现状

从 2014—2022 年我国 LNG 接收站数量统计来看，我国 LNG 接收站建设情况在 2016—2019 年迎来了飞速发展，从 13 座扩展到 22 座。截至 2022 年 5 月，我国已经建设完成(含新建、扩建)的 LNG 接收站项目有 23 个，总接收能力 9330×10^4t/a，其他扩建、新建的 LNG 接收站预计在未来四年内陆续建成投产，到 2025 年底，我国 LNG 接收站总接收能力将达到 1.5×10^8t/a。

② 国外 LNG 接收站发展现状

全球已建成 LNG 接收站 135 座，主要分布在天然气对外依存度高、调峰需求大的东北亚和欧洲地区。各国根据自身地质资源禀赋和天然气供应格局，探索出了适应本国国情的储气调峰体系，LNG 接收站在其中发挥了不同程度的作用。

③ 发展趋势

国家鼓励 LNG 接收站做大做强储气业务，2020 年 4 月，国家发改委等 5 部门再次聚焦天然气储气业务，印发了《关于加快推进天然气储备能力建设的实施意见》，要求突出规模效应，优先建设地下储气库、北方沿海 LNG 接收站和重点地区规模化 LNG 储罐；鼓励现有 LNG 接收站扩大储罐规模，鼓励城市群合建共用储气设施，形成区域性储气调峰中心。

二、油气管道行业技术研究现状及发展趋势

近年来，中国的油气管道技术贯彻业务驱动的科技发展战略，建立了以工程设计施工、材料与装备、油气管道输送工艺、运行维护等领域为核心的技术体系，已经初步构建起了以“设计—制造—运行—维护—报废”为循环的油气管道全生命周期技术管理体系，并在管道设计、管道施工等方面的部分关键技术方面取得了一系列技术成果。

1. 油气管道运行维护技术现状及发展趋势

(1) 完整性管理技术

在管道缺陷检测评价技术方面，管道缺陷检测评价目的是判定管道缺陷，降低管道的安全运行风险。主要技术包括内检测技术和评价技术。内检测技术包括管道检测器研发及特征识别判定技术，具体包括几何变形检测、漏磁检测、超声测厚、超声裂纹、电磁超声、惯性测绘内检测器研发；环焊缝缺陷、螺旋焊缝缺陷与金属损失相关凹陷等特殊缺陷识别判定等。评价技术包括评估模型选用、输入参数处理选取等，具体包括凹陷与椭圆变形等几何变形缺陷，腐蚀与划痕等体积型缺陷，裂纹与类裂纹等平面型缺陷，以及环焊缝缺陷、螺旋焊缝缺陷、直焊缝缺陷等。目前中国在变形、漏磁、惯性测绘内检测器研发应用领域较成熟，在环焊缝缺陷、螺旋焊缝缺陷识别判定技术领域取得重大突破，但在超声测厚、超

声裂纹、电磁超声技术研发与应用领域还存在差距。

在油气管道风险评价技术方面，油气管道风险评价技术是通过识别管道系统安全运行的风险因素，评价事故发生的可能性和后果，提出风险减缓和风险控制的建议措施。包括半定量风险评价技术、定量风险评价技术。半定量风险评价技术包括管道风险致因机理、半定量风险评价技术模型和指标体系。与国际领先的哥伦比亚管道集团 PVI 动态风险系统对比，目前中国侧重于评估典型时间点静态风险，还不能实现动态、主动的风险评估与预警。定量风险评价技术核心包括失效库及失效概率计算模型、油气管道危害评估模型、个人及社会风险计算模型。中国的定量风险评价技术与 TNO、DNV 等企业对比，缺乏管道失效数据库的支撑，管道失效后果复杂建模研究与验证不足，管道线路风险可接受准则难题还未解决。

（2）管道安全监测技术

在管道泄漏监测技术方面，目前中国已形成负压波、声波、流量平衡等多种管道泄漏监测技术。现有泄漏监测系统对打孔盗油等突发事件的监测效果明显。Enbridge 公司认为小于 5%的泄漏，以现有技术难以监测，基于压力检测的泄漏监测技术的灵敏度基本达到现有理论的合理边界，需要通过技术、管理和人等多种手段来解决泄漏监测问题。对于 1%以下的小泄漏、缓慢泄漏需要进行理论创新。目前来看主要是运用主动激励式泄漏监测，不断提高油管道泄漏检测灵敏度；通过大数据融合判断提高报警准确率，不断满足生产需求。

在光纤安全预警技术方面，光纤安全预警技术是利用管道同沟敷设的光缆，采用分布式光纤传感技术监测管道沿线第三方施工情况，实现第三方施工风险防控，变被动巡线为主动巡线。国外管道安全预警主要通过管道沿线振动信号的监测实现对第三方施工的预警。管道沿线人为活动少，报警信息主要依靠现场确认，事件识别方面还停留在简单环境的分类研究水平。中国管道沿线环境复杂，第三方活动频繁，需要进行复杂的事件识别和分类。目前，简单环境的智能识别已基本成熟，正在开展不同地理环境、公路和铁路穿越等强背景噪声下的复杂环境智能识别。

2. 油气管道运行维护技术发展趋势

总体来看，中国的管道完整性管理、安全监测、腐蚀防护等关键技术基本与国外同步。结合生产需求，需要围绕以下方面开展攻关：发展管道焊缝裂纹缺陷、管道应力在线检测技术与装备，提升焊缝缺陷的检测评价水平；降低误报漏报率，攻关天然气泄漏监测技术难题；开展大型天然气管网可靠性研究，建立系统目标可靠度确定方法及系统可靠性增强理论，推动管网系统可靠性技术工程应用和智慧管网建设。

三、油气储备行业技术研究现状及发展趋势

（一）大型石油储罐安全生产保障技术现状

随着我国原油储备与进口量的持续上升，原油储罐不断向着大型化、集中化发展，这也就造成了原油储罐检测评估难、风险性极高。针对以上特点，首先，我国开展了大型原油储罐完整性管理关键技术研究，形成了大型储罐完整性管理体系、储罐完整性管理系统，规范了储罐业务活动，为完整性管理的有效实施提供了制度保证。

其次，建立了罐体变形和地基沉降的一体化检测技术与系统，实现罐体变形和地基沉降的在线检测，解决围尺法、全站仪法等存在的精度低、耗时久、离线检测问题。有效提取罐体截面特征曲线，实现罐壁椭圆度、垂直度、圆柱度、地基沉降等的一体化检测。

最后，建立了储罐完整性评价模型与方法，考虑真实几何结构与材料特性，建立储罐全模型，解决轴对称模型的简化问题，真实体现结构不连续处的二次应力，提高评价结果准确性。提出基于谐波沉降的罐体应力和变形分析方法，确定储罐危险位置，提出罐壁径向变形公式，弥补地基沉降储罐完整性评价方法的技术缺失，实现快速评价。

（二）地下储气库安全生产保障技术现状

我国建立了气藏型储气库全生命周期安全运行保障技术，该技术涵盖了气藏型储气库完整性管理体系、储气库注采井风险评估方法、储气库真空带压井危险性评价方法、地下储气库套管柱安全检测评价技术、井筒泄漏检测及定位工具、地下储气库往复式压缩机自适应故障诊断技术等。

形成的储气库完整性管理体系主要对象是地—井—地面设施，确保各对象功能始终处于安全服役状态。储气库完整性评价技术主要包括了圈封闭性监测技术、圈密封性评价技术、库存动态诊断技术；注采井完整性管理关键技术包括了管柱选材、扣型选用及设计技术、建设期井筒固井质量控制技术、完整性失效控制技术、井风险评估技术、井固井质量检测评价技术、井环空带压危险性评价技术、井维护维修及效果评价技术、井废置评价及处置技术等；地面设施以各类设施的风险评估、检测评价为核心。

（三）LNG 接收站安全生产保障技术现状

为了保障 LNG 接收站的安全生产，我国形成了 LNG 接收站设备设施完整管理体系，在设备设施的“规划投资、设计建造、运营维护、废弃处置”四个阶段进行全生命周期完整性管理。并且，基于风险理念形成了 LNG 接收站设备设施完整性评价技术，开展了以“风险管控”为核心的设备设施完整性评价，利用“数据采集”“风险评价”“完整性评价”“风险削减与维修维护”以及“效能评价”五步工作循环，对 LNG 接收站设备设施进行完整性评价。最终形成了 LNG 接收站设备设施设计完整性、技术完整性、操作完整性评价方法，主要包括了风险因素识别、风险管控、设备可靠性和完整性评价模型、组织、人员、作业流程等各方面的完整性评价，有力地保障了我国 LNG 接收站的安全平稳运行。

四、油气储运行业重大基础设施安全对策

（一）政策建议

依据《十四五应急管理体系规划》，到 2025 年，应急管理体系和能力现代化建设取得重大进展，形成统一指挥、专常兼备、反应灵敏、上下联动的中国特色应急管理体制。建成统一领导、权责一致、权威高效的国家应急能力体系，防范化解重大安全风险体制机制不断健全，应急救援力量建设全面加强，应急管理法治水平、科技信息化水平和综合保障能力大幅提升，安全生产、综合防灾减灾形势趋稳向好，自然灾害防御水平明显提升，全社会防范和应对处置灾害事故能力显著增强。

（二）技术建议

1. 油气储运设施关键技术及设备的国产化研发

在内检测器研发与应用方面，进一步提高普通漏磁、变形、测绘等常规内检测设备的运行可靠性和平稳性，推动高精度的轴向漏磁、环向漏磁、螺旋磁化漏磁的研发，以及超声、电磁超声等裂纹类缺陷新型检测器的研发，推动管道焊缝缺陷识别分类与量化，点蚀、针孔、轴向沟槽、轴向沟纹缺陷检测，以及防腐层剥离和应力集中检测等方面的检测与应用，完善信号与缺陷对应的信息库。

2. 油气储运设施管道全生命周期风险管控技术

开展油气管道高后果区精准识别技术研究、基于失效数据的事故预测技术研究、油气管道动态风险评估与预警技术研究、高后果区管道失效模式及衍生灾害演化规律研究、储罐（库）安全评估与管控技术研究、环境敏感性高后果区风险评估及综合管控技术研究等，提升管道高后果区精准识别与预警能力，对管道风

险实现预防预控。

3. 油气储运事故应急关键技术及装备研发

在油气储运事故快速响应与应急决策方面，根据动态监测与预警结果，针对应急事件的性质、特征和影响波及方式，建立油气储运安全风险的分级应急响应与应急保障体系，包括快速响应机制、协调机制、组织机构、应急处理预案等；构建针对不同问题的应急管理决策模型，量化应急物资调用的优化配送、突发事件应急决策优化、应急物资动员潜力评估、应急管理能力评价等。

第四章 工艺安全风险评估与管理技术

魏振强

（中国石油安全环保技术研究院）

石油化工行业作为国民经济的重要支柱产业，其生产过程涉及高温高压、易燃易爆、有毒有害等复杂危险因素，工艺安全风险评估与管理技术对于预防重大事故、保障生产安全具有决定性作用。本文系统梳理了工艺安全风险评估技术的发展历程与现状，深入分析了当前主流评估方法的技术原理与应用特点，详细探讨了风险评估技术在石油化工领域的关键技术环节，客观指出了行业在风险评估实践中面临的突出问题与挑战，并提出了针对性的解决方案与发展建议。通过构建动态风险评估体系、推进数字化智能化技术应用、强化人才队伍建设等系统性措施，全面提升石油化工企业工艺安全风险管理水平，为行业安全发展提供技术支撑与决策参考。

一、工艺安全风险评估技术发展现状

工艺安全风险评估技术作为石油化工行业安全生产的重要保障，经历了从经验判断到定量分析、从单一方法到综合系统的发展历程。随着工业技术的进步和安全理念的更新，风险评估技术不断向精细化、智能化方向发展，为石油化工企业的安全管理提供了更加科学、可靠的决策依据。

（一）国内外技术发展历程

国际发展脉络可追溯至20世纪60年代，随着化学工业的快速发展，重大事故频发推动了工艺安全技术的进步。1974年英国Flixborough化工厂爆炸事故后，危险与可操作性分析方法应运而生并迅速成为国际通用标准。1984年印度博帕尔毒气泄漏惨剧促使美国职业安全健康管理局（OSHA）于1992年颁布《高危害化学品工艺安全管理》标准，确立了工艺安全管理（PSM）体系的法律地位。1996年欧盟出台“塞维索指令Ⅱ”，要求成员国对重大危险源实施系统化风险评估。进入21世纪，国际石油公司普遍采用保护层分析和定量风险评估等技术，风险评估向定量化、精准化方向发展。

国内技术演进相对滞后但发展迅速。2010年，国家安全监督管理总局首次颁布《化工企业工艺安全管理实施导则》（AQ/T 3034—2010），标志着我国工艺安全风险评估进入规范化阶段。2013年发布的《关于加强化工过程安全管理的指导意见》（安监总管三〔2013〕88号）进一步明确了工艺安全管理内容，为企业提供了本质安全管理框架。在此基础上，2002年应急管理部修订发布了《化工过程安全管理导则》（AQ/T 3034—2022），增加了安全领导力、安全生产责任制、安全生产合规性管理、本质安全等8个要素，将管理要素的数量从12个扩充至20个，对石油化工行业落实HSE管理和过程安全管理提出了更高的要求。近年来，随着“工业互联网+安全生产”行动计划的推进，数字化、智能化风险评估技术得到快速发展，如某企业基于数字孪生的工艺安全监测系统，实现了风险动态感知与预警。

（二）主流评估方法及应用现状

当前石油化工行业广泛应用的工艺安全风险评估方法主要涵盖定性和定量缝隙方法。定性分析方法以HAZOP为代表，通过系统检查工艺设计偏差识别潜在风险，适用于项目设计阶段。国内大型石化项目HAZOP分析覆盖率已达100%，中小型企业普及率约60%。半定量方法如保护层分析（LOPA），通过评估独立保护层（IPL）的失效概率量化风险等级，特别适用于安全仪表系统（SIS）的完整性等级（SIL）确定。定量评估技术如故障树分析（FTA）和事件树分析（ETA），基于概率统计和数学模型精确计算事故后果，多用于重大危险源评估。国内领先企业如中国石油已建立QRA技术团队，但整体行业应用水平仍落后于国际先进水平约5~8年。新兴智能技术开始渗透风险评估领域。基于工业互联网的安全生产监测平台可实时采集设备状态、工艺参数等数据，通过机器学习算法实现风险动态预测。

（三）行业技术应用水平差异

大型央企与外资企业普遍建立了较为完善的风险评估体系，能够系统应用HAZOP、LOPA、QRA等方法，并逐步向智能化方向发展。国内头部企业已构建的QHSE或HSSE管理体系，均遵循国际标准并结合企业实际持续改进。这些企业通常设有专门的风险评估部门，配备专业团队，年投入资金可达数千万元。

中小型化工企业风险评估能力相对薄弱，约40%的企业仍停留在依靠经验判断的阶段。受限于资金和技术，这些企业多采用简化的安全检查表法，对HAZOP等方法应用不足。调查显示，中小企业安全事故占比高达80%，凸显风险评估技术普及的紧迫性。

区域发展不平衡现象明显。东部沿海地区石化企业风险评估技术应用水平普遍高于中西部地区，广东、浙江等省份正大力推进"工业互联网+安全生产"数字化改造，而部分欠发达地区企业仍面临基础数据缺失、人才匮乏等挑战。

石油化工行业风险评估技术应用水平比较详见表3–3。

表3–3　石油化工行业风险评估技术应用水平比较

企业类型	主要评估方法	技术成熟度	典型问题
大型央企/外资企业	HAZOP、LOPA、QRA、数字化监测	高，接近国际先进水平	数据整合不足，智能分析待提升
中型化工企业	HAZOP简化版、安全检查表	中等，基本满足法规要求	专业人才缺乏，执行深度不够
小型化工企业	经验判断、简单检查表	低，合规性风险较高	资金技术受限，评估流于形式

二、工艺安全风险评估关键技术

石油化工工艺安全风险评估是一项系统工程，涉及从危险源识别到风险控制的完整技术链条。掌握这些关键技术对于准确评估风险等级、制定有效防控措施至关重要。随着技术进步和行业实践积累，风险评估技术不断向精细化、定量化和智能化方向发展，为石油化工安全生产提供了更加可靠的技术支撑。

（一）危险源识别与分类技术

全面系统的危险源识别是风险评估的首要环节。石油化工生产过程中的危险源可分为物理性、化学性和生物性三大类。物理性危险主要包括机械故障、设备损坏和操作失误等，如管道破裂、阀门故障或控制系统失灵；化学性危险涉及化学品的不稳定性、反应性以及潜在毒性，如腐蚀性物质泄漏、易燃易爆物质失控反应；生物性危险则包括微生物污染和生物毒素。现代危险源识别技术强调多维度交叉分析，从“人、机、料、法、环、测、信息”七个维度全面排查潜在风险。

先进传感技术极大提升了危险源监测能力。在铝加工行业，企业通过在结晶器位置安装热成像摄像机，实时监测模盘下方铝棒区域温度变化，可及时识别铝液泄漏风险。深水井区域安装的声音捕捉设备能通过捕捉高温铝液接触水的特殊声纹实现泄漏监测，这种技术使用特殊拾音装置结合 AI 算法进行声频信号分析，准确率可达 95%以上。对于硫化氢等有毒气体，采用电化学传感器与红外光谱技术相结合的监测系统，可实现 ppm 级精确检测。

危险源数据库建设是系统化风险管理的基础。领先企业建立了包含设备故障模式、化学品特性、历史事故案例等信息的综合数据库，为风险评估提供数据支持。如某大型石化企业构建的故障知识库收录了 10 万余条设备故障记录，支持基于案例的类比风险评估。行业层面，应急管理部正推动建立危险化学品安全风险监测预警系统，实现企业数据的“应接尽接”。

（二）风险分析与评估方法

多层次分析方法组合应用已成为行业最佳实践。在项目不同阶段采用适宜的分析方法：概念设计阶段使用初步危害分析（PHA）；详细设计阶段采用 HAZOP 识别工艺偏差；运行阶段应用故障模式与影响分析（FMEA）评估设备可靠性。对于关键安全系统，如安全仪表系统（SIS），则需进行保护层分析（LOPA）确定所需的风险降低因子（RRF）和安全完整性等级（SIL）。

定量风险评估（QRA）技术日趋成熟。通过故障树分析计算顶事件发生概率，结合后果模拟软件（如 FLACS、PHAST）预测火灾、爆炸、毒物扩散等事故影响范围，最终以个人风险和社会风险形式表达评估结果。国内某炼油厂采用 QRA 技术对常减压装置进行评估，量化了不同场景下的事故后果，为应急疏散规划提供了科学依据。然而，QRA 技术对基础数据要求高，目前主要应用于大型石化项目和重大危险源评估。

动态风险评估技术代表了最新发展方向。传统风险评估多为静态分析，难以反映生产过程的风险变化。基于实时数据的动态风险评估系统通过数据融合算法整合工艺参数、设备状态、环境条件等多源信息，实现风险等级动态调整。如某乙烯装置应用的实时风险监测系统，每 5min 更新一次风险指数，当指标超过阈值时自动触发预警。机器学习技术的引入进一步提高了风险预测的准确性，通过对历史事故数据的学习，系统可识别潜在的风险演变模式。

石油化工行业主要风险评估方法比较详见表3-4。

表3-4 石油化工行业主要风险评估方法比较

评估方法	适用阶段	技术特点	主要输出	局限性
HAZOP	设计、运行	系统性强，团队协作	偏差清单及建议措施	依赖专家经验，耗时较长
LOPA	安全系统设计	半定量，聚焦独立保护层	风险缺口及SIL要求	简化假设可能影响准确性
QRA	重大危险源评估	全面定量，考虑多种场景	个人和社会风险曲线	数据需求大，成本较高
动态风险评估	运行监测	实时性强，数据驱动	动态风险指数及预警	依赖传感器数据质量

（三）风险防控与决策支持技术

本质安全设计是风险防控的最高层次。通过改进工艺路线、减少危险物料存量、降低操作条件温和度等措施，从源头消除或减小风险。如某化工企业采用微反应器技术替代传统釜式反应器，使反应物料持有量减少90%，显著降低了潜在事故后果严重度。工程控制措施包括安全仪表系统、泄压装置、紧急切断系统等，按照“洋葱模型”构建多层次防护体系。某炼厂催化裂化装置应用三重冗余控制系统，确保在单一组件失效时系统仍能安全运行。

数字化风险管控平台集成风险评估与日常管理。先进企业部署的安全生产管理系统实现了风险辨识、评估、控制、监测、预警的全流程数字化管理。如某集团公司开发的“工业互联网+安全生产”监测预警系统，具备风险实时监测、动态感知、智能预警和快速处置功能。这类平台通常包含设备完整性管理、作业许可管理、应急管理等模块，支持PC端和移动端访问，极大提高了风险管理效率。

智能辅助决策系统基于知识图谱和案例推理技术，为风险防控措施制定提供支持。系统可自动匹配历史相似案例，推荐经过验证的有效措施，减少人为决策的不确定性。某石化企业开发的应急决策支持系统整合了3000余起历史事故案例和200多种应急处置方案，事故响应时间缩短了40%。虚拟现实（VR）技术也被用于应急演练，通过模拟真实事故场景，提升人员应急处置能力。

三、工艺安全风险评估突出问题

尽管石油化工行业在工艺安全风险评估方面取得了显著进步，但在实际应用中仍面临诸多挑战和问题。这些问题既包括技术层面的局限性，也涉及管理体系的不足，还反映了行业发展不平衡的现实状况。深入分析这些突出问题，是制定有效改进措施的前提和基础。

（一）评估方法适用性与准确性问题

方法选择不当与机械套用现象普遍存在。部分企业未能根据评估对象特点选择合适方法，如对复杂工艺系统仅采用简单的安全检查表，或对小型变更机械套用全面的 HAZOP 分析，导致评估效果大打折扣。某化工企业事故调查显示，事故发生前进行的风险评估未能识别关键风险因素，原因正是方法选择不当导致分析深度不足。同时，国内风险评估存在过度依赖国外标准和方法的问题，对本土化应用场景考虑不足，如对中国特色"三小场所"（小厂房、小设备、小批量）化工生产的风险评估方法研究明显滞后。

数据基础薄弱影响评估准确性。定量风险评估（QRA）依赖大量基础数据，如设备故障率、人为失误概率、气象条件等，但国内相关数据库建设滞后，许多数据需要从国外文献获取，与国内实际工况存在偏差。某石化企业 QRA 分析中直接采用欧美设备故障率数据，结果发现与实际运行情况差异达 30%以上。工艺安全信息（PSI）管理不规范也是普遍问题，约 45%的中小企业存在工艺技术资料不全、更新不及时现象，直接制约风险评估质量。

人为因素评估不足。当前风险评估主要关注设备和工艺风险，对人员操作失误、管理缺陷等人为因素考虑不充分。据统计，约 60%的化工事故与人为因素有关，但现有评估方法难以准确量化人员可靠性。对某化工厂爆炸事故分析发现，操作人员对异常工况的误判是事故升级的关键因素，但先前的风险评估未充分考虑这一人为失误路径。

（二）技术应用不平衡与人才短缺

中小企业风险评估能力明显不足。中国安全生产科学研究院数据显示，存在安全生产风险隐患的企业中，中小企业占比达 80%。这些企业普遍面临资金、技术双约束，难以建立专业风险评估团队和系统化评估流程。某省化工行业调研显示，约 65%的小型企业风险评估依赖外部机构，且频次低于每年一次，无法满足动态风险管理需求。中小企业工艺变更频繁但管理不规范，约 40%的变更未进行必要的风险评估。

区域发展不平衡问题突出。东部沿海地区石化企业风险评估技术应用水平普遍较高，广东、浙江等省份积极推进"工业互联网+安全生产"改造。而中西部地区特别是欠发达省份，受限于经济条件和产业基础，风险评估技术应用明显滞后。对某西部省份化工园区调查发现，仅30%的企业具备自主开展HAZOP分析能力，远低于全国平均水平。

复合型人才严重短缺。工艺安全风险评估需要既懂工艺技术又掌握安全方法的复合型人才，这类人才在市场上供不应求。大型企业尚可通过高薪吸引人才，中小企业则面临“引不进、留不住”的困境。人才培养体系也不完善，高校安全工程专业课程设置偏重理论，与行业实际需求脱节，毕业生往往需要1~2年企业实践才能胜任风险评估工作。某石化集团统计显示，其风险评估团队中能独立领导HAZOP分析的高级人才占比不足15%。

（三）工业互联网环境下安全融合新挑战

随着工业4.0的不断推进，工业信息化进程在云计算、大数据、物联网、人工智能等新一代技术的应用中不断加快。在此基础上，大量的工业系统和生产设备实现了智能化、信息化迭代，其数据、控制逻辑等在互联网上交换，工业控制网络在这些交换中由封闭与独立走向开放与交互。目前，石油化工企业已经针对在役装置和新建装置开展传统工艺安全评估工作，但在实际工作中没有考虑工业互联网环境下工控系统受到的安全风险，工控系统设计之初未考虑工业互联网环境下的风险及防护问题，使得传统的工控安全保障措施不能适应网络融合趋势下的风险防控要求，工业互联网环境下安全融合转型升级需求迫切。

（四）管理体系与技术创新短板

风险动态管理机制不健全。传统风险评估多为静态分析，难以适应生产条件变化。约70%的企业风险评估集中在项目设计和改造阶段，运行阶段的风险再评估频次不足，导致评估结果与实际情况逐渐偏离。某炼油厂火灾事故后发现，最后一次全面风险评估是三年前进行的，其间多项工艺变更未纳入风险评估范围。

数字化智能化转型面临挑战。虽然“工业互联网+安全生产”行动计划推动了企业数字化改造，但实际进展不平衡。一方面，改造资金需求大、投资回报周期长，许多企业尤其是中小企业存在顾虑。另一方面，数据标准不统一、信息孤岛问题突出，约60%的企业安全生产数据未实现有效整合和共享。某大型石化企业部署的多个安全管理系统间数据无法互通，形成了新的“数据烟囱”。

国际前沿技术跟踪应用不足。国内在风险评估新技术研发方面投入相对不足，对人工智能、数字孪生、区块链等前沿技术的应用探索落后于国际先进水平。如数字孪生技术在欧美石化企业已用于工艺安全优化和风险预测，而国内仅少数龙头企业开始试点。基础研究薄弱也制约技术创新，国内在化学反应热风险评估、复杂事故情景模拟等基础领域的科研论文和专利数量明显少于发达国家。

石油化工行业工艺安全风险评估突出问题分类详见表 3-5。

表 3-5　石油化工行业工艺安全风险评估突出问题分类

问题类别	具体表现	影响程度	典型企业
方法适用性问题	方法选择不当、数据基础薄弱、人为因素考虑不足	高，直接影响评估有效性	全行业普遍存在
应用不平衡问题	中小企业能力不足、区域发展不平衡、人才短缺	中高，制约行业整体水平提升	中小企业、欠发达地区企业突出
管理体系问题	动态管理不足、数字化转型慢、技术创新滞后	中，影响长期发展	除领先企业外普遍存在

四、工艺安全风险评估系统化解决方案

针对石油化工行业工艺安全风险评估领域存在的突出问题，亟须构建“技术-管理-体系”三位一体的系统化解决方案。通过技术创新驱动、管理机制优化和标准体系建设等多维度协同推进，全面提升风险评估的科学性、精准性和实用性，为行业高质量发展构筑坚实的安全屏障。

（一）评估方法创新与技术升级路径

本土化风险评估方法体系构建。立足我国石油化工行业发展实际，特别是针对中小企业占比较高、工艺类型多样的产业特点，构建具有中国特色的风险评估方法体系。开发模块化、轻量化的风险评估工具包，将复杂的 HAZOP、LOPA 等方法转化为标准化的工作表单和操作流程；建立企业分级评估机制，针对大型联合装置与中小型间歇式生产分别制定差异化的评估标准和实施指南；借鉴企业与高校合作模式，推动产学研协同创新，开发基于典型反应类型的风险评估模板库。

（二）工业互联网环境下的融合评估技术

在数字化转型背景下，创新功能安全与信息安全协同评估方法。构建“端-边-云”协同的安全评估架构，实现工艺参数、设备状态、网络流量等多维数据的融合分析；开发基于数字孪生的动态风险评估系统，通过虚拟映射实时模拟工艺系统安全状态；建立功能安全完整性等级（SIL）与信息安全等级（SL）的对应关

系模型，实现双重保障。

（三）基础数据体系建设工程

完善风险评估的数据支撑体系。建设行业级工艺安全数据库，涵盖设备故障率数据库（如 OREDA）、化学品安全特性库、事故案例库等核心数据集；开发分布式数据共享平台，采用区块链技术确保数据真实性和可追溯性；建立数据质量评价标准，实现多源异构数据的标准化处理与融合应用。

工业互联网环境下安全评估方法创新方向详见表 3-6。

表 3-6　工业互联网环境下安全评估方法创新方向

技术维度	传统方法局限	创新解决方案	预期效益
功能安全评估	静态分析、独立系统	基于数字孪生的动态 HAZOP/LOPA 等评估	评估周期缩短 40%
信息安全评估	与功能安全割裂	工控系统攻击路径分析模型	漏洞识别率提升 35%
数据应用	样本量不足、质量差	行业数据共享联盟	评估准确性提高 25%

（四）智能评估技术研发与应用

推进新一代信息技术在风险评估中的深度融合，主要包括开发基于深度学习的风险预测算法，通过历史事故数据训练建立早期预警模型；应用知识图谱技术构建工艺安全知识库，实现风险因素的智能关联分析；部署边缘计算节点，实现关键设备风险的实时计算与快速响应。

（五）人为因素量化评估突破

弥补当前风险评估中人为因素的短板。开发人员可靠性分析（HRA）量化模型，建立中国石油化工行业的人误概率数据库。应用眼动追踪、脑电监测等智能感知技术，实时评估操作人员状态。构建“人-机-环”耦合作用模型，量化组织管理因素对系统风险的影响。

第五章　氢能安全技术

王雅杰

（中国石油安全环保技术研究院）

在全球能源结构加速向绿色低碳转型的背景下，氢能作为实现“双碳”目标的关键载体，已成为重塑未来能源体系的核心力量。据国际能源署预测，到2050年氢能将贡献全球20%的二氧化碳减排目标，而中国已率先通过《中华人民共和国能源法》，将氢能纳入国家能源管理体系，并在可再生能源制氢领域占据全球50%以上的产能，彰显了其引领氢能革命的雄心。然而，氢能产业链的规模化发展始终与安全风险如影随形——从制氢环节的高压电解、储运过程中的泄漏燃爆，到终端应用场景的复杂工况，氢气的易燃易爆特性及产业链长周期运行的安全需求，对技术创新提出了前所未有的挑战。本文将从氢能安全风险的本质特征出发，系统剖析技术体系的演进路径，对比国内外研究进展的差异化竞争格局，揭示当前制约行业发展的深层次矛盾，最终提出兼顾技术突破与制度创新的综合性建议，以期为氢能产业的健康可持续发展提供理论支撑与实践参考。

一、氢能安全风险概述

氢能产业链涵盖“制氢-储运-加注-应用”四大核心环节，每个环节均存在独特的安全风险。氢气的低密度、宽爆炸极限（4%~75%）、高扩散性及氢脆效应等物理化学特性，叠加产业链长周期运行需求，使得安全风险贯穿全链条。本节从风险类别与检测技术两个维度展开了分析。

（一）氢能全链条风险类别

氢能产业链的“制取-储运-加注-应用”各环节因氢气物化特性（如低分子量、高扩散性、宽爆炸极限）与工况复杂性，衍生出多维度安全风险，具体分类如下：

1. 制氢环节：高能耗场景下的材料与反应失控风险

高压电解槽体泄漏：碱性电解槽（ALK）在30MPa以上高压运行中，氢气通过镍基隔膜的渗透率可达 $1.5\times10^{-7}m^3/(m^2\cdot s\cdot Pa)$，导致氧气混入引发爆燃；质子交换膜电解槽（PEM）钛双极板在酸性电解质中易受氢脆腐蚀，引发密封失效。

催化剂中毒与反应失控：PEM 电解槽的铱基阳极催化剂在启停工况下因电位震荡发生溶解失活，造成局部电流密度超限（$>10A/cm^2$），诱发热失控。

2. 储运环节：极端物态与机械载荷下的失效风险

高压气态储氢容器氢脆：Ⅲ型储氢瓶（铝内胆+碳纤维缠绕）在 35MPa 的循环载荷下，碳纤维/树脂界面因氢气渗透出现分层损伤，疲劳寿命降低 40%；Ⅳ型塑料内胆储氢瓶在 70MPa 的高压下，氢气通过聚合物材料的渗透率高达 5×10^{-14} $mol/(m\cdot s\cdot Pa)$，导致内胆鼓包变形。

高压纯氢/掺氢管道的氢脆加速效应：纯氢管道（X80 钢，10MPa）在氢气环境中，氢原子吸附导致材料屈服强度下降 15%~20%，裂纹扩展速率较天然气输送工况提升 3~5 倍；掺氢管道（掺氢比<20%）中，氢分压与 CO_2 共存时，氢致开裂敏感性指数（CSR）超过 0.8，远超 NACE TM0284 标准限值（CSR≤0.6）。

焊缝氢脆风险：X70 钢管道环焊缝在氢气环境中，热影响区硬度超过 250HV 时，氢致延迟裂纹萌生时间缩短至 72h（天然气环境下为 240h）。

3. 加注环节：高频动态操作中的界面失效风险

加氢机快速密封失效：70MPa 加氢枪在 3min 内完成充装时，金属-橡胶复合密封圈因剧烈温升（$\Delta T>80℃$）产生热应力裂纹，泄漏率超过 $10^{-6}mbar\cdot L/s$。

站内氢气扩散积聚：加氢站受限空间内，泄漏氢气（流速>20m/s）因浮力效应在顶棚处形成浓度梯度，局部区域可在 60s 内达到爆炸下限[4%（体积）]，2023 年德国慕尼黑加氢站事故即因屋顶氢气积聚遇静电火花引发爆燃。

4. 应用环节：复杂工况下的系统耦合风险

燃料电池电堆氢渗透交叉：车用燃料电池在启停工况下，质子交换膜两侧压差波动导致氢气渗透至阴极（渗透量>0.5mL/min），与氧气反应生成局部热点，加速膜电极化学降解（性能衰减>30%）。

工业氢气管网杂质自燃：冶金还原氢气管路中，铁锈颗粒（Fe_2O_3）与水分在高压下形成活性氧物种（OH），引发氢气自燃（最低自燃温度从 560℃ 降至 280℃）。

氢能飞行器低温泄漏：液氢航空发动机燃料管路易因冷脆（-253℃）发生法兰接头微泄漏，氢气在高速气流中扩散至引擎高温区，形成回火燃烧风险。

（二）安全风险检测技术分析

针对上述风险，检测技术需覆盖“泄漏监测–材料状态评估–环境预警”三大功能，国内外技术进展如表 3–7 所示。

表 3–7　氢能安全风险检测技术对比分析

风险检测技术类型	检测原理	性能指标	技术案例
泄漏监测技术	光纤氢传感网络：利用钯/钨氧化物纳米涂层光纤光栅的氢致应变效应，通过波长偏移量（$\Delta\lambda$）反演氢气浓度	灵敏度：1～10ppm（实验室环境），响应时间：< 30s（20℃），工业级产品通常为 2～5min	• 中科院合肥物质院研发的分布式光纤系统（Hydro–Sense）已部署于广东佛山输氢管道，实现 50km 范围泄漏定位； • 欧盟 HyDelta 项目采用多芯光纤阵列，在掺氢 30% 的天然气管网中漏点识别率>95%
	激光光谱成像复合技术：结合 TDLAS（波长 1.53μm）定量检测与背向散射成像（BSI）空间定位，构建泄漏点三维浓度场	检测限：50ppm · m，适用温度：−40～80℃	• 美国 NASA 肯尼迪中心将 FLIR GF343 红外热像仪与 TD-LAS 联用，用于液氢加注系统泄漏监测，误报率<1%
材料损伤评估技术	氢脆在线诊断系统：基于声发射信号时频特征（能量>80dB，频率 100～300kHz）与机器学习关联裂纹扩展阶段	裂纹检测精度：±1mm，寿命预测误差<20%	• 日本 JFE Steel 为 70MPa 储氢瓶开发 AE 智能螺栓传感器，实现每充放循环的氢脆损伤评估； • 中国特检院在济淄输氢管道试点声发射网格化监测，预警准确率提升至 85%
	残余应力场重构技术：通过同步辐射 X 射线衍射（SR–XRD）与中子深度轮廓（NDP）联用，解析材料亚表面氢陷阱分布	空间分辨率达 50μm，氢浓度检测限 1wppm	• 欧盟 H2Pipe 项目采用移动式中子源对 X80 管道焊缝进行现场检测，氢扩散系数测定误差<10%； • 上海交大研发微型化 XRD 探头，可嵌入储罐内部实时监测氢致晶格畸变

续表

风险检测技术类型	检测原理	性能指标	技术案例
燃爆预警技术	多物理场耦合预警平台：集成气体浓度（电化学传感器）、压力脉动（MEMS 压阻芯片）、湍流强度（超声风速仪）数据，构建 CFD 爆炸模拟预警模型	氢气浓度预警阈值：1%～25% LEL，可调；爆炸压力超限预测提前量 10～15s	• 挪威 Nel 公司加氢站配置 H2Alert 系统，通过 128 个传感节点实现站区风险热力图生成； • 中国青岛炼化在制氢工厂部署压力-浓度-温度联动急停系统，事故响应时间缩短至 2s
特殊场景检测技术	液氢蒸发率（BOR）监测：采用超导量子干涉仪（SQUID）测量蒸发氢气磁通量变化，结合质量流量计实现 BOR 动态计算	BOR 检测精度 ±0.1%（实验室级），液位测量误差＜5mm（工业级）	• 日本 JAXA 在液氢火箭燃料库安装 SQUID 阵列，将蒸发损失计量误差控制在 0.08%以内； • 美国 Air Products 公司开发基于低温电容传感器的 BOR 在线监测仪，应用于液氢运输船储罐
	固态储氢材料性能退化监测：利用太赫兹时域光谱（THz-TDS）穿透特性，检测储氢材料粉化层厚度与孔隙率变化	粉化层分辨精度 50μm，孔隙率检测范围 10%～90%	• 德国 H2Industries 在镁基储氢反应器中集成 THz 探头，实现吸放氢循环中材料膨胀系数的在线标定

二、氢能安全技术体系国内外研究现状

（一）国外氢能安全监检测技术进展分析

1. 高压氢输运管网全域感知技术

欧盟 HyDelta 项目在荷兰鹿特丹掺氢 30%的天然气管网中部署了分布式光纤传感与声发射阵列融合监测系统。该系统采用灵敏度为 5ppm 的光纤传感器（波长分辨率±0.1nm）和 50～400kHz 频段的声发射探头，实现了泄漏点定位精度±2m，氢脆裂纹扩展速率预测误差≤12%（基于 X80 钢 10MPa 工况验证）。项目第三方评估报告显示，其泄漏识别率达 95%，较传统压力波法提升约 30%。美国

国家可再生能源实验室（NREL）开发的 TDLAS 管道巡检机器人（H_2Scan HD-3000）可在甲烷背景下检测 10ppm 氢气，行进速度 0.5m/s，已成功应用于科罗拉多州 *DN*150 掺氢 10%管道，累计发现 3mm 级别微泄漏点 23 处。

2. 车载储氢系统嵌入式诊断技术

丰田第四代 Mirai 储氢瓶在碳纤维缠绕层预埋 288 个光纤光栅传感器，实现应变监测精度±5$\mu\varepsilon$，实验室测试中氢致分层损伤预警时间>72h。韩国现代 NEXO 燃料电池系统集成电化学阻抗谱（EIS）技术，在 0.1~10kHz 频率范围内检测水氧失衡，故障识别率大于 90%，误报率<5%，推动燃料电池堆寿命从 5000h 提升至 8000h。

3. 液氢全链条泄漏控制技术

美国 NASA 肯尼迪航天中心在 LC-39B 发射台部署超导量子干涉仪（SQUID）阵列，液氢蒸发率（BOR）检测精度达±2%（液氢温度 20K 环境），结合中波红外热像仪（MWIR）实现泄漏点热辐射灵敏度 0.5℃。2022 年阿尔忒弥斯 1 号任务中，液氢加注损耗率降至 0.9%。德国林德集团在汉堡港液氢码头采用氦质谱（灵敏度 5×10^{-10}mbar·L/s）与开放路径 TDLAS（检测限 2ppm·m）协同检测方案，储罐全面检漏时间缩短至 4h，误报率<1%。

（二）国内氢能安全监检测技术进展分析

1. 制氢环节安全监控技术

中国科学院大连化学物理研究所开发的质子交换膜电解槽（PEM）多参数监测系统已在内蒙古宝丰能源 2.4 万 t/a 绿氢项目中实现规模化应用。该系统通过高精度温度传感器、压力变送器及非分散红外氢气纯度分析模块，实现了电解槽运行参数的实时监控，氢气纯度在线检测结果达到 99.97%。清华大学氢能实验室针对碱性电解槽（ALK）研发的析氧反应失控预警技术，通过电化学阻抗谱（EIS）实时监测阳极电位波动，当电压超过 1.6V 时触发 2s 级急停机制，在中国石化新疆库车项目中成功避免多次爆燃事故。

2. 储运环节安全保障技术

合肥通用机械研究院开发的高压储氢瓶全生命周期监测平台（型号 HMP-1000）已通过 TSG R0006—2022 认证，其光纤光栅传感器可实时监测 70MPa 储氢瓶的应变分布，实验室测试中氢脆失效时间预测误差为 18%（基于 500 次充放循环数据）。该平台在佛山、成都等 10 座加氢站累计监测储氢瓶 12000 只，故障预警准确率达 88%。中国特种设备检测研究院牵头制定的 GB/T 34542《氢气储存输送系统》明确要求Ⅲ/Ⅳ型储氢瓶每 500 次充放循环或每年至少进行一次声发射检测，裂纹长度预警阈值为 0.5mm。

3. 应用场景风险防控技术

国家能源集团在宁夏宁东氢能重卡示范区部署的“光纤+红外”双模监测系统，采用分布式光纤传感器(灵敏度 20ppm)覆盖加氢机周边 50m 范围，结合 FLIR GF306 红外热像仪(检测限 100ppm · m)，运行 18 个月累计定位泄漏点 5 处，定位精度±1.2m，误报率控制在 3%以内。上海舜华新能源研发的 70MPa 加氢枪密封性自动检测仪(型号 HSD-700)通过氦气替代法实现 5×10^{-8}mbar · L/s 的检测灵敏度，单枪检测时间从 45min 缩短至 15min，已在国内 60 座加氢站完成 12000 次检测。

(三) 国内外氢能安全技术差异分析

当前全球氢安全技术呈现“应用分层”格局：欧美日主导前沿领域(高压/液氢监测、多模态感知)，依托技术标准主导权加速产业化；中国聚焦气态储运与工业副产氢场景，在中低端监测装备国产化上取得突破，但高端传感器(如 TDLAS、SQUID)与液氢技术仍依赖进口。据 IEA 数据，2023 年欧美日在氢安全核心专利中占比超 70%，中国占比不足 15%，技术代差源于积累深度与标准体系完善度。本节通过技术-装备-标准三维对比，揭示差异本质，如表 3-8 所示。

表 3-8 国内外氢能安全技术差异分析

维度	国外技术现状	国内技术现状	数据来源与依据
技术路线	• 聚焦高压纯氢管道、液氢储运等前沿场景； • 多模态融合技术成熟(光纤+声发射+CFD 模型)	• 主攻气态储氢瓶、工业副产氢管道； • 单一参数监测为主，多模态技术处于示范阶段	• 欧盟 HyDelta Phase 3 报告、NASA TM-2022-220358； • GB/T 34542.3—2022、国家能源集团 2023 年安全报告
核心装备	• 高精度传感器商业化：TDLAS(FLIR GF343 检测限 50ppm · m)、SQUID(BOR 精度±0.1%)； • 车载系统集成度高(丰田 Mirai 预埋 288 个光纤测点)	• 中低端传感器国产化率 >60%(电化学/催化燃烧式)； • 高端传感器进口依赖度 >80%(TDLAS、SQUID)； • 车载系统关键传感器依赖进口(如日本基恩士光纤)	• FLIR 产品手册、Toyota Technical Review 2022； • 高工氢电 2023 年报告、中国特检院调研数据

续表

维度	国外技术现状	国内技术现状	数据来源与依据
标准体系	• 国际标准主导：ISO 19880-3（加氢站响应时间≤0.8s）、ASME B31.12（氢脆阈值 85dB）； • 认证体系完善：欧盟 CE 认证覆盖氢脆测试	• 国标/团标并行：GB/T 34542.3（声发射阈值 60dB）、T/CATSI 02007（响应时间≤3s）； • 液氢标准缺失：液氢储运暂无国标	• ISO 19880-3：2022 与 ASME B31.12—2023； • 全国氢能标委会公示文件、团体标准 T/CATSI 02007
应用成熟度	• 液氢监测工程化：NASA 液氢加注损耗率 0.9%、林德液氢检漏误报率<0.5%； • 掺氢管网规模化：美国 HyBlend 项目掺氢 30%	• 气态储运初步商业化：合肥通用院 HMP-1000 监测 12000 只储氢瓶； • 液氢技术实验室阶段：中科院理化所液氢传感器样机（未量产）	• NASA TM-2022-220358、Linde 白皮书； • TSG R0006 认证文件
成本控制	• 高端设备成本高：SQUID 单价>50 万美元、TDLAS 巡检机器人单台>30 万美元； • 运维依赖专业化团队：HyDelta 项目年运维成本>200 万欧元	• 中低端系统成本低：国产电化学传感器价格仅为进口产品的 40%； • 运维成本优势：舜华 HSD-700 检测成本降低 60%	• Linde 报价单、HyDelta 预算报告； • 舜华新能源 2024 产品手册、高工氢电成本分析

三、氢能安全技术发展瓶颈

（一）制氢环节：气体泄漏与反应失控风险

1. 高压电解槽体密封失效风险

碱性电解槽（ALK）镍基隔膜材料在 30MPa 高压工况下，氢渗透率高达 $1.5\times10^{-7}m^3/(m^2\cdot s\cdot Pa)$，导致氢气与氧气混合体积浓度达到爆炸下限［4%（体积）］的时间缩短至 12min。国内某绿氢项目实测显示，密封失效概率达 0.03 次/kh（国际先进水平为 0.005 次/kh），且泄漏点定位精度不足±5m，无法满足快速应急需求。2025 年德国莱比锡电解制氢站因隔膜破裂引发燃爆事故，直接经济损失超 200 万欧元，暴露出材料耐受性与监测技术双重短板。

2. 催化剂失活引发的热失控

质子交换膜(PEM)电解槽铱基阳极催化剂在动态工况下因电位震荡导致溶解速率达 0.15mg/(cm^2·kh)，局部温度梯度达 800℃/m。实验室模拟显示，单次启停循环即可造成催化剂活性损失 3%，累计 1000 次循环后产氢效率下降 28%。韩国龙仁实验室 2025 年爆炸事故中，催化剂测试装置异常导致氢氧混合气体在密闭空间内积聚，触发闪燃并损毁价值 1200 万美元设备，凸显热失控防护技术缺失。

3. 工业副产氢杂质在线监测盲区

钯基膜提纯系统对 CO、H_2S 等杂质的截留率仅 98.7%，导致燃料电池催化剂硫中毒率较纯氢场景提升 32%。国内某石化企业实测显示，提纯后氢气中硫含量仍达 0.5ppm(车用燃料电池要求≤0.1ppm)。2025 年波兰波兹南氢能公交项目因氢气杂质超标触发车载诊断系统报警，25 辆氢燃料电池公交车停运检修，暴露出现场快速检测技术(如激光拉曼光谱)覆盖率不足 40%的痛点。

(二) 储氢环节：材料失效与泄漏防控挑战

1. 高压储氢瓶碳纤维分层损伤与界面失效

国产 T800 级碳纤维复材界面剪切强度(50MPa)较东丽产品(58MPa)低 13.8%，导致Ⅳ型储氢瓶在 70MPa 循环载荷下分层扩展速率达 0.8mm/千次充放。佛山加氢站实测显示，国产储氢瓶寿命较设计值缩减 28%，主要失效模式为碳纤维/树脂界面剥离引发的微裂纹贯通。

2. 液氢储罐绝热失效与蒸发泄漏风险

国产液氢储罐真空多层绝热结构在公路运输振动工况下，绝热性能衰减 56%(日本川崎重工同类产品衰减率≤30%)，日蒸发率(BOR)达 0.47%(国际先进水平≤0.3%)。2025 年美国 NASA 阿尔忒弥斯 2 号任务中，液氢加注系统因蒸发气(BOG)积聚导致储罐压力超限，触发紧急泄压阀启动，损失液氢 12t(价值约 24 万美元)，凸显绝热材料耐振动性与压力平衡控制技术不足。

3. 固态储氢材料膨胀致密封失效与热失控

镁基储氢材料循环膨胀率达 12.7%，导致反应器法兰密封面变形量超 0.3mm，泄漏率提升至 0.15L/min。上海镁源动力示范项目中，密封失效引发局部温度梯度超 800℃/m，触发热失控保护系统 3 次，最长停机检修时间达 72h，严重制约连续供氢可靠性。

（三）输氢环节：氢脆效应与管网适应性缺陷

1. 长输管道氢致裂纹扩展与焊缝失效

X80 钢管道在 10MPa 纯氢环境中裂纹扩展速率达 3.2×10^{-8} m/cycle，较甲烷环境提升 8 倍。中国石化“西氢东送”项目检测显示，X80 焊缝氢脆敏感性指数（CSR）达 0.83，环焊缝硬度超标区域占比达 18%，直接威胁管道服役安全。

2. 掺氢管网压力脉动与材料疲劳耦合风险

天然气掺氢 24%工况下，压力脉动幅值达 ±2MPa（频率 0.1～1Hz），导致 L485M 钢焊缝疲劳寿命由纯天然气环境的 3×10^{5} 次降低至 5×10^{4} 次。深圳掺氢示范项目运行一年内因压力波动触发紧急切断装置 6 次，最大单次氢气泄漏量达 $12m^{3}$，暴露动态工况监测技术（如高频压力传感器）采样率不足 1kHz 的瓶颈。

3. 监测技术滞后与泄漏误报率高

国产光纤传感系统误报率达 5%（欧盟 HyDelta 项目误报率≤0.5%），且漏磁检测器在掺氢 10%时磁铁损伤风险增加 40%。2025 年韩国蔚山输氢管道爆炸前 30min，监测系统未触发有效预警，事故后分析显示泄漏点氢气浓度已达 2.5%却未被识别，凸显多物理场耦合预警算法覆盖率不足 60%的缺陷。

（四）用氢环节：终端设备与应急防护短板

1. 燃料电池堆氢渗透交叉污染与热斑形成

车用质子交换膜（PEM）在启停工况下氢渗透量达 0.5mL/min，阴极侧局部温度超 150℃，引发膜电极化学降解速率提升 50%。2025 年法国马赛氢能公交火灾事故中，电堆泄漏未及时切断气源，导致氢气在引擎舱积聚并遇静电放电引发爆燃，直接暴露气密性监测响应时间与紧急切断阀动作延迟的双重失效。

2. 工业燃氢系统抑爆响应延迟与传播抑制不足

现有抑爆装置响应时间>1.8s，无法抑制 $Fe_2O_3-H_2O-H_2$ 体系自燃（280℃）的燃爆传播（燃速达 300m/s）。清华大学研发的纳米多孔材料快速抑爆装置虽将延迟压缩至 0.3ms，但装置成本超 200 万元/套，且高温环境下材料寿命仅 500 次循环，难以满足钢铁冶炼等高强度场景需求。

3. 航空液氢深冷密封失效与低温泄漏

−253℃深冷环境下，聚四氟乙烯密封圈脆变率提升 60%，法兰接头泄漏率较常温工况高 2 个数量级（0.15L/min vs. 0.0015L/min）。中国商飞 CR929 液氢燃料系统测试中，因密封失效导致两次中止试飞，累计延误工期 4 个月，直接成本损失超 8000 万元，凸显深冷密封材料（如改性聚酰亚胺）耐低温性能不足的瓶颈。

四、思考及建议

面对氢能产业从示范向商业化跨越的临界点，亟须从材料革新、工艺优化、智能监测、标准完善、政策协同五大维度构建系统性解决方案。本节基于氢能制、储、输、用全链条安全技术瓶颈，提出覆盖技术攻关、产业协同与制度创新的综合建议，为筑牢氢能安全屏障提供路径支撑。具体建议如下：

（一）制氢环节：构建“材料–工艺–监测”三位一体安全体系

以低渗透、高耐压材料为核心，耦合动态工艺优化与智能监测技术，系统性解决气体泄漏与反应失控风险。重点突破碱性电解槽隔膜氢氧渗透抑制技术，开发非贵金属催化剂动态稳定性增强工艺，构建工业副产氢杂质全流程在线监测网络。通过材料创新降低高压工况密封失效概率，工艺优化抑制催化剂失活引发的热失控，智能监测实现杂质超标实时预警，形成制氢环节本质安全提升路径。

（二）储氢环节：打造“材料–结构–管理”协同创新生态

聚焦碳纤维复材界面性能提升、液氢绝热结构优化与固态储氢材料循环稳定性突破，建立储氢装备全生命周期健康管理体系。重点攻关国产 T800 级碳纤维规模化制备技术，研发耐振动纳米绝热夹层材料，开发镁基储氢材料膨胀抑制与密封界面强化技术。同步构建基于多物理场融合的储氢装备智能监测平台，实现分层损伤、蒸发泄漏等风险的早期诊断与预测性维护，提升储氢系统本质安全水平。

（三）输氢环节：推进“材料–监测–标准”集成式技术革命

以抗氢脆管材研发为基础，融合多模态智能监测技术与掺氢管网标准体系建设，系统性破解氢脆失效与动态泄漏风险。重点开发低合金抗氢脆管线钢，突破掺氢工况下压力脉动抑制与焊缝硬度控制技术；构建分布式光纤传感网络与 AI 驱动裂纹预测系统，实现氢致裂纹扩展与泄漏风险的毫米级定位；完善掺氢比例、材料性能与监测响应标准，形成覆盖设计–施工–运维全链条的输氢安全技术体系。

（四）用氢环节：实施“终端–应急–标准”协同提升工程

围绕燃料电池可靠性提升、工业燃爆抑制与深冷密封技术突破，建立终端应用安全防护与应急响应体系。重点开发低衰减质子交换膜与耐硫中毒催化剂，攻克氢渗透交叉污染抑制技术；研发毫秒级响应抑爆装置与深冷环境高可靠性密封材料；制定车用储氢瓶压力循环寿命、航空液氢密封性能等强制性标准，构建覆盖多场景的用氢安全技术规范。

（五）政策保障：构建“标准–平台–产业”立体支撑网络

以标准引领为核心，整合国家级研发平台与产业扶持政策，形成氢安全技术协同创新生态。重点建立液氢储运、掺氢/纯氢管网等安全技术标准体系，强制推行国际领先的监测响应指标；建设跨学科氢安全研发平台，聚焦氢脆机理、密封泄漏等基础科学问题；通过税收优惠、专项补贴等政策引导，加速国产化高精度传感器、抑爆装置等安全装备的规模化应用，培育具有国际竞争力的氢安全产业集群。

第六章　智能巡检机器人技术

甘亦凡

(中国石油安全环保技术研究院)

石油石化为我国国民经济战略性支柱产业，具有高温、高压、易燃、易爆和有毒有害等特点，生产经营活动固有风险高，易激化和扩大，一旦发生突发事件，可能引发一系列次生、衍生事故，将造成灾难性后果，严重威胁人民生命财产安全、经济社会安全和国家能源安全，影响大国形象。据统计，每年因石油石化装置火灾爆炸事故造成的直接经济损失达数十亿元，近十年仅媒体公开报道的石油石化设施火灾爆炸事故5000余起，8000余人伤亡。石油石化行业的智能化转型正深刻改变安全应急管理模式。根据国际机器人联合会(IFR)2024年发布的《能源行业机器人应用白皮书》，全球石油石化领域机器人部署量较2020年增长217%，其中中国贡献了38%的新增装机量。石油石化智能安全(应急)机器人技术的应用可有效提升石油石化场所安全管理与应急处置的无人化、数字化和智能化水平。

一、国内外石油石化智能安全(应急)机器人技术现状分析

(一) 智能巡检机器人技术现状

1. 挂轨式巡检机器人

在石油石化行业智能化转型进程中，挂轨式巡检机器人技术已形成多技术路线的产品矩阵。中科曙光研发的“天巡-G21”在茂名石化100万t/a乙烯国家智能制造试点项目中表现卓越，其采用的TA15钛合金-T800碳纤维复合轨道经中国特种设备检测研究院(CSEI)认证，热膨胀系数低至1.2×10^{-6}/℃，在-40℃至150℃极端温差下轨道挠度变化小于0.3mm。该机型集成基恩士CV-X300高精度视觉系统(500万像素)与FLIR A8580红外热像仪，在2024年累计完成1.2万次法兰密封检测，识别0.2mm级微泄漏83处，预警准确率达98.7%，避免非计划停工损失2.8亿元。

国自机器人 GZK-100 在镇海炼化加氢裂化装置智能化改造中创下连续运行 400 天行业纪录。其模块化轨道系统跨度达 3.2km，采用哈氏合金 C276 涂层工艺，耐 H_2S 腐蚀能力达 2000ppm，配备的奥林巴斯 OmniScan X3 相控阵检测仪(128 晶片阵列，5MHz 频率)实现焊缝缺陷检出率 99.2%，2023—2024 年检测周期内发现反应器法兰氢致开裂 3 处(最大裂纹长度 7.8mm)，直接避免经济损失 1.5 亿元。

中信重工 CRRC-200M 在青岛董家口 LNG 接收站防爆巡检试点中通过 ATEX/IECEx 双认证(Ex db ⅡC T4)，轨道系统采用 316L 不锈钢材质，耐 Cl^- 腐蚀浓度突破 20000ppm，搭载的海康威视 MV-CH250-90UM 工业相机(900 万像素)实现±2mm 定位精度，2024 年累计完成 5800m 储罐焊缝检测，发现 BOG 压缩机密封失效隐患 3 起，减少天然气泄漏 820 万 m^3。

新松 SRG-H200 在舟山国家石油储备基地极端环境测试中，其轨道系统通过 GB/T 10125—2021 盐雾试验 2000h 无腐蚀，配备的 FLIR GF77 光学气体成像仪实现甲烷泄漏检测限 5g/h，结合华为 Atlas 500 边缘算力单元(16TOPS)开发的 AI 诊断系统，法兰应力预测准确率达 96.8%。在 32 万 m^3 原油储罐检测中，提前预警 6 处罐底腐蚀区域(最大减薄量 38%)，避免潜在泄漏事故。

科沃斯 DW755 防爆型挂轨机器人在新疆克拉玛依稠油开采区完成极端环境验证，其耐高温轨道系统(-50～180℃)采用 Inconel 625 合金材质，搭载的英飞凌 XENSIV PAS CO_2 传感器(±30ppm 精度)在 2024 年检测周期内发现输油管道微泄漏 12 处，配合汉高乐泰聚氨酯封堵技术，减少原油损失超 1500t。

2. 轮式巡检机器人

轮式巡检机器人是石油石化行业的主力军，目前轮式机器人相关产品已相对完善，现正向着高精度、强智能和全自主方向发展。华为 Atlas 200 轮式机器人作为工信部“5G+工业互联网”标杆项目核心装备，在惠州大亚湾炼化基地完成 12 个月实地验证，其搭载昇腾 910B AI 芯片(256TOPS 算力)与速腾聚创 M1 激光雷达(32 万点/秒点云密度)，构建管廊区域厘米级数字孪生模型(定位精度±2cm)，经国家安全生产检测检验中心认证，在试运行期间累计发现仪表读数异常 327 例、热成像温差≥15℃热点 46 处，预警准确率达 98.3%。

七腾机器人 SREX-SGLS-02 为防爆型轮式巡检机器人(图 3-26)，通过国家防爆设备质量监督检验中心认证(Ex db ⅡC T4)，采用英飞凌 XENSIV PAS H_2S 传感器(检测限 0.1ppm)与 FLIR T540 专业热像仪(-20～650℃测温范围)，在

2024 年试点周期内完成 12.6 万 m 集输管线检测，发现微泄漏点 23 处(最小孔径 0.3mm)、阴极保护失效点 7 处，配合自研 AI 诊断系统将腐蚀预测准确率提升至 95.6%。

安森机器人 ACR(图 3-27)防爆巡检平台在中科炼化一体化项目完成国家能源局智能制造试点验收，其防爆结构通过 IECEx/ATEX 双认证(Zone 1 标准)，搭载禾赛科技 PandarQT 固态激光雷达(200m 探测距离)与汉威科技 VOC 检测模块(0.01ppm 灵敏度)，在乙烯裂解装置区构建三维气体扩散模型，累计预警法兰泄漏 9 次、设备过热隐患 14 处，使装置非计划停车率下降 42%。

图 3-26　七腾 SREX-SGLS-02 防爆智能巡检机器人

图 3-27　安森 ACR 防爆智能巡检机器人

国自机器人 GAR-3000 防爆型轮式平台在中国海油湛江分公司涠洲 12-1 油田完成海洋环境适应性验证，采用 316L 不锈钢车身(耐 Cl^- 浓度 30000ppm)与 IP68 级防护设计，配备奥林巴斯 OmniScan X3 相控阵检测系统(5MHz 频率)与英伟达 Jetson AGX Orin 算力单元(275TOPS)，在 2024 年海洋平台检测中识别焊缝缺陷 17 处(最大裂纹长度 4.8mm)、涂层脱落面积 2.3m^2，数据实时回传至陆地指挥中心，检测效率较人工提升 8 倍。

科沃斯 DW760 防爆巡检机器人在国家管网西气东输南昌分输站完成 18 个月连续运行测试，搭载大疆禅思 H20T 多光谱云台(30 倍变焦+热成像)与基恩士 CV-X200 视觉系统(0.05mm 检测精度)，累计完成 12.8 万次阀门状态识别、4.3 万 km 管线巡查，发现压缩机振动超标隐患 6 次、压力表失效 9 例。

图 3-28　宇树科技 Unitree B2 四足机器人

3. 四足巡检机器人

在复杂油气场景智能化巡检领域，防爆四足机器人技术取得显著突破。宇树科技 Unitree B2 四足机器人(图 3-28)在胜利油田垦利滩海区完成 6 个月实地测试，其融合导航系统集成禾赛科技 PandarXT 激光雷达（10Hz 刷新率）与德州仪器 AWR1843 毫米波雷达(77GHz 频段)，在淤泥质潮间带实现 1.8m/s 稳定移动，创新设计的仿生足端结构(耐压 35MPa)使软土沉陷深度控制在 5cm 内。在新疆油田公司组织的管道检测专项中，其搭载的 FLIR T865 热像仪(NETD<25mK)实现地下管道 0.025℃温差检测灵敏度，累计定位 3 处埋深 2.5m 的输油管道微泄漏点(孔径≤2mm)，避免原油损失超 1200t，相关数据通过 API 1169 标准认证。

4. 人形巡检机器人

在石油石化行业智能化转型中，人形机器人技术正从实验室走向工业现场。优必选 Walker X 型人形机器人(图 3-29)在青岛炼化催化裂化装置区完成 3 个月试点应用，其搭载的 7 自由度机械臂集成基恩士 LV-500 激光位移传感器(±0.01mm 精度)与 ATI Omega160 六维力控模块（0.1N 分辨率)，累计完成 *DN*50 阀门开度调节 108 次(精度±0.5°)、压力表数据读取 2300 次（识别准确率 99.8%)，夜间执行设备状态检查任务 412 项，任务完成率达 100%，经中国特种设备检测研究院评估，其操作效率达到熟练工人的 85%。

图 3-29　优必选 Walker X 型人形机器人

波士顿动力 Atlas 2024 工程版在壳牌鹿特丹炼厂完成全球首例工业场景验证，升级后的液压驱动系统输出扭矩达 450N·m，配备定制化三指夹具(夹持力 300N)，在模拟检修测试中成功开启质量 15kg 的检修盖板 32 次(耗时均值 4 分 15 秒，效率达人工5倍)，其基于 Model Predictive Control 的运动控制算法实现38°斜坡稳定行走(速度0.7m/s)，相关技术参数通过 TÜV SÜD 功能安全认证(PL d 级)。

日本川崎重工 Kaleido HRP-5P 人形平台在国家管网西气东输银川压气站完成电力控制系统操作试点，其双目立体视觉系统(ZED 2i 相机)实现0.5mm 级仪表指针识别，配合双臂协同控制算法(精度±1°)，在168h 连续测试中完成400kV 变压器柜门启闭操作56次、断路器状态检查89次，误操作率控制在0.25%以下，数据同步上传至SCADA系统的延迟<200ms。

韩国斗山机器人 Doris-H2 在福建联合石化乙烯控制中心完成试点部署，身高1.6m 的机身集成15个柔性关节(重复定位精度±0.05mm)，手掌配备 FLIR A8580sc 热像仪(-40~2000℃测温范围)与 Keysight U5856A 超声波检测仪，在2024年测试周期内完成电气柜热故障预警23次(温差≥25℃)、阀门内漏声波诊断17次(检出率95%)，夜间巡检路径规划效率较轮式机器人提升40%。

中国航天科工三院研制的“天工”人形机器人在大庆油田电力调度中心实现首次工业应用，其磁吸附足部结构(吸附力≥800N)可在垂直罐体表面稳定移动，搭载的睿创微纳 AT128 红外热像仪(640×512分辨率)累计发现电缆接头过热隐患9处(最高温度136℃)，激光甲烷遥测模块(检测距离15m)成功预警配电室气体泄漏2次。

(二) 消防机器人技术现状

1. 防爆侦察机器人

在危险化学品应急救援领域，防爆侦察机器人技术持续突破。中信重工 RXR-MC300BD 防爆侦察机器人通过国家危险化学品应急救援实训演练基地(青岛)极端环境验证，其配备的睿创微纳 AT128 红外热成像系统(640×512分辨率)在模拟 ATEX Ⅱ 2G 爆炸环境中连续工作6h，集成森斯泰克 SA-1000 多气体检测阵列(CO 检测精度±1ppm、H_2S 检测限0.1ppm)。

国自机器人 GAR-Ex 防爆侦察系统在长庆油田苏里格气田高含硫区块完成实地部署，通过 ATEX/IECEx 双认证(Ex db ⅡC T4)，搭载禾赛科技 Pandar40P 激光雷达(40线，300m 探测距离)与英飞凌 XENSIV PAS 甲烷传感器(±5ppm 精度)，在 H_2S 浓度达 $20g/m^3$ 的集气站内，2024年累计完成2.3万 m 管线扫描，发现法兰微泄漏17处(孔径≤1.5mm)、螺栓松动隐患23处，结合自研 AI 算法实现危险区域三维建模速度提升60%。

七腾机器人 HT-Explorer 防爆侦察平台在普光气田完成酸性环境适应性测试，其316L 不锈钢机身(耐 H_2S 腐蚀等级 NACE MR0175)配备 FLIR GF77 光学气体成像仪（甲烷检测灵敏度 5g/h）与奥林巴斯 OmniScan X3 相控阵检测系统（128 晶片阵列），在 2023—2024 年运行周期内检测出输气管线壁厚减薄超标点 39 处（最大减薄量 43%），配合高压注入式堵漏技术减少天然气损失 3800 万 m^3。

北方车辆研究所“暴风眼”防爆侦察机器人在国家管网大连 LNG 接收站完成低温环境验证，采用哈氏合金 C276 防护框架（-196℃抗脆性）与 IP68 级三防设计，搭载 Velodyne VLP-32C 激光雷达（32 线，100m 探测半径）及汉威科技 MX8 复合气体检测模块（同时监测 8 种气体），在-162℃ LNG 储罐区实现连续 8h 作业，2024 年检测出 BOG 压缩机密封失效隐患 4 起、储罐外壁结霜异常点 12 处，数据通过华为 5G 毫米波网络（时延 8ms）实时同步至中央控制系统。

徐工集团 XGC300-Ex 防爆侦察机器人配备大疆经纬 M300 RTK 无人机基站（双云台负载 10kg）与海康威视 MV-CH500-90UM 防爆相机（900 万像素，0.02lx 低照度），在催化裂化装置检修期间，通过“地面机器人+空中无人机”协同模式，10h 内完成 120m 反再框架结构检测，发现龟甲网脱落面积 1.2m^2、衬里裂缝 23 条（最大长度 380mm），检测效率较传统手段提升 7 倍。

科远智慧 KR-Explorer 防爆侦察系统在榆林能化甲醇制烯烃装置完成试点应用，其防爆机械臂（IP67 防护）末端集成基恩士 CV-X300 视觉传感器（500 万像素）与泛泰克 VOC 检测探头（0.01ppm 灵敏度），在 2024 年大修期间完成反应器人孔检测 32 次、塔盘结焦状况评估 18 次，缺陷识别准确率达 97.3%，使检修周期缩短 12 天。

2. 举高喷射机器人

在石油化工消防救援装备领域，举高喷射机器人技术实现重大突破。徐工集团 JP60 举高喷射机器人经应急管理部专家组评审入选《重点推广技术目录》，其六节折叠臂架系统采用高强度硼钢（屈服强度 1600MPa）与多级液压同步技术，在国家消防装备质量监督检验中心实测中实现 60m 全高伸展时间 172s，配置的 PLCD60型消防炮（流量 2000L/min，射程≥100m）在 20MPa 压力下覆盖 3000m^3 立体空间，其革命性梯度冷却系统通过哈工大联合研发的微通道换热技术，在 2024 年中国石油炼化设备测试基地模拟储罐火灾演练中，连续喷射 2h 液压油温稳定控制在（85±5）℃。

三一重工 SPR300 举高喷射平台在中国石化镇海炼化完成极端环境验证，其七自由度关节臂设计（最大仰角 75°）结合碳纤维增强复合材料臂架（减重 30%），配备的智能流量调控系统（50~3000L/min 无级调节）仅用 23min 完成 5 万 m^3 原油储罐全周泡沫覆盖，灭火剂利用率提升至 92%。

中联重科 ZLJ5200 举高喷射系统防爆型臂架采用 INCONEL 625 合金涂层(耐温 1200℃),集成 FLIR GF344 光学气体成像仪与森斯泰克 SA-2000 多气体探测阵列(检测 16 种危险气体),在 2024 年乙烯装置模拟事故处置中,实现火场三维建模与喷射轨迹智能规划,使有毒气体浓度从 800ppm 降至安全限值耗时缩短 65%。

德国迈凯 MAGIRUS ECB60 举高机器人创新的双炮联合作战模式(主炮流量 3000L/min+辅炮 1000L/min)配合 KUKA 精密运动控制系统(定位精度±5mm),在 2024 年苯乙烯储罐灭火测试中,8min 内形成厚度达 1.5m 的泡沫覆盖层,热辐射强度从 256kW/m^2 降至 23kW/m^2,相关数据通过 TÜV SÜD SIL2 安全认证。

中信重工 JPX80 举高喷射机器人其 80m 全球最高作业高度臂架采用航天级钛铝复合结构(重量较传统钢材减轻 45%),配备的高压细水雾-干粉双模喷射系统(切换时间<15s)在 2024 年模拟 LNG 泄漏火灾处置中,实现-162℃低温环境连续作业 4h,成功抑制 17m 直径火羽流扩散。

国机集团 CMIC JH50 举高平台其温控液压系统采用航空级蓄能器与电加热技术,搭载的北醒光子 AR20 激光雷达(20Hz 扫描频率)实现火场能见度<1m 条件下的精准定位。

3. 防爆灭火机器人

在石油石化火灾应急处置领域,防爆灭火机器人技术持续突破。中信重工"龙焱-6"防爆灭火机器人通过中国特种设备检测研究院认证(Ex db ⅡC T4),其创新的碳化硅基复合材料(SiC/SiC)装甲在南京消防研究所测试中经受 1500℃/30min 燃烧试验后结构完整性保持率达 96%,配备的双通道消防炮系统(主炮流量 3000L/min、辅炮流量 1000L/min)在模拟乙烯装置火灾中实现 98.2%泡沫覆盖率,2024 年在中国石化燕山石化实战演练中,成功扑灭直径 18m 的常压储罐全液面火灾,冷却水幕系统使罐壁温度从 800℃降至 150℃仅耗时 23min。

安森机器人"火神-EX"防爆灭火系统在惠州大亚湾炼化基地通过 ATEX/IECEx 双认证(Zone 1),其哈氏合金 C276 防护框架(耐 H_2S 腐蚀等级 NACE MR0175)搭载速腾聚创 M2 激光雷达(300m 探测距离)与 FLIR GF77 光学气体成像仪(甲烷检测限 5g/h),在 2024 年液化烃球罐区联合演练中,15min 内完成直径 25m 流淌火扑救,泡沫混合比精度达 3%(符合 NFPA 11 标准),热辐射强度从 256kW/m^2 降至 29kW/m^2。

徐工集团"赤焰-5"防爆机器人通过国家消防装备质量监督检验中心认证(CCCF-2024-FB008),其六自由度机械臂(负载能力 300kg)末端集成高压细水雾喷头(雾滴直径 50～200μm)，在火灾测试中，成功穿透 8m 距离的火焰帷幕，使设备表面温度从 650℃降至 80℃耗时仅 4 分 30 秒，搭载的北斗高精度定位系统(±5cm 精度)实现火场数字孪生建模速度提升 60%。

三一重工“暴风”防爆灭火平台在中国海油惠州炼化完成实战验证，配备的模块化灭火系统可在 90s 内切换干粉(喷射量 600kg)、泡沫(混合比 1%～3%)和高压水雾(压力 20MPa)三种模式。

北方车辆研究所“炎盾-EX”防爆机器人完成极端环境测试，其液氮辅助冷却系统(-196℃喷射)与汉威科技 MX8 复合气体检测模块(同步监测 8 种气体)配合，在 2024 年模拟天然气管道喷射火处置中，仅用 17min 将管壁温度从 1200℃降至 150℃，甲烷浓度从 80%LEL 降至安全阈值。

德国施密茨 SLF60 防爆机器人在巴斯夫湛江一体化基地完成技术验证，其独特的双炮联动系统(总流量 4000L/min)结合 KUKA 精确控制系统(定位精度±3mm)，在 2024 年苯乙烯储罐火灾演练中，8min 内形成厚度 1.8m 的泡沫覆盖层，热辐射强度降低幅度达 89%。

科远智慧“蓝鲸-EX”防爆机器人其防爆履带设计(IP68 防护等级)与森斯泰克 SA-3000 多光谱检测阵列(覆盖可见光/红外/紫外波段)，在 2024 年反应器飞温事故处置中，成功识别 5 处隐蔽火点并精准喷射超细干粉(粒径 D50<20μm)，火势控制时间较传统手段缩短 65%。

（三）运维处置机器人技术现状

1. 人形作业机器人

在石油化工智能制造领域，人形作业机器人技术正加速从实验室走向工业现场。特斯拉 Optimus Gen2 人形机器人其仿生灵巧手集成 Tactile Labs TDN31 六维力控模块(分辨率 0.01N·m)，在 *DN*400 高压球阀操作专项测试中完成 800 圈连续旋拧作业，力度波动幅度<0.1N，配合自主研发的视觉-力觉融合控制算法，阀门开度控制精度达±0.3°。

波士顿动力 Atlas 2024 工业版在巴斯夫湛江一体化基地通过德国 TÜV 功能安全认证(SIL 2 级)，其升级的液压驱动系统输出扭矩提升至 480N·m，配备的定制化三指夹具(夹持力 350N)在 2024 年乙烯裂解装置检修测试中，成功拆卸质量 18kg 的法兰螺栓组(M64×4)32 套，耗时较人工缩短 67%，其基于 MPC 的运动控制算法实现 45°倾斜管廊平台稳定行走(速度 0.5m/s)。

优必选 Walker X 工业型人形系统七自由度机械臂搭载基恩士 LK-G5000 激光位移传感器(±0.001mm 精度)，在模拟核岛环境中完成 *DN*300 闸阀启闭操作 56

次(密封面贴合度>99.5%)，配备的 FLIR A8580sc 防辐射热像仪(测温范围-40~2000℃)实现蒸汽发生器传热管微泄漏检出率 97.3%。

日本川崎重工 Kaleido HRP-5P 人形平台其双机械臂协同系统(单臂负载 30kg)配合 ATI Omega160 六维力传感器阵列(采样率 1000Hz)，在加氢反应器检修场景中，成功搬运质量 25kg 的催化剂装填筒 18 次并精确投放(位置误差<2mm)，作业效率较传统吊装提升 4 倍，相关技术参数通过 API 6D 标准认证。

德国宇航中心(DLR)开发的 Toro 人形机器人在中海油服"海洋石油 982"深水钻井平台完成海上极端环境测试，其 IP68 防护机身搭载英飞凌 XENSIV PAS 甲烷传感器(检测限 2ppm)与北醒光子 AR20 激光雷达(20Hz 扫描频率)，在浪高 3m 工况下完成井口防喷器状态检查 12 次(识别准确率 98.6%)，六足-轮式复合移动系统实现甲板湿滑表面(摩擦系数 0.15)稳定行进。

韩国斗山 Robotics Doris-H3 工业版在福建联合石化乙烯裂解装置区完成防爆认证(Ex db ⅡC T4)，身高 1.75m 的机身集成 19 个柔性关节(重复定位精度±0.03mm)，手掌配备奥林巴斯 EPOCH 650 超声测厚仪(±0.1mm 精度)与森斯泰克 SA-2000 多气体检测模块，在 2024 年运行周期内完成换热器管束检测 3200 根(壁厚减薄超标检出率 99.1%)、法兰密封面检查 89 处(识别 0.05mm 级划痕 14 条)，数据实时上传至 MES 系统的延迟<150ms，使设备预防性维修周期延长 30%。

2. 四足抢修机器人

在复杂工业场景的抢修运维领域，四足机器人技术展现突破性进展。日本三菱重工"MHI-SpotPro"四足抢修机器人在阿布扎比技术创新研究院组织的国际管道维护竞赛中，凭借其高精度检测与快速处置能力斩获"最佳工业维护方案"奖，其搭载的 Olympus 38DL 超声波测厚仪(±0.1mm 精度)在壁厚检测挑战项目中实现 98.7%的测量准确率，配备的汉高乐泰 326 结构胶自动封装系统在模拟 *DN*300 管道泄漏场景中达成 12s 封堵速度(密封压力≥6MPa)，配合自主开发的动态平衡算法，可在 35°倾斜管廊面保持 0.8m/s 移动速度。

中国航天科工"天巡-4"四足抢修系统其哈氏合金 C276 防护框架(耐 H_2S 浓度达 20%)配备 FLIR GF77 光学气体成像仪(甲烷检测灵敏度 5g/h)与奥林巴斯 EPOCH 650 超声检测单元(128 晶片相控阵)，在 2024 年运行周期内完成集输管线焊缝检测 3.2 万 m，发现未熔合缺陷 7 处(最大长度 11mm)，并运用激光熔覆技术实现 38 处腐蚀点在线修复(修复层硬度 HRC58)。

德国弗劳恩霍夫研究所开发的 HyQReal 四足机器人在巴斯夫路德维希港化工

园区完成实战测试，其全液压驱动系统（峰值扭矩 450N·m）支撑 150kg 负载能力，配备的 ATI Omega160 六维力传感器阵列（采样率 1000Hz）配合 KUKA 机械臂，在乙烯裂解装置检修中成功拆卸 M56 螺栓组 28 套（预紧力控制误差<5%），使换热器管束更换作业效率提升 4 倍，关键技术参数写入 VDI 2862 德国工业机器人标准。

云迹科技“铁甲-EX”四足抢修平台在国家管网西气东输中卫压气站完成沙漠环境验证，其耐高温履带设计（工作温度-40～85℃）结合禾赛科技 Pandar40P 激光雷达（40 线扫描），在 12 级沙尘暴条件下仍能保持±3cm 定位精度，2024 年累计完成 35MPa 超临界 CO_2 管道巡检 860km，运用高压注入式密封技术处置微泄漏点 9 处（最小孔径 0.8mm），数据实时回传延迟<200ms。

北方车辆研究所“越影-4”四足机器人其温控液压系统采用航空级蓄能器与半导体加热技术，搭载的森斯泰克 SA-3000 多气体检测模块（同步监测 16 种危险气体），成功定位 3 处埋深 2m 的输油管道泄漏点（定位精度±0.3m），并运用速凝聚氨酯材料实现零下环境 15s 快速堵漏，使应急响应时间缩短 70%。

3. 数字孪生抢修运维处置系统

在油气行业智能化转型进程中，数字孪生技术正重构抢修运维体系。达索系统开发的数字孪生平台经国家工业信息安全发展中心测评，其阀门操作仿真精度达毫秒级（时间分辨率 0.3ms），在龙王庙净化厂实现 1300km² 气田设备全生命周期管理，2024 年成功预警 3 处脱水塔应力超标点（最大应变值 1.8mm/m），使非计划停机时间减少 42%。

西门子 Process Simulate 数字孪生系统在中国石化镇海炼化完成部署，其基于 Tecnomatix 内核的闭环控制仿真模块（采样率 10kHz）配合 ABB Ability 边缘计算单元，在 260 万 t/a 柴油加氢装置中实现催化剂活性衰退预测准确率 98.7%，优化再生周期使催化剂使用寿命延长 18%。

ANSYS Twin Builder 数字孪生平台其多物理场耦合仿真引擎（含 50 万个有限元网格）精确模拟-162℃储罐 BOG 蒸发速率，误差率<0.5%，结合实时 SCADA 数据，2024 年成功预测 3 次压缩机喘振趋势并提前 36h 启动调峰预案，避免经济损失超 8000 万元，关键技术通过 ASME V&V 20 标准认证。

通用电气 Digital Ghost 系统在国家管网西气东输三线完成试点应用，其数字线程技术整合 20 类物联网设备数据（采样间隔 50ms），在中卫压气站实现 35MPa 超临界 CO_2 管道裂纹扩展仿真（精度±0.01mm），2024 年提前 42 天预警 2 处应力腐蚀开裂点（最大深度 1.2mm），维修成本降低 65%。

中国航天科工航天云网 INDICS 数字孪生系统在大庆油田完成部署，其工业互联网平台接入 12 类 3400 台设备，采用华为昇腾 910B 算力单元（256TOPS）构建抽油机健康预测模型，在采油二厂 1550 口井的实测中，精准诊断 13 处游梁式抽油机轴承失效（振动烈度预测误差<5%），检泵周期从 120 天延长至 180 天。

PTC ThingWorx 数字孪生平台在万华化学烟台工业园完成 AR 融合应用，其增强现实系统（微软 HoloLens 2 硬件）配合 Vuforia 空间定位技术（精度±3mm），在 2024 年 MDI 装置检修中实现设备拆装工序仿真培训效率提升 5 倍，关键螺栓预紧力虚拟校准误差<0.5%，使实际检修工期缩短 30%。

二、关键技术瓶颈与突破路径

（一）四足抢修机器人应急处置时效性不足，缺乏自主决策能力

当前四足抢修机器人虽在复杂地形适应性上表现突出，但在突发事故应急处置时效性方面仍存短板。例如日本三菱重工 MHI-SpotPro 虽能以 12s 快速封堵管道泄漏，但其封堵操作需依赖预设指令触发，无法根据实时环境数据自主判断最佳处置策略。中海油服部署的波士顿动力 Spot-EX 在深水钻井平台应用中，仍需人工远程确认泄漏点后方可启动作业流程，平均响应延迟达 3min 以上，导致小型泄漏可能演变为重大事故。现有技术多聚焦于单一功能模块开发，尚未实现风险识别、决策优化与执行处置的全链路自主化，制约了黄金救援时效。

（二）消防机器人智能化水平不足，极端环境适应性受限

尽管消防机器人已具备基础灭火能力，但其自主性与环境适应性仍待提升。例如中信重工"龙焱-6"虽可耐受 1500℃高温，但在实际炼化装置火灾中，消防炮喷射角度需人工远程调整，且缺乏火情动态追踪功能，复杂火场环境下灭火效率降低 40%。徐工集团"赤焰-5"在加氢裂化装置火灾测试中，发现其路径规划算法在浓烟环境下定位偏差达±1.5m，导致 20%灭火剂误喷至非目标区域。此外，现有机器人多采用固定灭火模式，缺乏对油气火灾特性的智能分析能力，无法自主切换干粉、泡沫等介质组合策略，难以应对多类型复合火情。

（三）运维机器人阀门操作精度与稳定性难以满足工业需求

智能运维机器人在实际工业场景中的操作精度与系统稳定性仍面临挑战。特斯拉 Optimus Gen2 在 *DN*400 阀门测试中虽实现±0.3°开度控制精度，但其算法在真实油气管道高压工况下（≥10MPa）力矩反馈误差扩大至±8%，导致密封面受损

风险增加。川崎重工 Kaleido HRP-5P 在加氢反应器检修中，机械臂旋拧 M56 螺栓时因阻抗力矩感知偏差，曾造成 3 次螺纹卡死事故。现有研究多聚焦实验室环境下的单机性能，忽略了工业场景中振动、腐蚀、电磁干扰等复合因素对机器人稳定性的影响，导致定位误差在复杂工况下放大至厘米级，难以满足 API 6D 标准对关键阀门操作的微米级精度要求。

（四）数字孪生系统仿真精度与实时性制约抢修决策效能

当前数字孪生系统在抢修运维中的应用仍存在模型精度不足、虚实同步延迟等问题。中国石油西南油气田与达索系统联合开发的平台虽实现毫秒级阀门操作仿真，但在实际管线裂纹扩展预测中，因多物理场耦合模型简化（仅包含 60%实际变量），导致应力腐蚀开裂深度预测误差达±0.3mm，无法支撑精细维修决策。西门子 Process Simulate 在中国石化镇海炼化的应用中，因 SCADA 数据接入延迟（平均 500ms），动态仿真结果滞后实际工况 15s 以上，致使 2024 年催化裂化装置再生周期优化方案失效。此外，现有系统缺乏对机器人本体动力学与工业环境的联合仿真能力，导致 70%的虚拟调试结果无法直接指导现场作业。

三、思考与建议

（一）研发“感知-决策-执行”一体化的自主抢修机器人

重点突破多模态传感数据融合、边缘计算决策算法与高精度执行机构集成技术。开发基于强化学习的自主决策系统，通过模拟 10 万组以上工业事故场景训练机器人快速响应能力；在四足机器人平台集成微型灭火弹投掷模块（射程≥30m）与高压注胶系统（密封压力≥8MPa），实现泄漏点 5 秒内自动封堵；参考 MHI-SpotPro 结构胶快速固化技术，研发耐高温（≥300℃）、抗 H_2S 腐蚀的智能密封材料，形成从风险识别到处置闭环的 15s 响应机制。

（二）构建自适应复杂环境的智能消防机器人体系

推动火情多维度感知与灭火策略自主优化技术研发。基于 FLIR GF77 光学气体成像仪与多光谱火焰探测器，开发火势三维重构算法（精度±0.1m^3）；设计模块化灭火介质储运系统，支持干粉、泡沫、液氮等多介质 30s 内自动切换；研制仿生液压驱动机械臂（自由度≥7），结合深度学习实现灭火喷射角度毫秒级自适应调整；在中国海油盐城 LNG 接收站等极端场景开展机器人耐低温（-160℃）与抗爆燃冲击（≥1MPa）验证，提升复杂环境适应性。

（三）开发高精度动态补偿的智能运维机器人系统

聚焦工业场景下的操作稳定性与精度提升。研制基于量子惯性导航（零偏稳定性≤0.01°/h)与激光雷达融合的亚毫米级定位系统；开发阻抗自适应控制算法，实现机械臂末端在10~500N·m力矩范围内的实时补偿(误差≤±0.5%)；设计多足机器人–机械臂协同稳定算法，通过质心动态调整抑制旋拧反作用力矩，确保*DN*1200阀门操作中机身倾斜角≤1°；在独山子石化等现场建立全要素测试环境，纳入振动、温变、腐蚀等20类干扰因素进行10万h可靠性验证。

（四）推进数字孪生系统高保真建模与实时交互技术攻关

构建多尺度、多物理场耦合的精细化孪生模型。研发基于工业机理与大数据驱动的混合建模技术，将关键设备仿真变量覆盖率提升至95%以上；开发5G确定性网络传输协议，实现万点级传感器数据时延压缩至50ms以内；建立机器人数字孪生体与真实本体的双向交互通道，支持控制指令的虚拟预演与实时校准；联合ANSYS Twin Builder构建超临界CO_2管道裂纹扩展预测模型(误差≤±0.05mm)，通过国家管网西气东输工程验证后形成行业标准。

第七章　新型消防应急技术与装备

羊　涛[1]　姜春雨[1]　孔　翔[1]　马　明[1]　赵祥迪[1]
张广文[2]　陈　硕[2]

（1. 中石化安全工程研究院有限公司；
2. 中国石化健康安全环保管理部）

一、引言

随着罐区规模的日益扩大，其事故风险也就日益增大，其中火灾风险尤为突出。仅近几年国内外就发生了多起重大储罐火灾事故，如英国邦斯菲尔德油库火灾事故(2005)、波多黎各圣胡安火灾爆炸事故(2009)、印度斋浦尔火灾事故(2009)、大连储罐火灾事故(2010)，这类事故通常具有突发性强、危害性大、扑救难的特点。它不仅危害广大人民群众生命和财产安全，而且会对社会和环境造成不良影响。目前石化行业应急消防手段还存在如下问题：

1. 消防污水处置及再利用困难

目前针对罐区特别是成品油罐区的泄漏着火事故处置多采用泡沫灭火装备配合储罐冷却防护等手段，会在短期内产生大量的冷却废水及消防污水，一旦处置不当，极易产生环境污染等二次事故。2020 年 5 月 29 日，俄罗斯热电厂泄漏事故的主要污染物为 2.1 万 t 用于发电的柴油，大约 15000t 柴油泄漏到地面上，约 6000t 进入 Ambarnaya 河，形成大量油水混合废液。根据目前的调研和文献检索来看，虽然国外各类化工事故时有发生，但是事故污水/事故废水的处理处置问题在国外并没有受到广泛关注。究其原因，主要有以下几点：相较于国内，国外的人口密度小，地广人稀，土地资源较为丰富，而化工园区通常设置在郊区，远离城市，且化工园区的事故水池和雨水池容积较大。在发生事故时，事故池和雨水池有充足的储存量，即使发生地表漫流，由于国外的环境承载力远大于国内，因此对环境的影响也在可控范围内。除此外，国外的大部分化工园区(尤其是欧美国家)建立在地表水和地下水丰沛的地区，水资源较为丰富，基本不存在消防水取用不足的情况。因此罐区的消防水处置回用是我国特殊国情下必须考虑的问题。当前，国内外还欠缺事故污水的快速回用技术及装备，主要有以下几点：一是，罐区泄漏火灾事故应急处置过程中由于事故场景复杂导致消防水喷射较为分散加之渗透等损失，消防污水很难快速汇集及收容回用；二是，消防污水中含泡沫、油膜、颗粒物等多相混合物，其快速分离处置方法欠缺，回用后会影响后续装备的性能；三是，油类(汽柴油)及类油物质的存在会影响泡沫液发泡率、析液时间等，其高效回收去除方法欠缺。

2. 消防车、消防炮等水力性能测试缺少有效手段

近年来，中国石化、中国石油等国内主要石化企业其应急救援队伍已达到“百队千车万人”的规模，其中消防车作为主要应急救援装备，其能否在实战中发挥预期效果，直接决定了作战方案的可实施性和应急救援的有效性。然而目前对消防车水力系统的检测通常只停留在检查消防炮能不能射水、消防泵有没有异响、管路有没有渗漏等，至于具体性能参数能否达到标准要求则无法确认，给灭火作战带来了极大的隐患。虽然 GB 7956. 2《消防车 第 2 部分：水罐消防车》、GB 7956. 3《消防车 第 3 部分：泡沫消防车》、GB 7956. 6《消防车 第 6 部分：压缩空气泡沫消防车》、GB 7956. 12《消防车 第 12 部分：举高消防车》等消防车系列部分国家标准中规定的消防泵连续运转、超负荷运转、消防车泵最大吸深时的性能和引水时间等水力性能测试项目，流量测试范围和压力测试覆盖范围能够满足目前所有消防车的水力性能测试要求等，但需要标准化实验测试台，企业不易建设，在企业消防队内进行推广应用有限。

针对上述问题及不足，我们研制了油罐区事故污水应急回用策略，开发了多相混合物污水高效回收与分离组件，研制了基于超亲水纳米分离与超疏水吸附的膜分离组件并集成开发了橇装式事故污水应急处置装备。同时基于理论计算与 CFD 模拟，设计简易、便携的消防车载泵水力性能测试装备，通过橇装化改造提高结构稳定性，研制了消防装备水力性能测试装备系统。

二、新型应急消防技术与装备

(一) 橇装式事故污水应急处置装备

国内外还欠缺事故污水的快速回用技术及装备，需要解决消防污水快速汇集及收容回用，消防污水中含泡沫、油膜、颗粒物等多相混合物快速分离处置技术，油类(汽柴)及类油物质的存在对泡沫液发泡率、析液时间影响等问题。

1. 事故污水应急回用策略研究

油罐区事故污水应急回用策略研究方面，重点对事故废水的水质进行分析研究。对于储罐发生火灾来说，储存物料、储罐种类、着火方式、罐体破损方式等都会影响事故废水的水质，并且取水点不同水质差别也很大。根据安工院承担的院控课题《原油罐区消防污水回用方法与技术研究》，某次柴油浮顶罐着火消防演练中采集的事故污水水样中，罐体内污水的 COD 浓度为 4000～5000mg/L，石油类的浓度为 110～150mg/L，氨氮浓度为 15～25mg/L；而防火堤内的污水 COD 和石油类都很低。原油罐区消防污水中主要污染物是原油，消防污水中的原油主要以水面浮油、水中悬浮油滴和水中乳化油的形式存在。该课题实验结果表明，使用石油类浓度在 30～120mg/L 的乳化油污水配制的消防水对泡沫灭火剂的发泡倍数、灭火时间和 25%抗烧时间均无明显影响，灭火时间均小于 3min，抗烧时间均大于 10min，乳化油污水对泡沫灭火剂的灭火性能无明显影响。据此，在原油罐区发生火灾事故时，可以考虑先将灭火过程中产生的消防污水去除固体杂质、表面浮油和悬浮油，然后现场回用作消防水。

实验通过配比污水对发泡倍数 E 和 25%析液时间 t 的影响程度确定是否适于回用，开展空白实验测得实验所用 3%AFFF 泡沫液的发泡倍数 $E=9.24$，25%析液时间 $t=257$s，定义发泡倍数和析液时间降低 10%（$E_1=8.316$，$t_1=321.3$s）所对应的杂质浓度 X_1 为回用发泡最适含量上限，发泡倍数和析液时间降低 20%（$E_2=7.392$，$t_2=285.6$s）所对应的杂质浓度 X_2 为回用发泡最高含量。发泡性能测试实验仪器实物见图 3-30。

向清水中投加一定质量的硅胶粉末配置不同浓度的污水，进行配比泡沫液发泡性能实验，测试其发泡倍数和 25%析液时间，得到实验数据如下。当污水中硅胶含量由 0 增加至 2.9917%，污水配比泡沫液的发泡倍数由 9.24 下降至 6.91，下降幅度为 25.22%，25%析液时间由 357s 下降至 291s 左右，下降幅度为 18.49%。说明污水中硅胶含量对配比泡沫液的发泡倍数和 25%析液时间均影响较大。

由图 3-31～图 3-33 数据可知，当污水中汽油含量由 0 增加至 2.9967%，污水配比泡沫液的发泡倍数由 9.24 下降至 8.35，下降幅度为 9.63%，25%析液时间由 357s 下降至 239s 左右，下降幅度为 33.05%。说明污水中汽油含量对配比泡沫液的 25%析液时间较大，而对发泡倍数影响较小，在可接受范围内。

图 3-30 发泡性能测试实验仪器实物图

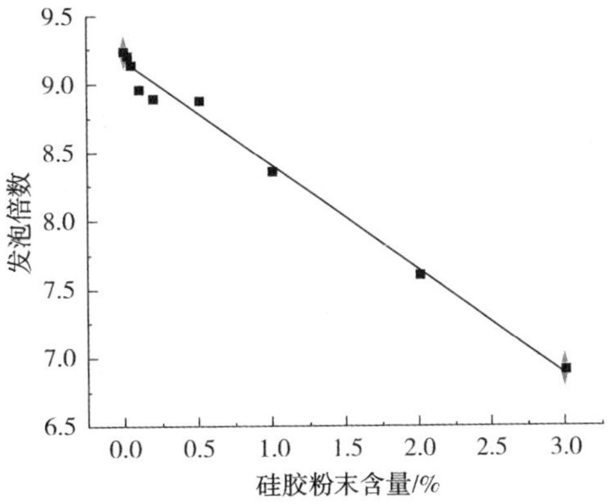

图 3-31 发泡倍数随硅胶粉末含量变化拟合曲线

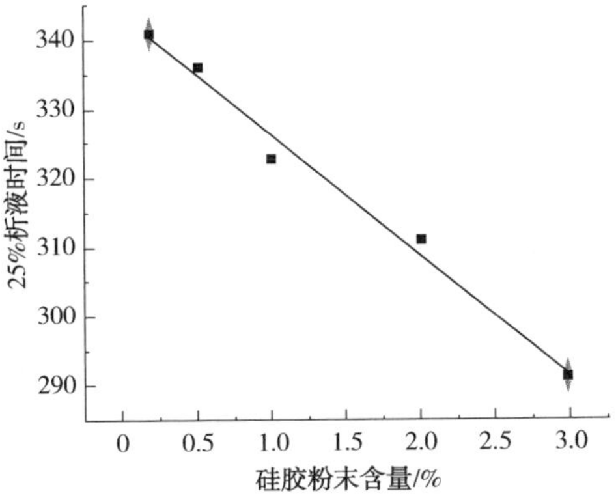

图 3-32 析液时间随硅胶粉末含量变化拟合曲线

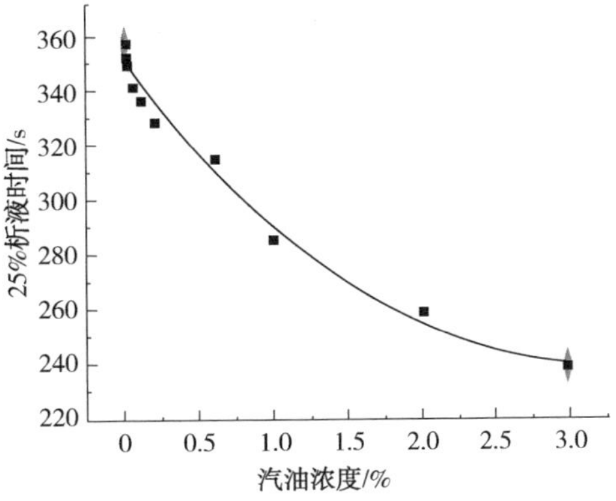

图 3-33 析液时间随汽油含量变化拟合曲线

2. 橇装式事故污水快速处理回用装备

目前针对罐区特别是成品油罐区的泄漏着火事故处置多采用泡沫灭火装备配合储罐冷却防护等手段，会在短期内产生大量的冷却废水及事故污水，一旦处置不当，极易产生环境污染等二次事故；另外，长时间的灭火救援还可能导致现场消防水资源不足，因此研究开发一套事故污水快速处置技术及装备，将消防废水处理为达标的消防用水进行回用是很有必要的。

（1）装备工艺原理

本装置属于橇装式事故污水快速处理回用装备，用以在事故现场快速、大通量分离事故污水中的污油、固体颗粒、消防泡沫液等杂质组分。针对性设计了“管道–气浮–深度处理”的整体工艺路线，分为快速处理系统和深度处理系统，快速处理系统运用管式分离工艺去除事故污水中的浮油和大颗粒固体，运用气浮分离工艺去除事故污水中的分散油、悬浮油和泡沫液组分；深度处理系统先通过投加应急处置剂去除事故污水中的悬浮颗粒，而后运用油水分离新材料去除污水中的乳化油。装备工艺流程如图 3–34 所示。

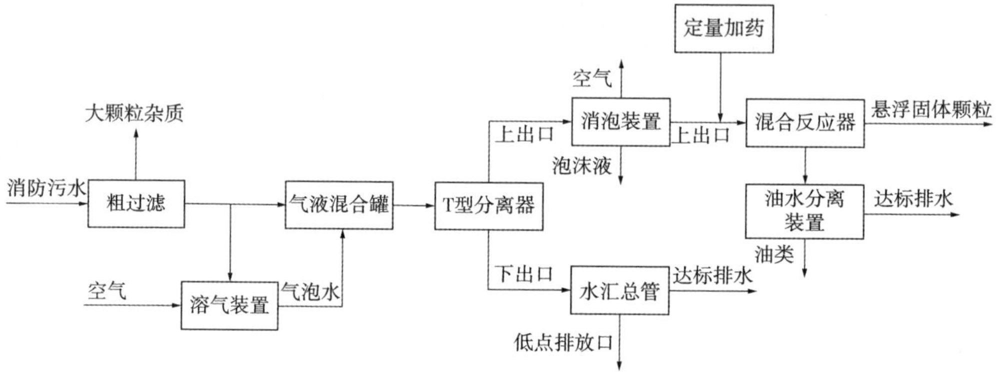

图 3–34　橇装式装备工艺流程图

该装备采用泵抽的方式将事故污水输送到设备内，泵出口设置数显流量计，止回阀和粗过滤器，流量计用于检测进液口的实时流量，止回阀用以防止水倒流，粗过滤器用于过滤掉水中大颗粒固体杂质（直径 1mm 以上），粗过滤器放置在进液汇总箱体内，起到增大过滤面积和减少压损的作用，处理完后的水达到回用标准，通过底部下出口排出，油、空气和泡沫通过顶部的上出口排除，底部出水口设置电动调节阀和远程流量计，通过监控流量设置上出口和下出口的出液比例。上出口顶部设置消泡装置和排气口，气浮气体从排气口排出，泡沫通过消泡装置后破裂，分为空气和泡沫液，分别排出装置。上出口后端设置药剂处理模块，药品为应急处置剂粉末，粉末通过混合反应装置与油充分混合、反应、吸附后形成絮状体，清除固体颗粒，而后通过新材料组成的油水分离模块清除乳化油，使出水达到回用标准，输出装置。根据上述工艺原理，设计的橇装装备整体详见图 3–35。

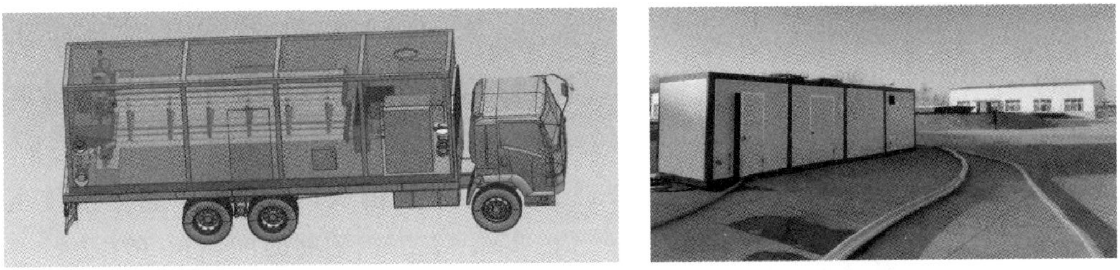

(a)整体设计图　　(b)实物图

图 3-35　橇装装备

（2）装备基本性能参数与测试

项目研发的橇装装备样机在中原油田国家危险化学品应急救援濮阳基地进行了综合应用，前期基地承办的集团公司消防队伍培训中开展了 100m^2 全液面油池火灾、万方罐密封圈火灾等实战演习，产生的含柴、汽油消防污水储存在地下污水池，使用装备样机在处理量 60m^3/h、80m^3/h、100m^3/h 三个工况下对该地下污水进行了处置，在装备平稳运行 30min 后记录进水量、快速处理系统出水量和深度处理系统出水量，对进水口、快速处理系统出水口、深度处理系统出水口分别采样，测试水中的油含量以及浊度，从而得到油类和固体颗粒的分离效率，如表 3-9 所示。

表 3-9　橇装装备现场测试数据表

入口			快速处理系统出口			深度处理系统出口			油类分离效率/%	固体颗粒分离效率/%
流量/（m^3/h）	含油率/%	浊度（NTU）	流量/（m^3/h）	含油率/%	浊度（NTU）	流量/（m^3/h）	含油率/%	浊度（NTU）		
61.4	1.03	1374	52.8	0.083	251	8.6	0.009	119	92.95	83.08
80.9	0.96	1231	65.1	0.087	220	15.8	0.009	72	92.52	84.48
103.7	0.98	1267	84.6	0.104	136	29.1	0.012	38	91.00	81.77

由表 3-9 数据可知，在 3 种工况下，橇装装备的油分离效率均大于 90%，固体颗粒分离效率均大于 80%，快速处理系统出口和深度处理系统出口的含油率均低于回用指标。

由图 3-36 可知，泡沫液中的乳化柴油使泡沫在着火表面的铺展时间增长，

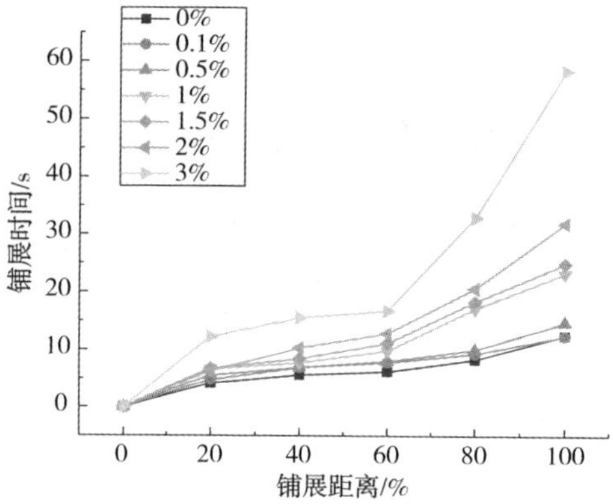

图 3-36　含柴油污水配比泡沫铺展过程

柴油浓度越高，影响更为显著。在常规1%油浓度条件下，100%距离的铺展时间为23.2s，相对空白实验12.5s，铺展时间增长85.6%；在极端3%油浓度下，100%距离的铺展时间为58.4s，相对空白实验12.5s，铺展时间增长367.2%。

从图中还可得出，柴油对铺展中后段（40%～100%）的影响大于中前段（0%～40%），以0.5%、1.5%和2%油浓度为例：

在0.5%油浓度下，泡沫铺展中前段用时6.9s，相对空白实验5.6s，用时增长23.2%，泡沫铺展中后段用时7.8s，相对空白实验6.9s，用时增长13%。

在1.5%油浓度下，泡沫铺展中前段用时8.4s，相对空白实验5.6s，用时增长50%，泡沫铺展中后段用时13.8s，相对空白实验6.9s，用时增长100%。

在2%油浓度下，泡沫铺展中前段用时10.3s，相对空白实验5.6s，用时增长83.9%，泡沫铺展中后段用时21.6s，相对空白实验6.9s，用时增长213%。

由此可知，柴油会显著影响灭火泡沫目标覆盖区域外围的铺展速度。

由图3-37可知，泡沫液中的乳化汽油使泡沫在着火表面的铺展时间略微增长，影响程度远小于柴油。在常规1%油浓度条件下，100%距离的铺展时间为14.7s，相对空白实验12.5s，铺展时间增长17.6%，小于20%，在实际应用中属于可接受范围；在极端3%油浓度下，100%距离的铺展时间为16.1s，相对空白实验12.5s，铺展时间增长28.8%，远小于柴油的367.2%。

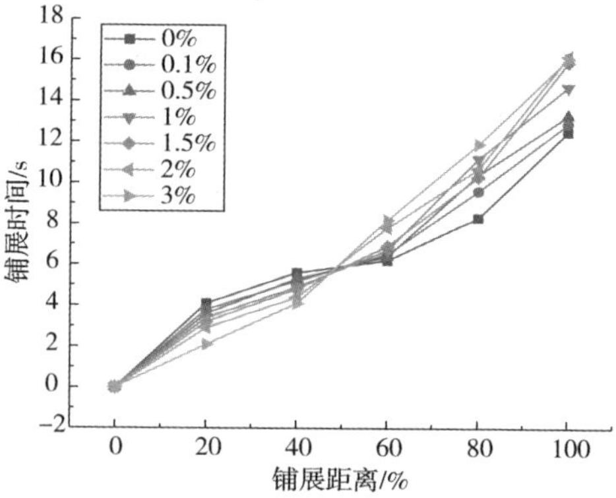

图 3-37　含汽油污水配比泡沫铺展过程

观察不同汽油浓度的铺展时间曲线可知，均可近似为线性关系，说明含汽油泡沫在着火表面的铺展呈匀速前进，这是由于汽油黏度较低，与水接近，对泡沫黏度影响较小。综上，汽油对泡沫的铺展性能影响不大。

由图 3-38 可知，泡沫液中的硅胶粉末使泡沫在着火表面的铺展时间增长，硅胶浓度越高，影响更为显著。在常规 1%浓度条件下，100%距离的铺展时间为 21.8s，相对空白实验 12.5s，铺展时间增长 74.4%；在极端 3%浓度下，100%距离的铺展时间为 35.5s，相对空白实验 12.5s，铺展时间增长 184%。

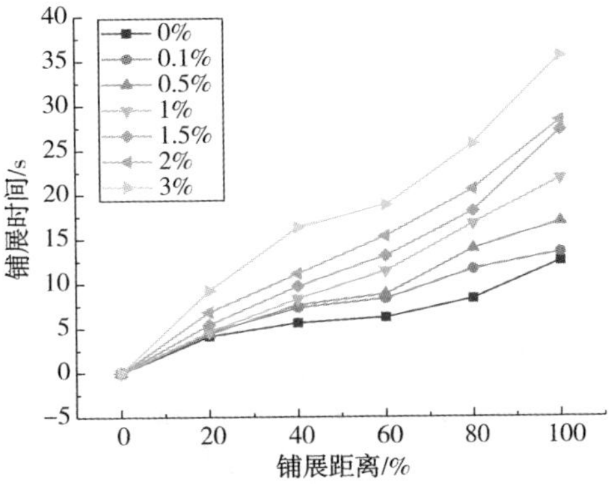

图 3-38　含硅胶污水配比泡沫铺展过程

同样选取 0.5%、1.5%和 2%油浓度为例，分析硅胶粉末对铺展中前段和中后段的影响：

在 0.5%浓度下，泡沫铺展中前段用时 7.6s，相对空白实验 5.6s，用时增长 35.7%，泡沫铺展中后段用时 9.3s，相对空白实验 6.9s，用时增长 34.8%；

在 1.5%浓度下，泡沫铺展中前段用时 9.7s，相对空白实验 5.6s，用时增长 73.2%，泡沫铺展中后段用时 17.5s，相对空白实验 6.9s，用时增长 153.6%；

在 2%浓度下，泡沫铺展中前段用时 11.1s，相对空白实验 5.6s，用时增长 98.2%，泡沫铺展中后段用时 17.2s，相对空白实验 6.9s，用时增长 149.3%。

由此可知，硅胶对泡沫铺展的整个过程均影响较大，对灭火泡沫目标覆盖区域核心的铺展速度影响大于柴油，对目标覆盖区域外围的铺展速度影响小于柴油。

将分离效率最低的 $100m^3/h$ 工况处理得到的回用水通入泡沫发生装置进行油槽灭火，如图 3-39 所示，与清水发泡进行对比分析灭火时间，得出：回用水发泡灭火时间为 17.4s，灭火速度为 $5.75\times10^{-2}s^{-1}$，较空白实验的灭火速度 $6.13\times10^{-2}s^{-1}$下降 6.2%，下降幅度小于 10%，能够达到消防灭火的实际需求。

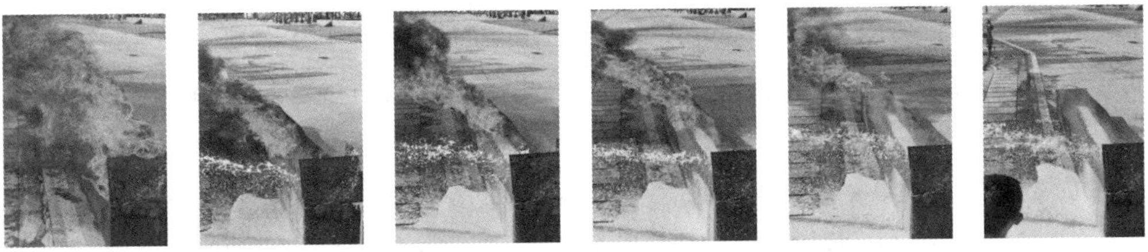

图 3-39　回用水灭火实验现场图

（二）消防装备性能测试系统

1. 消防装备水力性能测试固定式系统

依托危险化学品重大事故防控技术支撑基地，针对现役所有消防车辆型号，建立水力性能测试平台（图 3-40），涵盖 0~400L/s 消防泵的流量、压力、转速等水力性能疲劳测试；配备 800kW 变频电机、双吸泵和 *DN*300 测试管路，具备大型举高类高喷设备喷射性能、疲劳测试等能力。

图 3-40　测试平台总览

该装置通过对测试管路的远程控制调节，实时监测消防车用消防泵的流量、压力、真空度、转速以及消防车功率输出装置的运行温度等参数，为分析、评价消防车等应急装备的水力性能及有关部件的可靠性提供了充足、详实的依据。

该装置可完成 GB 7956. 2《消防车　第 2 部分：水罐消防车》、GB 7956. 3《消防车　第 3 部分：泡沫消防车》、GB 7956. 6《消防车　第 6 部分：压缩空气泡沫消防车》、GB 7956. 12《消防车　第 12 部分：举高消防车》消防车系列标准中规定的消防泵连续运转、超负荷运转、最大吸深时的性能和引水时间等水力性能测试项目，流量测试范围和压力测试覆盖范围能够满足目前所有消防车的水力性能测试要求。

技术参数（关键技术参数）：

（1）*DN*100 管路：公称压力 6. 4MPa，流量计测量范围 1. 4~44L/s；

（2）*DN*150 管路：公称压力 6. 4MPa，流量计测量范围 7~85L/s；

（3）*DN*200 管路：公称压力 2. 5MPa，流量计测量范围 25~167L/s；

（4）*DN*300 管路：公称压力 2. 5MPa，流量计测量范围 40~350L/s；

（5）双吸泵：0~12000L/min，最大压力 2. 0MPa；

（6）处理介质：水。

2. 消防装备水力性能测试便携式系统

基于理论计算与 CFD 模拟，设计简易、便携的消防车载泵水力性能测试装备，通过橇装化改造提高结构稳定性，对合作单位各类消防车开展不同工况下的流量压力测试，绘制水力性能曲线，与额定工况曲线对比分析是否达标。

建立消防车及典型装备水力性能测试系统方法，提出典型装备流量、压力、极限抽吸深度等指标的测试技术规范要求。研制消防装备水力性能测试便携式设备，开展便携式设备的现场测试，研究消防水炮落点覆盖面积和形状，结合设计接收器尺寸及排布方案，完成对射程、水量、分散度等落点参数的标准化测量。建立便携式消防水炮落点测量方法，研究消防水炮落点覆盖面积和形状，结合设计接收器尺寸及排布方案，完成对射程、水量、分散度等落点参数的标准化测量，为评估消防车实际战斗能力提供工业模型。测试系统见图 3-41、测试结果见图 3-42。

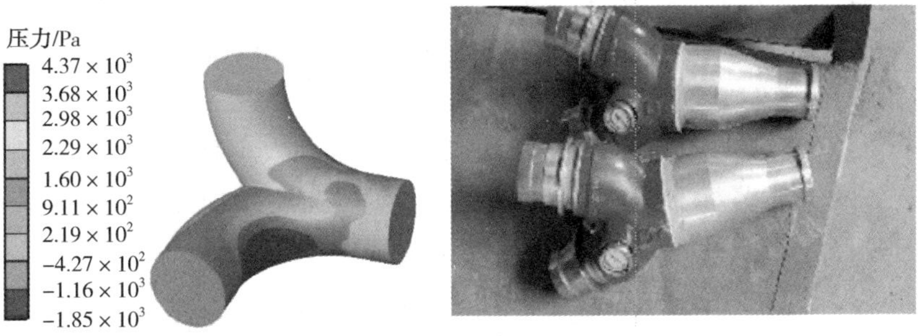

图 3-41　测试系统图

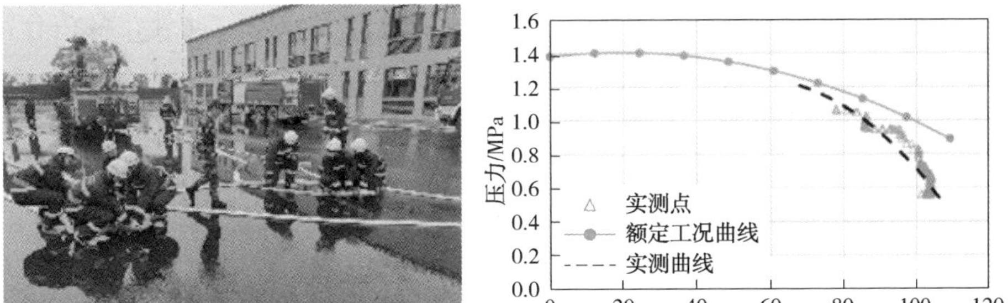

图 3-42　测试结果

三、展望与建议

随着工业化和城市化进程的加快，突发环境事件、火灾事故等极端情况的发生频率逐年增加，对应急处置装备和消防装备的需求也日益增长。橇装式事故污水应急处置装备和消防装备水力性能测试系统作为重要的技术手段，在保障安全、提高效率方面发挥着关键作用。然而，当前行业面临技术瓶颈、标准不统一、智能化水平不足等问题。以下从技术创新、市场需求、政策支持等角度，对橇装式事故污水应急处置装备和消防装备水力性能测试系统的发展进行分析，提出如下建议：

（1）针对消防污水回用过程中的乳化油等，研制新型粉体应急处置剂，克服污水中表面活性剂的影响，加快反应起效速度，降低投料比，实现多相混合物分离和深度除油装备的集成化设计，进一步缩小橇装装备体积，提高装备的适用性。

（2）模块化与便携化设计，橇装式污水应急处置装备需要具备快速部署、易于运输和灵活配置的特点。未来应进一步推进模块化设计，例如将泵站、过滤装置、化学处理单元等功能模块化，便于现场快速拼接和调试。同时，轻量化材料和结构优化可以降低设备重量，提高便携性。

（3）智能化与自动化，引入物联网（IoT）技术和人工智能算法，实现污水应急处置装备的智能监控和自动控制。例如，实时监测水质参数、流量等关键数据，并通过自动调节处理工艺参数以优化处理效率。此外，可开发远程操控系统，实现多设备协同工作，提升应急处置的整体效率。

（4）多功能与综合集成，针对不同类型的污水事故（如油污、化学品泄漏等），橇装式应急处置装备需要具备多功能处理能力。例如，集成分离、吸附、氧化等多种处理技术于一体，形成“全能型”应急处置设备。此外，可结合消防和污水处置功能，开发综合性应急救援装备。

（5）标准化与规范化，由于行业内现有产品标准不统一，未来需要制定橇装式污水应急处置装备、消防装备水力性能测试的国家或行业标准，明确设备性能指标、测试方法和安全要求。通过标准化设计，可以提升设备的互操作性和市场竞争力。

橇装式事故污水应急处置装备和消防装备水力性能测试系统作为保障安全与环保的重要技术手段，其发展方向将更加注重智能化、模块化、高效节能和标准化。通过技术创新和市场推动，这些设备将在未来的环境保护和公共安全领域发挥更大的作用，为社会可持续发展提供有力支撑。

实践探索篇

第一章　安全管理技术实践

石油企业管理人员 HSE 履职能力评估实践

李　娜　申伟平

（中国石油集团安全环保技术研究院有限公司）

2015 年 8 月 12 日，天津港发生特别重大火灾爆炸事故，49 名被告人被判处从死缓到一年六个月不等的刑罚，瑞海公司董事长成为新中国成立以来首例因为事故被判死缓的企业负责人。企业安全管理的决定因素是领导者，各级管理者践行安全承诺是成功管理安全的首要条件，而且这种承诺必须从最高管理层开始，从而带动整个企业的上行下效。同时一系列法律法规、标准对管理人员履职也提出了强制要求。HSE 履职能力评估是强化安全管理的有效途径，出发点是实现组织和个人在安全管理方面技能的持续改进，实现“一切事故都是可以避免和防范的”“管工作就要管安全”的理念，让企业具备足够、称职的人力资源防范风险，让个人具备可靠、娴熟的技能识别和控制风险。自 2012 年起，中国石油集团公司每年实施全覆盖 HSE 审核，针对审核发现的严重问题，督促企业严格追责，对履职不力、失职失责的管理人员、岗位员工进行追责，逐步实现从事故追责向过程问责转变，从某种程度上，倒逼各级管理人员不断提升 HSE 履职能力。

一、HSE 履职能力评估工作现状分析

从近年中国石油企业的生产安全事故分析和 HSE 体系审核发现，部分企业的员工安全环保能力与岗位需求不匹配，部分员工的“三违”行为表面上看似责任心和违章问题，实际上是能力不具备所造成的。企业能力评估不到位，以宣贯代替培训，以数量代替效果，以课堂学习代替实际操练，甚至为取证而培训、为考试而学习。尤其是一些新员工、新提拔的基层管理人员及承包商人员，培训考核不严格，未能从源头上把控安全素质关，岗位风险管控能力不足，岗位安全环

保职责未得到有效履行。

中国石油 2014 年发布实施《中国石油天然气集团公司安全生产和环境保护责任制管理办法》，对能力评估工作提出明确要求；同年发布《中国石油天然气集团公司员工安全环保履职考评管理办法》，规定了各级员工的评估内容、评估程序和方法等；2015 年发布《中国石油天然气集团公司领导干部安全环保履职能力评估工作实施指南》，明确领导干部的评估内容、评估准备、评估实施和结果应用等，目的是了解各级领导者安全管理知识、技能与管理能力现状，推进领导干部提升安全环保履职能力。这三个文件连续发布，强调了 HSE 履职能力在评估内容、评估标准、评估实施和结果应用等方面的规定要求，具有引领指导性意义。企业实际操作过程中，由于不同企业对要求的理解存在差异，导致 HSE 履职能力评估实际效果有待进一步提升。

从企业开展管理人员 HSE 履职能力评估工作现状来看，突出问题表现如下：

（1）评估工作开展不平衡。各企业评估流程不统一，评估标准有高有低、程度有深有浅，评估结果在指导企业管理人员任职履职、指导员工培训、强化安全环保责任落实方面效果不够突出，需要进一步规范 HSE 履职能力评估工作，以确保在岗人员的安全环保综合能力满足岗位风险管控的需求。

（2）评估工作开展不系统。部分企业对在职管理人员评估工作开展得多，职务调整或提拔前开展得少；多数企业未从制度层面明确管理岗位、关键岗位的范围，评估对象“一刀切”，增加了评估工作范围，加大了工作难度；HSE 履职能力评估作为企业人员能力测评管理工作的重要组成部分，没有与企业现有人事系统的测评考核工作实现有效衔接，未将 HSE 履职能力评估结果作为绩效奖金兑现、职级升降、岗位调整或岗位退出的依据，评估工作存在应付现象。

（3）评估质量有待提高。多数企业未结合岗位 HSE 培训矩阵，分专业、分层级制定履职能力评估标准，个别企业评估标准不完善，甚至无评估标准，更多的是凭经验；有的企业用通用的评估标准和方式评估所有管理人员，没有针对岗位的不同；有的企业以考核结果评估员工，缺乏过程跟踪等。评估工作走形式、敷衍应付现象较为突出。

（4）对评估工作重视度不够。部分企业对 HSE 履职能力评估工作的重要性认识不到位，工作积极性不高；部分企业仅靠安全环保部门推动评估工作，人事部门、劳资部门对履职评估工作的主导性不够、参与度不高，履职评估工作不规范。

二、HSE履职能力评估主要做法及控制关键点

总结近年来企业HSE履职能力评估实践工作，针对上述突出问题，为进一步提高企业管理人员HSE履职能力工作效果，针对企业生产、技术、设备、安全环保等关键岗位人员，在细化评估内容、定性分析评估标准、增加评估方式等方面开展研究和改进提升，尤其是完善和强化HSE履职能力评估过程关键控制点的确定和把控。

（一）细化HSE履职能力评估的具体内容，使其更具有操作性

依据岗位职责，从安全基本能力、安全领导能力、风险掌控能力、应急指挥能力4个方面进行研究，对4种能力的定义从基础知识、基础能力、体现形式等多方面进行释义，以便于企业管理人员理解，并在HSE履职标准中得以正确使用。

（1）安全基本能力。掌握满足本岗位履职所需的安全管理工具、方法等基本技能，具备工作内外所需的安全基本知识。主要体现在能够开展安全培训、承包商有效监管、正确运用安全观察与沟通、重视办公室安全和工作外安全等。

（2）安全领导能力。具备示范、引导、授权、指示直接下属为实现组织的安全目标而重视安全，并采取有效行动的能力。主要体现在具有安全感召力、先进的安全管理理念、守法的红线意识和底线思维、承诺并重视安全工作、制订并严格落实个人安全行动计划、有效履行岗位安全职责等，能够充分理解企业方针、政策、目标，具备认识短板、策划HSE工作的能力，熟悉本单位HSE体系运行情况，掌握决策、沟通和激励等方法（委员会、安全分析会，观察与沟通等）。评估人员采取“一对一”方式进行个人访谈，结果用于个人评估及后期的分析、报告和反馈。

（3）风险掌控能力。指具备组织辨识、评价、防控属地和业务管理范围内风险的能力。主要体现在了解业务管理范围内的主要HSE风险及防控措施，安全隐患及治理、监控情况，审核检查问题及整改落实情况等。知晓相关事故主要原因，清楚如何有效进行事故事件管理，知晓重大隐患及控制措施，掌握与行业或专业高标准的差距，具备识别人的不安全行为及其后果影响等潜在风险的能力。

（4）应急指挥能力。指对紧急情况或对突发事件的预测与预警、事发应对、事中处置和事后恢复等全过程的掌控能力。主要体现在具备较强的组织、协调、指挥、处置能力，能够正确指挥且充分发挥有限的应急力量控制事态发展、减少财产损失、保护生命安全。熟悉突发事件及防控方法，熟悉预案编制及资源保障，

具备快速响应的能力，具备控制事故势态恶化的意识和能力等危机管理能力。

（二）采用统一的 HSE 履职能力评估标准并定性分析，使其更规范化

结合岗位安全环保职责、安全环保法律法规、岗位需要的生产技术流程、危害及其后果、风险控制工具和方法、岗位技能，针对评估标准的 4 种能力分别从 4 个方面进行标准定性分析，分专业按岗位编制能力评估标准，并明确 4 种能力的具体评估内容，见图 4-1。

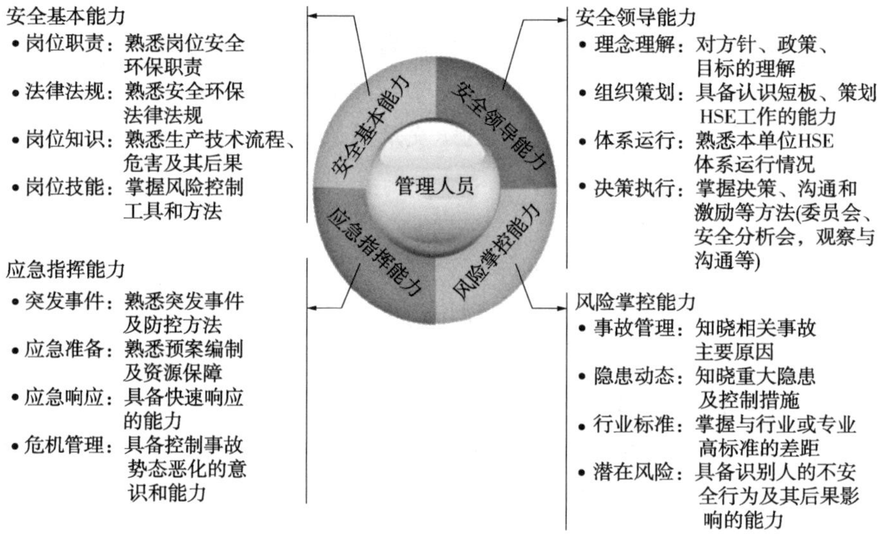

图 4-1　4 种能力的定性分析

（三）扩展 HSE 履职能力评估方式，使其更全面、更系统

评估方式主要有 3 种，包括知识测试、能力测评和沟通访谈。

（1）知识测试。分专业开发知识测试题库，试题内容应包括安全环保通用知识和专业要求，试题类型可包括选择、填空、判断、简述等形式。试题量应满足随机抽取要求，并定期更新完善。

HSE 知识测试范围包含但不限于以下几个方面：对国家、地方、行业 HSE 法律法规和标准规范的掌握；对集团公司规章制度和标准的理解和贯彻；对 HSE 管理理念、工具与方法的理解和应用；对企业 HSE 管理体系规章制度的理解和掌握；对安全生产基本知识的理解和掌握；对现场应急管理要求的理解和应用。

测试可以集中实施，也可以在安全履职能力访谈结束后答题，答题时间为 0.5~1h，评估人员对答卷进行评分，作为整体评估结果的一部分。

（2）能力测评。包括 4 种能力 16 个方面。评估工作组按照能力评估标准，运用沟通访谈、现场观察、资料查阅等方式，根据被评估人的理解掌握程度、工作执行落实情况和效果等进行评价和打分，满分为 5 分。

（3）沟通访谈。主要对象为被评估人，还应包括其上级管理人员、下属及其他相关人员。通过交流沟通的方式，挖掘技能提升的空间，并在访谈中沟通更加完善的做法，使被访谈者从中受益。对被评估人员进行“一对一”式沟通访谈，评估人员要注意访谈技巧，包括营造宽松的访谈氛围、和谐的沟通环境等。针对被评估对象属于不同级别不同岗位的情况，为达到数据可比性，评估小组可选用生产安全类和非生产安全类管理人员 HSE 履职能力沟通样表，具体格式见表 4-1、表 4-2。

表 4-1　管理人员安全环保履职能力沟通样表(生产安全类)

类别	序号	访谈内容	评估得分		
			0~2	2~4	4~5
			部分达到期望值	达到期望值	超出期望值
HSE 领导能力	1	结合您的岗位职责，简述您是如何理解集团公司 HSE 管理原则和公司的安全理念的。			
	2	您怎么理解“管工作，管安全”？			
	3	举例说明在您业务范围内涉及的法律法规要求及执行情况。			
	4	您对分管部门(单位)及其岗位员工的履职能力建设有何措施或建议？			
	5	您通过哪些行为让下属员工感知您对 HSE 工作的率先垂范？（培训、审核、督导等）			
风险掌控能力	1	简述您在分管业务范围内是如何组织开展危害辨识、风险评价工作的。			
	2	在您业务范围内有哪些主要的 HSE 风险？			
	3	您是如何控制这些业务范围内主要 HSE 风险的？			
	4	您所开展业务管理范围内的相关工作是如何做到合规的？			
	5	举例说明如何组织督促对各类检查、审核发现的问题进行分析及有效整改。			

续表

类别	序号	访谈内容	评估得分		
			0~2	2~4	4~5
			部分达到期望值	达到期望值	超出期望值
HSE基本能力	1	在HSE管理方面您用过哪些管理工具或方法？			
	2	请您简述事故、事件、隐患报告流程。			
	3	简述您掌握的工作外安全基本知识。（食品安全、消防安全、用电安全、应急逃生等）			
	4	简述您掌握的办公室安全基本知识。（风险管理、应急逃生、消防器材检查与使用等）			
	5	用一句话总结“安全观察与沟通”。您是如何运用安全观察与沟通方法的？			
应急管理能力	1	您参加过应急方面的培训吗？			
	2	您如何认识应急预案、应急演练、应急装备的培训？			
	3	在紧急状态下您是如何履行相关应急组织、协调、指挥职责的？			
	4	在紧急状态下您将如何有效自救或逃生？			
	5	您单位(部门)目前在应急管理方面存在哪些问题？如何才能有效系统改进？			

表4-2　管理人员安全环保履职能力沟通样表(非生产安全类)

类别	序号	访谈内容	评估得分		
			0~2	2~4	4~5
			部分达到期望值	达到期望值	超出期望值
HSE领导能力	1	简述您对集团公司HSE管理原则和公司安全理念的理解。			
	2	您怎么理解“管工作，管安全”？举例说明您是如何在分管业务范围内有效落实的。			

续表

类别	序号	访谈内容	评估得分		
			0~2	2~4	4~5
			部分达到期望值	达到期望值	超出期望值
HSE 领导能力	3	举例说明在您职责业务范围内涉及的法律法规要求及执行情况。			
	4	您对分管部门(单位)及其岗位员工的履职能力建设有何措施或建议?			
	5	简述您采用了什么工具、方法，来有效践行有感领导的。(培训、考核、督导)			
风险掌控能力	1	简述您在分管业务范围内是如何组织开展危害辨识、风险评价工作的。			
	2	简述您业务范围内主要的 HSE 风险及防控情况。			
	3	举例说明您业务范围内主要的安全隐患及其治理或监控情况。			
	4	举例说明如何有效将适用的 HSE 法律法规要求转换成管理制度的。			
	5	举例说明如何组织督促对各类检查、审核发现的问题进行分析及有效整改。			
HSE 基本能力	1	举例说明您掌握的相关安全管理工具、方法。			
	2	请您简述事故、事件、隐患报告流程或您职责范围内1~3 项业务流程中的 HSE 关注点。			
	3	简述您掌握的工作外安全基本知识。			
	4	简述您掌握的办公室安全基本知识。			
	5	您是如何运用安全观察与沟通方法的?			
应急管理能力	1	简述您业务范围内的应急预案、应急职责。			
	2	在其他部门或协助职责范围发生应急情况时，您所在部门有何应急职责?			
	3	简述您组织或参与编制的应急预案中的应急响应分级是如何确定的。			

续表

类别	序号	访谈内容	评估得分		
			0~2	2~4	4~5
			部分达到期望值	达到期望值	超出期望值
应急管理能力	4	您是如何履行相关应急组织、协调、指挥职责的？您将如何有效自救或逃生？			
	5	您对应急预案、应急演练、应急装备、评估和人员应急能力等应急管理工作如何有效改进？			

（四）图形化 HSE 履职能力评估流程，使其更简明扼要

评估流程主要包括 4 个阶段：评估工作准备、评估组织实施、评估数据分析和评估报告编制，各阶段主要内容见图 4-2。

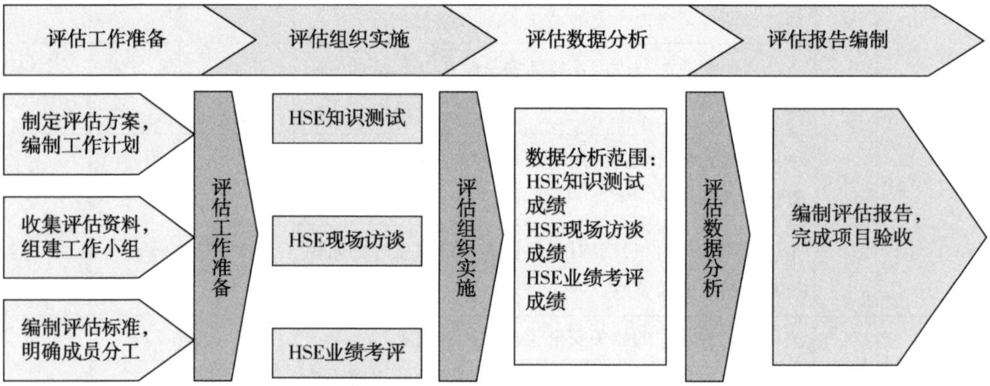

图 4-2　HSE 履职能力评估流程

评估准备包括成立评估小组，成员包括人事、安全环保及相关专业人员等，负责制定工作方案，完善能力评估标准，组织实施具体评估工作。评估实施包括选用评估工具、建立测试题库、准备员工感知度调查问卷和编制访谈清单，采取访谈、测试、资料验证、向下属员工和同级人员发放调查问卷等方式开展能力评估；评估结果分析，对被评估人员进行综合评价；评估组对被评估人员进行反馈等方面。

此外，评估前，评估小组应收集安全履职能力评估需要提前审阅的资料，包括个人职责描述，含 HSE 职责，熟悉被评估者的 HSE 职责，分析相应职责对应

的能力要求及工具与方法；近三年的公司事故事件台账；了解与被评估者职责相关的事故事件，了解被评估者对事故事件的了解与认识；年度 HSE 工作计划，了解目标与指标、个人安全行动计划及 HSE 工作计划的关联性，及工作计划的实施情况等。

（五）把控 HSE 履职能力评估过程关键控制点，使其更行之有效

在企业实施管理人员 HSE 履职能力评估工作中，有几个关键点对评估的准确性影响很大，需要在执行过程中得到重视。

（1）高层管理人员的重视和亲自参与决定履职评估工作的质量。各业务部门积极参与，人事、劳资部门作为牵头组织部门，要系统组织策划企业年度能力评估工作方案，各层级业务部门组织对本部门管理人员的 HSE 履职能力进行评估，安全环保部门提供技术支持，参与能力评估工作。

（2）评估标准要有针对性。要根据不同岗位能力需求，细化评估内容和评分标准，同时要加大绩效考核力度。对于新提拔、调整到关键岗位的管理人员，以及转岗、重新上岗的员工做到 100% 评估。对于在职关键岗位的管理人员每三年评估一次。对于基层岗位操作员工，依据 HSE 评估矩阵要求，开展培训和 HSE 履职能力评估，并与 HSE 履职情况、技能鉴定的考核有机结合。

（3）评估过程要客观。评估人员在评估中须从帮助被评估者提升能力的角度出发，不单是为了评估而评估，要让被评估者在评估中对安全管理知识有所收获，避免被评估者对评估的抵触情绪。知识测试在实施中应独立作答，避免全员“高分”“平均分”的情况。

（4）评估准备要充分。在实施评估前，评估小组必须获得相关的信息资料，如岗位职责（HSE 职责）、安全责任书、年度安全绩效、个人行动计划等，尤其是一岗双责，是评估的基础。有效、合适的数据分析是掌握企业管理人员 HSE 履职能力总体状况、识别能力缺陷的工具，做好数据分析十分必要。

（5）评估结果要得到有效应用。第一次管理人员 HSE 履职能力评估，只用于能力提升的依据，不建议用于其他目的。企业要将评估结果作为职务晋升和员工上岗的必要条件，也要作为能力提升培训的重要依据。企业要根据 HSE 履职能力评估反映出的短板，对相关人员进行针对性的安全环保能力提升培训，确保能岗匹配。强化评估结果应用，对于拟提拔的管理人员，评估考核成绩不合格者，暂缓提拔；对定期评估成绩不合格者，必须要接受离岗培训，重新评估合格后才能重新上岗。将履职表现和履职能力相结合，有效促进企业安全环保责任落实。

三、结束语

通过开展石油企业管理人员 HSE 履职能力评估研究，让 HSE 履职能力评估工作从理论向实践转化，结合集团公司 HSE 履职能力政策要求，为石油企业管理人员 HSE 履职及能力提升提供一套具有实操性的工作运行方法。该方法可以帮助企业更好地理解和执行国家及企业层面的安全管理要求，有助于企业实现 HSE 管理理念的转变，使评估逐步从企业的职能部门向各二级单位推进，评估层级逐步从处级扩展至科级再到基层站队级，有助于企业整体 HSE 履职能力得到进一步提升。

中国石油 HSE 管理体系量化审核标准创建与应用

张　敏

（中国石油集团安全环保技术研究院有限公司）

一、引言

当前国家对于安全环保的法规标准要求越来越严、企业违法违规的风险越来越大，国家和政府对事故事件的关注度越来越高、社会大众对事故事件的容忍度越来越低、事故事件的问责力度越来越强，安全环保严监管、狠问责、动真格已成为新常态。中国石油集团公司作为国有特大型石油石化企业，业务涉及石油天然气勘探开发、炼油化工、管道运输、油气和炼化产品销售、石油工程技术服务、石油工程建设、石油装备制造、新能源开发等诸多业务领域，国内业务遍及全国各地，国际业务逐步扩展到全球近 30 个国家和地区，点多、线长、面广、风险程度高是公司生产经营活动的突出特点。集团公司自 1997 年参考借鉴国际石油天然气行业通行做法，开始推行科学、先进、系统的 HSE 管理体系，经过 20 多年的体系建设，先进的管理理念已经形成，一系列制度标准和作业许可、上锁挂牌等风险管控方法工具已经确立，在强化风险管控、能力培训、监督检查等方面做了大量工作，集团公司安全环保形势总体稳定。但与此同时，一些有影响的安全环保事故事件也时有发生，充分暴露制约安全环保工作的一些周期性、结构性、内生性矛盾没有彻底解决，安全生产的波动性、反复性、复杂性特征没有改变，安全环保工作仍然处于严格监管阶段，HSE 管理的基础依然薄弱，安全环保形势仍然严峻复杂。因此，集团公司必须要不断完善监管的方式方法，加大监管力度，强化提升整体 HSE 管理水平。而 HSE 审核就是国际石油石化企业强化管理提升的通行做法，是 HSE 体系建设的重要组成部分，是强化安全生产管理的重要抓手。

二、成果实施背景

（一）HSE 审核的概念和分类

1. HSE 审核的概念

HSE 管理体系审核是客观地获取审核证据并予以评价，以判定组织对其设定的 HSE 管理体系审核准则满足程度的系统的、独立的、形成文件的过程，是确保企业 HSE 管理体系有效运行、持续改进的重要手段。

2. HSE 审核的分类

按审核目的，审核划分为两种类型：内部审核和外部审核。内部审核也称为“第一方审核”，是由企业自己或以企业名义进行，用于管理评审和其他内部目的。外部审核包括“第二方审核”和“第三方审核”。其中：第二方审核由企业的相关方或其他人员以相关方名义进行，如上级组织对下属单位的审核、企业对承包方或供应方的审核等；第三方审核是由外部独立的审核组织，如认证机构按规定的审核程序对组织所进行的审核，因此也叫“认证审核”。

按审核组织方式，审核分为集中式和滚动式两种。集中式审核是指在确定时间内一次性对企业进行集中审核，完成 HES 体系覆盖的所有部门、单位和要素。滚动式审核也称为分段式审核，一般每季度或每月对一个或几个部门或要素进行一次审核，逐季逐月开展，确保一年内把所有部门和要素都至少覆盖一次。

按审核内容，审核分为全要素审核和专项审核。全要素审核是由一次审核活动完成对 HSE 体系所有要素的审核。专项审核是以某一个或多个专项业务、活动、体系要素为主题进行的审核，如针对承包商、设备设施、作业许可等内容的专项审核。

（二）国际公司审核方式方法

1. 壳牌公司审核

壳牌公司制定了一套完整的 HSE 审核制度标准体系，设置审核委员会、HSE 工作小组、内部审核部、其他保障提供部门、HSE 保障经理等负责审核工作，HSE 工作小组负责提出独立 HSE 审核的要求，集团 HSE 保障经理负责向集团和 HSE 工作小组报告审核要求落实情况。公司审核分为 HSE 管理体系审核、安全技术审核(包括钻井操作、钻机设施等 6 个方面)和专项审核(包括项目设计、职业健康、环境保护、承包商管理等 8 个方面），审核频次基本上是 3 年一次，每次按主要任务和相关人员制定职责分配表，开展审核工作。

2. DNV 国际安全评级

DNV 国际安全评级系统是 1978 年 DNV 以损失因果模型为基础，推出了国际安全评级系统(ISRS)第 1 版，并不断更新和完善。ISRS(第 8 版)是一种 QHSE 管理评价和持续改进工具，主要用于客观地评价企业整体安全水平、安全管理程度和质量，共包括 15 个程序、118 个子程序，总分 31650 分，采用了是/否、部分/全部、百分比、专业判断、频率等 5 种评分方式。最终评价成果共分为 10 个安全水平等级，等级 1 至 10 代表由差至非常好的安全水平。

（三）总部审核发展历程

“管理必须审核。”随着集团公司 HSE 体系建设工作的深入开展，总部持续加大 HSE 管理体系审核力度，强化各项安全环保措施的落实，促进提升企业整体管理水平。总部 HSE 审核经历了四个发展阶段，第一个阶段是滚动审核阶段(2007—2011 年)，由总部委托安全环保研究院具体实施，依据集团公司 HSE 制度标准，每年审核约 30 家企业，3~5 年覆盖一次所属企业，最后由总部书面通报审核情况；第二个阶段是全覆盖审核阶段(2011—2015 年)，总部整体部署，专业公司具体实施，安全环保研究院技术支持，依据审核检查表，开展一年两次全覆盖的体系审核，每个企业一年接受两次审核；第三个阶段是量化审核阶段(2015—2018 年)，总部整体部署，专业公司具体实施，安全环保研究院提供技术支持，依据 HSE 量化审核标准，继续组织开展一年两次全覆盖的体系审核。第四个阶段是一体化、差异化、精准化审核阶段(2018 年至今)，针对不同风险企业，总部审核推行质量和 HSE 一体化审核，并分别采取量化审核、专项审核和审核指导等三种差异化审核方式，其中每家企业至少每年接受一次全覆盖的 HSE 量化审核。

（四）常规审核工作存在问题

常规 HSE 审核能够集中发现并解决一批现场安全环保隐患，但随着工作的深入开展以及认识的不断深化，审核过程中也充分暴露出以下突出问题：

一是重现场轻管理。审核人员重在发现设备设施、人员违章等基层现场问题，而缺少对问题产生的职责落实、制度规程、教育培训、监督考核等管理原因的追溯审核。

二是重经验轻标准。有的审核人员较多依靠专家经验进行审核，而忽视对制度标准执行落实情况的审核验证。

三是重资料轻效果。有的审核员较多查阅资料记录等文件，较少关注工作实施的过程和效果；且较多依据发现的表面现象及问题数量简单进行定性评价，而缺少对企业系统定量评价和全面对标分析。

同时，在常规审核过程中，被审核单位对存在问题遮遮掩掩，不愿意多暴露问题，不深挖问题的管理根源，整改工作就事论事、浅尝辄止，导致同类问题重复发生、屡查屡有。

三、主要措施及方法

（一）编制量化审核标准

为进一步规范和深化总部 QHSE 审核工作，提高审核质量和效果，推动企业加快提升整体 QHSE 管理水平，根据集团公司领导要求，2015 年 5 月，质量安全环保部在各专业分公司的大力支持和配合下，开始组织安全环保技术研究院和部分企业专家，认真总结分析集团公司 2012 年以来的全覆盖体系审核工作经验，编制了 HSE 量化审核标准试行稿，2015 年下半年分板块对 16 家企业进行了试点应用，在此基础上形成 HSE 量化审核标准第 1 版。2016 年组织在 90 余家企业全面推行量化审核，并经多次研究审查和修改完善，于 2017 年 2 月形成集团公司 HSE 管理体系量化审核标准第 2 版（以下简称“量化审核标准”），并结合国家法规和总部年度重点工作要求分别在 2019 年和 2020 年进行了两次持续修改完善。2021 年 7 月，质量健康安全环保部组织结合国家法规和总部年度重点工作要求，对原 2020 年 HSE 管理体系量化审核标准和 2018 年质量管理体系量化审核标准进行有机融合，形成 QHSE 管理体系量化审核标准第 3 版。

1. 量化审核标准的定位

量化审核标准是集团公司 HSE 管理要求的总集成，是企业全面落实各项工作、推动自我完善的指南性文件。其定位和作用：一是量化企业 QHSE 管理绩效水平。审核标准主要应用于集团公司总部（含专业分公司）对企业整体 QHSE 管理水平的总体量化评价，便于企业清楚自身 QHSE 管理水平，对标先进、改进差距。企业可借鉴参考，应用于内部审核工作。二是强化环保管理和职业卫生工作。审核标准强化了对企业环保管理和职业卫生工作的系统审核，改变了过去审核长期存在的重安全、轻环保和职业卫生的现象。三是采取得分制突出正向激励。审核标准采取得分制的评分方式，引导企业积极展示 QHSE 工作及成效，主动加强 QHSE 管理。也有利于审核员与企业沟通交流，便于审核工作顺利进行。四是强化过程管理，推动企业提升 QHSE 管理水平。审核标准既考虑了 QHSE 管理的系统性，又突出强调了各项管理活动的过程管控，有利于推动企业持续改进和不断完善 QHSE 管理体系。

2. 量化审核标准的编制思路

一是与 QHSE 管理体系标准保持一致。审核标准以 HSE 管理体系的七个一级要素为主线，融合质量、健康、安全、环保四个方面内容，涵盖了企业 QHSE 管理的所有内容。

二是推动有感领导和直线责任的落实。审核标准既是对企业 QHSE 管理体系的系统审核，又突出了对各级领导带头作用、引领效果以及职能部门落实“管工作管安全、管业务管安全”原则的推动审核。

三是突出 QHSE 管理的重点工作和薄弱环节。审核标准立足于当前严格监管的阶段特征，既考虑 QHSE 管理体系的系统性，又加大了对风险分级防控、承包商管理、隐患治理、作业许可、污染减排等日常重点工作和薄弱环节的审核。

四是通用管理内容与专业管理要求相结合。审核标准明确了通用的 QHSE 管理内容，同时突出了专业管理要求，由专业分公司结合管理实际，编制各专业设备设施和生产运行两个审核主题内容，并给出了较高的分值，提高了标准的针对性和专业性。

五是强化关键环节控制和突出工作效果。审核标准既注重对作业现场、风险管控等活动过程管理的审核，又突出对 QHSE 管理工作效果和业绩表现的审核，体现 QHSE 管理的递进层级。

六是 QHSE 管理的规定动作与最佳实践相补充。审核标准既包含国家法规标准和集团公司规章制度明确要求的各项规定动作；同时，也展示了集团公司提倡的、部分企业已实施的 QHSE 最佳实践和推荐做法。

3. 量化审核标准的框架

审核标准框架包含要素、审核主题、审核项、审核内容、评分项、评分说明及相应分值。

——要素：是指 HSE 体系规范标准的七个一级要素。即：领导和承诺，健康、安全与环境方针，策划，组织结构、资源和文件，实施和运行，检查和纠正措施，管理评审。

——审核主题：对应 HSE 管理体系规范标准的七个一级要素，结合质量、健康、安全、环保四方面管理要求，设置了 32 个审核主题（包括设备设施和生产运行）。审核主题既包含 HSE 管理体系标准的主要二级要素，也包含质量、消防安全、道路交通安全、标准化建设等日常业务工作。

其中：危害辨识、风险评价和控制措施，能力培训和意识，承包商与供应方，内部审核等4个审核主题是每次审核的必查项。设备设施和生产运行两个审核主题由专业分公司在每次审核前确定具体的审核内容。

——审核项：每个审核主题下，按照集团公司明确要求以及制度规定的管理活动，设置内容相对独立的审核项。32个审核主题(不包括设备设施和生产运行)共包括124个(或120个)审核项。

——审核内容：按照PDCA循环，针对每个审核项确定若干审核内容，明确具体的审核依据(如法规、制度、标准等)，突出体现各项工作的重点内容和落实要求，共包括304项(或299项)审核内容(不包括设备设施和生产运行部分)。

——评分项：针对每项审核内容细化展开设置了若干评分项，内容设置关注过程管理，体现基础、良好和优秀的递进层级。

基础级主要指建立了制度或明确了要求，工作只是满足了法规和制度的基本要求和规定动作；良好级主要指法规和制度要求得到实施，并取得较好效果；优秀级主要是指工作体现了各级领导、管理人员和基层员工能够积极主动参与QHSE管理，形成了最佳实践和特色做法。

——评分说明：为便于审核实施，针对每个评分项给出明确的评分说明，包括审核对象、评分内容、评分方式及相应分值等。四种类型的评分方式具体如下：

是否型评分项，即，做了或有，得满分；不做或没有，不得分。

百分比型评分项，设置了两种得分情况，一是视审核样本的符合比例得分(一般是对于审核单位等样本量较少的情况)；二是审核样本量全部满足，得满分；50%及以上满足，得60%分；低于50%满足，不得分(一般是对于审核人员、资料等样本量较多的情况)。

频度型评分项，即，根据开展工作频率的高低得分，频率高的得分高。

程度型评分项，根据工作质量和效果，由审核员视情况判断得分。

同时，对于企业应遵守的守法合规红线要求和集团公司规定的最基本和关键的要求，设置了不同程度的否决项。特别是，审核过程中如发现有资料造假，相应的“评分项”不得分。另外，为鼓励企业积极创新最佳实践，审核组在充分讨论并达成一致的基础上可以对运行3个月之上、值得推广的QHSE管理有效做法给予适当加分，但加分后的分值不能超过所在评分项的总分值；且对每个企业进行加分的最佳实践个数不能超过2个。

——分值说明：标准分值采取开放式设计，对每个审核主题和审核项、审核内容、评分项分别逐级展开赋分。内容重要或流程复杂、工作内容比较多的事项，赋予较高比例的分值。通用部分内容的总分值为12335分，其中：HSE通用及安全管理部分7025分，质量管理专业部分2210分，环保管理部分2000分，健康管理部分1100分；专业设备设施和生产运行分值占总分值的20%~30%。

——审核结果及分级：审核的总分值最后折算到百分制，根据审核得分情况对企业QHSE管理情况分成4级7档。

级别	优秀级(A级)		良好级(B级)		基础级(C级)		本能级(D级)
分值	95~100	90~95	85~90	80~85	70~80	60~70	低于60
档级	A1	A2	B1	B2	C1	C2	D

注：各分值均包含其下限起点。

以下情况在审核结果的基础上采取降级或降档：一是当企业在审核年度内发生生产安全亡人事故或对集团公司造成较大负面影响的事故事件，进行降一级处理；二是出现审核主题的得分率在40%以下的，进行降一档处理。

——审核抽样：审核标准评分说明中明确了具体的审核对象，如企业、二级单位、基层单位，对二级单位和基层单位的审核是对企业QHSE管理的追踪和验证。对于审核企业，标准尽可能明确到了相关业务的职能部门。对于审核二级单位，抽样量一般不少于2个。对于审核基层单位、制度规程、建设项目、作业活动等，抽样量一般不少于3个。对于审核管理人员、基层岗位员工、记录资料等，抽样量一般不少于5个。在审核实施过程中，审核组可结合企业规模和审核时间、人员等实际确定抽样量。

4. 专业内容编制要求

各板块按照总部下发的《关于编写和完善HSE量化审核标准专业管理审核内容的通知》要求，按照与量化审核标准通用框架和思路原则保持一致，结合专业生产实际特点和HSE风险防控重点，明确设备设施和生产运行两个方面的审核内容。

——设备设施。要突出与HSE风险紧密相关的主要生产设备设施及其管理要求。同时，要关注主要的特种设备和HSE设备设施及其管理要求。主要生产设备要重点突出启动前安全检查、日常维护等管理要求；特种设备要重点突出登记注册、定期检验、人员资质取证等管理要求；HSE设备设施要重点突出配备齐全、完好投用、定期检测等管理要求。要结合专业设备管理特点，考虑设备设施全生命周期(包括设计选型、采购验收、安装检查、投用运行、保养维护、检查维修、变更报废)，对各相关环节明确 HSE 管理的关键要求，体现不同专业和不同设备设施的侧重点。

——生产运行。要结合生产运行的专业管理特点，考虑生产组织、工艺技术、生产受控、检查考核等闭环管理流程，针对关键环节明确 HSE 管理要求，体现不同专业的侧重点。如，勘探专业生产运行要突出地质工艺设计、油气集输等重点管理环节；炼化专业生产运行要突出工艺运行平稳率、联锁报警、开停工等重点管理环节；销售专业生产运行要突出接卸油、清罐等重点管理环节；管道专业生产运行要突出管道启停输、清管等重点管理环节；工程技术专业生产运行要突出钻井工艺设计、打开油气层、民爆物品等重点管理环节。

（二）策划量化审核

（1）做好审核组织策划。结合季节时段和重点薄弱环节选择确定审核内容(必须包含审核必查项)。同时，要认真进行审核组织策划，制定审核方案及工作安排，确保审核工作有效实施。

（2）抽调审核人员。针对不同企业的规模和特点，组建审核组，确保每个审核组人员数量要满足审核要求，专业结构合理。审核组成员要包含健康、质量、安全、环保、设备、技术、生产等管理和专业技术人员，审核组组长应经过量化审核标准的专项培训。

（3）开展审核前培训。在审核开始前，应集中审核组全体成员，专题开展审核前培训，准确理解审核标准内容，统一评分尺度，开展审核模拟演练，组织研讨交流等。

（4）审核组工作策划。审核组要根据每个被审核企业的特点及审核组人员实际，制订详细的审核计划，明确审核人员分组，策划审核分工安排，确定审核抽样的部门、人员和数量，做好现场审核实施的准备工作。

（三）审核实施

（1）审核内容要全覆盖。审核组要对专业分公司确定的审核内容全部进行审核评分，并做好抽样量、问题发现等记录。

（2）审核抽样要有代表性。为确保量化审核结果的客观性，审核抽样的对象要具有代表性。企业层面应覆盖主要职能部门，抽取二级单位要选择主要生产经营和风险较大的单位，基层现场应关注安全环保风险较大的活动和场所，应抽取与业务紧密相关的人员。

（3）审核方式。审核方式一般包括查阅资料、人员访谈、现场观察。同时，可结合实际情况增加问卷调查、测试、演练、追踪验证等审核方式。

（4）审核追溯时限。审核中各类管理事项及资料的追溯时间一般不超过一年，其中亡人事故、环境事件及重大影响事件的数据为当年。

（5）评分及汇总统计。审核组要认真对照标准评分说明，按照抽样量的符合程度，在对审核发现集中汇总、统计分析的基础上进行综合评分。

（6）编写审核报告。审核完成后，审核组应对审核发现和分值进行汇总、统计和分析，确定管理短板，提出改进建议，并编写审核报告。审核报告主要包括审核基本情况、典型做法、主要问题及改进建议、审核结论，并将分值汇总统计、问题清单等内容作为附件。

（四）建立审核保障机制

总结量化审核工作实践，总部审核形成了质量安全环保部总体协调、专业分公司组织实施、安全环保研究院提供技术支持的组织模式，并建立了以下审核保障机制。

1. 健全 HSE 体系审核管理制度

集团公司结合近几年量化审核实践，为进一步明确总部审核工作要求，规范审核管理流程，强化审核人员管理，总部组织修订完善并印发了《QHSE 管理体系审核管理规定》。修订后的审核管理规定，更加强化现场审核结束后，明确审核组织方和受审方在审核总结、问题整改验证的审核后续管理要求以及建立审核员库和对审核员考评激励的管理要求的审核人员管理。

2. 培养量化审核骨干人员

为准确理解和掌握审核标准，提高审核技能和方法，提升量化审核质量和效果，集团公司在组织 HSE 管理体系量化审核组组长和骨干人员专题培训，包括总部和各专业分公司机关处室长、企业审核专家等。同时，总部每年分专业组织 HSE 体系审核员培训，专题培训量化审核标准内容及策划实施，为集团公司全面实施量化审核提供了人才保障。

3. 建立审核员和技术专家库

每阶段审核都要抽调近千人次的审核员，选拔和锻炼一大批的审核人员。为建立一支相对稳定、专业合理的审核员队伍，总部明确了审核人员的基本要求和推荐条件。各专业分公司按分配人员数量分专业选拔、报送审核员和技术专家。总部制定筛选标准要求，纳入集团公司统一的审核员和技术专家库管理。

4. 建立 HSE 审核专题模块

总部组织在集团公司 HSE 信息系统中建立专题 HSE 审核模块，进一步规范

HSE 审核数据填报要求，要求及时将审核发现问题录入 HSE 信息系统，及时跟踪企业对于总部审核发现问题的整改，利用审核发现问题进行大数据的统计分析；企业要对审核问题进行原因分析，提出改进措施，将整改关闭情况及时录入信息系统。

四、取得的效果

（一）持续提升审核质量效果

按照“严查、深究、补短板”的总体思路，总部审核严格落实“三不审核”原则，采用“四不两直”方式，持续创新审核方式方法，突出对 HSE 管理薄弱环节进行专项审核。特别是自 2017 年全面推行量化审核以来，总部审核发现问题的数量在持续增加，审核深度和专业覆盖面持续增强，审核程序不断规范，工作流程更加协调顺畅，集中发现并解决了一批现场安全环保隐患，及时查处严重违章和有颠覆性影响的问题，有效堵塞了管理漏洞，并健全完善了一批 HSE 管理的制度标准，HSE 审核深度和质量明显提升，促进了企业 HSE 管理水平的提升。

（二）促进 HSE 管理水平提升

1. 促进有感领导作用发挥

在总部量化审核过程中，审核组对企业副总师以上至少 80%的领导通过采取 HSE 知识测试、安全文化感知度调查等方式开展访谈交流；企业领导要参加审核组末次会通报，参加总部审核视频通报，点名通报存在问题，有效促进企业各级领导观念转变和对于安全环保工作的重视。

2. 促进直线责任落实

HSE 量化审核在审核组织实施过程中，各专业分公司业务部门深度参与，结合业务实际和风险特点，强化对企业职能部门专业 HSE 管理要求和职责落实的审核，促进 HSE 体系管理与业务管理的融合，推动职能部门负责人及管理人员落实“管工作管安全、管业务管安全”。

3. 促进 QHSE 重点工作落实

量化审核既考虑 HSE 管理体系的系统性，又突出审核当前风险分级防控、承包商管理、隐患治理、作业许可、污染减排等 HSE 重点工作，推动了企业对于 HSE 制度标准的理解掌握以及作业许可、能量隔离、工作前安全分析等 HSE 管理新工具、新方法的有效运用，通过 HSE 审核与培训指导相结合，促进年度 HSE 重点工作的落实。同时，审核过程中发现了部分企业在 HSE 管理上的一些典型做法，并进行了系统的总结推广。

4. 推动企业内审规范开展

总部审核坚持将企业内部审核作为重点内容，加强对企业内审工作的跟踪指导，各审核组对审核企业内审的组织策划和问题整改情况，形成专项总结。各企业也参照集团公司 HSE 管理体系量化审核标准，完善企业内审标准，规范强化内审工作的组织策划和实施，持续完善企业内生动力机制，切实有效提升了企业 HSE 管理水平，促进了 HSE 管理体系的规范有效运行。

（三）推动安全环保形势稳定好转

量化审核作为近几年强化安全环保工作的重要抓手之一，促进了集团公司安全环保形势的持续稳定好转。通过推行量化审核以来，集团公司杜绝了重大以上级别的生产安全亡人事故，较大及一般事故起数和死亡人数大幅下降，集团公司安全环保形势持续稳定好转。

第二章　油气田企业实践探索

基于数字化平台的油田隐患管理模式创新与实践研究
——以新疆油田采油一厂为例

秦回归　周　彬　孙　腾　易家萱

（中国石油天然气股份有限公司新疆油田分公司）

一、引言

2024年年初，国务院安委会印发《安全生产治本攻坚三年行动方案（2024—2026年）》，其中提出“2024年年底前要基本消除2023年及以前排查发现的重大事故隐患存量，2025年年底前有效遏制重大事故隐患增量，2026年年底前形成重大事故隐患动态清零的常态化机制”。

在《安全生产治本攻坚三年行动方案（2024—2026年）》的指导下，中国石油天然气集团有限公司积极响应，致力于消除重大事故隐患，确保安全生产。而在这一框架下，新疆油田公司作为重要子公司，也开始了更为细致的隐患管理工作，开始在全公司范围内推行“安眼工程”隐患管理系统。为此，聚焦于“安眼工程”隐患管理系统在采油一厂的应用效果，提出了一整套可复制的隐患管理模式。这一模式的推广将为实现隐患动态清零的总目标提供坚实保障。

二、传统隐患报送存在的问题

传统的隐患报送要通过员工巡查发现、记录隐患，然后逐级上报的方式开展，导致其存在以下问题。

（一）逐级上报流程复杂

传统的隐患报送系统通常要求员工在发现隐患后，通过一系列的逐级上报流程来报告问题。这一过程通常涉及多个管理层级（图4-3），从班组组员到班组资料员，再到作业区隐患管理员（作业区级资料员），然后由作业区上报至安全质量环保科隐患管理员，最终可能到达高层管理。每一个环节都需要对隐患进行记录、审核、反馈、整改和验证，这种多级审核往往会导致信息传递的滞后。在实际操作中，这种复杂的流程不仅增加了管理成本，还容易导致信息丢失或误解。

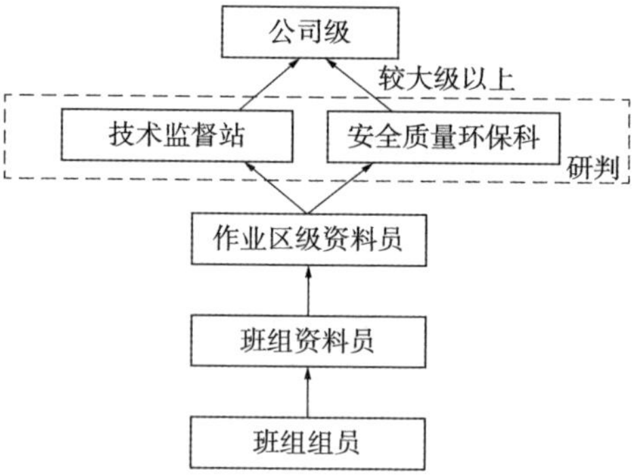

图 4-3　传统隐患管理系统上报流程图

（二）数量庞大统计易出错

随着设备的逐年老化，油井隐患数量逐年增加（图 4-4），传统的隐患报送系统常常面临统计和管理上的挑战。隐患报告的数量庞大，使得人工统计和分析变得十分烦琐。这种情况下，数据输入、汇总和统计往往容易出现错误，特别是在数据汇总过程中，错误可能被放大，影响整体统计的准确性。例如，在汇总过程中遗漏某些隐患或记录错误的细节，都可能导致数据的不准确，进一步影响到隐患的优先级判断和资源分配。统计错误还可能导致管理层无法准确评估隐患的真实情况，从而影响决策质量和安全管理效果。

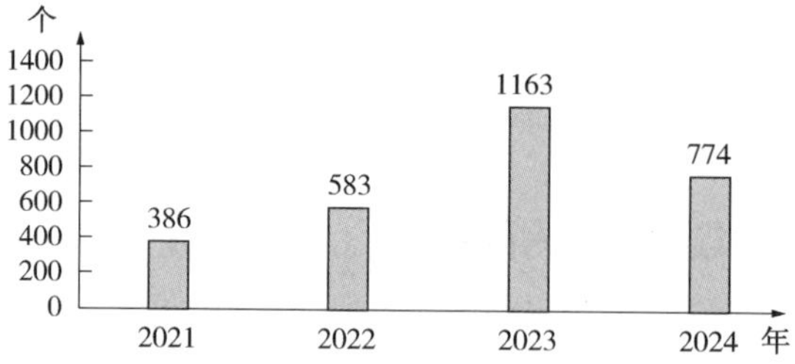

图 4-4　2021—2024 年采油一厂隐患数量图

（三）管理模式单一，信息滞后性强

传统隐患报送系统往往采用单一的管理模式，依赖于纸质记录或基础的电子表格进行信息传递和处理。这种管理模式容易造成信息滞后，因为每个隐患的处

理都需要经历多级审核，时间消耗较长。这种滞后的信息传递使得管理层在决策时往往缺乏实时的数据支持，无法及时了解隐患的最新情况。比如，当某一隐患已经变得更加严重时，管理层可能仍然基于过时的信息来做出决策，导致安全风险的增加。此外，单一的管理模式还限制了数据的共享和协作，无法有效地促进跨部门或跨区域的信息交流，进一步加剧了信息滞后问题。这种情况使得隐患管理的整体效率降低，影响了企业的安全生产水平。

三、“安眼工程”隐患管理系统在采油一厂的应用过程

2024 年 5 月，油田公司安全处在全油田公司推行“安眼工程”隐患管理系统，采油一厂作为第一批试点对象，详细学习了该系统，并积极在采油一厂推行该系统。与此同时，为了更好地将该系统与采油一厂的实际情况相结合，创新性地形成了一整套“可复制”的管理模式，使得该工作更有效率地开展。以下是“安眼工程”隐患管理系统在采油一厂的应用过程。

（一）初步应用

在“安眼工程”隐患管理系统的初步应用阶段，采油一厂首先参加了两次培训，以确保对系统有充分的了解（图 4-5）。第一次培训是由新疆油田公司组织的线上培训，为期一天的培训让采油一厂的相关人员掌握了系统的基本功能和操作流程。培训内容包括系统的界面导航、数据录入、隐患报告的提交流程等基础知识。第二次培训是由油田公司组织的线下培训，线下培训更加详细地讲解了系统的实际应用场景。培训中，老师通过案例分析和实操演练，帮助参训人员更深入地理解如何在实际工作中使用“安眼工程”系统，包括隐患的识别、记录和跟踪处理。

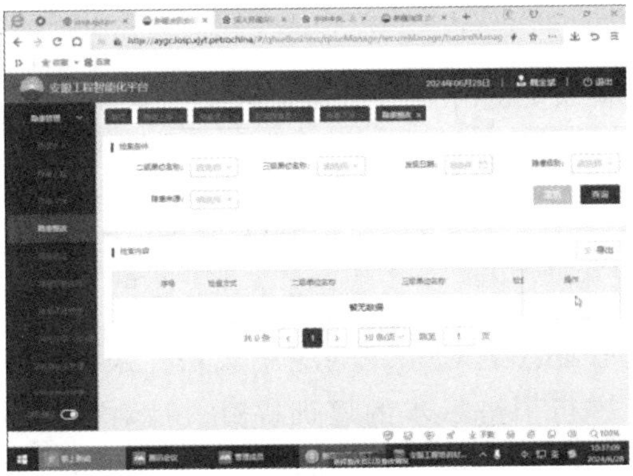

图 4-5　隐患管理系统线上培训图

培训结束后，采油一厂开始尝试将系统应用于日常的隐患管理中，初步实现了隐患的实时记录和处理。系统的实施使得隐患管理的流程更加规范化，提高了数据的准确性和管理的透明度。同时，系统的应用也暴露出一些实际操作中的问题，如数据同步延迟、用户权限配置等，这些问题成为后续改进的重点。

（二）管理模式确立

在初步应用阶段之后，采油一厂开始着手确立适合自身实际情况的管理模式，以确保“安眼工程”系统能够高效运行。通过对系统功能的深入了解和实际应用中的反馈，采油一厂决定建立三级管理系统：班组员工（普通用户）、作业区（三级管理员）和机关科室（二级管理员）级[图4-6(a)]。班组员工是隐患发现的第一线，他们负责日常巡检中的隐患记录，并将发现的隐患及时提交到系统中。作业区则负责对班组上报的隐患进行初步审核和处理，确保隐患信息的准确性，并制定初步的整改措施。厂处级则负责对全厂范围内的隐患进行综合管理和分析，包括隐患的统计、趋势分析和长期整改计划的制定。该三级管理系统的确立不仅明确了各级别的职责，也形成了一个完整的隐患管理闭环，提高了隐患管理的效率和效果[图4-6(b)]。为了进一步确保系统的有效运行，采油一厂还制定了详细的管理制度，包括隐患处理的时限要求、数据更新的频率等，并设立了专门的监督机构来定期检查和评估系统的实施情况。

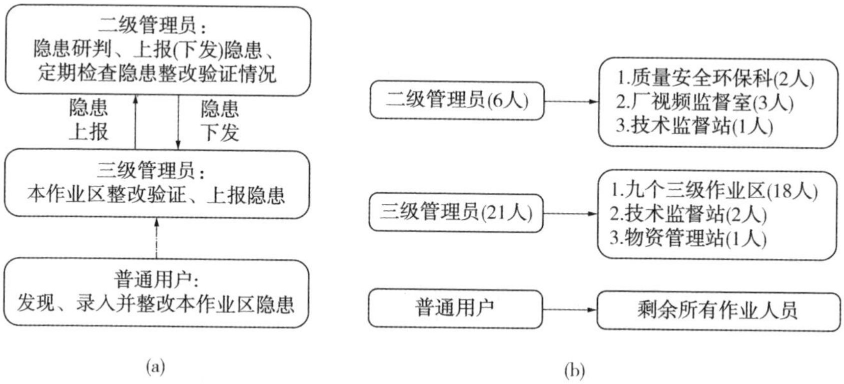

图4-6　三级隐患管理模式

（三）培训提升

为提高“安眼工程”隐患管理系统的应用效果，采油一厂在系统初步应用和管理模式确立之后，进行了进一步的培训提升。针对作业区网员的培训成为重点。由于作业区网员在系统使用过程中扮演着重要的角色，他们的操作熟练度直接影响到隐患管理的效果。采油一厂组织了一次线下培训(图 4-7)，进行讲解和实操演练。培训内容涵盖了隐患录入、隐患上报、隐患整改流程等方面。通过模拟操作和问题解答，培训并帮助网员们解决了在实际使用中遇到的疑难问题，提高了他们的系统操作技能和隐患处理能力。培训结束后，采油一厂还建立了一个持续学习和交流的平台，定期组织经验分享和问题讨论，以便于网员们不断提高对系统的掌握程度和实际应用能力。此外，厂内还设立了技术支持团队，为网员提供随时的帮助和指导，确保系统的使用效果不断提升。通过这些措施，采油一厂在隐患管理的过程中不断提升了工作效率和安全水平。

图 4-7　采油一厂隐患管理系统线下培训

四、“安眼工程”隐患管理系统在采油一厂的应用效果

在该厂推行“安眼工程”隐患管理系统之后，取得了很好的应用效果，其中最重要的是以下几点。

(一) 提高了隐患录入效率

推行“安眼工程”隐患管理系统后，采油一厂在隐患录入方面取得了显著的效率提升。以前，隐患记录通常依赖于传统 Excel 表单，这不仅导致了信息传递的延迟，还容易出现遗漏和错误。现在，借助系统的实时数据录入功能，班组员工可以迅速通过移动设备或电脑将隐患信息录入系统。系统提供了标准化的隐患记录模板，员工只需按照预设的字段填写相关信息，系统会自动进行数据校验，减少了人工录入的错误率。此外，系统支持隐患的拍照上传和位置标记，使得隐患信息更加直观和准确。这种高效的录入方式大大缩短了隐患从发现到记录的时间，确保了隐患信息能够在最短时间内被提交和处理，从而提升了整体的隐患管理效率和反应速度。

截至目前，采油一厂已全面应用隐患管理系统进行隐患录入工作，隐患录入数量逐月递增，每一个隐患录入时间不超过 1min，极大地提高了隐患录入效率(图 4-8)。

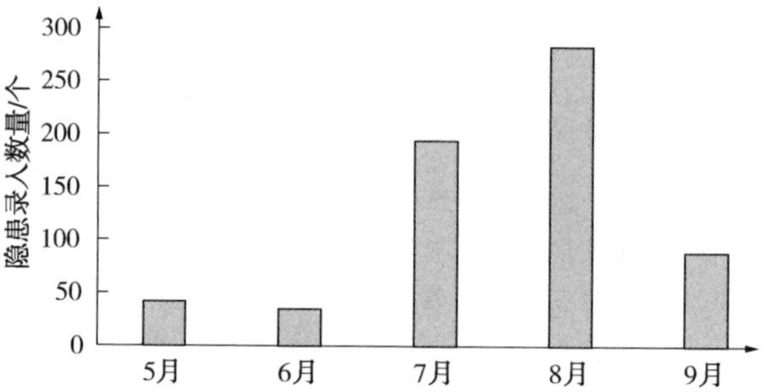

图 4-8　采油一厂隐患录入数量统计图

（二）简化了隐患整改和验证流程

“安眼工程”系统的实施显著简化了隐患整改和验证的流程。在传统管理方式中，隐患整改常常涉及多个环节，如整改计划的制订、执行和效果验证等，这些环节之间的信息传递往往烦琐且容易造成延误。而在系统中，隐患整改流程被优化为一系列自动化的步骤。系统允许在隐患录入时直接生成整改任务，并通过系统自动分配给相关责任人。整改人员可以在系统中查看任务详情，制定整改措施并提交整改计划。整改完成后，系统还提供了在线验证功能，相关人员可以直接在系统中上传验证材料和效果评估报告，避免了纸质文档的烦琐处理。系统的这一功能不仅提高了整改效率，还确保了每一步骤都能得到有效跟踪和记录，增强了隐患整改的透明度和管理的规范性。

（三）解放人力，提高了隐患管理水平

“安眼工程”隐患管理系统的推广极大地解放了人力资源，提升了隐患管理的整体水平。之前，隐患管理需要大量的人力来处理信息记录、数据分析和报告生成等工作，导致了大量的手工操作和重复劳动。而系统的自动化功能将这些任务转移到了系统平台上，减少了对人工干预的依赖。系统的自动数据统计和报告生成功能使得隐患数据的分析更加迅速和准确，管理层可以实时获取隐患的动态数据和趋势分析，从而做出更加科学的决策。此外，系统还允许不同层级的管理人员实时监控隐患处理进度，确保问题能够及时得到解决。通过减少重复劳动和提高数据处理的效率，系统有效地提升了整个隐患管理的水平，使得管理工作更加高效、精细化。

五、结束语

“安眼工程”隐患管理系统的成功应用，不仅优化了隐患处理流程，提高了

工作效率，还促进了整体安全管理水平的提升。通过这些改进，采油一厂的隐患管理工作变得更加高效、透明和科学，为实现更加安全稳定的生产环境奠定了坚实的基础。这一系统的成功实施，不仅是技术进步的体现，更是管理创新的有力证明，为未来的隐患管理工作提供了宝贵的经验和借鉴。

油田数字化智能化安全体系构建与关键技术研究

何永明　王梦程

（中国石油天然气股份有限公司大港油田分公司）

一、引言

（一）研究背景

油田作业环境错综复杂，涵盖高温、高压、易燃易爆等多重危险因素。传统的安全管理模式高度依赖人工经验，致使在安全监测过程中出现滞后现象，响应效率难以满足实际需求。随着油田生产规模的持续扩大与生产工艺的日益复杂，这种传统模式已难以适应保障安全生产的要求。在此背景下，数字化转型成为提升油田安全性、增强生产运营可靠性的必然选择，其对于优化安全管理流程、提升风险防控能力具有重要意义。

（二）研究意义

本研究致力于降低油田安全事故的发生率，全力保障人员生命安全与设备稳定运行。通过构建智能化安全体系，能够及时发现并消除潜在安全隐患，避免因事故导致的人员伤亡和设备损毁。同时，借助数字化技术实现对生产流程的精细化管控，提升油田运营效率，减少因安全事故引发的生产中断与经济损失，进而提高油田整体的经济效益，推动油田行业的可持续发展。

二、油田安全体系的现状与挑战

（一）传统油田安全体系的问题

传统油田安全管理依赖人工巡检，效率低下且难以覆盖所有区域，数据采集存在片面性。风险预警主要依靠经验判断，缺乏科学的量化分析，多在事故发生后才进行处理。此外，不同安全管理系统相互独立，数据格式不统一，导致信息整合困难，无法形成全面、有效的安全决策依据。

（二）数字化转型的必要性

数字化转型能够实现主动式安全管理：借助各类传感器、监控设备及信息系统，对油田生产过程、设备运行状态、人员操作行为等进行全方位、高频次的数据采集。运用大数据分析技术和机器学习算法对海量数据进行深度挖掘，建立数据模型，精准识别数据中的潜在安全风险模式和趋势，并通过关联分析全面掌握安全状况。当系统基于数据分析发现潜在风险时，能够及时发出预警信息，安全管理人员可根据实时数据和分析结果，动态优化安全管理策略，将安全管理从被动的事后处理转变为主动的事前预防和事中控制，有效降低安全事故发生的概率，确保生产经营活动的平稳有序进行。

智能化技术的应用推动安全决策科学化：通过高效处理海量数据，实现精准的风险评估与预测，构建科学的辅助决策模型，并依据实时监测结果进行动态调整，显著提升安全决策的科学性与可行性，为油田安全生产提供有力的决策支持。

三、油田数字化智能化安全体系架构

（一）体系总体框架

感知层：在油田作业区域广泛部署传感器、摄像头、无人机等设备，实时采集环境参数、设备运行状态及人员位置等数据，为后续分析提供基础数据来源。

传输层：充分利用5G通信技术和工业物联网，搭建高速、稳定的数据传输通道，确保感知层采集的数据能够快速、准确地传输至平台层。

平台层：构建数据中台，整合多源异构数据，实现数据的标准化和规范化；搭建智能分析平台，运用大数据分析、人工智能等技术进行数据融合与模型训练，为应用层提供数据分析和决策支持。

应用层：开发一系列应用功能，包括风险预警、应急指挥、人员行为分析等，满足油田安全管理的实际业务需求。

（二）核心功能模块

设备健康监测系统（PHM）：该系统由传感器、数据采集与传输模块、数据处理与分析中心、显示与报警模块组成，运用先进技术对设备运行状态进行实时监测与评估。其主要功能包括实时监测设备各项参数，基于数据分析进行故障预警，运用诊断分析技术确定故障原因，并为设备维护提供决策支持，以保障设备的可靠运行。

环境安全动态评估系统：由数据采集层、数据传输层、数据处理分析层、评估与预警层、用户界面层构成，用于实时监测和评估油田作业环境的安全状况。系统具备实时监测环境参数、动态评估环境风险、及时发出风险预警以及为环境安全管理提供决策支持的功能。

智能巡检与作业监控系统：由数据采集终端、通信网络、后台服务器、监控中心组成，利用先进技术提升巡检和作业管理的效率与质量。其功能涵盖智能巡检规划、人员和设备实时定位与跟踪、设备状态在线监测、作业流程合规性监控以及异常情况的及时报警与处理。

应急预案与协同指挥平台：核心架构包括基础数据层、应用支撑层、业务应用层和用户交互层。基础数据层存储应急预案、地理信息、应急资源等关键信息；应用支撑层提供数据处理、通信等通用服务；业务应用层集成应急值守、指挥调度、资源管理等功能模块；用户交互层以直观的界面满足不同用户的操作需求。该平台主要实现应急预案的数字化管理、实时监测预警、协同智慧调度以及应急资源的统筹调配。

四、关键技术研究

（一）多源数据融合技术

整合地质数据、设备运行数据、环境监测数据等不同来源的数据，构建统一的数据模型。通过数据清洗、转换和关联等技术手段，消除数据冗余和不一致性，实现多源数据的有机融合，为后续的数据分析和决策提供高质量的数据基础。

（二）智能风险预警算法

基于机器学习的故障预测：运用长短期记忆网络（LSTM）、随机森林算法等机器学习模型，对设备运行数据进行学习和预测，提前发现设备潜在故障，实现故障的早期预警。

异常检测与模式识别技术：通过建立正常行为模式的模型，运用异常检测算法识别偏离正常模式的数据，及时发现生产过程中的异常情况，并运用模式识别技术对异常类型进行分类和判断。

（三）边缘计算与实时响应

在边缘节点部署轻量化的人工智能模型，对采集到的数据进行实时分析和处理。当检测到风险事件时，能够在本地快速做出响应，实现低延时的风险处理，减少数据传输延迟对安全决策的影响，提高系统的实时性和可靠性。

（四）数字孪生技术

构建油田三维可视化数字孪生模型，模拟真实的油田生产场景。通过对各类事故场景的模拟分析，优化应急预案，提高应急响应的科学性和有效性，同时为人员培训和安全演练提供逼真的虚拟环境。

五、应用场景与案例分析

（一）实时监测与预警

某油田通过部署智能压力传感器，对井口压力进行实时监测。当压力出现异常波动时，系统能够迅速发出报警信息，及时提醒工作人员采取措施，成功避免了井喷事故的发生，有效保障了油田生产安全。

（二）智能巡检与无人化作业

某油田引入无人机搭载 AI 视觉识别技术进行巡检，相比传统人工巡检，效率提升了 60%。无人机能够快速覆盖大面积区域，通过 AI 视觉识别技术准确识别设备故障和安全隐患，同时减少了人员在危险区域的作业时间，提高了巡检的安全性和准确性。

（三）应急响应与协同管理

基于数字孪生技术，对油田管线泄漏事故进行模拟分析。通过构建三维模型，直观展示泄漏位置、扩散范围等信息，优化应急资源调度路径，提高应急响应速度和协同管理效率，最大限度降低事故损失。

六、挑战与对策

（一）技术挑战

数据安全与隐私保护：在数字化安全体系中，大量敏感数据的传输和存储面临安全风险，需采取有效措施保障数据的安全性和隐私性。

复杂环境下设备的可靠性：油田作业环境恶劣，对传感器等设备的可靠性提出了极高要求，需研发适应复杂环境的高可靠性设备。

（二）管理挑战

跨部门协同机制不完善：安全管理涉及多个部门，部门之间协同不畅影响安全管理效率，需建立健全跨部门协同机制。

传统人员对新技术的接受度低：部分员工对数字化、智能化技术了解有限，接受和应用新技术存在困难，影响体系的推广和实施。

（三）解决对策

建立数据加密与冗余备份机制：为切实保障数据在油田数字化智能化安全体系中的安全性与完整性，需积极引入先进的数据加密技术。在数据传输阶段，运用 SSL/TLS 等加密协议，对传输中的数据进行端到端加密，确保数据在复杂网络环境下的传输安全，有效抵御各类网络攻击与数据窃取行为。在数据存储方面，采用 AES 等高级加密算法，对存储于数据库、服务器等介质中的数据进行加密处理，防止数据因物理设备失窃或系统漏洞被非法访问。同时，建立完备的冗余备份机制，通过异地备份、多副本存储等方式，将关键数据备份至不同地理位置的存储设备中。定期进行数据备份操作，并对备份数据进行完整性校验，确保在数据遭遇意外丢失、损坏或系统故障时，能够快速、准确地恢复，维持安全体系的稳定运行。

制定标准化技术规范：为提升油田数字化智能化安全体系的兼容性与可扩展性，针对设备选型、数据接口、算法应用等关键环节，制定统一且严格的技术规范至关重要。在设备选型上，明确规定传感器、摄像头、通信设备等硬件的技术参数、性能指标以及质量标准，确保所选用设备能够适应油田复杂恶劣的工作环境，且具备良好的稳定性与可靠性。对于数据接口，制定统一的数据格式、通信协议以及接口规范，打破不同系统、设备间的数据壁垒，实现数据的无缝对接与顺畅流通。在算法应用方面，规范各类智能算法的设计、开发、测试及应用流程，确保算法的准确性、高效性与可解释性。通过制定标准化技术规范，使不同厂商的设备与系统能够在安全体系中协同工作，方便后期系统的升级与功能扩展，为油田数字化智能化安全体系的长期发展奠定坚实基础。

构建“技术+管理+培训”一体化升级方案：构建“技术+管理+培训”一体化升级方案，是推动油田数字化智能化安全体系顺利实施的关键举措。在技术层面，持续引入前沿的物联网、大数据、人工智能等技术，不断优化安全体系的架构与功能，提升风险预警、事故预防及应急响应的智能化水平。管理上，对现有管理流程进行全面梳理与优化，明确各部门在安全管理中的职责与权限，建立跨部门的协同工作机制与高效的沟通协调平台。通过定期召开跨部门安全管理会议、设立联合工作小组等方式，加强部门间的协作与信息共享，打破部门壁垒，提高安全管理工作的整体效率。在培训方面，制订系统、全面的员工培训计划。针对不同岗位员工的技术需求，开展定制化的技术培训课程，涵盖设备操作、数据分析、智能系统应用等内容，提升员工对新技术的认知水平与实际应用能力。通过理论讲解、实践操作、案例分析等多种培训方式，加深员工对新技术的理解与掌握，确保员工能够熟练运用新的技术工具与方法开展安全管理工作，为数字化智能化安全体系的有效运行提供人力支持。

七、结论与展望

本研究所构建的油田数字化智能化安全体系，在提升安全管理水平层面展现出显著效能。该体系通过多源数据的深度融合、智能算法的精准运用以及高效的实时响应机制，极大地增强了风险预警的及时性与准确性，显著提升了事故预防和应急响应的能力。然而，在推进该体系的过程中，技术融合的深度与广度仍有待拓展，标准化工作亦需进一步加强，以确保不同技术模块间的无缝衔接与协同运作，提高系统的兼容性和通用性。

展望未来，随着人工智能与区块链技术的深度融合，有望构建更为安全可靠的数据管理架构。区块链技术凭借其去中心化、不可篡改的特性，能够为数据的存储与传输提供坚实的安全保障，有效提升数据的可信度，确保在安全管理过程中所依赖的数据真实、准确且不可被恶意篡改。同时，元宇宙技术的兴起为油田安全管理带来了全新的机遇。借助元宇宙技术，可打造高度逼真的虚拟演练环境与沉浸式安全培训场景，使员工能够在虚拟环境中身临其境地感受各类安全事故场景，从而更加直观地掌握应急处置技能和安全操作规范，进一步提升油田安全管理的智能化水平，有力推动油田行业向高质量、可持续发展方向迈进。

中原油田基于双重预防机制的精益安全管理

张同国　邵理云　盛　伟　程万仓　华静宇　李文亭　屈　磊

（中国石油化工股份有限公司中原油田分公司）

2024年中原油田全体干部员工深入学习领会党的二十届三中全会和习近平总书记关于安全生产重要论述精神，扎实开展安全生产治本攻坚暨安全管理提升年行动，深化推进风险隐患双重预防机制建设，安全形势保持总体稳定，连续4年被评为集团公司安全生产先进单位。本文系统解析其双重预防管理实践经验，为石油天然气开采行业提供实践参考。

一、防控风险夯基础，过程监管从严得到新加强

按照生产过程、施工作业重大风险“双轨运行”管控模式，建立油田、专业部门、直属单位和基层单位等层级风险管控清单，制定管控与降级措施，有效管控各类“静态风险”与“动态风险”。其中油田层面重点突出“面”，坚持抓系统，紧盯年度生产过程重大系统风险强化领导承包管控督导；专业部门重点突出“线”，坚持抓专业、专业抓，紧盯分管业务领域重大风险开展专业检查；直属单位重点突出“点”，坚持抓重点，紧盯生产过程和施工风险强化现场督查，以点促线、以线保面。

（一）系统识别年度风险

2024 年，按照“自下而上识别，自上而下评估”原则，经全面排查、系统评估，共识别评估出二级单位管控风险 220 项，经油田风险评估小组评估，承包商管理过程风险等 11 项纳入油田层面重点管控。坚持“各级主要负责人应当承包本单位的最大风险，其他负责人按照风险值高低和分管业务承包其他风险”的思路，以及“风险管控最有利”的原则，提出风险承包分工建议。

各部门（单位）在前期识别评估的基础上，建立本部门（本单位）安全风险清单，明确管控措施，结合业务分工明确风险承包责任人，压实分级承包管控责任。加强月度施工风险识别管控，及时研判月度重点施工、高风险作业情况，强化动态风险管理，2024 年油田专业部门管控施工作业风险 177 项。

（二）领导示范引领管控

严格风险分级管控，按照油田主要领导每月、机关部门每季度、直属单位每月的要求，风险承包领导主动开展风险承包督导检查，责任部门做好促请协调，重点督导各项管控措施开展情况，协调解决风险管控过程中存在的问题，其中春节、“两会”、国庆等时期前均开展承包检查。全年油田领导共开展风险承包检查 47 次，发现问题 94 个，全部闭环管理。

（三）抓实承包商管理风险

一是优化资源减数量，发挥安全环保一体化管理和专业化单位人才技术优势，专业化单位积极承揽内部市场项目，逐步增加自营工作量占比，承包商从 224 家压减至 148 家，有效解决承包商高资低能、人员流动大等问题，从根本上降低承包商风险。二是抓实运行提质量，企管法律部牵总，专业部门齐头并进，推进承包商业务集中招标，建立采购方案联审联查决策机制，规范招标标准，提高承包商人员、技术、设备、场地、业绩等招标资格要求，提升承包商准入门

槛；统一服务标准，共享优质资源，将安全环保、合规经营、廉洁从业纳入承包商过程管理，优选实力强、信誉好的承包商建立长期合作关系，为培育优质战略承包商奠定基础，促进油田和承包商质效同步提升。三是规范过程控风险，健全“1+5+5”管理机制，即建立1个总体《中原油田承包商管理办法》，配套“承包商选商用商、用工监督、QHSE管理、监督检查、责任追究”5个管理规定和“勘探开发、工程建设、设备检维修、外部市场、生产运行”5个承包商实施细则，规范承包商安全监管；建立油田《承包商管理手册》，分专业、分层级梳理规范管理流程和责任界面，齐抓共管机制健全完善；持续从严承包商过程监管，制定13项内部、6项外部服务业务负面行为考核评价标准，强化季度记分考核，完成16家主力承包商QHSE体系符合性审查，全年累计经济处罚承包商87.27万元，限制投标4家。

（四）抓实酸性气田检修风险

为有效管控酸性气田检修风险，解决现场安全监管“凭经验、存漏项、效果差”等问题，中原油田按照“安全监管精细化、标准化”的管理思路，倡导“一切按照程序执行”的检修理念，顺利完成普光气田检维修。一是识别建立“一表两卡”提示包，梳理330项法律法规、标准规范，识别10万余项适用条款和重点要求，为安全监管、监理人员建立16类2251项“安全检查表”，规范检查内容，确保检查不漏项；为现场监护人和带班干部量身定制“安全监护卡”和“常见违章提示卡”，解决安全监护稻草人的问题。二是创建“一看四查”监管法，看关键人员是否在现场，查人员安全风险掌握情况、查管控措施落实情况、查安全责任履职情况、查隐患和违章情况，延伸监管触角，将人员履职能力、履职情况、履职效果一并纳入监管范围，纠正以往安全监管只盯问题轻履职、只看表象轻本质的现象，实现安全监管由末端治理向前端预防转变。

（五）抓实作业风险管控

一是抓重点作业现场“红橙黄蓝”风险管控，油田对各单位提前一天报备的次日施工作业进行识别，施工风险按照“红橙黄蓝”进行评估定级，红色风险实施“现场+全程视频”双督查，橙色风险实施“现场+视频”抽查，黄色及蓝色风险实施视频巡查；依托生产信息化指挥平台，建立“油田、二级单位、采油区”三级视频监控中心，分级开展视频督查。二是开展“重复性问题”年度领导承包销项，直属单位依据上年度督查问题清单，筛选出发生频次最高的10项“重复性问题”，由单位领导班子分别开展年度承包销项，加强日常监督管理，对完成“重复性问题”年度销项任务的领导干部进行奖励，并作为干部年度履职能力及绩效考核的依据，促进基层干部安全履职。三是开展“低老坏”削减整治，油田制定7项“低老坏”行为销项清单，建立典型问题季度溯源分析例会，油田领导主持并带头组织分析，开展问题集中单位约谈，推动问题真整改、改到位。全年督查现场1.4万余个，查改不安全行为1878个，约谈单位8家，油田“低老坏”发生率同比下降38.7%。四是削减高风险作业数量，强化群众性安全技术革新，推行井下作业搬家标准化，实施工厂化预制700余次、井下作业地锚定位3030口井，加大不动火补漏、抽油机旋转部位防护设施改进等职工创新成果应用推广，科技支撑控风险效果逐步显现。

（六）开展东濮老区系统风险评估

邀请青岛安全工程研究院，综合考虑风险管控效果与成本的双重影响，建立“业务全面梳理—选取典型环节—系统识别风险—重点场景量化评价—评价效果追踪—管控措施推广”的油田老区系统风险评估思路。在储气库注采井等重点风险场景量化评价环节，引入全生命周期理念，综合考虑后期风险演变趋势及管控处置等因素。通过系统评估，共识别评价风险点28项，整体可控，无重大风险；较大风险7个，均与井筒建设生产相关，储气库3个、作业环节2个、钻完井1个、CO_2注采1个；一般风险13个，集中在集输管线、天然气处理及地面作业等环节。高风险井的井控管理、环境敏感区域生产与集输设施安全防护、天然气处理GDS监测等需要重点关注，为2025年风险管控和隐患治理项目提供技术支撑。

（七）严格井控风险管控

严格落实风险探井、预探井等重点井和打开油气层、压裂等关键施工环节三级（钻井公司、采油厂、油田副总师以上领导）审查机制、首席专家负责制，强化钻井安全现状重大风险评价；抓实重点井、停产井风险分级管控，从严钻采同台、钻压同步等作业过程风险防控。深化工程一体化协同，发挥一体化专家工作室决策作用，全方位提升源头方案设计质量，全过程指导施工作业动态优化，实现过程跟踪、动态优化、实时决策，确保作业安全、施工质量“双受控”。

（八）开发应用双防数智化平台

一是建设酸性气田安全风险监测预警平台，针对气井、集气站场、集输管道和净化单元安全生产风险，发挥在线监测和预警功能，智能研判生产过程异常参数趋势，异常报警及时进行风险提醒和分析，提升风险智能化管控水平。二是东濮老区发挥生产指挥中心平台作用，根据生产关键参数变化，提前研判生产异常和演变趋势，推进事后抢修向预防性维修抓边，提升风险防范管控能力。

（九）年度风险管控效果

2024 年 11 月 22 日，油田召开风险评估会，经评估小组评审，二氧化碳驱泄漏等 2 项风险降级，供电服务中心卫三变隐患治理过程施工作业风险销项；油田 11 项生产过程风险、177 项月度施工风险、220 项二级单位风险全部受控。风险总值下降 13.6%，较好地完成了油田事业部 10%降级减值指标。

二、固本强基治隐患，本质安全水平实现新提升

油田坚持“有险必控、有患必除”，强化隐患排查治理，进一步规范隐患排查治理流程，明确项目审批审签程序，按照系统治理原则，分专业、分系统建立隐患治理项目库，分期分批有序治理。建立周报、月报督办制度，开发利用“三大计划”协同督办平台，实施全过程监管，确保隐患排查及时、防控到位、治理彻底。

（一）系统强化隐患项目治理

一是排查立足于“早”，按照隐患系统治理原则，每年 7 月份组织开展隐患全面排查，建立隐患治理清单，分级治理，将重点关注的隐患纳入油田治理计划，核定来年资金需求计划，做到早安排、早治理、早受益。油田 2024 年安全治理项目共包括柳屯中心处理站 5#罐隐患等 21 项。二是治理立足于“快”，计划、财务部门开辟绿色通道，保障资金落实；专业部门成立隐患治理项目组，落实“五定”要求；油田层面每周班子会研究隐患治理问题，安全环保部每周四召开项目运行会，重点协调解决安全监管、节点运行等工作；建设单位项目组坚持日例会制度，把问题处理在日常，工作协调在现场，助推项目安全高效运行。三是效果立足于“实”，明确建设单位责任，可研报告和合同中明确交付使用后最低使用年限，确保治理效果，做到责任可追溯；施工过程中建设单位严把每一道工序，关键材料要送检、关键工序要监检，确保全过程质量受控；开展后评估，检验隐患治理是否达到设计要求和治理效果。

（二）加强集输系统隐患治理

对濮城采油厂采用“串、并、撤、分、简”技术路线，优化集输方式；选用非金属管线（柔性复合管、玻璃钢管线），解决集输系统内腐蚀问题。共对 253 口单井管线进行串并联生产，3 条集输干线优化合并成 1 条集输干线，项目实施后减少单井管线长度 50.08km，减少干线长度 4.98km，集输管线穿孔频次由改造前的每月 16 次下降至 2 次。

（三）地质灾害隐患有效治理

应用北斗地表位移监测、应力监测等技术，对44处地质灾害、22处应力应变，实施管道实时监控和应变在线监测。实施“一年一评估+三年一详查”“管道五级巡查+段长制承包”“日常巡查+专业巡检”运行模式，对2024年地灾调查评估发现16处地灾点，投入648万元，2024年9月30日完成了治理工作，目前地灾风险措施有效、全面受控。

（四）数智化应用助推隐患排查

一是试点部署无人机巡检系统。针对酸性气田集输管道巡检，在气田四座场站设置固定无人机场，航线覆盖大湾区域26.33km、普光区域6.16km；AI系统通过默认的火灾隐患、大型机械入侵2个基础模型，以及每条管道巡检航线设置的10~12个巡航拍摄点，对管道裸露、管道占压、周边地灾变化等隐患进行智能识别，自动生成巡检报告，人工根据预警信息核对消缺，为及时发现安全隐患和生产异常提供实况支撑；投入运行以来，累计发现P301-普光2号阀室管段两处疑似塌陷点、D402~D401管段发现疑似塌陷点等隐患并及时处置。针对储气库巡检，在文13西和卫11储气库部署了2座无人机场，对半径7km范围内管道、井场实施巡检，系统通过默认的管线裸露、水毁塌陷、违规占压、可疑车辆等四种异常基础模型进行AI识别，生成巡检报告，人工根据预警进行核对消缺。二是自主研发风险隐患双预控信息化平台，2020年开发“随手拍”App，岗位员工通过手机“随手拍”App或PC端上报现场排查的问题隐患，上一级管理人员及时启动问题隐患核查、整改、验收流程，确保隐患及时发现、及时闭环治理，2024年员工通过手机“随手拍”发现问题共5733项。

三、实践成效与行业价值

2024年，中原油田扎实开展安全管理提升年行动和安全生产治本攻坚三年行动，通过深化开展“三学三转变”，严抓HSE管理体系有效运行，持续强化思想意识提升，着力压责任、控风险、治隐患、夯基础，形成系列化解风险隐患实践做法，为安全环保持续改进积累经验，年度风险总值下降13.6%，21个安全隐患项目按期完成治理。

新时代赋予新使命，新征程呼唤新作为，中原油田将继续全面贯彻落实国家、集团公司、国内上游HSE工作部署，锚定“零伤害、零污染、零事故”目标，聚焦上游“6+3+3”系统风险，时刻保持归零心态，全力提升油田本质安全水平，为集团公司建设世界一流能源化工公司输出“中原力量”。

南海海域海洋石油防台风策略探讨

王伟涛

[中海石油(中国)有限公司湛江分公司]

一、引言

台风是发生在西北太平洋和南海海域的强热带气旋，属于热带气旋的一种。根据世界气象组织(WMO)的定义，热带气旋中心附近持续风速达到12级及以上(≥32.7m/s)时称为台风(在北大西洋和东北太平洋则称为“飓风”)。南海海域是我国台风活动最频繁的区域之一，该区域台风具有生成频率高、强度大、路径复杂等特点，每年平均有10~12个台风影响南海，其中有4~5个达到强台风或超强台风级别。

这些台风往往带来强风、巨浪和风暴潮，对海上石油平台构成严重威胁。本文在分析南海海域台风特点、发生概率、发生时间段、造成危害分类的基础上，对现有海洋石油平台防台风措施进行分析，针对现有防台风措施仍存在的局限性提出针对性提升改进措施，包括完善台风预警系统、优化平台结构设计、改进应急管理流程等提升海洋石油平台防台风能力。

二、研究背景

(一) 南海台风特征

(1) 生成位置：约75%的台风生成于南海中北部(北纬12°~18°)，尤其集中在西沙群岛至中沙群岛附近海域。此类台风由于发展时间短，生命史普遍较短(平均3~5天)，但突发性强，对华南沿海的预警时效构成挑战。

(2) 生成路径：西北太平洋和南海生成的台风数量较常年(25个)偏多，路径以西行为主，强度偏强。传统西行登陆越南的路径占比下降，而转向北上的路径增加。统计显示，近十年约40%的台风最终登陆广东、海南，较前十年提升15%。这与副高季节性北跳提前、赤道西风增强导致的引导气流变化密切相关。

(3) 强度两极分化加剧：达到台风级(12级以上)的比例稳定在35%左右，但超强台风(16级以上)占比从5%升至8%。典型如2018年台风“山竹”(最大风力17级)虽非南海生成，但其进入南海后仍维持超强台风级别。2024年超强台风“摩羯”为1949年新中国成立以来秋季登陆最强台风。同时，热带低压级扰动增多，反映出能量分配不均。短时强度增强，24h内强度跃升2级以上的台风占比达28%，较前十年增长9%。2023年台风“杜苏芮”在南海东北部24h内从热带风暴增强为强台风，凸显暖核结构发展与低垂直风切变的协同效应。

（二）台风造成的危害

（1）海上设施损毁、海底管道位移或破裂：台风带来的强风（可达17级以上）、巨浪（高度超10m）和风暴潮可能直接摧毁钻井平台、浮式生产储油船（FPSO）或海底管道。例如：2005年飓风“卡特里娜”摧毁墨西哥湾至少50座海上平台，导致约800万加仑原油泄漏。2020年台风“海神”造成日本九州海域的石油储存设施受损，引发短期供应中断。台风引发的海底泥沙运动可能使管道移位或断裂，增加泄漏风险。

（2）主动停产与人员撤离，生产中断与经济成本：台风期间，企业需提前关闭油井（如深水井关停需数小时至数天），撤离平台人员。例如：2021年飓风“艾达”导致墨西哥湾95%的石油生产暂停，影响全球约5%的原油供应，油价单日上涨3%。

（3）恢复周期长：台风后需检查设施安全性（如平台结构、电力系统），可能需数周恢复生产。2017年飓风“哈维”后，美国炼油产能恢复耗时近1个月。

（4）环境风险与生态灾难：台风可能扩大已有泄漏事故的影响范围。例如，2022年飓风“桑迪”导致纽约港储油罐破裂，污染海域面积扩大30%。同时石油泄漏会毒害海洋生物，破坏珊瑚礁和红树林，影响渔业资源。如2010年墨西哥湾漏油事件后，当地渔业损失超10亿美元。

三、研究意义

（1）保障能源安全与生产稳定：防台风策略能加强关键基础设施保护，减少经济损失，缩短恢复周期，降低能源供应中断风险。

（2）保护人员生命安全：防台风策略包括实时监测、人员撤离机制和应急避难设施设计，是降低伤亡风险的核心保障。

（3）防范环境灾难：防台风策略可大幅降低泄漏污染风险。

（4）推动技术与工程创新：推动结构强化技术、数字化防灾体系的发展。

（5）适应性战略升级：传统防台风标准（如50年一遇设计）已不足以应对未来气候情景，需更新为“百年一遇+”的韧性设计。

四、现有海洋石油平台防台风措施分析

目前，南海海域海洋石油平台主要采取结构加固、设备保护和人员撤离等防台风措施。结构加固包括增加平台支撑结构的强度和刚度，提高抗风浪能力。设备保护措施主要是对关键设备进行防水、防震处理，确保其在恶劣条件下的正常运行。在台风来临前，平台会组织人员撤离，以保障人员安全。

现有防台风措施仍存在一些局限性。首先，预警系统不够完善，难以及时准确预测台风路径和强度变化。其次，平台结构设计标准可能无法应对极端台风条件。且应急管理流程有待优化，人员撤离和设备保护效率需要提高。现有措施多侧重于被动防御，缺乏主动应对策略。这些局限性在一定程度上降低了石油平台的台风防御能力，亟须改进和完善。

五、南海海域海洋石油平台防台风策略研究

针对现有防台风措施的不足，本研究提出以下改进策略：

1. 完善台风预报预警系统，提高台风预报准确性

一是建立多源数据融合的台风监测网络，卫星遥感、浮标监测与数值模型（如 WRF 台风路径预测）结合，利用风云卫星、天气雷达、大型无人机、海上石油平台观测站和海洋浮标等多渠道的数据来源，以获取更全面和准确的台风动态信息，提升台风监测预警能力。随着海洋石油勘探开发业务不断向深海挺进，深海勘探开发防台准备周期更长，一般需要 7～10 天的时间，同时对台风预测提出了更高的要求。通过开展台风胚胎和延伸期预报技术的研究和应用，开发基于人工智能的台风预警大模型系统，在台风正式生成命名前发布预警预报，使南海海域防台准备时间提前一周以上，以满足深水作业的防台需要，为海上防台创造更加充裕的准备时间。二是建立智能决策系统：利用气象卫星、浮标传感器和数值模拟技术，建立基于 AI 的台风影响动态评估（如平台位移模拟、撤离时间窗口预测），实现台风路径精准预测和灾害预警（如提前 72h 制定应急方案）。

2. 优化平台结构设计

一是在制定或者修订平台设计标准时，需考虑极端台风条件，采用新型材料和结构形式，提高平台的抗风浪性能。研发抗台风平台（如锚固系统优化、柔性材料应用）、动态定位系统（DP 系统）和智能监测技术（如 AI 预测模型）。引入智能监测系统，实时监控平台结构状态，及时发现和预警潜在风险。二是强化工程结构抗台设计：优化锚泊系统，采用冗余锚链配置，动态响应分析提高抗浪能

力。应用实时监测的张力腿平台(TLP)或SPAR平台，增强浮式平台稳定性。开展可拆卸设备模块化设计，台风前快速拆卸关键设备，减少损失。

3. 探索主动防御策略

研究可移动平台/装置位置调整技术，在台风来临前将平台移动到安全区域。开发新型锚泊系统，提高平台在恶劣海况下的稳定性。考虑使用可拆卸式平台设计，在台风季节将平台暂时撤离高风险区域。

4. 改进应急管理流程，加强台风季前相关准备工作

(1) 设备检查与维护

结构检查：对平台主体、支撑结构、甲板等进行全面检查，确保无腐蚀、裂缝或疲劳损伤。

设备维护：检查并维护关键设备，如钻井设备、发电机组、消防系统、救生设备等，确保其正常运行。

锚固系统检查：确保锚链、锚桩等固定系统完好，防止平台移位或倾覆。

(2) 应急物资储备

应急资源：梳理检查相关应急资源，包括撤离人员使用的直升机、船舶、车辆，船舶靠泊的码头，相关的燃油库存，人员返回陆地的食宿安排等。

应急设备：检查并补充救生衣、救生艇、应急通信设备等，确保紧急情况下可用。

生活物资：储备足够的食品、饮用水、药品等，确保台风期间人员基本需求。

(3) 人员培训与演练

应急演练：组织台风应急演练，确保人员熟悉撤离程序、应急设备使用等。

安全培训：加强台风期间的安全操作培训和人员避险知识培训，提升人员应对突发情况的能力和防灾减灾的能力。

(4) 气象监测与预警

实时监测：密切关注气象预报，及时获取台风路径、强度等信息。

预警机制：建立预警系统，确保台风信息能迅速传达至所有人员。

(5) 作业调整与设备保护

作业调整：根据南海台风特点及风险等级，结合海洋石油平台抗台风能力，合理安排作业项目和布局海洋石油平台，避开台风高频路径区。根据台风预报，提前调整或暂停生产，避免设备受损。

设备保护：加固或拆卸易受台风影响的设备，防止损坏。

（6）撤离与疏散计划

撤离计划：制定详细的撤离方案，明确撤离路线、集合点等。

人员疏散：必要时提前疏散非必要人员，确保核心人员安全。

（7）通信系统检查

通信设备：检查并测试卫星电话、无线电等设备，确保台风期间通信畅通。

备用电源：确保备用电源系统正常，保障关键设备供电。

（8）环境保护措施

防泄漏措施：检查储油罐、输油管道等，防止台风引发泄漏。

应急预案：制定环境应急预案，确保泄漏时能迅速应对。

（9）与岸基支持协调

协调支持：与岸基支持团队保持联系，确保紧急情况下能获得支援。

物资调配：提前调配陆地应急物资和设备，确保台风期间供应充足。

5. 优化分级响应机制，建立防台风三级警戒圈

（1）蓝色预警（台风 8 级风圈前沿到达海洋石油平台 48h 前，距离海洋石油平台 1000km），启动设备加固、物资储备。

a）值班员密切注视台风动向。

b）指令指挥部统筹安排好撤离人员用船舶和直升机，当台风到达黄色警戒线后根据情况先撤离非关键岗位人员。

c）指挥部值班员及时将收集到的台风预报资料通报各有关单位，及时通知直升机公司做好防台风撤离准备工作。

d）现场根据当时海洋石油平台的具体作业位置，对撤离顺序做出初步安排，需要撤离的作业设施立即将人员名单和撤离顺序报告指挥中心。

e）现场提前完成关键设备的日常维修，推迟耗时多的正常作业。

f）现场在维持正常作业的前提下，开始做台风撤离准备工作。

g）现阶段，船舶、直升机的安排以防台撤离准备为主。

（2）黄色预警（台风 8 级风圈前沿到达海洋石油平台 24h 前，距离海洋石油平台 500km），非必要人员撤离，生产关停。

a）当台风 8 级大风前沿到达黄色警戒区继续向海洋石油平台方向移动时，指挥部进入应急状态。

b）由指挥部总指挥主持召开防台风应急会议，部署防台风撤离工作。

c）指挥部统筹安排好撤离人员用的船舶和直升机。

d）施工船舶应预先选择好避风海域，做好撤离前的工程收尾工作。

e）撤离非必要人员。

f）海洋石油平台根据其作业的不同阶段，采取相应防台措施，尽快完成撤离工作。

（3）红色预警(台风8级风圈前沿到达海洋石油平台12h前，距离海洋石油平台250km)，全员撤离，启动应急动力定位(DP)系统。

a）当台风8级大风前沿到达红色警戒区并继续向海洋石油平台移动时，指挥部下达撤离命令并组织全员撤离。

b）海洋石油平台关掉设备，关闭所有舱盖及水密门，撤离全部人员。

c）海洋石油平台全部人员撤离后，守护船起航到就近港湾安全避风。

d）施工船舶迅速到预先选择好的海湾避风，并将船位报告指挥部。

e）当风力预计达到8级以上时，停泊在码头的船舶(特别是油轮、油驳)应离开码头到港池或锚地抛锚避风。

f）任何以电话方式发出的有关船舶、直升机和人员动向的指令，均应详细记录。

（4）台风到来时，严阵以待。

a）台风到来时各有关单位应按照指挥部的防台风应急部署做好本职工作，特别是没有撤人的平台以及相应的守护船，要加强值班，坚守岗位。

b）气象部门和海上所有设施都要保障通信畅通，及时向指挥部汇报情况。

c）各单位应指定专职人员接待、安排好撤离回陆地人员的交通、食宿和集结待命等问题。

六、结论

本文通过研究南海台风的特点，分析南海海域海洋石油平台现有防台风措施的不足，提出相应改进策略。研究海洋石油防台风策略不仅是技术问题，更是国家能源安全、生态保护和社会责任的综合体现。通过科技创新、国际合作和前瞻性规划，能够实现“防灾—减灾—韧性恢复”的全链条风险管控，为海洋资源可持续开发提供核心保障。

第三章　炼化企业实践探索

石油化工企业配电室火灾扑救研讨

刘有伟

（中国石油天然气股份有限公司大连石化分公司）

一、引言

配电室是带有低压负荷的室内配电场所，能为低压设备送电，其中设有配电变压器、低压配电装置和中压进线及少量出线。配电室 10kV 及以下电压等级设备的设施，分为高压配电室和低压配电室，是一个重要的电力设施，起着承载、分配和控制电力供应的重要作用。然而，由于其特殊的环境和设备，配电室也是火灾发生的高危场所。公司现有 220kV 变电站 1 座，66kV 及 35kV 变电站 6 座，6kV 以下变、配电室 123 座。配电室及现场电气设备共计 73216 台(件)。一旦发生火灾，不仅会给供电系统带来严重的损失，还可能造成人员伤亡和财产损失。因此，对配电室设备以及消防处置、灭火救援进行分析，对预防和扑救配电室火灾事故有着重要的意义。

二、配电室存在的火灾隐患

（1）漏电火灾。由于线路的绝缘能力下降，导致电线与电线之间或导线与大地之间有电流通过，产生局部高温，引发火灾。

（2）短路火灾。电气线路中的裸导线或绝缘导线的绝缘体破损后，火线与邻线或火线与地线在某点碰在一起，导致电流突然增加，产生强烈的火花和电弧，引发火灾。

（3）过负荷火灾。当导线中的电流超过安全载流量时，导线温度不断升高，导致绝缘层老化变质，甚至燃烧。

(4) 接触电阻过大火灾。导线与开关、熔断器、仪表等连接的地方有接头，接触不良或杂质导致局部电阻过大，产生高温，引发火灾。

三、配电室火灾特点

(1) 火灾隐蔽性强。《供配电系统设计规范》(GB 50052)规定了配电室通常会被设置在相对隐蔽的区域，如建筑物的地下室或专用房间内，以减少对其他区域的影响。这种位置选择增加了火灾初期难以被发现的可能性，体现了隐蔽性特点。火灾初期不易为肉眼所观察到。

(2) 火灾风险性大。根据《建筑设计防火规范》(GB 50016)等标准，配电室集中了大量电气设备，如变压器、开关柜、电缆等。这些设备在运行过程中可能因过载、短路、接触不良、绝缘老化等引发电气火灾。

(3) 火灾蔓延速度快。电缆通道：配电室中的电缆通常敷设在电缆桥架或电缆沟内，一旦发生火灾，火势容易沿着电缆蔓延。《电力工程电缆设计标准》(GB 50217)对电缆的敷设方式和防火措施有具体要求，以限制火灾的蔓延。设备布局：配电室中的电气设备布局较为紧密，一台设备起火可能迅速波及周围设备，加速火灾的扩散。

(4) 火灾释放有毒物质毒性大。气体燃烧释放有毒物质：一氧化碳(CO)、氯化氢(HCl)、氟化氢(HF)这些有毒物质都会通过人体皮肤、呼吸道对人体造成严重的损害。绝缘油燃烧产生的有毒物质：多环芳烃、苯系物，长期接触或吸入增加患癌和畸形风险，严重时还会导致白血病等疾病。金属部件燃烧或腐蚀产生有毒物质：电气设备中的一些金属部件，如铜、铅、锌等，在高温下可能会形成金属烟雾。这些重金属烟雾进入人体后，会对人体的神经系统、肝脏、肾脏等器官造成损害，影响人体的健康。

四、配电室火灾灭火方式选择

依据《电力设备典型消防规程》规定：对可能带电的电气设备以及发电机、电动机等，应使用干粉、二氧化碳、六氟丙烷等灭火器灭火；对油断路器、变压器在切断电源后可使用干粉、六氟丙烷等灭火器灭火，不能扑灭时再用泡沫灭火器灭火，不得已时可用干砂灭火；地面上的绝缘油着火，应用干砂灭火。

各类灭火器的适用性如下：

(1) 干粉灭火器。E 类火灾场所应选择干粉灭火器，但不能使用带有金属喷筒的二氧化碳灭火器。配电室使用干粉灭火器进行灭火，是能够达到灭火效果的，但是灭火后的干粉粉末会对电气元件有一定的腐蚀和污染，并且很难清理，所以并不建议使用干粉灭火器。

（2）二氧化碳灭火器。适用于扑灭可燃液体火灾、可燃气体火灾、600V 以下的带电 B 类火灾，以及仪器仪表、图书档案等要求不留残迹、不污损被保护物的场所。二氧化碳灭火器具有流动性好、喷射率高、不腐蚀容器和不易变质等优良性能，二氧化碳灭火剂属于洁净气体，灭火后不留痕迹。

五、配电室火灾应急处置与注意事项

（一）灭火处置措施

（1）疏散周围工作人员，划定警戒区域，现场指挥员第一时间联系车间电气专业人员询问现场是否断电并确认实际情况，同时判断电源电压高低和运行方向。

（2）收集现场及车载灭火器，根据不同介质的电气火灾选用合适型号的灭火剂。

（3）人员穿戴好防护器具如绝缘手套、绝缘鞋、正压式空气呼吸器、导向绳、防静电服、SF_6 气体检漏仪等绝缘耐高温防护装备（根据现场所需佩戴报警仪及破拆工具）。

（4）设备外部起火，可以使用干粉灭火器、二氧化碳带电灭火。如果火势较大，可以切断电源后直接用水进行扑救。如果油箱被破坏，火势猛烈时，应先切断电源，随后对于有事故储油坑的应设法把油引进储油坑，同时使用泡沫对坑内和地面上的油火进行扑救。

（5）在电气火灾中如为了减少灭火时间，防止火势进一步扩大，来不及断电的情况下和因灭火处置及生产等需要，不能切断电源的，则需要在带电情况下进行灭火。应按现场处置特点选择对应的灭火器。

（6）设置观察哨，携带报警仪不间断检测配电室器材温度变化情况、与车间工艺人员沟通工艺处置和电气设备温度及特殊情况，并及时向指挥员报告，以便及时调整战斗部署。

（7）在用水灭火时，可以将水枪调至喷雾状态，因电流量较小，对扑救人员相对安全；如果情况不得已，使用直流水枪灭火，水枪的枪头必须用软铜线接地；灭火处置人员需要穿戴绝缘手套、绝缘靴，防止水与泄漏电流导电导致人体触电。

（二）安全注意事项

（1）消防灭火器材与带电体之间应保持表中给出的足够安全距离。

（2）电气设备及线路发生接地短路时，建筑内，人员不得进入距离短路点4m以内的范围；建筑外，人员不得进入距离短路点8m以内的范围。任何处置人员进入现场，必须穿绝缘靴，接触电气设备外壳及架构时，应戴绝缘手套，防止跨步电压或者达到放电间隙导致人员触电伤亡。

（3）配电室灭火处置时，要防止顶部可燃物坠落伤害人身及设备安全，在建筑顶部灭火时要防止高处坠落。

（4）较高电气人员位置与带电设备之间仰俯角度不能超过45°，防止导线断落接触处置人员造成伤害。

（5）带电高压电线断路后，需要在断落点20m以外设置警戒区域，在该区域内的人员防止跨步电压带来伤害，扔掉器材，用双脚并拢或单脚慢慢跳离触地点10m以外。

（6）扑救人员穿靴时，应做好个人脚腿防护保护，防止由于进水或地面水渍导电而触电。

（7）带电设备破拆时，人员使用的救援器材必须与带电设备保持安全距离。

（8）扑救配电柜、电烘箱等高温电热设备火灾时，如果使用气体类或干粉灭火器，要注意骤然降温造成高温设备损坏，同时水接触高温电热设备后，迅速蒸发、汽化，引起爆炸和飞溅，导致处置人员受伤或引燃周围物料导致火势扩大。

（9）扑救充油电气设备火灾，要防止燃烧的油喷溅和沿电缆沟蔓延，对于发电机和电动机等旋转电机，不宜用干粉灭火器、沙子灭火，以免损伤电气设备绝缘。

六、结束语

配电室火灾情况瞬息万变，火势逐渐复杂化，这也给灭火救援战斗增加了一定的难度。因此，在多变的火灾抢险救援现场，要保持沉着冷静，仔细分析对策，判断和灭火决策，将灭火救援与发挥装备优势两者正确、有效地结合，战术上不墨守成规，达到既能迅速有效地控制火势，缩短灭火时间，又能确保有效救援，减少财产损失，同时能避免扑救人员触电伤亡或引发二次灾情出现的灭火抢险目的。

从事故处理谈应急处置预案的编制与演练方法

高仁鹏　岳玉宝

（广东石化有限责任公司）

2022 年 4 月 24 日 12 时 30 分，某公司 100 万 t/a 加氢改质装置突发往复式新氢压缩机断杆撞缸事故，造成 12MPa 高压氢气泄漏，瞬间压缩机厂房内形成 300 多平方米高压氢气泄漏区，压缩机厂房上风侧，相距 30 余米的加热炉区固定式可燃气报警器报警。岗位人员立即启动《加氢改质装置新氢压缩机断杆撞缸事故应急处置预案》，避免了由于高压氢气泄漏可能引发的空间闪爆事故的发生，并及时启动备用机组，于当日 14：00 恢复了正常生产。

一、事故简要经过与原因分析

某公司 100 万 t/a 加氢改质装置共有三台往复式新氢压缩机，编号分别为：K1102A、K1102B、K1102C。生产时，三台压缩机一开两备，其中发生事故的新氢机 K1102C，排气量 21000Nm^3/h，轴功率 2100kW，出口压力 12MPa。2022 年 4 月 24 日当天装置生产平稳。电子巡检显示，12：10 岗位操作员按时到压缩机区进行了巡检，并对 K1102C 的运转情况进行了检查，没有发现异常现象。12 时 30 分压缩机厂房突然传来“隆隆隆”的异常响声，操作员发现新氢量急剧下滑，班长在电视监控中确认了事故状态后，立即向车间应急小组报告，车间应急小组在一分钟内赶到了现场。与此同时，负责压缩机运行监护的操作员听到异常响声后，迅速跑到了现场，发现新氢压缩机 K1102C 正在剧烈抖动，一级缸盖部分开裂，已经有高压氢气喷漏，并在不断扩大，操作员果断地切断了压缩机电源，并关闭了压缩机出入口阀门；此时，车间应急小组成员在操作室内指挥操作员打开了新氢压缩机入口压控阀和各级返回控制阀，以泄掉机体内的高压氢气，控制喷漏的发展，并到现场开启了氮气保护，以稀释泄漏氢气的浓度，13：10 用便携式氢气报警器检测现场环境合格后，启动了备用机 K1102B，14：00 装置生产恢复正常。

事后对新氢压缩机 K1102C 一级缸检查发现：活塞与活塞杆断裂分离，一根 M6 螺丝落入断裂处，造成运行间隙不足，引发撞缸事故。事故造成 K1102C 一级缸缸盖、冷却水套被撞击损坏。事故现场图片如图 4-9 所示。

(a)活塞杆断面情况

(b)一级缸破裂情况

图 4-9　事故现场图片

二、危害辨识与风险评价是编制应急处置预案的基础

从这起新氢压缩机撞缸事故的处理过程可以看出，《加氢改质装置新氢压缩机断杆撞缸事故应急处置预案》的实施，是这起事故得以有效控制和及时处理的根本保证，而《加氢改质装置新氢压缩机断杆撞缸事故应急处置预案》的编制正是以扎实开展危害识别与风险评价为基础的。

（一）开展危害辨识与风险评价是制定应急预案的前提条件

加氢改质装置原设计包括加氢改质和航煤加氢两部分，三台新氢压缩机为二开一备，实际生产中，由于只开了加氢改质部分，三台压缩机为一开两备，这样既可以在设备工况范围内满足生产对新氢流量的需要，又可以节约电能，2020年8月正式投产后一直运行平稳。在2021年的危害辨识评价过程中，评价小组重新分析了这一工艺变更，核算了新氢压缩机运行参数和疲劳期，结合国内外同类事故，将新氢压缩机断杆撞缸事故确定为公司级重大风险，制定了控制措施和应急处置预案，辨识过程如下：

评价单元	活动过程	危害因素	影响后果	评价方法	重大风险		运行控制	应急计划
					公司级	车间级		
新氢压缩机K1102 A/B/C	运行	活塞杆断裂撞缸	高压氢气泄漏引发闪爆着火	FMEA法	√		（1）班长、操作员每隔0.5h不间断巡检。 （2）单台机组运行60天内切换一次。 （3）设备管理人员及机电仪人员每天检查2次。 （4）设置红、黄警戒线，限制各类人员进入	《加氢改质装置新氢压缩机断杆撞缸事故应急处置预案》

FMEA法致命度点数 $CE=F_1\times F_2\times F_3\times F_4\times F_5=3\times2\times1\times1\times1=6$，（FMEA法 $CE\geqslant5$ 为分公司级重大风险）具体取值方法如下：

项目	内容	系数
故障或事故对人影响大小 F_1	事故可造成人员伤亡	3
对装置造成影响大小 F_2	事故可对反应系统和备用机组造成损坏	2
事故发生频率 F_3	新氢机已经运行5年，可能发生活塞疲劳断裂	1
防止故障或事故的难易程度 F_4	通过定期检查、检测能够预防事故发生	1
熟悉程度 F_5	岗位人员通过应急预案演练能够熟练掌握事故处理	1

由此可见，结合生产实际，抓住工艺变更、设备变更、人员变更和关键过程，从人、机、物、环、法五个方面，正常、异常两种状态，过去、现在、将来三种时态加以考虑，全面分析生产装置可能发生事故的部位，描述预判事故场景，明确事故可能影响的范围和严重程度，形成完善的危害辨识和风险评价资料，是编制具有可操作性和实用性应急处置预案的基础，只有这样，才能使岗位人员掌握现有工艺和操作过程中的危险性。

（二）开展危害因素辨识和风险评价是正确划分应急处理权限、明确应急处置操作方法的保证

应急权限和操作方法是应急处置预案的核心内容，只有明确了在事故状态下谁该做什么，什么时候做，怎么去做，一个应急处置预案才能得以有效实施，而这一切也应从风险辨识与评价出发，对不同的风险采取不同等级的控制措施，赋予各岗位不同的应急处置权限，明确整个应急处置过程中由谁负责，公司级应急预案与部门处置预案如何衔接，如何向上级通报紧急情况，这决定于根据危害辨识与风险评价制定的现场处置方案能否有效地控制、消除事故。以《加氢改质装置新氢压缩机断杆撞缸事故应急处置预案》为例进行对比分析，可以更清楚地看到危害因素辨识与评价对制定应急处置预案的重要作用。

<table>
<tr><th colspan="2">危害辨识与评价情况</th><th colspan="3">应急处置预案操作卡的重点内容</th></tr>
<tr><th>风险后果</th><th>控制措施</th><th>控制人员</th><th>应急操作权限</th><th>操作</th></tr>
<tr><td rowspan="5">高压氢气泄漏可能引起氢气闪爆着火</td><td rowspan="4">消除泄漏源</td><td>外操</td><td>（1）确认是否轴震动联锁停压缩机。
（2）关出入口阀。
（3）机体充氮气</td><td>（1）若未联锁停机，按下红色紧急停机按钮。
（2）关二层平台出口阀，关一层管廊入口阀。
（3）打开一层管廊氮气置换阀</td></tr>
<tr><td>内操</td><td>降低机体内压力，保持微正压</td><td>在操作室，打开入口压控阀和各级返回控制阀</td></tr>
<tr><td>值班长</td><td>协调内外操操作，系统紧急泄压，启动车间应急预案</td><td>（1）确认系统已经开始泄压。
（2）汇报车间应急小组。
（3）汇报分公司生产调度。
（4）通知制氢已经切断氢气</td></tr>
<tr><td>应急指挥人员</td><td>（1）检查岗位应急处理步骤是否正确。
（2）现场评估泄漏源。
（3）判断是否启动分公司应急预案</td><td>（1）确认泄漏源是否有发展的趋势，还是已经得到控制。
（2）确认是否启动分公司应急预案。
（3）确认班组应急操作步骤</td></tr>
<tr><td>控制火源、人员疏散和警戒</td><td>装置班长</td><td>（1）便携式氢气报警器现场检测。
（2）根据检测浓度确认警戒范围。
（3）限制非生产操作人员进入。
（4）检查操作人员防爆工具是否防爆</td><td>（1）在操作室内开启报警器。
（2）对浓度达到 50ppm 的范围内进行警戒，拉警戒线。
（3）确认现场无非生产操作人员。
（4）确认操作员使用铜质工具</td></tr>
</table>

三、应急演练的方法

基层单位开展应急处置预案演练的目的是评价应急领导小组的指挥能力和岗位员工的应急处理能力以及应急设施的完整性，《加氢改质装置新氢压缩机断杆撞缸事故应急处置预案》为 2021 年编制，至 2022 年 4 月共进行了 5 次修订完善，其间应急领导小组和岗位人员分别进行了一次桌面演练和实战演练，应急领导小组和岗位人员的应急处置能力得到了确认和提高，应急设施如压缩机充氮气阀等得到了完善，这些是压缩机断杆撞缸事故发生后，岗位人员能在 40min 内控制高压氢气泄漏源，避免了高压氢气空间闪爆的根本保证。经验表明：要形成有效的应急演练，年初应制订全年演练计划，以便实施过程中灵活采取基础知识培训和专项技能培训相结合的方式，有针对性组织岗位员工培训、演练应急处置预案，才能达到应急演练的目的。

（一）制订应急处置预案年度培训、演练计划

应急处置预案演练年度计划应以装置重大风险的应急处置为主体，针对季节特点制订相应的应急处置预案，如分别与防洪汛、防雷电、防化冻、防暴风雪等相结合；报气警火警、120 急救、消防设备设施、个人防护设备设施以及心肺复苏、包扎等检验技能方面的演练可单独开展或作为某个演练的一部分，这样可将多个应急处置预案演练分为通用演练项目和专项演练项目，对不同处置预案又可结合预案特点确定不同的演练频次和方法。例如，加氢改质装置针对压缩机断杆撞缸事故应急演练按以下方式开展：

通用演练项目	频次				形式	
	月演练	季演练	半年演练	年演练	桌面	功能
应急启动程序及内容		√			√	
空气呼吸器使用方法	√					√
专项演练项目	频次				形式	
	月演练	季演练	半年演练	年演练	桌面	功能
高压氢气泄漏处置操作卡			√		√	
压缩机断杆撞缸处置操作卡	√					√

（二）及时开展应急演练评价

应急演练计划应经过主管部门的审批，以便对演练情况作出评价，演练评价

应从员工掌握处置预案的熟练程度，对个人防护设施的使用情况，以及应急设备、设施是否满足需求，员工在事故处理中有无不安全行为，逃生和自救能力等方面开展。重点包括以下几个方面。

（1）汇报及报警程序：重点是现场发现异常的岗位人员如何启动班组应急程序，例如通过对《加氢改质装置新氢压缩机断杆撞缸事故应急处置预案》演练，明确了岗位人员启动应急预案的语言、信号规定。

（2）现场应急处置(包括封道、报警、工艺处置等)：核心是工艺处置，正确的工艺处置才能防止事故扩大，如在这起压缩机断杆撞缸事故中，岗位人员及时停运故障压缩机，应急领导小组人员进行的氮气稀释等。

（3）个人防护用品的完备性：确定现场的个人防护用品数量能否满足应急处置的需要，特别是便携式报警器、空气呼吸器的数量。

（4）人数清点：现场处置完毕后，必须及时清点人数。

（5）预案执行情况：是应急演练的最终目的，必须及时评价应急处置预案是否完备、岗位员工对预案理解是否充分。

（三）开展应急演练应注意的三个方面

1. 演练的突然性

为了真正考验岗位员工、班组的应急处理能力，在应急演练得到主管部门的批准后，要适时开展“双盲”应急演练，即应急领导小组确定一个已经培训的应急事件，随机选择一个时间进行突击演练，以考验应急实战技能和指挥反应水平，演练的突然性是检验演练培训效果的试金石。

2. 演练的突出性

事故处理必须以人为本，不论发生什么事故，首先要抢救人，在人员安全的前提下再考虑设备财产的安全。不论是谁，发现人员中毒、受伤、受困的时候，应该先设法抢救人，但是不能盲目施救，要在保证自身安全的情况下进行救人，演练的突出性是演练考核的重点。

3. 演练的全员性

应急预案演练是检验、评价和保持应急能力的一个重要手段，可以在事故真正发生前暴露预案和程序的缺陷，发现应急资源的不足，改善各岗位之间的协调，增强全员应对突发重大事故救援的信心和应急意识，进一步明确各自的应急处理权限，演练的全员性是提高预案的执行能力，更好地预防突发事件的保证。

四、结束语

以危害辨识与风险评价为基础的应急处置预案具有适用性强、有效性高的特点，加之以合理的演练方式，能够达到控制事故扩展、防止人员伤亡、减少事故损失、提高企业抵御突发事故能力的作用。

金陵石化安全管理体系创新实践与成效

仲萍芳

（中国石油化工股份有限公司金陵分公司）

金陵石化全面落实中国石化集团安全管理提升年行动要求，通过管理创新，构建闭环管理机制实现风险动态管控；通过技术创新，赋能智能监控提升安全监管效能；通过文化创新，建立全员参与安全生态激发内生动力。公司绩效指标全面优化，未发生上报集团公司事故，实现装置工艺指标合格率 99.9%、承包商违章率下降40%、隐患整改率 99.8%等显著成效。本文系统解析其安全管理核心经验，为石油化工企业提供实践参考。

一、引言

随着我国石化行业向规模化、集约化、智能化转型发展，传统安全管理模式正面临装置复杂度指数级增长、作业风险非线性叠加的双重挑战。传统安全管理模式呈现“三高三低”特征——人工巡检频率高但隐患发现率低、制度条文数量高但执行效能低、事后追责强度高但风险预控水平低，这种管理模式在应对新型风险时暴露出显著滞后性。本文基于金陵石化公司落实中国石化集团“安全管理提升年”的实践案例，探索构建适应新时代要求的新型科学安全管理体系创新路径和实际经验。

二、安全管理体系创新实践

2024 年是中国石化集团公司安全管理提升年，金陵石化深入贯彻落实习近平总书记关于安全生产的重要指示精神，扎实落实好集团公司年度 HSE 重点工作任务要求，以“从零开始、向零奋斗”的安全价值观为指引，以风险管控为核心、以科技赋能为支撑、以文化管理为保障，探索“管理创新、技术创新、文化创新”三维框架下的科学安全管理体系运行路径，安全管理水平得到系统性提升，全年未发生上报事故，获评中国石化集团公司“安全生产先进单位”。现将主要做法总结如下：

（一）管理创新，构建三维责任网络

1. 责任管理创新，促进责任落实

一是强化顶层设计，优化垂直管理。公司组织架构实施“扁平化”以来，建立“战略层—执行层—操作层”垂直管理体系，成立提升年行动领导小组，围绕“八大主题目标—38 项重点任务—96 条工作措施”实施框架，建立“周跟踪、月通报、季考核”机制，确保责任到岗到人。公司领导示范引领，以上率下，安全管理坚持“一碗水端平”，在严抓主力装置安全管理的同时，毫不放松对辅助装置或偏远区域的管理，确保安全管理全覆盖、零死角、无盲区。

二是坚持高位推动，压实责任链条。公司党委统筹谋划，将安全生产纳入党委议事日程，定期专题研究安全生产工作，确保各项措施方案具体可行、重点突出、发挥实效。领导班子带头制订个人 HSE 行动计划，落实“两特两重”值班带班制度要求，全年开展重大隐患排查 32 次，推动责任层层压实。公司领导不定期到现场视察，“会前安全分享 5min”亲自剖析事故案例，提升全体干部践行安全领导力的安全意识，推进基层落实安全管理要求。

三是网格精准定人，执行穿透到底。深化安全管理网格化应用，将基层单位现场管理区域划分为一块块“责任田”，现有一级安全网格单元 10 个、二级网格 48 个、三级网格 250 个，通过“定网格、定人员、定职责”的方式，实行“网格长+网格员（专业工程师+岗位操作员）”分层级承包管理，聚焦基层安全管理，实现“时间和空间”风险动态管控全覆盖。

2. 干部管理创新，提升治理效能

一是深入推进干部任期制契约化管理。在 2023 年先试点推进中层干部任期制契约化管理的基础上，制定中基层领导人员任期制和契约化管理、薪酬管理实施细则，开发使用中层干部年度绩效考核责任书编制审核流程，全面推进中基层干部岗位聘任协议、绩效考核责任书签订，实现公司中基层干部任期制契约化管理全覆盖。将《安全绩效责任书》纳入员工年终绩效考核，将安全绩效与干部薪酬分配直接挂钩，推进新型干部经营管理责任制建设走深走实。

二是首创中层干部履职“画像”评价。开展中层干部安全生产履职“画像”，掌握干部履职“活情况”。结合公司夏季装置集中检修和阶段性重点工作，突出向现场履职和日常监管聚焦，近距离监督干部。对新任干部开展 HSE 述职量化考核，将结果与晋升机制深度绑定，综合研判新任干部HSE履职能力和岗位胜任能力，确保班子结构优化、干部人岗相适，努力打造懂专业、会管理的复合型干部队伍，推进干部全方位管理和经常性监督走深走实。

3. 基层管理创新，强化齐抓共管

一是深化岗检管理机制。公司始终坚持继承与创新并重，不断深化各级岗检机制运用，推动岗位责任有效压实。通过建立量化评价标准，优化检查计划管理，设立问题动态跟踪平台，深化问题分析治理，形成"建章立制—计划管理—过程管控—分析总结"的闭环管理体系，实现基层可执行、公司可管控、持续可优化的三基管理模式，提升本质安全水平。

二是完善规章制度保障。公司持续优化升级管理体系，发布第三版《金陵石化HSE管理体系手册》，修订《安全生产责任制》，识别新制修订法律法规71部，更新制度141项，完成HSE管理体系内部审核427项问题整改。修订公司劳动纪律管理办法，提高违纪成本，二、三级违纪处罚标准较原先增加一倍。推进"制度进岗"信息化，将制度条款转化为岗位职责清单，建立"问题发现—动态跟踪—闭环整改"的"三基"全周期管理平台，确保"事事有标准、人人知规范"，基层隐患自主整改率同比提高27%，不断夯实企业安全管理根基。

（二）技术创新，赋能智能精准监管

1. 数智化转型促进过程安全管理

一是工艺管理精益化。开展数采标准化治理，数采系统完善竞赛，新增数据点位11906个，修正错误数据19185项，停用废弃点位2232个，流程图更新率达100%，为精准调控提供可靠数据支撑，更好服务于安全生产。实施工艺卡片分级管理，优化报警阈值设置，公司各生产单位报警控制在小于1次/h，装置平稳率从98.2%提升至99.1%。开展停工检修"回头看"，整改问题389项，装置开工一次成功率100%。

二是设备管理精细化。高危泵治理全覆盖，完成Ⅲ催化、Ⅳ常减压等装置高危泵治理93项，C/D区机泵动态清零，整改率100%。应用完整性管理平台，实现"缺陷提报—处置—验收"全流程闭环，设备完好率提升至99.6%。开展定点测厚与涡流扫查，检测点位14337处，消除高风险减薄点35个，泄漏率稳定控制在0.034‰以下。完成涉硫管线专项整治，整改问题118项，保障高危介质输送安全。

三是数智赋能创新化。推动数智化赋能项目建设，开发江北高端日化项目应用智慧安全工地管理平台。开展智能技术在生产装置的深度应用，在Ⅱ连续重整等装置行业内首次引入 AIPC 高级智能过程控制技术，报警响应速度提升 50%。建成北斗+5G 人员定位系统，建立重大危险源区域高风险作业人员定位和人员聚集风险检测预警机制，实现中转罐区作业人员实时监控，累计预警聚集风险 28 次，安全作业的综合管控更加高效；检查通报人员行为智能视频监控，人员违规行为发生率同比下降 43%。

2. 系统防控升级抓实高风险管理

一是双防攻坚系统化。加强风险分级管控和隐患排查治理，建立“工艺风险+设备风险+人为风险”的立体评估模型，实现全流程风险动态评级，较传统方式提升 40%覆盖度。完善双防平台应用提升要求，深入推进危化品安全风险专项整治，先后开展老旧装置安全风险评估、液化烃储罐区符合性排查整治、紧急切断阀安全专项整治、老旧管廊、新能源安全风险防控等专项隐患排查，60 余项隐患全部治理。开展专项攻坚行动，系统梳理系统管线、承包商管理等 6 项重大风险，制定防控措施 89 项，实现风险总值同比下降 21%。

二是承包商管理严控化。严格承包商准入与过程双管控，深化应用承包商信息共享平台。开展安全督查“123”活动，有效减少现场违章“低老坏”问题和习惯性违章行为。淘汰不合格承包商 12 家，实施关键人员到岗率考核，并处罚。完善公司电子作业票系统，协调解决定位不准确、信号不稳定、气体分析功能缺陷等问题 90 余项，进一步提高系统的适用性；优化开票流程，效率提升 40%，全年开具作业票 1.2 万张，无违规事件。

3. 提升应急能力科学应对生产异常

一是应急预案与演练双提升。修订专项应急预案 12 项，成功承办集团公司级应急预案演练 1 次。公司组建 151 人专职消防队，配备灭火机器人 2 台、泡沫消防车 29 辆，开展装置泄漏、火灾爆炸等多场景演练 631 次，参与人数 4532 人次。按照“135”原则建立应急救援快速响应机制，应急响应速度提升 30%。每月开展基层应急演练抽查和通报，发现并整改问题 68 项，进一步提升应急处置能力。

二是异常处置科学化。对“小异常，细分析”，出现异常工况进行深层次的分析和预防性管理；“别人生病，我们吃药”，关注同行业企业的事故事件，推进风险精细化预防性管理。完善调度手册，建立调度应急预案库 61 个，编制典型异常处置案例 10 个，开展“异常分析分享会”2 场，推动“发现一个问题，解决一类隐患，实现一次提升”管理模式。公司提出“设备要给工艺留余地，工艺要给操作留余地，操作要给应急留余地”的安全冗余度系统性规划要求，预留容错空间。全年优化催化装置操作，实现能耗降低 1.5kg 标油/t，创效超千万元。

（三）文化创新，培育全员安全基因

1. 党建引领示范效应显著

党建与安全深度融合。聚焦生产一线，全面推行党建区长责任制，贯通用好党员责任区（示范岗）、党员突击队、党员项目攻关等载体平台。开展“党员先行、降本增效”“查隐患、反‘三违’、保安全”等活动，建立党员安全责任区 8 个，支部带班组创安全示范岗 11 个；开展“查隐患、反‘三违’”主题党日活动 126 场，如热电部利用党员活动组织专业技术党员下现场解决实际问题，实现党务工作与安全管理的有机结合，党员带头整改隐患 689 项，示范效应显著。将班组管理与安全绩效挂钩，基层班组达标率提升至 98%。

2. 行为激励培养安全习惯

推行安全积分激励机制。推行“安全积分制”，建立“安全行为银行”，隐患排查、创新建议等 12 类行为可获积分，违规操作等 8 类行为扣除积分。全年奖励优秀员工 562 人次，处罚违规行为 137 起，形成“人人肩上有担子、个个身上有指标”的工作格局。深入开展全员汇智大讨论，引导全员围绕全年重点工作建言献策，2024 年累计兑换安全奖励 236 万元，员工参与率 98.7%。累计记录安全改进建议 1247 条，转化实施优秀提案 114 项，被集团公司通报表扬 8 项。

3. 文化浸润凝心聚力

安全文化教育浸润人心。建设完善安全实训基地，设置高处坠落、临时用电、受限空间等 8 个体感培训项目；建立“10·21”等企业安全警示日历，违章操作重复发生率降低 55%。打造“安全家书”“亲情寄语”品牌活动，征集安全家书 860 封，制作警示教育片 12 部。创新“夜间小课堂”“周末加油站”等学习方式，开展“安全生产月”系列活动，举办应急技能比武、VR 事故体验等活动，参与员工超 5000 人次，提升员工的知识和技能，真正形成“人人要安全、人人保安全”的良好局面。

三、实践成效与行业启示

2024 年，在全体员工的共同努力下，公司在强化风险管控、提升管理质效、推进安全文化建设等方面多措并举，聚焦责任落实、完善制度建设，为高质量发展奠定了坚实基础。

（一）管理效能提升

持续优化绩效指标，未发生上报集团公司事故，实现装置工艺指标合格率99.9%，装置平稳率从98.2%提升至99.1%；承包商违章率下降40%；隐患整改完成率99.8%。

（二）经济效益显著

2024年公司生产效益位居炼化板块第一，安全绩效考核连续8年位居集团公司前列，成效显著。

（三）行业示范价值

构建的“管理-技术-文化”三位一体管理模式，为石化行业数字化转型、持续优化安全管理提供了实践经验。

四、结论与展望

金陵石化通过构建“管理引领-技术创新-文化赋能”三位一体的安全管理体系，深化数智融合，推进管理提升，实现了从传统经验管理向现代智能管控的转型发展。其创新实践不仅创造了连续3095天无重大事故的安全纪录，更形成了具有行业示范价值的管理方式。未来将持续深化“工业互联网+安全生产”建设，重点探索AI算法在异常工况预测领域的突破，为石油化工行业安全管理水平提升贡献“金陵模式”的智慧方案。

同舟共济保安全　凝心聚力谋发展
业务外包安全管理工作经验分享

周　岩　郑文清　郭小旻

［中科（广东）炼化有限公司］

2019年12月底，中科炼化项目实现工程交接，2020年6月正式进入生产运营阶段。2020年7月中科炼化与湛江东兴合并。公司实行高度精简的两级管理架构，员工定员仅为同规模炼化企业的1/2。公司依托总部对业务外包规范管理指导意见具体要求，充分借鉴兄弟企业先进管理经验，结合自身人员配置精简和现场工作需求的实际情况，提前统筹谋划，稳步推进实施，实行业务外包管理，集中力量做精做强炼化生产主业。

公司现有业务外包项目共40项（中科本部22项、东兴分部18项），委托

40 家具备资质的专业公司运营，业务涵盖码头操作和管理、塑料包装、化验分析、危化品装卸、铁路运行、综合维保、电信及信息系统维保、仓储、消防、保卫、医疗卫生、交通车辆、绿化、保洁等非核心辅助型、服务型和劳动密集型业务。按业务属性划分，主要分为运行类、维保类、安防保障类及后勤服务类，涉及综合管理部、计划经营部、生产技术部、设备管理部、安全环保部、物资供应中心、信息中心等 7 个业务主管部门；业务涉及公司 9 个运行部及 4 个中心。

2021 年 5 月 14 日，公司根据集团公司有关文件要求和外包业务管理的实际需要，经研究决定成立协力中心作为公司业务外包归口管理部门，负责整体统筹公司外包业务的长远规划和发展、构建管理体系及外包业务规范运行情况监督检查等工作，与人力资源部合署办公，为进一步提升公司业务外包规范运作、强化过程监管、提升安全管理水平打下坚实基础。

2020 年以来，中科炼化面对业务外包单位的安全管理存在业务范围广、综合费用大、人员总数多、技能基础弱、管理难度大、安全生产风险高等突出问题。公司坚持统筹谋划，突出系统思维，遵循“三年规范化、三年标准化、三年示范化”的工作步调。以“3311”的工作布局强化过程保障，全面构建“一基两翼”的管理制度体系，按照同管理、同培训、同考核、同竞赛的“四同”管理原则，实现统一标准规范、统一管理流程、统一过程管控、统一考核评价的“四统一”监管。以层层深化《业务外包规范管理手册》三套“马车”为着力点，以“业务外包日常事务工作清单”为牵引绳，以“业务外包星级承包商”为风向标，持续推动“四维度”（图 4-10）和“四同”管理落地落实。

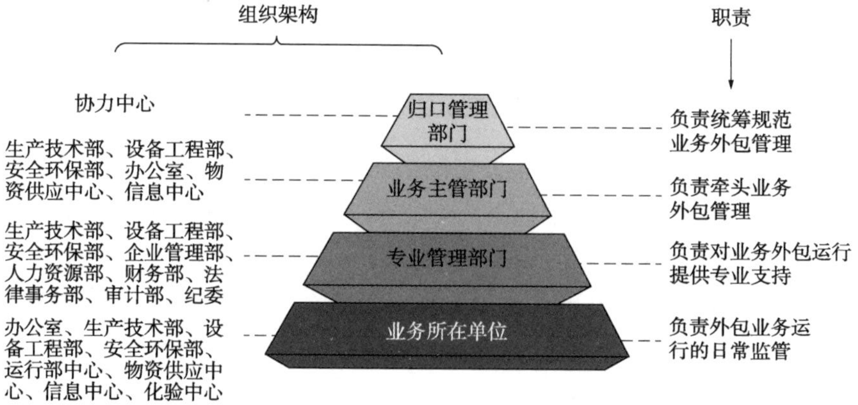

图 4-10 “四维度”管理构架图

通过强管理、抓整改、促提升，持续推进外包业务管理由规范化向标准化、精细化迈进。中科炼化坚持抓好以下几项重点工作：

一、坚持抓体系建设

公司始终以“制度管人、流程管事”为根本遵循，强化业务外包关键环节管控，确保业务外包管理规范有序，从源头上遏制安全管理的缺失风险。一是健全管理制度体系。结合业务外包日常运行及管理中存在的难点、堵点，依据总部的指导意见和兄弟企业的科学管理办法，先后制(修)定了《中科炼化业务外包工作管理办法》《中科炼化业务外包承包商管理办法》《中科炼化业务外包承包商年度评价管理办法》3 项管理制度，理顺 16 项审批流程，建立 5 项工作表单，制定 5 项合同标准文本及附件，确保业务外包管理各项工作规范有序、依法合规。二是强化数字化管理赋能。以业务外包管理系统为抓手，构建“数智化”管理模式，提升决策、资源利用、风险防控和团队协作效率，持续推动外包业务管理工作顺应公司发展需要。严格按照既定统筹计划建成并投用“业务外包管理系统”，将外包单位及人员管理、业务外包单位检查考核、资质有效性审查等 10 个模块嵌入信息管理系统，实现信息化流程管理，从根本上根治外包单位材料报审不便利、业务所在单位检查考核不顺畅，专业管理部门信息审核不及时，业务主管部门信息掌握不全面等痛点、难点问题，确保制度要求“不可逾越、不可替代、不可或缺”，信息化管理手段得到全面提升，协同管控效能得到充分放大，实现数字化管理赋能。三是推动规范手册编制。结合外包业务实际工作及公司管理要求，编制《业务外包规范管理手册》第一、二册。按照“一业一策”原则，进一步明确专业管理及外包业务具体的工作执行标准、过程记录模板等内容，打通合同履行和制度执行的“最后一千米”，促进工作效率提升，降低管理成本，织密织牢运行管理“体系网”，有效避免工作要求不明确、标准不统一对外包业务开展质量的影响。

二、坚持抓强基固本

以基础管理作为工作重心，强化外包业务各环节的审核把关，压紧压实基础管理根基。一是严把入场条件审核。通过建立业务主管部门初审、专业管理部门协审、业务所在单位复审的“三重”审核机制，强化对外包单位的资质信誉、专业能力、工作业绩以及人员素质能力的审核把关，2024 年累计完成 23 家外包单位及 295 人次新入场人员的资质审核工作，进一步保证外包单位资质及人员条件满足合同要求和公司生产运营需要。二是增强统筹计划管理。以《年度业务外包工作推进计划表》为抓手，紧盯“技术交流、方案编制、方案初审、专业评审、方案审批、组织选商及签订合同”等关键时间环节，突出专业与分工，强化责任与担当，实行对合同签订过程动态跟踪。定期通报工作进展情况，顺利完成23项业务外包合同续签或重新选商工作，有力保证各项到期外包业务有序衔接。三是抓实外包方案评审。由归口管理部门组织生产、设备、安全、法律、财务、审计、人力资源、纪委(监督)等专业管理部门对外包方案进行专业评审，全面识别外包业务可能存在的各类风险，制定风险防控措施，从根本上防范业务外包后的安全环保、服务质量、费用成本等风险。累计完成专业评审13次，进一步筑牢外包业务规范运作基础。

三、坚持抓运行监管

以保障外包业务安稳运行为核心，聚焦合同履行、制度执行、规范操作等方面的监督检查，构建多层次风险防控体系网，及时堵塞管理漏洞，外包业务运行合规性得到明显提升。一是强化过程监管。坚持“四同”管理原则(同管理、同培训、同考核、同竞赛)，编制《业务外包管理专项检查表》29项，明确业务所在单位、专业管理部门、业务主管部门检查内容，压实业务所在单位“点管理”，专业管理部门“线管理”，业务主管部门“面管理”责任。按照“一业一策”定向管控原则，检查标准由2023年的“干没干”到2024年的“全不全”再到“好不好”层层深化。生产技术部、安全环保部、设备管理部等专业管理过程中存在的问题，与业务主管部门、专业管理部门、业务所在单位及外包单位协同发力，制定整改措施，推动各方管理责任落实，疏通现场管理梗阻。2024年累计发布《中科炼化“业务外包”周检情况通报》49期，通报问题270项，整改完成率为100%，同比增加20.54%。业务外包单位工作规范执行率保持在90%以上。二是坚持协同管控。针对专业管理部门履职不到位的问题，2024年，会同生产技术部、设备管理部及安全环保部根据专业管理要求，每半年开展专业联合检查，助力业务所在单位强化对所辖外包业务的日常管理，压实各方管理职责落实，最大限度释放协同管控效能，切实抓好运行过程管理，避免业务外包单位“只求做、不求效”的软肋。例如，设备管理部自主检查通报2家运行类业务外包单位存在设备缺陷管理、设备维护管理等4项问题。通过专业联合检查，对6家运行类业务外包单位共检查发现设备润滑油管理、设备巡检管理等22项问题，专业管理深度及覆盖度大幅提升。三是深化专项监督。以抓实风险防控工作为重心，坚持底线思维，建立事前研判和事中控制机制，注重全过程的实施细节风险识别，全面加大外包业务各环节的审核把关力度，从根本上防范并化解外包风险。重点围绕外包业务依法合规运行，持续深化业务主管部门自查自纠，专业管理部门协同审核，归口管理部门统筹协调的“1+N+1”多维管控体系。紧盯外包方案评审、业务定价、费用支付、人工成本费用优化等重点事项，查找工作执行过程中存在的管理疏漏，督促相关责任单位抓好问题整改并制定防控措施，推动问题整改数量从去年的 13 项减少至 4 项，同比下降 69%。外包业务依法合规运行得到有效保障。

四、坚持抓提质增效

坚持目标导向，以“提升成本竞争力”为核心，在管理融合及降本增效精准发力，不断提升业务外包管理质效。一是深入推动本部与分部管理融合。归口管理部门组织人员多次深入实地对东兴分部业务外包情况进行详细调研，系统梳理各项外包业务工作开展流程，厘清管理现状，找准管理短板，指导东兴分部对照管理制度要求全面梳理存在问题，制订统筹计划，切实抓好问题整改。同时印发《关于加强东兴分部外包业务管理工作的通知》，进一步明确管理职责分工和工作标准，有效解决前期存在业务主管部门管理职能定位混乱的问题。东兴分部 2024 年将到期 10 项外包业务正按照公司业务外包管理流程有序推进合同续签工作，本部与分部业务外包管理逐步融合。二是统筹推进外包业务降本增效。紧紧围绕公司年度经济效益和高质量发展，突出成本控制，牢固树立过“紧日子”“苦日子”思想，认真落实业务外包优化管控要求。根据各类外包业务实际情况精准施策，各业务主管部门及财务资产部对照总部压减措施指导意见对本部现有 22 项外包业务逐项开展费用剖析，深挖费用压降点，经专业研判 13 项外包业务明确具体费用压降目标，细化具体费用压减措施。9 项外包业务因业务实际需要维持原合同费用执行。针对 13 项明确费用压减目标的外包业务，各业务主管部门多措并举、分类施策，顺利完成总部下达的费用压降目标。

五、坚持抓互融互促

以问题为导向，奔着问题去、照着问题查、盯着问题改，以“回头看”及“相互找碴儿”方式找准方法，疏通堵点、补上断点，着力解决业务外包单位自驱力不足的问题。一是聚焦跟踪整改促提升。加强对问题整改情况的跟踪督导和评估，定期组织“回头看”，抓实问题整改质量，坚决杜绝久拖不改、屡查屡犯等现象。以实施动态跟踪督导和销号管理的方式，推动各项整改举措落地落实。每季度对现场问题进行统计分析，找出管理缺项，总结管理经验，制定长效整改举措，补齐管理短板。截至目前，累计完成对160项检查通报问题进行“回头看”，3项问题重复发生，同类问题销项率达98%。二是聚焦搭建平台促交流。组织业务外包单位持续开展业务外包管理经验交流和案例分享，业务外包单位通过“现场观摩”“面对面交流”等方式，共同探讨内部管理过程中存在的短板，在互学互鉴中取长补短，促进业务外包单位结合自身管理实际情况，找准突破口，借鉴成熟管理经验破解日常工作中出现的难题，提升外包单位内生动力。截至目前，累计组织开展交叉检查和现场管理经验分享16次，其中9家运行类业务外包单位通过交叉检查，在工艺标识、固体废物处置及隐患排查治理等管理方面累计发现并完成整改问题29项，业务外包单位内部专业管理水平得到有效提升。同时成都勃维、湛江港等业务外包单位通过交流学习，进一步完善和细化内部检查考核标准，深入推行现场5S标准化管理，员工规矩意识不断提高。三是聚力选树典型。通过组织对各类型外包单位进行年度评价，评选优秀业务外包单位，并以年度业务外包工会的形式，将优秀的管理经验进行推广，形成“以典型为镜，向先进看齐”的浓厚氛围，积极发挥优秀典型的引领力，充分激发与释放外包单位的工作主动性，促使业务外包单位与公司管理融合感不断增强。累计在各类型外包单位中评选出“业务外包星级承包商”7家。其中成都勃维、九江检安等6家业务外包单位常年稳居先进行列，成都勃维、茂化建、九江检安连续三年被评为“星级承包商”，广东诚高、今天国际通过选聘优秀项目经理、完善内部管理体系等措施，逐步跻身优秀行列。

业务外包的管理向来是各企业特别是危险化学品生产企业的难点和痛点，由于对业务外包管理单位的管理疏漏而导致发生安全事故的案例屡见不鲜，因此强化对业务外包单位的管理是企业安全管理的重要一环。中科炼化通过建立完整的业务外包管理体系，明确各专业部门管理职责，加强对业务外包单位的安全监管，提高外包单位人员的入场门槛，强化业务外包单位的考核等一系列举措不断提升业务外包单位的安全管理水平，避免各个管理环节出现“以包代管”的情况。自公司2020年开工投产以来，中科炼化与各业务外包单位同舟共济保安全，未发生一起生产安全事故事件，也为中科炼化和各业务外包单位能够凝心聚力共同发展奠定了坚实基础。

消防安全专项整治三年行动与消防站达标建设经验分享

李志刚

（中国海油惠州石化有限公司）

中国海油惠州石化有限公司（以下简称"惠州石化"）作为国内领先的炼化一体化企业，在2020—2022年积极响应国务院安委会《全国安全生产专项整治三年行动计划》，系统推进消防安全治理体系改革。本文通过实地调研与数据分析，总结惠州石化在专项整治中的创新实践：通过构建"风险分级管控-隐患动态清零-应急能力强化"三位一体管理模式，累计投入1.2亿元升级消防设施，实现公司企业专职消防队伍100%对标建设、数智化监控和科学化处置，应急响应时间缩短至4分30秒。其经验表明，石化企业需以智能化技术为支撑、标准化制度为保障、全员安全文化为基础，方能实现本质安全。本研究为同类企业提供了可复制的管理框架与技术路径。

一、引言

（一）研究背景

石化行业是国民经济的重要支柱，但其生产过程涉及高温、高压、易燃易爆等高风险环节。据统计，2020年全国石化行业火灾事故占总工业火灾的31%，其中80%的事故源于设备老化与人为操作失误（中国安全生产科学研究院，2021）。为系统性化解重大安全风险，国务院安委会于2020年4月发布《全国安全生产专项整治三年行动计划》，要求重点行业领域通过三年攻坚实现"从根本上消除事故隐患"。惠州石化作为中国海油旗下规模最大的炼化基地之一，其炼油能力达2200万t/a，园区内包含常减压装置、催化裂化、柴油加氢、芳烃联合、催化重整、煤制氢装置等高危设施，消防安全管理挑战尤为突出。在此背景下，惠州石化通过三年行动实现了从传统消防管理向智慧化、标准化体系的转型升级，其经验具有行业标杆意义。

（二）研究意义

本研究通过梳理惠州石化的实践经验，旨在解决以下问题：

（1）管理层面：如何构建覆盖全流程的消防安全责任体系。

（2）技术层面：如何通过智能化手段提升风险预警与应急响应效率。

（3）文化层面：如何推动全员从“被动合规”向“主动防控”转变。

研究结果可为石化企业消防安全治理提供理论参考与实践指导。

（三）研究方法

（1）实地调研：走访惠州石化生产调度指挥中心、消防站及重点装置区，获取一线管理数据。

（2）数据分析：整理三年行动期间隐患台账、演练记录及事故统计表，量化治理成效。

（3）案例研究：选取典型火灾险情处置案例，分析应急响应机制的实际效果。

二、专项整治背景与目标

（一）政策驱动与行业要求

1. 国家政策要求

（1）《三年行动计划》明确提出“2022 年年底前，危化品企业消防设施完好率需达到 100%”。

（2）应急管理部《化工园区安全风险排查治理导则》要求园区消防站覆盖半径不大于 3km。

2. 行业痛点分析

（1）新老规范更迭：部分罐区原设计标准与现行规范不统一[《石油化工企业设计防火标准》(2018 年版)，GB 50160—2008]。

（2）应急短板：消防车辆老旧、装备不足，导致“救早灭小”能力不足。

（二）惠州石化整治前现状

隐患清单(2020—2022 年)：

（1）中低风险隐患 209 项(如：静电接地装置失效、可燃气体报警器未全覆盖)。

（2）消防站问题：原有 1 座主消防站，距离最远装置区达 5km，平均响应时间超过 6min。

（3）消防车辆以泡沫水罐车为主，缺乏针对石化火灾的高喷消防车与大跨距消防车。

（三）三年行动目标体系

维度	具体目标	量化指标
风险管控	建立动态风险分级清单	高风险隐患整改率100%
消防站建设	新增消防备勤站，优化布局	5min应急响应覆盖率100%
应急能力	实现"1min接警、3min到场、5min处置"	演练实战达标率98%以上

三、三年行动实施路径

（一）阶段划分与任务分解

阶段	时间节点	重点任务	关键成果
排查整治	2020.1—2020.12	1. 完成风险辨识评估； 2. 建立隐患动态数据库； 3. 启动储罐区改造	形成风险地图，整改隐患156项
集中攻坚	2021.1—2022.12	1. 消防站标准化建设； 2. 智慧消防平台上线； 3. 全员安全技能认证	高清监控投用，全员安全技能达标率99.2%
巩固提升	2023.1—2025.12	1. 长效管理制度出台； 2. 应急联动机制完善； 3. 行业经验推广	通过国家达标验收

（二）关键措施深度分析

1. 制度创新：网格化责任体系

（1）网格划分：将$5km^2$厂区划分为16个网格，每个网格设置"安全网格长+技术专家+消防专员"。

（2）考核机制：将隐患整改纳入部门KPI，未按时整改的挂"黄牌"警告，连续两次挂"红牌"约谈负责人。

（3）技术赋能：智慧消防平台。

2. 系统架构

（1）感知层：部署5600余个智能传感器（温度、压力、可燃气体监测）。

（2）平台层：集成火灾模拟软件（如FDS）、应急预案库与人员定位系统。

（3）应用层：实现"监测—预警—处置—复盘"闭环管理。

3. 典型场景

（1）2021 年 7 月，平台监测到加氢装置法兰泄漏，启动可燃气体报警，操作人员第一时间现场确认并调度消防车到场开展应急处置，避免爆炸事故。

（2）2021 年 4—9 月，惠州石化作为广东省消防救援总队“两个能力建设”试点单位，重点完成能力提升八项工作。

• 消防安全标准化管理：明确划分消防安全责任区，建立大、中、小网格，统一制定消防安全管理标准。

• 开展消防安全评估：委托有资质的消防服务机构，依据《建筑消防安全评估标准》《单位消防安全评估》等规范要求，对公司的消防安全管理、消防设备实施情况开展综合评估。

• 设置工艺处置队：根据《惠州市石油化工（危化品）企业灾害事故工艺应急处置队建设标准》设置工艺处置队。工艺处置队人员排班与消防支队和石化区应急指挥中心实时同步，能实现队伍情况动态监控。

• 指挥决策辅助箱：主要供消防救援队伍到场后指挥部调用开展应急处置。

• 改造消防车道、设置高喷车停车点：拓宽消防车道不小于 7m，满足高喷车完全展开；对于不能整体拓宽的道路，设置高喷车作战停车点。

• 改造泡沫灭火系统：将固定储罐、易溶盘内浮顶罐的横式泡沫发生器改造成竖式泡沫发生器，防止在储罐火灾事故时，储罐掀顶损坏横式泡沫发生器，导致泡沫灭火系统失效。

• 设置应急取水口（点）：在消防水池、敞开式雨水监控池（应急池）附近设置消防车取水停车位，并悬挂标识牌。

• 制作厂区内标识牌：对水泵房、泡沫站、消火栓、消防炮等消防设施的压力、管径、流量等参数进行喷涂识别。

• 通过专项整治试点工作，全面提升公司消防安全治理能力与灭火救援能力。

四、消防站达标建设核心举措

（一）工作开展

自《关于进一步加强国有大型危化企业专职消防队伍建设的意见》和《危化企业消防站建设标准》（以下简称《意见》和《标准》）下发以来，中国海油集团公司认真贯彻落实国务院安委办、应急管理部及国资委相关要求，迅速响应，集团相关部门领导先后多次到下属单位进行工作调研、召开专题会议，积极部署，有力推进下属各单位的专职消防队伍达标建设工作。中海炼化及惠州石化按照集团公司统一部署迅速行动开展达标建设工作。

（二）硬件升级——对标国际一流标准

1. 装备配置

新增消防侦检灭火机器人 2 台、62m 大跨距高喷车 1 台、75m 高喷消防车 1 台、消防侦检无人机 4 架、电动破拆工具 1 套，改装泡沫输转车 1 辆等特种装备，泡沫储备量从 200t 提升至 500t。

按《意见》和《标准》要求，新增采购个人防护装备（如 A 级防化服、热成像仪、空气呼吸器等）1917 件，配备抢险救援器材（多功能复合消防炮、破拆工具、堵漏工具、救援绳索等）2265 件。

2. 应急指挥中心建设

新建惠州石化应急指挥中心，提供可视化、智能化的应急指挥一体化平台；集成现有系统资源依托 LED 大屏进行动态展示，实时洞察现场风险，及时预警；通过视频系统及移动终端进行应急指挥调度、应急资源调度、应急预案获取。满足在发生紧急情况时能够快速实现应急状态下的调度和指挥，承担应急指挥调度及展示的重要职责。

3. 消防应急数字化管理系统

目前已初步建成符合惠州石化管理特色的应急指挥系统，系统以突发事件应急处置和指挥调度为核心，开发应急处置、应急联动、基础信息、应急准备、统一接警、辅助决策、移动应用等七大功能模块，并通过接口集成视频监控、可燃有毒、火灾报警等信息，实现应急值守、资源调度、演练模拟、应急联动、协同会商、辅助指挥决策等功能，实现全厂应急管理智能化、一体化，提高突发事件应急处置和资源调配效率，满足警情接收、移动指挥等消防应急管理工作需要。

依托公司人员定位系统平台，围绕接收报警、战术展开、战斗部署、自救互救、统一指挥等场景，通过蓝牙高精度定位技术织密应急网。

（三）队伍、装备及人员能力建设

1. 队伍概况

中国海油惠州石化企业专职消防队组建于 2008 年 10 月，实行 24h 执勤战备，准军事化管理。现有编制 89 人，按大队级建设，下设 6 个战斗班，1 个通信班。其中队长 1 人，副队长 2 人，站长 1 人，专业管理员 3 人，消防员 82 人，分别驻扎在主厂区和马鞭洲岛原油库区。主要担负公司的消防安全监督检查、应急演练、前置备勤、员工培训以及大亚湾区社会化救援服务等工作任务。2022年获得广东省消防救援总队“执勤训练工作先进企业专职消防队”；2024年获得国家消防救援局“消防救援队伍执勤训练工作先进企业专职消防队”等荣誉。

2. 装备实力

消防队共配有各类应急车辆20台。其中主厂区执勤车辆10台、马鞭洲岛执勤车辆4台、备勤车辆6台。主要包括泡沫水罐消防车6台、重型泡沫水罐消防车2台、大流量泡沫水罐车2台、泡沫运输车1台、干粉消防车1台、抢险器材车1台、62m大跨距消防车1台、举高喷射消防车4台、快速溢油应急反应车1台、通信指挥车1台。车载水75m^3，泡沫液存量66m^3。

另外，消防队配备有消防侦检灭火机器人、空气呼吸器、隔热服、防化服、避火服、气体检测仪、红外线测温仪、热成像仪、破拆工具、遥控移动炮、空间炮、污水转输及溢油收集等各类型应急救援器材。

3. 人员能力建设

结合国务院安委会办公室、应急管理部、国务院国资委联合印发《关于进一步加强国有大型危化企业专职消防队伍建设的意见》（安委办〔2023〕3号），中国海油制定《企业专职消防站采用业务外包用工形式评估论证方法》，对于企业专职消防队采取劳务外包用工的情况，进行事前评估论证，同时依据本评估论证方法对采取劳务外包用工形式的企业专职消防队实施评估考核，并按要求进行量化评分。

（1）专职消防员管理：专职消防员管理旨在响应《意见》中关于专职消防队伍管理的相关要求，从专职消防员招录标准、人员配置、入职训练、职务晋升、工资待遇、技能培训、岗位分工和职责、统一着装、队容风纪、离职率等10个方面进行定量评估，反映外包消防员管理情况。

（2）专职消防员技能鉴定：专职消防员技能鉴定旨在考核消防员的体能水平和技能情况，以判定其体能是否达标，包括消防员应知应会和装备器材使用是否掌握、是否具有灭火救援和应急事故处置相应的技能。

（3）理论知识考试：借鉴《消防员职业技能标准》中初、中、高级技能理论题库，并结合石油化工工艺流程、火灾危险性、灾情处置需求等实际情况编制，按照消防员不同的职务级别，分别开展理论知识考试。

（4）体能考核：主要包括5000m负重、3000m负重、1000m负重、单杠引体向上、双杠臂屈伸、俯卧撑、仰卧起坐等基础科目，反映消防员的力量、耐力、爆发力、协调性等综合体能水平。

（5）技能操作考核：包括个人安全防护、水带铺设、灭火剂喷射、破拆与照明、侦检、救援、各类救援器材操作、班（组）协同操作法等实战训练科目，综合反映消防员的技能水平。

（6）资质认证：要求消防员持有危化品事故处置、急救、消防设施操作员证等3类证书。

（7）培训课程：开发“理论教学（30%）+模拟演练（40%）+实战考核（30%）”课程体系。

4. 应急联动机制

（1）与惠州市消防支队建立“统一调度、统一指挥、统一管理、统一考核”机制，每季度开展跨区域演练。

（2）开展“六不”盲演，即不设演练脚本、不下演练通知、不告知演练场景、不指定演练角色、不告知演练方式、不事先预演推演，持续提升应急处置能力。

（3）2024年“大亚湾区危化品事故联合演练”中，惠州石化消防队率先完成跨海增援任务。

五、成效分析与典型案例

（一）量化成效（数据对比）

指标	整治前（2023年）配备率	整治后（2025年）配备率	变化率
个体防护装备	78%	100%	+22%
应急救援器材	82%	100%	+18%
智能化应急设施	15%	100%	+85%

（二）典型案例深度剖析

案例：催化裂化装置泄漏快速处置（2023.6）

（1）事件经过：装置反-再系统衬里脱落导致高温油气泄漏。

（2）处置流程：智慧消防平台30s内发出警报；消防站2辆高喷车4min抵达现场，开展处置；15min完成工艺处置，险情解除。

（3）经验总结：智能化预警系统为初期处置赢得黄金时间；火灾报警监控系统优化显著提升响应效率；智能化应急装备有效降低事态发展。

六、结论与展望

国有大型危化企业专职消防队伍达标建设需以《关于进一步加强国有大型危化企业专职消防队伍建设的意见》为纲领、以《危险化学品企业专职消防队建设标准》为技术指南，通过“补短板(人员/装备)—强中枢(智慧平台)—建生态(区域联防)”三阶段推进。2024 年验收数据显示：应急响应时间平均缩短 48%、事故直接经济损失下降 82%。未来需重点关注人工智能辅助决策、多灾种耦合应对等前沿领域，持续提升本质安全水平。

第四章　管道与销售企业实践探索

西部管道公司全员 QHSE“三个一”建设与实施

张大鹏　冯　彦　龚晓凤　程美珠

（国家管网集团西部管道公司）

安全生产责任制作为现代企业安全管理体系的核心机制，其有效落实是防范生产事故的关键所在。国家管网集团西部管道公司创新实践，以系统思维为导向，以风险管控为核心，系统构建了 QHSE“一岗一清单、一岗一培训、一岗一考核”的安全生产责任落实体系，通过岗位责任清单化、培训教育精准化、考核评价定量化三大创新路径，将 QHSE 管理体系与岗位职责深度融合，进一步推动全员安全生产责任制有效落实，为国家能源安全战略的稳步发展筑牢安全根基。

一、QHSE“三个一”建设背景

党的十八大以来，习近平总书记站在党和国家发展全局的战略高度，对安全生产发表了一系列重要讲话，多次提及安全生产责任制建设，为安全生产工作提供了根本遵循。国家管网集团作为“全国一张网”战略实施主体，坚持以“四个革命、一个合作”能源安全新战略为引领，积极推进安全生产治理能力现代化的一系列举措和改革性变革。在此背景下，西部管道公司聚焦油气管道行业基层岗位责任落实中短板、弱项，展开对 QHSE 管理体系进行系统性革新的探索实践。

二、QHSE“三个一”理论框架与建设原则

（一）理论基础

QHSE“三个一”（即“一岗一清单、一岗一培训、一岗一考核”）是一种系统化的责任落实与能力发展机制，其核心在于通过岗位责任清单化、培训教育精准化、考核评价定量化，实现组织目标与个人行为的精准匹配。基于戴明质量管理

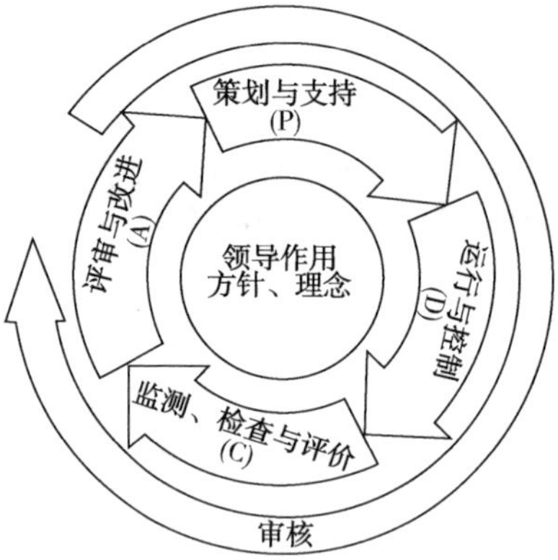

图 4-11　QHSE 体系要素

理论，在 QHSE“三个一”体系中构建“计划（Plan）-执行（Do）-检查（Check）-改进（Act）”的动态优化机制，以 QHSE 体系要素（图 4-11）为核心，结合管理要素，将 QHSE 管控要点全面纳入责任清单，遵循动态画像的理念，根据体系文件、岗位职责的变化动态调整清单内容，确保“管业务必须管安全”原则落地；同时，以业务流程为主线，梳理横向工作和纵向业务 QHSE 管控内容，确保每名员工和每一层级职责的完整性、全面性。

（二）建设原则

1. 全覆盖原则

“一岗一清单”作为 QHSE“三个一”建设的核心，遵循全员覆盖、体系要素全覆盖、业务全覆盖原则。清单明确各级领导干部、管理人员、专业技术人员和技能操作人员等在生产经营活动中应承担的质量安全生产责任，将 QHSE 风险管理融入日常生产作业活动中，实现 QHSE 管理体系全要素的覆盖。

2. 全风险管控原则

QHSE“三个一”工作聚焦岗位主要业务活动，精准管控静态风险和动态风险。静态风险管控以“QHSE 风险管理清单”为载体，通过年度 QHSE 风险识别评价、集中辨识复核和评审以及控制措施的落实，将潜在风险纳入可控范围；动态风险管控以生产运行、维检修和特殊作业为载体，梳理出每个岗位囊括的维检修作业及涉及的高危作业和主要风险，便于岗位员工重点关注，压实作业风险管控责任。

3. 以落地为目标

QHSE“三个一”工作始终以落地为目标，追求适用性、可行性与可量化。“一岗一清单”明确员工具体 QHSE 职责和任务，形成可量化清单；“一岗一培训”依据责任清单，针对岗位能力需求开展培训；“一岗一考核”对员工 QHSE 履职情况进行绩效考核，为责任清单修订提供方向，确保管理措施落地。

（三）QHSE“三个一”机制创建与实践

QHSE“三个一”工作包括“一岗一清单”“一岗一培训”“一岗一考核”三部分，三者环环相扣、相辅相成，形成推动岗位安全责任制有效落实的强大合力，构建起企业安全生产的坚实防线。其主要建设内容如图 4-12 所示。

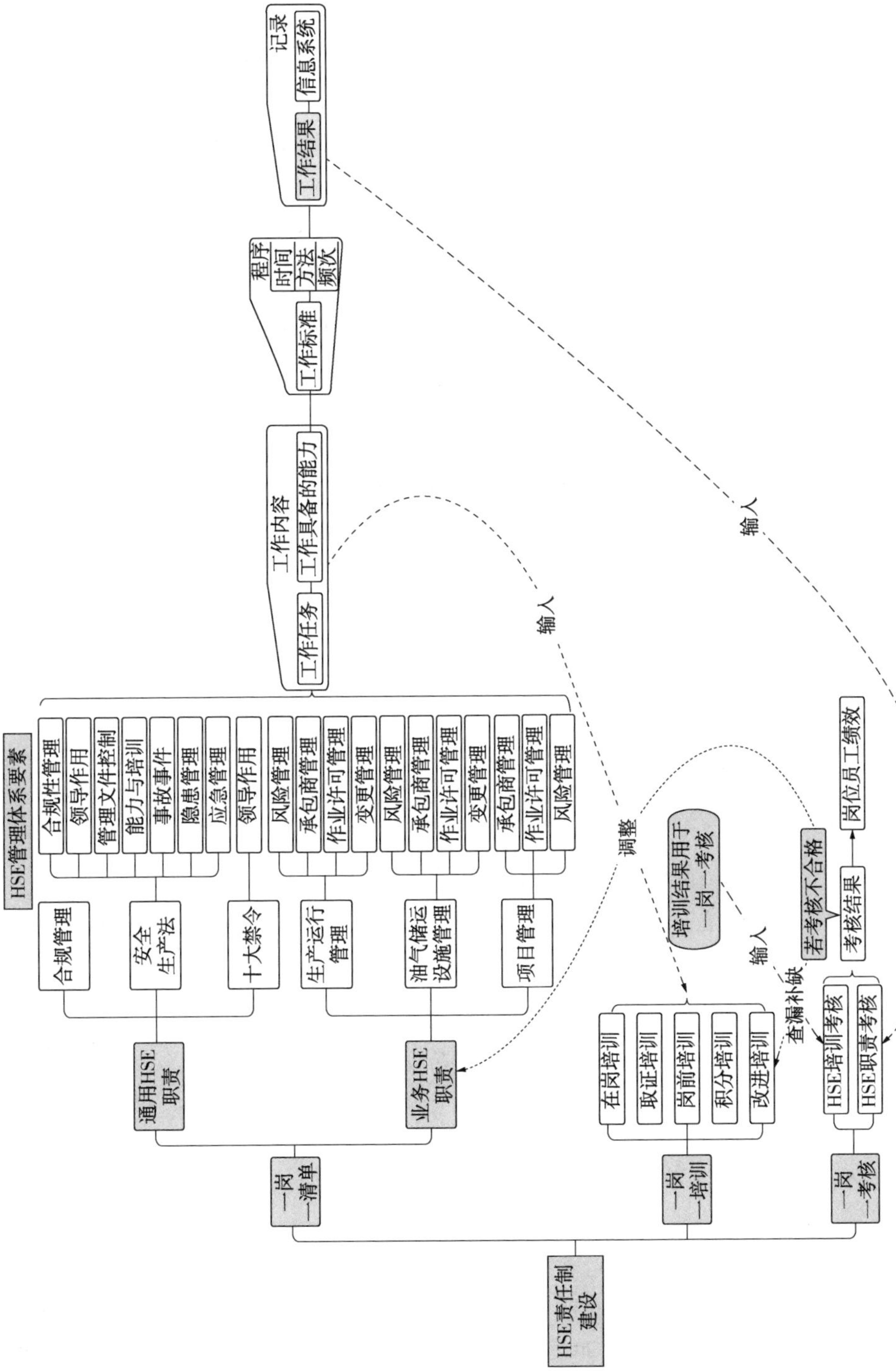

图4-12 QHSE“三个一”建设内容

1.“一岗一清单”：责任与清单的深度耦合

“一岗一清单”是QHSE“三个一”机制的核心，旨在明确岗位安全生产职责、所需能力和工作标准，为培训、考核提供依据。编制“一岗一清单”时应满足实用、简明、可操作的基本原则，职责模块分为通用QHSE职责与业务QHSE职责。

（1）通用QHSE职责

通用QHSE职责是企业全员均应履行的职责，侧重于贯彻落实法律法规及上级要求。主要包括：遵守企业安全规章制度；通用安全知识培训；QHSE风险及其应对措施；通用设备设施、工器具的操作技能；事故预防与应急处理程序和能力；在日常工作中劳保用品的佩戴及其他QHSE职责。

（2）主要负责人QHSE职责

主要负责人在全面管理企业工作的同时，承担全面的安全、环保责任。负责健全并落实全员安全生产责任制，加强标准化建设，组织制定和实施安全生产规章制度、操作规程、教育和培训计划，保证安全生产投入，建立并落实双重预防工作机制，排查治理隐患，制定并实施应急救援预案，且在事故发生时及时如实报告，在企业QHSE管理中发挥关键引领作用。

（3）副职业务QHSE职责

副职业务QHSE职责根据自身管理业务范围，体现协调、组织、监督、审核、验证职能。如主管设备副职针对不同设备风险制定管控职责；主管安全或综合专业副职紧扣风险管控全过程，通过明确QHSE职责，确保各业务领域安全管理有序开展。

（4）具有实体设备岗位业务QHSE职责

具有实体设备岗位，如机械岗、电气岗、仪表岗等，QHSE责任清单涵盖确保作业人员持证上岗、建立健全设备档案、管控维护检修风险、管理设备工艺变更、加强承包商管理等多方面职责，保障设备安全稳定运行。

（5）无实体设备岗位业务QHSE职责

无实体设备岗位存在少量或不存在现场设备类风险，更多的是管理风险。应针对管理风险进行风险辨识，制定相应的QHSE风险防范措施，承担相应的QHSE职责，通过落实相关QHSE风险管控要求提高人员安全意识，掌握物的安全状态。

2.“一岗一培训”：能力与需求的精准匹配

“一岗一培训”是QHSE岗位责任“三个一”机制的保障，秉持“缺什么补什么”的原则，通过深入剖析岗位弱项不足，科学制定个性化的培训需求和针对性的改进措施，将其全面融入个人工作计划和企业整体培训计划中，精准发力，推动员工 QHSE 业务能力全方位提升，确保岗位履职成效达到预期目标。

（1）通用要求

在岗位 QHSE 责任清单基础上，系统识别岗位能力需求，明确培训需求和内容，编制培训矩阵和“一岗一培训”清单，融入现有配套课程体系中，包括管理制度、作业指导书、应急预案等。

（2）培训类型

为满足各岗位多样化的培训需求，QHSE 培训类型丰富多样，分为在岗培训、取证培训、岗前培训、积分培训及改进培训五个方面，通过搭建精准化培训课程体系，为不同岗位员工量身定制贴合实际需求的培训方案，积极采用“线上+线下”的创新培训模式，确保培训的及时性、便捷性与实效性。具体要求和内容，如表 4-3 所示。

表 4-3　QHSE 培训内容和要求

序号	培训类型	培训内容和要求
1	在岗培训	按照岗位需求制订培训计划表，按期开展。 在 HSE 责任界面中可实现岗位培训预警功能
2	取证培训	按照岗位持证台账，按期开展。 在 HSE 责任界面中可实现取证提前 3 个月提醒功能
3	岗前培训	新入职、转岗员工开展。 收集各岗位岗前培训资料，编制岗前培训效果试卷
4	积分培训	通过“线上+线下”培训来提高不同作业员工的安全知识、安全技能、安全意识、安全意愿，内容可包括： ①习近平关于安全生产重要论述； ②各层级关于安全生产的重要讲话和会议精神； ③国家管网集团安全方针理念； ④安全生产相关法律法规； ⑤风险、隐患、应急等安全专业知识； ⑥JSA、安全观察与沟通等 QHSE 工作和方法； ⑦事故事件和案例教育视频； ⑧其他和安全有关的知识内容
5	改进培训	针对绩效考核排名后 20%的岗位员工，开展 HSE 职责有效落实的考核和测试。 根据岗位编制提升培训计划和课件

其中，基于在岗培训中传统“师带徒”培训模式的特点、局限性和引发的后果，西部管道公司结合企业安全生产智能化、数字化建设及持续提高员工岗位技能培训和测评质量的需求，建设了一套员工岗位技能培训与测评体系。利用标准化的分级培训体系、考核认证体系、师资队伍体系三大体系对员工开展系统化、规范化和标准化的培训。员工围绕技能培训手册知识点学习，按要求通过测评与考核后，取得其岗位所必需的相应级别证书。有效解决员工因专业背景不同、知识结构有差别以及师傅特点不同而造成的学习效果差异大、随机性强的问题。具体要求和内容如图 4-13 所示。

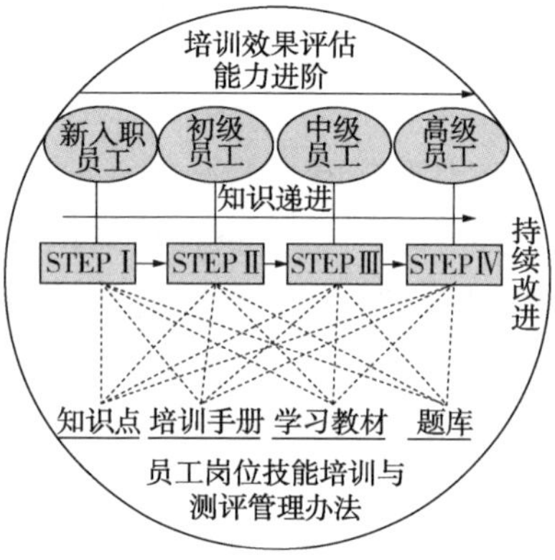

图 4-13　STEP 体系总体结构

（3）培训方式

① 员工自学改进。建立完善的“一岗一培训”课程库、典型案例汇编和安全经验分享资料库，为岗位员工提供丰富资源与便捷渠道，方便员工自主学习提升。

② 开展专家即时辅导。针对 QHSE 管理体系审核发现问题，组织审核专家开展问题系统整改的辅导培训，帮助员工深刻理解问题根源，掌握整改方法与要点，提升解决实际问题的能力。

③ 实施员工互助提升。充分挖掘员工自身专业特长，鼓励员工担任内部讲师，促进员工主动学习、深入钻研业务知识，营造“人人都能当讲师”的良好氛围。

④ 推行实操专业培训。结合现场设备大修、解体等情况，邀请厂家专业工程师深入现场开展实操培训，让员工将理论知识与实际操作紧密结合，实现从“纸上谈兵”到“真枪实战”的能力跨越，切实提升员工的实际操作技能与应对复杂工况的能力。

3.“一岗一考核”：绩效与改进的双向驱动

“一岗一考核”是 QHSE 岗位责任“三个一”机制的抓手，通过全面监督检查员工履职情况，发现岗位工作中的短板弱项，以此为切入点，推动岗位职责落实和员工履责能力提升。

（1）通用要求

“一岗一考核”是对每名员工在本岗位所涉及的 QHSE 履职情况进行的个人绩效考核，最终纳入人事部门绩效考核。依据不同岗位的 QHSE 工作参与程度和重要程度的不同，设置相匹配的权重系数，客观评价员工在岗位上的贡献。同时，创新设置安全积分制度，量化激励员工在安全工作中的优秀表现，进一步强化员工的安全意识与责任感。

（2）考核方式

工作任务总分由通用职责分数、业务职责分数、加分项分数、否决项分数共同构成，各单位可根据本单位管理实际情况设置加分与否决项。

通用职责赋分方式：每个岗位的通用职责赋分一致。

业务职责赋分方式：每个岗位可根据工作任务的重要性和 QHSE 风险大小对相应的工作任务进行赋分。

加分项：及时发现上报、岗位隐患的；提出安全生产合理化建议并被采纳的；根据实际情况赋予合理加分。

否决项：因违反操作规程、体系文件、规章制度等导致事故或造成企业较大负面影响的，将扣除本项全部分数。

三、实施效果

1. 战略层面：构建企业级质量安全管控新格局

借助 QHSE“三个一”建设，公司精心搭建起覆盖全业务链的责任制体系，通过“一岗一清单”，把安全责任细化至每个岗位，员工对安全职责一目了然，安全理念借此扎根心底，安全氛围越发浓厚；从成本管控来看，清晰的责任界定减少职责不清导致的资源浪费，培训让员工操作更规范，考核保障安全措施落实，事故发生率降低，从战略高度把控公司稳健发展方向。

2. 管理层面：打造标准化作业示范标杆

作业区深度践行 QHSE“三个一”体系，岗位清单为管理工作提供清晰规范，各岗位工作标准与流程明确，管理有章可循；安全培训助力管理者精准提升员工安全能力，合理分配培训资源；考核机制作为管理监督的有力手段，管理者借助考核数据评估安全管理效果，及时调整策略、优化流程，成功实现现场管理的规范化、标准化。

3. 执行层面：培育高素质职业化团队

在员工层面，实现了从“被动执行”到“主动管理”的历史性转变，在体系推行之前，部分员工对岗位安全风险认知不足，导致日常操作时有疏忽，但随着岗位责任清单建立及精准化培训的深入开展，员工不仅对岗位安全规范烂熟于心，操作技能也得到了全方位的提升，从根源上保障各项工作安全、高效推进。

四、结论

国家管网集团西部管道公司通过QHSE“三个一”管理体系的创新实践，构建了“责任精准化—能力适配化—考核数据化”的全链条安全管理模式。通过责任清单的系统梳理实现了岗位QHSE职责的显性化管理，依托靶向培训矩阵破解了传统安全教育的形式化困境，借助量化绩效杠杆形成了责任闭环的刚性约束机制，为全员履职提供了基本遵循和指引，也为其他行业构建科学化、系统化的安全生产责任落实机制提供了宝贵经验，对推动企业安全治理体系现代化具有重要的借鉴意义。下一步，西部管道公司QHSE“三个一”体系将不断完善和推广，提升企业整体安全生产管理水平，为公司高质量发展筑牢安全根基。

西气东输公司异常事件管理工作实践

张兴盛　张志胜　邹　茜　陈维帅

（国家管网西气东输公司）

事故是企业安全生产问题、隐患、矛盾的突出体现，根据海因里希事故法则，要防止重大事故的发生必须减少和消除无伤害事故，重视事故的苗头和未遂事件。抓好安全生产，要牢固树立红线意识、底线思维，从体系审核、生产运行报警、异常事件中总结经验，超前防控事故发生，把充分利用事件资源作为我们安全生产工作中的重中之重。

一、异常事件管理概况

作为事关国计民生、能源安全的中央企业，安全生产工作责任重大。西气东输公司坚决将“零缺陷、零伤害、零事故、零污染”作为QHSE管理战略目标，坚持总结经验、探索实践，主动作为、升级管控，构建了一套完整的事故事件学习管理机制。通过严查深挖、以事促改、有责必究，事件管理取得了良好成效，连续多年零事故，造成严重后果的各类事件数量总体呈下降趋势，在防范化解重大风险、保障公司安全平稳运行上发挥了积极作用。公司近10年来事故事件发生情况见图4-14。

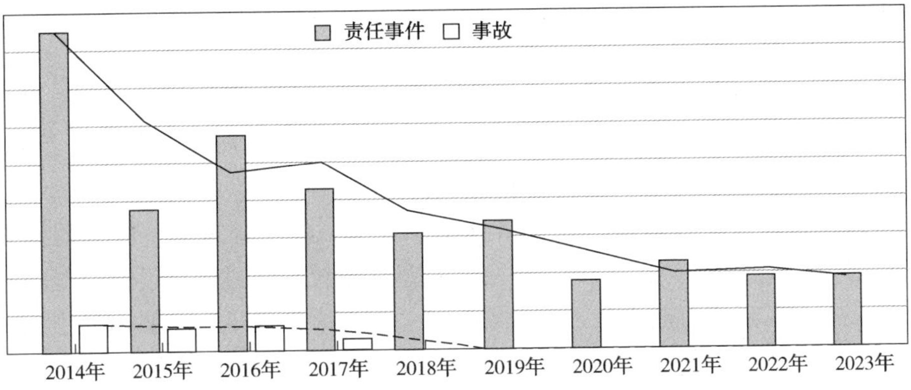

图 4-14　西气东输公司近 10 年来事故事件发生趋势

2023 年责任事件比 2014 年下降 78%；每千起施工断缆率自最高 37.3 起降至当前的 0.3 起；压缩机组平均无故障运行时间同比提升 60.9%；承包商事件同比下降 20%；2023 年未发生任何能量意外释放事件、作业中人员受伤害事件。

二、异常事件管理典型做法

西气东输公司通过完善制度，严抓事件上报通报，参照事故开展事件调查，对异常事件调查深挖原因、系统改进提升、学习交流分享，将事故事件回归到风险预防，弥补管理上的短板，变成 QHSE 管理的有效输入。

（一）完善异常事件管理制度

制定专项事件管理程序。针对以往异常事件管理中存在的问题，公司在制定事故管理办法以外，学习借鉴国际安全评级、杜邦管理等国际先进事件管理理念，制定了专项的事件管理相关体系文件，明确了异常事件上报、评估、调查、处理、整改、考核、学习全过程的管理要求，使事件管理有章可循、有据可依。

异常事件定义明确、分类清晰。通过制度层面设计，应用风险矩阵法，将事件按“级别”“类别”分类，将承包商事件、医疗处置事件等纳入一般事件管理范畴。将压缩机停机、线路通信光缆损伤、重要输气阀门误关断等后果严重、风险较大的 16 类异常事件，定义为较大影响生产安全事件，参照生产安全事故进行管理，在通报、调查、责任处理等方面较一般事件要求更高、管理更严。

（二）建立异常事件上报通报机制

明确各层级事件及时上报。即发生一般事件后，在 5 个工作日内将事件信息录入信息化系统平台；发生较大影响事件，除按突发事件应急响应上报外，原则上 1h 内报告给公司生产调度中心。

鼓励员工积极上报事件。针对以往基层单位事件上报存在漏报、瞒报等问题，通过培训辅导、简报通报、考核奖惩，引导员工提升报送事件信息及时性、准确性。为异常事件资源利用和统计分析打牢了基础。

事件限时全面通报。建立异常事件信息收集、核实、审阅、群发的通报机制。在公司机关层面依托生产调度中心及信息化系统，通过短信、会议等信息传递路径，基本实现了每起事故、较大影响生产安全事件发生后 24h 内通报到每个关键岗位，在 48h 内传达至公司每一名员工的目标。自 2015 年起，累计传达 50 余万人次，基本实现了事件信息通报全员覆盖。

（三）参照事故管理加强事件调查

将集团公司事故事件流程作为事件管理标准，完善事件调查环节。见图 4-15。

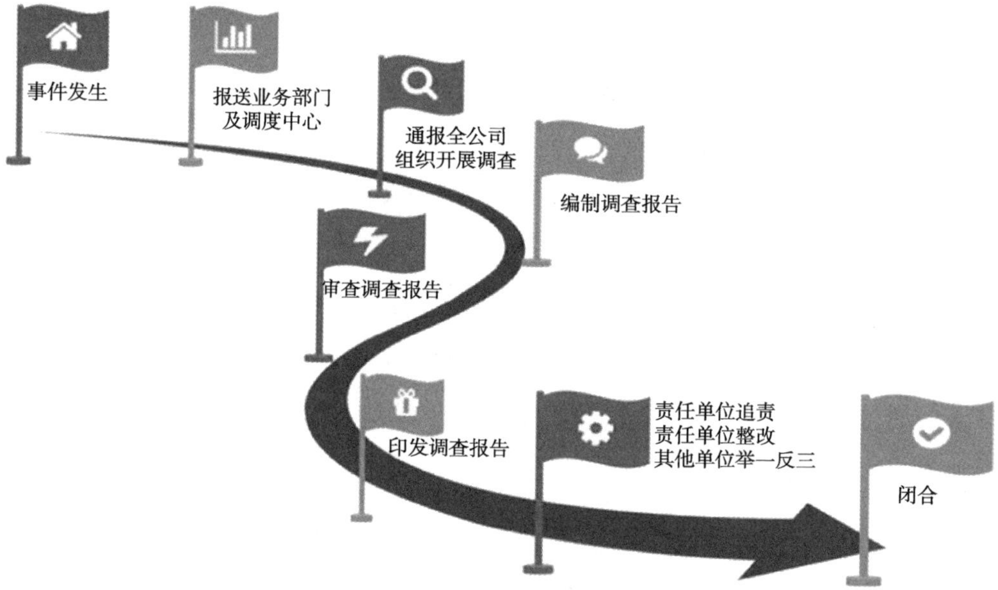

图 4-15　西气东输公司事件调查流程图

一是开展事件分级调查。依据风险等级评价、发生频次的不同，较大影响事件原则上由业务部门组织进行调查，对影响较大、短期内重复发生的事件升级由公司调查。二是固化事件调查组构成。公司级事件由机关成立调查组，安全、生产、工程、物资、人事、工会、其他单位基层人员参与调查。第三方机构协助开展调查技术分析。三是明确业务归口调查责任。“三管三必须”，由公司业务部门按事件业务归口分级调查。如由管道业务牵头发布《西气东输管道光缆损伤事件管理指导意见》，坚持光缆“逢断必查”。四是规范调查程序。调查组深入现场，聚焦事故事件的“关键致因”开展深入调查，如实做好人员访谈、现场取证等工作，召集责任单位相关人员共同分析异常事件发生原因。五是科学开展原因分析。运用DNV系统原因分析法(SCAT)、故障树、鱼刺图等科学方法和手段，按“人机物法环”的分类分项系统开展原因分析，重点查找管理缺失，提出有针对性的整改和预防措施。六是严肃调查报告审核发布。现场调查完成后，调查组编写调查报告，提出责任认定意见及处理建议。公司机关业务部门、安全管理部门依次审核把关，提出改进意见，最后由安全管理部门统一归口发布。见图4-16。

(四)开展事件整改提升

事件发生单位制定切实可行的纠正及预防措施，针对事件致因的同类设备、设施和管理缺失对照检查和整改。召开通报会议，对负有责任、性质严重的事件，相关责任人员在二级单位会上做出检查，由单位主要负责人在公司周例会上专题汇报检讨，进一步起到警示、教育作用。公司层面定期统计分析事件数据，对下一阶段生产经营风险情况进行预警和提醒，改进管理短板。

(五)公司层面追溯改进

重点分析事件发展趋势、事件原因构成比例、重点类型事件情况等，研判规律、提炼经验。近10年间统计的公司安全事故、较大影响事件、一般事件数量比例为1∶16∶10336，呈金字塔比例，通过抓住关键环节，实现一般事件到较大影响事件比例的快速收敛。见图4-17~图4-19。

(六)积极开展事件学习及经验分享

一是典型事件限时通报强化同类事件举一反三。公司24h、48h通报机制和事件调查给出的整改措施，促进了公司各级管理者和专业人员做到“四不放过”和典型问题共享共治。同时加强事件闭环管理，在公司级体系内审中，选择典型事件进行整改效果复核验证。二是严肃追责、严格考核强化各级管理者主体责任。对于调查认定违反公司程序文件、流程规定的责任事件，坚持四不放过原则，采取经济、行政等措施进行处理，保持严的态势。对发生事故、较大影响生产安全事件的单位及个人，参照安全环保责任书和绩效合同内容，予以绩效考核兑现。近10年共对各类事故事件责任人开展行政处分、经济处罚800余人次。促使各级领导员工强化安全生产红线意识，深刻认识到落实安全生产责任、预防和遏制事故发生的重要性。

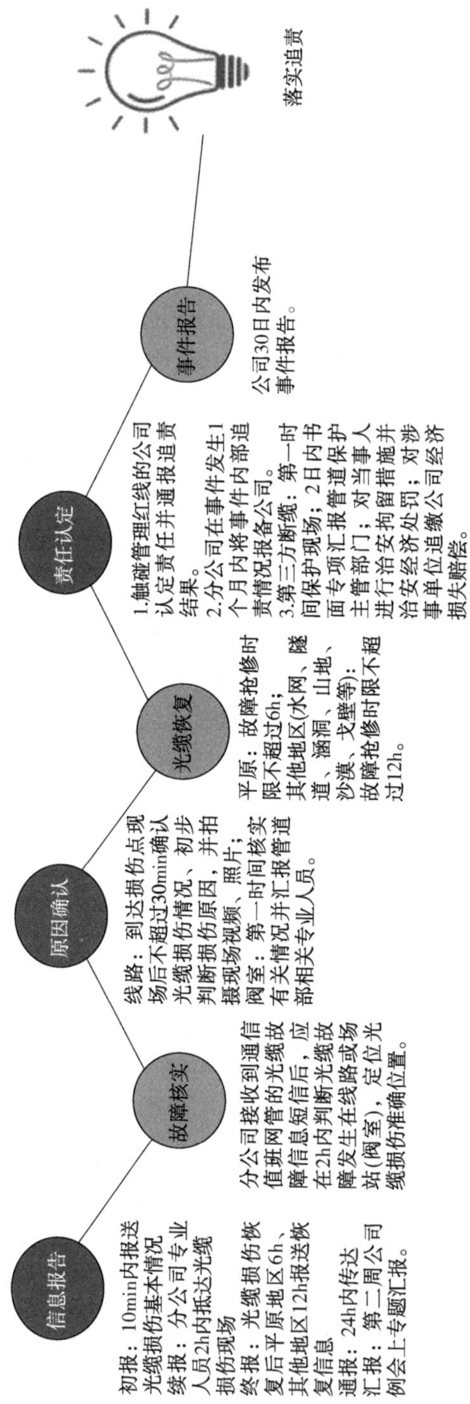

图4-16　管道光缆断缆事件调查步骤

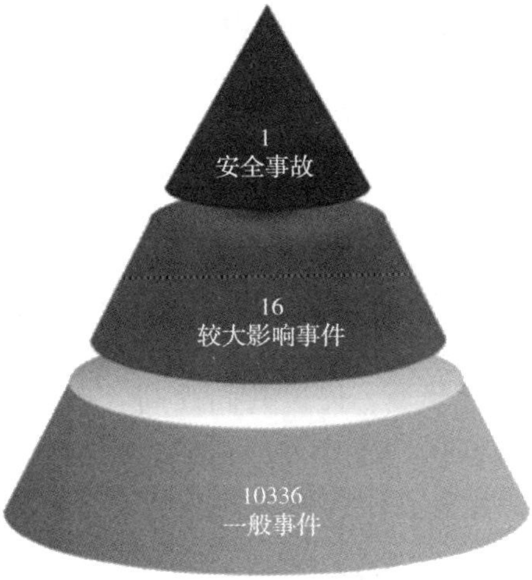

图 4-17　近 10 年安全事故、较大影响事件、一般事件数量比例示意图

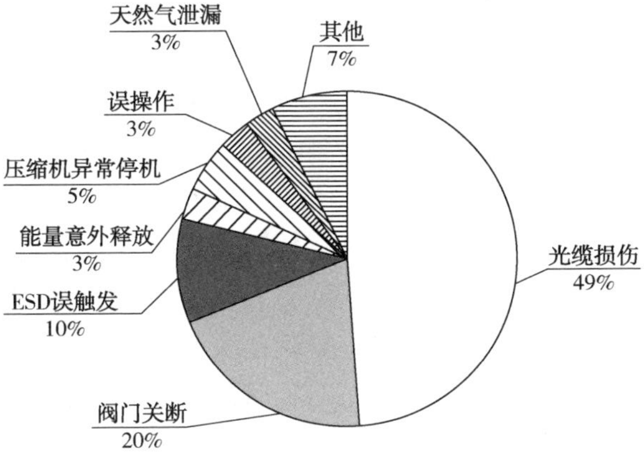

图 4-18　近 10 年各类较大影响事件比例图

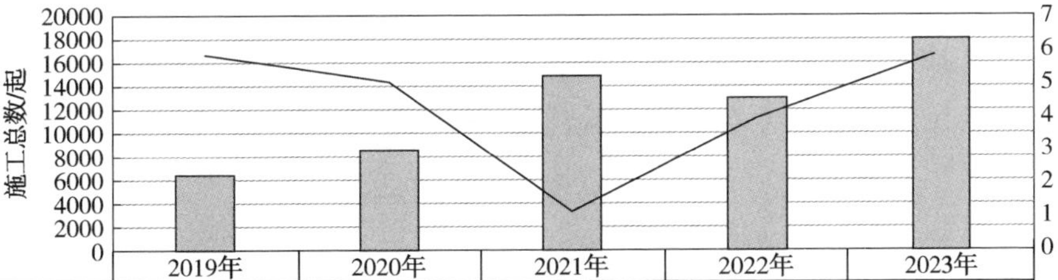

	2019年	2020年	2021年	2022年	2023年
▨ 施工总数/起	6366	8571	14929	13169	18216
—第三方责任断缆次数/次	6	5	1	4	6

▨ 施工总数　—— 第三方责任断缆次数

图 4-19　近 5 年第三方施工数量及断缆次数

三是开展头脑风暴式的事故事件案例教育学习活动。建立完善资源共享的事故事件管理平台。利用情景还原、3D 动画展示等手段，定期拍摄、制作典型事件案例教育视频短片，每年发布《典型事故事件案例汇编》，供基层员工便捷地获取事故事件学习的资源。将各类案例视频、调查报告、经验分享材料上传至公司 HSE 风险管理系统并定期更新。公司领导践行“有感领导”，在场站开展安全生产联系点时，观看案例教育视频，并讨论、发言、分享观后感。所属各单位轮流在公司级工作周例会前开展安全经验分享，选取本单位近期发生的事件或根据事件总结出的典型做法进行分享，促进共同提高。近 10 年分享各类案例近 500 次。公司每季度安委会播放视频教育片后，加入经验分享环节，由 2~3 家相关单位主要负责人就视频片发言，谈认识体会。

三、异常事件管理主要成效

通过以上六大类管理举措，公司日常上报及收集的异常事件质量有了显著提升，调查管理日趋规范，通过对事故、较大影响生产安全事件和一般事件开展科学调查分析，及时有效地查找与整改了部分事故事件致因的同类设备、设施和管理缺失，并通过全员传达学习、举一反三，将事故事件资源作为隐患排查和事故风险超前防控的有效手段，既避免了更严重的事故事件发生，同时也取得了显著成效。

一是事故隐患得到及时查找与整改。公司层面系统性针对液位计、薄壁管、清管指示器等产品缺陷导致的事件，开展了 10 多项普遍性典型事故隐患的整改。针对“过滤分离器液位计产品质量缺陷”导致的天然气外漏事件，系统开展“液位计”的隐患整改；如：针对“站内埋地小口径管线易腐蚀穿孔”导致的事件，系统开展“薄壁管改造”隐患整改；针对“清管指示器内漏”导致天然气外漏事件，系统开展“全线 89 台 TDWPIG-SIGIV/V 型插入式清管指示器拆除”隐患整改；针对“埋地低点排水口漏气”事件，组织开展全面排查并加装管帽整改。

二是促进生产业务领域系统性整改提升。通过公司层面开展事件统计分析，查找内在规律，在生产管道安全等业务领域开展系统性管理整改，提出“工艺纪律生产作业五不准”“管道保护八条红线”等全面管理提升策略，有效提升了场站设备设施完整性、工艺操作作业、管道第三方施工管控等系统性管理风险防控水平。

在管理改进方面，通过开展断缆事件调查处置，提出了“管道保护八条红线”等全面管理提升策略，形成了信息收集、标准化布控、“六步法”“双快一保”等一系列受行业认可的管理标准，总结了“十字开挖”等有效经验方法，每千起施工断缆率自最高37.3起降至0.3起。针对2022年2起能量意外释放事件，制定了“工艺纪律五不准”的要求，开展了工艺作业反思及整顿活动。

在设施提升方面，针对历年系列ESD误触发事件，2023年开展安全仪表系统管控专项提升活动，更换136个ESD系统关键部件、修订维护火气系统操作规程7份，固化安全仪表系统关键维检修作业卡18份，优化维检修策略14项。结合后期报警情况，避免了原设计及设备缺陷导致的ESD误触发5次。通过系列压缩机停机事件管理，组织开展“一体、二查、四提升、再回头”共计8大专项活动，提高机组抗晃电能力，治理“机组跑冒滴漏”典型问题518项，推广11项设备运行环境提升要求；提出燃机水洗孔探质量提升要求6条；梳理总结近2年非计划停机举一反三整改提升措施357条。实现压缩机组2023年度平均无故障运行时间达到10294h，较2022年的6399h提升60.87%。

在施工质量方面，针对一段时期频繁发生仪表凸台、支管连接处渗漏事件，如“某站出站温度计TI1301套管根部焊缝处存在天然气渗漏”，通过统计分析确认了场站工艺施工中普遍存在角焊缝等焊接、检测质量薄弱环节，提出了对部件选型等的改进意见，将温度计套管连接角焊缝渗漏监控中列入日常巡检内容，并将相关环节纳入建设期关键质量控制点。

三是促进员工安全意识提升。事故事件学习活动已逐渐成为一项常态化的基础工作，各级员工通过参与异常事件管理，持续性开展异常事件学习和安全经验分享，起到了警示、教育和分享提高作用，公司全员风险防范意识有了普遍提升。

油库安全风险评估机制的建立与实践

彭玉婷　吴　勤　许钧瑞　蒋浩波　孙永忠　刘　迅

（中国石油四川销售分公司）

2021年5月，国家应急管理部印发了《开展大型油气储存基地安全风险评估工作的通知》，目前大部分油库普遍建库时间较早，又面临地理环境各异、管理水平参差不齐等现状，评估形势复杂且严峻。本文充分结合油库实际，力求探索建立一套专业系统的油库安全风险评估管理机制，实现全面、准确地查找油库管理短板和风险隐患，合规、有效地推动项目整改和专业水平提升，为消除油库事故风险隐患、避免被通报和关停舆情事件打好坚实基础。

一、安全风险评估机制建立的主要策略

以应急管理部《油气储存企业安全风险评估指南》（以下简称《指南》）为基准，结合其中对油库的分类，立足实际现状，从明确顶层设计、制定内容标准、推进落地实施、抓好隐患整治四个方面全方位着手，实现“两全面，两建立”目标，即：符合评估要求的油库问题全面覆盖、评估过程发现的隐患全面整改，强化风险严控、隐患治理、现场规范、能力提升，最终建立健全风险分级管控-隐患排查治理双重预防机制和每年一自评、三年一核查的常态化风险评估长效管理机制。见图4-20。

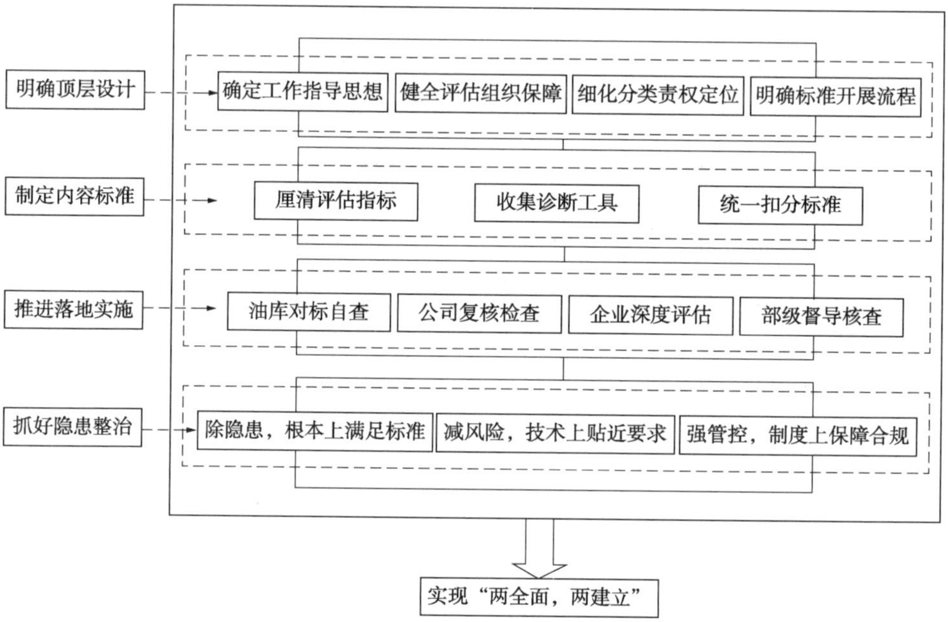

图4-20 风险评估长效管理机制

（一）明确安全风险评估顶层设计

1. 确定工作指导思想

根据国家应急管理部《关于开展大型油气储存基地安全风险评估检查工作的通知》要求，以严控时间节点、突出工作实效为原则，通过评估的专业导向作用，厘清工作思路、优化管理程序、夯实基础工作、促进本质安全，切实提升油库安全风险辨识管控水平，强化防范化解重大安全风险能力。

2. 健全评估组织保障

成立主要领导牵头的工作领导小组，根据工作职能由安全部门进行专业对口

管理，其余部门协同统一推进，形成分工明确、目标一致的统筹保障责任主体；建立各层级工作专班，组织跟踪评估工作实施推进、督促指导隐患问题整改落实、沟通协调政府取得政策支持，确保评估工作效率效益，实现油库专业化管理促进提升；组建安全、工程、设计、油库专业线骨干建立评估专家队伍，着力研究解决评估问题标准判定、隐患整改措施落实等存在的疑点难点，保障评估工作标准清、质量高、效果好。

3. 明确标准开展流程

遵循“自查从宽、被查从严”原则，按照“各单位自查、上级公司复核”流程，首先由油库成立评估小组组织开展风险自查评估，再由上级公司成立专业技术评估小组对油库进行核查评估。同时，通过在既定时间内有效整改，严格把自评得分控制在850分以上的中、低风险阶段，杜绝否决项和单项扣分150分问题存在，严禁出现停产和局部停产结果，齐心协力做好迎接企业深度评估和国家政府督导核查准备。

（二）制定安全风险评估内容标准

1. 厘清评估指标

对标《指南》84项重点评估内容440项安全检查项，根据评估检查对象分类，结合油库实际情况，筛选、整理出适用内容部分，形成硬件（企业选址及总平面布置、工艺安全、设备安全、仪表安全、电气安全、消防与应急等6类）和软件（安全管理组织机构、安全信息管理、生产运行管理、作业许可管理、设备完好性管理、进油前安全检查管理、变更管理、承包商管理、事故事件管理、应急响应等10类）两个部分16类302项检查评估内容量化清单，其中否决项6项、扣150分重大隐患项18项。

2. 收集诊断工具

以《指南》中“检查依据”部分为总纲，对比《安全生产法》《石油库设计规范》等新老版本法律规范，梳理《关于加强化工过程安全管理的指导意见》《关于进一步加强化学品罐区安全管理的通知》等政府部门文件要求；精准测算内外部安全间距和消防救援能力，设定消防水和泡沫液计算公式，以及内部距离和外部距离测算标准。可通过查找文献资料验证、征求专家论证意见等方式，形成规章制度速查工具包，为辅助评估工作开展做好标准化和技术性支撑。

3. 统一扣分标准

对照评估量化清单，组织评估专家队伍逐项熟悉检查内容、研究检查依据、细扣评分说明，明确界定否决项和150分重大事故隐患项区分标准，清晰把握扣分和不扣分原则基调，编制《油库安全风险评估指南使用解读》培训课件，统一评估方法技巧、问题分析追溯和评估打分标准，并从资料准备、整改建议和迎检应对等方面给予专业的指导建议和把握的量化尺度，确保问题隐患找全找准、评估结果客观公正。

（三）推进安全风险评估落地实施

1. 油库对标自查

油库自评可借助有评价资质的第三方机构开展培训和辅导，对组织过程进行统一、现场测量进行规范、扣分标准进行验证，形成自查评估报告和隐患问题清单模板。通过总结试点评估经验、优化评估方式后，油库相关评估人员参与，探讨共性问题、解决个性短板，固化形成一套对标自查评估实践方法，用于指导油库自查评估开展。

2. 公司复核检查

上级公司成立由安全、工程、设计、油库等专业线骨干组成的复核评估技术小组，以“宁可十防九空，不可一失万无”为原则，对油库自查情况、问题判标、措施落实等方面进行高标准、严要求的实地逐项核查评估，验证按评估要素建立佐证资料的符合性、完整性、有效性，验收现场硬件问题整改情况的科学性、合规性、彻底性。针对复核评估中发现的“否决项”、存在单项扣分 50~150 分问题，召开专题会逐项进行讨论研究，修改纠正有争议的标准引用、欠合理的数据核算、不可行的整改措施、需统一的解释阐述，最终定下油库自查评估问题清单。

3. 企业深度评估

面对问题多、隐患多的客观实际，以“不遮掩、不回避”的态度和“学习、提升”的思想，主动暴露自评问题、实事求是反映重大隐患，确保深度评估结论属实、准确。按“边查边改边提升”原则，软件问题尽量保证不失分，暂时无法整改的纳入隐患清单进行“五落实”管理，并严格挂牌督办，同时向当地应急管理部门报备，取得政策支持。对深度评估问题进行收集汇总分析，上报并录入应急管理部危险化学品安全生产风险监测预警系统，并对整改情况进行跟踪验证，确保逐一整改、逐一销项。

4. 部级督导核查

按应急管理部《大型油气储存基地安全风险评估督导核查工作手册》要求，结合实际编制下发《油库安全风险评估督导核查迎检工作方案》，从三方面着手规范迎检组织，指导油库做好迎接部级督导核查准备。一是统一解释口径。编制“标准解读、应知应会、迎检准备”三类课件并组织开展培训，从政府检查关注重点、油库解释处置要点、迎检具体工作要求、需要重点关注问题等方面，给予包括法律法规对应条款解释、迎检回复应答模板参考等专业细致的规范统一；通过岗位讲述使全员熟悉其对应的岗位职责、需落实的规章制度、要操作的设备参数流程、应急时的预案展开和物资使用等，并要求能熟练操作其岗位对应的系统或设备。二是统一资料准备。再次对照《指南》逐项梳理准备佐证依据和支撑资料，分项建立文件盒存放，做好序号标记和索引表；按照检查重点做好分工，把硬件和软件资料分工到组，将各项重点内容落实到人，提前将资料缺失或无法解释问题进行上报，做好应对解决。三是统一迎检汇报。编制标准统一的迎检汇报材料和一库一策报告模板，各油库根据自身实际进行完善。主要把企业评估工作开展情况、隐患问题整改进度等内容向检查组主动汇报，充分展示对此项工作的高度重视和认真推进；同时将整改难度较大暂不能整改完成的难题"硬骨头"及时解释沟通，并提出目前应对落实的针对性整改措施，有效取得检查组理解和政策支持。

（四）抓好安全风险评估隐患整治

1. 消除隐患，从根本上满足标准

分类汇总油库隐患整改项目所需资金，综合考虑油库评估类别、问题严重程度、资金数量需求、整改作业时长等因素，分级分类、重点攻关，针对性提出整改计划部署，并编制职责明确、流程优化、任务细致的提升方案。在推动整改过程中，紧盯时间节点，定措施、抓监督、保落实。

2. 减弱风险，从技术上贴近要求

针对无法通过施工项目消除的隐患，通过查找新老规范做对比，找到有理有据的法律适用原则和条文解释，奠定整改措施合法基础；基于风险考量运用评价工具开展现状评估，确保控制措施科学有效。同时，结合老旧油库运行实际和日常管控情况，加强与政府部门沟通解释，提交系统性合理意见建议。

3. 强化管控，从制度上保障合规

做好"一库一策"整改方案，确保整改后硬件问题满足合规要求并与现场一致，软件问题符合实际现状，记录可延续、能追溯。按照整改计划时间安排，落实专人跟进、实时上报进度，确保问题整改实事求是，有质量、见成效。定期到现场开展问题整改逐项回头看，验收整改真实效果，杜绝玩各种整改数字、文字游戏的情况发生。

二、安全风险评估机制建立的实践成效

（一）安全隐患明显减少

面对整改时限紧、政府监管严、标准要求高等严峻形势和多重压力，通过统

筹实施风险评估问题专项治理，“硬件”隐患存量持续减少、增量有效遏制。同时，健全机泵大修、清罐防腐、老旧油罐和管线检测等专项检修机制，保障了关键设备设施运行完好，油库整体本质安全大幅提升。

（二）专业能力持续提升

通过安全风险评估以查代训、以评代培，掀起全员学规范、找问题、定措施、促整改热潮，不仅让老员工得到锤炼，也让新力量迅速提升，增强了油库员工队伍整体素质，为后续评估工作提供了中坚力量。资格达标、取证占比、持证上岗率满足法规要求和管理规定，从管理、技能、操作三个维度，为油库安全合规运行提供坚实的专业人才保障。

（三）精细管理不断夯实

通过深入分析风险评估问题背后深层次原因，聚焦管理短板，以依法合规为底线，从体系、制度、规程、机制四个方面入手，针对安全环保、隐患整改、设备管理、生产运行等方面总结归纳经验，提炼编制可复制推广的制度规范、管理标准和模板手册。推动迎检技巧能力培训、做好合法依规课题研究，促使员工转变观念、主动适应，做到真懂油库情况、善用标准回答、敢于解释交流，努力把外部压力转变成内生动力，引导全员在学法用法、识标贯标中唱主角，在风险防控、隐患治理中当主力。专业基础得到夯实，精细标杆得以打造。

（四）长效机制有序构建

通过安全风险评估充分展示老旧油库在设备方面的“硬伤”问题和管理方面的差距短板，促使企业不断围绕以风险评估结果为导向的专业管理量化定级评价方法，以“查问题、补短板、促提升”为目标，突出标准引领、制度约束、规范管理、专业考核四个维度的管理评价手段，不断强化风险监测预警、重大危险源包保、隐患排查治理等工作推动走深做实，全面构建起“每年一自评、三年一核查”的安全风险评估长效管理机制，促进油库风险评估和隐患治理工作常态化有序开展。

三、结束语

油库安全风险评估机制建设是一项长期性、系统性的工程，需要在实践中不断地持续优化、更新和完善，确保精确查出每一项风险隐患、精细做好每一次问题整改、精准开展每一轮管理提升。通过反复实践、总结、再实践的过程，真正厘清油库安全管理存在或者潜在的风险，并及时全面地进行科学地防范与控制，实现风险评估机制的闭环管理和良性循环。不断提升安全管理水平和市场竞争力，使企业在竞争日趋激烈的国内外环境中，保持长久、持续和稳定的发展。

三维发力强“三基” 久久为功筑防线
——中国石化销售华中分公司油库安全管理创新实践

李新明 张 路 冯国柱

（中国石化销售华中分公司）

中国石化销售华中分公司是中国石化销售板块中的大区公司，下辖武汉、大庄、长岭、九江、安庆五座大型成品油储备库，总库容近 100 万 m^3，具有管输、铁路、公路、水运四种运输方式，年经营量约 3000 万 t，作为保障华中地区能源安全的战略储备力量，中国石化销售华中分公司锚定“国之大者”，坚决贯彻习近平总书记关于安全生产的重要论述，特别是视察胜利油田时“夯实三基工作，筑牢发展根基”的重要指示精神，多措并举，不断强化三基工作，牢牢守住安全底线，为华中地区成品油市场稳定供应发挥着“稳定器”“蓄水池”的重要作用。

为了深入贯彻落实习近平总书记“四个革命一个合作”的中国能源安全新战略，2020 年 10 月，中国石化销售华中分公司原管道、设备、生产、安全、抢维修中心等部门大部分管理、技术人员和二级输油管理处机关管理人员、各输油站场技术和操作人员，与管道、输油站场等资产一并划转至国家管网集团。面对大部分安全、生产管理及技术人员划转后，基层油库呈现的“三化”矛盾（管理人员年轻化、管理层级扁平化、安全管理基础薄弱化），公司创新“制度筑基-现场强基-人才固基”三维管理体系，通过基础工作提升行动、5S 标准化建设、全员岗位练兵三大攻坚战役，推动传统“三基”工作向现代油库管理转型升级。实践四年来，实现重大隐患清零，标准化作业覆盖率 100%、青年员工技能达标率 98% 以上的显著成效，连续三年获评集团公司安全生产先进单位。

一、以基础工作提升为抓手，为油库安全生产减负提质

“三基”是石油石化行业的“传家宝”。近年来，销售华中认真落实石化集团党组决策部署，将“三基”工作的着力点面向基层油库安全生产，开展“三基”工作提升行动，赋予“三基”工作新的生命力。

公司党委以上率下，主要领导精心谋划，分管领导深度参与，高位推动构建“上下贯通、横向协同，执行有力、运转顺畅”的工作格局，为“三基”提升行动“把方向、建机制、明路径”。成立专项工作组，抽调精干专业力量，设立制度

简化、岗位责任清单和台账优化三个专项小组，采用“调研-梳理-编制-审核-完善-审定”模式，分步实施、统筹推进，累计修改40余次，形成了一套具有华中特色的“一册一单一表”(油库制度手册、岗位职责清单、台账报表汇编)。

在油库制度转化(“一册”)方面，以“简明扼要、通俗易懂”为原则，依据油库管理实际全面梳理286项现有制度，分拆与基层安全生产操作相关的制度内容，逐一进行简明化改造，精练文字表述、绘制图表示意，形成35项油库版简化制度手册，确保管理要求更加清晰、基层执行更加便捷。在岗位职责清单编制(“一单”)方面，以“明晰精准、注重融合”为原则，科学整合、规范描述，制定32个标准岗位模板，做到“三明确、一融合、一关联”，明确资格、职责、风险，融合HSE职责，关联“一书两卡”，实现一单在手、规范全有，做到人人有专责、操作有标准、工作有检查、考核有依据。在台账优化(“一表”)方面，以“数智应用、减负提效”为原则，利用油库数智化改造提升契机，对现有的160项台账表单逐一梳理，摸清账表来源，研判留存意义，确定系统集成方式，通过保留一批、删除一批、优化一批，形成了一套流程标准、模板规范的台账样本，共计134项，优化率达39%，有力实现了为基层员工减负、为安全管理赋能。

二、以“5S”建设为抓手，为油库安全生产强基固本

公司不断探索“5S”管理成效，在标准化创建上谋实措，在规范化管理上出新招，强化生产现场安全管理、夯实网格化管理责任，打造“5S”标准化示范区域，实现库区环境整洁化、生产区域标准化、员工操作规范化。

1. 在“适用实用”上下功夫

结合基层油库实际，选取“两区(储罐区、油气回收装置区)、两室(控制室、化验室)、两间(应急物资间、危废暂存间)”为切入点，以“点”入手、抓“点”促“线”、以“线”带“面”。从细节入手，优化现场布局，合理设置标识标牌、规范物资存储区域，制作各类标识标牌1000余个，形成了由设备标牌、仪表标识、警示标识组成的安全生产标识体系。

2. 在“责任落实”上下功夫

一方面将“5S”管理融入安全网格化和设备“四定”要求，按照不同区域将油库划分为若干个管理网格，明确网格管理责任人并现场公示，推进管理力量下沉，确保责任落实到网格区域和设备设施；另一方面，优化“一书两卡”模板，编制“油库管输进出库作业”“公路进出库作业”“油气回收装置操作”等日常作业联系单，落实管控责任，实现“作业有步骤、风险可管控、安全有观察”。

3. 在“学用结合”上下功夫

鼓励员工创新创效，开展了油气回收装置、公路付油台等设备设施小技改、“微创新”十余项，推行标准化交接班、标准化巡检，组织编制《油库“5S”现场标准化手册》《油库施工项目标准化指南》等多个实用手册指南，让“5S”理念内化于心，外化于行，进一步强化员工能力素养提升。

三、以岗位练兵为抓手，为油库安全生产蓄力赋能

近年来，公司为强化安全生产基础，切实提升基层员工安全知识水平和技能操作能力，多管齐下、多措并举，开展了丰富多彩的岗位练兵活动。2024 年，在充分借鉴镇海炼化经验的基础上，开展了“最强操作”竞赛活动。此次竞赛突出全员学习、全员练兵、贴近实操、学以致用，强化基本功训练，促进基层队伍建设，为油库安全生产蓄力赋能。

1. 机制创新，构建三维立体的练兵体系

一是实行“岗位-班组-油库”三级联动机制。由公司党委组织部牵头，联合安全、生产运行等部门进行题库汇编，岗位员工每日一练，班组实行每周一训，油库进行每月一赛，组织部门每月发布“比武战报”，激发各油库“比学赶帮超”热情。二是建立“教-学-练-战”四环递进模式。制作设备培训视频 30 余个，开展“专家讲堂”100 余期，开展岗位价值评估，编制 154 个岗位价值能力图谱，部署岗位练兵信息模块及移动端应用，针对倒班、副班员工实现全天候练兵。

2. 实战导向，打造三类典型应用场景

一是标准化操作场景。结合“手指口述”工作法，总结提炼油库“公路付油操作四步法”“巡检 N 步法”等十大工法，并制作小视频组织学习推广，实现库区“处处巡检有标准、项项操作有工法、点点风险有警示”。二是异常处置场景。开展 SCADA 系统“查异常、抓三基”行动，通过后台随机修改各库站运行数据，要求当班人员限时发现“异常”。2024 年以来累计设置问题 138 项，1h 内的“异常”查出率由前期 60%提升至后期 85%，平均响应时间缩短至 34min，有效提高了操作工日常监护盯盘能力，增强运行异常响应水平。三是应急响应场景。按照生产安全、自然灾害等 4 大类别，泄漏火灾、恐怖袭击等 7 个科目，结合油库公路装卸、罐区操作等 8 类业态，编制多维度、多组合应急演练矩阵，2024 年全年 5 座油库组织开展应急演练 120 余次，实现罐区、码头等关键区域年度演练全覆盖，大大提高油库员工初期处置能力和应急响应水平。

第五章　消防救援队伍建设实践探索

人工智能在消防救援中的应用

王佳伟　刘　林　索　旋

（新疆油田公司应急抢险救援中心）

一、引言

（一）研究背景与意义

消防救援工作对保障人民生命财产安全、维护社会稳定发展至关重要。火灾事故具有突发性、复杂性与高破坏性，给消防救援带来极大挑战。传统消防救援方式在现代复杂火灾场景下，暴露出反应速度慢、救援效率低、决策科学性不足等问题。如大型商业综合体、高层住宅或化工园区火灾，因建筑结构复杂、火势蔓延快、现场情况难掌握，消防人员制定与实施救援方案困难，易延误救援，造成严重损失。

近年来，人工智能技术取得突破，在图像识别、数据分析、机器学习、自然语言处理等领域优势显著，并逐步渗透至消防救援领域。人工智能能实时高效处理海量消防数据，挖掘火灾规律与潜在风险，实现精准预警与科学防控；火灾发生时，借助先进传感器技术与智能算法，快速准确感知火场环境，支持救援决策，优化资源调配，提升火灾扑救与救援效率，减少火灾损失。因此，研究人工智能在消防救援中的应用，对推动消防救援工作智能化、高效化发展，保障人民生命财产安全意义重大。

（二）国内外研究现状

在国外，欧美等发达国家积极推动人工智能与消防救援融合。美国消防协会（NFPA）资助相关科研项目，研发智能消防预警与监测系统。部分城市利用人工智能算法分析城市消防大数据，结合地理信息系统(GIS)，精准预测火灾高发区域与时段，提前部署消防资源。欧洲在消防机器人研发方面领先，消防机器人配备先进人工智能感知与决策系统，可在复杂危险火灾现场自主执行任务，降低消防员伤亡风险。

国内对人工智能在消防救援中的应用研究也成果丰硕。中国消防救援学院等院校开展课题研究，探索人工智能大模型应用路径。部分地区消防部门试点智能火灾预警系统，通过物联网传输传感器数据至人工智能分析平台，实现早期精准预警。国内企业推出智能消防无人机、智能消防指挥系统等产品。但国内外在人工智能与消防救援融合中仍面临数据安全与隐私保护问题、技术标准规范不完善、人工智能模型可解释性不足等挑战。

二、人工智能技术基础

(一) 机器学习算法

机器学习是人工智能核心领域，让计算机通过数据学习模式并预测。在消防救援中，监督学习算法应用广泛。支持向量机(SVM)可对火灾数据分类，分析历史火灾案例特征，构建分类模型，预测新火灾情况，辅助消防人员判断火灾性质，制定救援策略。决策树算法依据火灾相关因素，如建筑结构、消防设施、周边环境等，构建决策模型，评估火灾风险，确定风险等级，帮助消防部门提前预防。

无监督学习算法也发挥重要作用。聚类算法如 K-Means 聚类，可对消防数据聚类分析，将相似火灾案例或消防设施运行数据归为一类，发现潜在规律和模式，如图 4-21 所示。对不同区域火灾事故聚类，找出相似模式，为区域消防管理提供参考；对消防设施运行数据聚类，发现异常，实现预防性维护。

基于 K-Means 聚类算法主要步骤如下：

(1) 设数据集为$\{x_1, x_2, \cdots, x_i\}$，其中 x_i 是一个 d 维向量。

(2) 设质心为$\{c_1, c_2, \cdots, c_k\}$。

(3) 目标是最小化以下目标函数：$J=\sum_{i=1}^{k}\sum_{x\subset C_i}\|x-c_i\|^2$，其中 C_i 是第 i 个簇，$\|x-c_i\|$ 是数据点 x 到质心 c_i 的欧几里得距离。

(二) 计算机视觉技术

计算机视觉技术让计算机理解图像与视频信息，在消防救援领域应用广泛。图像识别技术用于火灾烟雾与火焰检测，通过深度学习训练图像识别模型，实时分析监控视频图像，快速准确识别烟雾和火焰，提高火灾早期探测准确性和及时性。如大型仓库、工厂安装基于图像识别的火灾监测系统，能在火灾初期发现迹象，争取救援时间。如图 4-22 所示。

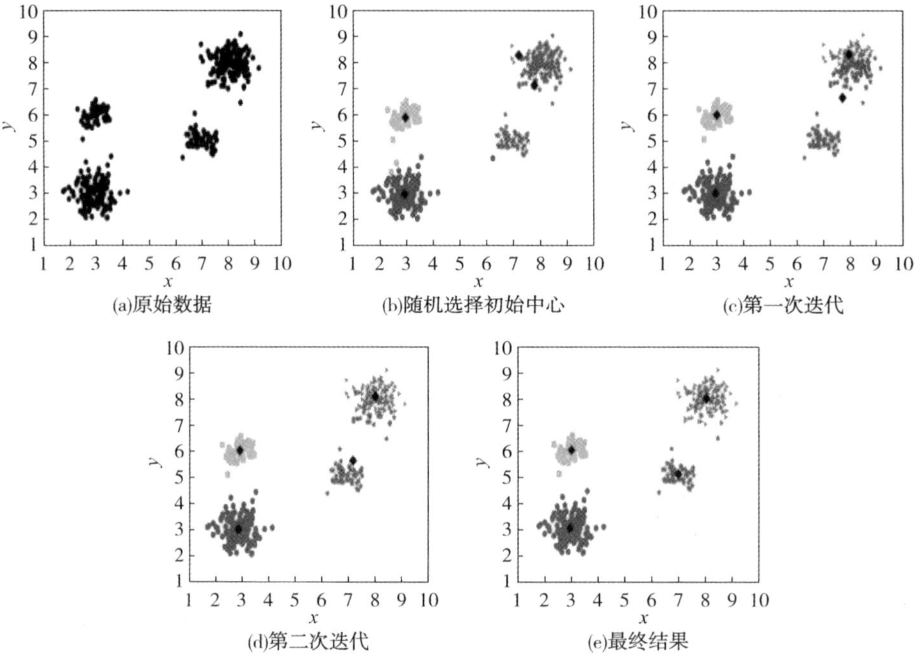

图 4-21　K-Means 聚类迭代

图 4-22　YOLOv11 火源识别

目标检测技术定位与识别火灾现场目标，如被困人员、消防设备、危险物品等。利用深度学习算法训练目标检测模型，在复杂火灾现场图像中准确检测目标位置和类别，为消防人员制定救援方案、定位救援目标提供关键信息。图像分割技术分割火灾现场图像区域，如火焰、烟雾、建筑物结构区域等，为火灾分析和救援决策提供精准数据支持，助消防人员判断火势蔓延范围、烟雾扩散方向，制定灭火和排烟方案。

（三）自然语言处理技术

自然语言处理技术实现计算机与人类自然语言交互，在消防救援工作中价值重大。信息抽取技术从消防相关文本数据，如火灾报告、消防法规文件、应急预案等中提取关键信息。如从火灾报告中自动抽取火灾时间、地点、原因、损失等信息，为数据分析和统计提供便利；从消防法规文件中抽取条款规定，助消防人员了解法规要求。

文本分类技术自动分类消防文本，如按火灾类型、紧急程度分类消防报警信息。训练文本分类模型，快速准确分类报警信息，消防指挥中心据此响应，合理调配资源。自然语言处理技术还应用于消防智能客服系统，通过语音识别和自然语言理解，解答公众消防疑问，提高宣传教育效果。在消防指挥调度中，实现语音指令识别与转化，提高指挥调度便捷性和准确性。

三、人工智能在消防救援中的应用场景

（一）火灾预防与预警

1. 火灾风险评估

人工智能融合多源数据，精准评估火灾风险。收集建筑结构、电气系统、人员活动规律、周边环境等数据，运用机器学习算法构建评估模型。如采用神经网络算法，输入各类数据，输出火灾风险等级。消防部门据此确定高风险区域和场所，加强监督检查、隐患排查和设施维护，消除火灾隐患。

2. 火灾早期预警

人工智能在火灾早期预警优势明显。借助物联网部署多种传感器，实时采集环境数据并传输至智能分析平台。平台用机器学习算法综合分析多源数据，如烟雾浓度、图像烟雾特征、温度变化等，判断火灾早期迹象。相比传统单一传感器预警，多源数据融合预警更准确及时，为人员疏散和火灾扑救争取时间。

（二）火灾现场侦察与监测

1. 无人机侦察

智能消防无人机配备多种设备，在火灾现场侦察中作用重大。火灾发生时，无人机飞抵现场，通过高清摄像头拍摄视频图像，实时传输至指挥中心，让指挥人员了解现场情况。红外热成像仪检测温度分布，识别火源和高温危险区域。气

体传感器监测有毒有害气体浓度，为救援提供依据。无人机还可搭载扩音设备，传达救援指令，稳定被困人员情绪(图 4-23)。

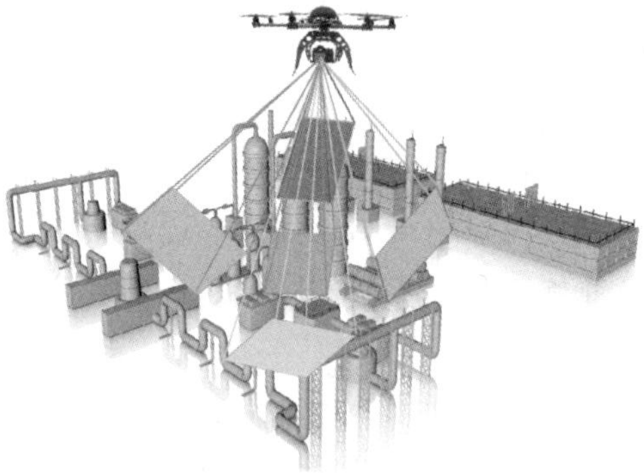

图 4-23　无人机倾斜摄影测绘

2. 传感器网络监测

火灾现场构建传感器网络，全方位实时监测火场环境。传感器网络包含多种类型传感器，分布在不同位置，实时采集温度、烟雾、气体、压力等数据，并无线传输至指挥中心。人工智能系统分析处理数据，掌握火势蔓延、烟雾扩散、建筑结构稳定性等信息，为灭火救援方案制定提供依据。如分析温度数据预测火势蔓延方向，布置灭火力量；根据建筑结构应力变化判断坍塌风险，保障消防人员安全。

（三）灭火救援决策支持

1. 救援方案制定

人工智能依据火灾现场实时数据，结合历史案例和消防知识库，用智能算法制定最优救援方案。如运用运筹学优化算法，考虑消防资源有限，综合分析制定方案，包括灭火进攻路线、灭火剂选择、人员疏散路径和资源调配等。人工智能系统还模拟推演方案，评估可行性和有效性，优化调整，确保方案科学合理。

2. 消防资源调配

灭火救援中，合理调配消防资源至关重要。人工智能结合地理信息系统（GIS），掌握消防资源分布，根据火灾现场需求变化，用智能算法动态调配资源。如火灾规模扩大需增加灭火力量时，系统根据消防站距离、消防车可用情况、火灾类型对灭火剂需求等因素，计算最佳消防车调度方案，高效投入资源，提高救援效率。

（四）消防员安全保障

1. 智能消防装备

智能消防服装保障消防员安全。内置多种传感器，监测心率、体温、呼吸等生理状态，异常时传输数据至指挥中心。配备定位系统，追踪消防员位置，遇危险时便于救援。服装采用防火、隔热、透气材料，阻挡高温火焰。智能头盔也提供支持，配备高清摄像头、语音通信设备和环境监测功能，方便消防员与指挥中心通信，提供实时环境信息。

2. 安全风险预警

基于人工智能的安全风险预警系统，分析火灾现场和消防员自身状态数据，提供预警。系统用机器学习算法处理传感器数据，建立风险预测模型。如现场某区域环境危险且消防员接近，或消防员生理状态异常，系统立即发出警报，提醒消防员注意安全，降低救援风险。

（五）消防培训与演练

1. 虚拟仿真培训

利用虚拟现实（VR）和增强现实（AR）技术，结合人工智能算法，构建虚拟火灾场景，提供沉浸式培训（图 4-24）。消防员可模拟应对各类火灾，进行灭火、救援、疏散训练。人工智能使虚拟场景智能交互，根据消防员操作实时反馈，调整场景参数，提高消防员应对复杂火灾的能力，为其积累实战经验。

图 4-24　用于消防安全训练的 Virtuix Omni VR 平台

2. 智能评估与反馈

消防培训演练中，人工智能系统评估消防员表现。分析行动轨迹、操作时间、决策速度、救援效果等数据，用机器学习算法生成评估报告，指出优点和不足，提供个性化改进建议和训练方案。如针对决策速度慢或操作不规范的消防员，推荐学习资料和模拟训练，提升业务能力和队伍战斗力。

四、人工智能在消防救援应用中的挑战与对策

（一）数据质量与安全问题

1. 数据质量问题

消防救援数据来源广、类型杂，质量参差不齐。部分传感器精度不足、故障频发，采集数据不准确、不完整，影响模型训练和应用。不同数据源数据格式、标准不一，整合困难。解决数据质量问题，需加强传感器维护管理，定期校准检测，更换故障设备。建立统一数据标准规范，促进数据共享融合。采用数据清洗和预处理技术，提高数据质量。

2. 数据安全问题

消防救援数据敏感，面临窃取、篡改、泄露风险。保障数据安全，要采用加密技术加密敏感数据，建立访问控制机制，限制访问权限。加强网络安全监测预警，及时处理安全威胁，确保消防信息系统稳定运行。

（二）技术标准与规范缺失

人工智能在消防救援领域缺乏统一技术标准和规范，不同厂家设备和系统在技术接口、数据格式、功能要求等方面存在差异，设备难以互联互通和协同工作。相关部门应加快制定技术标准和规范，明确设备和系统技术要求、接口标准、数据格式等，建立产品认证和检测机制，保障消防救援工作顺利开展。

（三）人工智能模型的可解释性问题

消防救援中应用的人工智能模型多基于复杂算法，内部工作机制难以理解和解释，影响消防人员对模型的信任度。提高模型可解释性，需探索开发可解释算法和模型，采用基于规则的推理方法，融入专业知识和经验。开发可视化工具，直观展示模型决策过程和结果，提高消防人员对模型的信任度和接受度。

（四）专业人才短缺问题

人工智能在消防救援中的应用需要既懂人工智能技术又熟悉消防业务的复合型专业人才，但目前这类人才短缺。解决人才短缺问题，应加强人才培养和引进。在消防院校和培训机构开设人工智能课程，培训消防人员。吸引人工智能领

域专业人才投身消防救援事业，加强与高校和科研机构合作，培养复合型专业人才。

五、人工智能在消防救援中的发展趋势

（一）多技术融合发展

未来，人工智能将与物联网、大数据、云计算、区块链等技术深度融合，推动消防救援智能化发展。物联网实现消防设备互联互通，提供数据资源；大数据和云计算提供数据处理和存储能力；区块链保障数据安全可信。通过技术融合，实现火灾精准预警、智能决策和高效救援。

（二）智能化程度不断提高

随着人工智能技术发展，智能消防设备和系统智能化程度将不断提升。未来智能消防设备将具备更强自主感知、分析和决策能力，能根据火灾现场自动调整工作模式和参数，实现精准火灾探测和扑救。智能消防系统将与消防人员更紧密协作，提供决策支持和建议，提高救援效率和成功率。

（三）应用场景不断拓展

人工智能在消防救援中的应用场景将不断拓展。除现有应用，还将在消防宣传教育、消防监督管理、火灾事故调查分析等方面发挥作用。如开发个性化消防宣传教育平台、运用人工智能监测消防设施运行状态、分析火灾事故原因等。

（四）国际合作与交流加强

人工智能在消防救援领域应用广泛，国际合作与交流将不断加强。各国将在技术研发、标准制定、应用推广等方面合作，分享经验和成果，共同应对消防安全挑战，提高全球消防救援工作水平。

六、结论

人工智能技术在消防救援领域前景广阔、潜力巨大。通过在火灾预防、现场侦察、救援决策、安全保障和培训演练等方面的应用，显著提升消防救援工作智能化、高效化水平，降低火灾风险，减少损失。但目前应用中面临数据、技术、人才等挑战，需各方共同努力解决。未来，随着技术融合、智能化提升、场景拓展和国际合作加强，人工智能将推动消防救援工作迈向新高度，为构建安全高效的消防救援体系贡献力量。

无人机与机器人在油气火灾事故中的应用研究

王　强　李嘉诚　黄德卫

（中国石油华北油田分公司）

一、引言

油气资源在现代社会能源体系中占据着举足轻重的地位。然而，油气生产、储存和运输过程中存在着较高的火灾风险。一旦发生火灾，不仅会造成巨大的经济损失，还可能引发严重的环境污染和人员伤亡。

随着科技的不断进步，无人机和机器人技术在应对油气火灾事故方面展现出了巨大的潜力。

二、无人机与机器人在油气火灾事故中的特点

（一）无人机

1. 多模态环境感知

搭载双光云台（可见光+热成像）与激光甲烷遥测仪，可在 200m 高空检测 0. 1ppm 级气体泄漏（大疆 M300 RTK 改装型）。抗风能力达 15m/s，沙尘环境下通过纳米疏尘涂层保持镜头清洁度>95%。

2. 智能决策支持系统

基于 YOLOv7 算法的火源识别模块（准确率 96. 8%），结合流体力学模型预测火势蔓延路径，每 30s 更新三维火场态势图（精度 0. 5m）。

3. 特点：

（1）灵活性与机动性

能够快速抵达火灾现场，不受地形限制，可以在复杂环境中穿梭飞行。

可以实时调整飞行路径和高度，对火灾区域进行全方位、多角度的监测。

（2）实时监测能力

配备高清摄像头和热成像设备，能够实时传输火灾现场的图像和温度数据。

可以迅速发现火源位置、火势蔓延方向和速度等关键信息。

(3) 低成本与低风险

相比于传统的人工监测和救援方式，无人机的成本较低。

在危险区域执行任务时，无须人员冒险，降低了救援人员的伤亡风险。

(4) 全域感知能力

搭载多光谱传感器(分辨率达 0.5cm)与激光雷达(30 万点/秒扫描速率)，实现火场温度场、气体浓度及结构损伤的实时建模。例如，大疆 M300 RTK 改装型可在 1000℃热辐射下持续作业 20min，热成像误差低于±2℃。

(5) 快速响应机制

无人机编队可在 5min 内完成 5km^2 范围的火情扫描，相比传统人工侦察效率提升 4 倍。2023 年某油田输气管道泄漏事故中，无人机集群仅用 7min 即锁定 3 处隐蔽泄漏点。

(二) 机器人

1. 特种环境作业能力

防爆型履带机器人通过 IP68 防护认证，可在水深 1.2m 环境持续作业，配备的干粉-泡沫双模喷射系统流量达 120L/s。

2. 自主协同机制

采用 5G-MEC 边缘计算技术，实现机器人集群的分布式决策(响应延迟<50ms)，支持 16 台设备同步执行破拆、灭火、搜救等差异化任务。

3. 特点

(1) 强大的环境适应能力

采用碳化硅陶瓷基涂层的防爆履带机器人，可在 1200℃高温下持续作业 1h，并抵御 9MPa 爆炸冲击波，可以在高温、高压、有毒有害等恶劣环境下工作；并且具备一定的抗冲击和抗干扰能力，保证在复杂工况下的稳定运行。

(2) 精准的操作能力

可以执行精确的灭火动作，如喷射灭火剂、破拆障碍物等。

能够按照预设程序和指令进行自主作业，提高救援效率。

(3) 持续作业能力

不受人体疲劳限制，可以长时间连续工作。

及时充电或更换能源后能够迅速恢复作业状态。

三、无人机与机器人在油气火灾事故中的应用

（一）火灾预防中的应用

1. 无人机巡检

对油气设施进行定期空中巡检，及时发现潜在的安全隐患，如设备泄漏、非法施工等。

结合人工智能技术，对巡检图像进行分析和识别，提高隐患排查的准确性和效率。

2. 机器人检测

利用机器人对油气储存罐区、管道等进行地面检测，检测设备的运行状态和周围环境的异常情况。

机器人可以携带气体检测仪器，实时监测可燃气体浓度和有毒有害气体泄漏情况。

（二）火灾监测中的应用

1. 无人机实时监控

在火灾发生后，无人机迅速飞抵现场，通过热成像摄像头获取火场的实时温度分布和火势发展情况。

为指挥人员提供准确的决策依据，如确定灭火方案、调配救援力量等。

2. 机器人数据采集

机器人进入火场周边区域，采集环境参数，如风向、风速、氧气浓度等。

将采集到的数据传输给指挥中心，辅助制定灭火和救援策略。

（三）火灾扑救中的应用

1. 无人机灭火

（1）火灾侦查

快速抵达：无人机可以迅速飞到火灾现场，尤其是在地形复杂（如山区、森林）或者危险区域（如化工爆炸后的高危区），传统消防车辆和人员难以快速到达的地方。例如，在森林火灾初期，无人机能在短时间内飞越大片林区，确定起火点的精确位置、火势蔓延方向和速度等关键信息。

实时监测：通过搭载的高清摄像头、热成像仪等设备，无人机可以实时向指挥中心传输火灾现场的图像和数据。热成像仪能够穿透烟雾，准确识别高温区域，即使在浓烟滚滚的情况下也能清晰地发现火源位置，为灭火决策提供准确依据。

（2）灭火作业

精准投送灭火剂：一些消防无人机配备了灭火弹、干粉喷射装置或者水罐等设备。对于高层建筑火灾，无人机可以将小型灭火弹投送到着火楼层的窗口附近，或者在森林火灾中，将阻燃剂精准喷洒到火势凶猛的区域，可以有效抑制火势蔓延。

协助救援：在灭火过程中，无人机还可以协助救援被困人员。例如，在建筑物火灾时，利用无人机寻找被困在高层或者危险角落的人员，并通过喊话器引导他们疏散或者等待救援。

（3）辅助决策

数据整合：无人机收集到的火灾现场的各种数据，如风向、风速、温度分布等，可以与地理信息系统（GIS）相结合。指挥人员可以根据这些整合后的信息，制定更加科学合理的灭火方案，例如确定最佳的灭火力量投入方向和疏散路线规划等。

2. 消防无人机灭火案例

（1）凉山森林火灾

由于凉山地区的森林地形复杂，山高坡陡，部分区域交通不便，传统灭火设备和人员难以快速到达。因此，在四川凉山森林火灾扑救过程中，消防无人机发挥了重要作用。

无人机首先被用于火灾侦查，通过热成像仪迅速确定了火势最凶猛的区域以及火源的大致位置。在灭火阶段，无人机携带阻燃剂对一些人力难以企及的山坡火点进行喷洒。例如，在一些陡峭的山脊部位，无人机能够准确地悬停在合适高度，将阻燃剂均匀地洒下，有效地阻止了火势沿着山脊向周边林区蔓延，为地面消防力量的扑救工作创造了有利条件，大大提高了灭火效率，减少了火灾损失。

（2）某高层建筑火灾

某城市一高层写字楼发生火灾。由于楼层较高，消防云梯车无法达到着火楼层的高层区域。

消防部门出动了一架配备有小型灭火弹和高清摄像头的无人机。无人机迅速飞到着火楼层附近，通过摄像头确定了着火房间的具体位置后，将一枚小型灭火弹投送到窗口附近。灭火弹爆炸后释放出灭火剂，初步抑制了火势。同时，无人机持续监控着火楼层的火势发展情况以及人员疏散情况，为地面消防人员的救援行动提供了及时准确的信息，最终成功协助扑灭了火灾并保障了大部分人员的生命安全。

随着技术的不断发展，消防无人机在灭火领域的应用将会越来越广泛，为保障人民生命财产安全和应对火灾提供更加强有力的支持。

3. 机器人灭火

（1）火灾场景

在某大型化工园区的一座危险化学品仓库发生了火灾。仓库内储存着大量的易燃易爆液体以及一些复杂的化工原料，火势迅速蔓延，并且伴随着浓烈的黑烟和不时爆炸产生的巨响。由于化工原料的特殊性，火灾现场存在着高温、高毒、易燃易爆等多种危险状况，这给消防员的人身安全带来了极大的威胁。

（2）消防机器人坦克的应用

初期侦查与靠近：消防部门迅速出动了一辆先进的消防灭火机器人坦克到达现场。这种灭火机器人坦克具备强大的越野能力，它可以沿着崎岖不平的道路，穿过园区内复杂的通道迅速抵达火灾仓库附近。在靠近过程中，它搭载的热成像摄像头和气体传感器开始工作。热成像摄像头能够穿透浓烟，清晰地显示出火源的大致位置和火势的蔓延方向，而气体传感器则实时监测周围空气中的一氧化碳、硫化氢等有毒有害气体的浓度。

灭火作业：当到达合适的灭火位置后，灭火机器人坦克启动了其高压水炮系统。它的水炮可以调整不同的喷射角度和水流强度，最大射程可达数十米。针对化工仓库火灾的特点，消防员在后方控制台远程操作机器人坦克，将水炮调整为雾状喷射模式。这种雾状水流不仅可以有效地降低温度，还能稀释空气中的可燃气体浓度，防止爆炸的进一步发生。同时，灭火机器人坦克还配备了干粉灭火装置的备用系统。由于部分区域火势较大且存在易燃液体流淌火的情况，在水炮难以完全扑灭时，操作人员切换到干粉灭火模式，干粉从特制的喷头均匀地喷洒而出，迅速覆盖在火焰上，抑制燃烧反应。

持续作战与危险区域作业：在灭火过程中，由于仓库结构部分坍塌，形成了一个高温且充满危险的狭小空间，但灭火机器人坦克凭借其坚固的外壳和耐高温性能，可以毫无畏惧地进入该区域继续灭火作业。它的轮胎采用了特殊的防火耐磨材料，在高温环境下依然能够正常行驶和转向。在持续作业的几个小时内，灭火机器人坦克始终稳定地工作着，不断调整自己的位置和灭火策略，有效地控制了火势的蔓延，并逐步将大火扑灭。

（3）效果

成功灭火：最终，在灭火机器人坦克和其他消防力量的协同作战下，这场危险化学品仓库火灾被成功扑灭。由于灭火机器人坦克在危险环境中的出色表现，减少了消防员直接暴露在危险中的时间，避免了可能的人员伤亡。

战略价值：这一案例充分展示了消防灭火机器人坦克在应对复杂、危险火灾场景中的巨大潜力。它为今后在化工园区、石油储备库等高危场所的火灾扑救提供了一种更为安全、高效的解决方案，也为消防部门在应对特殊火灾类型时的战术制定和装备配置提供了宝贵的经验。

4. 无人机和消防机器人协同作战的应用

（1）案例背景

某大型石油化工企业发生火灾，火势迅速蔓延，现场浓烟滚滚，情况十分危急。由于火场内部存在大量易燃易爆物质，传统灭火方式面临巨大风险。为了高效、安全地扑灭火灾，当地消防部门迅速调集了无人机和消防机器人参与救援。

（2）无人机与消防机器人的协同应用

a. 无人机火情侦察与定位

火情侦察：无人机迅速飞抵火灾现场上空，搭载的高清摄像头和红外热成像仪穿透了浓烟，实时传输火场画面和温度数据。

火源定位：通过无人机回传的画面，指挥中心迅速确定了火源位置和蔓延趋势，为制定灭火方案提供了准确依据。

b. 消防机器人深入火场灭火

部署机器人：在无人机完成火情侦察后，消防机器人被迅速部署到火场附近。

灭火作业：消防机器人在消防员的远程控制下，携带水枪、泡沫炮等灭火装备，深入火场进行精准喷射。机器人能够持续作战，不受高温、浓烟等恶劣环境影响，有效遏制了火势蔓延。

c. 空地协同作战

无人机监控与通信中继：在灭火过程中，无人机持续监控火场情况，并将画面和数据实时传输至指挥中心。同时，无人机还充当了通信中继的角色，确保指挥中心与火场前线的通信畅通无阻。

协同调整灭火策略：根据无人机回传的火场信息，指挥中心及时调整灭火策略，指挥消防机器人对重点区域进行集中攻击。无人机与消防机器人的协同作战，显著提高了灭火效率和救援成功率。

d. 效果

经过无人机和消防机器人的协同作战，火灾最终被成功扑灭。此次救援行动充分展示了无人机和消防机器人在油气火灾事故中的重要作用。无人机能够迅速获取火情信息，为制定灭火方案提供准确依据；消防机器人则能够深入火场进行精准灭火，有效保障了人员安全。两者的协同作战，为高效、安全地扑灭油气火灾提供了有力支持。

四、提升无人机与机器人在油气火灾事故中应用的措施

（一）技术创新与研发

不断提高无人机和机器人的性能，如增强飞行稳定性、提高灭火效率等。

研发更加先进的传感器和检测设备，提升火灾监测的准确性和及时性。

探索无人机与机器人之间的协同作业技术，实现优势互补。

（二）人员培训与教育

对消防人员开展无人机和机器人操作技能培训，使其熟悉设备的性能和操作方法。

加强安全意识教育，确保操作人员在使用过程中严格遵守安全规程。

培养专业的技术维护人员，保障设备的正常运行和及时维修。

（三）法规与标准制定

制定无人机和机器人在油气火灾事故中应用的相关法规和标准，规范其使用和管理。

明确设备的技术要求、操作流程和安全规范，确保应用的科学性和安全性。

建立完善的设备准入和检验制度，保证设备的质量和可靠性。

（四）协同作战机制建设

加强消防部门与其他相关部门之间的沟通与协作，形成统一的指挥和调度体系。

建立无人机与机器人制造商、运营商与消防部门之间的合作机制，共同推动技术的应用和发展。

完善应急预案，将无人机和机器人的应用纳入应急救援体系中，提高应对突发事件的能力。

五、无人机与机器人在油气火灾中的应用研究

（一）装备配置标准

按照《消防机器人实战应用指南》，每个消防中队配置侦察无人机≥3 台、灭火机器人≥2 台，并建立区域共享云平台(覆盖半径 50km)。

引入模块化设计，如潍坊市植物保护无人机经改装可快速切换灭火弹舱与物资运输模块。

（二）人机协同战术

实施“三维侦察-AI决策-机器人突击-人员收尾”流程，在2023年北京石化演练中，该模式使整体处置效率提升。开展季度性多灾种联合演练，重点训练复杂电磁环境下的设备抗干扰能力。

（三）人员培训机制

设立无人机操作员资格认证体系，要求累计模拟训练≥200h并通过高温、沙尘等极端环境考核。

六、结论

无人机和机器人在油气火灾事故中的应用具有广阔的前景和巨大的潜力。通过充分发挥其特点和优势，能够有效提升火灾预防、监测和扑救的能力，降低火灾事故造成的损失。然而，在实际应用中仍面临一些挑战，需要通过技术创新、人员培训、法规制定和协同作战机制建设等措施加以解决。未来，随着技术的不断进步和应用经验的积累，无人机和机器人在油气火灾事故中的应用将更加成熟和高效，为油气行业的安全生产提供更加坚实的保障。

培育队伍新质战斗力　打造专业能力增长极
以高水平安全保障油田高质量发展

范海鹰　樊丙孝

（中国石化胜利油田分公司应急救援中心）

中国石化胜利油田分公司应急救援中心（消防支队）组建成立于2018年，2023年加入省级专业队伍行列，主要承担中国石化第二应急联防区组长单位、胜利油田火灾防范委员会办公室等职责，具体履行应急救援、防火督查、事故初期应急能力培训等职能。多年来，中心始终牢记习近平总书记重要训词精神，加强党的建设，强化党建引领，加快提升应急救援能力，有力应对各类灾害事故，促进队伍新质战斗力高效融入企业和社会新质生产力。

一、坚持关口前移、源头治理，在“防得牢”上下功夫

应急管理的最佳境界是无“急”可应，把潜在的风险和可能的危机通过事前预防加以消除和规避。发挥专业化优势，构建立体式格局，全力以赴除隐患、防

事故、保安全、促发展。

1. 综合施策，筑牢消防安全“堤坝”

坚持系统观念，强化体系思维，切实盯紧“小而险”，坚决防止“重特大”，及时消除“风险点”，推动消防安全治理模式向事前预防转型。一是强化专业职能发挥。成立“火灾防范中心”专职机构，依据相关法规，结合企业实际，修订完善油田消防安全管理规定、消防安全管理考核评比办法等制度标准。根据生产经营性质和火灾风险程度，将油田下属单位划分为A、B、C三个类别，坚持“定性与定量结合、激励和约束并重”的原则，把督查考评结果纳入油田绩效考核评价体系，推动主体责任落实落地。二是创新防火督查方式。树牢“防火督查也是一种服务”的理念，分区域、分灾种、分行业领域建立消防安全隐患排查治理台账，构建“防火督查矩阵”。日常督查注重扩大覆盖、保证频次，每月对油田直属单位督查覆盖率达到100%，每季度对油田消防安全重点单位和火灾高危单位督查覆盖率达到100%，每年对油田所有基层单位开展防火督查覆盖率达到100%；专项督查注重结合油气生产特点、考虑地域季节特征，主要针对单井拉油场所、反相破乳剂贮存、注汽生产作业现场、油气站库、大跨度厂房仓库、人员密集场所和经营性用房加强消防安全隐患集中排查；帮扶式督查注重面向专业领域、抓住薄弱环节，主动邀请相关专家成立技术指导组、专家服务团，对CCUC、页岩油、光伏发电、石化总厂等生产场所集中开展“体检式”消防安全诊断，推动潜在风险大排查、大起底、大整改；定向督查注重盯紧管理差的单位、不托底的场所，加强“穿刺式”排查和“回头看”督办，发现隐患并彻底消除风险，找准短板并及时堵塞漏洞，开展消防安全隐患“清零行动”，提升基层消防安全治理水平。

2. 统筹发力，打破消防安全“孤岛”

构建人防、物防、技防网络，实现人员素质、设施保障、技术应用的整体协调，夯实消防安全管理根基。一是抓根本，提升专业素质。与中国人民警察大学应急救援学院等高等院校，应急管理部天津消防研究所、中国石化青岛安全工程研究院及区域职业院校建立合作机制，采取院校送训、机构跟训、外出短训等方式，加强“三个最强”能力建设，打造素质优良的专业化人才队伍。二是抓关键，深化技术应用。与相关科研机构深化交流合作，争取智力支持，加强技术支撑。根据油区消防安全工作需求，共同开发出3套适用于油区的火灾风险评估模型，引进智能火灾监测系统、新型高效灭火材料等技术成果，提升火灾防范工作科技含量；共同探索软件仿真技术在火灾防范中的应用，开发用于火灾场景模拟、消防应急演练的信息软件，深化无人机应用研究，用好其高空视角和快速移动能力提高排查效率；共同编制涵盖火灾科学理论、最新消防技术、消防安全评估等专业知识的培训课件，提高专业培训的精深度。把“智慧消防”纳入“智慧油田”建设，搭建火灾防范信息系统，实时更新防火督查大数据分析报告，及时发布消防安全风险提示，提升火灾事故预警预见与精准防控能力。三是抓重点，完善保障措施。先期投资4700多万元，加快推进“鲁北区域消防救援实训基地”建设步伐。实训基地占地面积4.5万m^2，科学规划实火训练区、消防救援区、技能训练区、培训教学区等四个功能区，围绕油区常见易发灾害事故类型，模拟各类储罐、化工装置、井喷泄漏、电气设施、水域救援、地震救援、办公区域和家庭火灾等80多种场景，面向消防救援人员开展专业训练，面向油田生产一线和社会企业积极开展消防安全知识、消防设施操作、应急逃生技能和事故初期应急处置能力培训，2024年组织培训班30余期，集中培训5000多人次。发挥自身专业优势和阵地优势，深入开展“119消防宣传月”“社会公众开放日”等活动，编创“消防安全我来说”“消防隐患我来找”等科普作品，开通“胜小援”视频公众号，通过电视转播和网络直播，加大消防知识宣教力度，促进“人人讲安全，个个会应急”。

二、坚持立足实际、贴近实战，在“打得赢”上出实招

树立“以战领建、抓建为战”理念，聚焦能随时应对、及时应对突发事件，能打合成仗、打攻坚仗的整体能力，全力打造适应职能任务要求的新质战斗力增长极。

1. 优化力量资源配置

油田生产经营业务拓展到哪里，应急救援专业力量就跟进到哪里，积极适应勘探开发和生产经营的安全需要。一是优化力量布局。坚持“强生产基地、保要害部位、固偏远区域”的思路，采取“平时化整为零、战时化零为整”的方式，覆盖整个油区设立“15个应急救援站+14个战备执勤点”，将全部消防救援力量覆盖到山东省6个地市的16个县区，并拓展到新疆克拉玛依市胜利油区。坚持以战领建、抓建为战，建立实施一日生活、战备值班、三级战备、随机拉动、紧急召回、车辆热备、物资点验等管理制度，科学完善以“紧急集结、区域联动、战勤保障”为基础的快速反应机制，持续优化以“统一指挥调度、反应灵敏快速、处置及时高效”为核心的战勤运行机制，切实保证“战备执勤点能独立作战、基层救援站能辐射周边、中心指挥部能围点打援”，以“365天×24h”全天候在线状态，构建起“一短三快”的“30min应急救援圈”。二是优化力量编成。提升专业认

知，扩容技术储备，系统筹划和推进专业队建设，积极培育能够打硬仗、破危局的“利刃”和“拳头”力量，早做多手准备，加快破题攻关。坚持“功能定位清晰、特色能力突出、技术战术实用”建队原则，依托基层救援站分别打造高层建筑火灾事故救援、大型储罐火灾爆炸事故救援、新能源汽车火灾事故救援、危险化学品泄漏事故救援、硫化氢井喷事故救援、储能站火灾事故救援及大型火场远距离供水、泡沫液连续保供等 15 支专业队。坚持“高于普通队、严于普通队”建队原则，科学制定专业队近期、中期和远期建设规划，配强人员装备，完善保障措施，细化质量评价标准，建立帮扶指导机制，形成梯次结构，实现良性竞争，力求在人员、战术、装备、保障等各方面都达到较高专业水平。

2. 完善指挥预案体系

做优做强中心全勤指挥部，建立健全“总指挥+指挥长+7 个应急工作组”的应急处置指挥运行模式，坚持面向实战、服务实战，分层分级建立完善各类消防救援应急预案。一是在应急救援中心层面总体设计预案。围绕油田陆上 7 大重点风险、油田 9 类主要生产安全事故通用场景，以及 CCUS、地下储气库、光伏发电、LNG 项目等新业态面临的事故风险，制定总体救援预案。致力于解决大型救援行动中多部门、多单位大规模集结和调动装备物资耗时较长的问题，组织编制了大型储罐及井喷事故、危险化学品及槽罐车泄漏事故、防汛排涝及地震灾害等救援力量编成预案，做到“手中有预案，心中不慌乱”。二是在基层救援站层面专项编制预案。针对油田 170 余个消防安全重点单位及 300 余处(套)重点保护目标，逐一编制消防救援应急方案，突出原油库、石化厂等要害部位风险点，实现了一罐一案、一点一案。加强预案“建”与“用”的高效衔接，通过组织战评分析、沙盘模拟和桌面推演等工作，总结形成 4 大类 23 种各型战法，打通预案服务实战“最后一千米”。

3. 建立安全协作机制

将应急保障的措施要求融入企业生产安全、设备工艺流程、项目施工运行管理中，从油田一级安全重点单位——石油化工总厂进行试点，积极推进重点行业领域高风险作业现场安全协作机制建设，2024 年探索积累了以“1+N+3”为主要做法的初步经验，总结完善了以“三定两会一能”为主要内容的运行保障措施，针对石化总厂 12 套生产装置、17 个储运罐区的风险特征，根据化工行业灾害事故发展演变规律，掌握不同介质、不同区域、不同条件下专项应急处置要求，优化升级健全完善了 121 套现场监护和应急处置方案，在高质量做好石化总厂重催装置开车运行监护、石化总厂 220t/a 常减压装置拆除作业监护任务的基础上，圆满完成了油田永21储气库投产运行长监护、石大胜华新能源有限公司复工复产监护等一系列重要监护任务，确保了重点行业领域高风险作业现场运行安全，在省级层面作了经验介绍和宣传推广。

三、坚持强基固本、培根铸魂，在“靠得住”上使长劲

把守正创新作为实践遵循，认真贯彻政治建队、业务立队指导方针，积极打造成色十足、本色鲜明的专职队伍。

1. 大抓实战训练，增强应急“战力”

战备无论寒暑，练兵不分冬夏，坚持“仗怎么打、兵就怎么练”。将训练融入实战、融入装备、融入预案，想定灾情事故复杂、路况条件复杂、信息来源复杂等恶劣环境，丰富“基础训练操法池”和“应急处置战法库”，形成路径多维、方法多元、互为补充、链条完整的实战训练体系。坚持综合施训，统筹体能、技能、理论等综合要求，优化单兵、单元、合成等训练操法，采取班站基本功对抗赛、技能比武竞赛、业务能力考核等多种形式，让专业训练成为刚性标准。坚持分类施训，深化“四季大练兵”“四个最强大练兵”，作战指挥岗位重点围绕冲得上、打得赢，研战法、练技能、强专业；防火督查岗位重点围绕查得出、防得住，重研判、防风险、除隐患；后勤岗位重点围绕供得快、保得足，管设备、精装备、抓储备；政工岗位重点围绕贴得紧、做得实，强党建、严管控、鼓干劲，让全员练兵成为常态要求。坚持以战促训，通过想定作业等方式，高频率、大规模开展全要素实兵实装演练，2024年组织参加应急演练1200余起，2025年2月承办“山东省地震灾害应急救援综合拉动演练”，圆满完成地震灾害现场环境布设、演练服务保障等协调组织工作，为全省16支专业队伍、1200余名专业队员参加实训创造良好条件，使专业能力得到实践检验和锤炼提升。

2. 注重提升效率，增强应急“算力”

重大消防救援行动大量输出能量、消耗能量，最大限度节约能量、回补能量是实战打赢的重要保障。基于特定的作战任务和特殊的环境条件，在对灭火药剂进行精算细算和仿真验证的基础上，对油区100~100000m^{3}不同容积拱顶罐、外浮顶罐、球罐和卧式罐的救援场景，摸清底数、算清需求，组织编制了储罐着火爆炸波及范围数据看板、原油储罐喷溅时间估算数据看板、各类油品储罐灭火冷却药剂及用水量数据速查表、消防车车载灭火剂及各类灭火器具灭火剂喷射量和喷射时间数据速查看板、有毒有害气体警戒区域速查看板等工具模型，开发应用信息化手段实现速查看板智能化查阅，为应急处置现场第一时间确定灭火冷却所

需装备、灭火药剂用量和安全处置距离提供数据支撑，辅助决策指挥，提高处置效能，保证救援安全。

3. 深化协同联动，增强应急“合力”

重大消防救援行动往往都是一体化联合作战行动，只有平时联合起来共同抓，战时才能协同一致打。在油田内部建立消防救援协作机制，编制勘探开发和生产经营单位应急通信录，推动应急管理平台与生产管理平台一体化运行，统筹用好油田视频集成、车辆定位系统、综合地理信息系统，丰富应急救援所需天气情况、救援现场视频、出动车辆定位、无人机画面回传等信息数据搜集渠道，实时掌握事发周边水源分布、重点区域道路环境状况、监护目标全景图和二维图等现状，预先安排出动车辆停靠位置，及时调整力量部署，全面打通应急处置的信息链、指挥链、火力链。在社会层面建立消防救援联动机制，与东营市应急部门、东营消防救援支队一起强化“守一方热土、护一方平安”“联防联控、共建共享”的使命感，加快推进消防救援联调联战机制建设，合力打造油城特色的“资源共享、联勤联训、统一调度、就近处警”的消防救援力量体系，持续提升区域应急救援能力。

中国海油大型危化企业专职消防队劳务外包用工事前评估论证管理要求

王怀锋

（中国海油安全技术服务有限公司）

国务院安委会办公室、应急管理部、国务院国资委联合印发《关于进一步加强国有大型危化企业专职消防队伍建设的意见》（安委办〔2023〕3 号）、《危化企业消防站建设标准》（以下分别简称为《意见》《标准》）要求：企业专职消防队员不应采取劳务派遣用工。企业专职消防队采取劳务外包用工的，须事前进行评估论证。中国海油根据自身管理需求，结合各危化企业队伍现状，编制了《中国海油大型危化企业专职消防队劳务外包用工事前评估论证指导文件》，指导危化企业开展业务外包评估论证工作。

一、主要原则

（1）评估论证内容能够覆盖《意见》要求；

（2）通过评估论证，进一步固定危化企业需要执行的工作，督促危化企业深度介入专职消防队伍的日常管理工作；

（3）需由多个相关方介入并共同完成评估工作，评估过程中秉承“职责分明、多级监管”的工作原则；

（4）通过评估论证，筛选合格且与危化企业实现管理互补的外包单位。

二、适用范围

中国海油所属国有大型危化企业及其专职消防队劳务外包单位。采用其他外包形式运营企业专职消防队伍的，可参考指导文件开展评估论证工作。

三、职责分工

（一）集团公司

（1）编制、完善危化企业专职消防队劳务外包用工事前评估论证方法指导文件；

（2）督导检查所属单位评估论证工作开展情况。

（二）所属单位

（1）依据指导文件，编制适用于本单位的企业专职消防队劳务外包用工事前评估论证方法，并向集团公司备案评估论证结果；

（2）指导本单位大型危化企业专职消防队劳务外包用工事前评估论证工作；

（3）对本单位所属大型危化企业专职消防队劳务外包单位进行审核。

四、管理要求

（1）所属单位应组建企业专职消防队劳务外包用工评估论证组，评估论证组成员不应少于3人，人员专业背景应包括应急、消防、危险化学品生产安全等相关专业，评估论证完成后将结果上报集团公司质量健康安全环保部。

（2）危化企业专职消防队劳务外包用工事前评估论证包括“危化企业专职消防队伍管理评估论证”和“劳务外包单位评估论证”两部分。

（3）“危化企业专职消防队伍管理评估论证”的被评估主体为中国海油所属大型危化企业（以下简称“大型危化企业”），通过评估论证的大型危化企业，企业专职消防队可采取劳务外包用工。

（4）“劳务外包单位评估论证”的被评估主体为危化企业专职消防队劳务外包单位或与外包单位建立正式合作关系的单位（以下统称为“劳务外包单位”）。通过评估论证的劳务外包单位可响应大型危化企业专职消防队劳务外包招标，并承接大型危化企业专职消防队的劳务外包。

（5）大型危化企业应与通过评估论证的劳务外包单位签订具有法律效力的书面合同。在用专职消防队劳务外包单位尚未进行评估论证的，应组织开展评估论证工作，评估论证通过后可继续使用。

五、评估论证过程要求

（一）评估论证工作流程(图 4-25)

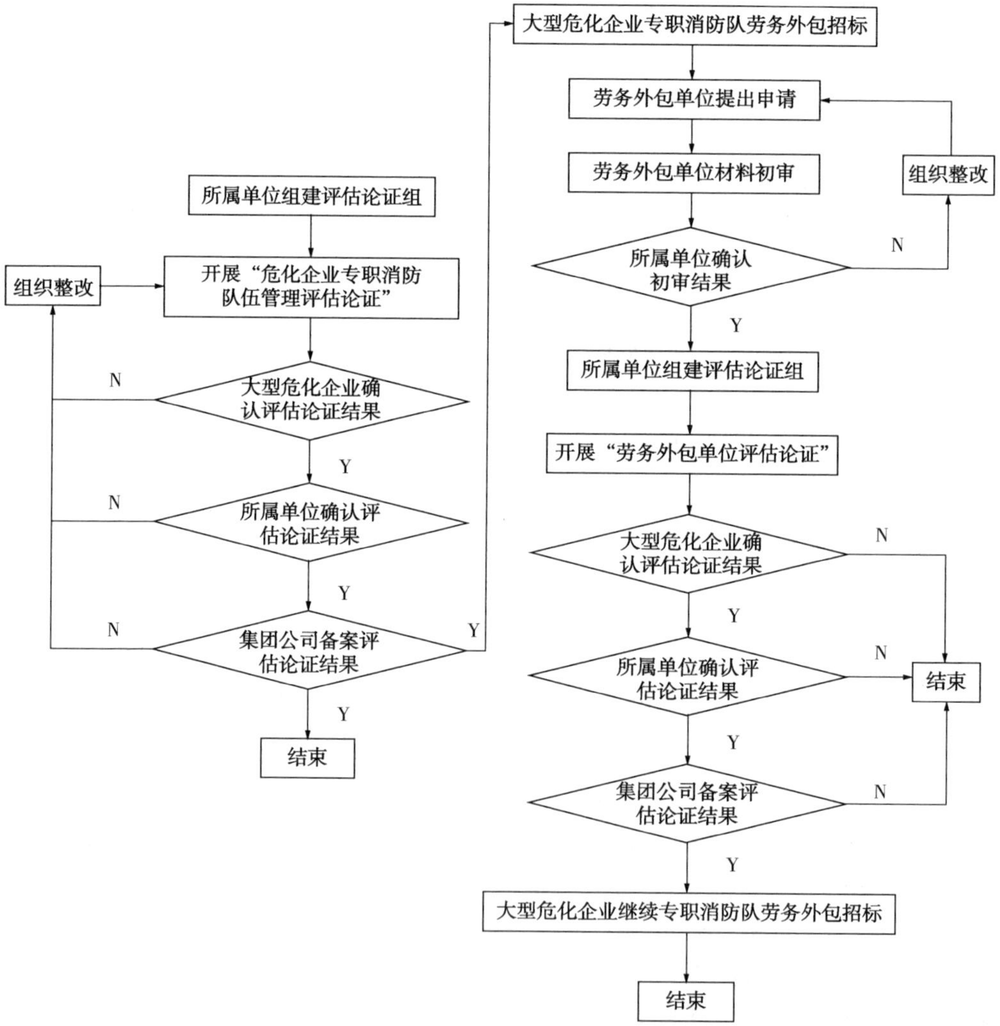

图 4-25　评估论证工作流程

(二)危化企业专职消防队伍管理评估论证要求

(1)条件要求:

① 应至少设置1名专/兼职消防队管理人员,并与其订立书面劳动合同;

② 具备危化企业专职消防队的管理能力及灭火救援行动的指挥能力;

③ 应建立并正式发布企业专职消防队管理体系制度,规范企业专职消防队伍管理,明确企业专职消防队的队伍建设、职能定位、人员招录、职业待遇、技能培训、装备管理、执勤训练、管理教育、经费保障、职业荣誉等要求;

④ 应根据现场实际情况编制灭火救援预案,并定期组织开展演习、演练。

(2)评估论证根据《危化企业专职消防队伍管理评估论证评分表》执行,采用文件审核、现场检查和人员面谈等形式开展。

(3)所属单位可根据实际情况自行确定运营单位评估论证合格标准,但不得低于60分。

(三)外包单位评估论证要求

(1)基本条件要求:

① 应具有合法有效的企业法人营业执照、税务登记证及组织机构代码证或证照合一的营业执照;

② 营业范围应包括灭火救援服务/消防技术服务等相关内容,或近5年内有危化企业专职消防队伍运维经验;

③ 自有具备灭火救援行动指挥能力的人员不少于2人,且为退出政府消防救援指战员或退役军人;

④ 具有自有/租赁的场地、场所,能用于专职消防员的培训、考核等日常活动,或有能够完成专职消防员培训、考核等日常活动的合作资源;

⑤ 应建立并正式发布企业专职消防队管理体系制度,规范企业专职消防队伍管理,明确队伍建设、人员招录、待遇提升、技能培训、管理教育、职业荣誉等要求;

⑥ 近2年内未发生拖欠人员工资及其他影响专职消防队稳定性的劳动纠纷事件。

(2)所属单位应明确劳务外包单位提交评估论证申请的时间,并要求劳务外包单位提供基本信息及相关证明文件。

(3)所属单位收到劳务外包单位申请后,应对其提交的证明材料进行初审,确认合格后方可开展评估论证工作。

(4)评估论证根据《危化企业专职消防队劳务外包单位评估论证评分表》执

行，采用文件审核、现场检查和人员面谈等形式开展。

（5）所属单位可根据实际情况自行确定运营单位合格准入标准，但不得低于60分。

（6）所属单位自行确定劳务外包单位评估论证周期，但间隔不能超过3年。

（7）劳务外包单位当年的《危化企业专职消防队劳务外包单位评估论证评分表》评分结果可在集团公司范围内共享。

（8）在评估论证过程中弄虚作假、伪造资料的，在3年之内不予受理申请。

六、结束语

《中国海油大型危化企业专职消防队劳务外包用工事前评估论证指导文件》目前已在中国海油系统内部全面推广使用，为中国海油危化企业维持现有用工模式提供了理论基础。

通过评估论证，进一步明确了外包用工模式下各相关方的职责，将危化企业与外包单位视为一个整体，共同响应《意见》要求。此外，指导文件是中国海油制定的工作框架，各危化企业可以根据自身实际情况进行适应性调整，以便更加贴合企业的实际需求。

数据统计篇

第一章　事故事件统计

2019—2023 年(2024 年暂未公布)，化工和危险化学品事故共发生 672 起，造成 904 人死亡，事故数量总体呈下降趋势，死亡人数出现波动，总体形势较为平稳。与 2019 年相比，2023 年化工和危险化学品事故数量下降 31.6%，死亡人数下降 28.7%。见图 5-1 和图 5-2。

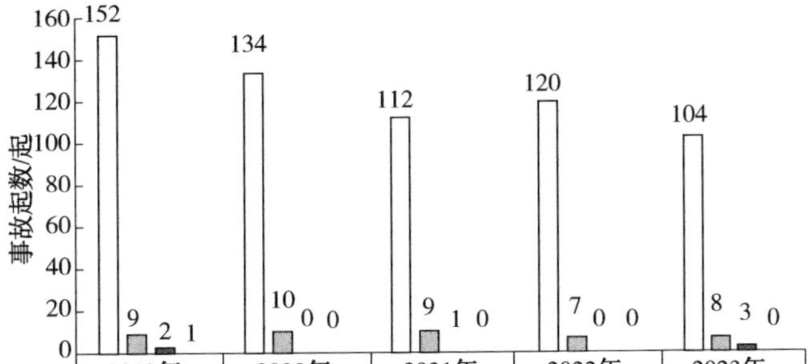

	2019年	2020年	2021年	2022年	2023年
□ 一般事故/起	152	134	112	120	104
■ 较大事故/起	9	10	9	7	8
■ 重大事故/起	2	0	1	0	3
■ 特别重大事故/起	1	0	0	0	0

图 5-1　2019—2023 年化工和危险化学品事故统计

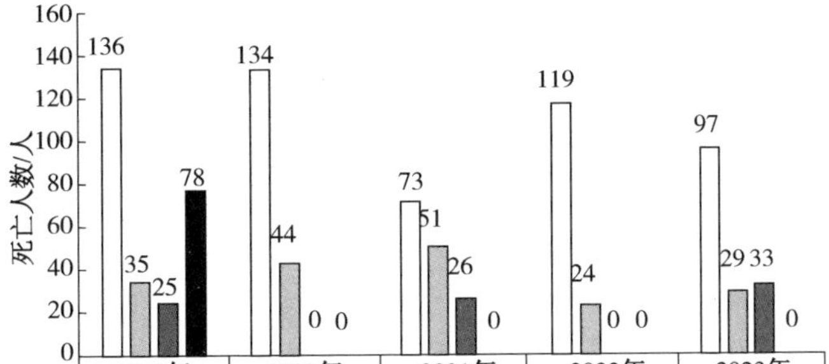

	2019年	2020年	2021年	2022年	2023年
□ 一般事故/人	136	134	73	119	97
■ 较大事故/人	35	44	51	24	29
■ 重大事故/人	25	0	26	0	33
■ 特别重大事故/人	78	0	0	0	0

图 5-2　2019—2023 年化工和危险化学品事故死亡人数

2024 年国内典型石油石化生产安全事故详见表 5-1。

表 5-1　2024 年国内典型石油石化生产安全事故

序号	事故名称	事故概况
1	内蒙古赤峰市得丰焦化有限责任公司“1·19”爆炸事故	事故经过：2024 年 1 月 19 日内蒙古赤峰市得丰焦化有限责任公司在化产车间 4#电捕焦油器加装氮气管道施工时发生爆炸，造成 3 人死亡。 事故原因：4#电捕焦油器内串入煤气，蒸汽置换不彻底，形成爆炸性混合气体环境，动火切割开孔引起爆炸
2	四川西艾氟科技有限公司“5·3”较大爆炸事故	事故经过：2024 年 5 月 3 日四川西艾氟科技有限公司五氟碘乙烷合成反应釜在生产过程中发生爆炸事故，造成 3 人死亡。 事故原因：三醇（机封液）泄漏进入反应釜，导致生产出现异常，未对异常工况进行风险评估，未及时退守到安全状态，擅自更改反应条件，补加过量催化剂，采用蒸汽升温后，反应底物与四氟乙烯之间及四氟乙烯本身发生剧烈反应，引发化学爆炸
3	湖北雪飞化工有限公司“5·9”较大爆炸事故	事故经过：2024 年 5 月 9 日湖北雪飞化工有限公司硝化棉生产煮洗工段在煮洗作业过程中 1#煮洗锅发生爆炸，3 人死亡。 事故原因：在硝化棉煮洗工序，1#煮洗锅下部排水阀在关闭状态下，阀门内密封圈部分脱离，密封不严，内漏导致煮洗锅内液位下降，上部硝化棉处于失水状态，在 135℃高温水蒸汽环境下，硝化棉发生热分解，释放出的热量进一步加速分解，急剧产生大量气体，导致煮洗锅超压发生爆炸
4	甘肃宏汇能源化工有限公司“6·11”较大中毒窒息事故	事故经过：2024 年 6 月 11 日甘肃宏汇能源化工有限公司干馏 2#线移动床颗粒除尘装置发生一起氮气窒息事故，造成 3 人死亡。 事故原因：在处置漏料异常工况时，班长违章指挥班组人员在未办理受限空间作业审批手续、未开展气体检测等作业危害分析、未穿戴相应的个体防护装备的情况下，违章冒险通过颗粒床过滤段人孔盖进入高浓度氮气环境下的受限空间开展检维修作业，导致缺氧窒息
5	安徽滁州市来安县非法生产窝点“6·29”较大爆燃事故	事故经过：2024 年 6 月 29 日滁州市来安县半塔镇丁城村一废弃小学非法窝点负责人租赁一废弃小学违规建设厂房，非法组织生产固化剂（主要成分为过氧化甲基乙基酮）过程中发生爆燃，造成 4 人死亡。 事故原因：在组织工人使用叉车进行废水装车作业时，工人误将装有原料皮革光亮剂（主要成分为 2-丁酮）的吨桶当作废水吨桶转移至厢式货车内废水罐，因操作不慎造成吨桶内的可燃液体大量泄漏并挥发，遇不防爆的叉车工作时产生的点火源引发爆炸，继而引发厂房内存放的大量固化剂和可燃液体原料爆炸

续表

序号	事故名称	事故概况
6	内蒙古乌兰泰安能源化工有限责任公司“4·19”中毒事故	事故经过：2024 年 4 月 19 日内蒙古乌兰泰安能源化工有限责任公司 1 名作业人员在进入管道井(井深约 2m)关闭阀门时晕倒，后续有 4 人下井救援，造成 4 人死亡、1 人受伤。 事故原因：初步分析为硫化氢中毒
7	厦门金达威维生素有限公司“1·11”较大闪爆事故	事故经过：2024 年 1 月 11 日厦门金达威维生素有限公司在污水处理池上方违法建设遮雨棚过程中，违规施工引发池内空间可燃气体闪爆，造成 4 人死亡、2 人受伤。 事故原因：在搭建遮雨棚过程中，焊接作业时持续溅落的火花引燃覆盖在下方观察井盖板上的麻袋和污水循环管与不锈钢盖板之间缝隙的橡塑保温材料，外部燃烧的能量通过缝隙进入污水处理池，因污水处理池内部有达到爆炸极限的可燃气体浓度，继而引发污水处理池闪爆
8	陕西神木市德润炭质还原剂有限公司“11·20”爆炸事故	事故经过：2024 年 11 月 20 日陕西神木市德润炭质还原剂有限公司废水处理项目在污水处理设备调试过程中，由于蒸汽超压引发炸裂事故，造成 4 人死亡、6 人受伤。 事故原因：暂未公布
9	宁夏顺邦达新材料有限公司“8·19”较大爆燃事故	事故经过：2024 年 8 月 19 日宁夏顺邦达新材料有限公司企业在不具备试生产条件的情况下，擅自改变工艺流程和设备用途，隐蔽性非法组织生产叔丁基过氧化氢过程中发生爆燃事故，5 人死亡。 事故原因：企业非法组织叔丁基过氧化氢生产，因碱液配置釜下部手阀关闭不严，30%的氢氧化钠溶液从配置釜窜入钠盐罐，并误将精制釜内 70%的叔丁基过氧化氢打入钠盐罐，高浓度碱液引起钠盐罐内过氧化物分解放热爆燃，引发车间内其他过氧化物爆燃
10	山东菏泽鄄城非法生产窝点“1·20”较大爆炸着火事故	事故经过：2024 年 1 月 20 日菏泽市鄄城县大埝镇王菜园村一废弃厂房在拆除损坏的蒸馏釜冷凝器过程中引爆了蒸馏釜内的 3-氯丙炔，造成 7 人死亡、1 人受伤。 事故原因：现场人员使用电焊机大电流切割蒸馏釜侧上方冷凝器的钢支架时产生的电弧或高温焊渣，引起蒸馏釜内的 3-氯丙炔爆炸，接着引起蒸馏釜南侧 1 台水洗中和釜和 2 台氯化反应釜内的 3-氯丙炔爆炸，4 台釜全部解体并伴随极强的冲击波，导致现场人员伤亡

第二章　国家研究课题

2021 年以来，国家重点研发计划“重大自然灾害防控与公共安全”项目，聚焦自然灾害防控与公共安全领域的核心技术攻关，旨在通过科技创新提升灾害风险识别、监测预警、防控救援等全链条能力。研究方向涵盖煤矿深部开采灾害防控、自然灾害风险评估、监测预警装备研发等，强调多学科协同和产学研结合。2021—2014 年针对石油石化安全与应急方向共立项 61 项，其中 2021 年 4 项、2022 年 14 项、2023 年 25 项、2024 年 18 项。详见表 5-2。

表 5-2　2021—2024 年国家重点研究课题项目(石油石化安全与应急方向，不完全统计)

年份	项目方向	项目名称
2021	危险化学品和化工园区安全关键技术与装备	精细化工危险化学品生产安全关键流程再造技术及示范
		化工园区重大风险智能感知与预警技术及示范
	危险化学品和化工园区安全关键技术与装备	超设计使用年限服役承压设备安全智能预警关键技术及示范
	现场保障技术与装备	救援现场次生灾害检测预警关键装备
2022	特大洪涝干旱灾害精准监测与风险防范技术与装备	流域性大洪水场景推演与智能指挥决策技术
		山洪灾害信号早期识别与准确预警技术装备
	危险化学品和化工园区安全技术与装备	氯碱化工生产装备损伤检测与安全风险防控关键技术及示范应用
		典型危险化学品燃爆抑制与泄放技术及装备
	矿山安全风险智能监测预警和防控技术与装备	陆上超深油气井井喷防控关键技术装备及示范应用
	城市建设与运行安全风险监测和防控技术	城市燃气设施泄漏事故防控关键技术及装备
	火灾高效预防与扑救关键技术	高稳定性环保泡沫灭火剂研发与示范应用

续表

年份	项目方向	项目名称
2022	特种设备安全风险监测预警与事故防控技术	高温承压类特种设备损伤精准检测技术装备研发及示范应用
		高风险工业管道损伤智能检测技术装备研发及示范应用
	抢险救援技术与装备	环境友好型高效洗消材料
	救援人员安全防护技术与装备	高集成救援人员个体防护装备
		抗冲击抢险救援防护服
	综合支撑装备与应急服务技术	适用于低温低压环境的监测技术装备及示范应用
		火灾爆炸事故精准溯源技术及装备
2023	特大洪涝干旱灾害精准监测与风险防范技术与装备	跨区域跨流域洪涝灾害风险协同应对与备灾
		山洪灾害风险防控区划与全过程监测防范关键技术
	危险化学品和化工园区安全技术与装备	典型危化品生产装置主动安全防护技术及装备
		典型危化品装运安全监测与泄漏应急处置技术及装备
	矿山安全风险智能监测预警和防控技术与装备	陆上超深油气井井喷防控关键技术装备及示范应用
	火灾高效预防与扑救关键技术	火灾烟雾与可燃气体早期精准智能探测技术
		生物基材低值长效防火阻燃技术及应用示范
		新型高效洁净气体灭火剂及灭火系统
	特种设备安全风险监测预警与事故防控技术	复合材料移动式承压设备损伤检测与安全评价技术
		高风险工业管道损伤智能检测技术装备研发及示范应用
	现场保障技术与装备	基于通信大数据的灾害监测预警与灾情信息获取关键技术装备
		水下灾情信息感知与应急指挥通信装备
	抢险救援技术与装备	激光破拆关键技术与装备
		室内灭火机器人、救援机器人及作业指挥平台
		自动举高喷射灭火装备
		微小型生命搜救装备
		消防员自主伴随运输装备
		高压大口径油气管道泄漏应急处置技术与装备
		基于锚阵生根-阻拦协同的堤防大溃口快速封堵技术装备
		基于多源信息融合的大范围大埋深生命精准搜索关键技术装备

续表

年份	项目方向	项目名称
2023	救援人员防护技术与装备	轻质长效高等级化学防护装备
	生命救护技术与装备	应急救援移动式生命维持关键技术与装备
		重大灾害事故现场应急手术关键技术与装备
	综合支撑装备与应急服务技术	典型事故防控数字孪生技术研究
		安全应急知识图谱构建及安全培训演练应用研究
2024	危险化学品和化工园区安全技术与装备	硫化烷基化装置本质安全提升技术及应用示范
		石油裂化装置动态安全风险评价与主动防控技术及装备
		液化烃覆土储罐本质安全型成套安全保障技术
		超高压聚合体系失控致灾机制
	交通运输和物流安全风险监测预警与防控技术	危险货物船港综合运输安全风险监测预警与防控技术
	火灾高效预防与扑救关键技术	涉低温场所环保高效火灾防控技术及应用
		住宅和餐饮场所燃气储用消防安全监测预警技术
	特种设备安全风险监测预警与事故防控技术	燃气非金属压力管道风险预警防控关键技术与装备
		高风险场景起重装备智能监测与事故防控技术
	现场保障技术与装备	极端灾害多模态智能融合应急通信装备
		全天候全域灾情快速侦测技术与装备
		基于大模型的智能决策指挥关键技术及装备
		重大灾害现场遥感协同感知与主动服务技术及装备
	抢险救援技术与装备	复杂介质埋压人员智能仿生感知搜救关键技术与装备
		火场复杂环境信息侦察（测）机器人关键技术与装备
	救援人员安全防护技术与装备	火场态势突变侦测预警机消防员安全保障关键技术装备
	生命救护技术与装备	火灾爆炸事故现场复合伤快速评估及救治关键技术与装备
	综合支撑装备与应急服务技术	灾害事故应急情境下的智能生成决策知识库关键技术

第三章　科技成果奖励

为掌握近年来石油石化安全与应急方向重点科学技术成果研发情况，对2019—2024年国家、中国石油和化学工业联合会、中国职业健康协会以及中国安全生产协会科学技术奖励情况进行统计。

一、国家科学技术奖励

2019—2024年，共有5项与石油石化安全应急相关的项目获得国家科学技术奖励，其中国家技术发明奖1项，国家科技进步奖4项；一等奖1项，二等奖4项，如表5-3所示。2024年公布的2023年度国家科学技术奖励名单中没有与石油石化安全应急相关的项目。

表5-3　2019—2024年国家科学技术奖励情况

序号	奖励类别	年份	获奖项目名称	获奖单位	获奖等级
1	国家技术发明奖	2020	海洋深水钻探井控关键技术与装备	中国石油大学(华东)、中国海油研究总院有限责任公司等	二等奖
2	国家科技进步奖	2019	工业园区有毒有害气体光学监测技术及应用	中科院合肥物质科学研究院、中国科学技术大学等	二等奖
3		2019	炼化含硫废气超低硫排放及资源化利用成套技术开发与应用	中国石油化工股份有限公司齐鲁分公司、中原油田普光分公司等	二等奖
4		2019	易燃易爆危险物质爆炸防控关键技术与装备	北京理工大学、中煤科工集团重庆研究院有限公司等	二等奖
5		2020	工业烟气多污染物协同深度治理技术及应用	清华大学、中冶长天国际工程有限责任公司等	一等奖

二、中国石油和化学工业联合会科学技术奖励

2019—2024 年，共有 37 项与石油石化安全应急相关的项目获得中国石油和化学工业联合会科学技术奖励，其中技术发明奖 6 项，科技进步奖 31 项；一等奖 12 项，二等奖 21 项，三等奖 4 项，如表 5-4 所示。

表 5-4　2019—2024 年中国石油和化学工业联合会科学技术奖励情况

序号	奖励类别	年份	获奖项目名称	获奖单位	获奖等级
1	科技进步奖	2019	危险化学品泄漏源定位技术与系统	清华大学、北京化工大学等	一等奖
2		2019	深水钻井隔水管系统安全高效作业关键技术及其工业化应用	中国石油大学（华东）、中国海油深海开发有限公司等	一等奖
3		2019	危险化学品输送管道健康诊断及事故预警关键技术研究及应用	常州大学、南京工业大学等	二等奖
4		2019	进口原油质量与安全关键技术研究及标准体系的建立	农博出入境检验检疫局检验检疫技术中心等	二等奖
5		2019	海上油田安全高效井筒故障处理关键技术研究与应用	中国石油大学（北京）、中国海油田服务股份有限公司	二等奖
6		2020	典型危险化工过程本质安全关键技术体系创建及应用	南京工业大学、中国石化青岛安工院等	一等奖
7		2020	炼油装置腐蚀预测与监测控制一体化技术及应用	西安交通大学、中国石油兰州石油化工有限公司研究院等	一等奖
8		2020	油气开采业危险废物分类豁免与污染防治技术研究及应用	中国石油安全环保院、中国石油勘探与生产分公司等	二等奖
9		2020	石油钻机安全评价体系建立及关键技术研究	中国石油川庆钻探工程有限公司、西南石油大学等	二等奖
10		2021	深海油气输送管道长效防腐保温复合涂层关键技术及应用	南京大学、南通大学等	二等奖
11		2021	复杂服役环境天然气管道安全运维关键技术及工业化应用	中国石油天然气股份有限公司、西南油气田分公司输气管理处等	二等奖

续表

序号	奖励类别	年份	获奖项目名称	获奖单位	获奖等级
12	科技进步奖	2022	化工园区危化品管道事故次生衍生致灾风险防控与应急技术	常州大学、南京工业大学等	一等奖
13		2022	高压盐水层井筒安全控制钻井成套技术装备及工业应用	中国石油集团工程技术研究院有限公司、中国石油大学（北京）等	一等奖
14		2022	海底管道多相流腐蚀机理和腐蚀控制关键技术与装备	北京科技大学、中国海油研究总院有限责任公司等	一等奖
15		2022	油气高效节能精细化回收与安全管理技术协同创新及应用	常州大学、常州一烃环保科技有限公司等	二等奖
16		2022	南海深水浅层水合物钻采安全风险演化机理及调控方法	中国石油大学（华东）、海油研究总院有限责任公司等	二等奖
17		2022	危险化学品及包装安全评价技术及标准体系的建立与应用	青岛海关技术中心	二等奖
18		2023	油气田集输管网服役安全关键技术与工业化应用	中国石油天然气股份有限公司规划总院、中国石油天然气股份有限公司油气和新能源分公司	一等奖
19		2023	石化储运计量与安全监测关键技术研究及装备研制	舟山市质量技术监督检测研究院、中化兴中石油转运（舟山）有限公司等	二等奖
20		2023	高效安全油气钻完井工作液关键技术及工业化应用	长江大学、中国海油研究总院有限责任公司等	二等奖
21		2023	页岩油气水平井地面井下一体化协同安全高效钻井关键技术及工业应用	北京石油机械有限公司、中国石油集团工程技术研究院有限公司等	二等奖
22		2023	化工安全生产多维智能管控技术与应用	杭州电子科技大学、武汉工程大学、杭州言实科技有限公司等	二等奖
23		2023	复杂环境油气管道安全一体化动态管控技术及应用	西南石油大学、中国石油工程建设有限公司西南分公司等	二等奖
24		2024	石化电力高温装备寿命预测与风险监控关键技术及应用	南京工业大学、华东理工大学等	一等奖

续表

序号	奖励类别	年份	获奖项目名称	获奖单位	获奖等级
25	科技进步奖	2024	超深层高温高压裂缝性致密储层保护技术及工业化应用	中国石油塔里木油田、中国石油工程技术研究院等	一等奖
26		2024	承压设备微损伤超声检测与评价关键技术及应用	化工理工大学、上海市特种设备监督检验技术研究院等	一等奖
27		2024	催化裂化装置安全绿色高效运行智能管控关键技术与工业应用	中国石油化工集团有限公司、中国石化安全工程研究院等	一等奖
28		2024	石油天然气储备库安全保障技术与装备研发及工业化应用	中国石油大学（北京）、中国石油工程材料研究院等	二等奖
29		2024	海外超深水复杂油气井安全高效钻井关键技术与工业应用	中海石油国际能源服务（北京）有限公司等	二等奖
30		2024	油气管道安全状态智能感知关键技术及工程应用	国家管网科学技术研究总院、中国石油大学（北京）等	二等奖
31		2024	海洋复杂地层钻井液漏失防治关键技术及规模应用	中国石油大学（华东）、中国海油服务股份有限公司等	二等奖
32	技术发明奖	2020	海上钻井井筒压力精细控制关键技术与装备	中国石油集团工程技术研究院有限公司、中国石油大学（华东）	二等奖
33		2021	河流溢油应急处置技术研究及集成应用	中国石油集团安全环保技术研究院有限公司等	三等奖
34		2024	浆态床双氧水本质安全绿色生产新技术及工业应用	中国石化石油化工科学研究院有限公司等	二等奖
35		2024	高温高压油气井固井水泥环完整性关键技术及应用	中国石油西南油气田、中国石油工程技术研究院等	三等奖
36		2024	石油化工危化气体泄漏检测预警关键技术及其应用	中国石油大学（华东）、中国石化安全工程研究院有限公司	三等奖
37		2024	油气管道泄漏智能感知及风险评价关键技术	中国石油大学（华东）、国家管网西气东输分公司	三等奖

三、中国职业健康协会科学技术奖励

2019—2024 年，共有 66 项与石油石化安全应急相关的项目获得中国职业健康协会科学技术奖励特等奖、一等奖和二等奖，其中特等奖 4 项，一等奖 31 项，二等奖 31 项，如表 5-5 所示。

表 5-5　2019—2024 年中国职业健康协会科学技术奖励情况

序号	年份	获奖项目名称	获奖单位	获奖等级
1	2019	管道腐蚀阵列超声导波无损检测关键技术及仪器研发	中国特种设备检测研究院、中北大学等	一等奖
2	2019	河流溢油应急处置技术及应用	中国石油安全环保技术研究院、中国石油管道分公司等	一等奖
3	2019	高风险油气管道安全保障磁测关键技术与装备	中国特种设备检测研究院、合肥中大科技有限公司等	一等奖
4	2019	输油管道环境敏感区风险评估关键技术及应用	中国石油安全环保技术研究院、中国石油管道有限责任公司西部分公司等	二等奖
5	2019	压力管道风险识别与评价关键技术研究	中国特种设备检测研究院、江苏省特种设备安全监督检验研究院等	二等奖
6	2020	职业健康风险评估理论与方法研究及应用	中国矿业大学(北京)、清华大学等	一等奖
7	2020	外浮顶储罐密封圈主动安全防护技术及应用	威特龙消防安全集团股份有限公司、中国石油安全环保技术研究院	一等奖
8	2020	基于城镇脆弱性的油气管道风险评估技术研究及应用	中国安全生产科学研究院、东北大学等	二等奖
9	2020	城市底下燃气管网泄漏事故风险防控技术研究与应用	重庆科技学院、中国人民解放军陆军勤务学院等	二等奖
10	2020	化工园区大型油气火灾灭火技术及装备研发	中国石化青岛安工院、新兴重工湖北三六一一机械有限公司等	二等奖
11	2021	城镇燃气管道完整性管理关键技术及应用	中国石油大学(北京)、深圳市燃气集团股份有限公司等	一等奖
12	2021	城市燃气作业场所风险监控技术研究及应用	北京市科学技术研究院城市安全与环境科学研究所等	一等奖

续表

序号	年份	获奖项目名称	获奖单位	获奖等级
13	2021	炼化企业 HSE 管理咨询研究与应用	中国石油集团安全环保技术研究院有限公司、中国石油天然气集团有限公司等	一等奖
14	2021	长庆油田数字化安全技术体系及若干智能技术	中国石油天然气股份有限公司长庆油田分公司	一等奖
15	2021	危险品道路运输事故演化过程与风险防控技术及应用	南京工业大学、中国安全生产科学研究院等	一等奖
16	2021	高钢级大口径管道服役安全关键技术及规模应用	中国石油天然气股份有限公司管道分公司、中国石油天然气集团公司管材研究所等	一等奖
17	2021	井喷失控全过程带火抢险救援关键技术与装备	中国石油集团川庆钻探工程有限公司、中国石油集团油田技术服务有限公司	一等奖
18	2021	炼化装置关键承压设备损伤量化分级与选材优化及应用	中国特种设备检测研究院、北京航空航天大学	一等奖
19	2021	低温绝热气瓶设计与安全性能试验关键技术研究及应用	中国特种设备检测研究院、大连理工大学等	一等奖
20	2021	承压设备基于大数据的宏观安全风险防控和应急技术	中国特种设备检测研究院、中国矿业大学(北京)等	一等奖
21	2021	城镇燃气管网安全风险控制与应急技术	昆仑能源有限公司、中国石油昆仑燃气有限公司燃气技术研究院	二等奖
22	2021	中国石油生产安全风险分级防控机制建设研究与实践	中国石油集团安全环保技术研究院有限公司、中国石油集团质量健康安全环保部等	二等奖
23	2021	化工行业既有建筑物抗爆能力提升技术研发与应用	中国石化安全工程研究院有限公司	二等奖
24	2021	石油化工关键装置腐蚀检测及防护技术研究与应用	中国石油集团安全环保技术研究院有限公司	二等奖
25	2021	基于人工智能的危险化学品多维数据融合和监测预警技术研究及应用	应急管理部通信信息中心等	二等奖
26	2021	大庆油田生产安全风险一体化动态管控研究	大庆油田质量安全环保监督评价中心、大庆油田信息技术公司	二等奖

续表

序号	年份	获奖项目名称	获奖单位	获奖等级
27	2021	石化装置典型动设备在役质量完整性评价技术研究	中国特种设备检测研究院、浙江大学等	二等奖
28	2021	工艺安全管理在塔里木油田的探索与实践	中国石油天然气股份有限公司塔里木油田分公司	二等奖
29	2021	企业安全生产主体责任落实及评估研究及应用	北京市顺义区应急管理局、北京市应急管理局等	二等奖
30	2021	大型装备微小故障诊断关键技术及应用	广东石油化工学院、杭州电子科技大学等	二等奖
31	2022	油气钻采典型环节安全及完整性监控预警关键技术与工业化应用	中国石油大学(北京)	特等奖
32	2022	海底油气管道安全保障关键技术研究及应用	中海石油(中国)有限公司、中国海油能源发展装备技术有限公司	特等奖
33	2022	石化系统典型过程与装备运行安全的检测与预防关键技术及应用	广东石油化工学院、清华大学	一等奖
34	2022	基于风险动态管控的城市型炼厂安全高质量发展策略应用研究	中国石油大学(华东)、青岛欧赛斯环境与安全技术有限责任公司等	一等奖
35	2022	高压直流干扰下油气管道腐蚀规律研究及智能防控设备研制	浙江浙能技术研究院有限公司、北京科技大学等	一等奖
36	2022	典型危化品运输车辆健康监测及智慧应急技术研究与应用	南京市锅炉压力容器检验研究院、南京工业大学等	一等奖
37	2022	煤与共伴生油气资源协调开采理论与关键技术	安徽理工大学、河南理工大学	二等奖
38	2022	城市综合管廊运行安全及应急管理关键技术研究及应用	北京市科学技术研究院、北京市新技术应用研究所有限公司	二等奖
39	2023	城市典型易爆物爆炸机理与事故防控技术及应用	北京理工大学、清华大学合肥公共安全研究院等	特等奖
40	2023	海洋油气钻井重大安全事故防控技术创新及应用	中国海油研究总院有限责任公司、中海石油深海开发有限公司等	特等奖
41	2023	典型市政管线内生安全保障与灾害防御关键技术及装备	北京无线电计量测试研究所、北京市燃气集团有限责任公司	一等奖

续表

序号	年份	获奖项目名称	获奖单位	获奖等级
42	2023	油气管道安全风险量化评估与事故应急决策技术及应用	中国安全生产科学研究院、国家石油天然气管网集团有限公司	一等奖
43	2023	高硫高盐恶劣环境下油气集输系统防腐涂层技术研发与应用	重庆交通大学、中国石油化工股份有限公司西北油田分公司等	一等奖
44	2023	化工装置高精度动态化工艺安全一体化系统平台与应用	中国特种设备检测研究院、北京化工大学	二等奖
45	2023	大型常压储罐底板腐蚀的在线精准检测和评价技术	中国特种设备检测研究院、东北石油大学	二等奖
46	2023	大型 LNG 储罐关键设施应急抢修技术与应用	国家石油天然气管网集团有限公司液化天然气接收站管理分公司	二等奖
47	2023	碳纤维全缠绕高压储氢气瓶安全检测与评价关键技术及应用	华南理工大学、广东省特种设备检测研究院	二等奖
48	2023	老龄油气管道安全可靠性及动态风险评估理论与技术	西安建筑科技大学、中国石油集团工程材料研究院有限公司	二等奖
49	2023	石油钻机安全评价体系及关键技术研究	中国石油川庆钻探工程有限公司安全环保质量监督检测研究院	二等奖
50	2023	三维可视化的管道泄漏监测预警与安全风险管控技术研究与应用	辽河油田（盘锦）储气库有限公司、北京华科合创科技发展有限公司	二等奖
51	2023	油气田钢质管道内腐蚀预知性维修关键技术研究及应用	中国特种设备检测研究院、北京工业大学	二等奖
52	2024	应急救援数字化战场关键技术装备研发与应用	应急管理部大数据中心、北京邮电大学等	一等奖
53	2024	可燃气体泄漏火灾动力学机理与防控关键技术及应用	中国科学技术大学等	一等奖
54	2024	氢气泄漏-火焰火花极早期全过程监测预警关键技术及装备	大连理工大学、武汉理工大学	一等奖
55	2024	储能用锂离子电池系统热失控安全防护关键技术及应用	中国石油大学（华东）、中国矿业大学等	一等奖
56	2024	基于光纤传感的城镇燃气管网泄漏监测预警与安全防控关键技术	武汉理工大学、中钢武汉安全环保研究院股份有限公司等	一等奖

续表

序号	年份	获奖项目名称	获奖单位	获奖等级
57	2024	智能消防机器人空地协同控制技术与系统研发	中国安全生产科学研究院、北京邮电大学等	一等奖
58	2024	危化品重大事故人员疏散风险防控基础理论与关键技术	南京工业大学、中国科学技术大学等	一等奖
59	2024	油气动力装备智能健康运维关键共性技术及工程应用	中国石油大学(北京)、中国特种设备检测研究院等	一等奖
60	2024	天然气长输管道燃爆灾害机理与危害效应控制技术及应用	北京理工大学、国家管网西部管道公司等	一等奖
61	2024	油气管道安全风险智能识别与精准管控关键技术与工程应用	中国石油大学(北京)、国家管网科学技术研究总院	二等奖
62	2024	融合新一代信息技术的危化品企业安全风险智能管控技术及应用	赛飞特工程技术集团有限公司、武汉理工大学等	二等奖
63	2024	危险化学品自然灾害承载体调查与评估研究及应用	中国安全生产科学研究院、应急管理部国家减灾中心等	二等奖
64	2024	多源异构数据感知融合的化工园区安全智能管控平台	中国安全生产科学研究院、安徽砺剑防务科技有限公司	二等奖
65	2024	油品输送灌装过程静电主动防护一体化技术	北京建筑大学、重庆科技大学等	二等奖
66	2024	化学中毒风险预测预警与5G+无人化装备应急处置技术应用	广州市第十二人民医院(广州市职业病防治院)、南方医科大学公共卫生学院	二等奖

四、中国安全生产协会科学技术奖励

2020—2024年(2020年首次组织评奖),共有74项与石油石化安全应急相关的项目获得中国安全生产协会科技进步奖一等奖和二等奖,其中一等奖20项,二等奖54项,如表5-6所示。

表5-6　2020—2024年中国安全生产协会科学技术奖励(科技进步奖)情况

序号	年份	获奖项目名称	获奖单位	获奖等级
1	2020	油品静电在线监测与智能消除技术及装备	中国石油化工股份有限公司青岛安全工程研究院、中国石化销售有限公司山东石油分公司等	一等奖

续表

序号	年份	获奖项目名称	获奖单位	获奖等级
2	2020	深海钻井井喷重大安全事故预防技术研究及应用	中国海油研究总院有限责任公司、中海石油(中国)有限公司等	二等奖
3	2020	在役油气管道及压力容器监(检)测评估关键技术应用研究	中国石油化工股份有限公司胜利油田分公司、清华大学等	二等奖
4	2020	LNG低温储罐制造、检验、风险评估及LNG储罐站应急处置关键技术	上海市安装工程集团有限公司、上海市特种设备监督检验技术研究院等	二等奖
5	2020	石油化工装置建筑物抗爆设计研究	中国石化工程建设有限公司、中国石油化工股份有限公司北京燕山分公司等	二等奖
6	2020	危化品重大事故演化过程动态研判及辅助决策关键技术	中国石油化工股份有限公司青岛安全工程研究院、应急管理部化学品登记中心	二等奖
7	2020	基于物联网的重大危险源智能风险感知与监测预警技术研究及应用	成都鼎安华智慧物联网股份有限公司	二等奖
8	2020	智慧化工园区安全风险防控及应急辅助决策关键技术研究及应用	江苏海内软件科技有限公司、南京邮电大学等	二等奖
9	2020	发电企业典型安全事故情景构建与应急能力建设关键技术研究及应用	中国华能集团有限公司、华能长春热电厂	二等奖
10	2021	新型阻燃剂研制及其阻燃电缆安全评测技术	中国安全生产科学研究院、中国地质大学(武汉)等	一等奖
11	2021	典型有毒气体泄漏处置关键技术与装备研发	北京邮电大学、北京市劳动保护科学研究院等	一等奖
12	2021	基于机器视觉与大数据分析的安全生产风险管控关键技术研究及应用	国家电网有限公司、南瑞集团有限公司等	一等奖
13	2021	危险化学品生产、储存装置外部安全防护距离确定方法制定及应用研究	中国安全生产科学研究院	一等奖
14	2021	国家危险化学品安全生产风险监测预警体系构建与关键技术	中国石化青岛安全工程研究院、应急管理部化学品登记中心	一等奖

续表

序号	年份	获奖项目名称	获奖单位	获奖等级
15	2021	油气输送管道泄漏综合监测及定位系统研发及应用	中国安全生产科学研究院、中国石油大学(北京)	二等奖
16	2021	基于风险管理的隐患排查治理研究与应用	北京华科合创科技发展有限公司、中国石油辽河油田油气集输公司	二等奖
17	2021	危险化学品道路运输动态风险评估预警技术与安全防护装备研究与应用	中安广源检测评价技术服务股份有限公司、南京工业大学等	二等奖
18	2021	安全生产预警系统开发与应用	中国化学品安全协会	二等奖
19	2021	复杂因素下埋地油气管道腐蚀致因、致灾评估与防控关键技术	中国石油大学(北京)、国家管网集团西南管道有限责任公司	二等奖
20	2021	城镇油气管道泄漏风险防控一体化技术	中国安全生产科学研究院、中国石化大连石油化工研究院	二等奖
21	2021	石化企业重特大安全生产事故应急处置辅助决策系统关键技术及装备	中国矿业大学、北京凌天智能装备集团股份有限公司等	二等奖
22	2021	安全生产风险监测预警关键技术研究与示范应用	江苏省安全生产科学研究院	二等奖
23	2021	海上应急救援装备体系研究	中国船舶重工集团公司第七一四研究所	二等奖
24	2021	原油储罐腐蚀评估技术研究与应用	中国石油集团安全环保技术研究院	二等奖
25	2021	化工装置泄漏次生衍生重大火灾爆炸事故链风险防控关键技术及应用	南京工业大学、常州大学	二等奖
26	2022	爆炸性危险化学品分级关键技术与应用	南京理工大学、上海化工研究院、南京工业大学、西安近代化学研究所、中北大学、江苏省安全生产科学研究院	一等奖
27	2022	城市管网安全监测预警关键技术与装备	北京无线电计量测试研究所、北京市燃气集团有限责任公司	一等奖

续表

序号	年份	获奖项目名称	获奖单位	获奖等级
28	2022	典型灾害事故环境下个体防护原理与系列化救援防护装备研发	清华大学、清华大学合肥公共安全研究院等	一等奖
29	2022	海底管道检测与定位装置研制	中国石化胜利石油工程有限公司	一等奖
30	2022	加氢站、油气氢合建站安全防控研究与工程应用示范	中国石化工程建设有限公司、中国石油化工集团有限公司等	一等奖
31	2022	危化品重大生产安全风险感知通信预警关键技术及应用	北京邮电大学、中兴通信股份有限公司等	一等奖
32	2022	CO_2 驱安全注气与油井防腐技术研究	中国石油化工股份有限公司胜利油田分公司	二等奖
33	2022	安全生产风险预控体系研究	中国安全生产科学研究院等	二等奖
34	2022	安全生产领域大数据应用关键技术研究	中国安全生产科学研究院、中国劳动关系学院等	二等奖
35	2022	高含硫气田生产运行安全控制关键技术	中国石油化工股份有限公司中原油田分公司	二等奖
36	2022	海上高含酸性油气藏安全高效钻井关键技术研究及应用	中国海油研究总院有限责任公司等	二等奖
37	2022	海上固定平台模块钻机自动化和安全技术创新及应用	中国海油研究总院有限责任公司、中国海油能源发展装备技术有限公司	二等奖
38	2022	基于系统危害因素辨识的 LNG 接收站风险管控培训与考试系统	国家管网大连液化天然气有限公司、北京华科合创科技发展有限公司	二等奖
39	2022	企业安全管理体系重构理论研究、模型设计与实例验证	中国安全生产科学研究院、北京科技大学等	二等奖
40	2022	危险化学品事故风险监测预警与应急救援关键技术及应用示范	中山大学、广东石油化工学院等	二等奖

续表

序号	年份	获奖项目名称	获奖单位	获奖等级
41	2022	危险化学气体泄漏红外成像遥测系统研究与应用	北京环境特性研究所	二等奖
42	2022	应急管理规划体系设计与能力现代化建设策略研究	清华大学、中国安全生产科学研究院等	二等奖
43	2023	深水复杂油气田安全钻探与测试生产关键技术创新与实践	中国海油研究总院有限责任公司、中海石油(中国)有限公司湛江分公司等	一等奖
44	2023	液化烃储罐区安全提升技术研究与工程示范	中国石化工程建设有限公司、中国石油化工集团有限公司等	一等奖
45	2023	易燃液体危险化学品移动和固定设施危险源阻隔防爆安全防护技术	军事科学院系统工程研究院、军事新能源技术研究所等	一等奖
46	2023	油气管网周边地质和气象灾害风险感知与预警关键技术研究及应用	中国工业互联网研究院等	一等奖
47	2023	北部湾港原油过驳风险管控关键技术与实践	交通运输部水运科学研究所等	二等奖
48	2023	港口危险货物集中区域储罐与管道安全风险评估预警技术研究及应用	天津东方泰瑞科技有限公司、交通运输部天津水运工程科学研究所等	二等奖
49	2023	工业场所安全生产风险动态评估模型研究及应用	浙江图讯科技股份有限公司	二等奖
50	2023	基于催化剂检测评估的锅炉 SCR 脱硝设备安全运行技术及其应用	苏州西热节能环保技术有限公司、西安热工研究院有限公司等	二等奖
51	2023	普光酸性气田地灾评估与隐患治理技术研发与应用	中国石油化工股份有限公司中原油田分公司	二等奖
52	2023	区域危险气体精准监测预警关键技术与应用	江苏省安全生产科学研究院、南京大学等	二等奖

续表

序号	年份	获奖项目名称	获奖单位	获奖等级
53	2023	三峡危险货物船舶过闸动态风险预警与管控关键技术研究	交通运输部水运科学研究所、长江三峡通航管理局等	二等奖
54	2023	滩浅海油田勘探开发安全环保风险评估和管控技术研究与应用	中国石油集团安全环保技术研究院有限公司、福州大学等	二等奖
55	2023	危险化学品云数联动智能实时管控技术研究与示范	上海市安全生产科学研究所、中国科学院上海微系统与信息技术研究所等	二等奖
56	2023	应急信息资源管理平台	应急管理部大数据中心、杭州数梦工场科技有限公司等	二等奖
57	2023	油气管道无人值守站安全关键技术与智能管控平台研发及应用	中国石油天然气管道工程有限公司、北京市科学技术研究院城市安全与环境科学研究所等	二等奖
58	2023	油气-煤叠置区安全协同开采关键技术与装备	中国石油集团安全环保技术研究院有限公司、塔里木油田分公司油气工程研究院等	二等奖
59	2023	油气钻井工序节点安全智能管控平台开发与应用	中国石油集团长城钻探工程有限公司、中国石油集团油田技术服务有限公司等	二等奖
60	2023	中俄东线天然气管道安全运行保障与智能化技术研究与应用	国家管网集团北方管道有限责任公司	二等奖
61	2023	综合管廊智能监控信息化平台及配套产品研究与应用	中国二十冶集团有限公司、上海智大电子有限公司	二等奖
62	2024	高含硫化氢气体泄漏应急处置技术研究及应用	中国石化工程建设有限公司、中国石油化工股份有限公司等	一等奖
63	2024	大型炼化传热装备流动腐蚀表征方法及预警调控关键技术与应用	浙江理工大学、浙江省特种设备科学研究院等	一等奖

续表

序号	年份	获奖项目名称	获奖单位	获奖等级
64	2024	连续氧化工艺本质安全和风险防控与应急处置关键技术及应用	浙江工业大学、深圳防灾减灾技术研究院等	一等奖
65	2024	海洋石油设备设施多维耦合风险评估技术研究及应用	中国海油安全技术服务有限公司、中国海油能源发展股份有限公司等	一等奖
66	2024	典型高压氢应用场景火灾防控与应急处置关键技术研究	应急管理部上海消防研究所、南京工业大学等	二等奖
67	2024	高风险地层钻井井筒压力安全控制技术及规模化应用	中国石油集团川庆钻探工程有限公司、西南石油大学	二等奖
68	2024	海洋石油生产设施(人工岛和滩海陆岸)风险管控技术研究及应用	中国石油天然气股份有限公司规划总院等	二等奖
69	2024	复杂山地高酸性气田井筒和集输管材失效风险早期识别与治理技术	中国石油化工股份有限公司中原油田分公司	二等奖
70	2024	低温高效热气溶胶灭火剂技术及其应用	南京理工大学、应急管理部上海消防研究所	二等奖
71	2024	基于多源信息融合的低代码复杂事故情景模拟技术研究	中国安全生产科学研究院、北京化工大学等	二等奖
72	2024	持续泄漏流淌火燃烧蔓延机理与防灭火关键装备研究	中国矿业大学(北京)、中国石油大学(北京)等	二等奖
73	2024	基于“北斗+人工智能”的天然气长输管道安全保障关键技术及应用	华东交通大学、昆明理工大学等	二等奖
74	2024	液氢加氢站智能安全关键技术研究及应用	浙江浙能航天氢能技术有限公司	二等奖

第四章　重要会议交流

据不完全统计，2021—2024 年，各有关单位机构组织应急重要会议交流 18 次，如表 5-7 所示。

表 5-7　2021—2024 年重要应急会议交流（不完全统计）

序号	年份	会议名称	组织单位	简介
1	2021	中国国际应急救灾装备技术展览会	山西省应急管理厅、中国北方工业有限公司	本展会紧密围绕国家“大应急、大安全”的应急工作思路，聚拢应急全行业资源为政府、行业组织及应急产业从业者提供国家级应急产业对接交流平台。以“新时代共享新契机，新平台展现新应急”的理念，加快推进应急管理体系和能力现代化建设，提升应急技术创新发展，促进应急行业产学转化
2	2021	中国国际应急与消防安全博览会	北京朗泰华科技发展中心、中国机械国际合作股份有限公司等	本届博览会以“整合国际科技资源，服务中国安全（应急）产业创新应用”为主题，围绕安全生产、防灾减灾救灾、应急救援三大板块，聚焦适用装备、关键技术、管理理念、专业服务四大领域，搭建应急管理科技装备和专业服务的交流和推广应用平台。博览会特设智慧应急、个体防护、工业防爆科技装备、安全生产及生产事故应急装备、安全智慧城市、消防装备、防灾减灾救灾装备、应急物资储备、公共卫生防疫及医疗救援等九大展区，十余场专业会议及七场同期活动
3	2021	中国国际应急管理展览会	应急管理部国际交流合作中心	本届应急展主要展示智慧应急、防灾减灾救灾、安全生产、消防安全、城市安全、应急医学救援等 6 个方面的技术装备
4	2021	中国安全应急产业大会	工业和信息化部、应急管理部等	本届大会展示了自然灾害应急救援、事故灾难预防与保障、公共卫生事件预防和应急、城市公共安全四个板块最前沿的产品和最先进的技术

续表

序号	年份	会议名称	组织单位	简介
5	2022	中国安全及应急技术装备博览会	徐州市人民政府、江苏省工业和信息化厅、江苏省应急管理厅	本届安博会以“融创产业科技、智汇安全应急”为主题，包含“一展一会六论坛”和多场培训演练与供需对接活动。“一展一会”，即展览和开幕式暨全体大会；“六论坛”包括城市公共安全与生命线安全科技论坛、化工安全科技论坛、5G时代智能矿山科技论坛、“一带一路”与“走出去”企业安全发展论坛、地下轨道交通安全科技论坛、安全应急产业投融资高峰论坛
6	2022	中国石油石化安全与应急管理科技信息峰会	中国石油和石化工程研究会等	本届峰会重点围绕云计算、大数据、物联网、人工智能、移动互联、IPv6、虚拟现实（VR）、增强现实（AR）等新一代信息技术与安全应急管理业务深度融合的发展需求，聚焦石油石化企业安全与应急救援技术及关键装备数字化、轻型化、信息化、智能化、模块化等科学问题
7	2023	中国公共安全大会安全产业论坛	公共安全科学技术学会等	本届论坛主题是“中国公共安全产业发展新格局·新财富”，聚焦公共安全领域安全产业发展新格局，梳理网络安全领域的发展现状和趋势，把脉网络安全助力上市公司高质量发展的作用和未来网络安全产业的发展趋势
8	2023	中国安全应急产业大会	工业和信息化部、应急管理部等	本届大会通过探讨安全应急产业集聚和技术创新的发展现状、经验做法、未来趋势，推动政产学研用深入交流和合作，更好贯彻落实《安全应急装备重点领域发展行动计划（2023—2025年）》要求，共画安全应急产业高质量发展蓝图
9	2023	中国应急管理创新论坛（2023）暨中国应急管理学会智库论坛	中共中央党校（国家行政学院）、公安部、生态环境部等	本届论坛分设了“统筹发展和安全，防范化解重大风险”“推进应急管理体系现代化”“进一步提高应急管理能力”“‘一带一路’建设与全球风险治理”“应急管理科技与应急产业发展”五个分论坛
10	2023	中国国际应急管理展览会	应急管理部国际交流合作中心	本届展览会依托“一带一路”自然灾害防治和应急管理国际合作机制，旨在发挥扩大开放、深化合作、引领创新的重要平台作用，开展互学互鉴、资源共享、供需对接、国际合作，推动政、产、学、研、用协同创新，助推应急管理科技装备创新和安全应急产业发展

续表

序号	年份	会议名称	组织单位	简介
11	2023	第三届石油石化安全与应急技术交流大会	公共安全科学技术学会、中国应急管理学会等	本届大会以“科技创新赋能石油石化安全发展”为主题，围绕安全与应急技术、消防救援技术展开研讨，致力促进新技术、新工艺、新方法和新装备在石油石化行业的推广应用，构建共享、高效、智慧的安全应急管理体系，推动石油石化行业科技创新和高质量发展
12	2024	中国(南海)国际安全应急展览会	广东省应急协会	本届大会以“科技引领应急，创新守护安全”为主题，汇聚国内外安全应急产业的顶尖智慧与力量，旨在通过产品展示、论坛交流、专家对话、实物体验等形式，全面展示行业发展热点与趋势，尤其是安全应急装备领域的最新发展成果
13	2024	中国安全应急产业大会	中国信息通信研究院	本届大会以“深化装备应用创新　共谋安全应急产业新篇章”为主题，集中发布2024年安全应急装备应用推广典型案例集、先进安全应急装备推广目录产品和企业资源池、产业发展报告等重大成果，同时将围绕安全应急装备标准化、安全应急无人机、民爆行业创新发展、安全应急装备“走出去”等主题开展深入交流，凝聚产业发展共识，共同推动我国安全应急产业实现高质量发展
14	2024	北京国际安全应急产业博览会	中国灾害防御协会主办、中国安能建设集团有限公司联合主办	本届展会以“智慧应急，安全新时代”为主题，共同探讨应急产业的新技术、新应用与新趋势，推动应急管理与防灾减灾救灾的现代化进程。涵盖工程救援装备、智慧应急技术、无人应用装备、安全防护产品、综合服务产品等，充分展示了应急产业的多样性和创新力
15	2024	广州国际应急安全博览会	广州市安委会办公室	本届博览会设立水域救援、应急装备、智慧应急、消防安全、安全防护、森林消防等9大专业展区，采取线上和线下相结合的模式进行展览，参展企业涵盖城市应急及韧性建设、应急救援装备、工程机械等多个安全应急领域
16	2024	中国安全应急科学与技术装备产业创新发展大会	沈阳理工大学环境与化学工程学院、安全与应急产业技术研究院等	这次大会以“安全应急与新质生产力”为主题，力争通过理论研究、技术创新、实战应用、问题解决、合作与交流等多方面的努力，汇聚安全应急科学与产业发展的新动能，加速形成安全应急产业新质生产力。推动安全应急科学与技术装备研究及产业的高质量发展，为我国安全应急事业提供有力保障

续表

序号	年份	会议名称	组织单位	简介
17	2024	中国国际应急管理展览会	应急管理部国际交流合作中心	本届展会集中展示了国内外先进的智能化应急通信指挥装备、智能化无人化救援装备、智慧矿山风险防控装备、智慧化工园区风险防控装备、航空应急救援装备等技术装备及应用场景，并通过实物、沙盘、图文、视频等形式展示应急管理科技创新和装备发展最新成果
18	2024	第四届中国石油石化安全生产与应急管理技术交流大会暨新技术成果展	中国石油学会联合中国石油、中国石化、中国海油等	本届展会以“着力夯实安全生产管理基础，强化应急处置保障能力建设“为主题，重点围绕石油石化安全生产、应急管理以及国家级危险化学品油气管道应急救援基地建设等领域的政策法规理论、前沿技术攻关、产业发展现状等进行深入交流，现场亮点纷呈

第五章 实验平台建设

一、国家重点实验室

我国石油石化领域国家重点实验室情况见表 5-8。

表 5-8 我国石油石化领域国家重点实验室简介

序号	名称	简介
1	化学品安全控制国家重点实验室	实验室是在整合中国石化青岛安全工程研究院化学品安全领域优势资源的基础上建立起来的，于 2007 年 7 月开始筹建，于 2011 年 1 月 18 日通过了国家科技部组织的专家验收，是第一批通过验收的 18 家企业国家重点实验室之一。实验室重点从以下三个方向开展工作：(1)化学品危险特性与致灾机理研究。围绕化学品特征危害性质，研究化学品事故的机理、临界条件、关键影响因素、危害后果等。(2)化学事故与模拟技术研究。对化学事故进行统计分析，归纳事故规律和发展态势，选取关键问题进行模拟研究和专题研究。(3)化工过程安全与预防控制技术研究。重点开展风险评估技术和风险控制技术研究，形成成套的事故防控技术方案。上述方向互相关联、互为因果、相互促动，共同集成了“危险化学品安全与事故防控”这一总研究方向
2	环境模拟与污染控制国家重点实验室	实验室依托清华大学、中国科学院生态环境研究中心、北京大学、北京师范大学 4 个单位共同建设，是中国环境科学与工程领域规模最大的国家重点联合实验室，于 1989 年筹建，1995 年 10 月正式通过验收。联合实验室的主要研究方向如下：(1)污染物在环境中的迁移转化规律、行为效应及生态与健康影响。(2)环境生态系统的模拟及污染控制的新理论新技术。(3)大气污染物的变化传输规律及全球性区域性大气环境问题的控制对策。(4)可持续发展与解决重大环境问题的策略
3	石油石化污染物控制与处理国家重点实验室	实验室由国家科技部于 2015 年 9 月 30 日批准建设，依托单位为中国石油集团安全环保技术研究院有限公司，主管部门为国务院国有资产监督管理委员会。实验室共建单位有中国石油天然气股份有限公司石油化工研究院、中国石油大学(北京)、中国石油大学(华东)、西安石油大学。实验室的主要任务是面向社会和石油天然气行业未来发展需求，开展石油石化污染控制与处理领域的应用基础研究和竞争前共性技术研究，研究制定国际标准、国家和行业标准，聚集和培养优秀人才，引领和带动行业技术进步。实验室的主要目标是研究制定国际标准、国家和行业标准，成为石油石化行业生产全过程污染防治和废物资源化领域的重要“智库”，建成具有国际一流水平的、开放合作的石油石化污染物控制与处理技术创新与转化基地

续表

序号	名称	简介
4	污染控制与资源化研究国家重点实验室	实验室依托同济大学、南京大学，1989 年获国家计委批准，1995 年通过国家验收。实验室瞄准国家重大需求和国际发展前沿，围绕《国家中长期科学和技术发展规划纲要(2006—2020 年)》，以我国快速的经济发展和城市化进程中重大共性环境污染问题为导向，坚持以“基础研究与应用结合、污染控制与资源化结合、理工结合”的科学方法为指导，在环境污染过程机制与效应、污染控制与资源化理论与方法上开展跨学科的创新性应用基础研究；在城市污水深度处理、工业废水治理与资源化、生活垃圾处理处置与资源化、环境修复与流域污染控制等工程技术方面，研发出一批具有自主知识产权的污染控制与资源化技术，为我国有效控制日益严重的环境污染和有限资源循环利用提供理论支撑与技术储备
5	海洋污染国家重点实验室	实验室 2009 年底经国家科学技术部批准建立，由香港城市大学领衔，与香港浸会大学、香港中文大学、香港理工大学、香港科技大学、香港大学及香港教育大学共同组建。实验室将致力研究创新的化学、生物及工程技术，以求早期侦测、评核、预测及控制影响海洋环境污染。此外，实验室将研究关于有毒化学品污染、水体缺氧、生物毒素、水生病原菌等复杂环境问题，还将致力于污染监察科技研究、海洋生态系统影响研究、风险评估以及污染控制与生物修复。实验室将与厦门大学近海海洋环境科学国家重点实验室保持合作
6	火灾科学国家重点实验室	实验室依托中国科学技术大学，利用世界银行贷款和国内配套投资兴建的我国火灾科学基础研究领域唯一的国家级研究机构。1989 年通过立项论证，1995 年通过国家验收。研究方向：(1)可燃物热解及着火规律。(2)室内火蔓延规律及突变(轰燃、回燃、滚燃等)形成机理。(3)建筑(如大空间、高层、隧道、地铁等)内的火灾发展及烟气流动规律与控制技术。(4)紧急条件下人员疏散规律。(5)建筑火灾安全评估及性能化设计方法

二、应急管理部重点实验室

为加快推进应急管理科技支撑能力建设，应急管理部批准挂牌组建“煤矿灾害预防与处置”等 9 个重点实验室，其中石油石化领域重点实验室 1 个；首批创建“煤矿智能化与机器人创新应用”等 13 个重点实验室，其中石油石化领域重点实验室 6 个；综合考虑应急管理业务发展需要和科技支撑体系布局需求，对具备较强科研实力但尚未达到创建条件的 9 个重点实验室进行重点培育，其中石油石化领域重点实验室 6 个。见表 5-9。

表 5-9　石油石化领域石应急管理部重点实验室简介

序号	名称	依托单位
应急管理部重点实验室挂牌组建名单		
1	危险化学品安全风险预警与智能管控技术	应急管理部化学品登记中心、中国石油化工股份有限公司青岛安全工程研究院、沈阳化工研究院有限公司
应急管理部重点实验室首批创建名单		
1	油气生产安全与应急技术	中国石油大学（北京）、应急管理部国家安全科学与工程研究院
2	重大危险源与化工园区系统安全	中国安全生产科学研究院、中国石油大学（华东）
3	工业与公共建筑火灾防控技术	应急管理部天津消防研究所、中国安全生产科学研究院、中国消防救援学院
4	灭火救援技术与装备	应急管理部上海消防研究所、江苏大学
5	应急指挥通信技术应用创新	急管理部通信信息中心、北京邮电大学、西安电子科技大学
6	工业互联网+危化品安全生产	南京工业大学、中国安全生产科学研究院、中国工业互联网研究院
应急管理部重点实验室重点培育名单		
1	智能装备	浙江大学、新兴际华（杭州）智能装备有限公司、应急管理部国家安全科学与工程研究院
2	大数据与人工智能应用创新	应急管理部通信信息中心、清华大学合肥公共安全研究院、北京百度网讯科技有限公司
3	灾害链监测评估与风险防范	应急管理部国家减灾中心、武汉大学、中国科学院地理科学与资源研究所
4	防火阻燃技术	应急管理部四川消防研究所、四川大学、同济大学
5	工业安全事故分析与监测预警	华北科技学院、中国科学院合肥物质科学研究院
6	无人机应急救援技术	中国消防救援学院、中国科学院工程热物理研究所、深圳市大疆创新科技有限公司

第六章　专业应急队伍建设

一、国家"十四五"应急救援力量建设规划

做好应急管理工作，必须建设一支专常兼备、反应灵敏、作风过硬、本领高强的应急救援队伍。安全生产专业应急救援队伍是国家综合性常备应急骨干力量的重要组成部分，《"十四五"应急救援力量建设规划》(应急〔2022〕61 号)中明确了关于安全生产专业应急救援队伍建设指标与建设内容。

1. 队伍建设指标

"十四五"时期主要指标见表 5-10。

表 5-10　"十四五"时期主要指标

序号	指标	预期值
1	地震和地质、洪涝灾害高风险地区国家级专业应急救援队伍覆盖率	≥90%
2	森林(草原)火灾高风险地区国家级专业应急救援队伍覆盖率	≥90%
3	安全生产高风险行业、区域国家级专业应急救援队伍覆盖率	≥90%
4	国家级专业应急救援队伍装备配备达标率	≥90%
5	县级以上专业应急救援队伍培训演练率	100%
6	国家级专业应急救援队伍接到指令后到达救援现场时间	≤8h
7	省级灾害事故专业应急救援队伍布局完成率	100%
8	重点地区社会应急力量现场协调机制覆盖率	≥95%
9	基层应急救援力量到达灾害事故现场时间	≤20min

注：队伍覆盖率=救援队伍以 500km 为半径形成的圆形区域与灾害事故重点区域的交叉面积/灾害事故重点区域面积。

2. 重点任务

重点任务一：加强国家级自然灾害工程应急救援力量，强化工程抢险专业能

力建设；支持各地区结合实际建设洪涝灾害应急救援力量。在高危地区和重点林区有序推进区域性森林(草原)火灾机械化扑救专业力量建设，提高力量投送速度和扑救成效；支持地方因地制宜建设基层森林(草原)火灾专业扑救队伍。遴选一批地震和地质灾害救援队伍，建设成为国家级专业救援队伍，加强地震易发高发及地质灾害高风险地区应急救援队伍建设，提升第一时间救援救助能力。

重点任务二：调整优化现有国家级安全生产应急救援队伍规模、结构、布局。针对空白领域新建一批国家级安全生产应急救援队伍。加快推进关键装备转型升级，推进国家级安全生产应急救援队伍正规化建设、专业化救援、科学化管理水平。支持各地区加强化工园区、产业园区、重大项目实施等安全生产应急救援力量建设，完善综合救援基地，推动政府和企业联合建立专职应急救援队伍，指导高危行业企业依法加强专职安全生产应急救援队伍建设。

3. 重点工程项目

(1) 应急救援中心建设工程

国家和区域应急救援中心建设项目。建设完成国家应急指挥总部和华北、东北、华中、东南、西南、西北等6个国家区域应急救援中心，在实战救援中发挥“尖刀拳头”作用，引领地方应急救援力量体系和能力建设发展。

省级综合性应急救援基地建设项目。支持中西部地区、灾害事故多发地区依托、整合现有自然灾害、生产安全事故应急救援队伍等资源，建设完善省级综合性应急救援基地。建设综合指挥调度平台，配备先进适用专业装备，完善训练设施，开展专业技战术、装备实操、特殊灾害环境等训练，提升灾害事故快速响应、高效救援能力。

(2) 安全生产应急救援力量建设工程

国家级安全生产应急救援队伍建设项目。强化矿山排水、矿山(隧道)救生通道构建、大流量远程灭火系统等特种救援装备配备，增配地震和地质灾害救援、抗洪抢险等自然灾害应急救援装备，加快推进队伍转型升级。建设国家海上和陆上油气开采应急救援队伍，配备消防冷却、侦测监控、井控抢险等救援装备，提升我国深海和陆上油气勘探、开发、储运应急处置能力。建设完善国家矿山应急救援队，满足专业排水以及高寒高海拔恶劣环境下矿山救援需要；建设完善国家危险化学品应急救援队，提升大型储罐、水上危险化学品、煤化工、危险化学品物流等救援保障水平；建设完善国家隧道应急救援队，加强雄安新区、西部地区交通基础设施建设和运行安全保障能力。建设国家安全生产综合实训演练基地和矿山、危险化学品(大型油罐灭火)、隧道、油气管道、油气井控等实训演练基地，提升指挥协调和实战能力。

地方专业安全生产应急救援队伍建设项目。各地区加强安全生产应急救援队伍建设，配备专业应急救援装备，提高生产安全事故快速响应和应急处置能力；指导中型以上高危行业企业，建设企业专兼职应急救援队伍，配备应急救援装备，满足企业安全风险防范和事故抢险救援需要。

二、石油石化领域国家应急救援队伍

全国现有安全生产专业应急救援队伍1193支6.87万余人，其中参与石油石化企业应急救援工作的队伍包括危险化学品救援队560支和油气管道救援队36支及其他专业救援队。国家安全生产专业应急救援队伍是由中央财政支持建设的安全生产专业应急救援队伍，现有102支、2.2万余人，覆盖全国31个省(自治区、直辖市)和新疆生产建设兵团，是应对重特大生产安全事故的主力军。

1. 国家危险化学品应急救援队伍(表5-11)

表5-11　国家危险化学品应急救援队伍简介

序号	队伍名称	队伍简介
1	国家危险化学品应急救援大庆油田队(国家危险化学品应急救援实训演练大庆基地)	队伍位于黑龙江省大庆市让胡路区，1960年伴随大庆油田开发组建，2018年1月国家安全生产应急救援指挥中心命名为国家危险化学品应急救援大庆油田队(国家危险化学品应急救援实训演练大庆基地)。主要担负大庆油田、大庆炼化、东北销售大庆分公司、中油管道大庆输油气分公司等单位消防安全检查、火灾扑救及社会抢险救援任务，以及东北地区重大危险化学品事故救援任务。队伍机关设8个部室，下辖22个基层消防队(24座消防站)、7个大队级后勤辅助单位，员工总数1971人。拥有大跨度举高喷射、三项射流、远程供水等各类消防车辆167台，防护、破拆、救生、堵漏、洗消等各类抢险救援装具器材6600余件(套)
2	国家危险化学品应急救援长庆油田队	队伍依托中国石油长庆油田公司建设，驻地为陕西省西安市，队伍始建于1970年长庆油田会战时期，2018年1月国家安全生产应急救援指挥中心命名为国家危险化学品应急救援长庆油田队。队伍下辖8个大队，50个中队，指战员1800余人。配备有2套远程消防供水系统、1套油气井灭火装置、190台主战车辆、26台辅战车辆、1429套(件)抢险救援器材，满足危化品应急救援和油气田灭火救援需求。辖区横跨陕甘宁蒙四省(区)，主要承担长庆油田公司及区域内中国石油相关单位火灾扑救、应急救援、戒备监护、消防监督、防火宣传、中国石油第四联防区消防联防等任务，以及重特大地震灾害救援支援任务，参与驻地周边火灾扑救和抢险救灾任务

续表

序号	队伍名称	队伍简介
3	国家危险化学品应急救援新疆油田队	队伍依托中国石油天然气股份有限公司新疆油田分公司建设，驻地位于新疆维吾尔自治区克拉玛依市。队伍始建于 1957 年 9 月，2018 年 1 月国家安全生产应急救援指挥中心命名为国家危险化学品应急救援新疆油田队。主要承担新疆油田公司所属单位的消防监督检查、火灾扑救、油田动火现场监护、油气井压裂现场监护以及井喷、管线泄漏等各类抢险救援任务，以及克拉玛依市周围地区社会抢险救灾任务。队伍现有指战员 550 人，下辖 6 个基层大队、9 个中队，有 13 个执勤点，辖区面积 13 万 km^2。配备有重型泡沫、举高喷射、消防云梯、通信指挥等消防执勤车 90 余辆，以及各类侦检、破拆、救生等专业救援装备器材 1246 件(套)
4	国家危险化学品应急救援大庆石化队	队伍依托中国石油大庆石化公司建设，始建于 1961 年，2018 年 1 月国家安全生产应急救援指挥中心命名为国家危险化学品应急救援大庆石化队。主要承担大庆石化公司所属厂区、生活区的消防安全监督、现场监护、抢险救援、气防监护、消防宣传等任务，以及东北片区重特大危险化学品事故区域联防救援任务。队伍现有指战员 420 人，设 5 个职能科室，下辖 4 个基层大队、1 个消防站，配备了举高喷射消防车、重型泡沫消防车、泡沫水罐车、涡喷消防车、化学洗消车、灭火机器人、移动消防炮、大流量拖车消防炮，以及红外热成像仪、生命探测仪、便携式工业有害气体检测仪等专业救援装备器材
5	国家危险化学品应急救援吉林石化队	队伍依托中国石油吉林石化公司建设，始建于 1981 年，2018 年国家安全生产应急救援指挥中心命名为国家危险化学品应急救援吉林石化队。主要负责吉林地区危险化学品事故应急救援和吉林石化公司消防管理工作，以及东北地区中国石油所属企业消防区域联防任务。队伍下设 5 个机关职能科室，下辖 5 个消防大队、1 个特勤大队，现有指战员 428 人，其中指挥员和专业技术人员 71 人，战斗员和岗位操作、保障人员 357 人。配有各类战斗执勤车辆 59 台，各类应急救援装备 3 万余件套
6	国家危险化学品应急救援抚顺石化队	队伍依托中国石油抚顺石化公司建设，始建于 2002 年，2018 年 1 月国家安全生产应急救援指挥中心命名国家危险化学品应急救援抚顺石化队。主要负责抚顺石化公司 23 家直属企业，76 套主要生产装置和 100 余套辅助及配套装置防火监督检查、消防监护、灭火救援等消防保卫任务，以及东北地区重特大危险化学品事故应急救援任务。队伍现有指战员 488 人，设作战训练部、防火安全部、消防装备部、财务部、人事组织部、党群工作部和综合办公室等 7 个部室，辖 4 个大队、2 个分队，共计 23 个中队，分布在抚顺石化公司各主要生产厂及仓储油库的 9 个消防站点。配备了水罐、泡沫、干粉、高喷、运兵、供气、宿营、洗消、抢险救援、火场指挥、卫星通信、平台举高等战备值勤车辆 55 台

续表

序号	队伍名称	队伍简介
7	国家危险化学品应急救援兰州石化队	队伍依托中国石油兰州石化公司建设，始建于1956年3月，2018年1月国家安全生产应急救援中心命名为国家危险化学品应急救援兰州石化队。主要承担兰州石化公司、中国石油驻兰企业，以及国家管网公司储备库、部分输油管线防火检查、消防灭火、安全监护、事故救援等任务。队伍现有指战员462人，设五科一室，下辖8个基层大队。配备了重型泡沫车、干粉车、72m高喷车、56m高喷车、50m大跨度高喷车、42m举高车、32m高喷车、25m三向射流车、18m、16m多功能泡沫车、涡喷车、大型移动充气车、大型抢险车、大型洗消车、应急通信车等消防车辆57台以及各类抢险救援装备
8	国家危险化学品应急救援乌鲁木齐石化队	队伍依托中国石油乌鲁木齐石化公司建设，驻地位于新疆维吾尔自治区乌鲁木齐市。队伍始建于1976年，2018年1月被国家安全生产应急救援指挥中心命名为国家危险化学品应急救援乌鲁木齐石化队，主要承担新疆地区危险化学品事故灾害应急救援任务。队伍现有125人，设机关综合办、战训科、设备材料科，以及4个执勤中队。队伍实行准军事化管理，中队轮流24h昼夜值班备勤。配备有高喷消防车、涡喷消防车、重型泡沫消防车、干粉联用车、抢险救援车、洗消车、供气车等消防救援车辆32辆，装备了无齿锯、液压撑顶器、便携式等离子弧切割机等救援器材和重型防化服、佩戴式防爆照明灯等安全防护装备和应急抢险特种装备器材505件，首次出警可一次性携带42t泡沫、62t水、3t干粉投入灭火救援战斗任务
9	国家危险化学品应急救援大连队	队伍依托大连港集团建设，2013年7月组建完成，2018年1月国家安全生产应急救援中心命名为国家危险化学品应急救援大连队。主要承担大连大孤山化工园区、能源港区、全市危险化学品企业事故应急救援工作，并承担省、市及中国北方区域危险化学品事故救援工作。队伍现有指战员54人，其中指挥人员3人，战斗员47人，其他保障人员4人，大连港应急保障中心负责业务指导。针对大孤山地区危险化学品企业的特殊性、危险性，设立了远程供水系统取水点3个，配备了举高喷射消防车、涡喷消防车、移动消防炮车、大流量拖车消防炮，及侦检仪器等专业装备器材
10	国家危险化学品应急救援广西石化队	队伍依托中国石油广西石化公司建设，位于广西壮族自治区钦州市钦州港经济技术开发区，2008年6月建队，2018年1月国家安全生产应急救援指挥中心命名为国家危险化学品应急救援广西石化队。主要承担广西石化厂区、库区、码头等单位灭火救援、防火检查、安全监护任务，以及周边地区危险化学品事故救援支援任务。队伍现有指战员108人，配备举高喷射车、水罐泡沫车、干粉车、干粉泡沫联用车、涡喷车、抢险救援车、通信车、供气车、气防车、危化品救援车、指挥车、运兵车等执勤战备车辆23台，以及抢险救援和防护装备器材

续表

序号	队伍名称	队伍简介
11	国家危险化学品应急救援四川石化队	队伍依托中国石油四川石化公司建设，驻地位于四川省成都平原西北方向，彭州市石化基地工业园区，始建于2012年9月，2016年12月，四川省联合四川石化向应急管理部申请建设国家危险化学品应急救援成都基地，次年8月获批。2020年基地重新选址建设，并于当年年底落成，2021年6月投用。主要负责四川石化园区火灾扑救、抢险救援、气体防护、现场监护和消防安全监督等，担负周边地区事故灾害救援支援任务。队伍设置四个科室及三个基层消防大队，人员编制221人。配备了包括举高喷射、重型泡沫、抢险救援及各类辅战车辆48台，灭火、救援、防护、侦检、破拆、照明、输转等器材7大类668件套
12	国家危险化学品应急救援燕山石化队	队伍依托中国石化燕山石化公司建设，驻地位于北京市房山区，成立于1973年8月，2018年1月国家安全生产应急救援指挥中心命名为国家危险化学品应急救援燕山石化队。主要承担燕山石化公司安全生产及燕山地区消防安全工作，担负火灾预防、火灾扑救、抢险救灾、气体防护、山林防火等任务，履行燕山石化公司气体防护站及山林防火办公室的职责。队伍现有指战员223人，下设战训科、综合（党群）科、防火科、气防科等4个职能科室和5个基层中队。配备同步载有静中通卫星通信及5G通信系统的大型通信指挥车、化学洗消车、供气车、16~72m高喷车、54m登高平台车、涡喷车、大功率消防车、拖车炮、灭火机器人、卢卡斯破拆工具组红外成像仪等先进救援装备
13	国家危险化学品应急救援齐鲁石化队	队伍依托中国石化齐鲁石化公司建设，位于山东省淄博市临淄区辛化路2706号，队伍始建于1966年10月，2018年1月国家安全生产应急救援中心命名为国家危险化学品应急救援齐鲁石化队。主要承担齐鲁石化公司灭火救援、消防管理、气防管理、管廊巡护、现场监护等抢险救援任务，以及山东省周边危险化学品事故应急救援任务。队伍现有指战员438人，设有3个科室，6个基层大队。配备了云梯消防车、高喷消防车、奔驰泡沫车、德国曼消防车、优迪狮泡沫车、干粉消防车、多功能抢险救援车、气防车等各类执勤车辆82台，以及专业救援设备器材
14	国家危险化学品应急救援天津石化队	队伍依托中国石化集团天津石化分公司建设，驻地位于天津市滨海新区大港，2018年1月被国家安全生产应急救援指挥中心命名为国家危险化学品应急救援天津石化队，担负天津石化、中沙（天津）石化、天津商储库区等7家重点消防单位消防战备执勤和京津冀地区危险化学品应急抢险救援任务。队伍现有280人，设战训装备科、消防管理科、气防管理科、119应急救援中心、党群工作科（综合科）等5个科室和大港一大队、大港二大队、南港一大队、南港二大队等4个大队。配备有各种消防救援车辆48辆和无人机、机器人、远程供水系统、生命探测仪等多种先进智能应急救援装备

续表

序号	队伍名称	队伍简介
15	国家危险化学品应急救援扬子石化队	队伍依托原中国石化扬子石化消防中心组建，驻地位于江苏省南京市，1989年4月组建。2018年1月被国家安全生产应急救援中心命名为国家危险化学品应急救援扬子石化队。主要承担周边半径300km范围内江苏、安徽两省危险化学品事故灾害应急救援工作。队伍现有280人，设4个机关科室(防火室、战训室、应急管理室、综合室)、1个气体防护站、4个基层大队。配备有泡沫消防车、高喷消防车、三相射流消防车、大流量拖车消防炮、远程供水车组、抢险救援车、化学洗消车、气体防护急救车等消防战斗车辆76台，以及大流量灭火机器人、灭火排烟机器人、灭火侦检机器人、无人机、移动炮、融合指挥通信设施设备等专业救援装备
16	国家危险化学品应急救援镇海炼化队	队伍依托中国石化镇海炼化公司建设，驻地位于浙江省宁波市镇海区蛟川街道炼化路226号，2018年1月国家安全生产应急救援指挥中心命名为国家危险化学品应急救援镇海炼化队，是中国石化应急区域联防第六片区组长单位。担负镇海炼化和相关企业消气防保障任务，以及周边化工企业事故救援任务，应急救援范围辐射浙沪两地半径400km。队伍设战训装备室、消气防室、综合管理室三个科室，下辖一中队、二中队、三中队、港储中队等四个中队。编制指战员285人。配备了高喷射、水罐泡沫、气防、指挥、抢险救援、运兵等各专业救援车73辆，以及破拆、侦检、排烟、机器人、智能空呼、无人机等各类应急抢险特种装备器材
17	国家危险化学品应急救援广州石化队	队伍依托中国石化广州石化公司建设，始建于1994年6月，2018年1月国家安全生产应急救援指挥中心命名为国家危险化学品应急救援广州石化队。主要担负广东省及周边地区重特大危险化学品事故应急救援任务。队伍现有指战员231人，设战训室、防火监督室、气防室和3个消防大队，实行准军事化管理，执行24h战备执勤制度。配备了举高喷射消防车、重型泡沫消防车、泡沫水罐车、涡喷消防车、泡沫补给车、干粉消防车、多功能抢险救援消防车、举高三相射流消防车、化学洗消车等各类消防救援车36辆，以及移动消防炮、大流量拖车消防炮、红外气体成像仪、有害气体检测仪等先进救援装备器材，储存水成膜泡沫180余吨、抗溶性泡沫10t、干粉15t

续表

序号	队伍名称	队伍简介
18	国家危险化学品应急救援重庆川维队	队伍依托于中国石化重庆川维化工公司建设，驻地位于重庆市长寿区，始建于1970年，2018年1月被国家安全生产应急救援中心命名为国家危险化学品应急救援重庆川维队。主要担负川维公司安全风险防范、应急救援职责，同时承担周边300km范围危险化学品事故灾害应急救援任务。队伍现有94人，设有1个大队部、1个战训组、1个后勤组、1个综合管理组、1个气体防护站、3个基层中队，实行准军事化管理，24h战备执勤。配备有泡沫消防车、高喷消防车、三相射流消防车、抢险救援车、化学洗消车、通信指挥车、排水车、气体防护车等消防战斗车辆30台，履带式消防机器人3个、侦检无人机2架；红外线测温仪、热成像仪、生命探测仪、漏电探测仪、手持式拉曼红外光谱仪、红外成像气体检漏仪；避火服、重型防化服、空呼监控系统；移动式防爆无线遥控消防炮、水力自摆炮；以及应急指挥系统、桌面事故推演和模拟救灾演练系统、数字化应急处置培训系统、多媒体电教设备、基础理论知识和应急抢险技能教学培训系统等
19	国家危险化学品应急救援石家庄炼化队	队伍依托中国石化石家庄炼化公司建设，位于河北省石家庄市循环化工园区，成立于1979年，2018年1月国家安全生产应急救援指挥中心命名为国家危险化学品应急救援石家庄炼化队。主要担负石家庄炼化公司及京津冀地区危险化学品等生产安全事故应急救援任务。队伍现有指战员166人，设防火、气防、战训、电讯4个专业组，下辖6个中队。配备了移动充气车、多功能抢险车、化学洗消车、大功率泡沫车、72m高喷车、泡沫供给车、卫星通信车、54m举高平台车等执勤车辆26台，以及消防灭火机器人、消防排烟机器人等先进救援装备器材
20	国家危险化学品应急救援武汉石化队	队伍依托中国石化武汉分公司建设，成立于1974年11月，2018年1月国家安全生产应急救援指挥中心命名为国家危险化学品应急救援武汉石化队。主要担负中国石化武汉分公司生产厂区和周边生活区应急综合救援任务，以及周边300km范围内危险化学品事故应急救援任务。队伍现有指战员205人，其中管理人员19人，救援队员186人，下辖3个危险化学品应急救援中队。配套建设有应急指挥、移动应急指挥、桌面推演与数字化应急处置培训、多媒体电教、体能及心理素质培训、消防技战术综合训练平台、管理调度等8大系统，配备了灭火及抢险设备、侦检设备、洗消救护及个体防护设备、通信指挥及应急辅助决策设备、培训设备等五大类救援装备器材，其中各类灭火抢险和综合应急救援车辆57台、水力自摆炮20门、移动式防爆无线遥控消防炮30门、消防机器人9台(含拖车9辆)、事故现场侦检设备2套、无人机2套，以及避火服、重型防化服、空呼监控系统等防护器材

续表

序号	队伍名称	队伍简介
21	国家危险化学品应急救援海南炼化队	队伍依托中国石化海南炼化公司建设，驻地位于海南省儋州市洋浦经济开发区，2018 年国家安全生产应急救援指挥中心命名为国家危险化学品应急救援海南炼化队。主要承担海南岛范围内危险化学品企业重特大事故及相关灾害应急救援任务。队伍现有指战员 100 人，设有作训室、后勤保障室，辖 3 个执勤中队，配备了各类消防车辆 24 台和无人机、机器人、事故侦检设备、移动无线防爆遥控炮、应急指挥系统、应急辅助决策系统等高精尖救援装备，建有培训、训练演练等设施
22	国家危险化学品应急救援青岛炼化队	队伍依托中国石化青岛炼化公司建设，队伍始建于 2007 年 4 月，2018 年 1 月国家安全生产应急救援中心命名为国家危险化学品应急救援青岛炼化队。主要担负青岛地区危险化学品事故应急救援任务，以及跨区域重特大危险化学品事故应急救援支援任务。队伍现有指战员 73 人，配备了高喷车、重型泡沫车、干粉联用车、泡沫运输车、通信指挥车、运输保障等各类消防救援车辆 19 台，建设了 7 座泡沫站，储存泡沫液 300 多吨
23	国家危险化学品应急救援中原油田队（国家危险化学品应急救援实训演练濮阳基地）	队伍依托中国石化中原油田分公司建设，驻地位于河南省濮阳市，始建于 1978 年 8 月，2018 年 1 月被国家安全生产应急救援指挥中心命名为国家危险化学品应急救援中原油田队（国家危险化学品应急救援实训演练濮阳基地）。主要承担河南濮阳中原油田总部、四川普光气田、内蒙古探区，以及恒逸文莱、上海石化、海南炼化、北海炼化、天津 LNG、青岛 LNG 等 18 个消防技术服务项目的应急救援任务，具备中高级消防指挥员、消防战斗员、防火检查员、企事业单位消防安全管理人员和易燃易爆重点岗位员工专业培训资质。队伍现有 1336 人，设有 7 个职能科室，5 个直属科级单位，12 个应急救援大队，执勤力量分布于全国 12 省（直辖市、自治区）20 余个市（县区），配备各类抢险救援器材 10 大类 317 种（套）3 万余件、应急救援车辆 175 辆
24	国家危险化学品应急救援普光队	队伍驻地位于四川省达州市，依托中国石化中原油田分公司组建，2018 年 1 月，被国家安全生产应急救援指挥中心命名为国家危险化学品应急救援普光队；作为中国石化第十一联防区组长单位，主要承担普光气田以及中国石化集团公司驻西南地区 9 家企业的消防、气防、应急值守、环境监测、泥浆配送、医疗救护、维稳处突等 7 大任务，以及川、渝地区社会救援任务。普光队现有队员 235 名，设置有 5 个职能科室和 7 个基层队站。配备通信指挥、消防坦克、强风等抢险车辆 65 台，救援器材 400 余种 3 万余套件。队伍实行军事化管理、一体化管控

续表

序号	队伍名称	队伍简介
25	国家危险化学品应急救援惠州队	队伍于2014年9月建成并投入使用，2018年1月国家安全生产应急救援指挥中心命名为国家危险化学品应急救援惠州队。主要担负广东省及周边地区危险化学品事故和自然灾害抢险救援任务，为企业提供预防性检查、应急培训演练、前置备勤和高风险作业监护等服务。惠州队编制39人，设置队长1人、副队长3人、危化救援技术专家5人、战斗员30人。配备了72m举高喷射消防车、56m举高喷射消防车、25m举高喷射三相消防车、大流量泡沫消防车、多功能抢险救援车、涡喷消防车等灭火抢险救援车辆10辆，以及灭火机器人、无人机、RDK气体检测系统、红外气体成像仪、有毒有害气体检测仪、易燃易爆气体检测仪、堵漏工具、洗消装备等专业抢险器材，具备堵漏、洗消、灭火、侦检、气体防护等处置能力
26	国家危险化学品应急救援神华鄂尔多斯队	队伍依托中国神华煤制油化工公司鄂尔多斯煤制油分公司建设，驻地位于内蒙古鄂尔多斯市伊金霍洛旗乌兰木伦镇。2007年建队，2018年1月国家安全生产应急救援指挥中心命名为国家危险化学品应急救援神华鄂尔多斯队。主要承担鄂尔多斯煤制油公司煤直接液化项目消防安保任务，以及周边蒙、陕、晋250km范围内危险化学品事故和社会消防救援任务。队伍现有指战员56名，设战训、防火2个业务组，2个执勤中队。配备了举高喷射、重型泡沫、干粉等主战消防车辆15辆，通信指挥、气防救护车、供液等辅助车辆7台，以及灭火、侦检、破拆、堵漏、抗洪、驱烟、高空救援等7大类400余种应急救援器材，建设了培训、指挥及辅助决策系统平台3套，常年储备抗溶泡沫、水成膜泡沫、干粉、超细干粉、火冰等各类灭火药剂100t以上
27	国家危险化学品应急救援神华宁东队	队伍依托国家能源集团宁夏煤业公司建设，驻地位于宁东煤化工基地。2007年5月建队，2018年1月被国家安全生产应急救援指挥中心命名为国家危险化学品应急救援神华宁东队，与国家矿山应急救援神华宁煤队共同负责宁夏煤业公司各生产矿井及外协矿井、煤制油化工板块各单位的预防性安全检查、事故灾害救援及安全技术工作，承担宁夏回族自治区危险化学品生产、储存、运输等环节事故灾害应急救援任务。危险化学品应急救援神华宁东队和矿山救援神华宁煤队两支国家专业队同属宁煤应急救援中心管理，宁煤应急救援中心现有指战员400余人，设有7个职能科室、3支矿山救护中队、3支危化救援中队和1支特种装备队，配备有个人防护、侦检、破拆、堵漏、转输、钻孔、洗消、照明排烟、灭火、通信等矿山、危化专业救援装备

续表

序号	队伍名称	队伍简介
28	国家危险化学品应急救援泉州石化队	队伍依托于中化泉州石化有限公司建设，驻地位于福建省泉州市惠安县东桥镇，成立于2013年4月1日，2018年1月国家安全生产应急救援指挥中心命名为国家危险化学品应急救援泉州石化队。主要担负中化泉州石化有限公司生产厂区和周边生活区综合救援任务，以及福建省全境和广东、江西、浙江部分区域危险化学品事故应急救援任务。队伍现有指战员160人，下设战训、防检、气防、综合四个职能部门，辖炼油项目2个消防大队、乙烯项目2个消防大队、1个国家危化品应急救援大队。现有各类执勤消防车辆45辆，配备了举高喷射消防车、大跨度举高喷射消防车、大流量拖车消防炮、远程供水系统、化学洗消车、应急供电车、通信指挥车、三项射流举高喷射车、移动供气车，以及生命探测仪、四合一气体检测仪、红外热成像仪等专业救援装备器材
29	国家危险化学品应急救援中化舟山队	队伍依托中化集团舟山仓储基地建设，驻地位于浙江省舟山市，2016年9月原国家安全监管总局批复建设，2018年1月被国家安全生产应急救援指挥中心命名为国家危险化学品应急救援中化舟山队。主要承担大型储罐全液面火灾扑救，以及驻地周边陆地、海上危险化学品事故灾害救援任务。队伍现有专业救援队伍16支、400余人，分布在浙江舟山、温州、镇海，江苏连云港，广东东兴、惠州等地，配备了应急保障船、大流量远程灭火系统、重型消防车、应急指挥系统等先进救援装备，全天候24h为各石油仓储、炼化、危险化学品道路运输、核电、精细化工等企业保驾护航
30	国家危险化学品应急救援中煤榆林队	队伍依托中煤陕西公司建设，驻地位于陕西省榆林市，成立于2013年，2018年1月国家安全生产应急救援指挥中心命名为国家危险化学品应急救援中煤榆林队。主要负责中煤陕西公司消防安全和厂区安防工作，承担陕甘宁蒙晋危险化学品事故和灾害救援支援任务。中煤榆林队编制142人，下设1个119值机室和4个执勤中队，每个中队设3个执勤班组，实行24h消防气防安防备勤；配置1辆通信指挥车、7辆高喷车、4辆重型泡沫/水联用消防车、2辆大型水罐车、1辆涡喷车、1辆多功能抢险救援车、1辆充气车、1辆照明车等30辆各类应急抢险车辆，以及4台灭火机器人、1台侦检机器人、2架无人机和侦检、逃生、破拆、灭火、堵漏、照明、防毒、排烟、洗消等专业救援装备器材

续表

序号	队伍名称	队伍简介
31	国家危险化学品应急救援青海盐湖队	队伍依托青海盐湖工业股份有限公司建设，2018 年 1 月国家安全生产应急救援指挥中心命名为国家危险化学品应急救援青海盐湖队。主要承担察尔汗工业园区及周边地区的现场消防管理、防火检查、消防安全培训、应急救援任务，以及青海省重大复杂危险化学品事故应急救援任务，具备危险化学品应急救援人才储备、技术储备、装备储备和救援人员培训与演练训练等功能。队伍现有指战员 123 人，设综合装备科、战训科、消防检查科，下辖两个大队、一个消防站。配备了 72m 高喷消防车、重型泡沫消防车、侦检灭火机器人、侦检无人机及大流量拖车炮等先进救援装备。现有执勤战备车辆 32 台，执勤消防装备器材 12 类 250 种 7000 余件，储存泡沫液 55t、干粉灭火剂 26t
32	国家危险化学品应急救援云南石化队	队伍依托中国石油云南石化公司建设，驻地位于云南省昆明市安宁市草铺镇石化路 1 号，成立于 2014 年 7 月，2019 年 4 月应急管理部批复建设国家危险化学品应急救援昆明基地。承担中国石油在滇企业及周边区域应急抢险救援、中国石油第四联防区 9 家炼化企业跨地区应急救援和增援任务，负责云南石化公司火灾扑救、抢险救援、消防监督管理、预防性防火检查、动火、有限空间作业、装置开停工等应急救援和安全监护工作。队伍现有指战员 100 人，设置战训、装备、综合、防火安全等 4 个专业管理部门，下辖 2 个执勤队、16 个班组，实行准军事化、扁平化管理。配备了泡沫、干粉、水罐、举高喷射、登高平台、通信指挥、抢险救援、气防、人员救护等 9 类 17 台消气防救援车，以及泡沫液、干粉、空气呼吸器、水力自摆移动消防炮、无线遥控移动消防炮、水幕发生器、直流喷雾自保水枪，侦检、破拆、个人防护等各类灭火抢险救援器材 17 大类 126 个品种 3280 余件套。国家危险化学品应急救援基地建设项目配备各类消防车辆、装备器材 24 大类 207 台/套，拟新增定员 68 人，增置 2 个执勤队
33	国家危险化学品应急救援茂名石化队	队伍依托中国石化集团茂名石化公司建设，始建于 1958 年，2019 年 4 月，国家安全生产应急救援中心依托茂名石化队开展了国家危险化学品应急救援茂名石化基地项目建设。茂名石化队主要担负茂名石化及其相关企业消气防保障、驻地周边化工企业事故救援任务，应急救援范围辐射粤桂两地 400km。茂名石化队设防灾减灾室、救援救护室、装备管理室、综合管理（党群）室 4 个科室，下辖炼油中队、特勤中队、乙烯中队、水东中队、北山岭中队、湛江中队、金塘中队、高端碳消防站等 8 个中队（站），分别驻守在广东省茂名、湛江两市 4 区的炼油化工生产厂区、储运码头、原油罐区及液化气站，现有指战员 302 人，配备了举高喷射、水罐泡沫、远程供水、三相射流等抢险救援车和指挥车等 75 辆，以及破拆、侦检、排烟、堵漏、机器人、智能空呼、无人机等各类应急抢险特种装备器材 1732 件

续表

序号	队伍名称	队伍简介
34	国家危险化学品应急救援安庆石化队	队伍始建于1975年3月，2019年4月国家安全生产应急救援中心依托安庆石化队开展国家危险化学品应急救援安庆石化队建设，2021年12月该项目通过中国石化总部验收。主要担负安庆石化区域内防火、灭火、气体防护以及突发事故抢险救援任务，承担辐射半径400km范围内的危险化学品应急救援任务。危化救援安庆石化队现有223人，设战备科、防火科、综合管理科和两个大队(四个执勤中队)。配有大功率消防车、举高喷射车、抢险救援车、通信指挥车、运兵车、气防车等各种抢险救援车辆50辆，以及破拆、堵漏、侦检器材、消防灭火机器、消防侦检无人机、大流量排设备和各种防护装备等应急救援器材和装备
35	国家危险化学品应急救援七台河队	队伍位于黑龙江省七台河市新兴化工园区七桦路与宝泰隆路交汇处，2021年11月建设项目通过验收。主要负责七台河市各类危险化学品事故灾害处置，为企业提供预防性检查、制定应急救援措施、应急培训、预案演练等服务，承担黑龙江省东部地区危险化学品企业重特大事故应急救援任务。驻地占地面积4.4万m^2，总建筑面积1.6万m^2，建有特勤消防站、物资储备库、消防训练塔、综合实训楼、体能训练馆等设施。现有56人，设置综合协调、作战训练、装备管理、宣传培训等内设机构，实行准军事化管理，24h担负值班备勤任务。配备了56m大跨度举高消防车、多功能重型泡沫消防车、重型泡沫消防车、水干粉联用消防车、抢险运兵车、供气消防车、泡沫原液补给车、重型水罐消防车、重型水罐消防车、抢险救援车、多功能危险化学品监测车、化学洗消车、通信指挥消防车、清障车等20辆(台)应急救援车辆，配套配置了侦检、通信、抢险、堵漏、灭火、洗消及个体防护等国内外先进救援装备，应急储备物资库储备各类应急救援装备及物资5000余件。同时，七台河队积极整合区域内森林防火、防汛抗旱、矿山排水等救援装备，具备重特大危险化学品事故应急处置能力
36	国家危险化学品应急救援连云港队	队伍依托徐圩新区国有企业江苏洋井石化集团有限公司组建，驻地位于江苏省连云港市。前身为徐圩新区应急抢险大队。2022年11月9日，国家安全生产应急救援中心正式批复同意在徐圩新区应急救援抢险大队(“186”大队)基础上成立国家安全生产专业应急救援队伍，并命名为国家危险化学品应急救援连云港队。主要承担连云港石化产业基地安全发展及我国东部沿海危化品海上运输大通道安全保障的任务。危化救援连云港队现有指战员400人，下设1支综合先锋队，8支专业突击大队及6支基础保障大队，分别驻扎在安全管控中心、危化品应急救援中心、环境污染处置中心、工程抢险中心、海空救援中心、综合指挥中心6个各具特色功能的作训中心。高标准配备海、陆、空全方位应急救援装备约1000余台套，包括72m举高喷射消防车、62m大跨距高喷消防车、23m举高喷射破拆车、超重型泡沫消防车等专业救援车辆88台，消拖两用船6艘，救援直升机1架

续表

序号	队伍名称	队伍简介
37	国家危险化学品应急救援中煤平朔队	队伍依托中煤平朔集团有限公司组建，驻地位于山西省朔州市。2022 年 10 月，被国家安全生产应急救援中心命名为国家危险化学品应急救援中煤平朔队。主要承担中煤平朔集团有限公司下属企业及晋、陕、蒙周边地区的危险化学品事故处置，以及矿山、地震、森林、水灾等各类事故灾害的应急救援任务。队伍现有指战员 231 人，设有党群工作部、综合科、战训科、消防科、培训科、安全监察部（职业健康室）、技术科、装备科、后勤保障科、调度指挥中心等 10 个机关科室和 1 个气防站，下设 2 个大队 5 个中队。队伍现有各类救援装备 738 种，4379 台（套）。其中，救援指挥车、救护装备车、医疗急救车、气体化验车、消防车等救援车辆 43 辆；灭火机器人、多种堵漏工具、各类水枪水炮等危化救援装备 150 余种，910 台（套）；矿用防爆高倍数泡沫灭火装置、矿用防爆惰气泡沫灭火装置等矿山救护装备 270 种，968 台（套）；端头、撑杆、手动泵、空压机等破拆工具 130 余种，264 台（套）；氧气呼吸器、空气呼吸器等个人装备 20 余种，472 台（套）；其他耗材及工具 125 种，1722 台（套）
38	国家危险化学品应急救援上海石化队	队伍依托中国石化上海石油化工股份有限公司建设，驻地位于上海市金山区。2022 年 10 月，被国家安全生产应急救援中心命名为国家危险化学品应急救援上海石化队。承担上海石化和相关企业消气防保障任务，以及周边原油储备（商储）、化工企业生产安全事故救援任务，服务范围辐射浙沪两地半径 200km。队伍现有指战员共 231 人，设有接处警办公室、作训办公室、防火办公室、综合办公室等四个科室，下辖纬三消防中队、纬八消防中队、纬九消防中队、后勤保障中队等四个中队，配备 18m、32m、44m、56m 高喷消防车、三相射流联用消防车、大功率水罐泡沫消防车、二氧化碳联用干粉消防车、气体防护消防车、通信指挥车、排烟照明消防车等救援车辆 41 台，以及破拆、侦检、搜救、排烟、机器人、智能空呼、无人机等各类专业救援装备

2. 国家油气应急救援队伍(表 5-12)

表 5-12 国家油气应急救援队伍简介

序号	队伍名称	队伍简介
1	国家油气田井控应急救援川庆队	队伍依托中国石油川庆钻探工程公司建设，驻地位于四川省广汉市，2018 年 1 月被国家安全生产应急救援指挥中心命名为国家油气田井控应急救援川庆队。现有专职抢险救援人员 45 人，在中国石油内部建立了由 40 余名高级技术专家组成的专家网络，为抢险救援提供强有力的技术支持。配备了切割清障、冷却掩护、井口重建、应急通信、安全防护等 172 类 730 余台套抢险救援仪器与装备。建有 6000m^2 的训练场及 3800m^2 的实验车间，配备有井喷失控着火的井口装置、训练用井场设施等，既满足日常抢险技能培训及模拟抢险现场情况的实战演练需要，也为抢险救援技术研发、试验和装备维护提供良好条件。主要负责油气井井喷抢险救援准备，参加国内外油气井井喷失控抢险救援，负责井喷抢险救援技术研究和装备研发，井控技术标准的制修订，井控、抢险救援技术培训及咨询指导等。建队 27 年以来，按照“国内第一，国际一流”发展定位，坚持“需为先，实为上，练为战”，守初心、担使命，认真履行职责，技术水平和救援实力达到行业之首。在国内 16 个油气区以及土库曼斯坦、缅甸等 6 个国家成功完成 51 次井喷失控、着火事故的救援，处理 100 余次井口泄漏、非常规压井等井控事件，创造了多项世界油气井应急救援史上的新纪录，被誉为“油气田安全卫士”
2	国家海上油气应急救援渤海(天津)队	队伍依托中国海油井控中心建设，位于天津市滨海新区渤海石油港区，是以浅水井控应急救援为主的综合性队伍。2018 年 12 月获批“国家海上油气应急救援渤海(天津)队”，2020 年队伍重新选址建设，并于当年落成。具备井控应急抢险、井控技术支持、井控培训及井控巡检等能力。承担渤海、东海和黄海海域井喷事故应急抢险，保障油气勘探开发井控安全重要使命。为应对海洋油气开发井控风险，队伍现有指战员 92 人，设有应急救援、井控技术、井控培训、井控装备和井控巡检等 5 个部门(办公室)，指战员中本科及以上学历人员占 92%，具有 10 年以上油田现场作业经验人员占 71%；拥有一支 18 人的专职应急救援队，以及由 4 名行业专家和 7 名资深工程师组成的专家团队。配备了消防冷却、安全防护、侦测监控、井控抢险、抢险辅助、通信指挥、实训演练、辅助决策共 8 大类 757 套应急装备，形成了功能完备、配套完善的浅水井控应急救援装备体系

续表

序号	队伍名称	队伍简介
3	国家油气管道应急救援乌鲁木齐队	队伍依托国家管网西部公司建设，2018 年 11 月组织建设，2019 年 3 月成立西部管道公司乌鲁木齐应急抢险中心，与国家油气管道应急救援乌鲁木齐队“一个机构、两块牌子”。主要担负新疆地区长输油气管道应急抢维修任务。管道救援乌鲁木齐队编制 106 人，现有 73 人，设综合办公室、计划财务科、设备管理科、质量安全环保科、抢修技术科(抢修技术研究所)5 个科室，下辖抢修队、封堵队和维修队。配备各种规格型号电焊机、切管、对口、封堵类夹具、发电机、空压机、风机、移动照明、蒸汽清洗机等抢修设备 530 台(套)，各类抢险车辆 38 台，以及大型车辆快速越障桥、边坡合成孔径雷达、无损开挖设备、高压水射流设备、移动制氮设备、事故现场探测机器人等高精尖应急救援装备
4	国家油气管道应急救援昆明队	队伍依托中国石油西南管道公司建设，驻地位于云南省昆明市经开区，是集大型管道抢修、溢油回收、开孔封堵、站场改造、管道改线、动火连头、抢修队伍培训与技术研发为一体的专业救援队伍。2013 年 4 月在昆明筹备组建，2018 年 1 月国家安全生产应急救援指挥中心正式命名为“国家油气管道应急救援昆明队”，是西南地区唯一一家专业油气管道应急抢修国家队。2020 年 9 月转隶国家管网集团，依托单位变更为昆明应急救援中心。管道救援昆明队现有指战员 192 人，设 7 个机关科室、4 个基层单位，主要担负陕、甘、宁、滇、黔、桂、川、渝八省市区域内国家管网干线 10000 多千米油气管道应急抢险任务。为适应西南地区山高谷深、地灾频发、河流纵横的特殊环境，配备了 ϕ50~813 口径开孔封堵、断管焊接、发电照明、溢油回收等抢险救援装备 1400 余台套，以及性能优良且装备齐全的抢险工程车和通信、吊装、运输等特种作业车辆 45 辆
5	国家油气管道应急救援廊坊队	队伍依托中国石油管道局工程有限公司建设，驻地位于河北省廊坊市经济技术开发区。队伍始建于 1992 年，是中国最早成立的油气管道维抢修公司。2011 年被中国石油天然气集团有限公司命名为“中国石油管道应急救援响应中心”。2016 年被原国家安全监管总局命名为国家油气管道应急救援(华北)基地，成为国内首批挂牌的应急救援基地。2018 年 1 月被国家安全生产应急救援指挥中心命名为国家油气管道应急救援廊坊队，2019 年 7 月明确为跨国(境)生产安全事故应急救援常备力量。管道救援廊坊队现有队员 595 名，设有应急救援管理办公室、工程技术部、经营管理部等 18 个管理部门，国内 2 个大队 12 支中队，国际设有非洲、中东 2 个分中心。队伍常备应急装备 3100 余台套，救援能力覆盖 1422mm 以下、12MPa 以内的各类介质的油气管道，包括因自然灾害、第三方破坏、施工缺陷、管道运行问题和管道本体缺陷造等造成的管道破裂、泄漏、卡堵等油气管道事故，为 28 个省、直辖市 100 余家油气管道企业，总里程 6 万余千米的油气管道提供应急产品设计制造、体检保驾、抢险维修服务

续表

序号	队伍名称	队伍简介
6	国家油气管道应急救援沈阳队	队伍依托东北石油管道有限公司建设，队伍机关部室位于辽宁省沈阳市皇姑区，队伍驻地位于辽宁省铁岭市银州区，2018 年 1 月被国家安全生产应急救援指挥中心命名为国家油气管道应急救援沈阳队。主要担负黑龙江、吉林、辽宁、内蒙古区域油气管道应急抢险任务。队伍现有 345 人，设抢险工程、维检修工程、抢险保驾等 7 个基层站队，配备有管道切割、管道开孔封堵、管道清洗、注氮吹扫、焊接、照明发电、无人机、应急救援车等各类救援装备 709 台套。具有石油化工工程施工总承包二级、长输压力管道带压封堵甲级、工业清洗 A 级等资质，能独立完成 ϕ100~1422 口径油气管道带压开孔及 ϕ114~1016 口径油气管道不停输带压封堵动火施工，具备 10000km 油气管道应急抢险保驾能力，可进行每小时 20000m^3 液氮转换量的氮气吹扫，同时具备每年 300 万 m^3 储罐机械清洗和 100 万 m^3 储罐大修能力
7	国家油气管道应急救援徐州队	国家油气管道应急救援徐州队与国家管网集团东部原油储运有限公司抢维修中心是一个机构两块牌子，驻地位于江苏省徐州市泉山区翟山新村。抢维修中心成立于 2000 年 9 月称“华东管道工程有限公司”，2012 年 8 月更名为“中国石油化工股份有限公司管道储运分公司抢维修中心”，2016 年 9 月原国家安全监管总局批复依托中国石化管道储运有限公司抢维修中心建设国家油气管道应急救援华东(徐州)基地，2018 年 1 月国家安全生产应急救援指挥中心命名为国家油气管道应急救援徐州队。主要承担华东区域内重特大、复杂油气管道抢险和社会应急救援任务，同时负责东部储运公司遍布 14 个省市 34 条 7800 余千米输油管道维抢修任务，实现油气储运设施运行维保业务全覆盖。管道救援徐州队设应急抢险队、应急特种机械作业队、应急运输队、SCADA 系统维护中心、消防自控维保中心、机泵阀维护中心、电气技术作业队、油气管道抢维修技术研究所等 9 个基层站队，现有员工 200 余人。配备有现场侦检、应急抢修、通风照明、动力发电、应急指挥、不停输封堵、断管焊接、无损开挖、后勤运输保障等九大类装备 500 余台套
8	国家油气管道应急救援深圳队	队伍依托中国海油深圳海油工程水下技术有限公司建设，驻地位于广东省深圳市南山区后海滨路 3168 号海油大厦，2018 年 1 月国家安全生产应急救援指挥中心命名为国家油气管道应急救援深圳队，是国内唯一一支以海底油气管道为救援对象的专业维抢修机构，担负中国南海、东海海域油气田海底管道应急维抢修任务，覆盖水深从 0~2000m。管道救援深圳队设指挥联络部、应急技术装备部和应急作业部三个部室，编制指战员 22 人，在中国海油内部建立了 41 名技术专家组成的后备技术力量，为海底油气管道应急救援提供强有力的技术支持。配备了 1 套应急指挥系统、5 艘深水多功能作业船舶、17 套各型号水下机器人(ROV)设备、1 套 300m 饱和潜水系统、1 套 2000m 海底管道维修系统等为海底油气管道应急救援提供强有力的装备保障

附录

附录1　2024年政策法规标准清单

详见附表1~附表3。

附表1　2024年安全生产与应急部门规章清单

序号	部门规章名称	文　号	发布时间
1	中央企业安全生产监督管理办法	国务院国有资产监督管理委员会令(第44号)	2024年1月9日
2	生产安全事故罚款处罚规定	中华人民共和国应急管理部令(第14号)	2024年1月10日
3	突发事件应急预案管理办法	国办发〔2024〕5号	2024年1月31日
4	中央企业安全生产管理评价办法	国资厅发社责〔2024〕3号	2024年2月1日
5	危险货物港口作业重大事故隐患判定标准	交办水〔2024〕34号	2024年7月8日
6	民用爆炸物品行业重大事故隐患判定标准	工信部安全〔2024〕234号	2024年12月3日
7	电力监控系统安全防护规定	中华人民共和国国家发展和改革委员会令(第27号)	2024年12月11日
8	内河运输船舶重大事故隐患判定标准	交办海〔2024〕67号	2024年12月19日

附表2　2024年安全生产与应急规范性文件清单

序号	文件名称	文　号	发布时间
1	工业和信息化部等十二部门关于印发《工业互联网标识解析体系“贯通”行动计划(2024—2026年)》的通知	工信部联信管〔2023〕271号	2024年1月21日

续表

序号	文件名称	文号	发布时间
2	国务院安全生产委员会关于《安全生产治本攻坚三年行动方案(2024—2026)》的通知	安委办〔2024〕1号	2024年1月23日
3	关于印发《中央企业安全生产考核实施细则》的通知	国资发社责规〔2024〕15号	2024年2月1日
4	工业和信息化部关于印发《工业领域数据安全能力提升实施方案(2024—2026年)》的通知	工信部网安〔2024〕34号	2024年2月26日
5	应急管理部危化监管二司关于印发《化工安全技能实训基地建设和运营指南》与《危险化学品企业安全培训空间建设和运营指南》的通知	应急危化二〔2024〕3号	2024年3月15日
6	市场监管总局关于进一步做好《电梯监督检验和定期检验规则》《电梯自行检测规则》实施工作的通知	国市监特设发〔2024〕28号	2024年3月15日
7	交通运输部关于印发《水上交通事故调查简易程序规定》的通知	交海规〔2024〕3号	2024年3月28日
8	应急管理部危化监管二司印发《油气长输管道人员密集型高后果区安全风险排查评估指南(试行)》	应急危化二〔2024〕5号	2024年4月2日
9	国务院安委会办公室关于学好用好重大事故隐患判定标准的通知	安委办〔2024〕2号	2024年4月9日
10	市场监管总局关于印发特种设备突发事件应急预案的通知	国市监特设发〔2024〕41号	2024年4月11日
11	关于印发《关于深入推进矿山智能化建设促进矿山安全发展的指导意见》的通知	矿安〔2024〕42号	2024年4月24日
12	应急管理部办公厅关于印发《化工企业生产过程异常工况安全处置准则(试行)》的通知	应急厅〔2024〕17号	2024年4月25日
13	市场监管总局关于进一步加强电梯等特种设备安全工作的通知	国市监特设发〔2024〕48号	2024年4月30日
14	国务院安委会办公室 应急管理部关于开展2024年全国“安全生产月”活动的通知	安委办〔2024〕3号	2024年4月30日

续表

序号	文件名称	文号	发布时间
15	应急管理部办公厅关于印发《化工企业硝化工艺全流程自动化改造工作指南(试行)》的通知	应急厅〔2024〕19号	2024年5月31日
16	应急管理部、工业和信息化部、国务院国资委、市场监管总局联合部署化工老旧装置淘汰退出和更新改造工作		2024年6月21日
17	工业和信息化部等九部门关于印发《精细化工产业创新发展实施方案(2024—2027年)》的通知	工信部联原〔2024〕136号	2024年7月2日
18	国家矿山安全监察局关于加强汛期矿山安全防范工作的通知	矿安〔2024〕75号	2024年7月16日
19	国务院安全生产委员会关于推动建立完善生产经营单位事故隐患内部报告奖励机制的意见	安委〔2024〕7号	2024年7月21日
20	国家防汛抗旱总指挥部办公室关于进一步加强防汛抢险先进适用技术装备应用的通知	国汛办〔2024〕9号	2024年7月29日
21	关于印发《检验检测领域综合治理行动方案》的通知	国市监检测发〔2024〕80号	2024年8月13日
22	国家森林草原防灭火指挥部关于加强森林草原火灾预警监测体系建设的实施意见	国森防发〔2024〕2号	2024年9月9日
23	应急管理部办公厅关于征集"十五五"应急管理重大科技研发需求的通知	应急厅函〔2024〕279号	2024年9月11日
24	国家防灾减灾救灾委员会办公室关于进一步加强应急抢险救灾物资保障体系和能力建设的指导意见	国防减救办发〔2024〕13号	2024年9月23日
25	市场监管总局关于推进重点工业产品质量安全追溯的实施意见	国市监质监规〔2024〕6号	2024年10月9日
26	工业和信息化部办公厅关于印发《先进安全应急装备推广目录(工业领域2024版)》的通知	工信厅安全函〔2024〕377号	2024年10月11日

续表

序号	文件名称	文号	发布时间
27	应急管理部关于印发《社会应急力量分类分级测评实施办法（试行）》的通知	应急〔2024〕83号	2024年10月11日
28	应急管理部办公厅 金融监管总局办公厅关于充分发挥安全生产责任保险功能作用助力安全生产治本攻坚三年行动的通知	应急厅函〔2024〕322号	2024年10月22日
29	工业和信息化部关于印发《工业和信息化领域数据安全事件应急预案（试行）》的通知	工信部网安〔2024〕214号	2024年10月29日
30	应急管理部关于印发《应急管理行政处罚裁量权基准》的通知	应急〔2024〕90号	2024年11月1日
31	国家发展改革委关于完善成品油管道运输价格形成机制的通知	发改价格〔2024〕1703号	2024年11月27日
32	国家矿山安全监察局关于进一步强化非煤矿山重大事故隐患动态清零工作的通知	矿安〔2024〕116号	2024年12月14日

附表3　2024年1月1日起实施的安全生产与应急有关标准清单

序号	标准号	标准名称	发布日期	实施日期
1	GB 42294—2022	陆上石油天然气开采安全规程	2022年12月29日	2024年1月1日
2	GB 16796—2022	安全防范报警设备 安全要求和试验方法	2022年12月29日	2024年1月1日
3	GB 17565—2022	防盗安全门通用技术条件	2022年12月1日	2024年1月1日
4	GB 42302—2022	呼吸防护 自吸过滤式逃生呼吸器	2022年12月29日	2024年1月1日
5	GB 2890—2022	呼吸防护 自吸过滤式防毒面具	2022年12月29日	2024年1月1日
6	GB 8965.3—2022	防护服装 熔融金属飞溅防护服	2022年12月29日	2024年1月1日

续表

序号	标准号	标准名称	发布日期	实施日期
7	GB 42298—2022	手部防护 通用技术规范	2022 年 12 月 29 日	2024 年 1 月 1 日
8	GB 8965. 4—2022	防护服装 防电弧服	2022 年 12 月 29 日	2024 年 1 月 1 日
9	GB 42297—2022	坠落防护装备通用技术规范	2022 年 12 月 29 日	2024 年 1 月 1 日
10	GB 8965. 2—2022	防护服装 焊接服	2022 年 12 月 29 日	2024 年 1 月 1 日
11	GB 24541—2022	手部防护 机械危害防护手套	2022 年 12 月 29 日	2024 年 1 月 1 日
12	GB/T 28712. 3—2023	热交换器型式与基本参数 第 3 部分：U 形管式热交换器	2023 年 9 月 7 日	2024 年 1 月 1 日
13	GB/T 28712. 1—2023	热交换器型式与基本参数 第 1 部分：浮头式热交换器	2023 年 9 月 7 日	2024 年 1 月 1 日
14	GB/T 28712. 2—2023	热交换器型式与基本参数 第 2 部分：固定管板式热交换器	2023 年 9 月 7 日	2024 年 1 月 1 日
15	GB/T 12574—2023	喷气燃料总酸值测定法	2023 年 9 月 7 日	2024 年 1 月 1 日
16	GB/T 43231—2023	石油天然气工业 页岩油气井套管选用及工况适用性评价	2023 年 9 月 7 日	2024 年 1 月 1 日
17	GB/T 43130. 1—2023	液化天然气装置和设备 浮式液化天然气装置的设计 第 1 部分：通用要求	2023 年 9 月 7 日	2024 年 1 月 1 日
18	GB/T 43125—2023	页岩油产能评价技术规范	2023 年 9 月 7 日	2024 年 1 月 1 日
19	GB/T 43126—2023	页岩油地质甜点评价技术规范	2023 年 9 月 7 日	2024 年 1 月 1 日
20	GB/T 24259—2023	石油天然气工业 管道输送系统	2023 年 9 月 7 日	2024 年 1 月 1 日
21	GB/T 29171—2023	岩石毛管压力曲线的测定	2023 年 9 月 7 日	2024 年 1 月 1 日
22	GB/T 8038—2023	焦化甲苯 烃类杂质含量的测定 气相色谱法	2023 年 9 月 7 日	2024 年 1 月 1 日
23	GB 42294—2022	陆上石油天然气开采安全规程	2022 年 12 月 29 日	2024 年 1 月 1 日
24	GB/T 25198—2023	压力容器封头	2023 年 8 月 6 日	2024 年 3 月 1 日

续表

序号	标准号	标准名称	发布日期	实施日期
25	GB/T 13894—2023	石油和液体石油产品 液位测量 手工法	2023 年 11 月 27 日	2024 年 3 月 1 日
26	GB/T 3145—2023	苯结晶点测定法	2023 年 11 月 27 日	2024 年 3 月 1 日
27	GB/T 43327. 6—2023	石油天然气工业 海洋结构物特殊要求 第 6 部分：海上作业	2023 年 11 月 27 日	2024 年 3 月 1 日
28	GB/T 9711—2023	石油天然气工业 管线输送系统用钢管	2023 年 11 月 27 日	2024 年 3 月 1 日
29	GB/T 29165. 3—2023	石油天然气工业 玻璃纤维增强塑料管 第 3 部分：系统设计	2023 年 11 月 27 日	2024 年 3 月 1 日
30	GB/T 23802—2023	石油天然气工业 套管、油管、接箍毛坯及附件材料用耐蚀合金无缝管交货技术条件	2023 年 11 月 27 日	2024 年 3 月 1 日
31	GB/T 18603—2023	天然气计量系统技术要求	2023 年 11 月 27 日	2024 年 3 月 1 日
32	GB/T 29165. 4—2023	石油天然气工业 玻璃纤维增强塑料管 第 4 部分：装配、安装与运行	2023 年 11 月 27 日	2024 年 3 月 1 日
33	GB/T 20656—2023	石油天然气工业 新套管、油管和钻杆现场检验	2023 年 11 月 27 日	2024 年 3 月 1 日
34	GB/T 19830—2023	石油天然气工业 油气井套管或油管用钢管	2023 年 11 月 27 日	2024 年 3 月 1 日
35	GB/T 27866—2023	钢制管道和设备防止焊缝硫化物应力开裂的硬度控制技术规范	2023 年 11 月 27 日	2024 年 3 月 1 日
36	GB/T 43072—2023	气瓶追溯体系建设实施指南	2023 年 9 月 7 日	2024 年 4 月 1 日
37	GB/T 6451—2023	油浸式电力变压器技术参数和要求	2023 年 9 月 7 日	2024 年 4 月 1 日
38	GB/T 17701—2023	设备用断路器(CBE)	2023 年 9 月 7 日	2024 年 4 月 1 日

续表

序号	标准号	标准名称	发布日期	实施日期
39	GB/Z 43029—2023	低压开关设备和控制设备及其成套设备 能效	2023 年 9 月 7 日	2024 年 4 月 1 日
40	GB/Z 43030—2023	低压开关设备和控制设备 网络安全	2023 年 9 月 7 日	2024 年 4 月 1 日
41	GB/T 35065. 2—2023	湿天然气流量测量 第 2 部分：流量计测试和评价方法	2023 年 12 月 28 日	2024 年 4 月 1 日
42	GB/T 43503—2023	天然气 氧气含量的测定 电化学法	2023 年 12 月 28 日	2024 年 4 月 1 日
43	GB/T 43502. 1—2023	天然气 颗粒物的测定 第 1 部分：用光学法测定粒径分布	2023 年 12 月 28 日	2024 年 4 月 1 日
44	GB/T 20603—2023	冷冻轻烃流体 液化天然气的取样	2023 年 12 月 28 日	2024 年 4 月 1 日
45	GB/T 42992. 1—2023	化学品 评价废水中排放化学物质的生物降解性的模拟试验通则	2023 年 9 月 7 日	2024 年 4 月 1 日
46	GB/T 446—2023	全精炼石蜡	2023 年 9 月 7 日	2024 年 4 月 1 日
47	GB/T 8026—2023	石油蜡和石油脂滴熔点测定法	2023 年 9 月 7 日	2024 年 4 月 1 日
48	GB/T 2539—2023	石油蜡熔点的测定 冷却曲线法	2023 年 9 月 7 日	2024 年 4 月 1 日
49	GB/T 31032—2023	钢质管道焊接及验收	2023 年 12 月 28 日	2024 年 4 月 1 日
50	AQ 3059—2023	化工企业液化烃储罐区安全管理规范	2023 年 12 月 20 日	2024 年 4 月 1 日
51	GB/T 18153—2024	机械安全 用于确定可接触热表面温度限值的安全数据	2024 年 4 月 25 日	2024 年 4 月 25 日
52	GB/T 43922—2024	在役聚乙烯燃气管道检验与评价	2024 年 4 月 25 日	2024 年 4 月 25 日

续表

序号	标准号	标准名称	发布日期	实施日期
53	GB/T 32270—2024	压力管道规范 动力管道	2024 年 4 月 25 日	2024 年 4 月 25 日
54	YJ/T 26—2024	应急避难场所 设施设备及物资配置	2024 年 2 月 29 日	2024 年 5 月 1 日
55	GB 19517—2023	国家电气设备安全技术规范	2023 年 5 月 23 日	2024 年 6 月 1 日
56	GB/T 42536—2023	车用高压储氢气瓶组合阀门	2023 年 5 月 23 日	2024 年 6 月 1 日
57	GB/T 42612—2023	车用压缩氢气塑料内胆碳纤维全缠绕气瓶	2023 年 5 月 23 日	2024 年 6 月 1 日
58	GB/T 42610—2023	高压氢气瓶塑料内胆和氢气相容性试验方法	2023 年 5 月 23 日	2024 年 6 月 1 日
59	GB/T 21218—2023	电气用未使用过的硅绝缘液体	2023 年 11 月 27 日	2024 年 6 月 1 日
60	GB/T 23948—2023	无机化工产品 水不溶物测定通用方法	2023 年 11 月 27 日	2024 年 6 月 1 日
61	GB/T 7746—2023	工业无水氟化氢	2023 年 11 月 27 日	2024 年 6 月 1 日
62	GB/T 3392—2023	工业用丙烯中烃类杂质的测定 气相色谱法	2023 年 11 月 27 日	2024 年 6 月 1 日
63	GB/T 3394—2023	工业用乙烯、丙烯中微量一氧化碳、二氧化碳和乙炔的测定 气相色谱法	2023 年 11 月 27 日	2024 年 6 月 1 日
64	GB/T 17529. 5—2023	工业用丙烯酸及酯 第 5 部分：工业用丙烯酸 2-乙基己酯	2023 年 11 月 27 日	2024 年 6 月 1 日
65	GB/T 17529. 2—2023	工业用丙烯酸及酯 第 2 部分：工业用丙烯酸甲酯	2023 年 11 月 27 日	2024 年 6 月 1 日
66	GB/T 17529. 3—2023	工业用丙烯酸及酯 第 3 部分：工业用丙烯酸乙酯	2023 年 11 月 27 日	2024 年 6 月 1 日
67	GB/T 17529. 1—2023	工业用丙烯酸及酯 第 1 部分：工业用丙烯酸	2023 年 11 月 27 日	2024 年 6 月 1 日

续表

序号	标准号	标准名称	发布日期	实施日期
68	GB/T 17529. 4—2023	工业用丙烯酸及酯 第4部分：工业用丙烯酸正丁酯	2023年11月27日	2024年6月1日
69	GB/T 17530. 2—2023	工业丙烯酸及酯的试验方法 第2部分：工业用丙烯酸酯有机杂质及纯度的测定 气相色谱法	2023年11月27日	2024年6月1日
70	GB/T 41312. 2—2023	化工用设备渗透性检测方法 第2部分：纤维增强热固性塑料设备	2023年11月27日	2024年6月1日
71	GB/T 13465. 12—2023	不透性石墨材料试验方法 第12部分：导热系数	2023年11月27日	2024年6月1日
72	GB/T 41312. 3—2023	化工用设备渗透性检测方法 第3部分：塑料及其衬里设备	2023年11月27日	2024年6月1日
73	GB/T 43343—2023	高压绝缘电阻表	2023年11月27日	2024年6月1日
74	GB/T 14048. 1—2023	低压开关设备和控制设备 第1部分：总则	2023年11月27日	2024年6月1日
75	GB/T 30000. 31—2023	化学品分类和标签规范 第31部分：化学品作业场所警示性标志	2023年11月27日	2024年6月1日
76	GB/T 43450—2023	化学品 急性眼刺激体外细胞试验 TRPV1活性检测法	2023年11月27日	2024年6月1日
77	GB/T 21617—2023	危险品 固体氧化性试验方法	2023年11月27日	2024年6月1日
78	GB/T 42474. 6—2023	爆炸危险化学品汽车运输安全监控系统 第6部分：通信中心与监控客户端间数据接口	2023年5月23日	2024年6月1日
79	GB/T 42474. 4—2023	爆炸危险化学品汽车运输安全监控系统 第4部分：监控客户端	2023年5月23日	2024年6月1日

续表

序号	标准号	标准名称	发布日期	实施日期
80	GB/T 42474. 1—2023	爆炸危险化学品汽车运输安全监控系统 第1部分：通用技术要求	2023年5月23日	2024年6月1日
81	GB/T 42474. 5—2023	爆炸危险化学品汽车运输安全监控系统 第5部分：车载装置与通信中心间数据接口	2023年5月23日	2024年6月1日
82	GB/T 42474. 2—2023	爆炸危险化学品汽车运输安全监控系统 第2部分：车载装置	2023年5月23日	2024年6月1日
83	GB/T 42474. 3—2023	爆炸危险化学品汽车运输安全监控系统 第3部分：车载装置安装	2023年5月23日	2024年6月1日
84	GB/T 43363—2023	废弃化学品中铜、锌、镉、铅、铬等12种元素形态分布的测定 连续提取法	2023年11月27日	2024年6月1日
85	GB/T 43305—2023	废弃化学品相容性试验规程	2023年11月27日	2024年6月1日
86	GB/T 3836. 22—2023	爆炸性环境 第22部分：光辐射设备和传输系统的保护措施	2023年12月28日	2024年7月1日
87	GB/T 43616—2023	气瓶信息化 基本要求	2023年12月28日	2024年7月1日
88	GB/T 28054—2023	钢质无缝气瓶集束装置	2023年12月28日	2024年7月1日
89	GB/T 5019. 13—2023	以云母为基的绝缘材料 第13部分：高导热性玻璃布补强少胶云母带	2023年12月28日	2024年7月1日
90	GB/T 15022. 10—2023	电气绝缘用树脂基活性复合物 第10部分：聚酯亚胺树脂复合物	2023年12月28日	2024年7月1日

续表

序号	标准号	标准名称	发布日期	实施日期
91	GB/T 29627. 3—2023	电气用聚芳酰胺纤维纸板 第3部分：单项材料规范	2023年12月28日	2024年7月1日
92	GB/T 5019. 5—2023	以云母为基的绝缘材料 第5部分：电热设备用硬质云母板	2023年12月28日	2024年7月1日
93	GB/T 43486—2023	供暖系统保护剂测试方法	2023年12月28日	2024年7月1日
94	GB 23864—2023	防火封堵材料	2023年12月28日	2024年7月1日
95	GB/T 10067. 6—2023	电热和电磁处理装置基本技术条件 第6部分：工业微波加热装置	2023年12月28日	2024年7月1日
96	GB/T 10067. 101—2023	电热和电磁处理装置基本技术条件 第101部分：真空电热和电磁处理装置的通用要求	2023年12月28日	2024年7月1日
97	GB/T 24021—2024	环境管理 环境标志和声明 自我环境声明（Ⅱ型环境标志）	2024年3月15日	2024年7月1日
98	GB/T 30491. 2—2024	天然气 热力学性质计算 第2部分：扩展应用范围的单相（气相、液相和稠密相）流体性质	2024年3月15日	2024年7月1日
99	GB/T 43547—2023	良好实验室规范（GLP）管理、描述和测试项目的使用	2023年12月28日	2024年7月1日
100	GB/T 21431—2023	建筑物雷电防护装置检测技术规范	2023年12月28日	2024年7月1日
101	GB/T 43672—2024	油气田开采废弃井永久性封井处置作业规程	2024年3月15日	2024年7月1日
102	GB/T 43673—2024	非金属敷缆复合连续油管	2024年3月15日	2024年7月1日
103	GB/T 21267—2024	石油天然气工业 套管及油管螺纹连接试验程序	2024年3月15日	2024年7月1日

续表

序号	标准号	标准名称	发布日期	实施日期
104	AQ 5213—2023	鳞片状锌铝粉防腐涂层涂装作业安全规定	2023 年 12 月 20 日	2024 年 7 月 1 日
105	AQ 9012—2023	生产安全事故应急救援评估规范	2023 年 12 月 20 日	2024 年 7 月 1 日
106	AQ 8011—2023	安全生产培训机构基本条件	2023 年 12 月 20 日	2024 年 7 月 1 日
107	AQ 3058—2023	内浮顶储罐检修安全规范	2023 年 12 月 20 日	2024 年 7 月 1 日
108	GB/T 4732. 5—2024	压力容器分析设计 第 5 部分：弹塑性分析方法	2024 年 7 月 24 日	2024 年 7 月 24 日
109	GB/T 4732. 1—2024	压力容器分析设计 第 1 部分：通用要求	2024 年 7 月 24 日	2024 年 7 月 24 日
110	GB/T 4732. 6—2024	压力容器分析设计 第 6 部分：制造、检验和验收	2024 年 7 月 24 日	2024 年 7 月 24 日
111	GB/T 4732. 4—2024	压力容器分析设计 第 4 部分：应力分类方法	2024 年 7 月 24 日	2024 年 7 月 24 日
112	GB/T 4732. 2—2024	压力容器分析设计 第 2 部分：材料	2024 年 7 月 24 日	2024 年 7 月 24 日
113	GB/T 4732. 3—2024	压力容器分析设计 第 3 部分：公式法	2024 年 7 月 24 日	2024 年 7 月 24 日
114	GB/T 43926—2024	油气输送管道事故后状态评估技术规范	2024 年 4 月 25 日	2024 年 8 月 1 日
115	GB/T 43925—2024	套管和油管全尺寸拉伸应力腐蚀试验方法	2024 年 4 月 25 日	2024 年 8 月 1 日
116	GB/T 43130. 2—2024	液化天然气装置和设备 浮式液化天然气装置的设计 第 2 部分：浮式储存和再气化装置的特殊要求	2024 年 4 月 25 日	2024 年 8 月 1 日
117	GB 30077—2023	危险化学品单位应急救援物资配备要求	2023 年 12 月 28 日	2024 年 9 月 1 日

续表

序号	标准号	标准名称	发布日期	实施日期
118	GB/T 44686—2024	机械安全 危险能量控制通则	2024 年 9 月 29 日	2024 年 9 月 29 日
119	GB 15607—2023	涂装作业安全规程 粉末静电喷涂工艺安全	2023 年 12 月 28 日	2024 年 10 月 1 日
120	GB 6514—2023	涂装作业安全规程 涂漆工艺安全及其通风	2023 年 12 月 28 日	2024 年 10 月 1 日
121	GB/T 20936. 2—2024	爆炸性环境用气体探测器 第2部分：可燃气体和氧气探测器的选型、安装、使用和维护	2024 年 3 月 15 日	2024 年 10 月 1 日
122	GB/T 3836. 18—2024	爆炸性环境 第 18 部分：本质安全电气系统	2024 年 3 月 15 日	2024 年 10 月 1 日
123	GB/T 19518. 1—2024	爆炸性环境 电阻式伴热器 第 1 部分：通用和试验要求	2024 年 3 月 15 日	2024 年 10 月 1 日
124	GB/T 11199—2024	高纯氢氧化钠	2024 年 3 月 15 日	2024 年 10 月 1 日
125	GB/T 18825—2024	工业用环戊烷	2024 年 3 月 15 日	2024 年 10 月 1 日
126	GB/T 43664. 1—2024	水处理剂分散性能测定方法 第 1 部分：分散高岭土法	2024 年 3 月 15 日	2024 年 10 月 1 日
127	GB/T 43026—2023	公共安全视频监控联网信息安全测试规范	2023 年 9 月 7 日	2024 年 10 月 1 日
128	GB/T 311. 14—2024	绝缘配合 第 14 部分：高压直流系统 AC/DC 滤波器绝缘配合	2024 年 3 月 15 日	2024 年 10 月 1 日
129	GB/T 17737. 113—2024	同轴通信电缆 第 1-113 部分：电气试验方法 衰减常数试验	2024 年 3 月 15 日	2024 年 10 月 1 日
130	GB/T 32066—2024	煤基费托合成 液体石蜡	2024 年 3 月 15 日	2024 年 10 月 1 日
131	GB/T 44845—2024	承压设备低频电磁检测方法	2024 年 10 月 26 日	2024 年 10 月 26 日
132	GB 44022—2024	硝酸铵安全技术规范	2024 年 4 月 29 日	2024 年 11 月 1 日

续表

序号	标准号	标准名称	发布日期	实施日期
133	GB/T 18891—2024	三相交流系统相位差的钟时序数标识	2024年4月25日	2024年11月1日
134	GB/T 34924—2024	低压电气设备安全风险评估和风险降低指南	2024年4月25日	2024年11月1日
135	GB/T 13077—2024	铝合金无缝气瓶定期检验与评定	2024年4月25日	2024年11月1日
136	GB/T 17259—2024	机动车用液化石油气钢瓶	2024年4月25日	2024年11月1日
137	GB/T 19533—2024	汽车用压缩天然气钢瓶定期检验与评定	2024年4月25日	2024年11月1日
138	GB/Z 43973—2024	非介入式负荷监测（NILM）系统用感知装置	2024年4月25日	2024年11月1日
139	GB/T 17215.301—2024	电测量设备（交流）特殊要求 第1部分：多功能电能表	2024年4月25日	2024年11月1日
140	GB/T 17215.302—2024	电测量设备（交流）特殊要求 第2部分：静止式谐波有功电能表	2024年4月25日	2024年11月1日
141	GB/T 43918—2024	交流标准电能表	2024年4月25日	2024年11月1日
142	GB/T 43891—2024	非金属化工设备 不透性石墨换热器传热系数和流阻性能测试方法	2024年4月25日	2024年11月1日
143	GB/T 33488.5—2024	化工用塑料焊接制承压设备检验方法 第5部分：衍射时差法超声检测	2024年4月25日	2024年11月1日
144	GB/Z 14048.24—2024	低压开关设备和控制设备 第7-5部分：辅助器件 铝导体的接线端子排	2024年4月25日	2024年11月1日
145	GB/T 14048.11—2024	低压开关设备和控制设备 第6-1部分：多功能电器 转换开关电器	2024年4月25日	2024年11月1日

续表

序号	标准号	标准名称	发布日期	实施日期
146	GB/T 17737.10—2024	同轴通信电缆 第10部分：含氟聚合物绝缘半硬电缆分规范	2024年4月25日	2024年11月1日
147	GB/T 17737.11—2024	同轴通信电缆 第11部分：聚乙烯绝缘半硬电缆分规范	2024年4月25日	2024年11月1日
148	GB/T 17737.9—2024	同轴通信电缆 第9部分：柔软射频同轴电缆分规范	2024年4月25日	2024年11月1日
149	GB/T 17737.119—2024	同轴通信电缆 第1-119部分：电气试验方法 同轴电缆及电缆组件的射频功率	2024年4月25日	2024年11月1日
150	GB/T 28780—2024	机械安全 机器用整体照明系统	2024年4月25日	2024年11月1日
151	GB/T 44184—2024	硝化纤维素混合物的稳定性测试方法	2024年7月24日	2024年11月1日
152	GB/T 44188—2024	危险货物 爆炸品无约束包装件试验方法	2024年7月24日	2024年11月1日
153	GB/T 44187—2024	危险货物 无整体爆炸危险的极端不敏感物品(1.6项物品)缓慢升温试验方法	2024年7月24日	2024年11月1日
154	GB 43854—2024	电动自行车用锂离子蓄电池安全技术规范	2024年4月25日	2024年11月1日
155	GB/T 24091—2024	适应气候变化 脆弱性、影响和风险评估指南	2024年11月28日	2024年11月28日
156	GB/T 7716—2024	聚合级丙烯	2024年5月28日	2024年12月1日
157	GB/Z 44074—2024	低压开关设备和控制设备及其成套设备 环境因素	2024年5月28日	2024年12月1日

续表

序号	标准号	标准名称	发布日期	实施日期
158	GB/T 14048.9—2024	低压开关设备和控制设备 第6-2部分：多功能电器 控制与保护开关电器(设备)(CPS)	2024年5月28日	2024年12月1日
159	GB/T 6829—2024	剩余电流动作保护电器的一般安全要求	2024年5月28日	2024年12月1日
160	GB/T 44394—2024	化学品粉尘爆炸危害识别和防护指南	2024年8月23日	2024年12月1日
161	GB/T 44358—2024	危险货物 无整体爆炸危险的极端不敏感物品(1.6项物品)碎片撞击试验方法	2024年8月23日	2024年12月1日
162	GB/T 44037—2024	焦炭溶损率及溶损后强度试验方法	2024年5月28日	2024年12月1日
163	GB/T 34275—2024	压力管道规范 长输管道	2024年12月31日	2024年12月31日

附录2　2024年全国油气勘探开发十大标志性成果

一、持续大力提升勘探开发力度，国内油气产量当量首超4亿t

2024年，国内油气产量当量首次超过4亿t，连续8年保持千万吨级快速增长势头，“稳油增气”发展形势进一步巩固。其中，原油产量达2.13亿t，相比2018年增产2400万t；天然气产量2464亿m^3，近6年年均增长130亿m^3以上。我国最大油气田——中国石油长庆油田累计生产油气当量突破10亿t。大庆、胜利等老油田持续稳产，发挥重要基础作用。海洋、非常规油气成为上产“主阵地”。海洋油气快速上产，建成多个新油气田，产量当量超8500万t；页岩油持续巩固三个示范区(新疆吉木萨尔、大庆古龙和胜利济阳)和一个主产区(长庆庆城)的增产格局，产量快速提升至600万t，同比增长超过30%；页岩气产量保持250亿m^3以上规模；深层煤岩气产量仅用3年时间快速提升至25亿m^3，成为天然气增产新亮点。

二、鄂尔多斯盆地强化非常规勘探，助力全国最大油气基地建设

鄂尔多斯盆地坚持勘探开发一体化、地质工程一体化，在非常规油气领域加强探索，不断扩大煤岩气勘探成果，持续提升页岩油建产规模，多措并举推动老油气田稳产，不断巩固全国最大油气生产基地建设。勘探方面，长庆等油田创新煤岩气成藏地质理论，钻遇优质含气煤岩，新增探明煤岩气地质储量超过千亿立方米；苏里格致密气、伊陕斜坡东部奥陶系落实多个天然气规模增储区。2024年，鄂尔多斯盆地油气产量当量约9750万t，持续保持全国最大油气产区地位。其中，原油产量超3800万t，姬塬、安塞等老区持续保持高效稳产，页岩油新区建产力度不断加大，庆城页岩油整装大油田建成300万t/a生产能力。盆地天然气产量超720亿m^3，苏里格大气田保持300亿m^3高产稳产，大吉气田成为我国首个百万吨油气当量煤岩气田。

三、新疆地区新领域勘探获重大突破，油气产量当量达 6600 万 t

新疆地区准噶尔、塔里木等重点含油气盆地持续加强基础地质研究，深化全油气系统理论认识，强化新区新领域风险勘探，全力做好超深层碳酸盐岩、页岩油、库车等探区天然气上产工作，推动全区 2024 年油气产量当量达 6600 万 t。深化全油气系统理论认识，在塔里木盆地、准噶尔盆地新区新领域持续获勘探突破。塔西南落实了一个亿吨级规模储量区，顺北超深层大油气田勘探开发持续推进，我国首口自主设计井深超万米科探井——塔科 1 井钻探深度超 1 万 m，成功取出全球万米深地第一筒岩心。新疆地区多个油气田持续稳产高产，富满油田原油产量突破 300 万 t、顺北油气田产量达到 300 万 t 油当量，玛湖油田保持 280 万 t 产量，中曼温北等油田产量突破 70 万 t 油当量，博孜-大北气田产量提升至 96 亿 m^3。

四、四川盆地天然气勘探亮点纷呈，天然气产量突破 700 亿 m^3

四川盆地积极培育天然气增储上产大场面，在常规气、致密气及页岩气等多个领域获得勘探重大突破，并通过持续强化产能建设、做好老区开发调整、不断优化开发方式等措施全面推动天然气产量提升。2024 年，全盆地天然气产量突破 700 亿 m^3。勘探方面，常规气茅口组累计探明天然气地质储量超 3000 亿 m^3，川中致密气持续培育须家河组两大千亿立方米级增储主阵地；页岩气在大安、泸州、自贡等深层领域落实 3 个千亿立方米规模储量区，涪陵页岩气田达成累计探明储量超万亿立方米里程碑。开发方面，我国硫化氢含量最高的整装大气田—渡口河—七里北气田全面建成，涪陵页岩气田推进立体开发分类调整，整体采收率由 12.6%上升至 26.8%。2024 年，四川盆地年产量突破 700 亿 m^3，近六年年均增产超 40 亿 m^3，国内首个“千亿立方米”天然气战略保障大基地建设蹄疾步稳。

五、海洋油气增储上产再获佳绩，原油连续 5 年增产超 200 万 t

我国海上油气勘探开发持续发力，通过创新建立复合陆缘盆地成藏、超浅层天然气富集新模式，通过持续加快新区建设，全力做好老区调整，积极提升深海油气开发设计、建造、安装及生产运营能力等措施，推动海洋油气产量持续规模提升。在珠江口复合陆缘盆地推动惠州 19-6 构造深层-超深层整体评价，发现我国南海储量最大碎屑岩油田，探明油气地质储量亿吨级油当量；在琼东南盆地探获全球首个超深水超浅层千亿立方米大气田——陵水 36-1 气田，开辟了全球深水天然气勘探新领域。2024 年，我国海上最大油田——渤海油田原油日产突破

10万t大关，创油田开发建设近60年来历史最高水平，连续4年保持原油生产基地首位，累计生产原油超5.6亿t。我国首个深水高压气田“深海一号”二期天然气开发项目(陵水25-1气田)顺利投产，“深海一号”大气田高峰年产量大幅提升。2024年，我国海洋油气产量当量超8500万t，其中，原油产量连续5年增产超200万t，为我国原油2亿t持续稳产发挥重要作用。

六、页岩油勘探开发领域持续扩展，先行示范区建设成果丰硕

初步形成了中国特色的陆相页岩油开发技术系列及配套工艺，鄂尔多斯、松辽、准噶尔、渤海湾等盆地页岩油产区主体开发技术基本定型，新区新领域页岩油勘探持续拓展。新疆吉木萨尔国家级陆相页岩油示范区2024年累计产量突破100万t，成为首个年产突破百万吨的国家级示范区。大庆示范区建设进入快车道，夹层型页岩油获重大突破。胜利济阳示范区页岩油年产量50万t，提前一年完成示范区产量任务目标。长庆庆城页岩油产量连续6年保持30万t/a增幅，已建成300万t产区。四川盆地复兴北区部署兴页9井试获百方高产，展现四川盆地页岩油规模增储新场面。

七、海洋工程技术装备加快创新，实现重要突破

我国海洋油气工程装备紧跟发展需求，积极推动智能化技术应用，加速深海油气勘探开发技术装备研制。我国自研地震勘探装备实现突破，相继在多个海域实现规模化应用，标志着我国海上油气勘探开发迈入高精度探测新时代，为海上深层-超深层油气勘探提供高端装备和技术支撑。我国自研装置成功应用在水深1500m“深海一号”二期工程。我国深水油田主要生产设施亚洲第一深水导管架平台“海基二号”和亚洲首艘圆筒型浮式生产储卸油装置(FPSO)“海葵一号”在流花油田成功投用。“海基二号”和“海葵一号”的投用，大幅降低工程建设和生产成本，带动中国高端海洋装备高速发展。

八、油气勘探开发与新能源加快融合，厚植行业“绿色家底”

油气行业积极拥抱绿色转型发展理念，加快油气勘探开发与新能源融合，持续推动生产用能清洁替代、新能源规模化利用，二氧化碳捕集、利用与封存(CCUS)/二氧化碳捕集与封存(CCS)等负碳产业发展，为油气上游高质量发展“增绿添新”。中国石油和中国华能联合牵头的中央企业CCUS创新联合体正式启动，吉林油田累计注入CO_2 360万t，提高原油采收率20%以上。中国石化江苏

油田推进风光互补协同供电，支撑自发绿电 1.4×10^8kW·h 全额消纳，年减排 CO_2 11.8 万 t，油气生产用电自发绿电占比达到 39%，建成“源网荷储”高比例绿电替代示范区。中国海油国内海上首个国产膜 CCS 示范项目——惠州 32-5 油田 CCS 工程正式回注。陕西延长石油加强煤化工低成本 CO_2 捕集、低渗致密油藏非混相驱油、压裂高效改造增产、油藏全空间 CO_2 封存安全评价及监测技术的研发，保障 CO_2 安全有效封存。

九、油气上游数智化跨代升级，加快培育壮大新质生产力

油气上游紧跟时代步伐，加快数智化转型升级，有力支撑行业提质降本增效，加快培育发展新质生产力。中国石油发布 700 亿参数昆仑大模型，模型参数从 330 亿升级到 700 亿，自然语言处理、语音视觉识别、多模态交互、科学计算等专业能力大幅提升，在专业大模型、场景大模型方面取得积极进展。中国石化加强智能油气田建设规划实施，建成了覆盖所有油气田的工业物联网、集团级的勘探开发数据资源中心、油气生产信息化平台、勘探开发业务协同平台、地质工程一体化平台、勘探开发专业软硬件共享平台。中国海油海洋油气装备“智能工厂”全面投产，国内首个海洋油气装备“智能工厂”全面建成，形成可有效指导海洋油气生产平台上部模块智能化建造的整体解决方案。

十、延长石油践行“稳油增气”发展战略，产量当量突破 2000 万 t

延长石油稳步推进“原油千万吨以上稳产 30 年”及“天然气 150 亿 m^3 产能倍增”工程，全年油气产量当量达 2000 万 t 规模，同比净增 200 万 t，为陕北革命老区经济社会发展做出重要贡献。千万吨原油稳产持续推进，研发特低渗油藏渗吸-驱替渗流理论与注水系列技术，油田综合递减率由 2021 年的 7.3%降低至 2024 年的 5.3%，推动 2024 年原油产量达 1169 万 t。百亿立方米级天然气大气区建设取得突破，强化混合井网立体开发技术和碳酸盐岩气藏高效酸压新技术规模应用，储量动用程度达到 76%，平均单井产量从 0.7 万 m^3/天提高到 1.25 万 m^3/天，推动延安气田天然气年产量首次突破 100 亿 m^3，为我国再添一个百亿立方米大气田。

附录3 2024年中国石油十大科技进展

一、深地钻探关键技术取得重大进展，钻深突破万米

针对万米特深井超高温、超高压、压力系统复杂等难题，中国石油研制出“1.2万米自动化钻机、抗高温井筒工作液、抗高温水泥浆体系”等核心技术装备，集成万米钻探工艺，支撑深地塔科1井实现最快突破全球陆上万米大关。

主要创新与突破：(1)研制全球首台1.2万米特深井自动化钻机，首创万米管柱自动化作业系统，为万米深井全井段钻进提供坚实保障。(2)构建抗高温(≥240℃)聚合物水基钻井液体系和温压响应堵漏材料，有效应对高温高盐高酸性气体、白云岩井壁失稳、高角度裂缝漏失等复杂工况。(3)创新研发抗220℃高温水泥浆体系，攻关形成万米特深层长裸眼多压力系统尾管固井技术，标志着中国石油超深高温固井技术迈上新台阶。

为深地塔科1井打造的深地钻探大国重器，创造了世界陆上钻探一万米深井用时最短纪录，是亚洲首口、世界第二口垂深超万米井，在我国钻探工程史上具有里程碑意义。

二、自主茂金属催化剂实现规模化工业应用突破

茂金属聚乙烯(mPE)性能优异，其生产技术水平是衡量一个国家聚烯烃产业发展水平的重要标志。茂金属催化剂是生产mPE的“芯片”，长期依赖进口且受配额限制，严重制约高端聚烯烃业务发展。聚焦茂金属催化剂结构设计和性能调控等关键科学问题和技术难题，自主攻关开发高效茂金属聚乙烯催化剂，生产mPE产品超万吨，抢占茂金属聚烯烃科技竞争和未来发展制高点。

主要创新与突破：(1)助催化剂甲基铝氧烷(MAO)分子簇可控生长技术。通过诱导MAO分子簇可控生长，实现催化剂活性位点均一化，突破产品晶点多、细粉含量高等技术难题。(2)催化剂载体功能化改性技术。创新采用氟代苯基硼类物质对载体改性，提高关键组分作用强度，活性金属负载率由80%提升至95%，有效减少MAO用量，催化剂生产成本降低超10%。(3)游离三甲基铝选择

性反应消除技术。通过受阻酚选择性捕捉 MAO 溶液中游离 TMA，从而提升催化剂有效活性中心数量，催化剂活性提升了 25%。

该技术共获得发明专利授权 20 件，发表 SCI/EI 论文 7 篇。自主催化剂在兰州石化 30 万 t/a 和大庆石化 7.8 万 t/a 气相法聚乙烯装置实现工业应用，生产茂金属聚乙烯产品 1.208 万 t，催化剂综合性能优异，可替代进口催化剂，实现了茂金属聚乙烯核心技术自主可控，推动了中国石油高端聚烯烃业务高质量发展。

三、700 亿参数昆仑大模型建设成果正式发布

加快发展新一代人工智能是赢得全球科技竞争主动权的重要战略抓手，推动人工智能发展是中央企业发挥功能使命、培育新质生产力、提高核心竞争力、推进高质量发展的必然要求。中国石油构建了覆盖上、中、下游全业务域的昆仑大模型，全方位、深层次推进人工智能赋能新型工业化。

主要创新与突破：(1)采用昇思算法框架、模型训练、推理及算力体系全线国产化，实现技术自主可控。(2)采用数据胶囊加密算法，实现安全防护核心数据全生命周期。(3)采用混合长序列并行算法、多层感知重计算策略等技术，使大模型运行性能较传统方法提升了 100%；同时，采用基于弱监督信息对齐及自监督表征统一的海量知识构建等技术，使模型精度达到业内领先水平。(4)在地震数据处理方面实现了全波形反演 10 倍以上速度优化；实现缝洞体预测、火山岩识别等 8 种地震解释场景；固井质量评价效率提升了 3~5 倍；在装备制造方面实现液控专业设计文档自动生成，使设计效率提升了 70%。

昆仑大模型是首个面向能源化工全领域、面向社会开放使用的行业大模型，2024 年 11 月入选工业和信息化部组织的“人工智能赋能新型工业化”典型应用案例，行业影响力显著。未来将紧密跟踪大模型技术发展，全力打造一流模型应用，着力构建创新应用生态。

四、大型地质工程一体化压裂软件实现国产化替代与工业化应用

压裂软件是非常规储层改造的必备工具，以往完全依赖进口且核心技术受制于人。中国石油突破非平面三维裂缝模拟、复杂人工裂缝模拟、四维地应力模拟等 11 个关键技术卡点，成功研发出国内首套具有完全自主知识产权的大型地质工程一体化压裂优化设计软件平台 FrSmart，在各油气田实现规模化应用。

主要创新与突破：(1)针对裂缝高效模拟挑战，研发了非平面三维裂缝模拟技术、亿级规模稠密矩阵 GPU 并行解法。与国际先进软件相比，结果差异小于

5%，但速度最高提升超10倍，全面突破了“快、准、稳”裂缝模拟难题，达到了国际领先水平。(2)针对地质工程协同优化的难题，研发出三维地质力学和压后产能模拟的双向动态耦合技术，实现了油藏地应力场模拟从三维静态向四维动态跨越，压裂产量拟合精度提高了10%，并打通地质工程一体化的关键节点。(3)针对“压前—压中—压后”全场景压裂模拟的需求，开发出9大模块共50余项功能的FrSmart 2.0软件平台，实现了压裂工艺的定量化、可视化和一体化模拟，为非常规油气压裂全生命周期优化与评估提供了工程利器。

该技术共申请发明专利4件，登记软件著作权10件，认定技术秘密3件，使核心技术100%自主可控。截至2024年底，全国主要油气企业和石油类高校安装1625套，在页岩油气、致密油气、深层煤岩气等资源领域示范应用万余段层。

五、首套移动式井场岩样“核磁-激光-CT”一体化集成测量装备研发成功

井场第一时间对岩芯近原位高保真测量，是克服油气散失、应力及结构改变带来的误差，精确确定储层物性、含油气性的关键。中国石油成功研制出国际首套移动式井场岩样“核磁-激光-CT”一体化集成测量装备，实现重大突破。

主要创新与突破：(1)研制国际首套“核磁-激光-CT”一体化井场近原位岩芯连续高精度成像测量装备，实现岩芯元素、矿物组分、孔隙度、流体组分及饱和度等岩石物理参数协同测量，填补业界空白。(2)突破2.5%高线性度梯度线圈、0.2ms短回波间隔射频、高分辨宽波段激光光谱测量等5项技术的卡点，首次实现全直径岩芯1厘米核磁切片扫描和D-T2测量，系统指标达国际领先水平。(3)创新研发多源数据智能融合分析系统，基于多物理场测量结果，快速生成孪生数字岩芯体，实现三维高清晰融合成像与数值仿真模拟，并与大型测井工业软件CIFLog实现共享，助力油气及时发现和高效勘探开发。

该技术获国内外发明专利授权16件，软件著作权8项。在长庆油田、大庆油田和塔里木油田等17家油气田现场应用210井次，累计测量全直径岩芯6800余米，推动实验技术由室内单点、单属性向井场连续、多属性测量全新变革，为油气高效勘探开发提供关键技术支撑。

六、3000m oSeis海洋节点仪器支撑超深水油气勘探

深海是油气勘探开发重大战略的接替领域。面对国外500m以深海洋节点对

我国禁售的困境，中国石油在国内率先攻克了超高静压密封、长时间守时等卡点技术，研发出国内首套“3000m oSeis 海洋节点仪器”，性能达到国际先进水平，支撑超深水地震采集装备自主可控。

主要创新与突破：(1)创新研制3000m压电检波器，首创“肋”形耐高静压及振动去耦技术，解决深水节点“卡脖子”难题。(2)首创出适用海洋节点的120mW国产低功耗芯片级原子钟，创新微型原子气室、CPT真空封装技术、多路时钟授时和校准方法，使产品价格降低了20%，打破国外技术垄断。(3)研制完成3000m水深120天长续航的自主海底节点，首创海底节点水下信息回传、姿态智能校准及电源动态管理技术，解决水下质控、重定位及续航短的难点问题。(4)开发完成深海节点管理、数据下载、质控软件系统，形成硬件到软件、核心部件到系统集成、研发到生产制造一体化自主技术，实现深海节点全流程智能化管理。

该技术共申请发明专利18件，授权4件、受理14件(PCT2件)，登记软件著作权7件。在阿联酋、卡塔尔国际OBN项目中与国外产品对比测试，资料品质相当，通过国际地震行业最有影响力的VeRIF-i产品认证，为国家深海战略和提高中国石油在海洋物探高端市场的竞争力提供自主装备保障。

七、全油气系统地质理论创新，推动准噶尔风城组源内规模储量发现

准噶尔盆地风城组发育咸化(碱)湖盆碳酸盐细粒沉积，非常规油气勘探前景巨大，但存在储层控制因素不清、成藏机理不明等问题，严重制约了勘探进程。中国石油通过多学科联合协同攻关，创新形成了准噶尔盆地风城组全油气系统地质理论与勘探配套技术，支撑了10亿t级源内非常规资源新发现。

主要创新与突破：创新发展了基于“源储耦合”的盆缘区常规油气—斜坡区致密油气—凹陷区页岩油气序次分布的全油气系统成藏模式。(1)揭示了风城组烃源岩全过程生烃机制，风城组烃源岩发育“果孢子、杜氏藻、蓝细菌”三类母质，受烃源岩热演化控制先后成熟、持续生烃。(2)揭示了风城组粒度控制下的常规—非常规储层成储机制，建立了盆缘区砾岩—斜坡区云质砂岩-凹陷区云质泥页岩的储层有序发育模式。(3)揭示了常规浮力与非常规“自封闭”成藏机制，明确了非常规油气0.7μm自封闭成藏喉道界限。(4)形成了深层非常规储层精细描述、评价与改造技术体系，支撑了风城组10亿t级致密(页岩)油规模发现。

该技术共授权发明专利 8 件，发表论文 25 篇(SCI/EI 论文 10 篇)，专著 2 部。指导了风城组油气勘探从盆缘区源边砾岩常规油藏，走向斜坡–凹陷区源内非常规油气藏，开辟了 3 个井组试验区，年产油量超 10 万 t。在国际上率先发现了全油气系统勘探实例，具有重要的学科发展意义和勘探实践意义。

八、以苯为单一原料的尼龙 66 成套技术实现重大突破

尼龙 66 关键单体及高品质服用纤维尼龙 66 生产技术长期被国外垄断，极大影响产业链自主可控性，制约我国重点工业等领域高质量发展。针对急需轻质、耐磨、阻燃尼龙 66 的需求，中国石油自主开发以苯为单一原料的尼龙 66 成套技术，发挥苯资源优势，打造自主可控的产业链，为重点领域工业发展安全提供保障。

主要创新与突破：(1)环己烯一步法氧化制己二酸低碳技术。攻克相转移催化反应高效传质的技术难题，解决传统两步法流程长、能耗高、温室气体排放量大的问题，同比两步法，N_2O 排放降低了 90%。(2)超重力法己二酸氨化制己二腈工艺。开发反应器延缓结焦、副产物高值利用、氨气集中回收利用 3 大技术，收率提高了 5%。(3)尼龙 66“六大器”聚合技术。解决分子量灵活调控的难题，实现分子量分布收窄 17%，突破高品质纺丝级尼龙 66 生产技术壁垒。(4)共聚阻燃尼龙 66 产业化制备技术。该技术解决阻燃剂转化率低、聚合物分子量低难题，实现分子量、序列结构可控，建设世界首套千吨级工业示范装置，填补国际空白。

该技术形成国内首套以苯为单一原料的尼龙 66 成套技术工艺包，支撑 5 万 t/a 己二腈、5 万 t/a 己二胺、10 万 t/a 尼龙 66 装置建设，奋力跨入国内尼龙产业第一方阵，有效保障我国新材料相关产业链供应链的安全和自主可控。

九、气相法聚烯烃弹性体(POE)技术开发及商业化

中国石油在国内首次成功开发出气相法聚烯烃弹性体(POE)生产技术，突破高含量低碳 α–烯烃共聚、催化剂体系、热力学平衡重构等多个瓶颈难题，开辟较溶液法流程更短、成本更低、可推广性更强的气相法新路线，有力保障我国新能源用关键材料自主可控。

主要创新与突破：(1)气相法 POE 用高共聚性能茂金属催化剂。围绕负载催化剂颗粒形态、活性中心分布以及活性释放动力学与工艺匹配度，开展多维度评价，选定活性适宜且共聚能力强的催化剂，攻克聚合细粉含量、静电控制等技术

难题。(2)反应器撤热组合工艺。基于热力学原理，核算聚合体系传热系数，重构热力学平衡。(3)聚烯烃多层次结构与宏观性能的构效关系。共聚单体在分子链中均匀分布，密度低至 0.8780g/cm^3，透光率超 91%，挥发分小于 150mg/kg。

该技术共申请发明专利 14 件，形成技术秘密 7 件，在 12 万 t/a 气相法生产装置上开发出 7 个新产品，稳定生产 1 万余吨，成功应用 20 家典型客户，综合性能达国际先进水平，保障新能源用关键材料自主可控和产业链供应链安全稳定。

十、1MW 井下大功率电加热蒸汽干度提升技术助力深层稠油高效开采

针对稠油开发千米深层蒸汽干度不达标、注汽锅炉能耗高、碳排高且无革命性替代技术的问题，通过多管缆结构、绝缘主料、外铠材料、预制工艺创新，突破外径 38mm 小尺寸极限预制、4kV 高电压绝缘、450℃ 高温、5kW 每米高功率密度等技术难题，并在国际首创 1MW 井下大功率电加热蒸汽提干技术。在辽河油田曙一区成功开展中试，干度提升了 36 个百分点，并连续 2 年入围国际“海湾能源信息卓越奖”。

主要创新与突破：(1)建立电加热辅助稠油热采油藏筛选标准，首次确定电加热辅助吞吐和转驱开采的油藏适用界限，有效指导试验选井。(2)研制世界首套 1MW 井下大功率电加热蒸汽提干装置，实现以电代气，有效提升井底蒸汽干度超 20%。(3)研发形成 4kV 高压变频调功装置，创新采用变频调功技术，通过压频分离加定频调压运行模式，实现能量转化率≥96.5%技术突破，精确调控井下电加热装置运行功率。(4)首次形成耐高温高压、电加热井口密封系统，采用双半封闸板和机械压紧三级液控密封，在井口创新性增设长期耐高温辅助悬挂、密封功能。

该技术共申请发明专利 16 件，其中发明专利授权 2 件，认定技术秘密 2 项，发表 SCI/EI 论文 3 篇，入选集团公司重大装备目录。在辽河油田曙一区杜 84-33-69 井开展电加热中试，井组产量提升 22%，节气 27%。该技术可实现千米深层蒸汽干度 70%，采收率大幅提高 30%以上，助力深层稠油高效动用。工业化应用后可实现集团公司 9.3 亿 t 深层稠油储量高效动用，引领稠油开发能耗、碳排双下降。

附录4　2024年中国石化十大油气勘探发现成果

一、四川盆地南部寒武系超深层页岩气勘探取得重大突破

践行页岩气“走出志留系”的战略构想，积极探索四川盆地超深层寒武系筇竹寺组新领域，资阳探区资阳2井试获日产页岩气超百万方，创寒武系超深层页岩气测试产量纪录；坚持技术攻关迭代，井研-犍为探区金页3HF井也试获高产页岩气流，证实寒武系超深层页岩气连续规模富集成藏，坚定了寒武系超深层页岩气规模增储建产信心。

二、松辽盆地北部新矿权区风险勘探取得重大突破

强化战略选区评价，借鉴松南断陷层勘探经验，在松辽盆地北部竞标获得新矿权，深化基础研究，部署风险探井新胜1井，在火山岩和碎屑岩层系试获工业气流，并首次在松北新区断陷层钻遇烃源岩，打破了以往该区域小断陷烃源岩欠发育的认识，实现了中国石化在新立矿权区、黑龙江省的首次勘探突破。

三、渤海湾盆地济阳坳陷页岩油新区新层系勘探取得重大突破

高质量建设胜利济阳页岩油国家级示范区，深化断陷湖盆页岩油二元富集成藏理论，聚焦富油洼陷探矿权区及外围新区部署利页203HF井、田页309HF井等一批专探井试获高产页岩油流，实现董集、临南等新区新层系页岩油勘探重大突破，落实了两个亿吨级资源阵地。

四、渤海湾盆地东濮凹陷洼陷带新领域油气勘探取得重大突破

重回东濮老区，加强“三新”领域探索，葛岗集洼陷带马3001斜井试获日产百吨油当量，证实4000m以深仍发育优质储层；西南洼陷带何302、何303斜井取得深部新层系勘探突破，钻揭千米油气显示段；前梨园洼陷濮7601HF井试获

高产页岩油气流，老区勘探焕发出新活力。

五、部湾海域海中凹陷新区油气勘探取得重大突破

积极攻关海域新区，实施中国石化首块OBN三维地震，攻关落实海中凹陷成藏条件和有利勘探目标，部署海3斜井试获日产千方高产油气流，创海中地区单井测试高产纪录，为中国石化海上自营油田——涠洲油田的建产夯实了资源基础。

六、苏北盆地高邮凹陷阜四段页岩油新区新层系勘探取得重大突破

借鉴阜二段页岩油勘探成功经验，深化苏北盆地高邮凹陷阜宁组构造与含油气性整体评价，部署的永106斜井、永108侧井在阜四段均试获高产页岩油流，取得页岩油新层系勘探突破，实现由斜坡复杂断块区阜二段向深凹稳定构造区阜四段的勘探拓展，夯实了苏北老区资源基础。

七、四川盆地东南部志留系常压页岩气新区勘探取得重大突破

涪陵页岩气田阳春沟常压区块新增探明储量$1213 \times 10^8 m^3$，至此我国首个商业发现的大型页岩气田——涪陵气田累计探明储量超万亿m^3。加大川东南盆缘复杂构造和盆外残留向斜常压页岩气攻关，丁页11HF、洛页2HF等一批专探井实现新区勘探突破，拓展了页岩气规模增储阵地。

八、塔里木盆地顺北中部断裂间新领域勘探取得重大突破

加快建设“深地一号”顺北油气田基地，在中部主干断裂带主体探明的基础上，加大高精度地震成像攻关，在低序级断裂带部署顺北411、顺北61等井试获高产油气流；顺北隆2井在穹窿构造蓬莱坝组新层系试获高产突破，顺中2井揭示相控新类型储层含油气，展现了持续规模增储潜力。

九、四川盆地东部复兴北区凉高山组页岩油勘探取得重大突破

全力推进四川盆地凉高山组页岩油整装阵地培育，在川东复兴北部浅湖-半深湖相区部署兴页9井，试获日产超百方页岩油气流，拓展了复兴北区增储新阵地。整体评价复兴南区和北区，有望落实四川盆地首个页岩油规模增储建产阵地。

十、四川盆地二叠系茅口组新类型勘探取得重大突破

深化二叠系富集机理研究，创新建立复杂构造背景下致密灰岩缝溶体发育模式，部署红星1井，在茅口组试获高产气流，实现红星地区吴家坪组、茅口组页岩气发现之外海相碳酸盐岩新类型气藏勘探突破，川南荣县-宜宾新区荣1井茅口组也试获高产气流，展现了茅口组海相碳酸盐岩良好的勘探潜力。

参 考 文 献

[1] 龚建华，朱进．油气田安全隐患分级控制机制探讨[J]．石油与天然气化工，2006，35(005)：412-414.

[2] 张青海，李萍．关于对采油安全管理的研究与探讨[J]．石油石化物资采购，2021，000(001)：98.

[3] 刘相明．石油企业工程施工过程中的安全隐患及管理对策[J]．中国石油和化工标准与质量，2019(24)：2.

[4] 苏砚文，黄玉洁，邢洪涛．油田作业安全管理存在问题及解决措施研究[J]．化工管理，2014(2)：1.

[5] 杨永刚，马牧原，姚战锋．无动力平台供应船码头系泊防台风方案的分析[J]．江苏船舶，2017，34(3)：26-28+35.

[6] 林一，胡安康，蒋玮．自升式钻井平台风载荷试验研究[J]．中国海洋大学学报(自然科学版)，2015(06)：119-124.

[7] 袁新章，屠海洋，丁林森．H1002 船开锚系泊系统抗台风安全论证[J]．交通部上海船舶运输科学研究所学报，2004，27(1)：16-35.

[8] 李峰，吴楚宏，秦阳．船舶台风天气带缆分析及系泊方式选择[J]．中国修船，2012，23(6)：14-16.

[9] 刘成勇，郭国平，甘浪雄．大型无动力船舶码头系泊防台风安全研究[J]．船海工程，2009，38(2)：156-159.

[10] 肖月，艾万政，董洪仓．船舶防台风安全管理对策研究[J]．中国水运，2014，14(6)：47-48.

[11] 张淑军，万倩男，刘国柱，等．基于改进 NSGA-Ⅱ算法的消防车辆调度优化[J]．青岛科技大学学报(自然科学版)，2018，39(6)：99-106.

[12] 谢浩月，梅鑫，唐虹，等．智能消防服的研制与演示[J]．上海纺织科技，2021，49(3)：11-14+18.

[13] 刘艳，邢志祥，刘伟．虚拟现实技术在消防模拟训练中的应用研究进展[J]．中国安全科学学报，2009，19(3)：56-60.

[14] 应急管理部消防救援局．消防机器人实战应用指南．北京：中国标准出版社，2023.

[15] 空中未来集团．无人机在油气行业的智慧化应用．南昌：江西科技出版社，2024.

[16] Soliman Al-Walaie. 人工智能技术在油气应急中的演进路径．国际机器人学刊，2024.

[17] 北京市消防救援总队．石油化工火灾处置典型案例汇编．北京：应急管理出版社，2022.

普通高等职业教育“十三五”规划教材
21 世纪高职高专规划教材

药物分析技术

王白雪　杨曾　张嘉杨　主
胡春[illegible]

中国石化出版社

内容提要

《药物分析技术》以药物及其制剂的质量研究分析技术为主线，结合《中国药典》（2015版）的修订与执行编写而成，全书共九章。其中，第一章结合新版药典着重介绍药典的知识及药品质量研究的基本内容；第二至四章系统介绍药物分析各项技术，包括药物的鉴别、药物杂质检查、药物的定量分析；第五至七章分别为制剂分析、药物生物检定技术和典型药物分析；第八章和第九章分别讨论中药制剂分析和体内药物分析。

《药物分析技术》适合作为药学类高职高专药学、药物检验、药品经营与管理、医药贸易等专业教学或其他专业辅修、选修用教材，也可以作为医院、药厂、医药公司及零售药店药学人员的参考书或作为函授、成人教育的辅导用书及药学类职工培训教材。

图书在版编目（CIP）数据

药物分析技术／王白雪，杨曾，张嘉杨主编．—北京：中国石化出版社，2019.7（2025.6重印）
ISBN 978-7-5114-5467-6

Ⅰ．①药…　Ⅱ．①王…　②杨…　③张…　Ⅲ．①药物分析-教材　Ⅳ．①R917

中国版本图书馆CIP数据核字（2019）第156610号

中国石化出版社出版发行
地址：北京市东城区安定门外大街58号
邮编：100011　电话：(010)57512500
发行部电话：(010)57512575
http://www.sinopec-press.com
E-mail:press@sinopec.com
北京科信印刷有限公司印刷
全国各地新华书店经销
*
710×1000毫米 16开本 23.5印张 587千字
2019年8月第1版　2025年6月第3次印刷
定价:68.00元

《药物分析技术》编委会

主　编：王白雪（重庆轻工职业学院）

　　　　杨　曾（重庆轻工职业学院）

　　　　张嘉杨（重庆能源职业学院）

编　委：胡春梅（太极集团西南药业股份有限公司）

　　　　雷　勇（重庆博腾制药科技股份有限公司）

　　　　王　博（重庆能源职业学院）

　　　　李双涛（东华工程科技股份有限公司）

　　　　肖　勇（重庆化工设计研究院）

　　　　刘绍春（太极集团西南药业股份有限公司）

　　　　尤良玉（太极集团西南药业股份有限公司）

　　　　张　悦（太极集团西南药业股份有限公司）

前　　言

“药物分析”是药学类专业的一门专业课程，它的任务是培养学生具备强烈的药品全面质量控制的观念和必需的药物分析操作技能，使学生能胜任药品研究、生产、供应和临床使用过程中的分析检验工作。

《药物分析技术》教材以药物及其制剂的质量研究分析技术为主线，结合《中国药典》(2015 版)的修订与执行编写而成，全书共九章。其中，第一章是全书的引领，结合新版药典着重介绍药典的知识及药品质量研究的基本内容。第二至四章是全书的基石，系从我国药品质量分析的实际出发，系统介绍药物分析各项技术，包括药物的鉴别、药物杂质检查、药物的定量分析，夯实读者从事药品质量检验、研究及相关工作的专业基础知识。第五至七章为全书的应用部分，分别为制剂分析、药物生物检定技术和典型药物分析，第五章制剂分析，根据《中国药典》(2015 版)制剂通则的要求，具体讲述各常见药物剂型标准与分析方法。第六章药物生物检定技术探讨生物检定及安全性方面问题，包括无菌检查、微生物计数检查、内毒素检查等相关方面。第七章典型药物分析，从“胺类药物分析”“芳酸类药物分析”“杂环类药物分析”“维生素类药物分析”等几大方面探索典型结构药物的具体鉴别、检查方法及应用。第八章讨论中药制剂分析。第九章体内药物分析，通过了解药物在体内的数量和质量变化，从而对药物研究、生产、临床合理应用等方面做出估计和评价。

通过九章内容学习，引导读者综合应用药物分析专业基础知识与技术解决药品质量分析研究的具体问题。章后有实训情景，分别为基本技能训练、药物的鉴别、含量测定与药品制剂分析，实训情景有利于促进学生职业能力的培养和实践技能的提高。章后有习题，有利于学生自测学习效果。

本教材根据《中国药典》(2015 版)各药品项下标准，编写了与各章节内容相应的应用实例，包括药物杂质检查、定量分析、生物检定分析各方面，适用性广，并注重有关药物的原料药、制剂分析方法的系列性，对药物制剂种类涵盖面广，制剂通则分析方法详尽。生物检定分析为整个药品质量体系工作重要一环，本教材与较多其他教材相比囊括了药品生物检定技术重要内容，使教材中药品质量检验技术体系更完整，可适用于药品经营与管理专业、药学专业。

主编王白雪，分析化学工程师，重庆轻工职业学院教师，具有丰富的企业分析检测和教学经验，主要从事分析化学和药物分析的教学工作。主编杨曾，重庆轻工职业学院教师，有丰富的教学经验，主要负责有机化学、药物化学、药剂学等方面的教学工作。主编张嘉杨，重庆能源职业学院教研室主任，出版多部石油化工类、药学类高职高专和企业培训教材。太极集团西南药业股份有限公司质量保证部经理胡春梅审阅全书，提出了很多宝贵的意见，在此表示诚挚的感谢！

本教材的出版力争满足药物分析和药学相关专业人才培养的需要。由于编者编写时间仓促，书中难免有不妥之处，敬请读者提出批评意见，不胜感激！

编　者

目　　录

第一章　绪　论

第一节　药物分析在药学领域中的地位和任务

药品是指用于预防、治疗、诊断人类的疾病，有目的地调节人的生理机能并规定有适应症或者功能主治、用法和用量的物质。它不同于一般产品，是一种关系人民生命健康的特殊商品。全面控制药品的质量，保证人民群众使用高质、安全、稳定和有效的药品，是药学工作者义不容辞的责任。药品质量的全面控制不是某一个单位或某一个部门能够独立完成的工作，在药品的研制、生产、经营以及临床使用过程中都应该严格执行科学管理规范，所以它是一项涉及多方面、多科学的综合性工作。药物分析就是这些众多学科中研究和发展药品全面质量控制的“方法学科”，是我国药学各专业规定设置的一门主要专业课程，也是整个药学领域中一个重要组成部分，详见表1－1。

表1－1　药物分析在药学领域中应用

领域	应用
药物研发	结构分析与鉴定；有关物质研究；稳定性研究；体内样品分析与测定
生产过程	水及生产环境监测；原辅料检测；工艺跟踪监测；中药材及提取物质量分析
经营过程	定期考察质量变化
使用过程	临床药物监测分析；指导医生合理用药及个体化用药
监督管理	依法对药品实施检测与监督管理

药物分析是利用分析测定手段，发展药物的分析方法，研究药物的质量规律，对药物进行全面检验与控制的一门学科。随着科学技术和药学事业的发展，该学科涉及的研究范围已经涵盖了药品质量控制、临床医学、中药与天然药物分析、药物代谢分析、法医毒物分析、兴奋剂检测和药物制剂分析等。

第二节　药品质量标准

一、制订药品质量标准的目的与意义

药品的特殊性决定了对其进行质量监控的重要性，由于不同厂家生产工艺、技术水平及设备条件、运输与贮存条件的差异等都会影响药品的质量，所以国家必须制订对药品有强制执行力的统一的质量标准，即药品质量标准。药品质量标准是国家对药品质量、规格及检验方法所做的技术规定，是药品生产、供应、使用、检验和药政管理部门共同遵循的法定依据。制订并贯彻统一的药品标准，对医药科学技术、生产管理、经济效益和社会效益都会产生良好的影响与作用。

《中华人民共和国药品管理法》中明确规定："药品必须符合国家药品标准。国务院药品监督管理部门颁布的《中华人民共和国药典》和药品标准为国家药品标准。"《药品注册管理办法》进一步明确"国家药品标准是指国家食品药品监督管理总局颁布的《中华人民共和国药典》、药品注册标准和其他标准，其内容包括质量指标、检验方法以及生产工艺等技术要求"。除此之外，由药品生产企业研究制订并用于药品质量控制的标准称为企业药品标准，它仅在本企业的药品生产质量管理中使用，属于非法定标准。

药品质量标准不是一成不变的，随着科学技术的发展和生产工艺的改进，药品质量标准也将相应提高。目前国家正着力规范提高药品标准，对多个企业生产的统一品种，标准的制订"就高不就低"，力争实现药品标准管理计算机网络化的目标。

二、制订药品质量标准的原则

药品的质量标准与药品总是同时产生的，是药品研发、生产、经营及临床应用等的综合成果。在进行新药的研究时，除了对新药的生产工艺、药理和药效等方面进行研究外，还要对新药的质量控制方法进行系统的研究，并在此基础上制订药品质量标准。制订药品质量标准主要应遵循以下原则：①充分考虑药品的安全性和有效性；②检测项目、分析方法和限度要合理可行；③从生产、流通及使用各个环节考察影响药品质量的因素；④制剂质量标准与原料药质量标准要有关联性。

三、药品质量标准的主要内容

药品质量标准的主要内容有名称、性状、鉴别、检查、含量测定、类别和贮藏等。

(一)名称

药品质量标准中药品的名称包括中文名、汉语拼音名和英文名3种。

中文名称是按照“中国药品通用名”(Chinese approved drug names，简称CADN)推荐的名称以及命名原则命名的，是药品的法定名称；英文名称尽量采用世界卫生组织制订的“国际非专利药品名”(international nonproprietary name for pharmaceutical substances，简称INN)，INN没有的可采用其他合适的英文名称。

药物的中文名称应尽量与英文名称对应，可采用音译、意译或音意合译，一般以音译为主。

(二)性状

药品的性状是药品质量标准的重要表征之一，主要包括药品的外观、嗅、味、溶解性、一般稳定性及物理常数等，反映了药物特有的物理性质。

(1)外观与嗅、味。药品的外观是对药品的色泽和外表的感观规定，具有一定的鉴别意义，可以在一定程度上反映药物的内在质量。臭味是药品本身所固有的。

(2)溶解度。溶解度是药品的一种物理性质。《中国药典》中药物的溶解性用术语来表示，如“极易溶解”“易溶”“溶解”“略溶”“微溶”“极微溶解”“几乎不溶或不溶”等，《中国药典》(2015版)凡例中对以上术语有明确的规定。

(3)物理常数。物理常数是药物的物质常数，具有鉴别意义，也能反映药物的纯杂程度，是评价药品质量的重要指标。《中国药典》(2015版)在四部中收载的物理常数有相对密度、馏程、熔点、凝点、比旋度、折光率、黏度、吸收系数、碘化值、皂化值及酸值等。

(三)鉴别

鉴别是指用规定的方法对已知药物的真伪进行判断，是控制药品质量的重要环节。鉴别必须是对每个具体药品能准确无误地做出正确判断，选用的方法应准确、灵敏、简便、快速，主要依据该药品的化学结构和理化性质来做出鉴别。

（四）检查

现行版《中国药典》凡例中规定检查项下包括有效性、均一性、纯度要求和安全性4个方面内容。

有效性的检查是以动物试验为基础，最终以临床疗效来评价的。一般是针对某些药品的特殊药效需要进行的特定项目的检查，如对抗酸药品需检查“制酸力”，主要控制除真伪、纯度和有效成分含量等因素以外其他可能影响疗效的因素。

均一性检查主要是指制剂的均匀程度的检查，如片剂等固体制剂的“重量差异”及“含量均匀度”检查等。

纯度检查是药品检查项下的主要内容，是对药物中的杂质进行检查。其内容详见本书第三章。

安全性检查的目的是在正常用药的情况下，保证用药的安全，如“热原检查”“毒性检查”“过敏试验”“升降压物质检查”等。

（五）含量测定

含量测定主要是针对药品中有效成分含量的测定，是保证药品安全有效的重要手段。常用的含量测定方法有理化方法和生物学方法。使用理化方法测定药物的含量，称为“含量测定”，测定结果一般用含量百分率（%）来表示。生物学方法包括生物检定法和微生物检定法，是根据药物对生物或微生物作用的强度来测定含量的方法，常称为“效价测定”，测定结果通常用“效价（国际单位IU）”来表示。对于测定方法的选择，除要求方法的准确性与简便性外，还强调测定结果的重现性，含量测定必须在鉴别无误、杂质检查合格的基础上进行。

（六）类别

药品的类别是指按药品的主要作用、主要用途或学科划分的类别，如解热镇痛药、抗生素等。

（七）贮藏

贮藏项下规定的贮藏条件，是根据药物的稳定性，对药品包装和贮存的基本要求，以避免或减缓药品在正常贮存期内变质。其常用术语有遮光、密闭、密封、熔封或严封、阴凉处、阴暗处、冷处及常温等。

第三节 药典概述

一、《中国药典》基本知识

《中华人民共和国药典》简称《中国药典》，其英文名称是 Chinese pharmacopoeia(缩写为 Ch. P.)，不同版本以其后括号内的年份来表示。《中国药典》由国家药典委员会编制，是记载药品质量标准的法典，是国家监督、管理药品质量的法定技术指标，具有法律约束力。自新中国成立后发行第 1 版《中国药典》(1953 版)以来，迄今为止已出版了 10 版，分别是 1953、1963、1977、1985、1990、1995、2000、2005、2010、2015。现行版《中国药典》(2015 版)，于 2015 年 12 月 1 日起实施。《中国药典》一经颁布实施，其同品种的上版标准或其原国家药品标准即同时停止使用。现行版《中国药典》(2015 版)由一部、二部、三部、四部组成。一部收载药材及饮片、植物油脂和提取物、成方制剂和单味制剂等；二部收载化学药品、抗生素、生化药品、放射性药品等；三部收载生物制品，包括疫苗、抗毒素、抗血清、血液制品、体内诊断制品和其他制品。四部(2015 版新增)主要将前版药典附录的通则、检验方法、指导原则等和药用辅料进行整合，独立成卷。《中国药典》(2015 版)收载品种总计 5608 个，比《中国药典》(2010 版)新增 1082 个。

(一)凡例

凡例是药典总的说明，是解释和使用《中国药典》，正确进行质量检定的基本原则，并对正文品种、附录及质量检定有关的共性问题加以规定。如规定本版药典使用的滴定液和试液的浓度，以 mol/L(摩尔/升)表示，其浓度要求精密标定的滴定液用“XXX 滴定液(YYY mol/L)”表示；若作其他用途不需精密标定其浓度时，用“YYY mol/L XXX 溶液”表示，以示区别。溶液后标示的“(1→10)”等符号，是指固体溶质 1.0g 或液体溶质 1.0mL 加溶剂制成 10mL 的溶液；未指明用何种溶剂时，均指水溶液；两种或两种以上液体的混合物，名称间用半字线“-”隔开；其后括号内所示的“:”符号，系指各液体混合时的体积(重量)比例。标准品、对照品是指用于鉴别、检查、含量测定的标准物质。标准品是指用于生物检定、抗生素或生化药品中含量或效价测定的标准物质，按效价单位(或 μg)计，以国际标准品进行标定；对照品除另有规定外，均按干燥品(或无水物)进行计算后使用。“精密称定”是指称取重量应准确至所取重量的千分之一；“称定”是指称取重量应准确至所取重量的百分之一；“精密量取”是指量取体积的准确度应符合国家标准中对该体积移液管的精密度要求；“量取”是指可用量筒或按照量取体积的有效数位选用量具。取用量为“约”若干时，是指取用量不得超过规定量的 ±10%。

(二)正文

正文是药典的主要内容，记载药品或制剂的质量标准。化学药品内容主要包括中文名、汉语拼音名、英文名、结构式、分子式和分子量、性状、鉴别、检查、含量测定、类别、贮藏及制剂等；中药标准还包含炮制、性味与归经、功能与主治等；生物制品标准还包含制造、检定、使用说明等。

下面以维生素 B_6 为例说明质量标准正文的主要内容。维生素 B_6 的结构图见图 1-1。

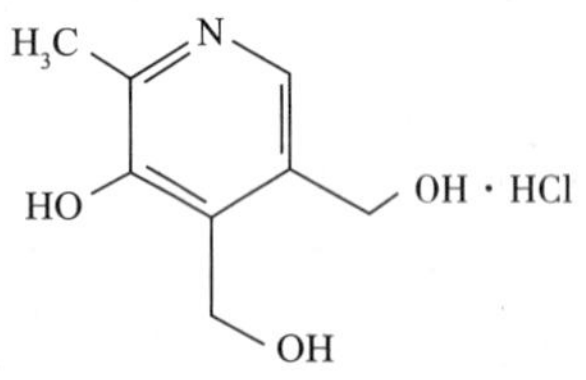

图 1-1 维生素 B_6 的结构图

本品为 6-甲基-5-羟基-3，4-吡啶二甲醇盐酸盐。按干燥品计算，含 $C_8H_{11}NO_3 \cdot HCl$ 应为 98.0%~102.0%。

【性状】本品为白色或类白色的结晶或结晶性粉末；无臭，味酸苦；遇光渐变质。

本品在水中易溶，在乙醇中微溶，在三氯甲烷或乙醚中不溶。

【鉴别】(1)取本品约 10mL，加水 100mL 溶解后，各取 1mL，分别置甲、乙两支试管中，各加 20% 醋酸钠溶液 2mL，甲管中加水 1mL，乙管中加 4% 硼酸溶液 1mL 混匀，各迅速加氯亚氨基-2，6-二氯醌试液 1mL。甲管中显蓝色，几分钟后即消失，并转变为红色，乙管中不显蓝色。

(2)在含量测定项下记录的色谱图中，供试品溶液主峰的保留时间应与对照品溶液主峰的保留时间一致。

(3)本品的红外光吸收图谱应与对照的图谱(药品红外光谱集第五卷)一致。

(4)本品的水溶液显氯化物的鉴别反应(通则 0300)。

【检查】酸度：取本品 1.0g，加水 20mL 使之溶解，依法测定(通则 0631)，pH 值应为 2.4~3.0。

溶液的澄清度与颜色：取本品 1.0g，加水 10mL 溶解后，溶液应澄清；如显浑浊，与 1 号浊度标准(通则 0900)比较，不得更浓；如显色，与黄色 1 号标准比色液(通则 0901)比较，不得更深。

有关物质：取本品，加流动相溶解并稀释制成每1mL中约含1mg的溶液，作为供试品溶液；精密量取1mL，置100mL量瓶中，用流动相稀释至刻度，摇匀，作为对照溶液。照含量测定项下的色谱条件，取对照溶液10μL注入液相色谱仪，调节检测灵敏度，使主成分色谱峰的峰高约为满量程的10%。再精密量取供试品溶液与对照品溶液各10μL，分别注入液相色谱仪，记录色谱图至主成分峰保留时间的3倍。供试品溶液的色谱图中如有杂质峰，各杂质峰面积的和不得大于对照液主峰面积(1.0%)。

干燥失重：取本品，在105℃干燥至恒重，减失重量不得超过0.5%(通则0831)。

炽灼残渣：不得超过0.1%(通则0841)。

重金属：取本品2.0g，加水20mL溶解后，加氨试液至遇石蕊试纸显中性反应，加醋酸盐缓冲液(pH=3.5)2mL与水适量制成25mL，依法检查，含重金属不得超过百万分之十(通则0821)。

【含量测定】照高效液相色谱法(通则0512)测定。

色谱条件与系统适应性试验：用十八烷基硅烷键合硅胶为填充剂；以0.04%戊烷磺酸钠溶液(用冰醋酸调节pH应至3.0)-甲醇(85:15)为流动相；检测波长为291nm。理论塔板数按维生素B_6峰计算不低于4000。

测定法：取本品适量，精密称定，加流动相并定量稀释制成1mL中约含0.1mg的溶液，精密量取10μL注入液相色谱仪，记录色谱图；另取维生素B_6对照品，同法测定。按外标法以峰面积计算，即得。

【类别】维生素类药。

【贮藏】遮光，密封保存。

【制剂】(1)维生素B_6片；(2)维生素B_6注射液。

(三)通则

《中国药典》(2015版)的一个重要变化是，将《中国药典》(2010版)一部、二部、三部分别收载的附录(制剂通则、分析方法、指导原则、药用辅料等)内容整合、修订与完善，独立成卷作为第四部，制定了统一的技术要求。

二、主要国外药典简介

(一)《美国药典》

《美国药典》(the United States pharmacopoeia，缩写为USP)与《美国国家处方

集》(national formulation, NF)合并出版(USP – NF)，主要由凡例、正文、附录和索引组成，在美国由美国食品药品监督管理局(FDA)强制执行，现行版本为USP38 – NF33。全世界有140多个国家和地区采用《美国药典》的标准。

(二)《英国药典》

《英国药典》(British pharmacopoeia，缩写为BP)，现行版本为2015年版。目前，在全球100个国家的药物研发、生产和临床使用中，BP都发挥着重要的参考作用。澳大利亚和加拿大也将BP作为其国家药典来使用。

(三)《日本药局方》

日本药典名称为《日本药局方》，英文缩写为JP，现行版本为2011年3月24日发布实施的第十六改正版。它由一部和二部组成。一部收载凡例、制剂总则、一般试验方法、医药品各论(主要为化学药品、抗生素、放射性药品及制剂)；二部收载通则、生药总则、制剂总则、一般试验方法、医药品各论(主要为生药、生物制品、调剂用附加剂)等。《日本药局方》的索引有药物的日文名索引、英文名索引和拉丁名索引3种，其中拉丁名索引用于生药品种。

(四)《欧洲药典》

《欧洲药典》(European pharmacopoeia，缩写为Ph. Eur)是欧洲药品质量控制标准，由欧洲药典委员会编制，在欧盟范围内具有法律效力，每3年修订1版。此外，欧洲药典委员会还根据例会决议进行非累积性增补，1年3次。《欧洲药典》的基本组成有凡例、通用分析方法、常用含量测定方法、正文等。

(五)《国际药典》

《国际药典》(international pharmacopoeia，缩写为Ph. Int)是由世界卫生组织(WHO)国际药典和药物制剂专家咨询组编撰，收载药物原料、药用辅料、药物制剂、标准物质的标准以及它们的分析检验方法等内容，由世界卫生大会批准出版，满足WHO成员国中的发展中国家实施药品监管的需要。经成员国法律明确规定执行时，才具有法律效力。

三、《中国药典》(2015版)特点简介

(一)药品安全性得到进一步保障

在药品安全性方面，除在通则中加强安全性检查总体要求外，在品种正文标准中也大幅度增加或完善安全性检查项目，进一步提高对高风险品种的标准要

求，进一步加强对重金属或有害毒素、杂质、残留溶剂等的控制。

（二）有效性和可控性大幅度提升

在有效性和质量可控性方面，除新增和修订相关的检查方法与指导原则外，在品种正文标准中增加或完善有效性检查项目，如中药大幅度增加了专属性鉴别；化学药物检测方法更加专属准确，采用了离子色谱和毛细管电泳等方法；红外光谱法在制剂鉴别中的应用进一步扩大；生物制品应用离子色谱测定凝血因子，高效液相色谱法（HPLC）测定蛋白含量。

（三）现代分析技术广泛应用

扩大了对成熟的新技术方法的收载，如液相色谱/质谱联用、DNA 分子鉴定、薄层－生物自显影技术等；新增药品微生物检验替代方法验证指导原则、微生物计数检查法应用指导原则、药品微生物试验室规范指导原则等。

第四节　药品检验工作的基本程序

一、药品检验工作的基本要求

药品检验工作是通过检验，对药品的质量做出公正的、科学的、准确的评价和判定，维护消费者、生产企业和国家的利益。党和国家对用药安全的高度重视以及人民群众的殷切希望，使药品监督工作面临新的挑战和考验。因此，对药品检验工作也提出了新的更高的要求。首先，确保公正是对药品检验工作最基本的要求，也是药品检验人员必须具备的职业道德，药品检验人员必须严格按照药品质量法规和药品检验标准进行操作，一切按规章制度办事，坚持原则，依据检验结果客观、实事求是地做出判定；其次，药品检验人员必须不断提高自身的业务水平，以高度的责任心和科学的态度对待检验工作，严格执行各种管理制度和检验标准操作规程，必须确保提供的检验数据真实、可信、准确；此外，要履行好药品技术监督检验的法定职能，以认真负责的工作态度、科学严谨的工作作风和准确无误的工作结果树立起工作的权威。

二、药品检验工作的基本程序

药品检验工作是按照药品质量标准对药品进行检验、比较和判定。所以，作为药品检验人员首先要熟悉和掌握检验标准及有关规定，明确检验目的、指标要求及判定原则。

(一)取样

为确保检验结果的科学性、真实性和代表性，取样必须坚持随机、客观、均匀、合理的原则。药品生产企业抽取的样品包括进厂的原辅料、中间体及产品。取样时必须填写取样记录，内容主要包括品名、日期、规格、批号、数量、来源、编号、必要的取样说明、取样人签字等，取样由专人负责。

1. 取样量

取样应根据被取样品的特性按批进行。若批总件数(原料：袋；中间体：桶、锅；产品：箱、袋、盒、桶等)为 x，则当 $x \leqslant 3$ 时，每件取样；当 $3 < x \leqslant 300$ 时，按 $\sqrt{x}+1$ 随机取样；当 $x > 300$ 时，按 $\sqrt{x}/2+1$ 随机取样。1 次取样量最少可供 3 次检验用量，同时还应保证留样观察的用量。

2. 取样方法

(1)原辅料取样时，应将被取物料外包装清洁干净后移至与配料室洁净级别相当的取样室或其他场所进行取样，以免被取物料被污染。

(2)固体样品用取样器或其他适宜的工具从袋(桶、箱)口一边斜插至对边袋(桶、箱)深约 3/4 处抽取均匀样品。取样数较少时，应选取中心点和周边四个抽样点，自上往下垂直抽取样品。

(3)液体样品用两端开口、长度和粗细适宜的玻璃管，慢慢插入液体中，使管内外液面保持同一水平，插至底部时，封闭上端开口，提出抽样管，抽取全液位样品。

(4)所取样品经混合或振摇均匀后(必要时进行粉碎)用“四分法”缩分样品，直至缩分到所需样品为止。

(5)将所取样品按规定的数量分装两瓶，贴上标签或留样证，一瓶供检验用，另一瓶作为留样保存。

(6)制剂样品和包装材料随机抽取规定的数量即可。

(7)针剂澄明度检查，按取样规定每盘随机抽取若干，全部混匀再随机抽取。

(8)外包装按包装件 50% 全检。

(9)取样后应及时将打开的包装容器重新封口，同时在包装容器上贴上取样证，并填写取样记录。

3. 注意事项

(1)取样器具、设备必须清洁干燥，且不与被取物料起化学反应，应注意由于取样工具不洁而引起的交叉污染。抽取供微生物检查用的样品时，取样器具还须按规定消毒灭菌。

(2)盛放样品的容器必须清洁、干燥、密封。盛放遇光不稳定样品和菌检样品的容器应分别使用不透光器与无菌容器。

(3)取样必须由质检人员进行，取样人必须对所取样品的代表性负责，不得委托岗位生产人员或其他非专业人员代抽取。

(4)取样者必须熟悉被取物料的特性、安全操作的有关知识及处理方法。抽取有毒有害样品时，应穿戴适宜的劳动保护用品。

(5)进入清洁区取样时，应按符合清洁区的有关规定进出。

(6)取样后要尽快检验。如一次检验不合格，除另有规定外，应加大取样数量，从两倍数量的包装中进行检验。重新取样时，也应符合本标准规定的要求。

(7)易变质的原辅料，贮存期超过规定期限时，领用前要重新取样检验。抽取的检验样品按检验过程分为待检、在检和已检3种状态。

4. 药材取样

药材取样法是指选取供检定用药材样品的方法，取样的代表性直接影响检定结果的正确性，因此，必须重视取样的各个环节。

(1)取样前应注意品名、产地、规格等级及包件式样是否一致，检查包装的完整性、清洁程度以及有无水迹、霉变或其他物质污染等情况，详细记录。凡有异常情况的包件，应单独检验。

(2)从同批药材包件中抽取检定用样品，原则是药材总包件数在100件以下的，取样5件；100～1000件，按5%取样；超过1000件，超过部分按1%取样；不足5件的，逐件取样；贵重药材，不论包件多少均逐件取样。

(3)对破碎的、粉末状的或大小在1cm以下的药材，可用采样器(探子)抽取样品，每一包件至少在不同部位抽取2～3份样品，包件少的抽取总量应不少于试验用量的3倍。包件多的，每一包件的取样量一般按下列规定：一般药材100～500g；粉末状药材25g；贵重药材5～10g；个体大的药材，根据实际情况抽取代表性的样品。如药材个体较大时，可在包件不同部位(包件大的应从10cm以下的深处)分别抽取。

(4)将所取样品混合拌匀，即为总样品。对个体较小的药材，应摊成正方形，依对角线划“×”字，使分为四等份，取用对角两份，再如上操作。反复数次后至最后剩余的量足够完成所有必要的试验以及留样数为止，此为平均样品。个体大的药材，可用其他适当方法取平均样品。平均样品的量一般不得少于试验所需量的3倍数，即1/3供化验室分析用，另1/3供复核用，其余1/3则为留样保存，保存期至少1年。

质检部门由专人负责样品的接收、登记工作，接收样品时要检查样品是否符合抽样记录单上的内容，做好接收记录，将样品分类存放并附有状态标签。

（二）检验

检验员接到检验样品后，按检验标准操作规程进行检验。

（1）鉴别。鉴别是药品检验工作的首要任务，只有在鉴别无误的情况下，进行药物的杂质检查和含量测定工作才有意义。鉴别首先是药品性状的观测及物理常数的测定，其次是依据药物的结构特征、理化性质采用灵敏度高、专属性强的反应对药品的真伪进行判断。不能将药品的某一个鉴别试验作为判断该药品真伪的唯一依据，鉴别试验往往是一组试验项目综合评价得出的结论。

（2）检查。检查包括纯度检查和其他项目的检查，主要是按药品质量标准规定的项目进行“限度检查”。

（3）含量测定。药品的含量测定是指对药品中有效成分的含量进行测定，包括理化方法和生物学检测方法。

（三）检验记录及检验报告

1. 检验记录

检验人员在检验过程中必须做好原始记录，因为检验记录是出具检验报告的依据，是进行科学研究和技术总结的原始资料。检验记录必须做到真实、完整、清晰。应及时做检验记录，严禁事后补记或转抄。检验记录不得任意涂改，若需要更改，必须用斜线将涂改部分划掉，并在旁边签上涂改者的名字或盖印章，涂改地方要保证清晰可见，以便日后有据可查。分析数据与计算结果中的有效数位应符合“有效数字和数值的修订及其运算”中的规定。检验记录应保存至药品有效期后1年。检验记录应至少包括以下内容：

（1）产品或物料的名称、剂型、规格、批号或供货批号，必要时注明供应商和生产商的名称或来源。

（2）依据的质量标准和检验操作规程。

（3）检验所用的仪器或设备的型号和编号。

（4）检验所用的试液和培养基的配制批号、对照品或标准品的来源和批号。

（5）检验所用动物的相关信息。

（6）检验过程，包括对照液的配制、各项具体的检验操作、必要的环境温湿度。

(7)检验结果，包括观察情况、计算和图谱或曲线图，以及依据的检验报告编号。

(8)检验日期。

(9)检验人员的签名和日期。

(10)检验、计算复核人员的签名和日期。

2. 检验报告

(1)检验报告单主要内容包括药物名称、规格、流水号或批号、数量、生产单位、取样日期、检验日期、检验依据、检验结果、检验人、复核人、质检部经理签字等。

(2)检验报告是对药品质量检验的定论，要依法做出明确、肯定的判断。

(3)检验报告单上必须有检验者、复核者、部门主任签字或签章以及质检部章方可有效。

(4)检验报告单结果中有效数字与法定标准规定要一致。

(5)检验报告单字迹要清晰，色调一致，书写正确。

(四)结果判定与复检

将检验结果同质量标准相比较，判定是否符合质量标准的要求，进而对整批产品质量作出结论。

(1)检验原始记录和检验报告，除检验人自查外，还必须经第二人进行复核。检验报告还必须交化验室主任或由其委托指定的人员进行审核。

(2)复核人主要复核原始记录和检验报告的结果是否一致，平行试验结果是否在允许误差范围内，边缘值和不合格指标是否已经复验、指标是否漏检、是否有异常数据、判断结果是否准确等。

(3)复核、审核结束后，复核人、审核人均应在原始记录或检验报告上签字，并对复核和审核结果负全部责任。凡属计算错误等，应由复核者负责；凡属判断错误等，应由审核人负责；凡属原始数据错误等，应由检验者本人负责。

(4)对原始记录和检验报告上查出的差错，由复核人、审核人提出，告知检验者本人，并由更正人签章。

(5)检验报告经检验人、复核人、审核人3级签章，并由审核人加盖质量管理部章后，方可外报。

(6)凡符合以下情况之一者，必须由检验人进行复验：①平行试验结果误差超过规定的允许范围内的；②检验结果指标出现边缘值或不合格的；③复核人或审核人提出有必要对某项指标进行复验的；④技术标准中有复验要求的；⑤原辅料超过贮存期限的。

对抽样检验的品种，复验时应加大1倍取样数重新抽样检验。如原样检验和复验结果不一致时，除技术标准中另有规定外，应查找原因，排除客观因素，使原检验人与复验人的结果在误差允许范围内，以两人(或多人)的平均值为最终结论。

(7)平行试验结果的误差允许范围规定为：①中和法、碘量法、配位滴定法、非水滴定法的相对偏差不得超过0.3%；②直接重量法的相对偏差不得超过0.5%；③比色法的相对偏差不得超过2.0%；④紫外可见分光光度法相对偏差不得超过0.5%；⑤高效液相色谱法相对偏差不得超过1.5%。

第五节　药品生产企业质量管理简介

药品的质量是靠设计赋予、生产过程保障、化验结果来体现，药品生产过程中的质量监控是药品生产企业必须重视的问题。虽然药品检验只是一种监督手段，并且是一种事后的监督检查，但是药品质量检验是生产企业质量控制(quality control，QC)和质量保证(qulity assurance，QA)体系的主体。

一、质量保证

质量保证是质量管理体系的一部分，企业必须建立质量保证系统，同时建立完整的文件体系，以保证系统有效运行。质量保证系统应当确保做到以下方面。

(1)药品的设计与研发符合生产质量管理规范(GMP)要求。

(2)生产管理和质量控制活动符合GMP要求。

(3)管理职责明确。

(4)采购和使用的原辅料与包装材料正确无误。

(5)中间产品得到有效控制。

(6)确认、验证的实施。

(7)严格按照规程进行生产、检查、检验和复核。

(8)每批产品经质量授权人批准后方可放行。

(9)在贮存、发运和随后的各种操作过程中有保证药品质量的适当措施。

(10)按照自检操作规程，定期检查评估质量保证系统的有效性和适用性。

二、质量控制

质量控制包括相应的组织机构、文件系统以及取样、检验等，确保物料或产品在放行前完成必要的检验，确认其质量符合要求。

（一）质量控制试验室基本设施

由于各企业生产品种的不同，质量控制试验室设置略有差别，主要包括以下几个部分：天平室、标准溶液室、理化检验室、仪器室、无菌室、无菌检查准备室、洗刷室、留样观察室、高温加热室、中药标本室、试剂室、包材检验室、资料室、更衣室、办公室等。

（二）质量控制试验室工作总则

(1)检验人员在检验过程中必须做到：必须熟练掌握自己所检验产品的检验标准与标准操作程序；在检验操作中，必须严格执行检验标准操作规程，检验每个项目都必须认真操作，所有检验数据应该真实记录，实事求是地反映产品质量，不得弄虚作假；必须具有书面授权，方可更改操作程序。

(2)检验记录。所有记录必须用黑色签字笔或蓝黑墨水笔书写，字迹清楚，端正完整；按规定更改错误并签上更改人姓名；仔细做好记录并核对后签上记录者的姓名，然后交复核者复核并签名。

(3)检验报告单的书写与复核。检验报告单所有文字必须用黑色签字笔或蓝黑墨水笔书写，字迹清楚、端正完整；不得修改或涂写；仔细核对记录，并签上检验者姓名，然后交复验者复核并签名；QC 负责人应认真审核试验记录并签字；试验报告单上必须有检验者、复核者、QC 负责人签字，盖上质量管理部章方有效。

(4)进厂原料同一品种、所有批号都必须做全检。原辅料、中间体、成品检验必须由复核者认真做好复核工作；计量器具仪器必须按规定进行校正；成品检验后包装应撕碎后丢弃，或将瓶贴、盒贴撕下后再进行处理。

(5)注意用电安全。

（三）检验与测试的管理规定

(1)产品的检验与测试必须严格执行经批准的取样规程和检验规程。

(2)检验人员必须经过培训，并考试合格方能承担检验工作。对产品、原料的检验人员和大型精密仪器的使用人员应相对稳定。

(3)更换标准溶液或主要化学试剂(不同批号)，要用已知结果的样品进行对照，确认无误后方可使用。

(4)不准使用过期、批号不清或没有标签的试剂、药品和溶液。

(5)所用仪器、药品和溶液必须符合标准规定。

(6)在计算结果时必须将检验用量器、温度计和标准溶液的补正值或校正值对分析结果进行补正或校正。

(7)进行分析检验工作必须做平行样试验，平行测定结果的绝对值之差在允许范围内时，方可以其平均值报出结果。报出结果必须经过复查和审查。复查和审查的内容应包括取样记录、计算、数据处理及分析情况等。

(8)在检验测试过程中发现的异常现象(颜色异常、结果偏高或过低等)或操作有误时，必须及时报告并进行复检。

(9)凡检验与测试结论不合格时，应第三次取样复检，并在复检前对第一次检验取样、分析、操作及所用的仪器、药品等做细致检查。第三次复检要严格按检验规程细心操作。

(10)凡检验与测试的样品必须按规定留样。

(四)分析仪器使用、维护、保养及保管制度

(1)仪器由专人负责保管，每台仪器应制订标准操作规程。

(2)使用仪器应严格执行标准操作程序，使用完毕后，应将仪器各开关依次关好、复原，附件(如吸收池等)应洗净放好，并按规定登记。

(3)各部门之间借用仪器应通过保管人员，并严格遵守仪器所规定的操作程序。

(4)仪器设备必须严格按照规定的范围使用，不能超量程超功能使用。

(5)仪器设备在操作过程中如有不正常现象必须立即停止使用，并报告部门主管，等故障排除后，方能使用，原试验数据无效。严禁带故障工作。

(6)每台仪器均应设仪器登记卡及使用说明书等有关资料，每次维修应及时记录维修时间、仪器故障和修理结果、修理人。

(7)精密仪器应定期进行校验，记录结果。新购仪器应随时填卡，以便掌握性能。经检定不合格的仪器设备，应及时维修，修理后经检定合格或复核合格方能投入使用。

(8)所有仪器设备均应贴有合格(绿)、准用(黄)、停用(红)三色标签。

(9)发现仪器有故障或损坏时，应关闭电源，及时向保管人员和部门主管报告，并填写维修单交维修组决定修理办法，待维修的仪器设备不得使用。

(10)仪器设备维修应做好记录并归档保存。

(11)仪器设备使用后应及时清理，保持整洁，及时调换受潮的干燥剂。

(五)化学试剂的贮存与管理

(1)化学试剂应贮存于阴凉避光的专用化学试剂贮藏室内，分类存放，由专人负责。

(2)操作区内的橱柜中及操作台上只允许存放规定数量的化学试剂。

(3)各种试剂应包装完好，封口紧密，标签完整，内容书写清晰，贮存条件明确。

(4)危险品应贮存于专室或专柜中。

(5)在室温易挥发的挥发性固体或液体必须放在冰箱里贮存。

(六)有毒化学物质的使用、贮存和处理

(1)贮存、使用有毒品必须由两个人同时执行，一是化验室负责人，二是分析人员，并且做到专柜、专账、双锁、专人保管。

(2)化学有毒品须经保管员按领取单单独发放，取出所需用量的化学有毒品后，剩下的必须放回原处，双人用专用封签封口。保管员必须在专门的账目上做好记录，并签上使用者的姓名。

(3)检验人员在使用时，化验室负责人应全程监督。

(4)易挥发、易溶的有毒物质的清除必须首先于密封容器中集中存放，再向上级提出清除建议。

(5)在有毒化学品的检测试验过程中要注意安全，必要时要戴上橡胶手套、防护目镜和穿上防护服，在使用特殊的有毒物时，必须穿上橡胶鞋、戴上防毒面具等。

(6)当试验完毕，剩余的有毒物以及它们的反应产物必须经初步处理后倾入安全可靠的封闭的容器里，然后集中统一处理。剩余的化学有毒物和它们的反应物严禁倒入下水道。

(七)试剂、试药、标准品、对照品的管理规定

(1)有计划地购进试剂、试药(含基准物质)，购买前做购物计划，报供应部门。

(2)试剂、试药由供应部门采购，QC 领用后，必须分类定位放置。

(3)对某些用量较大的试剂、试药，根据使用情况，制定用量计划报供应部门，供应部门制定最低库存量和最高库存量并及时购买。

(4)对照品、标准品由质量管理部根据生产综合计划制定购买计划，派专人

到省市药检所或中国食品药品检定研究院购买。

(5)对照品、标准品和基准物质应有使用登记，双人双锁保管。

(6)未经管理人员同意，外部门人员不得擅自拿走试剂。

(7)标准品、对照品、基准物质由保管员发放，同时填写发放记录。

(八)滴定液管理办法

1. 滴定液的配制

①滴定液的配制有直接法和间接法，除另有规定外，均应按《中国药典》(2015版)的规定进行配制和标定。②配制滴定液所用的水应为纯化水或去离子水。③配制时应将滴定液充分振摇，使固体溶质全部溶解。④滴定液浓度的名义值与标定值应明显标出，其浓度校正因数(F)应在0.95～1.05之间，否则应加水或加溶质重新调整。⑤直接法配制的滴定液，其所用试剂应为基准试剂，并经干燥至恒重后称取，取用量应为精密称定(精确至4～5位有效数字)，至1000mL量瓶中，加溶剂溶解并稀释至刻度，摇匀。配制过程中应有核对人，并在记录中签名以示负责，所用量瓶均应经过校验。⑥配制浓度等于或低于0.02mol/L的滴定液时，除另有规定外，应于临用前精密量取浓度等于或大于0.1mol/L的滴定液适量，加新沸过的冷水或规定的溶剂稀释制成。⑦滴定液应有专人负责保管。

2. 滴定液的标定和复标

标定工作应由初标者(一般为配制者)和复标者在相同条件下各做平行试验3份；各项原始数据经校正后，根据计算公式分别进行计算3份平行试验结果的相对偏差，除另有规定外，不得大于0.1%；初标平均值和复标平均值的相对偏差也不得大于0.1%；标定结果按初、复标的平均值计算，取4位有效数字。

3. 滴定液的保存

①滴定液在配制后应按药典规定的(贮藏)条件贮存，一般采用质量较好的具玻璃塞的玻瓶。②应在滴定液贮瓶外的醒目处及时贴上标签，注明滴定液名称、浓度、浓度校正因数(*F*)、配制日期、标定日期、室温、标定人、复标人和失效期，待标的滴定液应贴上待标标志，并与已标定完成的滴定液分区存放。③除另有规定外，可在3个月内应用，过期应重新标定。④当标定与使用时的室温相差未超过10℃时，除另有规定外，其浓度值可不加温度补正值；但当室温之差超过10℃时，应加温度补正值，或重新标定。

4. 滴定液的领发

①滴定液由标定人员发放。②滴定液领发时，领用人员应核对滴定液的名称、浓度是否与所需的完全一致，滴定液的存放期限是否在有效期内等；发放人

员则应检查领用人员盛放滴定液的容器是否洗涤干净并已沥干(盛放原滴定液的容器凭标签可不必洗涤)，如容器来不及沥干，可用少量滴定液洗涤3次，经双方检查核对无误后，方可发放。③领用完毕，由标定人员签发滴定液标签，经双方复核无误后贴好，同时，领用人和发放人在滴定液领发记录上签名。

5. 滴定液的使用

①滴定液使用前必须摇匀，滴定管用少量滴定液洗涤3次，滴定完毕，应将滴定管中剩余的滴定液放尽，并用水洗沥干，再用清洁液、纯化水或去离子水洗净，沥干，备用。②滴定管校正值和温度校正值引入计算。③使用新的滴定液时，应密切注意观察是否与原滴定液一致，如发现异常时，应向标定人员提出复查。④使用过程中发现滴定液出现浑浊、变色等异常情况或超过使用期限的，应立即停用。

(九)水质监护管理办法

对工艺用水的水质建立定期检查制度，饮用水每月检查部分项目1次；每年委托防疫站或自来水公司全面检查1次。纯化水每2h监督检查部分项目1次，每周全项检查1次。注射用水每2h监督检查部分项目1次，每周全项检查1次。

(十)洁净区的检测

我国GMP对药厂洁净区的规范是以空气的洁净度为控制指标。空气洁净度主要由空气中的悬浮粒子和微生物数来体现，微生物主要指沉降菌和浮游菌。此外还需通过净化空气调节系统控制环境的温度、湿度、压差、噪声、新鲜空气量等。因此药厂洁净区的检测主要包括空气中的悬浮粒子、沉降菌和浮游菌的检测，温度、湿度、空调系统的检测。

习 题 一

一、填空题

1. 中国药典的主要内容由(　　)、(　　)、(　　)三部分组成。

2. “精密称定”系指称取重量应准确至所取重量的(　　)；“称定”系指称取重量应准确至所取重量的(　　)；取用量为“约”若干时，系指取用量不得超过规定量的(　　)。

3. 标定和复标的份数不少于(　　)份。

4. 平行试验结果的误差允许范围规定，采用高效液相法时相对偏差不得超过(　　)。

二、单项选择题

1.《药品生产质量管理规范》可用(　　)表示。

A. USP　　B. GLP　　C. BP　　D. GMP　　E. GCP

2.《药品临床试验质量管理规范》可用(　　)表示。

A. GMP　B. GSP　C. GLP　D. TLC　E. GCP

3. 目前,《中华人民共和国药典》的最新版为(　　)。

A. 2005　B. 2010　C. 2015　D. 2000

4. 英国药典的缩写符号为(　　)。

A. GMP　B. BP　C. GLP　D. RP-HPLC　E. TLC

5. GMP 是指(　　)。

A. 药品非临床研究质量管理规范　B. 药品生产质量管理规范

C. 药品经营质量管理规范　D. 药品临床试验质量管理规范

E. 分析质量管理

6. 关于药典的叙述最准确的是(　　)。

A. 国家临床常用药品集　B. 药工人员必备书

C. 药学教学的主要参考书　D. 国家关于药品质量标准法典

7.《中国药典》(2015 版)分为(　　)。

A. 1 部　B. 2 部　C. 3 部　D. 4 部

8. 某药厂新进 3 袋淀粉,取样应(　　)。

A. 每件取样　B. 在一袋里取样

C. 按$\sqrt{x}+1$随机取样　D. 按$\frac{\sqrt{x}}{2}+1$随机取样

9. 关于《中国药典》的叙述,最确切的是(　　)。

A. 是收载所有药品的法典

B. 是一部药物字典

C. 是我国制订的药品质量标准的法典

D. 是由国家统编的重要技术参考书

E. 药厂可以自行改动《中国药典》收载药品的生产工艺

10.《中国药典》的英文缩写是(　　)。

A. BP　B. USP　C. Ch. P.　D. JP

11. 药品检验工作的基本程序是(　　)。

A. 鉴别—检查—含量测定—检验报告

B. 鉴别—检查—含量测定—记录和报告

C. 取样—检验—记录

D. 取样—检验—鉴别—含量测定—记录和报告

E. 取样—检验—记录和报告—复核与复检

12. 对药物质量进行分析检验的目的是(　　)。

A. 提高药物分析的研究水平　B. 提高药物的疗效

C. 检查药物的纯度　　D. 保证用药的安全和有效

E. 提高药物的经济效益

13. 标准操作规程的英文缩写为(　　)。

A. SOP　　B. GLP　　C. GCP　　D. GMP

14.《中国药典》正文中收载的内容为(　　)。

A. 药典标准方法　　B. 含量测定方法

C. 药物的质量标准　　D. 片剂通则

E. 鉴别试验

15. 常规药品检验的常规依据是(　　)。

A. 国家药品质量标准　　B. 临床研究用药品质量标准

C. 暂行药品质量标准　　D. 试行药品质量标准

E. 生产企业药品质量标准

三、多项选择题

1.《中国药典》(2015 版)二部内容包括(　　)。

A. 凡例　　B. 正文　　C. 品名目次　　D. 索引

E. 药品红外光谱集

2. 对于药品生产企业，药物质量检验工作的基本程序包括(　　)。

A. 接受任务　　B. 取样　　C. 检测并记录　　D. 数据处理　　E. 贮藏

3.《中国药典》(2015 版)二部收载的药品有(　　)。

A. 抗生素　　B. 化学药品　　C. 放射药品　　D. 生化药品　　E. 药用辅料

4. 药品的法定检测项目包括(　　)。

A. 性状　　B. 鉴别　　C. 检查　　D. 含量测定　　E. 贮藏

5. 对药品检验原始记录的要求(　　)。

A. 真实　　B. 完整　　C. 清晰　　D. 可以补记

E. 可以用修正液涂改

6. 我国法定药品质量标准指(　　)。

A.《中国药典》　　B. 国务院药品监督管理部门颁布的《药品标准》

C. 药品注册标准　　D. 临床前研究用药品质量标准

E. 企业内控质量标准

7.《中国药典》(2015 版)二部中药名的名称包括(　　)。

A. 拉丁名　　B. 中文名　　C. 英文名　　D. 化学名　　E. 商品名

四、配伍选择题

[1 ~ 5 题]

A. 称定　　B. 精密称定　　C. 量取　　D. 精密量取　　E. 称取“约”

1. 取用量不得超过规定量的 ±10% (　　)

2. 称取重量英准确至所取重量的千分之一(　　)

3. 称取重量英准确至所取重量的百分之一(　　)

4. 用符合国家规定的移液管量取(　　)

5. 可用量筒或按照量取体积的有效数位选用量具(　　)

[6～10 题]

A. 凡例　B. 品名目次　C. 正文　D. 通则　E. 索引

6. “通用检测方法”在《中国药典》(2015 版)四部的(　　)

7. 有关“精密度”的规定在《中国药典》(2015 版)二部的(　　)

8. 药品鉴别、检查和含量测定的标准在《中国药典》(2015 版)二部的(　　)

9. 英文索引在《中国药典》(2015 版)二部的(　　)

10. 标准溶液配制及标定在《中国药典》(2015 版)二部的(　　)

五、问答题

1. 药品的概念是什么？

2. 药物分析在药品的质量控制中担任着主要的任务是什么？

3. 常见的药品标准主要有哪些，各有何特点？

4.《中国药典》(2015 版)是怎样编排的？

5. 什么叫恒重，什么叫空白试验，什么叫标准品、对照品？

6. 药典的内容分哪几部分？新中国成立以来我国已经出版了几版药典？

7. 药品检验工作的基本程序是什么？

8. 中国药典和国外常用药典的现行版本及英文缩写分别是什么？

实训情景一　药品检验基本技能训练

【实训目的】

熟练掌握药物分析基本试验操作技术。

【实训内容】

(一)用品

(1)仪器：烧杯、量筒、滴定管、移液管、容量瓶、称量瓶、分析天平、紫外－可见分光光度计。

(2)试剂：重铬酸钾、浓硫酸。

(二)方法与步骤

1. 洗液的配制

称量10g重铬酸钾，放入烧杯中加水30mL，加热使溶解，沿杯壁缓缓加浓硫酸170mL，搅匀。

2. 仪器的洗涤

按规范要求清洗试验台面所有玻璃仪器，为后续试验做好准备。

3. 容量仪器的使用

(1)滴定管。

分类：①酸式滴定管，用于酸性或具有氧化性的滴定液；②碱式滴定管，用于碱性或具有还原性的滴定液；③自动滴定管，用于非水或水分测定(连有贮液瓶，能节省滴定液；可避免滴定液的挥发、污染)。

操作方法：洗涤(洗液、饮用水、纯化水)→涂凡士林(两头涂，同一方向旋转活塞，凡士林均匀透明)→试漏(装满水静置2min后观察，玻璃塞旋转180°再观察)→装滴定液(先荡洗2～3次，由试剂瓶直接加，不能借助于其他任何容器)→排气泡(酸式滴定管倾斜30°，左手迅速打开活塞使溶液冲出；碱式滴定管胶皮管向上弯曲，玻璃尖嘴斜向上方，两指挤压玻璃珠，使溶液从出口管喷出)→滴定操作(滴定管放置一般为碱左酸右，滴定时都是左手握管；边滴边振摇，同一方向圆周运动；平行测定起始位置应相同；沾在锥形瓶内壁的滴定液可用洗瓶冲下）→读数（放液后1～2min，取下滴定管读数，注意滴定管的垂直，视线水平）→整理（剩余滴定液不能倒回原瓶，洗净倒夹在滴定管架上）。

（2）容量瓶。

检漏（装满水，倒立2min；瓶塞旋转180°同法检测）→洗涤（洗液、饮用水、纯化水）→溶液配制（固体放烧杯中溶解，转入容量瓶，烧杯要用溶液冲洗3～4次；溶液的定量稀释：精密量取一定量直接加入容量瓶中，稀释至刻度）。

（3）移液管和吸量管。

移液管和吸量管（刻度吸管）都是用来准确量取一定体积的量器，均可精确到0.01mL。

滤纸吸尖端的水→待吸溶液转洗3次→左球右管→滤纸抹干管外液体→移液管垂直，尖端贴容器内壁，容器倾斜45°放液至刻线→放至洁净容器→停留15s（有“吹”则吹）→清洗干净放回移液管架。

4. 容量仪器的校正

（1）容器瓶的校正：将待校正的容量瓶洗净、干燥，取烧杯盛放一定量纯化水，容量瓶及纯化水同时放在天平室20min，使其与空气的温度一致，记下纯化水的温度。先将空的容量瓶连同瓶塞一起称定质量（可用万分之一天平称准至4位有效数字即可），然后加纯化水至刻度，注意刻度之上不可留有水珠，否则应用干燥滤纸擦干，塞上瓶塞，再称定质量，减去空瓶质量即得容量瓶中水的质量，按表1-2中温度换算后1mL水的质量来除，即得容量瓶容积的毫升数。

（2）移液管的校正：取一干燥锥形瓶，称定质量。然后取内壁已洗净的移液管，按照移液管的使用方法，吸取纯化水至刻度，将纯化水放入已称定质量的锥形瓶中，称定质量；记下纯化水的温度，从表1-2中查出水的密度，以此密度除放出的水的质量，即得到移液管的容积。

（3）滴定管的校正：取一干燥的50mL锥形瓶，称定质量。然后将待校正的滴定管装入纯净水至0.00刻度处，记下水的温度，从滴定管放下5.00mL的水至锥形瓶中（根据滴定管大小及管径均匀情况，每次可放5.00mL或10.00mL），精密读取滴定管读数至小数点后第2位。称定锥形瓶中水的质量，然后再放一定体积再称，如此一段一段地校正。然后从表1-2中查出水在试验温度时的密度，以此密度除放出水的质量，即得到真实容积。可将各段校正值列表备用。

表1-2　水在真空和空气中的密度

温度/℃	1mL 水在真空中质量/g	1mL 水在空气中质量/g
15		0.99792
16		0.99792
17	0.99897	0.99764
18	0.99880	0.99751
19	0.99862	0.99734
20	0.99843	0.99718
21	0.99823	0.99700
22	0.99802	0.99680
23	0.99880	0.99660
24	0.99857	0.99638
25	0.99832	0.99617
26	0.99807	0.99597
27	0.99881	0.99569
28	0.99854	0.99544
29	0.99826	0.99518
30	0.99897	0.99491
31	0.99867	0.99464
32		0.99434
33		0.99406
34		0.99375

校正试验每段必须重复1次，每次校正值的误差应小于0.01mL，校正时必须控制滴定管的流速，使每秒钟流出3～4滴，读数必须准确。在标准温度20℃时，滴定管的总容量和零至任意分量，以及任意两检定点之间的最大误差，均应符合规定。

5. 称量、溶解、转移、定容

精密称量供试品约0.1g，溶解、转移至容量瓶中，定容至刻度，取出适量，转移至另一容量瓶中，定容至刻度。

6. 紫外－可见分光光度计的使用

(1)熟悉仪器操作。

(2)扫描光谱图。

【实训注意】

1. 配制洗液的注意事项

配制洗液要用稍大一些的容器，避免硫酸飞溅。

2. 校正容量仪器的注意事项

(1)需校正的容量仪器必须洗净，溶液流下时，内壁不得挂水珠。

(2)需校正的滴定管或移液管，只需洗净不必干燥，容量瓶洗净后，必须干燥后才能校正。

(3)校正温度一般在15～25℃较好，校正中如温度有变化可查该温度下的修正值。

(4)校正所用的纯化水及欲校正的量器，至少提前1小时放至天平室，使温度恒定后，进行校正，以减少校正的误差。

(5)校正时用于称水的小锥形瓶，必须干净，瓶外干燥。

(6)校正滴定管前，滴定管与管尖端外面的水要除去，滴定管更不能漏水，酸式滴定管的玻璃塞应旋转自如。

(7)滴定管放水速度不宜过快，使每秒钟流下3～4滴(1min约10mL)，水液面放至需校正量上1cm时，应慢慢放下，使恰至所需刻度。读取读数时液面应与视线在同一水平面上，否则会因读数不正确而引起误差。

(8)一般每个容量仪器应同时校正2～3次，取其平均值。校正时，2次真实容量不得超过±0.01mL，或水重不得超过±10mg；10mL以下容器，水重不得超过±5.0mg。

3. 紫外－可见分光光度计使用的注意事项

(1)比色皿光滑面不可用手接触，倒进溶液后，可用吸水纸轻吸，再用擦镜纸擦，磨砂面则可用吸水纸擦。

(2)往比色皿中装溶液时，装到3/4即可。

(3)把比色皿放进吸收池室前需观察溶液中有无气泡，及外壁是否擦干净。另外，不可随便移动吸收池架，否则会影响通过吸收池的光路。

(4)吸收池室盖子不可打开太久，放进或取出溶液后需尽快合上，避免光电池受强光照射太久而缩短使用寿命。

(5)仪器显示“系统忙……”时，不可以按动操作面板上的按钮，防止导致系统处理混乱。测定过程中禁止震动桌面与仪器，以免影响光路。

(6)若仪器自检错误或发现问题时，应尽快告知老师处理，严禁自行操作。

4. 电子天平使用注意事项

(1)如进行精密度要求高的测定，天平需预热1h以上。

(2)不可把待称量的试剂直接放置称量盘上。称量容器需干燥后才使用，不得用外壁带水或已被污染的容器称量试剂。若称量有挥发性的物品，需把称量容器的盖子盖严。禁止称量湿的或腐蚀性的物品。

(3)不能用手直接接触称量瓶，需戴手套或用清洁的长纸条拿取，以免残留汗渍影响结果。

(4)不要在样品盘上装载过量称量物及碰撞样品盘，因易损坏天平承重口。

(5)禁止碰撞、移动天平和旋动天平两脚螺丝，测定中也不能震动台面。

(6)请勿冲击天平玻璃门把手。

(7)非装载称量物不能随意开启天平玻璃门，防止灰尘和湿气进入而影响称量结果。

(8)小心操作，勿把被称物洒落天平内，若不慎洒落，马上用干净柔软的刷子把其扫出。称量瓶外、称量盘上注意不能沾有粉末，因会影响称量的准确性及污染天平。

(9)天平一旦出现异常显示，应及时与带教老师联系，勿乱动按钮。

(10)带磁性物质不可接近天平。

(11)保持天平室桌面、地面清洁。

(12)使用天平后，如实填写天平使用登记本，交老师签名后放回原处，无须把电源插头拔出。

【实训检测】

(1)请查阅资料还有哪些洗液配制方法?

(2)容量仪器为何需要校正?

第二章　药物的性状检查与鉴别试验

第一节　药物的性状检查与物理常数测定

一、药物的性状检查概述

药物的性状反映了药物特有的物理性质，一般包括外观、溶解度和物理常数等。

(一) 外观

外观是指药物的晶型、聚集状态、色泽、臭、味等性质。如《中国药典》(2015 版) 中对维生素 C 的外观描述为“本品为白色结晶或结晶性粉末；无臭，味酸，久置色渐变黄；水溶液显酸性反应”。

(二) 物理常数

物理常数是评价药物质量的主要指标之一，其测定结果不仅对药品具有鉴别的意义，也可反映药品的纯度。《中国药典》(2015 版) 中收载的物理常数包括相对密度、馏程、熔点、溶解度、凝固点、比旋度、折光率、黏度、吸收系数、碘值、皂化值和酸值等。

二、物理常数测定法

物理常数是表示药物物理性质的重要特征常数，各种药物因分子结构以及聚集状态不同，物理常数也不同。物理常数是反映药品真伪优劣的一个方面，应结合各项检查以及含量测定来评价药品的质量。

(一) 溶解度

溶解度是药物的一种物理性质，在一定程度上反映了药物的纯度。《中国药典》(2015 版) 中采用极易溶解、易溶、溶解、略溶、微溶、极微溶解、几乎不溶或不溶等来描述药物在不同溶剂中的溶解性能。如《中国药典》(2015 版)中丙酸睾酮溶解度描述为“在三氯甲烷中极易溶解，在甲醇、乙醇或乙醚中易溶，在乙酸乙酯中溶解，在植物油中略溶，在水中不溶”。

试验法：除另有规定外，称取研成细粉的供试品或量取液体供试品，于一定容量的25℃ ±2℃溶剂中，每隔 5min 强力振摇 30s；观察 30min 内的溶解情况，如无目视可见的溶质颗粒或液滴时，即视为完全溶解。

(二)熔点测定法

1. 基本原理

熔点是指一种物质按规定方法测定，由固相熔化成液相的温度或融熔同时分解的温度或在熔化时初熔至全熔经历的温度范围。融熔同时分解是指某一药品在一定温度产生的气泡、上升、变色或浑浊等现象。

测定熔点的药品应是遇热晶型不转化，其初熔点和终熔点容易分辨的药品。测定熔点可以鉴别药物，检查药物的纯杂程度。

2. 测定方法

依照供试品性质不同，测定法可以分为 3 种：测定易粉碎的固体供试品、不易粉碎的固体供试品、凡士林及其类似物质。3 种方法中最常用的方法为第一法，一般未注明者均指第一法。

3. 注意事项

(1)测定时根据供试品熔融同时分解与否，调节传温液的升温速度为 2.5 ~ 3.0℃/min 或 1.0 ~1.5℃/min。

(2)要求报告“初熔”(供试品毛细管内开始局部液化出现明显液滴时的温度)和“全熔”(供试品全部液化时的温度)。

(3)对难以判断熔点或熔融同时分解的品种应同时采用热分析方法进行比较研究。

4. 应用

熔点测定法主要用于许多固体药物的鉴别和纯度判断。药物的熔点也收载在《中国药典》的性状项中。用测定的结果与《中国药典》(2015 版)中药物的熔点比较是否一致，以判断是否符合规定。如《中国药典》(2015 版)中十一酸睾酮要求熔点为 60 ~63℃；氢溴酸东莨菪碱要求熔点为 195 ~199℃，熔融同时分解。

(三)旋光度测定法

许多有机药物结构中含有不对称手性碳原子，具有旋光现象。利用测定药物的旋光度进行药物鉴别、杂质检查和含量测定的分析方法称为旋光度测定法。旋光度测定法具有操作简便、快速等优点。

1. 基本原理

平面偏振光通过含有某些光学活性的化合物液体或溶液时，能引起旋光现象，使偏振光的平面向左或向右旋转，旋转的度数称为旋光度。偏振光透过长1dm且每1mL中含有旋光物质1g的溶液，在一定波长与温度下测得的旋光度称为比旋度。比旋度为旋光物质的特性常数。因此，测定物质的比旋度可以鉴别或检查某些药品的纯杂程度，亦可用以测定某些药物的含量。

使偏振光向右旋转(顺时针方向)为右旋，以"+"符号表示；使偏振光向左旋转(反时针方向)为左旋，以"-"符号表示。用同法读取旋光度3次，取3次的平均数，照下列公式计算，即得供试品的比旋度。

$$\text{液体样品}[\alpha]_D^t = \frac{\alpha}{l \times c} \tag{2-1}$$

$$\text{固体样品}[\alpha]_D^t = \frac{100 \times \alpha}{l \times C} \tag{2-2}$$

式中 $[\alpha]_D^t$——比旋度；

α——试验测得的旋光度值；

C——供试品溶液的浓度，g/100mL；

l——测定管的长度，dm；

D——钠光谱的D线(589.3nm)；

t——测定温度，规定测定温度为20℃。

除另有规定外，《中国药典》(2015版)中本法采用钠光谱的D线(589.3nm)测定旋光度，测定管长度为1dm(如使用其他管长，应进行换算)，测定温度为20℃，使用读数至0.01°并经过检定的旋光计。旋光度的测定可采用自动旋光仪和目视旋光仪进测定。

2. 注意事项

(1)在测定旋光度时，应严格按照药典或文献记载的条件进行，方可获得准确的结果。

(2)测定前以溶剂作空白校正，测定后再校正1次，以确定测定时零点有无变动；如第二次校正时发现零点有变动，应重新测定旋光度。

(3)配制溶液及测定时，应调节温度为20℃±0.5℃(或各药品项下规定的温度)。

(4)供试溶液应不显浑浊或含有混悬的小颗粒，如有上述现象，应预先过滤，并弃去初滤液。

3. 应用

旋光度测定法主要用于药物鉴别，也用于药物的杂质检查和含量测定。

(1)药物的鉴别：在规定条件下药物的比旋度是一常数，因此，药物的比旋度是进行旋光性物质鉴别的依据。通常在规定条件下测定供试品的旋光度，再计算供试品的比旋度，用测定的结果与《中国药典》(2015 版)中旋光性物质的比旋度比较是否一致，以判断是否符合规定。

(2)药物的杂质检查：某些药物本身无旋光性，而所含杂质具有旋光性，所以可通过控制供试液的旋光度大小来控制杂质的限量。《中国药典》(2015 版)对硫酸阿托品中莨菪碱杂质的检查采用旋光度法。

(3)药物的含量测定：具有旋光性的药物，在一定浓度范围内药物的浓度与旋光度成正比，因此可用旋光度测定法对具有旋光性的药物进行含量测定。《中国药典》(2015 版)中对葡萄糖注射液和葡萄糖氯化钠注射液的含量测定采用旋光度测定法。

(四)pH 测定法

1. 基本原理

《中国药典》(2015 版)规定 pH 测定法采用电位法。电位法测定溶液的 pH，一般采用饱和甘汞电极作参比电极，用玻璃电极作指示电极，将两个电极插入待测溶液中组成原电池，根据能斯特方程式，pH 按下式测定

$$pH = \frac{pH_S + (E - E_s)}{k} \tag{2-3}$$

式中　E——含有待测溶液(pH)的原电池电动势，V；

E_s——含有标准缓冲液(pH_S)的原电池电动势，V；

k——与温度 t(℃)有关的常数[$k = 0.05916 + 0.000198(t - 25)$]。

由于待测物的电离常数、介质的介电常数和液体接界电位等诸多因素均可影响 pH 的准确测量，所以试验测得的数值只是溶液的表观 pH，它不能作为溶液氢离子活度的严格表征。尽管如此，只要待测溶液与标准缓冲液的组成足够接近($\Delta pH < 3$)，由上式测得的 pH 与溶液的真实 pH 还是颇为接近的，因此测量时选用的标准缓冲溶液的 pH_S 应尽量与待测溶液的 pH 接近。

2. 注意事项

(1)测定 pH 是否准确，直接依赖于所使用的标准缓冲液的准确度，所以

测定前，须按各品种项下的规定，选择两种 pH 相差约 3 个 pH 单位的标准缓冲液，并使供试液的 pH 处于两者之间。取与供试液 pH 较接近的第一种标准缓冲液对仪器进行校正（定位），使仪器示值与表列数值一致，仪器定位后，再用第二种标准缓冲液核对仪器示值，误差应不大于 ±0.02 个 pH 单位。若大于此偏差，则应小心调节斜率，使示值与第二种标准缓冲液的表列数值相符。重复上述定位与斜率调节操作，至仪器示值与标准缓冲液的规定数值相差不大于 0.02 个 pH 单位。否则，需检查仪器或更换电极后，再行校正至符合要求。

（2）对弱缓冲或无缓冲作用溶液的 pH 测定，可先采用邻苯二甲酸盐标准缓冲液对仪器进行校正后测定供试液，并重取供试液再次测定，直至 pH 的读数在 1min 内改变不超过 ±0.05 为止；然后再用硼砂标准缓冲液校正仪器，再如上法测定；两次 pH 的读数相差应不超过 0.1，结果取两次读数的平均值。

（3）测定 pH >9 的溶液时，应避免玻璃电极的钠误差，选择适合的玻璃电极测定。有些玻璃电极反应速度较慢，特别是对弱缓冲液需数分钟后才能平衡，因此测定时必须将供试液轻轻振摇均匀，稍停再读数。

（4）因潮湿和接触不良易引起漏电与读数不稳，特别是玻璃电极系统的导线插头和读数开关，故电极架与盛溶液的烧杯外部均应保持干燥。

（5）甘汞电极不用时应将加液口塞住，下面用胶套封好。新加入饱和氯化钾溶液后，应等几个小时，待电极电位稳定后再用。使用时应将电极加液口塞子和下端套子拿掉。氯化钾溶液干涸后的电极，加氯化钾溶液后，应核对电极电位是否准确后再使用。

（6）配制标准缓冲液与溶解供试品的水应是新沸过并放冷的纯化水，其 pH 应为 5.5 ~7.0。

（7）每次更换标准缓冲液或供试液前，应用纯化水充分洗涤电极，然后将水吸尽，也可用所换的标准缓冲液或供试液洗涤。

（8）标准缓冲液一般可保存 2 ~3 个月，当发现有浑浊、发霉或沉淀等现象时，不能继续使用。

3. 应用

pH 测定法是测定药品水溶液中氢离子浓度的一种方法，是药品检查项下采用较多的指标之一。无论被测溶液本身有无颜色，有无氧化性或是还原性，都可以测定。在药物检验中广泛应用于注射剂、滴眼液和原料药物的酸碱度检查。

（五）折光率

光线自一种透明介质进入另一种透明介质时，由于两种介质的密度不同，光的行进速度会发生变化，从而发生折射。折光率是指光线在空气中行进的速度与在供试品中行进速度的比值，根据折射定律，折光率为入射角的正弦与折射角的正弦的比值：

$$n = \frac{\sin i}{\sin r} \tag{2-4}$$

式中　n——折光率；

$\sin i$——光线的入射角的正弦；

$\sin r$——光线的折射角的正弦。

某些液体药物，尤其是植物油，对光折射具有特定的折光率，折光率因而常作为这些药物的重要物理常数。折光率常用阿贝折射仪测定。在测定前，仪器读数需用校正用棱镜或水进行校正，水的折光率在 20℃ 时为 1.3330，25℃ 时为 1.3325，40℃ 时为 1.3305。由于物质的折光率随温度或光线波长的不同而改变，透光物质的温度升高，折光率变小；光线的波长越短，折光率越大，故折光率以 n_D^t 表示。《中国药典》（2015 版）采用钠光 D 线（589.3nm）测定供试品相对于空气的折光率，除另有规定外，供试品温度为 20℃，测定用的折射计需能读数至 0.0001，测量范围在 1.3～1.7。如用阿贝折射计或与其相当的仪器，测定前应调节温度至 20℃ ±0.5℃，测量后再重复读数 2 次，3 次读数的平均值即得供试品的折光率。

测定折光率可以区别不同的油类或检查某些药品的纯杂程度。例如药典中的挥发油、油脂和有机溶剂等性状项下都列有折光率这一项。《中国药典》（2015 版）对所收载的维生素 E、维生素 K_1、苯丙醇也以折光率数值为指标参数，如规定维生素 E 的折光率应为 1.494～1.499。

（六）相对密度测定法

相对密度测定法是指相同的温度、压力条件下，通过测定某液体药品的密度与水的密度之比，从而达到对该药品进行鉴别和纯度判断的目的。除另有规定外，测定时温度一般为 20℃。根据使用仪器不同，相对密度测定法可分为比重瓶法、韦氏比重秤法和比重计法。《中国药典》（2015 版）附录中收载的方法是比重瓶法、韦氏比重秤法。测定液体药品的相对密度一般用比重瓶法测定，测定易挥发液体的相对密度可用韦氏比重秤法。

第二节　药物的鉴别试验

一、鉴别的目的、意义

药物鉴别是根据药物的组成、结构、理化性质，利用物理化学及生物学等方法来判断药物真伪的分析方法。药物鉴别的主要目的就是判断药物的真伪，有时通过鉴别也能检查药物的纯度。药物鉴别是药品质量控制的一个环节，是保证药品安全、有效的前提条件，是药品检验中的首项工作。

二、分类

(一)一般鉴别试验

一般鉴别试验是依据某一类药物的化学结构、理化性质的特征，通过化学反应鉴别药物的真伪。对无机药物是根据其组成的阴离子和阳离子的特性反应；对有机药物则大多数采用药物的官能团反应。因此，一般鉴别试验只能证实是某一类药物，而不能证实是某一个药物。

《中国药典》(2015 版)四部收载的一般鉴别试验包括的项目有芳香第一胺类、苯甲酸盐、丙二酰脲类、托烷生物碱类等各种盐类。现以几个典型的一般鉴别试验为例进行说明。

1. 芳香第一胺类

取供试品约 50mg，加稀盐酸 1mL，必要时缓缓煮沸使溶解，放冷，加 0.1mol/L 亚硝酸钠溶液数滴，滴加碱性 β－萘酚试液数滴，视供试品不同，生成由橙黄到猩红色沉淀。

反应原理：重氮化－偶合反应。具有芳伯氨基的药物，在盐酸酸性条件下，与亚硝酸钠反应生成重氮盐；再在碱性条件下，与 β-苯酚偶合生成颜色鲜艳的偶氮染料。

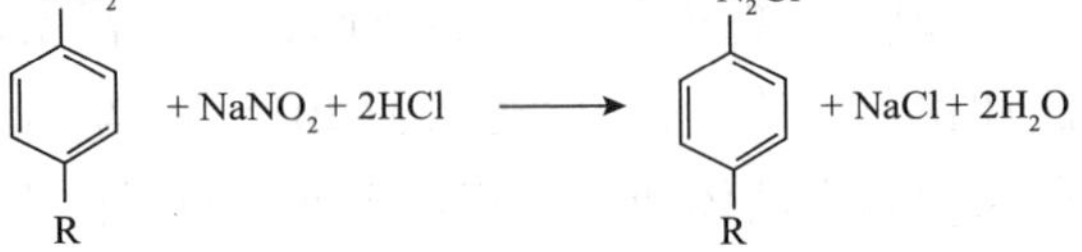

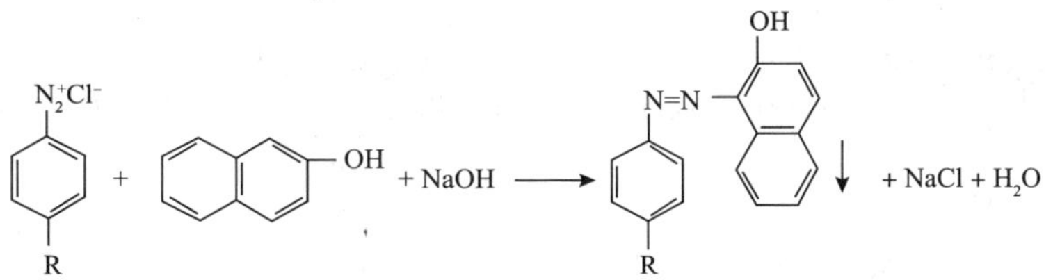

2. 苯甲酸盐

(1)取供试品的中性溶液，滴加三氯化铁试液，即生成赭色沉淀；再加稀盐酸，变为白色沉淀。

(2)取供试品，置干燥试管中，加硫酸后，加热，不炭化，但析出苯甲酸，并在试管内壁凝结成白色升华物。

3. 钠盐

(1)取铂丝，用盐酸湿润后，蘸取供试品，在无色火焰中燃烧，火焰即显鲜黄色。

(2)取供试品约100mg，置10mL试管中，加水2mL溶解，加15%碳酸钾溶液2mL，加热至沸，应不得有沉淀生成；加焦锑酸钾试液4mL，加热至沸，置冰水中冷却，必要时，用玻璃摩擦试管内壁，应有致密的沉淀生成。

4. 硫酸盐

(1)取供试品溶液，滴加氯化钡试液，即生成白色沉淀；分离，沉淀在盐酸或硝酸中均不溶解。

(2)取供试品溶液，滴加醋酸铅试液，即生成白色沉淀；分离，沉淀在醋酸铵试液或氢氧化钠试液中溶解。

(3)取供试品溶液，加盐酸，不生成白色沉淀(与硫代硫酸盐区别)。

5. 氯化物

(1)取供试品溶液，加稀硝酸使成酸性后，滴加硝酸银试液，即生成白色凝乳状沉淀；分离，沉淀加氨试液即溶解，再加稀硝酸酸化后，沉淀复生成。如供试品为生物碱或其他有机碱的盐酸盐，须先加氨试液使成碱性，将析出的沉淀过滤除去，取滤液进行试验。

(2)取供试品少量，置试管中，加等量的二氧化锰，混匀，加硫酸湿润，缓缓加热，即产生氯气，能使用水湿润的碘化钾淀粉试纸显蓝色。

6. 丙二酰脲类

(1)取供试品约0.1g，加碳酸钠试液1mL与水10mL，振摇2min，过滤，滤液中逐滴加入硝酸银试液，即生成白色沉淀，振摇，沉淀即溶解；继续滴加过量的硝酸银试液，沉淀不再溶解。

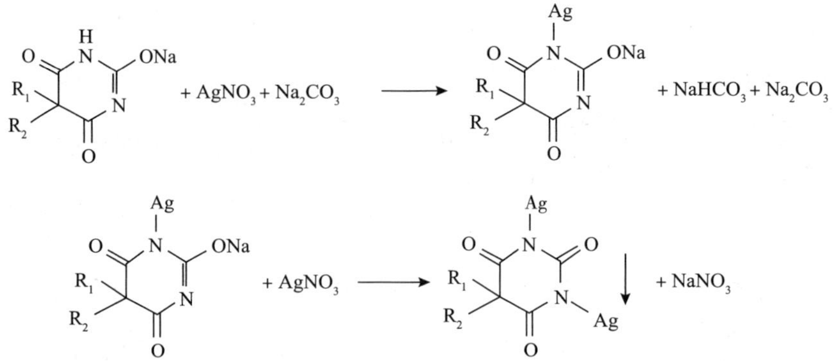

反应原理：含有丙二酰脲类结构(二酰亚胺基团，—CONHCONHCO—)的药物，在适当的碱性条件下，可与某些重金属离子发生反应，生成可溶性或不溶性的有色物质。如在碳酸钠溶液中，与硝酸银作用，生成可溶性的一银盐；继续与硝酸银作用则生成不溶性的二银盐白色沉淀。

(2)取供试品约 50mg，加吡啶溶液(1→10)5mL，溶解后，加铜吡啶试液 1mL，即显紫色或生成紫色沉淀。反应原理：丙二酰脲在吡啶溶液中，与铜盐作用，显紫堇色(Zwikker 反应)。

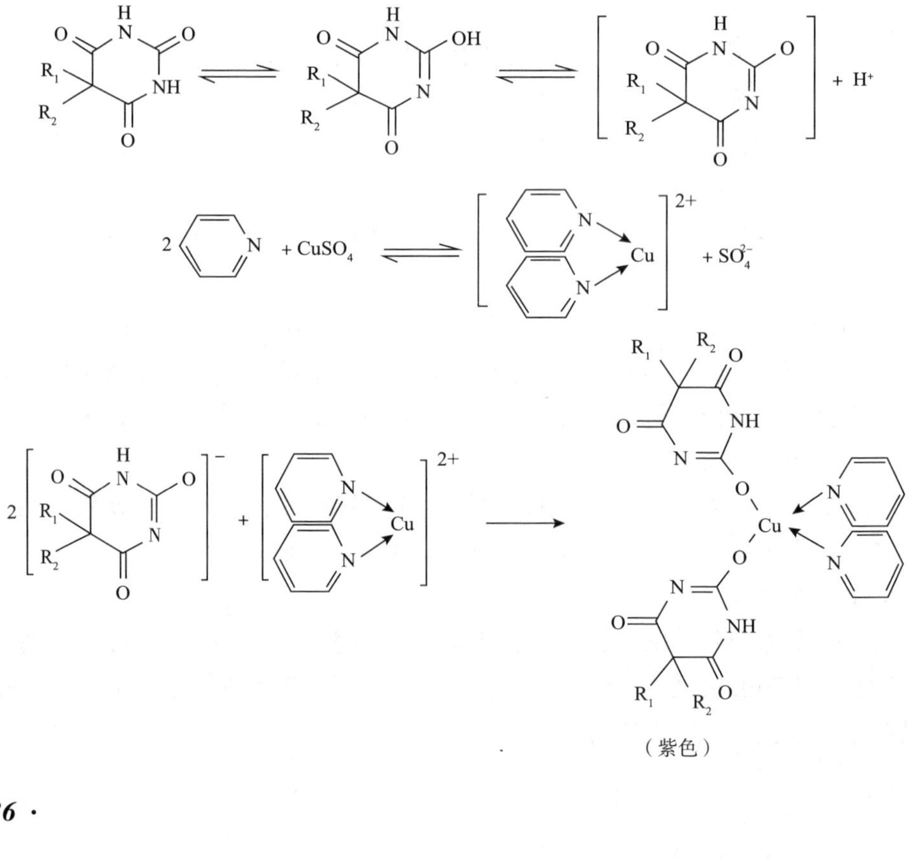

(紫色)

7. 托烷生物碱类的鉴别

取供试品约10mg，加发烟硝酸5滴，置水浴上蒸干，得黄色的残渣，放冷，加乙醇2～3滴湿润，加固体氢氧化钾一小粒，即显深紫色。

反应原理：托烷生物碱类(Tropane Alkaloids)均具有莨菪酸结构，可发生Vitali反应，水解后生成莨菪酸，经发烟硝酸加热处理，转变为三硝基衍生物，再与氢氧化钾醇溶液作用，转变为醌型产物而显深紫色。

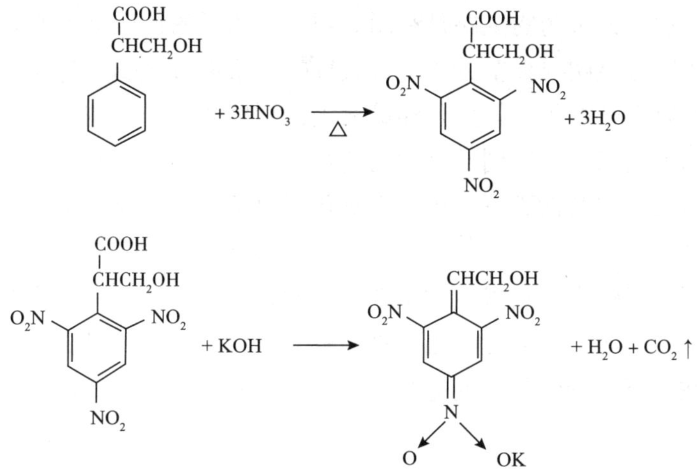

(二)专属鉴别试验

药物的专属鉴别试验是证实某一种药物的依据，它是根据每一种药物化学结构上的差异所引起的物理化学特性，选用某些特有的灵敏度高的反应，来鉴别药物的真伪。如吡啶类药物含有吡啶环的相同母核，可根据吡啶环母核上取代基不同，而具有不同的理化性质来鉴别不同的吡啶类药物。例如：异烟肼吡啶环上连有肼基，利用其肼基的还原性进行专属鉴别试验的确证鉴别；尼可刹米吡啶环上连有酰胺键，利用其酰胺键在碱性条件下水解反应进行专属鉴别的确证鉴别。

一般鉴别试验与专属鉴别试验的不同点在于，一般鉴别试验是以某些药物的共同化学结构为依据，根据相同的物理化学性质进行药物真伪的鉴别，以区别不同类别的药物。而专属鉴别试验则是在一般鉴别试验的基础上，利用各种药物的化学结构差异来鉴别药物，以区别具有相同化学结构中的某一个药物，达到最终确证药物真伪的目的。

三、鉴别的方法

药物鉴别的方法主要有理化鉴别法、色谱法和生物学法等。对于中药材及其提取物与制剂常采用的鉴别方法还有纤维鉴别法和特征图谱或指纹图谱鉴别法等。

(一)理化鉴别方法

理化鉴别法是根据药物与化学试剂在一定条件下发生化学反应所产生的颜色、沉淀、气体、荧光等现象，鉴别药物真伪的方法。如果供试品按质量标准中鉴别项目的要求进行鉴别，若反应现象相同，则认定为同一种药物。

理化鉴别法对无机药物主要是利用其阴、阳离子的性质进行鉴别；对有机药物主要是利用其官能团或整个分子结构表现的性质进行鉴别。如无机药物氯化钠的鉴别，就是鉴别其是否有氯离子和钠离子，利用氯离子和钠离子的性质进行鉴别；如有机药物葡萄糖的鉴别，是利用葡萄糖分子结构中具有醛基，而醛基具有还原性，能与氧化剂碱性酒石酸铜发生氧化还原反应，生成氧化亚铜的红色沉淀进行鉴别。

理化鉴别法要注意鉴别试验的条件。影响鉴别反应的因素主要有发生化学反应时溶液的浓度、溶液的温度、溶液的酸碱度、反应时间和共存的干扰物质等。化学鉴别法在选择鉴别的化学反应时要注意其反应的灵敏性和专属性。

(二)光谱法

1. 紫外－可见分光光度鉴别法

(1)紫外－可见分光光度鉴别法的概念：紫外－可见分光光度鉴别法是通过测定药物在紫外－可见光区(200～760nm)的吸收光谱特征对药物进行鉴别的方法。

(2)鉴别的主要依据：含有共轭体系的有机药物在紫外-可见光区有特征吸收，可根据药物的吸收光谱特征，如吸收光谱的形状、最大吸收波长、吸收峰数目、各吸收峰的位置、强度和相应的吸收系数等进行分析，最大吸收波长和吸收系数是鉴别药物的常用参数。

(3)常用的鉴别方法。

①比较吸收系数($E_{1cm}^{1\%}$)的一致性：不同的药物，可有相同的λ_{max}值，但因分子量不同，其$E_{1cm}^{1\%}$值有明显差异。因此，$E_{1cm}^{1\%}$作为化合物的特性常数，常用于药物鉴别。如《中国药典》(2015 版)规定，贝诺酯加无水乙醇制成每 1mL 约含 7.5μg 的溶液，在 240nm 处有最大吸收，相应的吸收系数($E_{1cm}^{1\%}$)应为 730～760。

②比较吸光度比值的一致性：有些药物的吸收峰虽较多，但各峰对应的吸光度的比值是一定的，可作为鉴别的标准。如《中国药典》(2015 版)中硝西泮的鉴

别：硝西泮加无水乙醇制成每 1mL 约含 8μg 的溶液，在 220、260 与 310nm 波长处有最大吸收，规定 260nm 与 310nm 波长处的吸光度的比值应为 1.45～1.65。

③比较吸收光谱特性的一致性：利用药物具有紫外吸收的特性或利用药物经化学处理后，测定其反应产物的吸收特性进行鉴别。如《中国药典》(2015 版)中氟胞嘧啶的鉴别：取氟胞嘧啶适量，加盐酸溶液(9→100)，溶解并稀释制成每 1mL 中约含 10μg 的溶液，在 286nm 波长处有最大吸收，吸光度约为 0.71。

用紫外－可见分光光度法鉴别药物时，对仪器的准确度要求很高，必须按要求严格校正合格后方可使用，样品的纯度必须达到要求才能测定。

2. 红外分光光度鉴别法

(1)红外分光光度鉴别法的概念：红外分光光度鉴别法是通过测定药物在红外光区(2.5～25μm)的吸收光谱对药物进行鉴别的方法。有机药物的组成、结构、官能团不同时，其红外光谱也不同。药物的红外光谱能反映出药物分子的结构特点，所以红外分光光度鉴别法具有专属性强、准确度高、应用广的特点，是验证已知药物的有效方法。本方法主要用于组分单一或结构明确的原料药，特别适用于用其他方法不易区分的同类药物的鉴别，如磺胺类、甾体激素类和半合成抗生素类等药物的鉴别。

(2)鉴别的主要依据：用红外分光光度法鉴别药物时，《中国药典》(2015 版)均采用标准图谱对照法。即按规定条件测定供试品的红外吸收光谱图，将测得的供试品的红外吸收光谱图与《药品红外光谱集》中的相应标准图谱对比，对比的主要参数是吸收峰的位置和强度，另外还需分析特征区与指纹区的峰形特点。

①吸收峰的位置(峰位)：即振动能级跃迁所吸收的红外线的波长或波数，常通过分析某些波数处有无吸收带出现在鉴定某些化学基团的存在与否。

②吸收峰的强度(峰强)：系指吸收峰的相对强度或摩尔系数的大小，一般极性大的化学键比极性小的化学键的吸收峰要强，如羰基的特征峰在整个图谱中总是最强峰之一。

③特征区与指纹区：在进行红外图谱的解析时，常将其分为九个重要区段。其中，将波数 4000～1250cm^{-1}(波长 2.5～8.0μm)的区间称为特征区，将波数 1250～400cm^{-1}(波长 8.0～25μm)的区间称为指纹区。特征区中的吸收峰大多是由基团的伸缩振动产生，吸收峰较稀疏，但具有很强的特征性，因此在基团鉴定工作上非常重要。如羰基，不论是在酮、酸、酯或酰胺等类化合物中，其伸缩振动总是在 5.9μm 左右出现一个强吸收峰，如谱图中 5.9μm 左右有一个强吸收峰，

则大致可以断定分子中有羰基。指纹区的吸收峰多而复杂，没有强的特征性，主要是由一些单键C—O、C—N和C—X(卤素原子)等的伸缩振动及C—H、O—H等含氢基团的弯曲振动以及C—C骨架振动产生。当分子结构稍有不同时，该区的吸收就有细微的差异。此种情况就好像人类的指纹，因而称为指纹区。指纹区对于区别结构类似的化合物有重要意义。

(3)供试品的制备及测定。

①原料药鉴别：除另有规定外，应按照国家药典委员会编订的《药品红外光谱集》收载的各光谱图所规定的制备方法制备供试品。

②制剂鉴别：药典品种下明确规定了供试品的处理方法。若处理后辅料无干扰，则可直接与原料药的标准光谱进行对比；若辅料仍存在不同程度的干扰，则可参照原料药的标准光谱在指纹区内选择3~5个辅料无干扰的待测成分的特征吸收峰，列出它们的波数位置作为鉴别依据，实测谱带的波数误差应小于规定波数的0.5%。

(4)注意事项。

①药典各品种项下规定“应与对照的图谱(光谱集××图)一致”，系指《药品红外光谱集》第一卷(1995年版)、第二卷(2000年版)、第三卷(2005年版)、第四卷(2010年版)和第五卷(2015年版)的图谱。同一化合物的图谱若在不同卷上均有收载时，则以后卷所收载的光谱为准。

②具有多晶型现象的固体药品，由于供测定的供试品晶型可能不同，导致绘制的光谱图与《药品红外光谱集》所收载的光谱图不一致。遇此情况，应按该药品光谱图中备注的方法或各品种项下规定的方法进行预处理后再绘制比对。如未规定药用晶型与合适的预处理方法，则可使用对照品，并采用适当的溶剂对供试品与对照品在相同条件下同时进行重结晶后，再依法测定比对。如已规定药用晶型的，则应采用相应药用晶型的对照品依法对比。

③由于各种型号的仪器性能不同，供试品制备时研磨程度的差异或吸水程度不同等原因，均会影响光谱的形状。因此，进行光谱比对时，应考虑各种因素可能造成的影响。

(三)色谱法

1. 色谱鉴别法的概念

色谱鉴别法是利用药物在一定色谱条件下，产生特征色谱行为(比移值或保留时间)进行鉴别试验，比较色谱行为和检测结果是否与药品质量标准一致来验证药物真伪的方法。

2. 常用的色谱鉴别方法

(1)薄层色谱法。

①概念：薄层色谱法是将供试品溶液点样于薄层板上，经展开、检视后所得的色谱图，与适宜的对照物按同法所得的色谱图作对比，进行药物的鉴别。

②测定法：可采用与同浓度的对照品溶液，在同一块薄层板上点样、展开与检视，供试品溶液所显的主斑点的颜色(或荧光)和位置(R_f)应与对照品溶液所显的主斑点一致，而且主斑点的大小与颜色的深浅也应大致相同。或采用供试品溶液与对照品溶液等体积混合，应显示单一、紧密的斑点。或选用与供试品化学结构相似的药物对照品与供试品溶液的主斑点比较，两者 R_f 应不同，或将上述两种溶液等体积混合，应显示两个清晰分离的斑点，来鉴别药物。

如《中国药典》(2015 版)中盐酸异丙嗪注射液的鉴别：取本品 10mL，置 25mL 量瓶中，加甲醇 – 二乙胺(95∶5)稀释至刻度，摇匀，作为供试品溶液；另取盐酸异丙嗪对照品适量，加甲醇 – 二乙胺(95∶5)制成每 1mL 中约含 10mg 的溶液，作为对照溶液。按照薄层色谱法试验，吸取上述两种溶液各 10μL，分别点于同一硅胶 GF_{254} 薄层板上，以己烷 – 丙酮 – 二乙胺(8.5∶1∶0.5)为展开剂，展开，晾干，置紫外光灯(254nm)下检视。供试品溶液所显主斑点的颜色和位置应与对照溶液的主斑点相同。

(2)纸色谱法：纸色谱法是以纸为载体，以纸上所含水分或其他物质为固定相，用展开剂进行展开的分配色谱。供试品经展开后，可用比移值(R_f)表示其各组分的位置，但由于影响比移值的因素较多，因而一般采用在相同试验条件下与对照物质对比以确定其异同。药品鉴别时，供试品在色谱图中所显主斑点的位置和颜色(或荧光)应与对照品在色谱图中所显示的主斑点相同。

(3)气相色谱法：气相色谱法是采用气体为流动相(载气)流经装有填充剂的色谱柱进行分离测定的色谱方法。药物或其衍生物汽化后，被载气带入色谱柱进行分离，各组分先后进入检测器，用记录仪、积分仪或数据处理系统记录色谱信号。在气相色谱分析中，因在一定操作条件下被分析药物在色谱柱上的保留值(保留时间和保留体积)是不变的，故可用保留值进行药物的鉴别，最常用的是以保留时间来作鉴别。

(4)高效液相色谱法：高效液相色谱法是采用高压输液泵将规定的流动相泵入装有填充剂的色谱柱进行分离测定的色谱方法。注入的供试品由流动相带入柱内，各成分在柱内被分离，并依次进入检测器，由记录仪、积分仪或数据处理系统记录色谱信号。药物鉴别时，按高效液相色谱条件进行试验，要求供试品和对照品色谱峰的保留时间一致。若含量测定方法为内标法时，可要求供试品溶液和对照品溶液色谱图中待测成分峰的保留时间与内标峰的保留时间比值应相同。如《中国药典》(2015 版)中头孢噻吩钠的鉴别，要求在含量测定项下记录的色谱图中，供试品溶液主峰的保留时间应与对照品溶液主峰的保留时间一致。

习　题　二

一、填空题

1. 具有旋光性的药物，结构中应含有(　　)。

2. 测定 pH 时，通常选择两种标准缓冲液的 pH 约相差(　　)个 pH 单位。

3. 溶解度测定法中，溶剂温度为(　　)，每隔(　　)分钟，强力振摇(　　)秒，观察(　　)分钟内的溶解情况。

二、单项选择题

1. 下列叙述中不正确的说法是(　　)。

A. 鉴别反应完成需要一定时间　　B. 鉴别反应不必考虑“量”的问题

C. 鉴别反应需要有一定的专属性　　D. 鉴别反应需在一定条件下进行

E. 温度对鉴别反应有影响

2. 药物杂质限量检查的结果是 1.0ppm，表示(　　)。

A. 药物中杂质的重量是 1.0μg

B. 在检查中用了 1.0g 供试品，检出了 1.0μg

C. 在检查中用了 2.0g 供试品，检出了 2.0μg

D. 在检查中用了 3.0g 供试品，检出了 3.0μg

E. 药物所含杂质的重量是药物本身重量的百万分之一

3. 下列关于药物纯度的叙述正确的是(　　)。

A. 优级纯试剂可替代药物使用

B. 药物的纯度标准主要依据药物的性质而定

C. 药物纯度是指药物中所含杂质及其最高限量的规定

D. 物理常数不能反映药物纯度

4. 药物鉴别主要目的是(　　)。

A. 判断药物优劣　　B. 判断药物真伪

C. 确定有效成分含量　　D. 判断未知物组成和结构

5. 下列叙述与药物鉴别特点相符的是(　　)。

A. 为已知药物的确证试验

B. 是个别分析而不是系统试验

C. 是鉴定未知药物的组成和结构

D. 制剂鉴别主要附加成分和各有效成分之间的相互干扰

6. 下列不属于物理常数的是(　　)。

A. 折光率　B. 旋光度　C. 比旋度　D. 相对密度

7. 红外分光光度法用于药物的(　　)。

A. 性状观测　B. 鉴别　C. 检查　D. 含量测定

E. 检查和含量测定

8. 药物的鉴别试验可以用来证明已知药物的(　　)。

A. 真伪　B. 优劣　C. 纯度　D. 品质

9. 高效液相色谱法鉴别药物的参数是(　　)。

A. 峰面积　B. 峰高　C. 分离度　D. 主峰保留值

E. 峰高比值

10. 外观性状是对药品的色泽和(　　)的规定。

A. 气味　B. 外表感观　C. 味道　D. 光泽

11. 下列对"一般鉴别试验"的叙述不正确的是(　　)。

A. 是利用同类药物化学结构的特征来鉴别药物

B. 只能证实是某一类药物

C. 仅供确认药品质量标准中的某一种药物

D. 对有机药物多采用典型的官能团反应

E. 是以某一类药物的化学结构及其理化性质为依据，通过化学反应来鉴别药物真伪

12. 三氯化铁反应属于(　　)。

A. 荧光反应　B. 沉淀反应　C. 焰色反应　D. 显色反应

13. 熔点是指固体物质在一定条件下加热(　　)。

A. 开始初熔时的温度　B. 固体刚好融化一半时的温度

C. 分解时的温度　D. 开始初熔至全熔时的温度范围

E. 被测物晶型转化时的温度

14.《中国药典》(2015 版)规定液体药物相对密度的测定以下列哪种物质为参考物质(　　)。

A. 乙醇　B. 乙醚　C. 纯化水　D. 甲苯　E. 三氯甲烷

15. 迪恩酚软膏的鉴别方法为：取含量测定项下的溶液，照紫外－可见分光光度法测定，供试品溶液在 440～470nm 波长范围内的吸收光谱应与对照品溶液的吸收光谱一致。该法是利用(　　)进行鉴别的。

A. 供试品与对照品吸收光谱的一致性

B. 最大吸收波长和吸收系数的一致性

C. 最大、最小吸收波长的一致性

D. 最大、最小吸收波长和相应吸收光度比值的一致性

16.《中国药典》质量标准中既可用于药物鉴别，又能反映药物纯净程度的是(　　)。

A. 外观　B. 物理常数　C. 鉴别　D. 检查　E. 含量测定

17. 下列不属于物理常数的是(　　)。

A. 折光率　B. 旋光度　C. 比旋度　D. 相对密度　E. 黏度

18.《中国药典》(2015 版)表示物质的旋光性常采用的物理常数是(　　)。

A. 旋光度　B. 比旋度　C. 溶液浓度　D. 液层厚度　E. 波长

三、多项选择题

1. 性状项下一般记载药品的(　　)。

A. 外观　B. 臭、味　C. 一般稳定性　D. 溶解度　E. 物理常数

2. 影响旋光度测定的主要因素包括(　　)。

A. 浓度　B. 温度　C. 压强　D. 波长　E. 液层厚度

3. 常用药物鉴别的方法有(　　)。

A. 化学鉴别法　B. 红外光谱鉴别法

C. 薄层色谱鉴别法　D. 高效液相色谱鉴别法

E. 紫外光谱鉴别法

4. 药物鉴别中常用的光谱鉴别法指(　　)。

A. 紫外 - 可见分光光度法　B. 红外分光光度法

C. 薄层色谱法　D. 高效液相色谱法

E. 气相色谱法

四、配伍题

[1 ~ 3 题]

A. 液体物质的鉴别　B. 高分子液体物质的鉴别

C. 受热晶型不转化固体药物的鉴别　D. 旋光性物质的鉴别或含量测定

E. 测定挥发性小或不挥发液体的相对密度

1. 比重瓶法适用于(　　)

2. 熔点测定法可用于(　　)

3. 旋光度测定法可用于(　　)

五、名词解释

1. 药物的鉴别试验

2. 一般鉴别试验

3. 专属鉴别试验

4. 色谱鉴别法

实训情景二　化学药物的鉴别

【实训目的】

(1)掌握几种常见化学药物的鉴别方法和原理。

(2)熟练地进行几种常见化学药物鉴别试验的操作。

(3)能作出正确的结果判断。

【实训内容】

(一)用品

(1)仪器：烧杯、量筒、试管、三角漏斗、滤纸、碘化钾淀粉试纸、研钵、水浴锅、移液管、电子天平。

(2)试剂：三氯化铁试液、稀硝酸、硝酸银试液、氨试液、二氧化锰、硫酸、稀盐酸、亚硝酸钠溶液、碱性β-萘酚试液、氨制硝酸银试液、无水乙醇、二氯靛酚钠试液、氢氧化钠试液、铁氰化钾试液、正丁醇、0.1%8－羟基喹啉的乙醇溶液、次溴酸钠试液、硫酸铁铵溶液、氯化钡试液、醋酸铅试液、醋酸铵试液。

(二)方法和步骤

1. 阿司匹林片的鉴别

取本品的细粉适量(约相当于阿司匹林0.1g)，加水10mL，煮沸，放冷，加三氯化铁试液1滴，即显紫堇色。

2. 盐酸普鲁卡因注射液的鉴别

(1)本品水溶液显氯化物的鉴别反应。

①取供试品溶液，加稀硝酸使成酸性后，滴加硝酸银试液，即生成白色凝乳状沉淀；分离，沉淀加氨试液即溶解，再加稀硝酸酸化后，沉淀复生成。如供试品为生物碱或其他有机碱的盐酸盐，须先加氨试液使成碱性，将析出的沉淀过滤除去，取滤液进行试验。

②取供试品少量，置试管中，加等量的二氧化锰，混匀，加硫酸湿润，缓缓

加热，即产生氯气，能使用水湿润的碘化钾淀粉试纸显蓝色。

(2)本品显芳香第一胺的鉴别反应。

取本品约50mg，加稀盐酸1mL，必要时缓缓煮沸溶解，放冷，加0.1mol/L的亚硝酸钠溶液数滴，滴加碱性β-萘酚试液数滴，即产生猩红色沉淀。

3. 异烟肼片的鉴别

(1)取本品的细粉适量(约相当于异烟肼0.1g)，加水10mL，振摇，过滤，取滤液加氨制硝酸银试液1mL，即产生气泡与黑色浑浊，并在试管壁上生成银镜。

(2)取本品细粉(约相当于异烟肼50mg)，加乙醇10mL，研磨溶解，过滤，滤液蒸干，残渣经减压干燥，依法测定。本品的红外光吸收图谱应与对照的图谱(光谱集166图)一致。

4. 维生素C泡腾片的鉴别

取本品的细粉适量(约相当于维生素C 0.5g)，加无水乙醇25mL，振摇约5min使维生素C溶解，过滤，滤液分成两等份。在一份中加硝酸银试液0.5mL，即生成黑色银沉淀；在另一份中加二氯靛酚钠试液1～2滴，试液的颜色即消失。

5. 维生素B_1片的鉴别

取本品的细粉适量，加水搅拌使溶解，过滤，蒸干滤液，取残渣做下列鉴别试验：取本品约5mg，加氢氧化钠试液2.5mL溶解后，加铁氰化钾试液0.5mL与正丁醇5mL，强力振摇2min，放置使分层，上面的醇层显强烈的蓝色荧光；加酸使成酸性，荧光即消失，再加碱使之成碱性，荧光又复现。

6. 硫酸链霉素的鉴别

(1)取本品约0.5mg，加水4mL溶解后，加氢氧化钠试液2.5mL与0.1% 8-羟基喹啉的乙醇溶液1mL，放冷至约15℃，加次溴酸钠试液3滴，即显橙红色。

(2)取本品约20mg，加水5mL溶解后，加氢氧化钠试液0.3mL，置水浴上加热5min，加硫酸铁铵溶液(取硫酸铁铵0.1g，加0.5mol/L硫酸溶液5mL使其溶解)0.5mL，即显紫红色。

(3)本品水溶液显硫酸盐的鉴别反应。

①取供试品溶液，滴加氯化钡试液，即生成白色沉淀；分离，沉淀在盐酸或硝酸中均不溶解。

②取供试品溶液，滴加醋酸铅试液，即生成白色沉淀；分离，沉淀在醋酸铵试液或氢氧化钠试液中溶解。

③取供试品溶液，加盐酸，不生成白色沉淀(与硫代硫酸盐区别)。

【检查原理】

(一)阿司匹林片的鉴别

加热水解后与三氯化铁试液反应：阿司匹林分子结构中无游离酚羟基，与三氯化铁试液不发生显色反应。但其水溶液加热(或较长时间放置，或加少量碱)水解后产生具有酚羟基的水杨酸，可与三氯化铁试液作用，生成紫堇色的配位化合物。

(二)盐酸普鲁卡因注射液的鉴别

1. 显氯化物的鉴别反应

(1)沉淀反应：本品在稀硝酸酸性溶液中，与硝酸银试液反应生成白色凝乳状的氯化银沉淀。沉淀溶于氨试液，再加稀硝酸酸化后，沉淀复生成。

$$Cl^- + Ag^+ \longrightarrow AgCl\downarrow$$

$$AgCl + 2NH_3 \cdot H_2O \longrightarrow [Ag(NH_3)_2]^+ + 2H_2O + Cl^-$$

(2)氧化还原反应：本品与二氧化锰、硫酸加热产生氯气，氯气能使湿润的碘化钾淀粉试纸显蓝色。

$$2Cl^- + MnO_2 + 4H^+ \longrightarrow Mn^{2+} + 2H_2O + Cl_2\uparrow$$

$$2I^- + Cl_2 \longrightarrow 2Cl^- + I_2$$

2. 芳香第一胺的反应

盐酸普鲁卡因分子结构中具有芳香第一胺，可发生重氮化－偶合反应。在盐酸溶液中与亚硝酸钠进行重氮化反应，生成的重氮盐再与碱性β－萘酚偶合生成有色的偶氮染料。

(三)异烟肼片的鉴别

银镜反应：异烟肼分子中的酰肼基具有还原性，可与氨制硝酸银试液反应生成异烟酸和单质银沉淀，肼基则被氧化成氮气。

(四)维生素C泡腾片的鉴别

1. 与硝酸银试液反应

维生素C分子中具有连烯二醇的结构，有极强的还原性，可被硝酸银氧化为去氢维生素C，同时产生黑色银沉淀。

2. 与二氯靛酚钠试液反应

2，6－二氯靛酚为氧化性的染料，其氧化型在酸性介质中为玫瑰红色，碱性介质中为蓝色。当2，6－二氯靛酚钠与维生素C作用后，被还原成无色的酚亚胺。

（五）维生素 B_1 片的鉴别

硫色素反应：维生素 B_1 在碱性溶液中，可被铁氰化钾氧化生成硫色素。硫色素溶于正丁醇（或异丁醇）中，显蓝色荧光。

（六）硫酸链霉素的鉴别

1. 坂口反应

本品水溶液加氢氧化钠试液，水解生成链霉胍。链霉胍中加入 8－羟基喹啉乙醇液（或 α－萘酚），再加次溴酸钠试液，生成橙红色化合物。此反应为链霉素水解产物链霉胍的特有反应。

2. 麦芽酚反应

链霉素在碱性溶液中两个苷键水解断键，其中生成的链霉糖经分子重排，使其环扩大一个碳原子，形成六元环，生成麦芽酚。麦芽酚可在微酸性条件下与硫酸铁铵（高铁离子）作用，生成紫红色配位化合物。

3. 显硫酸盐的鉴别反应

（1）与氯化钡反应：本品溶液与氯化钡试液反应，生成硫酸钡的白色沉淀；分离，沉淀在盐酸或硝酸中均不溶解。

$$SO_4^{2-} + Ba^{2+} \longrightarrow BaSO_4 \downarrow$$

（2）与醋酸铅反应：本品溶液与醋酸铅试液反应，生成硫酸铅白色沉淀；分离，沉淀在醋酸铵试液或氢氧化钠试液中溶解。

$$SO_4^{2-} + Pb^{2+} \longrightarrow PbSO_4 \downarrow$$

$$PbSO_4 + 2NH_4Ac \longrightarrow (NH_4)_2SO_4$$

$$PbSO_4 + 2NaOH \longrightarrow [PbO_2]^{2-} + Na_2SO_4 + 2H^+$$

第三章　药物的杂质检查

杂质是指存在于药物中的无治疗作用或影响药物的稳定性和疗效，甚至对人体健康有害的物质。药物中某些无毒，不影响疗效的，但影响生产的科学管理的物质(如信号杂质)也列入杂质范围。由于药物在生产和储存的过程中不可避免地引入杂质，为了确保药物的安全性、有效性和稳定性，同时也为生产和流通领域的药品质量管理提供依据，因此要对药物中的杂质进行检查。

第一节　药物中杂质的来源及种类

一、杂质的来源

(一)药物纯度及化学试剂纯度

药物的纯度是指药物的纯净程度。药物中的杂质是影响药物纯度的主要因素，因此纯度检查又称为杂质检查。如果药物中所含的杂质超过质量标准规定的纯度要求，就可能引起药物的外观性状、物理常数的变化，甚至会影响药物的稳定性，降低疗效和增加副作用。因此纯度检查是控制药物质量的一个重要环节。

药物的纯度又称药用纯度或药用规格，与化学试剂的纯度或试剂规格不能混淆。前者主要是从用药安全性、有效性以及对药物稳定性的影响等方面考虑，后者是从杂质可能引起的化学变化对试剂的使用范围和使用目的影响来考虑的，并不考虑对人体的生理作用及毒副作用。如化学试剂规格的硫酸钡($BaSO_4$)对可溶性钡盐做钡餐透视时，如果存在酸溶性钡盐则会危及患者生命，因此，不能用化学试剂规格硫酸钡代替药用规格硫酸钡。更不能将化学试剂当作药品直接用于临床治疗。

药品只有合格品与不合格品，化学试剂可根据杂质的含量高低和用途不同分为不同级别。

（二）杂质的来源

药物中的杂质主要来源于两个方面，一是由生产过程中引入，二是由贮藏过程中引入。

1. 生产过程引入

药物在生产过程中由于所用原料不纯、反应不完全、副反应的发生、加入的试剂或溶剂等在精制时未完全除净、生产器皿有杂质等原因，可能引入未作用完全的原料、试剂、中间体或副产物以及其他杂质，例如以水杨酸为原料合成阿司匹林时，若乙酰化反应不完全可能引入水杨酸；地塞米松磷酸钠在生产过程中使用大量的甲醇和丙酮，可能会残留在成品中。药物在制备过程中，也可能引入新的杂质，如盐酸普鲁卡因在制备和贮藏过程中，可能水解为对氨基苯甲酸和二乙氨基乙醇，因此，《中国药典》（2015 版）中要求检查盐酸普鲁卡因及其制剂中的对氨基苯甲酸。

2. 贮藏过程中引入

药物在贮藏过程中，由于贮藏保管不当，或贮藏时间过长，在外界条件如：温度、湿度、日光、空气、微生物等影响下，可能使药物发生水解、氧化、分解、异构化、晶型转变、聚合、潮解和发霉等变化而产生杂质。其中，药物因发生水解及氧化反应而产生杂质较为常见，如酯、内酯、酰胺、环酰胺、卤代烃及苷类等药物在水分的存在下容易水解。如阿司匹林可水解产生水杨酸和醋酸；阿托品可水解产生莨菪醇和消旋莨菪酸等。

此外，药物的晶型不同，其理化常数、溶解性、稳定性、体内吸收和疗效也有很大差异，因此，控制药物中低效、无效以及具有毒副作用的晶型和异构体，在药物纯度研究中日益受到重视。如棕榈氯霉素存在多晶型现象，B 晶型为活性型，易被酯酶水解而吸收；而 A 晶型则不易被酯酶水解，活性很低。甲苯咪唑有 A、B、C 三种晶型，其中 C 晶型的驱虫率为 90%，B 晶型的驱虫率为 40% ~ 60%，A 晶型的驱虫率小于 20%。在生产中低效、无效的异构体或晶型较难除尽，且因生产工艺、结晶溶剂的不同以及贮藏条件的影响也可引起晶型的转变。

二、杂质的种类

为了有针对性地控制药物中不同类型的杂质，保障药物的安全性、有效性和稳定性，应该对药物中不同杂质及其性质有所了解。杂质按照性质和来源不同分为以下几类。

(一)按性质分类

1. 影响药物稳定性的杂质

药物中金属离子的存在可能会催化氧化还原反应，如 Cu^{2+} 存在可使维生素 A 和 E 易被氧化；水分的存在可使含有酯键和酰胺键结构的药物发生水解，从而影响药物的安全性和有效性。

2. 毒性杂质

药物中重金属(如银、铅、汞、铜、镉、铋、锑、锡、镍、锌等)和砷盐的过量存在会导致人体中毒，影响用药的安全性，应严格控制其限量。

3. 信号杂质

药物中氯化物、硫酸盐等少量存在不会对人体产生危害，但是此类杂质的存在水平可以反映药物的生产工艺和贮藏状况是否正常，因此，此类杂质称为“信号杂质”。控制这类杂质的限量，同时也就控制了有关杂质的限量，从而有助于指导生产工艺和贮藏条件的改善。

(二)按来源分类

1. 一般杂质

一般杂质是指在自然界中分布比较广泛，在多种药物的生产和贮藏过程中容易引入的杂质。由于对此类杂质的控制涉及多种药物，故在《中国药典》(2015版)四部中规定了它们的检查方法。《中国药典》(2015 版)四部分析方法规定了氯化物、硫酸盐、硫化物、硒、氟、氰化物、铁盐、重金属、砷盐、铵盐、酸碱度、干燥失重、水分、炽灼残渣、易炭化物以及残留溶剂等项目检查。

2. 特殊杂质

特殊杂质是指药物在生产和贮藏过程中，由于药物本身的性质、生产方法和工艺的不同可能引入的杂质。如肾上腺素中的酮体，硫酸阿托品中的莨菪碱，阿司匹林中的游离水杨酸等。一般来说，某种特殊杂质只存在于某种特定的药物中，故其检查方法收载于药典的正文中。

此外，按照杂质的结构分类，还可将杂质分为无机杂质和有机杂质(包括残留溶剂)两类。在某些情况下，杂质属于一般杂质还是特殊杂质，并无严格区分。无论哪种杂质，都要根据其性质、特点和来源，在保证用药安全、有效的前提下，以科学、合理的方法严格进行控制。

三、药物杂质的检查方法

药物中杂质的来源是多途径的，在药物的生产和贮藏过程中会不可避免地引入杂质。对于药物而言，其杂质的含量当然越少越好，但要把药物中的杂质完全除掉，不仅没有必要，也是不可能的，因为不仅会增加成本，也会受到生产工艺和条件的制约。因此在保证用药安全、有效，不影响药物稳定的原则下，允许药物中存在一定量的杂质。药物中所含杂质的最大允许量称为杂质限量，通常用百分之几或百万分之几表示，药物中杂质的检查一般不要求测定其含量，而只检查杂质的量是否超过限量。这种杂质检查的方法叫作杂质的限量检查。

药物的杂质检查按照操作方法不同，可分为以下 4 种方法。

(一) 对照法(又称限量法)

该法是指取一定量待检杂质的对照溶液与一定量供试品溶液在相同条件下加入一定的试剂处理后，比较反应结果，从而判断供试品中所含杂质是否超过限量。使用本法检查药物的杂质须遵循平行原则。该法的检测结果只能判定药物所含杂质是否符合限量规定，一般不能测定杂质的准确含量。各国药典主要采用本法检查药物的杂质。杂质的限量可用下式进行计算：

$$\text{杂质限量}\% = \frac{\text{允许杂质存在的最大量}}{\text{供试品量}} \times 100\% \tag{3-1}$$

由于供试品中所含杂质的量是通过与一定量杂质标准溶液进行比较来确定的，杂质的最大允许量就是标准溶液的浓度(c)与体积(V)的乘积，因此，杂质限量(L)的计算又可用下式表示：

$$\text{杂质限量}\% = \frac{\text{标准溶液的浓度} \times \text{标准溶液的体积}}{\text{供试品量}} \times 100\% \tag{3-2}$$

$$L = \frac{c \times V}{S} \times 100\%$$

例题：

1. 口服 $NaHCO_3$ 原料药中氯化物的检查

方法：取本品 0.15g(供口服用)，加水溶解使成为 25mL，滴加硝酸使成微酸性后，置水浴中加热除尽二氧化碳，放冷，依法检查(通则 0300)，与对照标准氯化钠溶液 3.0mL($10\mu g/mL\ Cl^-$)制成的对照液比较，不得更浓。计算氯化物的限量。

解析：

$$L = \frac{c \times V}{S} \times 100\% = \frac{10 \times 10^{-6} \times 3}{0.15} \times 100\% = 0.02\%$$

2. 对乙酰氨基酚中硫酸盐的检查

方法：取本品 2.0g，加水 100mL，加热溶解后，冷却，过滤，取滤液 25mL，依法检查(通则 0300)，与标准硫酸钾溶液 1.0mL(100μg/mL SO_4^{2-})制成的对照液比较，不得更浓，计算硫酸盐的限量。

解析：

$$L=\frac{c\times V}{S}\times 100\%=\frac{100\times 10^{-6}\times 1}{2\times \frac{25}{100}}\times 100\%=0.02\%$$

注意事项：

(1)使用对照法时须注意平行原则：①供试管和对照管应使用配套的纳氏比色管；②两管加入的试剂、反应的温度、放置的时间等均应相同；③如药物本身有色，需进行消色处理；如样品液浑浊，可过滤后再进行反应。

(2)正确地比色(白色背景，从比色管上口垂直向下观察两管的颜色)和比浊(黑色背景，从比色管上口垂直向下观察两管的浊度)。当供试品管的颜色或浊度不超过对照管的颜色或浊度时才为合格。

(3)检查结果不符合规定或在限度边缘时应对供试管和对照管各复查两份。

(二)灵敏度法

灵敏度法是以检测条件下反应的灵敏度来控制杂质限量的一种方法，一般来说，灵敏度法比对照法对杂质的要求更为严格。如纯化水中的氯化物检查，在 50mL 纯化水中加入硝酸 5 滴及硝酸银试液 1mL，要求不得发生浑浊。该法就是利用氯离子与银离子生成氯化银沉淀反应的灵敏度来控制纯化水中氯化物的限量。

(三)比较法

比较法是指取一定量供试品依法检查，测得待检杂质的吸光度或旋光度等与规定的限量比较，不得更大。本法属于仪器分析法，主要用于药物中特殊杂质的检查。如盐酸去氧肾上腺素中酮体的检查：取本品加水制成每 1mL 中含 4.0mg 的溶液，照紫外－可见分光光度法，在 310nm 波长处测定吸光度，不得大于 0.20。硫酸阿托品中莨菪碱的检查：取本品加水制成每 1mL 中含 50mg 的溶液，依法测定旋光度不得超过 －0.40°。比较法的特点是可以准确测定杂质的吸光度或旋光度(从而可计算出杂质的准确含量)并与规定限量比较，不需要对照物质。

【例题】：紫外－可见分光光度法中杂质限量的计算

肾上腺素中肾上腺(酮体)的检查。取本品 0.20g，置 100mL 量瓶中，加盐酸溶液(9→2000)溶解，并稀释至刻度，摇匀，在 310nm 处测定吸光度，不得超过 0.05，肾上腺素酮的 $E_{1cm}^{1\%}$ 为 453，求肾上腺酮的限量。

解析：

$$c_{酮体} = \frac{A}{E_{1cm}^{1\%}} \times \frac{1}{100} = \frac{0.05}{453} \times \frac{1}{100} = 1.1 \times 10^{-6} g/mL$$

$$L = \frac{c_{酮体}}{c_{药物}} \times 100\% = \frac{1.10 \times 10^{-6}}{2.0 \times 10^{-3}} \times 100\% = 0.055\%$$

(四)高效液相色谱法

目前高效液相色谱法在杂质检查中应用越来越广泛，该方法可以有效地将药物和杂质完全分离，使测得的结果更加准确。高效液相色谱法在杂质检查中兼有对照法(限量检查)和比较法(准确测得杂质的含量)的双重优点，该法主要用于特殊杂质的检查。主要方法有：①内标加校正因子法；②外标法；③加校正因子的主成分自身对照法；④不加校正因子的主成分自身对照法；⑤面积归一化法。

第二节　一般杂质检查

一般杂质是指广泛存在于自然界，在多种药物的生产和贮藏过程中容易引入的杂质。《中国药典》(2015 版)对一般杂质检查多采用对照法。即在遵循平行操作的原则下，比较供试管与对照管的浊度、颜色等以判断供试品中杂质限量是否符合规定。若检查结果不符合规定或在限度边缘时，应对供试品和对照品各复查两份。

一、氯化物检查法

氯化物广泛存在于自然界中，在药物的生产过程中极易引入。少量的氯化物虽对人体无害，但氯化物属于信号杂质，其存在的量可以反映出药物的纯净程度以及生产工艺和贮藏条件是否正常，因此，控制氯化物的量有其特殊的意义。

(一)检查原理

利用氯化物在硝酸酸性条件下与硝酸银试液作用，生成氯化银白色浑浊，与一定量标准氯化钠溶液在相同条件下生成的氯化银浑浊比较，以判断供试品中的氯化物是否超过了限量。

$$Cl^- + Ag^+ \longrightarrow AgCl\downarrow (白)$$

(二)操作方法

取规定量的供试品，加水使溶解成 25mL(溶液如显碱性，可滴加硝酸使成中性)，再加稀硝酸 10mL，溶液如不澄清，应过滤，置 50mL 纳氏比色管中，加水使成 40mL，摇匀，即得供试品溶液。另取药品项下规定量的标准氯化钠溶液，置 50mL 纳氏比色管中，加稀硝酸 10mL，加水使成 40mL，摇匀，即得对照品溶液。于供试液与对照液中分别加入硝酸银试液 1.0mL，用水稀释使成 50mL，摇匀，在暗处放置 5min，同置黑色背景上，从比色管上方向下观察，比浊。

(三)注意事项

(1)标准氯化钠溶液应为临用前配制，每 1mL 相当于 10μg 的 Cl^-。在检测条件下，以 50mL 中含 50～80μg 的 Cl^- 为宜，在此范围内氯化物与硝酸银反应产生的浑浊梯度明显，便于比较。因此，在设计检查方法时应根据氯化物的限量考虑供试品的取用量。

(2)检测中加入硝酸是为了去除 CO_3^{2-}、PO_4^{3-} 等杂质的干扰，同时还可以加速氯化银沉淀的生成并产生较好的乳浊；在暗处放置 5min 是为了避免光线使单质银析出。

(3)有机药物的氯化物检查：溶于水的有机药物按规定方法直接检查；不溶于水的有机药物多数采用加水振摇，使所含氯化物溶解，滤除不溶物或加热溶解供试品，放冷后析出沉淀，过滤，取滤液检查。

(4)检查有机氯杂质，可根据有机氯杂质结构选择适宜的有机破坏方法，使有机氯转变为无机氯化物后，再依法检查。

(5)检查碘化物或溴化物中氯化物时，由于氯、溴、碘性质相近，应采用适当的方法去除干扰后再检查。

(6)供试溶液如带颜色，通常采用内消色法处理。

二、硫酸盐检查法

硫酸盐也是一种广泛存在于自然界中的信号杂质，是许多药物都需要进行检查的一种杂质。

(一)检查原理

利用硫酸盐在盐酸酸性溶液中与氯化钡生成白色沉淀浑浊，与一定量标准硫酸钾溶液在相同条件下与氯化钡生成的浑浊比较，以判断药物中硫酸盐是否超过限量。

$$SO_4^{2-} + Ba^{2+} \longrightarrow BaSO_4 \downarrow (白)$$

（二）操作方法

取规定量的供试品，加水溶解使成约40mL（如溶液显碱性，可滴加盐酸使成中性），溶液如不澄清，应过滤，置50mL纳氏比色管中，加稀盐酸2mL，摇匀，即得供试品溶液。另取各药品项下规定量的标准硫酸钾溶液，按同样方法制成对照品溶液。于供试品溶液与对照品溶液中分别加入25%氯化钡溶液5mL，用水稀释至50mL，摇匀，放置10min，同置黑色背景上，从比色管上方向下观察、比较，即得。

（三）注意事项

（1）标准硫酸钾溶液每1mL相当于100mg的SO_4^{2-}，本法适宜的比浊浓度范围为50mL溶液中含0.1～0.5mg的SO_4^{2-}，相当于标准硫酸钾溶液1～5mL。在此范围内浊度梯度明显。

（2）《中国药典》（2015版）规定采用25%氯化钡溶液，不必临用前配制，放置1个月后的氯化钡试液，反应的效果无明显改变。加入氯化钡试液后，应立即充分摇匀，防止局部浓度过高而影响产生浑浊的程度。

（3）供试液中加入盐酸使成酸性，可防止CO_3^{2-}、PO_4^{3-}等与钡离子生成沉淀而干扰测定，加入稀盐酸的量以50mL溶液中含稀盐酸2mL，使溶液的pH约为1为宜，酸度过高，灵敏会下降。

（4）温度对产生浑浊有影响，温度太低产生浑浊慢且不稳定。当温度低于10℃时，应将比色管在25～30℃水浴中放置10min后再比浊。

（5）如供试液加入盐酸后不澄明，可先用盐酸使成酸性的水洗过的滤纸过滤后再测定。如供试液有颜色，可采用内消色法处理。

三、铁盐检查法

药物中铁盐的存在可以使药物发生氧化反应及其他反应而变质，因此，需要控制药物中铁盐的限量。《中国药典》（2015版）采用硫氰酸盐法检查。

（一）检查原理

铁盐在盐酸酸性溶液中与硫氰酸铵生成红色可溶性硫氰酸铁配位离子，与一定量的标准铁溶液用同法处理后进行比色，以控制铁盐的限量。

$$Fe^{3+} + [6SCN^-] \rightleftharpoons Fe(SCN)_6^{3-}\text{（红色）}$$

（二）操作方法

取规定量的供试品，加水溶解使成25mL，移置50mL纳氏比色管中，加稀盐酸 4mL 与过硫酸铵 50mg，用水稀释使成 35mL 后，加 30% 的硫氰酸铵溶液 3mL，再加水适量稀释成 50mL，摇匀。如显色，立即与标准铁溶液一定量按相同方法制成的对照液比较。

(三) 注意事项

(1) 用硫酸铁铵[$FeNH_4(SO_4)_2 \cdot 12H_2O$]配制标准铁贮备液，并加入硫酸防止铁盐水解。标准铁溶液为临用前取贮备液稀释而成，每 1mL 标准铁溶液相当于 10 毫克的 Fe^{3+}。本法以 50mL 溶液中含 Fe^{3+} 10 ~ 50μg 时为宜，在此范围内，所显色泽梯度明显，便于目视比色。

(2) 若供试管与对照管色调不一致或所呈红色太浅而不能比较时，可分别移入分液漏斗中，各加正丁醇或异戊醇提取后比色。因硫氰酸铁配位离子在正丁醇等有机溶剂中溶解度大，故能增加颜色深度，且能排除某些干扰物质的影响。

(3) 测定中加入氧化剂过硫酸铵可将供试品可能存在的 Fe^{2+} 氧化成 Fe^{3+}，同时可以防止硫氰酸铁受光照还原或分解。

(4) 某些药物如葡萄糖、糊精、硫酸镁等，在检测过程需加硝酸氧化处理，使 Fe^{2+} 氧化成 Fe^{3+}，则不再加过硫酸铵。因硝酸中可能含亚硝酸，能与硫氰酸根离子作用，生成红色亚硝酰硫氰化物，影响比色，因此加显色剂之前加热煮沸除去氧化氮，以消除亚硝酸的影响。

(5) 因为铁盐与硫氰酸根生成配位离子的反应是可逆的，加入过量硫氰酸铵可以增加生成配位离子的稳定性，提高反应灵敏度，还能消除氯化物等干扰。

(6) 硫氰酸根离子能与多种金属离子发生反应，如高汞、锌、锑、银、铜、钴等，在设计方法时应予以注意。

(7) 许多酸根阴离子如硫酸根、氯离子、磷酸根、枸橼酸根等可与 Fe^{3+} 形成无色配位化合物而干扰检查。排除干扰的方法是适当增加酸度，增加硫氰酸铵试剂的用量，用正丁醇提取后比色等。

(8) 某些有机药物，特别是环状结构的有机药物，在试验条件下不溶解或对检查有干扰，需经炽灼破坏，使铁盐成三氧化二铁留于残渣中，处理后再依法检查。

四、重金属检查法

重金属系指在试验条件下能与硫代乙酰胺或硫化钠试液作用而显色的金属杂质，如银、铅、汞、铜、镉、铋、锑、锡、镍、锌等。重金属可以影响药物的稳定性及安全性，故必须严格控制其在药物中的含量。药品在生产过程中遇到铅的机会较多，铅易在体内累积而引起中毒，故检查重金属以铅为代表，作为限量对照。

（一）检查原理

重金属检查使用的显色剂主要有硫代乙酰胺和硫化钠试液，硫代乙酰胺在酸性（pH 为 3.5 醋酸盐缓冲液）条件下水解，产生硫化氢，与微量重金属离子（以铅离子为代表）生成黄色至棕黑色的硫化物混悬液。或在碱性条件下，硫化钠与微量重金属离子反应生成黄色至棕黑色的硫化物混悬液。与一定量的标准铅溶液在相同条件下反应生成的有色混悬液比色，不得更深。

$$CH_3CSNH_2 + H_2O \xrightarrow{pH=3.5} CH_3CONH_2 + H_2S$$

$$H_2S + Pb^{2+} \xrightarrow{pH=3.5} PbS\downarrow + 2H^+$$

$$\text{或 } Na_2S + Pb^{2+} \xrightarrow{NaOH} PbS\downarrow + 2Na^+$$

（二）操作方法

由于药物性质、重金属的限量和存在状态等方面的不同，《中国药典》（2015 版）将重金属检查分为 3 种方法。

第一法（又称为硫代乙酰胺法）适用于无需有机破坏，在酸性条件下可溶解的无色药物中的重金属检查。方法为取 25mL 钠氏比色管 3 支，甲管中加入一定量标准铅溶液与醋酸盐缓冲液（pH 为 3.5）2mL 后，加水或各药品项下规定的溶剂稀释成 25mL，作为对照液；乙管中加入按各药品项下规定的方法制成的供试液 25mL，作为供试液；丙管中加入与乙管相同量的供试品，加配制供试品溶液的溶剂适量使溶解，再加与甲管相同量的标准铅溶液与醋酸盐缓冲液（pH = 3.5）2mL 后，用溶剂稀释成 25mL。再分别于甲、乙、丙 3 管中加入硫代乙酰胺试液各 2mL，摇匀，放置 2min，比色，当丙管中显出的颜色不浅于甲管时，乙管中显示的颜色与甲管比较，不得更深。如丙管中显出的颜色浅于甲管，应取样按第二法重新检查。

第二法（又称为炽灼法）适用于含芳环、杂环以及不溶于水、稀酸及乙醇的有机药物中的重金属检查。方法为先将供试品炽灼破坏，使与有机分子结合的重金属游离，再按第一法检查。

第三法（又称为硫化钠法）适用于溶于碱而不溶于稀酸或在稀酸中即生成沉淀的药物中重金属杂质的检查。该法是取规定量的供试品，加氢氧化钠试液及水溶解后，加入硫化钠试液，再与一定量标准铅溶液经同样处理后的颜色进行比较。

重金属的检查方法较多，各国药典采用的检查方法也不尽相同。对于不同的药物，应选择适当的方法进行检测。

（三）注意事项

（1）用硝酸铅配制标准铅贮备液，并加入硝酸防止铅盐水解。标准铅溶液于临用前取贮备液稀释而成，每1mL标准铅溶液相当于10μg的Pb^{2+}。本法的适宜目视比色范围为27mL溶液中含10～20mgPb^{2+}，相当于标准铅溶液1～2mL。

（2）第一法中，溶液的pH对于金属离子与硫化氢呈色影响较大，pH为3.0～3.5时，硫化铅沉淀较完全。若酸度增大，重金属离子与硫化氢呈色变浅，酸度太大时甚至不显色。故供试品若用强酸溶解或在处理中用了强酸，则应在加入醋酸盐缓冲液前加氨水至对酚酞指示剂显中性。

若供试液呈色，应在加硫代乙酰胺前于对照管中滴加少量稀焦糖溶液或其他无干扰的有色溶液，使之与供试液颜色一致，然后再加硫代乙酰胺试液比色。若仍不能使两管颜色一致，可改用内消色法处理。

供试品中若有微量高铁盐存在，在酸性溶液中可氧化硫化氢析出硫，干扰检测，可分别于供试管和对照管中加入维生素C或盐酸羟胺0.5～1.0g，使三价铁还原成二价铁，再依法检查。

（3）在用第二法检查时，炽灼温度控制在500～600℃，温度太低灰化不完全，温度过高重金属挥发损失，如铅在700℃经6h炽灼，回收率只有32%。加硝酸进一步有机物破坏后，一定要蒸干除尽氧化氮，防止亚硝酸氧化硫代乙酰胺水解产生硫化氢而析出硫，影响比色。

（4）第三法中，显色剂硫化钠试液对玻璃有一定的腐蚀性，而且久置会产生絮状物，应临用前配置。

五、砷盐检查法

砷盐是毒性杂质，多由药物生产过程中使用的无机试剂及搪瓷反应器引入。检查砷盐的方法有古蔡法、二乙基二硫代氨基甲酸银法。

（一）古蔡法

1. 检查原理

古蔡法检查砷的原理是利用金属锌与酸作用产生新生态的氢，与药物中微量的砷盐反应生成具有挥发性的砷化氢，遇溴化汞试纸产生黄色至棕色的砷斑，在同等条件下与一定量标准砷溶液所生成的砷斑比较，判定药物中砷盐的限量。

$$As^{3+} + 3Zn + 3H^{+} \longrightarrow 3Zn^{2+} + AsH_3 \uparrow$$

$$AsO^{3+} + 3Zn + 9H^{+} \longrightarrow 3Zn^{2+} + 3H_2O + AsH_3 \uparrow$$

$$AsO^{3+} + 4Zn + 11H^{+} \longrightarrow 4Zn^{2+} + 4H_2O + AsH_3 \uparrow$$

砷化氢与溴化汞试纸作用：

$$AsH_3 + 2HgBr_2 \longrightarrow 2HBr + AsH(HgBr)_2\text{（黄色）}$$

$$AsH_3 + 3A_S(HgBr)_3 \longrightarrow 3AsH(HgBr)_2\text{（棕色）}$$

2. 操作方法

古蔡法检查砷的装置见图 3-1。测定时，于导气管 C 中装入醋酸铅棉花 60mg，装管高度为 60～80mm，再于旋塞 D 的端平面放一片溴化汞试纸（试纸的大小能覆盖孔径而不露出平面外为宜），盖上旋塞盖 E 并旋紧。

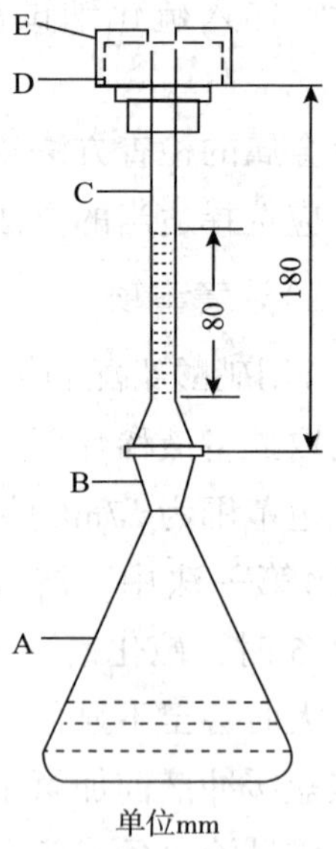

图 3-1　古蔡法检查砷的装置

A—标准磨口锥形瓶；

B—中空的标准磨口塞；

C—导气管；

D—具孔有机玻璃旋塞；

E—具孔有机玻璃旋塞盖

标准砷斑的制备：精密量取标准砷溶液 2mL，置 A 瓶中，加盐酸 5mL 与水 21mL，再加碘化钾试液 5mL 与酸性氯化亚锡试液 5 滴，在室温放置 10min 后，加锌粒 2g，立即将装妥的导气管 C 密塞于 A 瓶上，并将 A 瓶置 25～40℃的水浴中，反应 45min，取出溴化汞试纸，即得。

供试品检查：取按药品规定方法制成的供试液置 A 瓶中，按标准砷斑的制备，自“再加碘化钾试液 5mL”起依法操作，将生成的砷斑与标准砷斑比较，不得更深。

3. 注意事项

（1）五价砷在酸性溶液中较三价砷被金属锌还原成砷化氢的速度慢，故在反应液中加入碘化钾及氯化亚锡，将供试品中可能存在的五价砷还原成三价砷，加快反应速度。碘化钾被氧化生成的碘又可被氯化亚锡还原成碘离子，碘离子又可与反应中产生的锌离子形成稳定的配位离子，有利于生成砷化氢反应的不断进行。

氯化亚锡与碘化钾还能抑制锑化氢的生成，防止因锑化氢与溴化汞试纸作用生成锑斑。氯化亚锡还能促进锌与盐酸作用，即纯锌与纯盐酸作用较慢，加入氯化亚锡，锌置换出锡沉积在锌的表面，形成局部电池，可加快锌与盐酸作用，使氢气均匀而连续地发生。

(2)醋酸铅棉花用于吸收供试品即锌粒中可能含有少量的硫化物在酸性条件下产生的硫化氢气体，避免硫化氢气体与溴化汞试纸作用产生硫化汞色斑干扰检测结果。导气管中的醋酸铅棉花应保持干燥，如有润湿，应重新更换。

(3)标准砷溶液临用前取三氧化二砷配制的贮备液稀释而成，每 1mL 标准砷溶液相当于 1μg 的砷。砷斑颜色过深或过浅都会影响比色的准确性。《中国药典》(2015 版)规定标准砷斑为 2mL 标准砷溶液制成，可得清晰的砷斑。药物的含砷限量不同，应在标准砷溶液取量为 2mL 的前提下，改变供试品的取量。

(4)溴化汞试纸与砷化氢作用较氯化汞试纸灵敏，其灵敏度为 1μg(以 As_2O_3 计)，但所呈砷斑不够稳定，反应中应保持干燥及避光，反应完毕立即比色。制备溴化汞试纸所用的滤纸宜采用质地疏松的定量滤纸。

(5)供试品若为硫化物、亚硫酸盐、硫代硫酸盐等，在酸性溶液中能产生硫化氢或二氧化硫气体，与溴化汞作用生成黑色硫化汞或金属汞，干扰比色。应先加硝酸处理，使氧化成硫酸盐，过量的硝酸及产生的氮的氧化物须蒸干除尽。如硫代硫酸钠中砷盐的检查。

(6)供试品若为铁盐，能消耗碘化钾、氯化亚锡等还原剂，影响测定条件，并能氧化砷化氢，干扰测定，应先加酸性氯化亚锡试液，将高铁离子还原成低铁离子后再依法检测。如枸橼酸铁铵中砷盐的检查。

(二)二乙基二硫代氨基甲酸银法(Ag－DDC 法)

本法的检查原理是利用金属锌与酸作用产生新生态氢，与微量砷盐反应生成具挥发性的砷化氢，还原二乙基二硫代氨基甲酸银，产生红色的胶态银，与相同条件下定量的标准砷溶液所呈色进行目视比色或在 510nm 波长处测定吸光度，进行比较，以控制砷盐的限量。

本反应为可逆反应，加入有机碱使与 HDDC(二乙基二硫代氨基甲酸)结合，有利于反应向右定量进行完全，所以《中国药典》(2015 版)规定配置 Ag－DDC 试液时加入一定量的三乙胺，用 Ag－DDC 的三乙胺－三氯甲烷(1.8∶98.2)溶液作砷化氢的吸收液。《美国药典》采用 Ag－DDC 吡啶溶液作砷化氢的吸收液。

六、干燥失重测定法

干燥失重系指药物在规定的条件下经干燥至恒重后减失的重量，通常以百分率表示。干燥失重检查法主要控制药物中的水分以及挥发性物质，如乙醇等。

（一）常压恒温干燥法

本法适用于受热较稳定的药物。将供试品置于相同条件下已干燥至恒重的扁形称量瓶中，精密称定，于烘箱内在规定温度（一般105℃）和时间条件下干燥至恒重（供试品连续两次干燥或炽灼后重量差异在0.3mg以下称恒重），以减失的重量和取样量计算供试品的干燥失重。

（二）干燥剂干燥法

本法适用于受热易分解或易挥发的药物，如硝酸异山梨酯、氯化铵、苯佐卡因等。

方法：将供试品置于干燥器内，利用干燥器内的干燥剂吸收供试品中的水分，干燥至恒重。以减失的重量和取样量计算供试品的干燥失重。

常用的干燥剂有硅胶、硫酸和五氧化二磷等。其中五氧化二磷的吸水效力、吸水容量和吸水速度均较好，但价格较贵，且不能反复使用。硫酸的吸水效力与吸水速度次于五氧化二磷，但吸水容量比五氧化二磷大，价格也较便宜。硅胶的吸水效力仅次于五氧化二磷，大于硫酸，由于其使用方便、价廉、无腐蚀性且可反复使用，所以是最常用的干燥剂。硅胶加有氯化钴后为变色硅胶，干燥后生成无水氯化钴而呈蓝色，吸水后生成含两分子结晶水的氯化钴而呈淡红色，于140℃干燥后又变回蓝色，可反复使用。

（三）减压干燥法

1. 减压恒温干燥法

适用于熔点低、受热不稳定、能耐受一定温度、水分难赶除的药物，如消旋山莨菪碱、酒石酸美托洛尔、地高辛、盐酸雷尼替丁、环丙沙星等。在减压条件下，可降低干燥温度和缩短干燥时间。减压恒温干燥法使用恒温减压干燥箱，除另有规定外，压力应在2.67kPa（20mmHg）以下。

2. 减压室温干燥法

适用于熔点低并且不能加热的样品，如布洛芬、前列地尔、肾上腺素。在减压干燥器中用干燥剂减压干燥。常用的干燥剂有五氧化二磷、无水氯化钙和硅胶。

干燥失重的计算

$$\text{干燥失重}\% = \frac{\text{供试品干燥至恒重后减失的重量}}{\text{供试品取样量}} \times 100\% \qquad (3-3)$$

(四)热重分析法

适用于药物中结晶水的测定，以及贵重药物或空气中易氧化的药物干燥失重的测定。

热重法是在程序控制温度下测量物质质量与温度关系的方法。物质在加热过程中会升华、汽化、分解出气体或失去结晶水，其质量会发生变化，此时，热重曲线就不是直线，而是有所下降。通过热重曲线的分析，可以知道物质在多少温度时产生变化，并且根据减失的重量，计算出失去了多少物质。

七、水分测定法

药物中水分的存在可使药物发生水解、霉变等，《中国药典》(2015 版)采用费休法及甲苯法测定化学药物中的水分，主要采用费休法。费休法也叫卡尔费休水分滴定法，其特点是操作简便、专属性强、准确度高，适用于受热易破坏的药物。

(一)测定原理

费休水分测定是非水溶液中的氧化还原滴定，采用的标准滴定液称费休试液，是由碘、二氧化硫、吡啶和甲醇按一定比例组成的。测定原理是利用碘氧化二氧化硫为三氧化硫时，需要一定量的水分参加反应。

$$I_2 + SO_2 + H_2O \longrightarrow 2HI + SO_3$$

由于上述反应是可逆的，为了使反应向右进行完全，加入无水吡啶定量地吸收 HI 和 SO_3，形成氢碘酸吡啶和硫酸酐吡啶。但生成的硫酸酐吡啶不够稳定，加入无水甲醇可使其转变成稳定的甲基硫酸氢吡啶。

指示滴定终点的方法有两种：①自身作指示剂，即利用碘的颜色指示终点，终点前溶液呈浅黄色，终点时为红棕色(微过量的费休试剂中碘的颜色)；②永停滴定法，按永停滴定法操作，终点时电流计指针突然偏转，并持续数分钟不退回。该法灵敏、准确，尤其适用于有颜色溶液的测定。

(二)操作方法

《中国药典》(2015 版)采用水分测定仪直接标定费休试液。或取干燥的具塞玻璃瓶，精密加入重纯化水约 30mg，除另有规定外，加入无水甲醇 2～5mL，用费休试液滴至溶液由浅黄变为红棕色，或用永停滴定法指示终点；另做空白试验校正，按下式计算费休试剂的滴定度：

$$F = \frac{W}{A - B} \tag{3-4}$$

式中　F——滴定度(每 1mL 费休试液相当于水的重量);

W——重纯化水的重量，mg;

A——滴定时所消耗费休试液的容积，mL;

B——空白所消耗费休试液的容积，mL。

供试品的测定：精密称取供试品适量(消耗费休试液 1～5mL)，除另有规定外，溶剂为无水甲醇，用水分测定仪直接测定。或将供试品置于干燥的具塞玻璃瓶中加溶剂 2～5mL，在不断振摇(或搅拌)下用费休试液滴至溶液由黄色变为红棕色，或用永停滴定法指示终点，另做空白试验，按下式计算：

$$供试品中水分含量\% = \frac{(A - B) \times F}{W} \times 100\% \tag{3-5}$$

式中　A——供试品所消耗费休试液的容积，mL;

B——空白所消耗费休试液的容积，mL;

F——每 1mL 费休试液相当于水的重量，mg;

W——供试品的重量，mg。

(三)注意事项

(1)测定供试品中水分时可根据费休试剂的 F 值及供试品的含水限量来确定供试品的取样量，供试品的取样量一般以消耗费休试液 1～5mL 为宜，费休试液的 F 值应在 4.0mg/mL 上下为宜，F 值降低至 3.0mg/mL 以下时，滴定终点不敏锐，不宜再用。整个操作应迅速，且不宜在阴雨或空气湿度太大时进行。

(2)费休法不适用于测定氧化剂、还原剂以及能与试液生成水的药物。一些羰基化合物如活泼的醛、酮可与试剂中的甲醇作用，生成缩醛和水，也会干扰测定。

(3)《中国药典》(2015 版)还采用甲苯法测定药物的水分。该法常用于测定颜色较深的药品或氧化剂、还原剂、皂类、油类等。

八、炽灼残渣检查法

有机药物经炭化或无机药物加热分解后，加硫酸湿润，先低温再高温(700～800℃)炽灼，使完全灰化，有机物分解挥发，残留的非挥发性无机杂质(多为金属氧化物或无机盐类)成为硫酸盐，称为炽灼残渣(BP 称硫酸灰分)。药典对某些不含金属的有机药物规定进行炽灼残渣检查，应符合限量规定。

方法：精密称取规定重量的供试品，于坩埚中，先缓缓加热(为了避免供试品骤然膨胀逸出，可采用坩埚斜置方式)直至完全炭化，放冷，加硫酸0.5～1mL使湿润，低温加热至硫酸蒸气除尽后，700～800℃炽灼使完全灰化，移至干燥器内，放冷至室温，精密称定后，再700～800℃炽灼至恒重，计算限量。

公式为

$$炽灼残渣\% = \frac{炽灼至恒重后残渣重量}{供试品取样量} \times 100\% \quad (3-6)$$

药物的炽灼残渣限量一般为0.1%～0.2%，供试品的取用量应根据炽灼残渣限量和称量误差决定。取量过多，炭化和灰化时间太长；过少，加大称量相对误差。一般应使炽灼残渣量为1～2mg。因此，如限量为0.1%，取样量约为1g；若限量为0.05%，取样量则应约为2g；限量在1%以上者，取样可在1g以下。如贵重药物或供试品数量不足时，取样可酌情减少。

重金属在高温下易挥发，如供试品需将残渣留作重金属检查，则炽灼温度须控制在500～600℃。挥发性无机药物如盐酸、氯化铵等受热挥发或分解，残留非挥发性杂质，也按上法检查炽灼残渣。

九、易炭化物检查法

易炭化物检查是检查药物中夹杂的遇硫酸易炭化或易氧化而呈色的微量有机杂质。此类杂质多数是结构未知的，用硫酸呈色的方法可以简便地控制此类杂质的总量。

方法：取内径一致的两支比色管，甲管中加放各品种项下规定的对照液5mL；乙管中加硫酸[含 H_2SO_4 94.5%～95.5%(g/g)]5mL后，分次缓缓加入规定量的供试品，振摇使溶解。除另有规定外，静置15min后，将两管同置白色背景前比色，乙管中所显颜色不得较甲管更深。

供试品如为固体，应先研细，如需加热才能溶解时，可取供试品与硫酸混合均匀，加热溶解后，放冷至室温，再移置比色管中。

对照液主要有3类：①用“溶液颜色检查”项下的标准比色液作为对照液；②用比色用氯化钴液、比色用重铬酸钾液和比色用硫酸铜液按规定方法配制成的对照液；③一定浓度的高锰酸钾液。

十、溶液颜色检查法

溶液颜色检查法是控制药物在生产过程或贮藏过程中产生有色杂质限量的方

法。《中国药典》(2015 版)采用目视比色法、分光光度法及色差计法检查药物溶液的颜色。

(一)目视比色法

取规定量的供试品，加水溶解，置 25mL 的纳氏比色管中加水稀释至 10mL，另取规定色调和色号的标准比色液 10mL，置于纳氏比色管中，两管同置白色背景上，自上向下透视或平视观察，供试品管呈现的颜色与对照品管比较，不得更深。

标准比色液由 3 种有色无机盐重铬酸钾、硫酸铜和氯化钴按不同比例配制而成。其方法为：

(1)重铬酸钾液(黄色原液)、比色用硫酸铜液(蓝色原液)和比色用氯化钴液(红色原液)比色液的配制。重铬酸钾液为每 1mL 水溶液中含 0.800mg 的 $K_2Cr_2O_7$。硫酸铜液为每 1mL 水溶液中含 62.4mg 的 $CuSO_4 \cdot 5H_2O$。氯化钴溶液为每 1mL 水溶液中含 59.5mg 的 $COCl_2 \cdot 6H_2O$。

(2)按表 3-1，分别取不同比例的氯化钴、重铬酸钾、硫酸铜比色液和水，配制成黄绿、黄、橙黄、橙红和棕红 5 种色调的标准贮备液。

表 3-1　各种色调的标准贮备液的配制

色调	比色用氯化钴液/mL	比色用重铬酸钾液/mL	比色用硫酸铜液/mL	水/mL
黄绿色	1.2	22.8	7.2	68.8
黄色	4.0	23.3	0	72.7
橙黄色	10.6	19.0	4.0	66.4
橙红色	12.0	20.0	0	68.0
棕红色	22.5	12.5	2.0	45.0

(3)按表 3-2，量取各色调的标准贮备液与水，配制各种色调的色号标准比色液。

表 3-2　各种色调的色号标准比色液的配制

色号	1	2	3	4	5	6	7	8	9	10
贮备液/mL	0.5	1.0	1.5	2.0	2.5	3.0	4.5	6.0	7.5	10.0
加水量/mL	9.5	9.0	8.5	8.0	7.5	7.0	5.5	4.0	2.5	0

检查时根据药物有色杂质的颜色以及对其限量的要求，选择相应颜色一定色号的标准比色液作为对照液，进行比较。如对乙酰氨基酚乙醇溶液的颜色检查取本品 1.0g，加乙醇 10mL 溶解后，如显色，与棕红色 2 号或橙红色 2 号标准比色

液比较，不得更深。

（二）分光光度法

分光光度法是通过测定溶液的吸光度检查药物中有色杂质的限量的方法，更能反映溶液中有色杂质的变化。如维生素 C 易受外界条件影响而变色，规定取本品 3.0g，加水 15mL，振摇使溶解，溶液经 4 号垂熔玻璃漏斗过滤，滤液于 420nm 波长处定吸光度，不得超过 0.03。

（三）色差计法

色差计法是通过色差计直接测定溶液的透射三刺激值，对其颜色进行定量表述和分析的方法。当目视比色法较难判定供试品与标准比色液之间的差异时，应考虑采用本法进行测定与判断。

十一、澄清度检查法

澄清度测定是检查药品溶液中的不溶性杂质，一定程度上可反映药品的质量和生产工艺水平，尤其对于注射用原料药，检查其溶液的澄清度有较为重要的意义。

检查时，将一定浓度的供试品溶液与规定级号的浊度标准液分别置配对的比浊用玻璃管中，在浊度标准液制备 5min 后，在暗室内垂直同置于伞棚灯下，照度为 1000lx，从水平方向观察、比较，判断供试品澄清度是否合格。当供试品的澄清度与所用溶剂相同或未超过 0.5 级浊度标准液时，称为澄清。

大多数药物的澄清度检查是以水为溶剂，但有时也用酸、碱或有机溶剂（如乙醇、甲醇、丙酮等）作溶剂，对于有机酸的碱金属盐类药物，通常强调用新沸过的冷水，因为水中若有二氧化碳会影响其澄清度。

浊度标准液的配制方法：

（1）浊度标准贮备液的配制。利用硫酸肼与乌洛托品（六次甲基四胺）反应制备浊度标准贮备液。按规定的配制方法将 1% 的硫酸肼水溶液与等量的 10% 乌洛托品溶液混合，摇匀，于 25℃避光静置 24h，即得浊度标准贮备液。置冷处避光保存，可在两个月内使用。

原理：乌洛托品在偏酸性条件下水解产生甲醛，甲醛与肼缩合生成甲醛腙，不溶于水，形成白色浑浊。

（2）浊度标准原液的配制。取上述浊度标准贮备液 15.0mL，置 1000mL 量瓶中，加水稀释至刻度，摇匀，即得浊度标准原液。该溶液照分光光度法测定，在

550nm 波长处的吸光度应在 0.12～0.15 范围内，配制的浊度标准原液应在 48h 内使用，用前摇匀。

(3)浊度标准液的配制。取浊度标准原液与水，按表 3-3 配制，即得不同级号的浊度标准液。该液应临用时制备，使用前充分摇匀。

表 3-3　浊度标准液的配制

级号	0.5	1	2	3	4
浊度标准原液/mL	2.5	5.0	10.0	30.0	50.0
水/mL	97.5	95.0	90.0	70.0	50.0

习　题　三

一、填空题

1.《中国药典》(2015 版)中规定的杂质检查项目，是指该药品在(　　)和(　　)中可能含有并需要控制的杂质。

2. 古蔡氏检砷法的原理为金属锌与酸作用产生(　　)，与药物中微量砷盐反应生成具挥发性的(　　)，遇溴化汞试纸，产生黄色至棕色的(　　)，与一定量标准砷溶液所产生的砷斑比较，判断药物中砷盐的含量。

3. 氯化物检查是根据氯化物在(　　)介质中与(　　)作用，生成(　　)浑浊，与一定量标准(　　)溶液在相同条件和操作下生成的浑浊液比较浊度大小。

4.《中国药典》(2015 版)规定检查药物中重金属时以(　　)为代表。多数药物是在酸性条件下检查重金属，其溶液的 pH 值应在(　　)，所用的显色剂为(　　)。

二、单项选择题

1. 药物中的重金属是指(　　)。

A. Pb^{2+}

B. 影响药物安全性和稳定性的金属离子

C. 原子量大的金属离子

D. 在规定条件下与硫代乙酰胺或硫化钠作用显色的金属杂质

2. 古蔡氏检砷法测砷时，砷化氢气体与下列哪种物质作用生成砷斑(　　)。

A. 氯化汞　　B. 溴化汞　　C. 碘化汞　　D. 硫化汞

3. 用古蔡氏法测定砷盐限量，对照管中加入标准砷溶液为(　　)。

A. 1mL　　B. 2mL

C. 依限量大小决定　　D. 依样品取量及限量计算决定

4. 干燥失重主要检查药物中的(　　)。

A. 硫酸灰分　　B. 灰分

C. 易碳化物　　D. 水分及其他挥发性成分

E. 结晶水

5. 药品杂质限量是指(　　)。

A. 药物中所含杂质的最小允许量　　B. 药物中所含杂质的最大允许量

C. 药物中所含杂质的最佳允许量　　D. 药物的杂质含量

6. 氯化物检查中加入硝酸的目的是(　　)。

A. 加速氯化银的形成，除去 CO_3^{2-}、PO_4^{3-} 的干扰

B. 加速氧化银的形成

7. 关于药物中杂质及杂质限量的叙述正确的是(　　)。

A. 杂质限量指药物中所含杂质的最大允许量

B. 杂质限量通常只用百万分之几表示

C. 杂质的来源主要是由生产过程中引入的其他方面可不考虑

D. 检查杂质，必须用标准溶液进行比对

8. 砷盐检查法中，在检砷装置导气管中塞入醋酸铅棉花的作用是(　　)。

A. 吸收砷化氢　　B. 吸收溴化氢　　C. 吸收硫化氢　　D. 吸收氯化氢

9.《中国药典》(2015 版)规定的一般杂质检查中不包括的项目是(　　)。

A. 硫酸盐检查　　B. 氯化物检查　　C. 溶出度检查　　D. 重金属检查

10. 重金属检查中，加入硫代乙酰胺时溶液控制最佳的 pH 值是(　　)。

A. 1.5　　B. 3.5　　C. 7.5　　D. 11.5

11. 硫氰酸盐法是检查药品中的(　　)。

A. 氯化物　　B. 铁盐　　C. 重金属　　D. 砷盐　　E. 硫酸盐

12. 检查药品中的杂质在酸性条件下加入锌粒的目的是(　　)。

A. 使产生新生态的氢　　B. 增加样品的溶解度

C. 将五价砷还原为三价砷　　D. 抑制锑化氢的生产

E. 以上均不对

13. 检查药品中的铁盐杂质，所用的显色试剂是(　　)。

A. $AgNO_3$　　B. H_2S　　C. 硫氰酸铵　　D. $BaCl_2$　　E. 氯化亚锡

14. 对于药物中的硫酸盐进行检查时，所用的沉淀剂是(　　)。

A. $AgNO_3$　　B. H_2S

C. 硫代乙酰胺　　D. $BaCl_2$

E. 以上均不对

15. 对药物中的氯化物进行检查时，所用的沉淀剂是(　　)。

A. $BaCl_2$　　B. H_2S　　C. $AgNO_3$　　D. 硫代乙酰胺　　E. 醋酸钠

16. 药物中氯化物杂质检查的一般意义在于它(　　)。

A. 是有疗效的物质　　B. 是对药物疗效有不利影响的物质

C. 是对人体健康有害的物质　　D. 可以考核生产工艺和企业管理是否正常

E. 可能引起制剂的不稳定性

17. 在碱性条件下检查重金属，所用的显色剂是(　　)。

A. H_2S　　B. Na_2S　　C. $AgNO_3$　　D. 硫氰酸铵　　E. $BaCl_2$

18. 古蔡法检查药物中微量的砷盐，在酸性条件下加入锌粒的目的是(　　)。

A. 调节 pH 值　　B. 加快反应速度

C. 产生新生态的氢　　D. 除去硫化物的干扰

E. 使氢气均匀而连续地发生

19. 古蔡法是指检查药物中的(　　)。

A. 重金属　　B. 氯化物　　C. 铁盐　　D. 砷盐　　E. 硫酸盐

20. 药物的纯度是指(　　)。

A. 药物中不含杂质　　B. 药物中所含杂质及其最高限量的规定

C. 药物对人体无害的纯度要求　　D. 药物对试验动物无害的纯度要求

21. 干燥失重检查法主要是控制药物中的水分及其他挥发性物质，对于含有结晶水的药物其干燥温度为(　　)。

A. 105℃　　B. 180℃　　C. 140℃　　D. 102℃　　E. 80℃

22. 有的药物在生产和贮存过程中易引入有色杂质，《中国药典》(2015 版)采用(　　)。

A. 与标准比色液比较的检查法　　B. 用 HPLC 法检查

C. 用 TLC 法检查　　D. 用 GC 法检查

E. 以上均不对

23.《中国药典》(2015 版)中一般杂质的检查不包括(　　)。

A. 氯化物　　B. 生物利用度　　C. 重金属　　D. 硫酸盐　　E. 铁盐

24. 氯化物检查是在酸性条件下与 $AgNO_3$ 作用，生成 AgCl 的混浊，所用的酸为(　　)。

A. 稀醋酸　　B. 稀 H_2SO_4　　C. 稀 HNO_3　　D. 稀 HCl　　E. 浓 HNO_3

25. 硫代乙酰胺法是指检查药物中的(　　)。

A. 铁盐　　B. 砷盐　　C. 氯化物　　D. 硫酸盐　　E. 重金属

三、不定项选择题

1. 关于药物中氯化物的检查，正确的是(　　)。

A. 氯化物检查在一定程度上可“指示”生产、储存是否正常

B. 氯化物检查可反应 Ag^+ 的多少

C. 氯化物检查是在酸性条件下进行的

D. 供试品的取量可任意

E. 标准 NaCl 液的取量由限量及供试品取量而定

2. 检查重金属的方法有(　　)。

A. 古蔡氏法　　B. 硫代乙酰胺　　C. 硫化钠法　　D. 硫氰酸盐法

3. 关于古蔡氏法的叙述，错误的有(　　)。

A. 反应生成的砷化氢遇溴化汞，产生黄色至棕色的砷斑

B. 加碘化钾可使五价砷还原为三价砷

C. 金属锌与碱作用可生成新生态的氢

D. 加酸性氯化亚锡可防止碘还原为碘离子

E. 在反应中氯化亚锡不会同锌发生作用

4. 关于硫代乙酰胺法错误的叙述是(　　)。

A. 是检查氯化物的方法　　B. 是检查重金属的方法

C. 反应结果是以黑色为背景　　D. 在弱酸性条件下水解，产生硫化氢

E. 反应时 pH 应为 7.0 ~ 8.6

5. 下列不属于一般杂质的是(　　)。

A. 氯化物　　B. 重金属　　C. 硫酸盐　　D. 2 - 甲基 - 5 - 硝基咪唑

6. 药物的杂质来源有(　　)。

A. 药品的生产过程中　　B. 药品的贮藏过程中

C. 药品的使用过程中　　D. 药品的运输过程中

E. 药品的研制过程中

四、名词解释

1. 一般杂质
2. 特殊杂质
3. 恒重
4. 杂质限量
5. 药物纯度

五、配伍题

[1 ~ 3 题]

A. 古蔡法　　B. 硫代乙酰胺法

C. 硫氰酸盐法　　D. 重氮化 - 偶合比色法

E. 酸性染料比色法

1. 铁盐检查法(　　)
2. 重金属检查法(　　)
3. 砷盐检查法(　　)

[4 ~ 5 题]

A. 在 Na_2CO_3 试液中与硝酸银作用　　B. 在盐酸酸性液中与硫氰酸铵作用

C. 在 pH = 4 ~ 6 溶液中与 Fe^{3+} 作用　　D. 在盐酸酸性液中与氯化钡作用

E. 在硝酸酸性试液中与硝酸银作用

4. 硫酸盐检查法(　　)

5. 铁盐检查法(　　)

[6 ~7 题]

A. 在 pH =3.5 醋酸缓冲液中与 H_2S 作用

B. 在 Na_2CO_3 试液中与硝酸银作用

C. 在盐酸酸性试液中与硫氰酸铵作用

D. 在 pH =4 ~6 溶液中与 Fe^{3+} 作用

E. 在硝酸酸性试液中与硝酸银作用

6. 重金属检查法(　　)

7. 铁盐检查法(　　)

[8 ~9 题]

A. 在硝酸酸性试液中与硝酸银作用　B. 在盐酸酸性试液中与氯化钡作用

C. 在盐酸酸性试液中与硫氰酸铵作用　D. 在 pH =3.5 醋酸缓冲液中与 H_2S 作用

E. 在 Na_2CO_3 试液中与硝酸银作用

8. 氯化物检查法(　　)

9. 重金属检查法(　　)

六、计算题

1. 取葡萄糖 4.0g，加水 30mL 溶解后，加醋酸盐缓冲溶液(pH =3.5)2.6mL，依法检查重金属(中国药典)，含重金属不得超过百万分之五，问应取标准铅溶液多少毫升?（每 1mL 相当于 Pb10μg/mL）

2. 检查某药物中的砷盐，取标准砷溶液 2mL(每 1mL 相当于 1μg 的 As)制备标准砷斑，砷盐的限量为 0.0001%，应取供试品的量为多少?

3. 依法检查枸橼酸中的砷盐，规定含砷量不得超过 1μg/g，问应取检品多少克?（标准砷溶液每 1mL 相当于 1μg 砷）

七、简答题

1. 药物重金属检查法中，重金属以什么代表? 有哪几种显色剂?

2. 简述中国药典对药物中氯化物检查法的原理、方法及限量计算公式?

3. 试述药物的杂质检查的内容(包括杂质的来源、杂质的限量检查概念)。

4. 简述硫代乙酰胺法检查重金属的原理和方法。

5. 请举例说明信号杂质及此杂质的存在对药物有什么影响。

第四章　药典中常见定量分析方法概述

药物的定量分析是指准确测定药物有效成分或指标性成分的含量，它是评价药物质量、判断药物优劣的重要手段。对药物进行定量分析时，应按药品质量标准进行测定。

药物定量分析可选用化学分析法和仪器分析法。化学分析法包括重量分析和滴定分析，多用在原料药的含量测定。仪器分析法包括电化学分析法、分光光度法和色谱法。随着仪器和检测技术的快速发展，仪器分析法的准确度和精密度越来越高，专属性也较强，尤其是色谱法对组分复杂、干扰成分较多品种的含量测定更显优势。国内外药典中应用仪器分析法进行药物含量测定日益普及。《中国药典》(2015 版)中，现代分析技术得到进一步扩大应用，利用高效液相色谱、分光光度法进行含量测定的品种增加了数百种。

第一节　重量分析法

重量分析法是称取一定重量的供试品，采用某种方法或通过某种物理或化学变化使被测组分从样品中分离出来并转化为一定的称重形式，再根据被测组分和供试品的重量，计算组分的含量百分数的定量方法。

重量分析法系经典的分析方法之一。由于采用分析天平直接称量被测成分或反应产物，因而准确度较高。但分析过程中过滤、洗涤、烘干等操作比较繁琐，需时长，限制了该方法的应用。目前，某些药品的含量测定、干燥失重、炽灼残渣以及中草药灰分的测定等尚需应用重量分析法。

重量分析法又分为挥发法、萃取法及沉淀法等，根据供试品中被测组分的性质，采用不同的方法。

一、挥发法

若被测成分具有挥发性，或者可以转变为挥发性气体，则可采用挥发法分析。

将供试品加热或与某种试剂作用，使待测成分生成挥发性物质逸去，然后根据供试品减失的重量，计算待测成分百分含量的方法称间接挥发法。如测定氯化钡中结晶水的含量时，可将一定重量的氯化钡加热使水分挥发、逸出，根据氯化钡所减轻的重量可计算样品中水分的含量：

$$\text{水分的含量}\% = \frac{\text{供试品与称量瓶总重量} - \text{干燥后供试品与称量瓶总重量}}{\text{供试品与称量瓶总重量} - \text{称量瓶总重量}} \times 100\% \tag{4-1}$$

用某种试剂将逸出的挥发性物质吸收，再根据吸收剂增加的重量计算成分百分含量的方法称直接挥发法。如用高氯酸镁作为吸收剂，将逸出的水分吸收，再测定高氯酸镁增加的重量，就得到固体中结晶水的重量：

$$\text{水分的含量}\% = \frac{\text{吸收水分后的高氯酸镁重量} - \text{干燥的高氯酸镁重量}}{\text{供试品重量}} \times 100\% \tag{4-2}$$

二、萃取法

利用被测成分在两种互不相溶的溶剂中的溶解度差异，使其从原来的溶剂中定量地转入作为萃取剂的另一种溶剂中，然后将萃取剂蒸干，称量干燥萃取物的重量，根据萃取物的重量计算被测成分百分含量的方法，称为提取重量法。

例如《中国药典》(2015 版)利用荧光素钠盐易溶于水，而荧光素本身水溶性差的特点，测定荧光素钠的含量。方法为：取荧光素钠约 0.5g，精密称定，加水 20mL 使之溶解后，加稀盐酸 5mL，使荧光素析出，用丁醇－三氯甲烷(1:1)提取 4 次，每次 20mL，合并提取液，用水 10mL 洗涤，洗液再用丁醇－三氯甲烷(1:1)5mL 振摇提取，合并提取液，置 105℃恒重的容器中，在水浴上通风蒸发至干，残渣用乙醇 10mL 溶解后，再置于水浴上蒸干，并在 105℃干燥至恒重，精密称定，所得重量乘以 1.132，即得供试品中含有 $C_{20}H_{10}Na_2O_5$ 的重量。

提取重量法在药物的杂质检查中常有应用，如生物碱类药物盐酸吗啡中其他生物碱的检查。

三、沉淀法

该方法是使待测成分以难溶化合物的形式从溶液中沉淀出来，过滤、沉淀、洗涤、干燥或灼烧后称量重量，根据所得重量求出被测成分在样品中的百分含量。

沉淀法是重量分析法中最常用的一种分析方法。为了确保分析结果的准确，沉淀法对沉淀有一定的要求：

(1)沉淀的溶解度要小。即要求沉淀反应必须定量完成，这样被测组分才能完全沉淀。一般来说，沉淀在溶液中溶解损失的量不应超过分析所允许的称量误差(≤0.2mg)。

(2)沉淀要纯净。应尽量避免其他物质的沾污，这样才能准确地获得被测组分的分析结果。

(3)沉淀的称量形式的组成必须严格符合一定的化学式。在重量分析中，沉淀是经过干燥或灼烧后称量重量的。在灼烧过程中沉淀可能会发生化学变化，因此，称量时的物质常与沉淀时析出的物质不同，即“沉淀形式”和“称量形式”可能是不同的。但这无关紧要，重要的是沉淀的称量形式一定要有固定的组成，才可能计算出分析结果。

例如，测定 Fe^{3+} 时，用 $NH_3 \cdot H_2O$ 作为沉淀剂，使 Fe^{3+} 成为 $Fe(OH)_3 \cdot xH_2O$ 形式沉淀下来；但干燥后，$Fe(OH)_3$ 中含水量不定，无法根据其重量计算含铁量。而若将氢氧化铁高温灼烧，使 $Fe(OH)_3 \cdot xH_2O$ 失去水分，成为组成恒定的 Fe_2O_3，便可根据 Fe_2O_3 重量(W)，再乘以一定的换算因素(F)，而求得供试品中 Fe^{3+} 的含量 $X(\%)$：

$$X = \frac{W \times F}{S} \times 100\% \qquad (4-3)$$

$$F = \frac{G \times \text{待测成分的相对分子质量(或相对原子质量)}}{\text{称量形式的相对分子质量}} \qquad (4-4)$$

式中　G——系数，它的存在是使分子、分母中涉及的待测元素的原子个数相等，因此具体数值需根据测定物质而定。

沉淀一般有晶型和非晶型两种。为了获得符合重量分析要求的沉淀，对这两类沉淀的沉淀条件要求如下：

晶型沉淀应在适当稀的、热溶液中生成。在不断搅拌下缓缓加入沉淀剂，这样可减少沉淀物的过饱和度，使沉淀颗粒粗大，易于过滤和洗涤，同时少吸附溶液中杂质。为了进一步增加结晶的颗粒度，沉淀完全后应进行“陈化”，即让沉淀和溶液在一起放置一段时间。陈化过程可以使细小结晶溶解而粗大结晶长得更大，因为细小结晶的溶解度比粗大结晶的溶解度大，如果溶液对大结晶是饱和的，对细小结晶则是未饱和的，于是，小结晶溶解，这样溶液中沉淀物离子的浓度增加，这时对于大结晶而言已成为饱和的溶液，将有新沉淀在大结晶表面析出，从而增加了结晶的颗粒度。

非晶型沉淀一般含水较多，体积庞大，容易生成胶体。为产生较为紧密的沉淀，减少离子的水化，防止胶体的生成，沉淀时样品溶液和沉淀剂都应该较浓，以促进沉淀快速生成。同时，沉淀应在热溶液中进行，适当电解质存在有利于破坏胶体。为避免沉淀吸附溶液中的杂质，不必陈化，沉淀完毕，立即过滤、洗涤。

第二节 滴定分析法

一、基本原理及特点

滴定分析法是将一种已知准确浓度的溶液(滴定液)滴加到待测物质的溶液中，直到化学反应按计量关系完全作用为止，然后根据所用滴定液的浓度和体积计算出待测物质含量的一种分析方法，又称“容量分析法”。

滴定分析法按化学反应类型可分为酸碱滴定法、氧化还原滴定法、沉淀滴定法、配位滴定法等，在非水溶剂中进行的滴定分析叫非水滴定。

滴定分析法的仪器设备简单、易于操作、成本低、速度较快，其准确度和精密度都较高。在中外药典中广泛运用，尤其是原料药的含量测定，原料药纯度达到98.5%以上时首选滴定分析法。

本部分介绍几种在药物分析中常见的滴定分析方法。

二、应用与实例

(一)酸碱滴定法

酸碱滴定法在药品检验中的应用十分广泛，按滴定方式的不同，其操作方法可分为：

1. 直接滴定法

$C \cdot K_a \geq 10^{-8}$的弱酸都可用碱滴定液直接滴定；$C \cdot K_b \geq 10^{-8}$的弱碱都可用酸滴定液直接滴定。精密称取供试品适量，置于锥形瓶中，加入适当的溶剂使其溶解，加指示液数滴，用酸(碱)滴定液滴定至规定的突变颜色为终点。

2. 剩余滴定法

若药物难溶于水或有其他原因不宜采用直接滴定法时，可采用剩余滴定法，即精密称取供试品适量，置于锥形瓶中，加入适当的溶剂使其溶解，精密加入定量过量的酸(碱)滴定液待反应完全后，加指示液数滴，再用酸(碱)滴定液滴定至规定的突变颜色即为终点。

滴定分析中也可通过滴定过程中电位的变化情况判断终点，此方法称为电位滴定法。

实例一　布洛芬含量测定

取本品约 0.5g，精密称定，加中性乙醇(对酚酞指示液显中性)50mL 溶解后，加酚酞指示液 3 滴，用氢氧化钠滴定液(0.1mol/L)滴定。每 1mL 氢氧化钠滴定液(0.1mol/L)相当于 20.63mg 的 $C_{13}H_{18}O_2$。

解析：布洛芬的结构

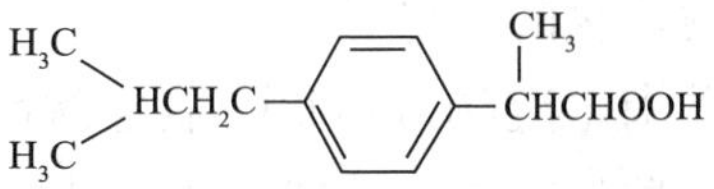

布洛芬因含羧基而显酸性，pK_a 为 5.2，能与氢氧化钠反应生成盐。本法为直接滴定法。

实例二　氯贝丁酯含量测定

取本品约 2g，精密称定，置锥形瓶中，加中性乙醇(对酚酞指示剂显中性)10mL，微温溶解，加酚酞指示液数滴，用氢氧化钠滴定液(0.1mol/L)滴定至粉红色，精密加入氢氧化钠滴定液(0.5mol/L)20mL，加热回流 60min 至油珠完全消失，放冷，用新沸过的冷水冲洗冷凝管，洗液并入锥形瓶中，加酚酞指示液数滴，用盐酸滴定液(0.5mol/L)滴定至红色消失，并将滴定结果用空白试验校正。每 1mL 氢氧化钠滴定液(0.5mol/L)相当于 121.4mg 的 $C_{12}H_{15}ClO_3$。

解析：氯贝丁酯的结构

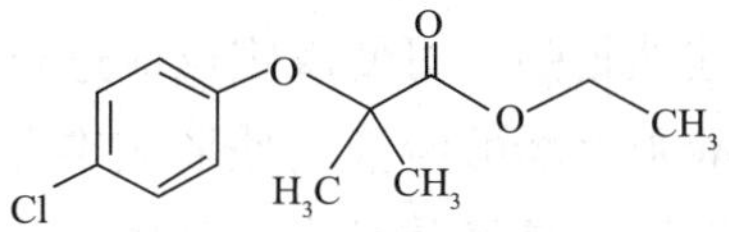

氯贝丁酯分子中不含酸性集团，不能用直接酸碱滴定法测定，但氯贝丁酯含酯键，可在碱性溶液中定性水解，故可用剩余滴定法测定含量。此法可用于其他脂类药物测定。方法中“用氢氧化钠滴定液(0.1mol/L)滴定至粉红色”是为了中和氯贝丁酯中其他酸性杂质。

实例三　丙戊酸钠含量测定

取本品约0.5g，精密称定，加水30mL溶解后，加乙醚30mL，按照电位滴定法，用玻璃电极为指示电极，饱和甘汞电极为参比电极，用盐酸滴定液(0.1mol/L)滴定至pH=4.5。每1mL盐酸滴定液(0.1mol/L)相当于16.62mg$C_8H_{15}NaO_2$。

解析：丙戊酸钠在水中呈碱性，本法为直接滴定。终点判断采用电位滴定法。

(二)非水溶液滴定法

非水溶液滴定法是在非水溶剂中进行滴定的分析方法。以非水溶剂作为滴定介质，不仅能增大有机化合物的溶解度，而且能改变物质的化学性质(例如酸碱性及其强度)，使在水中不能进行完全的滴定反应能够顺利进行，从而扩大了滴定分析的应用范围。本法在药典含量测定方法中仅用于酸碱非水溶液滴定，尤其是非水碱量法。

非水碱量法主要用来测定有机碱及其氢卤酸盐、磷酸盐、硫酸盐或有机酸盐，以及有机酸碱金属盐类药物的含量。

非水碱量法是用高氯酸滴定液(0.1mol/L)滴定碱性药物，主要用于含氮碱性有机药物及其氢卤酸盐、硫酸盐、磷酸盐或有机酸盐的测定。这类药物碱性比较弱，一般在水溶液中不能直接滴定，使用冰醋酸作溶剂可提高药物的碱性强度，从而能被测定。

(1)有机弱碱的滴定：有机弱碱如胺类、生物碱类等，只要其在水溶液中的$K_b \geq 10^{-10}$，都能在冰醋酸介质中用高氯酸滴定液进行定量测定。如肾上腺素、地西泮的含量测定。对$K_b < 10^{-10}$的极弱碱，需使用冰醋酸－醋酐的混合溶液为介质，且随着醋酐用量的增加，滴定范围显著增大。

(2)有机酸碱金属盐的滴定：由于有机酸的酸性较弱，其共轭碱(有机酸根)在冰醋酸中显较强的碱性，故可用高氯酸滴定液直接滴定。

(3)有机碱的氢卤酸盐的滴定：大多数有机碱均难溶于水，且不太稳定，故常将有机碱与酸成盐后做药用，所用酸大多为氢卤酸，如盐酸麻黄碱、氢溴酸东莨菪碱等。由于氢卤酸的酸性较强，可使滴定反应进行不完全，所以当用高氯酸滴定时应先加入一定量醋酸汞冰醋酸溶液，使形成难电离的卤化汞，将氢卤酸盐转化成可测定的醋酸盐，然后用高氯酸滴定，其用量按醋酸汞与氢卤酸的摩尔比

(1∶2)计算，可稍过量，一般加 3 ~5mL 以消除氢卤酸的干扰，反应式如下：

$$2B \cdot HX + Hg(Ac)_2 = 2B \cdot HAc + HgX_2$$

(4)有机碱的硫酸盐的滴定：由于硫酸的酸性强，用非水碱量法测定有机碱的硫酸盐时，只能滴定至 HSO_4^{2-} 的程度，即在滴定过程中，SO_4^{2-} 作为共轭碱，只能吸收 1 个 H^+ 成 HSO_4^{2-}。如硫酸阿托品和硫酸奎宁的含量测定。

(5)有机碱的硝酸盐的滴定：此类药物滴定的产物为硝酸，可氧化破坏指示剂，因此只能用电位法指示终点，如硝酸毛果芸香碱的含量测定。

(6)有机碱的有机酸盐的滴定：如马来酸氯苯那敏(扑尔敏)、重酒石酸去甲肾上腺素等药物都属于有机碱的有机酸盐，其通式为 B · HA。冰醋酸或冰醋酸 - 醋酐的混合溶剂能增强有机碱的有机酸盐的碱性，因此可以结晶紫为指示剂，用高氯酸滴定液滴定。

实例　盐酸可乐定含量测定

取本品约 0.15g，精密称定，加冰醋酸 10mL 与醋酸汞试液 3mL，温热使溶解，放冷，加结晶紫指示液 1 滴，用高氯酸滴定液(0.1mol/L)滴定至溶液显蓝绿色，并将滴定结果用空白试验校正。每 1mL 高氯酸滴定液(0.1mol/L)相当于 26.66mg 的 $C_9H_9Cl_2N_3 \cdot HCl$。

解析：盐酸可乐定的结构

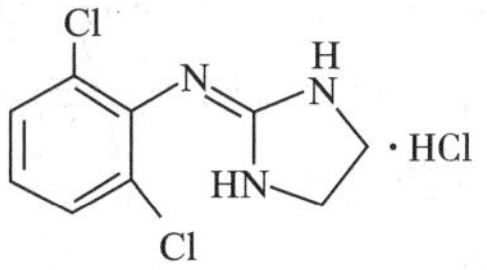

盐酸可乐定为有机碱的氢卤酸盐，加入醋酸汞是为了排除氢卤酸的干扰。由于冰醋酸的膨胀系数较大，所以若滴定样品和标定高氯酸滴定液时的温度差别超过 10℃时，应重新标定；若未超过 10℃时，则应对温度引起体积的改变进行校正。

$$N_1 = \frac{N_0}{1 + 0.0011(t_1 - t_0)} \tag{4-5}$$

式中　0.0011——冰醋酸的膨胀系数；

t_0——标定高氯酸滴定液时的温度；

t_1——滴定样品时的温度；

N_0——t_0 时高氯酸滴定液的浓度；

N_1——t_1 时高氯酸滴定液的浓度。

(三)氧化还原滴定法

氧化还原滴定法是建立在氧化还原反应基础上的一种滴定分析法。根据所应用的氧化剂或还原剂不同，氧化还原滴定法分为高锰酸钾法、重铬酸钾法、碘量法、铈量法、溴量法和亚硝酸钠法等。下面介绍在药物分析中运用较多的碘量法和亚硝酸钠法。

1. 碘量法

（1）基本原理：碘量法是以碘的氧化性或 I^- 的还原性进行的氧化还原滴定分析方法。根据滴定方式的不同，碘量法分为直接碘量法和间接碘量法，间接碘量法又分为置换碘量法和剩余碘量法两种。

直接碘量法：用碘滴定液直接滴定的方法，用于测定具有较强还原性的药物。碘作为氧化剂氧化被测定的药物，本身被还原为 I^-，可用淀粉指示剂指示终点，化学计量点稍后溶液中有多余的碘，与淀粉结合显蓝色；还可以利用碘自身的颜色指示终点，化学计量点后，溶液中稍过量的碘显黄色而指示终点。

剩余碘量法：在供试品中先加入一定量、过量的碘滴定液，待碘与测定组分反应完全后，再用硫代硫酸钠滴定液滴定剩余的碘，根据与药物作用的碘的量来计算药物含量。

置换碘量法：主要用于强氧化剂的测定，如 $K_2Cr_2O_7$、H_2O_2 等。在供试品溶液中加入碘化钾，氧化剂将碘化钾氧化成碘，碘再用硫代硫酸钠滴定，用淀粉作指示剂。如《中国药典》（2015 版）硫代硫酸钠滴定液的标定采用置换碘量法。

（2）应用：碘量法的测定范围广泛，可测定强还原性物质和强氧化牲物质，如维生素 C、安乃近、葡萄糖等。使用碘量法应注意溶液酸度的控制、指示剂加入的时机、防止碘挥发和被空气氧化等。

实例一　安乃近片含量测定

取本品 10 片，精密称定，研细，精密称取适量（约相当于安乃近 0.3g），加乙醇与 0.01mol/L 盐酸溶液各 10mL 使安乃近溶解后，立即用碘滴定液（0.05mol/L）滴定（控制滴定速度为 3～5mL/min），至溶液所显的浅黄色（或带紫色）在 30s 内不褪。每 1mL 碘滴定液（0.05mol/L）相当于 17.57mg 的 $C_{13}H_{16}N_3NaO_4S \cdot H_2O$。

解析：安乃近的结构

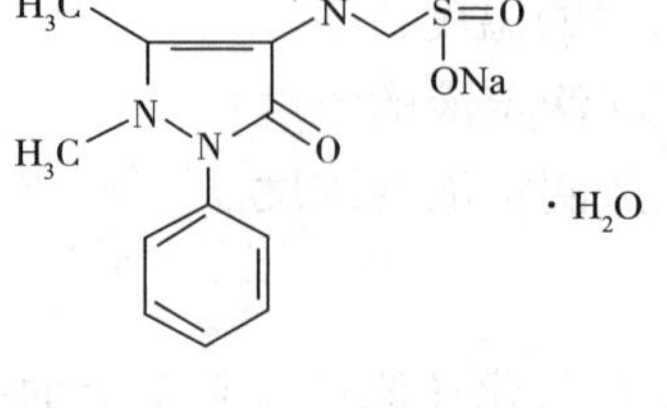

本法为直接碘量法。

实例二　右旋糖酐20葡萄糖注射液中葡萄糖的含量测定

精密量取本品2mL，置于250mL碘瓶中，精密加入碘滴定液(0.05mol/L)25mL，边振摇边滴加NaOH滴定液(0.1mo/L)50mL，密塞，在暗处放置30min，加稀硫酸5mL，用硫代硫酸钠滴定液(0.1mol/L)滴定，近终点时加淀粉指示液2mL，继续滴定至蓝色消失，并将滴定的结果用0.12g(6%规格)或0.20g(10%规格)的右旋糖酐20做空白试验进行校正。1mL碘滴定液(0.05mol/L)相当于9.909mg的$C_6H_{12}O_6 \cdot H_2O$。

解析：本法为剩余碘量法。葡萄糖分子中的醛基有还原性，能在碱性条件下被碘氧化成羧基。先加入一定量过量的碘滴定液，待反应完全后，用硫代硫酸钠滴定液滴定剩余的碘。

2. 亚硝酸钠滴定法

(1)基本原理：亚硝酸钠滴定法是利用亚硝酸钠在盐酸存在下可与具有芳香第一胺的化合物发生重氮化反应，定量生成重氮盐，根据滴定时消耗亚硝酸钠的量来计算药物含量的方法。《中国药典》(2015版)采用永停滴定法指示终点。

(2)应用：对于含有芳香第一胺或水解后能生成芳香第一胺的化合物，可选用亚硝酸钠法测定。

本法受滴定条件的影响很大，主要的滴定条件有：

①加入过量的盐酸：过量的盐酸可加快反应的速度，重氮盐在酸性溶液中稳定，同时可防止偶氮氨基化合物的形成。

②在室温条件(10~30℃)下滴定：温度太高，可使亚硝酸逸失；温度过低，反应的速度太慢。

③滴定时加入溴化钾作为催化剂，以加快滴定反应的速度。

④滴定的方式：插入铂-铂电极后，将滴定管尖端插入液面下约2/3处，一次将大部分亚硝酸钠滴定液在搅拌下迅速加入，在近终点时，将滴定管尖端提出液面，用少量水淋洗尖端，洗液并入溶液中，再缓缓滴定至终点。将滴定管尖端插入液面下滴定是为了避免亚硝酸的逸失。近终点时，药物浓度极稀，滴定反应的速度变慢，所以应缓缓滴定。若使用自动永停终点仪，则直接将滴定管尖端和电极插入液面下，在磁力搅拌器搅拌下由仪器自动滴定。

⑤指示终点的方法：《中国药典》(2015版)采用永停滴定法指示终点。终点前，溶液中无亚硝酸，线路无电流通过；化学计量点后，溶液中有微量亚硝酸存

在，电极即起氧化还原反应，电路中有电流通过，使电流计指针突然偏转，不再回复，即为终点。若用自动永停终点仪则可通过指示灯指示终点，终点时仪器指示灯亮，并发出蜂鸣声。电极反应如下：

阳极　$NO + H_2O \longrightarrow HNO_2 + H^+ + e^-$

阴极　$HNO_2 + H^+ + e^- \longrightarrow NO + H_2O$

实例三　盐酸克仑特罗含量测定

取本品约0.25g，精密称定，置100mL烧杯中，加盐酸溶液(1→2)25mL使溶解，再加水25mL，照永停滴定法，用亚硝酸钠滴定液(0.05mol/L)滴定。每1mL亚硝酸钠滴定液(0.05mol/L)相当于15.68mg的$C_{12}H_{18}Cl_2N_2O \cdot HCl$。

解析：盐酸克仑特罗的结构

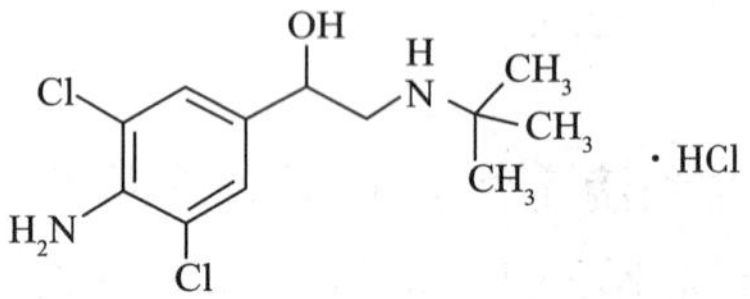

结构中含有芳香第一胺结构，故可用亚硝酸钠滴定法。

第三节　紫外-可见分光光度法

分光光度法是通过测定物质在特定波长处或一定波长范围内的吸光度或发光强度，对该物质进行定性和定量分析的方法。包括紫外-可见分光光度法、红外分光光度法、原子吸收分光光度法、荧光分析法和火焰光度法。本节介绍在定量分析中应用广泛的紫外-可见分光光度法。

一、基本原理

单色光辐射穿过被测物质溶液时，在一定的浓度范围内被该物质吸收的量与该物质的浓度和液层的厚度成正比(郎伯-比尔定律)，其关系如下式：

$$A = \lg \frac{1}{T} = EcL \qquad (4-6)$$

式中　A——吸光度；

T——透光率；

E——吸收系数，常用的表示方法是$E_{1cm}^{1\%}$，其物理意义为当溶液浓度为1%

时，液层厚度为 1cm 时的吸光度值，g/mL；

c——100mL 溶液中所含被测物质的重量(按干燥品或无水物计算)，g；

L——液层厚度，cm。

朗伯-比尔定律是紫外－可见分光光度法定量分析的依据，物质对光的选择性吸收波长，以及相应的吸收系数是该物质的物理常数。

二、应用

有机化合物分子结构中如含有共轭体系、芳香环等发色基团，均可在紫外区(200～400nm)或可见光区(400～760nm)产生吸收。很多药物在可见光区本身并没有吸收，但在一定条件下加入显色试剂或经过处理显色后，能对可见光产生吸收。

(一)测定方法

测定时，除另有规定外，应以配制供试品溶液的同批溶剂为空白对照，采用 1cm 的石英吸收池，在规定的吸收峰波长 ±2nm 以内测试几个点的吸光度，或由仪器在规定波长附近自动扫描测定，以核对供试品的吸收峰波长位置是否正确。除另有规定外，吸收峰波长应在该品种项下规定的波长 ±2nm 以内，并以吸光度最大的波长作为测定波长。一般供试品溶液的吸光度读数以在 0.3～0.7 为宜。仪器的狭缝波带宽度应小于供试品吸收带的半宽度的 1/10，否则测得的吸光度会偏低；狭缝宽度的选择应以减小狭缝宽度时供试品的吸光度不再增大为准。由于吸收池和溶剂本身可能有空白吸收，因此测定供试品的吸光度后应减去空白读数，或由仪器自动扣除空白读数后再计算含量。当溶液的 pH 对测定结果有影响时，应将供试品溶液和对照品溶液的 pH 调成一致。

1. 对照品比较法

按各品种项下的方法，分别配制供试品溶液和对照品溶液，对照品溶液中所含被测成分的量应为供试品溶液中被测成分规定量的 100% ±10%，所用溶剂也应完全一致，在规定的波长处测定供试品溶液和对照品溶液的吸光度后，按下式计算供试品中被测溶液的浓度：

$$c_X = \frac{A_X}{A_R} \times c_R \tag{4-7}$$

式中　c_X——供试品溶液的浓度；

A_X——供试品溶液的吸光度；

c_R——对照品溶液的浓度；

A_R——对照品溶液的吸光度。

2. 吸收系数法

按各品种项下的方法配制供试品溶液，在规定的波长处测定其吸光度，再以该品种在规定条件下的吸收系数计算含量。用本法测定时，吸收系数通常应大于100，并注意仪器的校正和检定。

3. 比色法

供试品本身在紫外－可见光区没有强吸收，或在紫外区虽有吸收但为了避免干扰或提高灵敏度，可加入适当的显色剂显色后测定，这种方法为比色法。

用比色法测定时，由于影响显色深浅的因素较多，应取供试品与对照品或标准品同时操作。除另有规定外，比色法所用的空白系指用同体积的溶剂代替对照品或供试品溶液，然后依次加入等量的相应试剂，并用同样方法处理。在规定的波长处测定对照品和供试品溶液的吸光度后，按式(4－7)计算供试品浓度。

4. 标准曲线法

当吸光度和浓度关系不呈良好线性时，应取数份梯度量的对照品溶液，用溶剂补充至同一体积，显色后测定各份溶液的吸光度，然后以吸光度与相应的浓度绘制标准曲线，再根据供试品的吸光度在标准曲线上查得其相应的浓度，并求出其含量。

(二)仪器的校正和检定

为保证测量的精密度和准确度，所用仪器应按照国家计量检定规程或药典规定，定期进行校正检定。

1. 波长

由于环境因素对机械部分的影响，仪器的波长经常会略有变动，因此除应定期对所用的仪器进行全面校正检定外，还应于测定前校正测定波长。常用汞灯中的较强谱线237.83nm、253.65nm、275.28nm、296.73nm、313.16nm、334.15nm、365.02nm、404.66nm、435.83nm、546.07nm与576.96nm，或用仪器中氘灯的486.02nm与656.10nm谱线进行校正；钬玻璃在波长279.4nm、287.5nm、333.7nm、360.9nm、418.5nm、460.0nm、484.5nm、536.2nm与637.5nm处有尖锐吸收峰，也可作波长校正用，但因来源不同或随着时间的推移会有微小的变化，使用时应注意。近年来，常使用高氯酸钬溶液校正双光束仪器，以10%高氯酸溶液为溶剂，配制含氧化钬4%的溶液，该溶液的吸收峰波长为241.13nm、278.10nm、287.18nm、333.44nm、345.47nm、361.31nm、416.28nm、

451.30nm、485.29nm、536.64nm和640.52nm。

仪器波长的允许误差为紫外光区 ±1nm，500nm 附近 ±2nm。

2. 吸光度的准确度

可用重铬酸钾的硫酸溶液检定。取在120℃干燥至恒重的基准重铬酸钾约60mg，精密称定，用0.005mol/L硫酸溶液溶解并稀释至1000mL，在规定的波长处测定并计算其吸收系数，并与规定的吸收系数比较，应符合表4-1中的规定。

表4-1　分光光度计吸光度的检定

波长/nm	235(最小)	257(最大)	313(最小)	350(最大)
吸收系数的规定值	124.5	144.0	48.6	106.6
吸收系数的许可范围	123.0～126.0	142.8～146.2	47.0～50.3	105.5～108.5

3. 杂散光的检查

可按表4-2所列的试剂和浓度配制成水溶液，置1cm石英吸收池中，在规定的波长处测定透光率，应符合表4-2中的规定。

表4-2　分光光度计杂散光的检查

试剂	浓度/(g/100mL)	测定用波长/nm	透光率/%
碘化钠	1.00	220	<0.8
亚硝酸钠	5.00	340	<0.8

(三)对溶剂的要求

含有杂原子的有机溶剂通常均具有很强的末端吸收。因此，当作溶剂使用时，它们的使用范围均不能小于截止使用波长。例如甲醇、乙醇的截止使用波长为205nm。另外，当溶剂不纯时，也可能增加干扰吸收。因此，在测定供试品前，应先检查所用的溶剂在供试品所用的波长附近是否符合要求，即将溶剂置1cm石英吸收池中，以空气为空白(即空白光路中不置任何物质)测定其吸光度。溶剂和吸收池的吸光度：在220～240nm范围内不得超过0.40，在241～250nm范围内不得超过0.20，在251～300nm范围内不得超过0.10，在300nm以上时不得超过0.05。

另外，配套使用的比色皿在同一光径吸收池间的透射比(在440nm和700nm处)之差应 <0.3%。石英比色皿适用于190～1100nm，玻璃比色皿适用于320～1100nm。

三、实例

实例一　奥沙西泮片含量测定

取本品 20 片，精密称定，研细，精密称取适量(约相当于奥沙西泮 15mg)，置 200mL 量瓶中，加乙醇 150mL，置温水浴中加热，并时时振瑶，使奥沙西泮溶解，放冷，用乙醇稀释至刻度，摇匀，过滤；精密量取续滤液 5mL，置 100mL 量瓶中，用乙醇稀释至刻度，摇匀。照紫外－可见分光光度法，在 229nm 波长处测定吸光度，按 $C_{15}H_{11}ClN_2O_2$ 的吸收系数($E_{1cm}^{1\%}$)1252 计算，即得。

解析：本法为吸收系数法。

实例二　呋喃唑酮含量测定

避光操作。取本品约 20mg，精密称定，置 250mL 量瓶中，加二甲基甲酚胺 40mL，振摇使溶解，用水稀释至刻度，摇匀；精密量取 10mL，置 100mL 量瓶中，加水稀释至刻度，摇匀，作为供试品溶液。照紫外－可见分光光度法，在 367nm 波长处测定吸光度；另取呋喃唑酮对照品，同法测定，计算，即可。

解析：本法为对照品比较法。

第四节　色谱分析法

色谱分析法是现代分离分析的重要方法，以其高选择、高灵敏性在《中国药典》(2015 版)中得到广泛运用。在《中国药典》(2015 版)中，使用的色谱法有高效液相色谱法、气相色谱法、离子色谱法、凝胶色谱法等，尤其是高效液相色谱法在药物鉴别、杂质检查、含量测定等方面的运用更加普遍。本节介绍高效液相色谱法和气相色谱法。

一、高效液相色谱法

(一)基本原理

高效液相色谱法是采用高压输液泵将规定的流动相泵入装有填充剂的色谱柱，对供试品进行分离测定的色谱分析方法。供试品经进样阀注入，由流动相带动通过色谱柱，各成分在柱内被分离后，依次通过检测器，其成分情况转变为其色谱信号情况，并由记录仪、积分仪或计算机记录、显示而作为检验成分的依据。

（二）应用

1. 对仪器的一般要求

所用的高效液相色谱仪器应定期检定并符合有关规定。

（1）色谱柱：反向色谱系统使用非极性填充剂，最常用的色谱柱填充剂为化学键合硅胶，以十八烷基硅烷键合硅胶最为常用，辛基硅烷键合硅胶和其他类型的硅烷键合硅胶（氰基硅烷键合相和氨基硅烷键合相等）也有使用。正相色谱系统使用极性填充剂，常用的填充剂有硅胶等；离子交换色谱系统使用离子交换填充剂；分子排阻色谱系统使用凝胶或高分子多孔微球等填充剂；对映异构体的分离常使用手性填充剂。

填充剂的性能以及色谱柱的填充直接影响供试品的保留行为和分离效果。分析分子量 <2000 的化合物应选择孔径在 15nm 以下的填料，分析分子量 >2000 的化合物则应选择孔径在 30nm 以上的填料。除另有规定外，普通色谱柱的填充剂粒径一般在 3 ~ 10μm，粒径更小（约 2μm）的填充剂常用于填装微径柱（内径约 2mm）。使用微径柱时，输液泵的性能、进样体积、检测池体积和系统的死体积等必须与之匹配；如有必要，色谱条件也需作适当的调整。当对其测定结果产生争议时，应以品种项下规定的色谱条件的测定结果为准。

以硅胶为载体的键合固定相的使用温度通常不超过 40℃，为改善分离效果可适当提高色谱柱的使用温度，但不宜超过 60℃。

流动相的 pH 应控制在 2 ~ 8：当 pH >8 时，可使载体硅胶溶解；当 pH <2 时，与硅胶相连的化学键合相易水解脱落。当色谱系统中需使用 PH >8 的流动相时，应选用耐碱的填充剂，如采用高纯硅胶为载体并具有高表面覆盖度的键合硅胶、包覆聚合物填充剂、有机 – 无机杂化填充剂或非硅胶填充剂等；当需使用 PH <2 的流动相时，应选用耐酸的填充剂，如具有大体积侧链能产生空间位阻保护作用的二异丙基或二异丁基以取代十八烷基硅烷键合硅胶或有机 – 无机杂化填充剂等。

（2）检测器：常用的检测器为紫外检测器，包括二极管阵列检测器，其他常见的检测器有荧光检测器、蒸发光散射检测器、示差折光检测器、电化学检测器和质谱检测器等。

（3）流动相：色谱系统的流动相首选甲醇 – 水系统（采用紫外末端波长检测时，首选乙腈 – 水系统），如经试用不适合时，再选用其他溶剂系统。应尽可能少用含有缓冲液的流动相，必须使用时，应尽可能选用含较低浓度缓冲液的流动相。由于 C_{18} 链在水相环境中不易保持伸展状态，故对于十八烷基硅烷键合硅胶为固定相的反相色谱系统，流动相中有机溶剂的比例通常不低于5%，否则C_{18}链的随机卷曲将导致组分保留值变化，造成色谱系统不稳定。

各品种项下规定的条件除固定相种类、流动相组成、检测器类型不得改变外，其余如色谱柱内径、长度、固定相牌号、载体粒度、流动相流速、混合流动相各组成的比例、柱温、进样量、检测器的灵敏度等均可适当改变，以适应具体的色谱系统并达到系统适用性试验的要求。其中，调整流动相组分比例时，以组分比例较低者（≤50%）相对于自身的改变量不超过±30%且相对于总量的改变量不超过±10%为限；如30%相对改变量的数值超过总量的10%时，则改变量以总量的±10%为限。但对某些品种，必须用特定牌号的填充剂方能满足分离要求者，可在该品种项下注明。

2. 高效液相色谱系统的适用性试验

色谱系统的适用性试验通常包括理论板数、分离度、重复性和拖尾因子等4个参数。其中，分离度和重复性尤为重要。

按各品种项下要求对色谱系统进行适用性试验，即用规定的对照品对色谱系统进行试验，应符合要求。如达不到要求，可对色谱分离条件作适当的调整。

（1）色谱柱的理论板数（n）：在规定的色谱条件下，注入供试品溶液或各品种项下规定的内标物质溶液，记录色谱图，量出供试品主成分峰或内标物质峰的保留时间t_R（以分钟或长度计，下同，但应取相同单位）和半高峰宽（$W_{h/2}$）。按下式计算色谱柱的理论板数：

$$n = 5.54 \times (t_R / W_{h/2})^2 \tag{4-8}$$

（2）分离度（R）：无论是定性鉴别还是定量分析，均要求待测峰与其他峰、内标峰或特定的杂质对照峰之间有较好的分离度。分离度的计算公式为：

$$R = \frac{2 \times (t_{R_2} - t_{R_1})}{W_1 + W_2} \tag{4-9}$$

式中　t_{R_2}——相邻两峰中后一峰的保留时间；

t_{R_1}——相邻两峰中前一峰的保留时间；

W_1，W_2——此相邻前后两峰的峰宽，见图4-1。

除另有规定外，定量分析时分离度应大于1.5。

（3）重复性：取各品种项下的对照溶液，连续进样5次，除另有规定外，其峰面积测量值的相对标准偏差应不大于2.0%。采用内标法时，通常配制相当于80%、100%和120%的对照品溶液。加入规定量的内标溶液，配制成3种不同浓度的溶液，分别至少进样2次，计算平均校正因子，其相对标准偏差应不大于2.0%。

(4)拖尾因子(T)：为保证分离效果和测量精度，应检查待测峰的拖尾因子是否符合各品种项下的规定。拖尾因子的计算公式为：

$$T = \frac{W_{0.05h}}{2 \times d_1} \tag{4-10}$$

式中　$W_{0.05h}$——5%峰高处的峰宽；

d_1——峰顶点至峰前沿之间的距离，见图4-2。

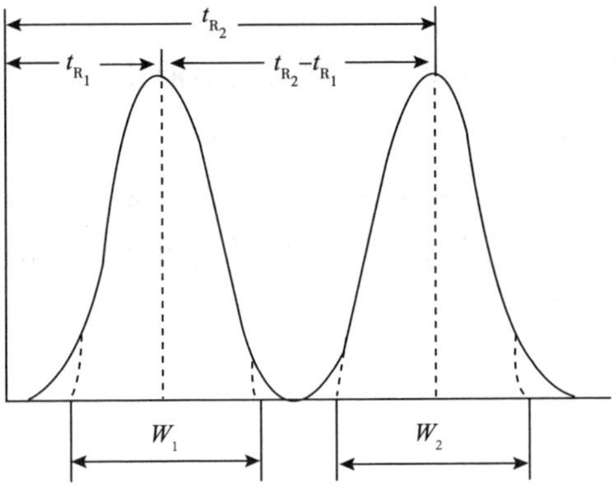

图4-1　高效液相色谱图Ⅰ

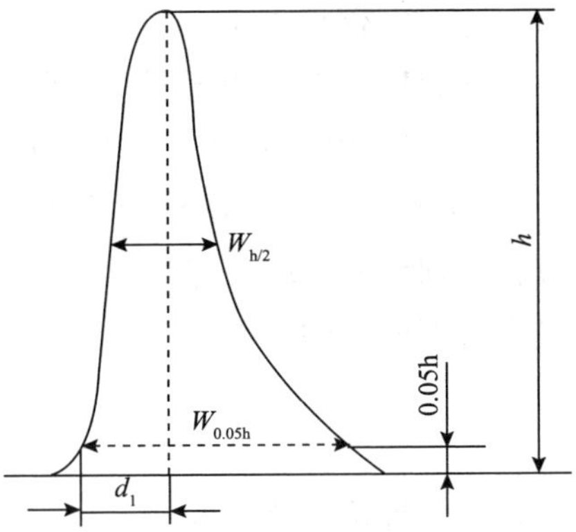

图4-2　高效液相色谱图Ⅱ

除另有规定外，峰高法定量时T应在0.95~1.05。峰面积法测定时，T值偏离过大也会影响小峰的检测和定量的准确度。

3. 测定方法

(1)内标法：按各品种项下的规定，精密称(量)取对照品和内标物质，分别配制成溶液，精密量取各溶液，配制成校正因子测定用的对照溶液。取一定量注入仪器，记录色谱图。测量对照品和内标物质的峰面积或峰高，按下式计算校正因子：

$$f = \frac{A_s/c_s}{A_R/c_R} \tag{4-11}$$

式中　A_s——内标物质的峰面积或峰高；

A_R——对照品的峰面积或峰高；

c_s——内标物质的浓度；

c_R——对照品的浓度。

再取各品种项下含有内标物质的供试品溶液，注入仪器，记录色谱图，测量供试品中待测成分(或其杂质)和内标物质的峰面积或峰高，按下式计算供试品的浓度：

$$c_X = f \times \frac{A_X}{A_s/c_s} \quad (4-12)$$

式中 A_X——供试品(或其杂质)峰面积或峰高；

c_X——供试品(或其杂质)的浓度；

A_s——内标物质的峰面积或峰高；

c_s——内标物质的浓度；

f——校正因子。

当配制校正因子测定用的对照溶液和含有内标物质的供试品溶液使用等量同一浓度的内标物质溶液时，则配制内标物质溶液不必精密称(量)取。

(2)外标法：按各品种项下的规定，精密称(量)取对照品和供试品，配制成溶液，分别精密量取一定量，注入仪器，记录色谱图。测量对照品溶液和供试品溶液中待测成分的峰面积(或峰高)，按下式计算含量：

$$c_X = c_R \times \frac{A_X}{A_R} \quad (4-13)$$

式中，各符号意义同上。

由于微量注射器不易精确控制进样量，当采用外标法测定供试品中成分或杂质含量时，以定量环或自动进样器进样为好。

(3)加校正因子的主成分自身对照法：测定杂质含量时，可采用加校正因子的主成分自身对照法。在建立方法时，按各品种项下的规定，精密称(量)取杂质对照品和待测成分对照品各适量，配制测定杂质校正因子的溶液，进样，记录色谱图，按上述(1)法计算杂质的校正因子，此校正因子可直接载入各品种项下，用于校正杂质的实测峰面积。这些需作校正计算的杂质，通常以主成分为参照采用相对保留时间定位，其数值一并载入各品种项下。

测定杂质含量时，按各品种项下规定的杂质限度，将供试品溶液稀释成与杂质限度相当的溶液作为对照溶液，进样，调节检测灵敏度(以噪声水平可接受为限)或进样量(以柱子不过载为限)，使对照溶液的主成分色谱峰的峰高达满量程的10%~25%或其峰面积能准确积分[通常含量低于0.5%的杂质，峰面积的相对标准偏差(RSD)应小于10%；含量在0.5%~2%的杂质，峰面积的RSD应小于5%；含量>2%的杂质，峰面积的RSD应小于2%]。然后，取供试品溶液和对照品溶液适量，分别进样，供试品溶液的记录时间(除另有规定外，应为主成分色谱峰保留时间的2倍)测量供试品溶液色谱图上各杂质的峰面积。分别乘以相应的校正因子后与对照溶液主成分的峰面积比较，依法计算各杂质含量。

(4)不加校正因子的主成分自身对照法：若没有杂质对照品，可采用不加校正因子的主成分自身对照法。同上述(3)法配制对照溶液并调节检测灵敏度后，取供试品溶液和对照溶液适量，分别进样，前者记录时间，除另有规定外，应为主成分色谱峰保留时间的2倍，测量供试品溶液色谱图上各杂质的峰面积并与对照溶液主成分峰面积比较，计算杂质含量。

若供试品所含的部分杂质未与溶剂峰完全分离，则按规定先记录供试品溶液的色谱图Ⅰ，再记录等体积纯溶剂的色谱图Ⅱ。色谱图Ⅰ上杂质峰的总面积(包括溶剂峰)减去色谱图Ⅱ上的溶剂峰面积，即为总杂质峰的校正面积，然后依法计算。

(5)面积归一化法：按各品种项下的规定配制供试品溶液，取一定量注入仪器，记录色谱图。测量各峰的面积和色谱图上除溶剂峰以外的总色谱峰面积，计算各峰面积占总峰面积的百分率。

用于杂质检查时，由于峰面积归一化法测定误差大，因此，通常只用于粗略考察供试品中的杂质含量。除另有规定外，一般不宜用于微量杂质的检查。

(三)实例

实例一　丙酸氯倍他索乳膏含量测定

色谱条件与系统适用性试验：以十八烷基硅烷键合硅胶为填充剂，以甲醇-水(65∶35)为流动相，检测波长为240nm。理论板数按丙酸氯倍他索峰计算不低于2000，丙酸氯倍他索峰与内标物质峰的分离度应符合要求。

内标溶液的制备：取醋酸氟轻松，加甲醇溶解并稀释制成每1mL中约含0.15mg的溶液，即得。

测定法：取本品适量(约相当于丙酸氯倍他索1mg)，精密称定，置于50mL量瓶中，精密加内标溶液5mL，加甲醇约30mL，置60℃水浴中加热5min，小心振摇使溶解，放冷，用甲醇稀释至刻度，摇匀，置冰浴2h以上，取出后迅速过滤，续滤液放冷，取20μL注入液相色谱仪，记录色谱图；另取丙酸氯倍他索对照品适量，精密称定，加甲醇溶液并定量稀释成1mL中约含0.2mg的溶液，精密量取该溶液5mL与内标溶液5mL，置50mL量瓶中，用甲醇稀释至刻度，摇匀，取20μL注入液相色谱仪，记录色谱图，按内标法以峰面积计算，即得。

解析：本法为内标法。

实例二　法莫替丁片含量测定

色谱条件与系统适用性试验：以十八烷基硅烷键合硅胶为填充剂，以庚烷磺酸钠溶液(取庚烷磺酸钠 2.0g，加水 900mL 溶解后，用冰醋酸调节 pH 至 3.9，加水至 1000mL) – 乙腈 – 甲醇(78∶19∶3)为流动相，检测波长为 254nm。理论板数按法莫替丁峰计算不低于 1400，法莫替丁与相邻杂质峰的分离度应符合要求。

测定法：取本品 20 片，精密称定，研细，精密称取适量(约相当于法莫替丁 50mg)，置 50mL 量瓶中，加甲醇适量，振摇使法莫替丁溶解，并用甲醇稀释至刻度，摇匀，过滤，精密量取续滤液 5mL，置 50mL 量瓶中，用流动相稀释至刻度，摇匀，精密量取 20μL 注入液相色谱仪，记录色谱图；另取法莫替丁对照品 20mg，精密称定，置 20mL 量瓶中，加甲醇适量溶解并稀释至刻度，摇匀，精密量取 5mL，置 50mL 量瓶中，用流动相稀释至刻度，摇匀，同法测定，按外标法以峰面积计算，即得。

解析：本法为外标法。

二、气相色谱法

(一)基本原理

气相色谱法系采用气体为流动相(载气)流经装有填充剂的色谱柱进行分离测定的色谱方法。物质或其衍生物汽化后，被载气带入色谱柱进行分离，各组分先后进入检测器。用记录仪、积分仪或数据处理系统记录色谱信号。

(二)应用

气相色谱在《中国药典》(2015 版)中主要用于溶剂残留量的检查、乙醇测定、挥发性杂质检查、维生素 E 及其制剂的含量测定。

1. 对仪器的一般要求

所用的仪器为气相色谱仪，气相色谱仪由载气源、进样部分、色谱柱、柱温箱、检测器和数据处理系统组成。进样部分、色谱柱和检测器的温度均在控制状态。

(1)载气源：气相色谱法的流动相为气体，称为载气。氦、氮和氢可用作载气，可由高压钢瓶或高纯度气体发生器提供，经过适当的减压装置，以一定的流速经过进样器和色谱柱，根据供试品的性质和检测器种类选择载气，除另有规定外，常用载气为氮气。

(2)进样部分：进样方式一般可采用溶液直接进样或顶空进样。

毛细管柱溶液直接进样法(第一法)

溶液直接进样：采用微量注射器、微量进样阀或有分流装置的汽化室进样。采用溶液直接进样时，进样口温度应高于柱温30～50℃，进样量一般不超过数微升，柱径越细，进样量应越少，采用毛细管柱时，一般应分流，以免过载。

溶液的制备：精密称取供试品适量，用水或合适的有机溶剂使溶解；根据各品种项下残留溶剂的限度规定，配制供试品溶液，使其浓度满足系统定量测定的需要。采用与制备供试品溶液相同的方法和对照品溶液。

测定：取对照品溶液和供试品溶液，分别连续进样不少于3次，测定待测峰的峰面积。

毛细管柱顶空进样等温法(第二法)

顶空进样适用于固体和液体供试品中挥发性组分的分离与测定。将固态或液态的供试品制成供试液后，置于密闭小瓶中，在恒温控制的加热室中加热至供试品中挥发性组分在非气态和气态达至平衡后，由进样器自动吸取一定体积的顶空气注入色谱柱中。

本法适用于被检查的有机溶剂数量不多，并且极性差异较小的情况。

色谱条件：柱温为40～100℃；常以氮气为载气，流速为1.0～2.0mL/min；顶空瓶加热温度为70～85℃，顶空瓶加热时间30～60min，进样口温度为200℃，如采用氢火焰离子化(FID)检测器，温度为250℃。

溶液的制备：通常以水为溶剂，对于非水溶性药物，可采用*N*，*N*－二甲基甲酰胺(DMP)或二甲基亚砜(DMSO)或其他适宜溶剂；根据供试品和待测溶剂的溶解度，选择适宜的溶剂，且应不干扰待测溶剂的测定。根据各品种项下残留溶剂的限度规定，配制供试品溶液，使其浓度满足系统定量测定的需要。采用与制备供试品溶液相同的方法制备对照品溶液。

顶空条件的选择：应根据供试品中残留溶剂的沸点选择顶空温度，对沸点较高的残留溶剂，通常选择较高的平衡温度，但此时应兼顾供试品的热分解特性，尽量避免供试品产生的挥发牲热分解产物对测定的干扰。

顶空平衡时间一般为30～45min，以保证供试品溶液的气－液两相有足够的时间达到平衡。顶空平衡时间通常不宜过长，如超过60min，可能引起顶空瓶的气密性变差，导致定量准确性的降低。对照品溶液与供试品溶液必须使用相同的顶空条件。

测定：取对照品溶液和供试品溶液，分别连续进样不少于2次，测定待测峰的峰面积。

不适宜顶空法测定的残留溶剂有甲酰胺、2-甲氧基乙醇、2-乙氧基乙醇、乙二醇、*N*-甲基咯烷酮。

应用示例1：美罗培南中二氯甲烷和丙酮的检查

取本品约0.2g，精密称定，置顶空瓶中，加入相当于20%供试品量的碳酸钠，精密加入水5mL使溶解，密封瓶口，作为供试品溶液；另精密称取丙酮和二氯甲烷各适量，加水定量稀释制成每1mL中分别含丙酮0.2mg、二氯甲烷24μg的混合溶液，精密量取5mL，置顶空瓶中，密封瓶口，作为对照品溶液。以(5%)苯基-(95%)甲基聚硅氧烷为固定液(或极性相似的固定液)的毛细管柱为色谱柱，柱温50℃；检测器为氢火焰离子化检测器(FID)，检测器温度为250℃，进样口温度为140℃。顶空进样，顶空瓶平衡温度为90℃，平衡时间为20min，进样体积为1.0mL。取对照品溶液进样测试，记录色谱图，出峰顺序依次为丙酮、二氯甲烷，二者之间的分离度应大于1.5。分别取供试品溶液和对照品溶液顶空进样，记录色谱图，按外标法以峰面积计算，含二氯甲烷与丙酮均应符合规定。

毛细管柱顶空进样程序升温法(第三法)

本法适用于被检查的有机溶剂数量较多，并且极性差异较大的情况。

色谱条件：柱温先在40℃维持8min，再以8℃/min的升温速率升至120℃，维持10min；如为极性色谱系统，柱温先在60℃维持6min，再以8℃/min的升温速率升至100℃，维持20min；以氮气为载气，流速为2.0mL/min；顶空瓶温度70~85℃，顶空时间30~60min；进样口温度为200℃，如采用FID检测器，温度为250℃。具体对单个药品的残留溶剂检查时，可根据该品种项下的残留溶剂种类调整程序升温速率，取对照品溶液和供试品溶液，分别连续进样不少于2次，测定待测峰的峰面积。

应用示例2：顶空气相色谱法测定氨氯地平中间体中残留苯及其同系物的含量

色谱条件：顶空瓶体积22mL，平衡温度65℃，加热平衡时间30min，加压时间1.2min，压力平衡时间0.1min，定量管1mL，定量管充样时间0.2min，定量管平衡时间0.2min，进样时间0.05min，转移线温度70℃。毛细管柱DB-624[0.53mm(I.D.×30m，5μm)]，起始温度40℃，保持6min，升温速率10℃/min，终温220℃，保持2min，气化室温度200℃，FID温度250℃，氮气为载气，柱前压为80kPa，总流量30mL/min，分流比6∶1，氢气流量30mL/min，空气流量300mL/min。

溶液制备：

标准贮备液①：分别精确称取苯、甲苯、对二甲苯、间二甲苯和邻二甲苯各200mg置不同的盛有约80mL二甲基乙酰胺的100mL容量瓶中，然后用二甲基乙酰胺分别稀释到刻度，摇匀，得2mg/mL标准贮备液①。

标准贮备液②：分别准确移取1mL标准贮备液①到不同的100mL容量瓶中，然后用二甲基乙酰胺稀释到刻度，摇匀，得0.02mg/mL标准贮备液②。

标准试液：分别准确移取1mL、2mL、4mL、8mL、16mL和32mL标准贮备液②到100mL容量瓶中，然后用二甲基乙酰胺稀释到刻度，摇匀，得分别含有0.2×10^{-6}、0.4×10^{-6}、0.8×10^{-6}、1.6×10^{-6}、3.2×10^{-6}和6.4×10^{-6}的苯、甲苯、对二甲苯、间二甲苯和邻二甲苯系列标准试液。

供试品溶液：分别精确称取600mg不同实际批号的邻苯二甲酰亚胺氨氯地平(Phthaloyl AmLodipine)，并移取8mL二甲基乙酰胺于不同的10mL的容量瓶中，并用塑料密封盖密封容量瓶，振荡约2min，使样品充分溶解，打开密封盖并用二甲基乙酰胺稀释到刻度。

测定方法：分别用移液管准确移取5mL上述标准试液和供试品溶液于顶空瓶中(每个顶空瓶中装一种溶液)，加塞，密封，立即装入试样转盘，按色谱条件进样分析记录色谱图，利用纯物质保留时间定性，按外标法以峰面积计算苯、甲苯、对二甲苯、间二甲苯和邻二甲苯的残留量。

(3)色谱柱；色谱柱为填充柱或毛细管柱。填充柱的材质为不锈钢或玻璃，内径为2~4mm，柱长为2~4m，内装吸附剂、高分子多孔小球或涂渍固定液的载体。粒径为0.25~0.18mm、0.18~0.15mm或0.15~0.125mm，常用载体为经酸洗并硅烷化处理的硅藻土或高分子多孔小球，常用固定液有甲基聚硅氧烷、聚乙二醇等。毛细管柱的材质为玻璃或石英，内壁或载体经涂渍或交联固定液，内径一般为0.25mm、0.32mm或0.53mm，柱长5~60m，固定液膜厚0.1~5.0μm。

新填充柱和毛细管柱在使用前需老化以除去残留溶剂及低分子量的聚合物，色谱柱如长期未用，使用前应老化处理，使基线稳定。

毛细管柱的固定液包括：

非极性固定液，如：100%的二甲基聚硅氧烷。

极性固定液，如：聚乙二醇(PEG-20M)。

中等极性固定液，如：(35%)二苯基-(65%)甲基聚氧硅烷、(50%)二苯基-(50%)二甲基聚氧硅烷、(35%)二苯基-(65%)二甲基亚芳基聚氧硅烷、(14%)氰丙基苯基-(86%)二甲基聚氧硅烷、(6%)氰丙基苯基-(94%)二甲基聚氧硅烷等。

弱极性固定液，如：(5%)苯基－(95%)甲基聚氧硅烷、(5%)二苯基－(95%)二甲基亚芳基硅氧烷共聚物。

填充柱常用直径为0.18～0.25mm的乙二烯苯－乙基乙烯苯型高分子多孔小球或其他适宜的填料作为固定相。

测定方法：普通的填充柱采用溶液直接进样法测定，毛细管色谱柱可采用顶空进样方法测定，亦可采用溶液直接进样。进行有机溶剂限度测定时，根据残留溶剂的限度规定来确定对照品溶液的浓度；进行定量测定时，应根据供试品中残留溶剂的实际残留量确定对照品溶液的浓度；通常对照品溶液的色谱峰面积与供试品溶液中对应的残留溶剂的色谱峰面积以不超过2倍为宜。必要时应重新调整供试品溶液和对照品溶液的浓度。

(4)柱温箱：由于柱温箱温度的波动会影响色谱分析结果的重现性，因此柱温箱控温精度应在±1℃，且温度波动小于每小时0.1℃。温度控制系统分为恒温和程序升温两种。

(5)检测器：适合气相色谱法的检测器有火焰离子化检测器(FID)、热导检测器(TCD)、氮磷检测器(NPD)、火焰光度检测器(FPD)、电子捕获检测器(ECD)、质谱检测器(MS)等。除另有规定外，一般用火焰离子化检测器，用氢气作为燃气，空气作为助燃气。在使用火焰离子化检测器时，检测器温度一般应高于柱温，并不得低于150℃，以免水汽凝结，通常为250～350℃。

(6)数据处理系统：分为记录仪、积分仪以及计算机工作站等。各品种项下规定的色谱条件，除检测器种类、固定液品种及特殊指定的色谱柱材料不得改变外，其余如色谱柱内径、长度、载体牌号、粒度、固定液涂布浓度、载气流速、柱温、进样量、检测器的灵敏度等均可适当改变，以适应具体品种并符合系统适用性试验的要求。一般色谱图约于30min内记录完毕。

2. 系统适用性试验

与高效液相色谱法相同。

3. 测定法

(1)内标法。

(2)外标法。

(3)面积归一化法。

(4)标准溶液加入法测定供试品中某个杂质或主成分含量：精密称(量)取某个杂质或待测成分对照品适量，配制成适当浓度的对照品溶液，取一定量，精密加入到供试品溶液中，根据外标法或内标法测定杂质或主成分含量，再扣除加入的对照品溶液含量，即得供试液溶液中某个杂质和主成分含量。

也可按下述公式进行计算，加入对照品溶液前后校正因子应相同，即：

$$\frac{A_{is}}{A_X} = \frac{c_X + \Delta c_X}{c_X} \tag{4-14}$$

则待测组分的浓度 c_X 可通过如下公式进行计算：

$$c_X = \frac{\Delta c_X}{(A_{is}/A_X) - 1} \tag{4-15}$$

式中　c_X——供试品中组分 X 的浓度；

A_X——供试品中组分 X 的色谱峰面积；

Δc_X——所加入的已知浓度的待测组分对照品的浓度；

A_{is}——加入对照品后组分 X 的色谱峰面积。

气相色谱法定量分析采用手工进样时，由于留针时间和室温等对进样量的影响，使进样量不易精确控制，故最好采用内标法定量；而采用自动进样器时，由于进样重复性的提高，在保证进样分析误差的前提下，也可采用外标法定量。当采用顶空进样技术时，由于供试品和对照品处于不完全相同的基质中，故可采用标准溶液加入法以消除基质效应的影响；当标准溶液加入法与其他定量方法结果不一致时，应以标准溶液加入法结果为准。

4. 注意事项

顶空平衡温度的选择：对沸点较高的残留溶剂，通常选择较高的平衡温度，但此时应兼顾供试品的热分解特性，尽量避免供试品产生的挥发性热分解产物对测定的干扰。

顶空平衡时间：顶空平衡时间通常不宜过长，一般为 30 ~ 45min，以保证供试品溶液的气 - 液两相有足够的时间达到平衡。如超过 60min，可能引起顶空瓶的气密性变差，导致定量准确性的降低。

供试品溶液与对照品溶液平行原则：对照品溶液与供试品溶液必须使用相同的顶空条件。

（三）实例

实例　各种制剂中乙醇的含量测定（20℃）

色谱条件与系统适用性试验：用直径为 0.25 ~ 0.18mm 的二乙烯苯 - 乙基乙烯苯型高分子多孔小球作为载体，柱温为 120 ~ 150℃；理论板数按正丙醇峰计算应不低于 700，乙醇峰与正丙醇的分离度应大于 2.0。

校正因子测定：精密量取恒温至20℃无水乙醇4、5和6mL，分别精密加入恒温至20℃正丙醇(内标物质)5mL，加水稀释成250mL，混匀(必要时可进一步稀释)。取上述3种溶液适量，注入气相色谱仪，分别连续进样3次，测定峰面积，计算校正因子，所得校正因子的相对标准偏差不得大于2.0%。

测定法：精密量取恒温至20℃的供试品适量(相当于乙醇约5mL)，置250mL量瓶中，精密加入恒温至20℃的正丙醇5mL，用水稀释至刻度，摇匀，作为供试品溶液。取1μL注入气相色谱仪，测定，即得。

本法为内标法。

第五节　分析方法的验证

药品质量标准分析方法验证的目的是证明采用的方法适合于相应的检测要求。在建立药品质量标准时，分析方法需经验证；在药品生产工艺变更、制剂的组分变更、对原分析方法进行修订时，质量标准分析方法也需进行验证。方法验证的理由、过程和结果均应记载在药品质量标准起草说明或修订说明中。

需验证的分析项目有鉴别试验、杂质检查、原料药或制剂中有效成分含量测定，以及制剂中其他成分(如防腐剂等)的测定。药品溶出度、释放度等检查中，其溶出量等的测试方法也应作必要验证。

分析方法验证的内容有准确度、精密度(包括重复性、中间精密度和重现性)、专属性、检测限、定量限、线性、范围和耐用性等，见表4-3。视具体方法拟订验证的内容。

表4-3　检验项目和验证内容

内容　项目	鉴别	杂质测定		含量测定及溶出量测定
		定量	限度	
准确度	-	+	-	+
精密度				
重复性	-	+	-	+
中间精密度	-	+[①]	-	+[①]
专属性[②]	+	+	+	+
检测限	-	-[③]	+	-

续表

内容　项目	鉴别	杂质测定		含量测定及溶出量测定
		定量	限度	
定量限	-	+	-	-
线性	-	+	-	+
范围	-	+	-	+
耐用性	+	+	+	+

注：①已有重现性验证，不需验证中间精密度；②如一种方法不够专属，可用其他分析方法予以补充；③视具体情况予以验证。

（一）准确度

准确度系指用该方法测定的结果与真实值或参考值接近的程度，一般用回收率（%）表示。准确度应在规定的范围内测试。

1. 含量测定方法的准确度

原料药可用已知纯度的对照品或供试品进行测试，或用本法所得结果与已知准确度的另一个方法测定的结果进行比较。

制剂可用含已知量被测物的各组分混合物进行测定。如不能得到制剂的全部组分，可向制剂中加入已知量的被测物进行测定，或用本法所得结果与已知准确度的另一个方法测定结果进行比较。

如该分析方法已经测试并求出了精密度、线性和专属性，在准确度也可推算出来的情况下，这一项可不必再做。

2. 杂质定量测定的准确度

向原料药或制剂中加入已知量杂质进行测定。如不能得到杂质或降解产物，可用本法测定结果与另一成熟的方法进行比较，如药典标准方法或经过验证的方法。在不能测得杂质或降解产物的响应因子或不能测得对原料药的相对响应因子的情况下，可用原料药的响应因子。应明确表明单个杂质和杂质总量相当于主成分的重量比（%）或面积比（%）。

3. 数据要求

在规定范围内，至少用9个测定结果进行评价。例如，设计3个不同浓度，每个浓度分别制备3份供试品溶液进行测定。应报告已知加入量的回收率（%），或测定结果平均值与真实值之差及其相对标准偏差或可信限。

（二）精密度

精密度系指在规定的测试条件下，同一个均匀供试品经多次取样测定所得结果之间的接近程度。精密度一般用偏差、标准偏差(SD)或相对标准偏差(RSD)表示。在相同条件下，由同一个分析人员测定所得结果的精密度称为重复性；在同一个试验室、不同时间由不同分析人员用不同设备测定所得结果之间的精密度称为中间精密度；在不同试验室由不同分析人员测定所得结果之间的精密度称为重现性。

含量测定和杂质的定量测定应考虑方法的精密度。

1. 重复性

在规定范围内，至少用9个测定结果进行评价。例如，设计3个不同浓度，每个浓度分别制备3份供试品溶液进行测定；或将相当于100%浓度水平的供试品溶液用至少测定6次的结果进行评价。

2. 中间精密度

为考察随机变动因素对精密度的影响，应设计方案进行中间精密度试验。变动因素为不同日期、不同分析人员、不同设备。

3. 重现性

法定标准采用的分析方法应进行重现性试验。例如，建立药典分析方法时，通过协同检验得出重现性结果。协同检验的目的、过程和重现性结果均应记载在起草说明中。应注意重现性试验用的样品本身的质量均匀性和贮存运输中的环境影响因素，以免影响重现性结果。

4. 数据要求

均应报告标准偏差、相对标准偏差和可信限。

(三)专属性

专属性系指在其他成分(如杂质、降解产物、辅料等)可能存在的情况下，采用的方法能正确测定出被测物的特性。鉴别反应、杂质检查和含量测定方法均应考察其专属性。如方法不够专属，应采用多个方法予以补充。

1. 鉴别反应

应能与可能共存的物质或结构相似的化合物区分，不含被测成分的供试品，以及结构相似或组分中的有关化合物均应呈负反应。

2. 含量测定和杂质测定

色谱法和其他分离方法应附代表性图谱，以说明方法的专属性，并应标明各成分在图中的位置，色谱法中的分离度应符合要求。在杂质可获得的情况下，对于含量测定，试样中可加入杂质或辅料，考察测定结果是否受干扰，并可与未加杂质或辅料的试样比较测定结果；对于杂质测定，也可向试样中加入一定量的杂质，考察杂质之间能否得到分离。

在杂质或降解产物不能获得的情况下，可将含有杂质或降解产物的试样进行测定，与另一个经验证了的方法或药典方法比较结果。用强光照射、高温、高湿、酸(碱)水解或氧化的方法进行加速破坏，以研究可能的降解产物和降解途径。含量测定方法应比对两法的结果，杂质检查应比对检出的杂质个数。必要时可采用光二极管阵列检测和质谱检测，进行峰纯度检查。

(四)检测限

检测限(LOD)系指试样中被测物能被检测出的最低量。药品的鉴别试验和杂质检查方法均应通过测试确定该方法的检测限。常用的方法如下：

1. 非仪器分析目视法

用已知浓度的被测物试验出能被可靠地检测出的最低浓度或量。

2. 信噪比法

用于能显示基线噪声的分析方法，即把已知低浓度试样测出的信号与空白样品测出的信号进行比较，算出能被可靠地检测出的最低浓度或量。一般以信噪比为3∶1或2∶1时相应浓度或注入仪器的量确定检测限。

3. 数据要求

应附测试图谱，说明测试过程和检测限结果。

(五)定量限

定量限系指试样中被测物能被定量测定的最低量，其测定结果应具一定准确度和精密度。杂质和降解产物用定量测定方法研究时，应确定方法的定量限。

常用信噪比法确定定量限。一般以信噪比为10∶1时相应浓度或注入仪器的量确定定量限。

(六)线性

线性系指在设计的范围内，测试结果与试样中被测物浓度直接成正比关系的程度。应在规定的范围内测定线性关系。可用一贮备液经精密稀释或分别精密称样，制备一系列供试样品的方法进行测定，至少制备5份供试样品。以测得的响应信号作为被测物浓度的函数作图，观察是否呈线性，再用最小二乘法进行线性回归。必要时，响应信号可经数学转换，再进行线性回归计算。数据要求应列出回归方程、相关系数和线性图。

(七)范围

范围系指能达到一定精密度、准确度和线性，测试方法适用的高低限浓度或量的区间。范围应根据分析方法的具体应用和线性、准确度、精密度结果的要求确定。原料药和制剂含量测定，范围应为测试浓度的 80% ~120%；制剂含量均匀度检查，范围应为测试浓度的 70% ~130%，根据剂型特点，如气雾剂和喷雾剂，范围可适当放宽；溶出度或释放度中的溶出量测定，范围应为限度的 ±20%，如规定了限度范围，则应为下限的 -20% 至上限的 +20%；杂质测定，范围应根据初步实测，拟订为规定限度的 ±20%。如果含量测定与杂质检查同时进行，用百分归一化法，则线性范围应为杂质规定限度的 -20% 至含量限度(或上限)的 +20%。

(八)耐用性

耐用性系指在测定条件有小的变动时，测定结果不受影响的承受程度。为使方法可用于提供常规检验依据，开始研究分析方法时，就应考虑其耐用性。如果测试条件要求苛刻，则应在方法中写明。典型的变动因素有被测溶液的稳定性，样品的提取次数、时间等；液相色谱法中典型的变动因素有流动相的组成和 pH、不同厂牌或不同批号的同类型色谱柱、柱温、流速等；气相色谱法的变动因素有不同厂牌或批号的色谱柱、固定相、不同类型的担体、柱温、进样口和检测器温度等。经试验，应说明小的变动能否通过设计的系统适用性试验，以确保方法有效。

第六节　定量分析有关计算

定量分析的结果是判断药品优劣的重要依据，计算方法因分析测定方法不同而不同，原料药与制剂含量表示方法也不同，原料药的含量用百分含量表示，制剂的含量则用标示量的百分含量表示。

原料药的百分含量计算：

$$\text{含量}\% = \frac{m_X}{m} \times 100\% \tag{4-16}$$

式中　m_X——实测值；

m——供试品的重量。

制剂标示量的百分含量计算：

$$\text{标示量}\% = \frac{\text{每片(每支)实测量}}{\text{标示量}} \times 100\% \tag{4-17}$$

$$标示量\% = \frac{m_X}{S} \times 100\% \qquad (4-18)$$

式中　m_X——每片(每支)实测量；

S——标示量。

片剂标示量百分含量的计算：

$$标示量\% = \frac{每片实测的含量}{标示量} \times 100\% = \frac{供试品中测定量 \times 平均片重}{标示量} \times 100\% \qquad (4-19)$$

注射剂标示量百分含量的计算：

$$标示量\% = \frac{每片实测的含量}{标示量} \times 100\% = \frac{供试品中测定量 \times 每片片重}{标示量} \times 100\% \qquad (4-20)$$

(一)滴定分析法

滴定分析法测定原料药及制剂含量的计算。

符号释义：V——供试液消耗滴定液的体积，mL；

V_0——空白消耗滴定液的体积，mL；

T——滴定度，mg/ mL；

F——滴定液的浓度校正因数；

M——供试品的取样量，g 或 mL；

$\overline{W}$——平均片重；

S——标示量。

实例一　呋塞米原料药含量测定

取本品 0. 4988g，加乙醇 30mL，微温使溶解，放冷，加甲酚红指示液 4 滴与麝香草酚蓝指示液 1 滴，用氢氧化钠滴定液(0. 1003mol/L)滴定至溶液显紫红色，消耗氢氧化钠滴定液(0. 1003mol/L) 14. 86mL；并将滴定结果用空白试验校正，消耗氢氧化钠滴定液(0. 1003mol/L)0. 05mL。每 1mL 氢氧化钠滴定液(0. 1mol/L)相当于 33. 07mg 的呋塞米。按干燥品计算，含 $C_{12}H_{11}ClN_2O_5S$ 不得少于 99. 0%。

$$解：含量\% = \frac{(V - V_0) \times T \times F \times 10^{-3}}{m} \times 100\%$$

$$= \frac{(14.86 - 0.05) \times 33.07 \times \frac{0.1003}{0.1} \times 10^{-3}}{0.4988} \times 100\% = 98.48\%$$

由于 98. 48% <99. 0%，故本品含量不合格。

实例二　司可巴比妥钠原料药含量测定

取本品0.1043g，置250mL碘瓶中，加水10mL，振摇使溶解，精密加溴滴定液(0.05mol/L)25mL，再加盐酸5mL，立即密塞并振摇1min，在暗处静置15min后，注意微开瓶塞，加碘化钾试液10mL，立即密塞，摇匀后，用硫代硫酸钠滴定液(0.1012mol/L)滴定，至近终点时，加淀粉指示液，继续滴定至蓝色消失，并将滴定结果用空白试验校正。每1mL溴滴定液(0.05mol/L)相当于13.01mg的$C_{12}H_{17}N_2NaO_3$。按干燥品计算，含$C_{12}H_{17}N_2NaO_3$不得少于98.5%。已知样品消耗硫代硫酸钠滴定液(0.1012mol/L)17.20mL，空白试验消耗硫代硫酸钠滴定液(0.1012moL/L)25.02mL。

解：本法为原料药的含量测定，为剩余滴定法。

$$\text{含量}\% = \frac{(V_0 - V) \times T \times F \times 10^{-3}}{m} \times 100\%$$

$$= \frac{(25.02 - 17.20) \times 13.01 \times \frac{0.1012}{0.1} \times 10^{-3}}{0.1043} \times 100\% = 98.7\%$$

实例三　甲苯磺丁脲片剂(标示量0.5g)含量测定

取甲苯磺丁脲10片，精密称定为5.948g，研细，精密称取片粉0.5996g，加中性乙醇25mL，微热，使其溶解，放冷，加酚酞指示剂3滴，用氢氧化钠滴定液(0.1008mol/L)滴定至粉红色，消耗量18.47mL。每1mL氢氧化钠滴定液(0.1mol/L)相当于27.04mg的甲苯磺丁脲。《中国药典》(2015版)规定本品含甲苯磺丁脲应为标示量的95.0%～105%。试计算本品的标示量百分含量，并判断是否符合规定。

解：本法为片剂的标示量百分含量测定，为直接滴定法。

$$\text{标示量}\% = \frac{V \times T \times F \times 10^{-3} \times \overline{W}}{m \times S} \times 100\%$$

$$= \frac{18.47 \times 27.04 \times \frac{0.1008}{0.1} \times 10^{-3} \times \frac{5.948}{10}}{0.5996 \times 0.5} \times 100\% = 99.9\%$$

(二)分光光度法

分光光度法测定原料药及制剂含量的计算。

实例一　对乙酰氨基酚原料药含量测定

精密称取对乙酰氨基酚0.0411g，置250mL量瓶中，加0.4%氢氧化钠溶液50mL，加水至刻度，摇匀，精密量取5mL，置100mL量瓶中，加0.4%氢氧化钠溶液 10mL，加水至刻度，摇匀。依照紫外 - 可见分光光度法，在 257nm 波长处测得吸光度为 0. 582。按 $C_8H_9NO_2$ 的百分吸收系数为 715 计算对乙酰氨基酚的百分含量。

解：本法为吸收系数法。

$$含量\% = \frac{\frac{A}{E_{1cm}^{1\%}} \times \frac{1}{100} \times V \times D}{m} \times 100\%$$

$$= \frac{\frac{0.582}{715} \times \frac{1}{100} \times 250 \times \frac{100}{5}}{0.0411} \times 100\% = 99.05\%$$

实例二　甲氧苄啶注射液(规格 2mL∶0. 1g)含量测定

精密量取本品 1mL，置 25mL 量瓶中，用稀醋酸稀释至刻度，摇匀，精密量取 1mL 置 100mL 量瓶中，用稀醋酸稀释至刻度，摇匀，照紫外 - 可见分光光度法(通则 0401)，在 271nm 波长处测定吸光度为 0. 420。另取甲氧苄啶对照品适量 0. 05134g，置 25mL 量瓶中，用稀醋酸稀释至刻度，精密量取 1mL 置 100mL 量瓶中，用稀醋酸稀释至刻度，摇匀，在 271nm 波长处测定吸光度为 0. 416。计算甲氧苄啶标示量百分含量。

解：本法为对照品比较法。

$$标示量\% = \frac{c_R \times \frac{A_X}{A_R} \times D \times 每支容量}{m \times S} \times 100\%$$

$$= \frac{\frac{0.05134}{25 \times 100} \times \frac{0.420}{0.416} \times \frac{25}{1} \times \frac{100}{1} \times 2}{1 \times 0.1} \times 100\% = 103.7\%$$

甲氧苄啶的标示量百分含量为 103. 7%。

(三)色谱法

色谱法测定原料药及制剂含量的计算。

实例　头孢唑林钠含量测定

某药厂用高效液相色谱法外标法测定头孢唑林钠含量，取含量为 99. 5% 的头孢唑林钠对照品 25. 13mg，配制成溶液，取此溶液 10μL 注入液相色谱仪，测定峰面积，3 次测定值分别为 2490189、2492796 和 2492178；另外称取头孢唑林钠供试品 3 份，分别为 28. 13、29. 35 和 27. 10mg，按上法测定，分别取 10μL 溶液注入液相色谱仪，测得峰面积分别为 2634858、2763699 和 2536847，求供试品的百分含量。

解：

$$含量\% = \frac{c_R \times \frac{A_X}{A_R} \times V \times D}{m} \times 100\%$$

对照品平均峰面积：$\frac{2490189 + 2492796 + 2492178}{3} = 249172$

$$第一次测定：含量\% = \frac{25.13 \times 99.5\% \times \frac{2634858}{2491721}}{28.13} \times 100\% = 93.99\%$$

$$第二次测定：含量\% = \frac{25.13 \times 99.5\% \times \frac{2763699}{2491721}}{29.35} \times 100\% = 94.49\%$$

$$第三次测定：含量\% = \frac{25.13 \times 99.5\% \times \frac{2536847}{2491721}}{27.10} \times 100\% = 93.94\%$$

$$平均含量\% = \frac{93.99\% + 94.49\% + 93.94\%}{3} = 94.14\%$$

供试品的百分含量为94.1%。

习　题　四

一、填空题

1. 滴定分析法分为(　　　　)、(　　　　)和(　　　　)三种方法。
2. HPLC，反相色谱系统常用的色谱柱填料为(　　　　)。
3. HPLC，反相色谱系统常用的流动相 pH 值为(　　　　)。
4. HPLC，反相色谱系统常用的流动相中有机溶剂的比例应不低于(　　)。
5. 色谱柱的理论板数越高，说明柱效越(　　　　)。
6. 除另有规定外，色谱法定量分析时，各色谱峰的分离度应(　　　　)。

二、单项选择题

1. 用紫外－可见分光光度法测定药物含量时，配制待测溶液浓度的依据是使(　　)。
   A. 测得吸光度应尽量大　　B. 测得吸光度应大于1.0
   C. 测得习惯度应大于0.7　　D. 测得吸光度应在0.3～0.7
2. 色谱峰的拖尾因子符合要求的范围是(　　)。
   A. 0.85～1.15　　B. 0.90～1.10　　C. 0.95～1.05　　D. 0.99～1.01
3. 对于十八烷基硅烷键合硅胶为固定相的反相色谱系统，流动相中有机溶剂的比例通常应不低于(　　)。
   A. 5%　　B. 10%　　C. 15%　　D. 0.5%

4.《中国药典》(2015 版)规定 HPLC 法采用的检测器是(　　)。
A. 热导检测器　　B. 氢火焰离子化检测器
C. 氮磷检测器　　D. 紫外分光光度检测器

5. 非水溶液滴定法中，常用的滴定液是(　　)。
A. 结晶紫　　B. 高氯酸　　C. 冰醋酸、冰醋酸－醋酸酐

6. 药物的定量分析是指准确测定药品有效成分或指标性成分的(　　)。
A. 限度　　B. 优劣　　C. 含量　　D. 真伪

7. 剩余碘量法中，用于和供试品反应的第一种滴定液是(　　)，用于和剩余的第一种滴定液反应的第二种滴定液是(　　)。
A. 碘液　　B. 高氯酸　　C. 硫代硫酸钠　　D. 淀粉

8. 高效液相色谱法中，通常色谱柱温度不超过(　　)。
A. 20℃　　B. 30℃　　C. 40℃　　D. 50℃

9. 非水溶液滴定法中，常用的指示剂是(　　)。
A. 结晶紫　　B. 高氯酸　　C. 冰醋酸、冰醋酸－醋酸酐

10. 碘量法中的直接碘量法用于测定(　　)。
A. 具有较强还原性的药物　　B. 具有较强氧化性的药物

11.《中国药典》(2015 版)规定 GC 法采用的检测器是(　　)。
A. 热导检测器　　B. 氢火焰离子化检测器
C. 氮磷检测器　　D. 紫外分光光度检测器

12. 片剂或注射液含量测定结果的表示方法是(　　)。
A. 百分含量　　B. 百分标示量　　C. g/100ml　　D. g/100g

13. 在非水滴定中溶解弱碱性药物以增强其碱性，常用的溶剂是(　　)。
A. 乙二胺　　B. 二甲基甲酰胺　C. 冰醋酸　　D. 甲醇　　E. 乙醚

14. 注射液中的水会对哪种方法产生干扰(　　)。
A. 紫外法　　B. 双相滴定法　　C. 重氮化法　　D. 非水碱量法

15. 除另有规定外，气相色谱法进行药物分析所用的载气均指(　　)。
A. 空气　　B. 氢气　　C. 氦气　　D. 二氧化碳　　E. 氮气

16. 片剂中糖类辅料会对下列哪种方法产生干扰(　　)。
A. 氧化还原法　B. 中和法　　C. 非水碱量法　　D. 紫外法

17. 配制硫代硫酸钠滴定液时使用新煮沸冷却的蒸馏水，目的是(　　)。
A. 除去二氧化碳　　B. 除去氧气
C. 杀灭嗜硫菌　　D. A＋B＋C
E. 获取双蒸馏水

18. 西药原料药的含量测定首选的分析方法是(　　)。
A. 滴定分析法　B. 色谱法　　C. 分光光度法　　D. 重量法

19. 氢化可的松的含量测定是利用其在242nm波长处测定吸光度，在测定时(　　)。

A. 应该使用玻璃比色皿和钨灯　B. 应该使用石英比色皿和氘灯

C. 应该使用玻璃比色皿和氘灯　D. 应该使用石英比色皿和钨灯

E. 可使用任何材质的比色皿和灯源

20. 注射液进行含量测定时，对于抗氧剂干扰的排除可采用加入掩蔽剂的方法，常用的掩蔽剂是(　　)。

A. 异烟肼　B. 苯甲酸　C. 维生素C　D. 丙酮或甲醛

21. 用碘量法测定维生素C的含量时，每1mL碘滴定液(0.05mol/L)相当于(　　)mg的维生素C？已知维生素C的分子量为176.13。

A. 8.806　B. 17.61　C. 88.06　D. 176.1

三、多项选择题

1.《中国药典》(2015版)二部附录收载的含量测定方法有(　　)。

A. 酸碱滴定法　B. 紫外－可见分光光度法

C. 原子吸收系数法　D. 高效液相色谱法

E. 电泳法

2. 用紫外分光光度法测定维生素B_{12}含量的操作过程包括(　　)。

A. 称量样品　B. 溶解、稀释　C. 测定吸光度　D. 记录峰面积　E. 计算含量

3. 下列哪种药物可用紫外－可见分光光度法进行分析(　　)。

A. 布洛芬　B. 对乙酰氨基酚　C. 青霉素钠　D. 黄体酮

E. 维生素B_{12}

4. 注射液中常添加的抗氧剂是(　　)。

A. 亚硫酸氢钠　B. 硫代硫酸钠　C. 维生素C　D. 维生素E　E. 庆大霉素

5. 用紫外分光光度法测定药物含量，计算公式中的参数包含(　　)

A. 吸光度　B. 吸收系数　C. 溶液体积　D. 稀释倍数

E. 供试品称量

6. 受硬脂酸镁干扰的含量测定方法有(　　)。

A. 分光光度法　B. 非水碱量法　C. 配位滴定法　D. 氧化还原法

E. 酸碱滴定法

7. 用氧化还原法测定主药含量时会使测定结果偏高的辅料是(　　)。

A. 糊精　B. 蔗糖　C. 麦芽糖　D. 硬脂酸镁　E. 滑石粉

四、配伍题

[1～5题]

A. 酸碱滴定法　B. 非水碱量法　C. 碘量法　D. 亚硝酸钠滴定法

E. 紫外分光光度法

1. 具有还原性的药物如维生素C的含量测定可采用(　　)

2. 有机弱碱的含量测定可采用(　　)
3. 酸性较强的芳香酸的含量测定可采用(　　)
4. 有苯环和共轭结构的有机化合物测定可采用(　　)
5. 芳香第一胺类药物的含量测定可采用(　　)

[6～10 题]

A. R_f　　B. HPLC　　C. ODS　　D. t_R　　E. GC

6. 比移值的符号(　　)
7. 保留时间的符号(　　)
8. 气相色谱的简称(　　)
9. 十八烷基硅烷键合硅胶的简称(　　)
10. 高效液相色谱法的简称(　　)

实训情景三　化学药物的含量测定

任务一　色谱分析法(外标法)
苯巴比妥片的含量测定

【实训目的】

(1)掌握色谱分析法测定药物含量的方法。

(2)熟悉高效液相色谱仪的原理和操作。

【实训内容】

(一)用品

(1)仪器　高效液相色谱仪、容量瓶、乳钵、移液管。

(2)试剂　乙腈、苯巴比妥片。

(二)方法和步骤

色谱条件与系统适用性试验：用辛基硅烷键合硅胶为填充剂；以乙腈:水(30:70)为流动相；检测波长为220nm，流速1mL/min，柱温40℃，检测器为紫外检测器，理论板数按苯巴比妥峰计算应不低于2000。苯巴比妥与相邻色谱峰的分离度应符合要求。

测定法：取药片20片，精密称定，计算平均片重，研细，取本品细粉，精密称取2份(约相当于苯巴比妥30mg)置50mL量瓶中，加流动相适量，超声20min使苯巴比妥溶解，放冷，加流动相稀释至刻度，摇匀，过滤，精密量取续滤液1mL置于10mL量瓶中，用流动相稀释至刻度，摇匀，精密量取10μL注入液相色谱仪，记录色谱图；另精密称取苯巴比妥对照品适量，用流动相溶解并稀释制成每1mL中含60μg的溶液，同法测定。按外标法以峰面积计算。

【实训注意】

(1)药典规定本品含苯巴比妥($C_{12}H_{12}N_2O_3$)应为标示量的93.0%~107.0%。

(2)流动相应严格脱气，并经过滤，防止颗粒物导入系统中，如发现柱压升高应及时查找原因；更换流动相时应注意溶剂的互溶性。分析过程中注意流动相的补充，避免储液瓶内流动相排空。

(3)使用仪器时，应设定仪器允许的最大压力和流速，以防仪器损害。开机时，加大流量，排空系统内气泡。流动相中有缓冲溶液，不宜长时间停留在仪器内。

(4)安装色谱柱时，应注意流向问题，以免影响柱效；保存时，反向色谱柱内应充满甲醇，并拧紧接头，防止溶剂挥发。

【实训检测】

(1)简述外标法定量的原理、方法及特点。

(2)正确计算待测物含量。

任务二　滴定分析(碘量法)维生素C注射液的含量测定

【实训目的】

(1)理解维生素C注射液含量测定的原理和方法。

(2)能进行正确的测定操作和有关计算。

【实训内容】

(一)用品

(1)仪器：酸式滴定管、量杯、碘量瓶。

(2)试剂：维生素C注射液、碘滴定液(0.1mol/L)、丙酮、稀醋酸、淀粉指示液。

(二)方法和步骤

精密量取本品适量(约相当于维生素C 0.2g)，加水15mL与丙酮2mL，摇匀，放置5min，加稀醋酸4mL与淀粉指示液1mL，用碘滴定液(0.05mol/L)滴定，至溶液显蓝色并持续30s不褪色。每1mL碘滴定液(0.1mol/L)相当于8.806mg的$C_6H_8NO_6$。

【实训注意】

(1)本品含维生素C($C_6H_8NO_6$)应为标示量的90.0%～110.0%。

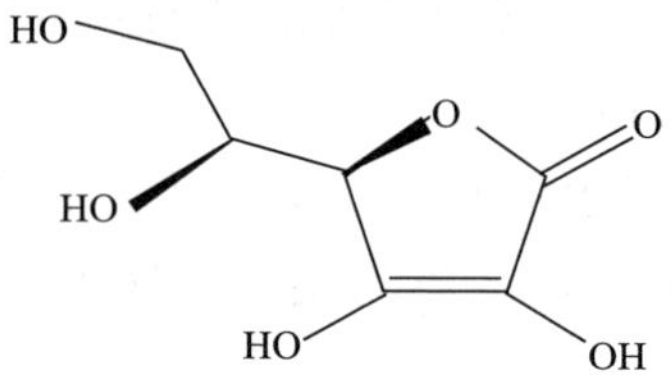

(2)维生素 C 分子结构中的连二烯醇基具有较强的还原性，在酸性溶液中被碘定量地氧化，因此，可以用碘量法测定其含量。

(3)焦亚硫酸钠、亚硫酸氢钠或亚硫酸钠等抗氧剂可与丙酮或甲醛反应生成加成物，从而排除抗氧剂对测定的干扰。

(4)含量计算：

$$标示量\% = \frac{V \times F \times T \times 每支容量}{V_{供}} \times 100\%$$

式中 V——为供试品消耗滴定液的体积，mL；

T——滴定度，mg/mL；

F——滴定液的浓度校正因数(子)；

$V_{供}$——供试品的取样量，mL。

(5)操作注意事项：

①滴定操作多在酸性溶液中进行，因在酸性溶液中维生素 C 受空气中氧的氧化速度减慢，较为稳定，但供试液加稀醋酸后仍需立即进行。

②用碘量瓶进行滴定操作，放置 5min 时应将碘量瓶瓶塞盖住，以避免空气中的氧氧化维生素 C。

③放置 5min 是为了使丙酮与供试品中附加剂充分反应完全。

【实训检测】

(1)为什么使用碘瓶进行测定操作?

(2)含量测定中加入丙酮的作用是什么?

任务三 滴定分析(亚硝酸钠法)盐酸普鲁卡因胺注射液的含量测定

【实训目的】

(1)掌握亚硝酸钠滴定法的原理及方法。

(2)学会永停滴定法指示终点的原理及操作技术。

【实训内容】

(一)用品

(1)仪器：永停滴定仪、移液管、量杯(筒)、烧杯。

(2)试剂：盐酸普鲁卡因胺注射液、亚硝酸钠滴定液(0.1mol/L)、盐酸溶液、溴化钾。

(二)方法和步骤

精密量取本品5mL，加水40mL与盐酸溶液(1→2)10mL，迅速煮沸，立即冷却至室温，加入溴化钾2g，照永停滴定法，用亚硝酸钠滴定液(0.1mol/L)滴定。每1mL亚硝酸钠滴定液(0.1mol/L)相当于27.18mg的$C_{13}H_{21}N_3O \cdot HCl$。

【实训注意】

(1)本品含盐酸普鲁卡因胺($C_{13}H_{21}N_3O \cdot HCl$)应为标示量的95.0%～105.0%。

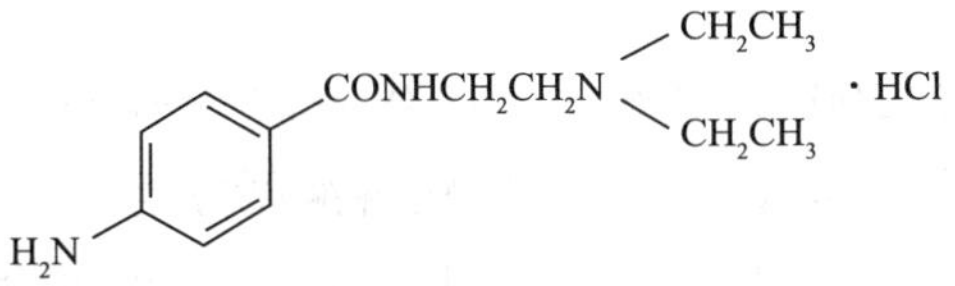

(2)方法原理：盐酸普鲁卡因胺结构中含有芳香第一胺，故可用亚硝酸钠法滴定，用永停滴定仪指示终点。

(3)含量计算：

$$标示量\% = \frac{V \times F \times T \times 每支容量}{V_{供} \times 标示量} \times 100\%$$

式中　V——供试品消耗滴定液的体积(mL)；

T——滴定度(mg/mL)；

F——滴定液的浓度校正因数(子)；

V——供试品的取样量(mL)。

(4)操作注意事项：

①永停滴定法滴定方式：直接将滴定管尖端和电极插入液面下，在磁力搅拌器搅拌下由仪器自动滴定。

②终点的指示方法：仪器指示灯亮，并发出蜂鸣声。

【实训检测】

(1)影响重氮化反应速度的因素有哪些？在本法中如何掌握滴定条件？

(2)比较永停滴定法和电位滴定法的异同。

任务四　紫外－可见分光光度法（吸收系数法）盐酸二氧丙嗪片的含量测定

【实训目的】

（1）掌握吸收系数法测定药物含量的方法。

（2）熟悉紫外－可见分光光度计的原理和操作。

【实训内容】

（一）用品

（1）仪器：紫外-可见分光光度计、容量瓶。

（2）试剂：0.1mol/L 盐酸、盐酸二氧丙嗪片。

（二）方法和步骤

取本品1片量，置200mL 量瓶中，加0.1mol/L 盐酸溶约150mL，振摇，使盐酸二氧丙嗪完全溶解，加0.1mol/L 盐酸溶液稀释至刻度，摇匀，过滤；精密量取续滤液5mL，置于100mL 量瓶中，用0.1mol/L 盐酸溶液稀释至刻度，摇匀，照紫外－可见分光光度法，在264nm 波长处测定吸光度，按 $C_{17}H_{20}N_2O_2S \cdot HCl$ 的吸收系数（$E_{1cm}^{1\%}$）为362 计算，即得。

【实训注意】

（1）本品含盐酸二氧丙嗪（$C_{17}H_{20}N_2O_2S \cdot HCl$）应为标示量的90.0% ~110.0%。

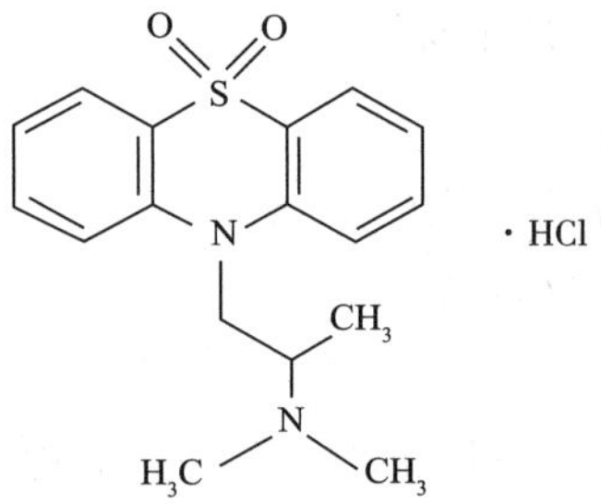

（2）方法原理：盐酸二氧丙嗪结构中的芳香环具有紫外吸收，因此可在其最大吸收波长处测定吸光度，进行含量测定。

（3）含量计算：

$$标示量 = \frac{\frac{A}{E_{1cm}^{1\%}} \times \frac{1}{100} \times V \times D \times \overline{W}}{m \times S} \times 100\%$$

式中　A——测得的吸光度；

$E_{1cm}^{1\%}$——百分吸收系数；

V——供试品溶液测定前定容的体积，mL；

D——稀释倍数；

$\overline{W}$——平均片重，g/片；

m——供试品的取样量，g；

S——标示量即片剂“规格”项下的标示值。

(4)操作注意事项。

①仪器的准备。

a. 开启电源，使仪器预热20min。

b. 开机前，先确认仪器样品室内是否有东西挡在光路上，以免影响仪器自检。

②仪器的操作步骤。

a. 设置波长(246nm)。

b. 测定。

c. 数据记录与结果处理。

③将比色皿洗净装盒，关机。

④填写仪器使用记录。

【实训检测】

本品的原料药采用非水滴定的方法测定含量，为什么片剂采用紫外－可见分光光度法测定含量?

任务五　紫外－可见分光光度法(吸收系数法)尼可刹米注射液的含量测定

【实训目的】

(1)掌握吸收系数法测定药物含量的方法。

(2)熟悉紫外－可见分光光度计的原理和操作。

【实训内容】

(一)用品

(1)仪器：紫外-可见分光光度计、容量瓶。

(2)试剂：0.5%硫酸溶液、尼可刹米注射液。

(二)方法和步骤

供试品溶液的制备：用内容量移液管精密量取本品2mL，置于200mL量瓶中，用0.5%硫酸溶液分次洗涤移液管内壁，洗液并入量瓶中，用0.5%硫酸溶液稀释至刻度，摇匀，精密量取2mL，置250mL的量瓶中，加0.5%硫酸溶液稀释至刻度，摇匀，依法测定吸收度，设置波长(263nm)，按 $C_{10}H_{14}N_2O$ 的吸收系数为292计算，即得。

【实训注意】

(1)本品含尼可刹米应为标示量的90.0%～110.0%。

(2)操作注意事项。

①仪器的准备。

a. 开启电源，使仪器预热20min。

b. 开机前，先确认仪器样品室内是否有东西挡在光路上，以免影响仪器自检。

②仪器的操作步骤。

a. 设置波长(263nm)。

b. 测定。

c. 数据记录与结果处理。

③将比色皿洗净装盒，关机。

④填写仪器使用记录。

【实训检测】

利用邻组同学的试验结果，比较同一溶液在相同仪器上测得的吸光度有无不同，试作解释。

第五章　药物制剂检验技术

第一节　制药用水的分析

水是药物生产过程中用量最大、使用最广的一种辅料，用于生产过程中药物制剂的制备。《中国药典》(2015 版)收载的制药用水，因其使用的范围不同而分为饮用水、纯化水、注射用水及灭菌注射用水。

饮用水又称原水，为天然水经净化处理所得的水。《中国药典》(2015 版)规定饮用水可作为药材净制时的漂洗、制药用具的粗洗用水。除另有国家规定外，也可作为饮片的提取溶剂。饮用水质量必须符合中华人民共和国国家标准《生活饮用水卫生标准》(GBT 5750. 4—2006)。

纯化水为饮用水经蒸馏法、离子交换法、反渗透法或其他适宜方法制备的制药用水，不含任何附加剂，其质量应符合纯化水项下的规定。纯化水可作为配置普通药物制剂的溶剂或试验用水；可作为中药注射剂、滴眼剂等灭菌制剂所用饮片的提取溶剂；口服、外用制剂配制用溶剂或稀释剂；非灭菌制剂用器具的精选用水。也可作非灭菌制剂所用饮片的提取溶剂。纯化水不得用于注射剂的配制与稀释。

注射用水为纯化水经蒸馏所得的水，应符合细菌内毒素试验要求。注射用水可作为配制注射剂、滴眼剂等的溶剂或稀释剂及容器的精洗。

灭菌注射用水为注射用水按照注射剂生产工艺制备所得，不含任何添加剂，主要用于注射灭菌粉末的溶剂或注射剂的稀释剂。

纯化水、注射用水及灭菌注射用水质量应符合《中国药典》(2015 版)中有关各项规定。

一、饮用水的分析

(一)性质

饮用水为无色的澄清液体，无异臭，无味，无肉眼可见物。

(二)检查

我国《生活用水卫生标准》(GBT 5750. 4—2006)中规定饮用水的检查有常规检查和非常规检查，但在实际工作中对饮用水的检查主要有色度、浑浊度、臭和味、肉眼可见物、酸碱度、总硬度、细菌总数、总大肠菌群等。

1. 色度

饮用水的颜色可由带色有机物(主要是腐殖质)、金属或高色度的工业废水造成。水色大于15度时，多数人用杯子喝水时即可察觉。故规定对饮用水进行色度检查，不得超过15度。

检查法：取50mL透明的水样于比色管中(如水样色度过高，则可取少量水样，加纯水稀释后比色，将结果乘以稀释倍数)，另取比色管11支，分别加入铂-钴标准溶液0mL、0. 50mL、1. 00mL、1. 50mL、2. 00mL、2. 50mL、3. 00mL、3. 50mL、4. 00mL、4. 50mL和5. 00mL，加纯化水稀释至刻度，摇匀，配制成色度为0度、5度、10度、15度、20度、25度、30度、35度、40度、45度和50度的标准色列，将水样与铂－钴标准色列比较。如水样与标准色列的色调不一致，即为异色，可用文字描述。

2. 浑浊度

水浑浊度是指悬浮于水中的胶体颗粒产生的散射现象，表示水中悬浮物和胶体物对光线透过时的阻碍程度。降低浑浊度对除去某些有害物质、细菌、病毒，提高消毒效果，确保供水安全等方面都有积极的作用。故规定对饮用水进行浑浊度检查。

检测法：取水样，用浊度仪测定，不得超过3度。

3. 臭和味

异臭和异味可使人产生厌恶感，出现异常臭味可能是水质污染的信号。故规定对饮用水进行异臭和异味检查。

检查法：取100mL水样，置于250mL锥形瓶中，振摇后从瓶口嗅水的气味；与此同时，取少量水样放入口中(此水样应对人体无害)，不要咽下，品尝水的味道。然后将上述锥形瓶内水样加热至开始沸腾，立即取下锥形瓶，稍冷后同法嗅气和尝味，均不得有异臭、异味。

4. 肉眼可见物

指饮用水不应含有沉淀物及肉眼可见的水生生物和令人厌恶的物质。故规定对饮用水进行肉眼可见物检查。

检查法：将水样摇匀，在光线明亮处迎光直接观察，不得有肉眼可见物。

5. 酸碱度

饮用水酸度过低可腐蚀管道影响水质，过高又可析出溶解性盐类并降低消毒效果。故规定对饮用水进行酸碱度检查。

检查法：用玻璃电极为指示电极、饱和甘汞电极为参比电极的酸度计测定，pH 应为 6.5 ~8.5。

6. 总硬度

总硬度系指溶于水中钙、镁盐类的总含量，以 $CaCO_3$ (mg/L) 表示。饮用水总硬度过高易形成水垢，并可引起胃肠功能暂时性紊乱。故规定对饮用水进行总硬度检查，饮用水总硬度应不大于 450mg/L。

检查法：吸取 50.0mL 水样(硬度过高的水样，可取适量水样，用纯化水稀释至 50mL；硬度过低的水样，可取 100mL)，置于 150mL 锥形瓶中，加入 1 ~2mL 缓冲液(pH =10)及铬黑 T 指示剂少量，立即用 EDTA－2Na 滴定液(0.01mol/L)滴定，充分振摇至溶液由红色变为纯蓝色为滴定终点。

$$c_2 = \frac{V_1 \times c_1 \times 100.09 \times 1000}{V_2} \tag{5-1}$$

式中　c_1——EDTA－2Na 滴定液的浓度，mol/L；

c_2——水样总硬度，mg/L；

V_1——EDTA－2Na 滴定液的体积，mL；

V_2——水样体积，mL。

7. 细菌总数、总大肠菌群

细菌总数系指 1mL 水在 R_2A 培养基中经 30 ~35℃ 培养 5 天后生长的细菌菌落数。水体污染越严重，水的细菌总数越多。总大肠菌群系指群需氧及兼性厌氧的在 37℃ 生长时能使乳糖发酵、在 24 小时内产酸产气的革兰阴性无芽孢杆菌。细菌总数、总大肠菌群是评价饮用水水质的重要指标，规定细菌总数不得超过 100cfu/mL，不得检出总大肠菌群。

检查法：以无菌操作方法用灭菌吸管吸取 1mL 充分混匀的水样，注入灭菌平皿中，倾注约 15mL 已融化并冷却到 45℃ 的 R_2A 培养基，并立即旋摇平皿，使水样与培养基充分混匀。每次检验时应做一次平行接种，同时另用一个平皿只倾注 R_2A 培养基作为空白对照。待冷却凝固后，翻转平皿，使底面向上，置于30～35℃培养箱内培养5天，进行菌落计数，即为水样1mL中的细菌总数。总大肠菌群数采用多管发酵法或滤膜法测定。

二、纯化水的分析

(一)性质

纯化水为无色的澄清液体，无臭，无味。

(二)检查

1. 酸碱度

系检查在制备和贮存时引入的酸或碱杂质，如二氧化碳、氨、盐酸等。《中国药典》(2015版)采用酸碱指示剂法来控制限量。

检查法：取本品10mL，加甲基红指示液2滴，不得显红色；另取10mL，加溴麝香草酚蓝指示液5滴，不显蓝色。

2. 硝酸盐

主要由原料引入，《中国药典》(2015版)采用比色法检查。

检查法：取本品5mL置于试管中，于冰浴中冷却，加10%氯化钾溶液0.4mL与0.1%二苯胺硫酸溶液0.1mL，摇匀，缓缓滴加硫酸5mL，摇匀，将试管于50℃水浴中放置15min，溶液产生的蓝色与标准硝酸盐溶液[取硝酸钾0.163g，加水溶解并稀释至100mL，摇匀，精密量取1mL，加水稀释成100mL，再精密量取10mL，加水稀释成100mL，摇匀，即得(每1mL相当于1μgNO_3^-)]0.3mL，加无硝酸盐的水4.7mL，用同一方法处理后的颜色比较，不得更深(0.000006%)。

3. 亚硝酸盐

主要由原料引入，《中国药典》(2015版)采用比色法检查。

检查法：取本品10mL，置纳氏比色管中，加对氨基苯磺酰胺的稀盐酸溶液(1→100)1mL与盐酸萘乙二胺溶液(0.1→100)1mL，产生的粉红色与标准亚硝酸盐溶液[取亚硝酸钠0.750g(按干燥品计算)，加水溶解，稀释至100mL，摇匀，精密量取1mL，加水稀释成100mL，摇匀，再精密量取1mL，加水稀释成50mL，摇匀，即得(每1mL相当于1μgNO_2^-)]0.2mL，加无亚硝酸盐的水9.8mL，用同一方法处理后的颜色比较，不得更深(0.000002%)。

4. 氨

由原料、制备及贮存时引入，《中国药典》(2015 版)采用比色法检查。

检查法：取本品 50mL，加碱性碘化汞钾试液 2mL，放置 15min；如显色，与氯化铵溶液(取氯化铵 31.5mg，加无氨水适量使溶解并稀释成 1000mL) 1.5mL，加无氨水 48mL 与碱性碘化汞钾试液 2mL 制成的对照液比较，不得更深(0.00003%)。

5. 电导率

电导率是物质传送电流的能力，是电阻率的倒数。水的电导率是衡量水质的一个很重要的指标，它能反映出水中存在的电解质的程度。水越纯净，电导率就越小；反之亦然。《中国药典》(2015 版)采用电导率仪测定。

检查法：取本品用电导率仪测定，测得的电导率值不得大于限度值(表 5-1)，则判为符合规定。

表 5-1　不同温度下纯化水电导率的限度值

温度/℃	0	10	20	25	30	40	50	60	70	75	80	90	100
电导率/(μs/cm)	2.4	3.6	4.3	5.1	5.4	6.5	7.1	8.1	9.1	9.7	9.7	9.7	10.2

6. 易氧化物

指易氧化的有机杂质，它们主要由原料引入。《中国药典》(2015 版)采用灵敏度法检查。

检查法：取本品 100mL，加稀硫酸 100mL，煮沸后，加高锰酸钾滴定液(0.02mol/L)0.10mL，再煮沸 10min，粉红色不得完全消失。

7. 不挥发物

指无机盐类，如碱金属、碱土金属的氯化物、硫酸盐等。《中国药典》(2015 版)采用重量法进行检查。

检查法：取本品 100mL，置 105℃ 干燥至恒重的蒸发皿中，在水浴上蒸干，并在 105℃ 干燥至恒重，遗留残渣不得超过 1mg。

8. 重金属

主要在生产过程中引入。《中国药典》(2015 版)采用重金属检查法中第一法检查。

检查法：取本品 100mL，加水 19mL，蒸发至 20mL，放冷，加醋酸盐缓冲液(pH3.5)2mL 与水适量使成 25mL，加硫代乙酰胺试液 2mL，摇匀，放置 2min，与标准铅溶液 1.0mL 加水 19mL 用同一方法处理后的颜色比较，不得更深

(0.00001%)。

9. 微生物限度

由生产和贮存过程中引入。《中国药典》(2015版)采用微生物计数法检查。

检查法：取本品，采用薄膜过滤法处理后，照《中国药典》(2015版)四部检查细菌、真菌和酵母菌总数，每1mL不得超过100个。

三、注射用水的分析

《中国药典》(2015版)对注射用水的质量要求有严格规定。其性状及对杂质硝酸盐、亚硝酸盐、总有机碳、不挥发物、重金属的检查和限量均与纯化水相同，但在酸碱度、氨、微生物限度和电导率的检查方面比纯化水要求严格。酸碱度以酸度计测定pH应为5.0～7.0；氨的检查规定为50mL注射用水中含氨量限度是0.00002%，且对照用氯化铵溶液改为1.0mL；微生物限度检查取注射用水至少200mL，细菌、真菌和酵母菌的总数每100mL不得超过10个；电导率限度值见《中国药典》(2015版)。另外增加了细菌内毒素检查，每1mL中含内毒素量应小于0.25EU。

四、灭菌注射用水的分析

《中国药典》(2015版)对灭菌注射用水的质量要求与注射用水相比更加严格。其性状及对酸碱度、硝酸盐、亚硝酸盐、氨、电导率、不挥发物、重金属、细菌内毒素的检查和限量与注射用水基本相同，除增加了对氯化物、硫酸盐、钙盐、二氧化碳、易氧化物等杂质的检查，还增加了应符合注射剂项下有关的各项规定。

第二节　一般制剂的分析

临床使用的药物通常是由符合药物规格要求的各种原料，按照一定的生产工艺制备而成的制剂。目的是为了更好地发挥疗效，降低药物的副作用及方便储存与运输。药物制剂的分析项目同原料药分析相同，也主要包括鉴别、检查和含量测定。但由于药物制剂的稳定性、制剂规格大小，以及药物除含主药外通常还含有附加剂(如稀释剂、抗氧剂、稳定剂、助溶剂)等原因，使药物制剂的分析与原料药的分析在分析内容、方法、标准要求等方面有所不同。如药物制剂的检查除检查杂质外，还要按《中国药典》(2015 版)四部“制剂通则”的每一种剂型项下规定进行检查。又如附加剂的存在有可能影响药物的鉴别和含量测定，可以采取与原料药不同的方法，或消除附加剂的干扰后，再按原料药的方法分析。总之，药物制剂的分析与原料药相比更复杂。《中国药典》(2015 版)收载的药物剂型有 21 种。本节重点讨论片剂、注射剂、胶囊剂、糖浆剂、颗粒剂、散剂、栓剂和滴眼剂的分析。

一、片剂的分析

片剂系指药物与适宜的辅料混匀压制而成的圆片状或异形片状的固体制剂，可供内服、外用，是目前临床应用最广泛的剂型之一。《中国药典》(2015 版)收载的片剂以口服普通片为主，另有含片、舌下片、口腔贴片、咀嚼片、分散片、可溶片、泡腾片、阴道片、阴道泡腾片、缓释片、控释片与肠溶片等。

(一)外观性状

《中国药典》(2015 版)规定，片剂外观应完整光洁、色泽均匀、有适宜的硬度和耐磨性。

(二)常规检查

1. 重量差异

重量差异系指按规定方法测定每片的重量与平均片重之间的差异程度。片剂在生产过程中，由于颗粒的均匀度和流动性，以及工艺、设备和管理等原因，每片片剂的重量会有些差异。为了控制各片重量的一致性，保证用药剂量的准确，《中国药典》(2015 版)规定片剂需检查重量差异检查。凡规定检查含量均匀度的片剂，一般不再进行重量差异检查。

检测法：取供试品 20 片，精密称定总重量，求平均片重后，再分别精密称定每片片重。将每片片重与平均片重相比较(凡无含量测定的片剂，每片重量应与标示片重比较)，超出重量差异限度的不得多于 2 片，并不得有 1 片超出限度 1 倍。《中国药典》(2015 版)对重量差异的限度规定见表 5-2。

表 5-2　片剂的重量差异限度

平均片重或标示片重	重量差异限度
0.30g 以下	±7.5%
0.30g 及 0.30g 以上	±5%

《中国药典》(2015 版)规定，糖衣片的片芯应检查重量差异并符合规定，包糖衣后不再检查重量差异。薄膜衣片应在包薄膜衣后检查重量差异并符合规定。

2. 崩解时限

崩解时限系指固体制剂在规定的介质中，按规定的方法检查全部崩解溶散或成碎粒并通过筛网(不溶性包衣材料或破碎的胶囊壳除外)所需的时间限度。片剂口服后，需经崩散、溶解才能为机体吸收而达到治疗目的，因此《中国药典》(2015 版)规定片剂需检查崩解时限。凡规定检查溶出度、释放度的片剂，不再进行崩解时限检查。

检查法：《中国药典》(2015 版)采用升降式崩解仪检查。升降式崩解仪主要结构为一个能升降的金属支架与下端镶有筛网的吊篮，并附有挡板。将吊篮通过上端的不锈钢轴悬挂于金属支架上，浸入 1000mL 烧杯中，并调节吊篮位置使其下降时筛网距烧杯底部 25mm，烧杯内盛有温度为 37℃ ±1℃的水，调节水位高度使吊篮上升时筛网在水面下 15mm 处，升降的金属支架上下移动距离为 55mm ±2mm，往返频率为 30 ~32 次/min。

除另有规定外，取供试品 6 片，分别置上述吊篮的玻璃管中，启动崩解仪进行检查，各片均应在 15min 内全部崩解。如有 1 片不能完全崩解，应另取 6 片复试，均应符合规定。《中国药典》(2015 版)对不同类型的片剂的崩解时限检查的规定见表 5-3。

表 5-3 《中国药典》(2015 版)对不同类型的片剂的崩解时限检查的规定

片剂类型	介质	时间限定/min
普通片	水	15
含片	水	10
舌下片	水	5
咀嚼片	不进行崩解时限检查	
可溶片	15 ~25℃的水	3
泡腾片	15 ~25℃的水	5
糖衣片	水	60
肠溶衣片	盐酸溶液(9→1000)及 pH =6.8 磷酸盐缓冲溶液	应符合规定
结肠定位肠溶片	盐酸溶液(9→1000)及 pH =6.8 以下磷酸盐缓冲溶液	应符合规定
薄膜衣片	水或盐酸溶液(9→1000)	30
阴道片	进行融变时限检查	

《中国药典》(2015版)规定，阴道泡腾片需检查发泡量，分散片需检查分散均匀性。

发泡量检查法：取25mL具塞刻度试管(内径1.5cm)10支，各精密加水2mL，置37℃水浴中5min后，各管中分别投入供试品1片，密塞，20min内观察最大发泡量的体积，平均发泡体积应不少于6mL，且少于3mL的不得超过2片。

分散均匀性检查法：取供试品6片，置250mL烧杯中，加15～25℃的水100mL，振摇3min，应全部崩解并通过二号筛。

3. 溶出度

溶出度系指药物从片剂、胶囊剂或颗粒剂等制剂在规定条件下溶出的速度和程度。固体制剂中的药物只有溶解之后才能被机体吸收，而崩解只是药物溶出的最初阶段，还不能客观反映药物在体内溶出的全过程。药物在体内吸收的速度通常由溶解的快慢决定，因此，溶出度是片剂质量控制的一个重要指标。对难溶性的药物一般都应检查溶出度。

检查法：《中国药典》(2015版)对溶出度的测定收载有3种方法，即篮法、桨法、小杯法，均采用溶出度测定仪测定。

第一法(篮法)：测定前应对仪器装置进行必要的调试，使转篮底部距溶出杯的内底部25mm±2mm；分别量取经脱气处理的溶出介质，置各溶出杯内，实际量取的体积与规定体积的偏差应不超过±1%，待溶出介质温度恒定在37℃±0.5℃后，取供试品6片(粒、袋)，分别投入6个干燥的转篮内，将转篮降入溶出杯中，注意供试品表面上不要有气泡，按各品种项下规定的转速启动仪器，计时；至规定的取样时间(实际取样时间与规定时间的差异不得超过±2%)，吸取溶出液适量(取样位置应在转篮顶端至液面的中点，距溶出杯内壁不小于10mm处；需多次取样时，所量取溶出介质的体积之和应在溶出介质的1%之内，如超过总体积的1%时，应及时补充相同体积的温度为37℃±0.5℃的溶出介质，或在计算时加以校正)，立即用适当的微孔滤膜过滤，自取样至过滤应在30s内完成，取澄清滤液，照该品种项下规定的方法测定，计算每片(粒、袋)的溶出量。

第二法(桨法)：桨法是使用搅拌桨取代第一法的转篮，测定时将供试品分别放入容器中，启动搅拌桨至规定的时间取样，取样位置应在桨叶顶端至液面的中点，距溶出杯内壁不小于10mm处。其余装置和要求与转篮法相同。

第三法(小杯法)：小杯法的操作容器为250mL的溶出杯，其余操作和要求同第二法。本法溶剂的体积较小，适用于药物含量较低的片剂溶出度的测定。

$$\text{溶出度}(Q)=\frac{\text{溶出量}}{\text{标示量}}\times 100\% \tag{5-2}$$

结果判定符合下述条件之一者，可判为符合规定：

(1)6 片(粒、袋)中、每片(粒、袋)的溶出量按标示量计算，均不低于规定限度(Q)。

(2)6 片(粒、袋)中，如有 1 ~2 片(粒、袋)低于 Q，但不低于 $Q-10\%$，且其平均溶出量不低于 Q。

(3)6 片(粒、袋)中，有 1 ~2 片(粒、袋)低于 Q，其中仅有 1 片(粒、袋)低于 $Q-10\%$，但不低于 $Q-20\%$，且其平均溶出量不低于 Q 时，应另取 6 片(粒、袋)复试；初、复试的 12 片(粒、袋)中，有 1 ~3 片(粒、袋)低于 Q，其中仅有 1 片(粒、袋)低于 $Q-10\%$，但不低于 $Q-20\%$，且其平均溶出量不低于 Q。

以上结果判断中所示的 10%、20%是指相对于标示量的百分率(%)。

4. 含量均匀度

含量均匀度系指小剂量或单剂量的固体制剂、半固体制剂和非均相液体制剂的每片(个)含量符合标示量的程度。除另有规定外，片剂、硬胶囊剂或注射用无菌粉末每片(个)标示量不大于 25mg 或主药含量不大于每片(个)重量 25%者，以及内容物非均一溶液的软胶囊、单剂量包装的口服混悬液、透皮贴剂、吸入剂和栓剂，均应检查含量均匀度。复方制剂仅检查符合上述条件的组分。凡检查含量均匀度的制剂，一般不再检查重(装)量差异。

检测法：除另有规定外，取供试品 10 片(个)，照各品种项下规定的方法，分别测定每片(个)以标示量为 100 的相对含量 X_i，求其均值 $\overline{X}$ 和标准差以及标示量与均值之差的绝对值。

$$A(A=|100-\overline{X}|) \tag{5-3}$$

$$S=\sqrt{\frac{\sum_{i=1}^{n}(X_i-\overline{X})^2}{n-1}} \tag{5-4}$$

结果判断：若 $A+2.2S \leqslant L$，则供试品的含量均匀度符合规定；若 $A+S>L$，则不符合规定；若 $A+2.2S>L$，且 $A+S \leqslant L$，则应另取 20 片(个)复试。

根据初、复试结果，计算 30 片(个)的均值 $\overline{X}$、标准差 S 和标示量与均值之差的绝对值 A，再按下述公式计算并判定：

当 $A \leqslant 0.25L$ 时，若 $A^2+S^2 \leqslant 0.25L^2$，则供试品的含量均匀度符合规定；若 $A^2+S^2>0.25L^2$，则不符合规定。$A>0.25L$ 时，若 $A+1.7S \leqslant L$，则供试品的含量均匀度符合规定；若 $A+1.7S>L$，则不符合规定。

除另有规定外，L 规定值为 15.0。

含量均匀度的限度应符合各品种项下的规定。除另有规定外，单剂量包装的口服混悬剂、内充混悬物的软胶囊剂、胶囊型或泡囊型粉雾剂，单剂量包装的眼用、耳用、鼻用混悬剂、固体或半固体制剂，其限度均应为 ±20%；透皮贴剂、栓剂的限度应为 ±25%。如该品种项下规定含量均匀度的限度为 ±20% 或其他数值时，应将上述各判断式中的 L 改为 20.0 或其他相应的数值，但各判断式中的系数不变。

5. 释放度

药物从缓释制剂、控释制剂、肠溶制剂及透皮贴剂，在规定条件下释放的速率和程度称为释放度。溶出度与释放度两者在本质上没有区别，均表示药物从制剂进入介质中的速率和程度。除另有规定外，仪器装置同溶出度测定法。

《中国药典》(2015 版)对释放度的测定收载有 2 种方法，分别用于缓释制剂或控释制剂、肠溶制剂的释放度测定。

第一法　用于缓释制剂或控释制剂

测定法：依照溶出度测定法项下进行，但至少采用 3 个时间取样，在规定取样时间点，吸取溶液适量(及时补充相同体积的温度为 37℃ ±5℃ 的溶出介质)，过滤，自取样至过滤应在 30s 内完成。取滤液，照各品种项下规定的方法测定，计算每片(粒)的释放量。

3 个取样时间点分布在释放度测定的早期(一般在开始后的 0.5 ~2h 内)、中期和晚期(累积释放率一般应为 90% 以上)，3 个时间点的释放量分别用于考察药物是否有突释、确定释药特性和考察释药是否基本完全，此 3 点可用于观察缓释制剂的体外药物释放度。

控释制剂除以上 3 点外，还应增加 2 个取样时间点，此 5 点可用于观察控释制剂的体外药物释放度。如果需要，可以再增加取样时间点。

结果判定：

除另有规定外，符合下述条件之一者，可判为符合规定：①6 片(粒)中，每片(粒)在每个时间点测得的释放量按标示量计算，均未超出规定范围；②6 片(粒)中，在每个时间点测得的释放量，如有 1 ~2 片(粒)超出规定范围，但未超出规定范围的 10%，且在每个时间点测得的平均释放量未超出规定范围；③6 片(粒)中，在每个时间点测得的释放量，如有 1 ~2 片(粒)超出规定范围，其中仅有 1 片(粒)超出规定范围的 10%，但未超出规定范围的 20%，且其平均释放量未超出规定范围，应另取 6 片(粒)复试，初、复试的 12 片(粒)中，在每个时间点测得的释放量，其中仅1～3片(粒)超出规定范围，如有1片(粒)超出规定范围的10%，但未超出规定范围的20%，且其平均释放量未超出规定范围。

以上所示超出规定范围的10%、20%是指相对于标示量的百分率(%)。

第二法　用于肠溶制剂

方法1

酸中释放量：除另有规定外，量取0.1mol/L盐酸溶液900mL，注入每个溶出杯，实际量取的体积与规定体积的偏差应不超过±1%，待溶出介质温度恒定在37℃±0.5℃，取6片(粒)分别投入转篮或溶出杯中(当品种项下规定需要使用沉降装置时，可将固体制剂先装入规定的沉降装置内)，注意供试品表面不要有气泡，按各品种项下规定的转速启动仪器，2h后在规定取样点吸取溶液适量，过滤，自取样至过滤应在30s内完成。按各品种项下规定的方法测定，计算每片(粒)的酸中释放量。

缓冲液中释放量：上述酸液中加入温度为37℃±0.5℃的0.2mol/L磷酸钠溶液250mL(必要时用2mol/L盐酸溶液或2mol/L氢氧化钠溶液调节pH值至6.8)，继续运转45min，或按各品种项下规定的时间，在规定取样点吸取溶液适量，过滤，自取样至过滤应在30s内完成。按各品种项下规定的方法测定，计算每片(粒)的缓冲液中释放量。

方法2

酸中释放量：除另有规定外，量取0.1mol/L盐酸溶液900mL，注入每个溶出杯中，照方法1酸中释放量项下进行测定。

缓冲液中释放量：弃去上述各溶出杯中酸液，立即加入温度为37℃±0.5℃的磷酸盐缓冲液(pH=6.8)(取0.1mol/L盐酸溶液和0.2mol/L磷酸钠溶液，按3∶1混合均匀，必要时用2mol/L盐酸溶液或2mol/L氢氧化钠溶液调节至pH=6.8)900mL，或将每片(粒)转移入另一盛有温度为37℃±0.5℃的磷酸盐缓冲液(pH=6.8)900mL的溶出杯中，照方法1缓冲液中释放量项下进行测定。

结果判定：除另有规定外，符合下述条件之一者，可判为符合规定。

酸中释放量：①6片(粒)中，每片(粒)的释放量均不大于10%；②6片(粒)中有1～2片(粒)大于10%，但其平均释放量不大于10%。

缓冲液中释放量：①6片(粒)中，每片(粒)的释放量按标示量计算均不低于规定限度(Q)；除另有规定外，Q应为标示量的70%；②6片(粒)中仅有1～2片(粒)低于Q，但不低于$Q-10\%$，且其平均释放量不低于Q；③6片(粒)中如有1～2片(粒)低于Q，其中仅有1片(粒)低于$Q-10\%$，但不低于$Q-20\%$，且其平均释放量不低于 Q 时，应另取 6 片(粒)复试；初、复试的 12 片(粒)中有 1～3 片(粒)低于 Q，其中仅有 1 片(粒)低于 $Q-10\%$，但不低于 $Q-20\%$，且其平均释放量不低于 Q。

以上所示的 10%、20% 是指相对于标示量的百分率(%)。

6. 脆碎度

脆碎度是用于检查非包衣片的脆碎情况及其他物理强度。

(三) 含量测定

1. 片剂中常用辅料的干扰及排除

片剂中除含主药外，通常还加入一些辅料(如淀粉、糊精、蔗糖、乳糖、硫酸钙、碳酸钙、硬脂酸镁、滑石粉等)。辅料的存在有时会对片剂的测定产生干扰，因此除可考虑采用其他方法避免干扰外，还可根据辅料的性质和特点排除其干扰。

(1) 糖类的干扰和排除。淀粉、糊精、蔗糖、乳糖等是片剂常用的辅料，其中乳糖为还原糖，而淀粉、糊精、蔗糖虽为非还原糖，但其水解产生的葡萄糖为还原糖，可以被强氧化剂(如高锰酸钾、溴酸钾等)氧化为葡萄糖酸，所以用强氧化剂测定主药的含量时，会使含量测定结果偏高。如《中国药典》(2015 版)中硫酸亚铁原料药的含量测定采用高锰酸钾法，而硫酸亚铁片的含量测定则采用铈量法。这是由于高锰酸钾是强氧化剂，它既可以氧化亚铁离子，又可以将片剂中的还原糖氧化成酸，所以硫酸亚铁片的含量测定就不能用高锰酸钾法，而采用氧化电位稍低的硫酸铈作为滴定剂，硫酸铈不能氧化葡萄糖，故消除干扰。

(2) 硫酸钙和碳酸钙的干扰及排除。Ca^{2+} 能与 EDTA 发生配位反应，故对配位滴定法有干扰。一般可加入掩蔽剂，或分离除去或采用其他方法进行测定。

(3) 硬脂酸镁的干扰及排除。硬脂酸镁中的 Mg^{2+} 能与 EDTA 发生配位反应，而硬脂酸镁是弱碱，也能消耗高氯酸，故对配位滴定法和非水溶液滴定法有干扰。在配位滴定中，Mg^{2+} 与 EDTA 发生配位反应的条件是 $pH>9.7$，故可调节酸碱度，选用合适的指示剂或用掩蔽剂消除干扰。在非水溶液滴定中，若主药为脂溶性药物，可采用有机溶剂(如三氯甲烷、丙酮或乙醚等)提取主药再进行测定；若主药为水溶性药物，可经酸化或碱化后再用有机溶剂提取后测定；若片剂中含主药量很少时，可采用溶解、过滤后，用紫外－可见分光光度法测定含量，以消除硬脂酸镁的干扰。

(4) 滑石粉等的干扰及排除。片剂中若有滑石粉、硫酸钙、硬脂酸镁、淀粉等，因其均不易溶于水及有机溶剂，使溶液产生浑浊，所以当采用紫外－可见分光光度法、比色法、比浊法及旋光法等测定片剂中主药的含量时，会产生干扰。可根据主药的溶解性确定排除干扰的方法。一般对水溶性的主药，可将片粉加水溶解后，过滤，除去干扰物；对不溶于水的主药，可利用其能溶于有机溶剂而干扰物不溶于有机溶剂的特点，用有机溶剂提取主药，过滤分离后，再依法测定。

综合上述，在考虑辅料对片剂含量测定的干扰与排除时，应注意下列几个因素：

①辅料的理化性质：应根据辅料的性质和特点采取相应的措施消除其干扰。②辅料与主药含量的配比：主药量大、辅料量小时，干扰影响较小，甚至可以忽略不计；如果主药量小、辅料量大，则干扰影响就大。③测定主药方法的选择：测定方法的专属性强，辅料的干扰就小；主药量很少时，可选用灵敏度高的测定方法，如比色法、紫外－可见分光光度法及色谱法等。

2. 实例

实例一　盐酸丙米嗪片(规格2mg)含量测定

取本品20片，除去糖衣，精密称定，研细，精密称取适量(约相当于盐酸丙米嗪75mg)，置250mL量瓶中，加盐酸溶液(9→1000)约80mL，振摇使盐酸丙米嗪溶解，用盐酸溶液(9→1000)稀释至刻度，摇匀，过滤；精密量取续滤液5mL，置100mL量瓶中，用盐酸溶液(9→1000)稀释至刻度，摇匀，照紫外－可见分光光度法，在251nm波长处测定吸光度，按盐酸丙米嗪($C_{19}H_{24}N_2 \cdot HCl$)的吸收系数($E_{1cm}^{1\%}$)为264计算，即得。含盐酸丙米嗪应为标示量的93.0%～107.0%。

解析：

(1)盐酸丙米嗪为有机碱性药物，原料药采用非水溶液滴定法；而片剂由于含量低，且含辅料硬脂酸镁对非水溶液滴定法有干扰，故采用灵敏度更高的紫外－可见分光光度法。

(2)在分析时，一般取片剂10片或20片，研细，取适量，按规定方法测定含量，这样使取样更具有代表性，以平均片重计算每片所含主药的量更具有可比性。

(3)本品为包糖衣片，除去糖衣的方法有：含有疏水性药品的糖衣片可先用乙醇洗去糖衣层，再用无水乙醇洗1次，用滤纸洗去乙醇后置硅胶干燥器干燥；含有亲水性药品的糖衣片用刀片小心削去糖衣层，不能刮去片芯，挑选完整的片剂作供试品用；包糖衣的肠溶衣片剂可先用水洗去糖衣层后，用滤纸吸去水，置硅胶干燥器干燥。

(4)本品的辅料不完全溶于水，可使溶液浑浊，故对紫外－可见分光光度法产生干扰，一般用定性滤纸或垂熔玻璃漏斗过滤。用滤纸过滤时，为保证过滤前后药物的浓度一致，应弃去初滤液，取续滤液。过滤使用的漏斗、滤纸、收集滤液的容器也应是干燥的。用垂熔玻璃漏斗过滤，可以经过洗涤取全量。

(5)计算公式

$$标示量=\frac{\frac{1}{E_{1cm}^{1\%}}\times\frac{1}{100}\times V\times D\times\overline{W}}{m\times S}\times 100\% \tag{5-5}$$

式中　A——吸光度；

$E_{1cm}^{1\%}$——百分吸收系数；

V——供试品溶液原始体积，mL；

D——稀释倍数；

$\overline{W}$——平均片重，g；

m——供试品的取样量，g；

S——标示量，g。

实例二　盐酸美克洛嗪片(规格25mg)含量测定

取本品20片，精密称定，研细，精密称取适量(约相当于盐酸美克洛嗪0.2g)，置分液漏斗中，加水50mL，振摇，分别加三氯甲烷50mL、20mL与20mL提取3次，合并三氯甲烷液，置水浴上蒸发至剩10～15mL，放冷，加冰醋酸15mL、醋酐5mL、醋酸汞试液5mL与喹哪啶红指示液2滴，用高氯酸滴定液(0.1mol/L)滴定至红色消失，并将滴定结果用空白试验校正。每1mL高氯酸滴定液(0.1mol/L)相当于23.19mg的盐酸美克洛嗪($C_{25}H_{27}ClN_2\cdot 2HCl$)。含盐酸美克洛嗪应为标示量的90.0%～110.0%。

解析：

(1)盐酸美克洛嗪为有机碱性药物，原料药采用非水溶液滴定法；而片剂由于含辅料硬脂酸镁，故对非水溶液滴定法有干扰，需排除干扰。

(2)盐酸美克洛嗪极微溶于水，易溶于三氯甲烷，而辅料硬脂酸镁不易溶于三氯甲烷，故用与水不相溶的三氯甲烷提取，消除辅料的干扰，再采用与原料药相同的非水溶液滴定法测定。

(3)计算公式

$$标示量=\frac{(V-V_0)\times T\times F\times 10^{-3}\times\overline{W}}{m\times S} \tag{5-6}$$

式中　V——供试品消耗滴定液的体积，mL；

V_0——空白试验消耗滴定液的体积，mL；
T——滴定度，mg/mL；
W——平均片重，g；
F——高氯酸滴定液的浓度校正因数；
m——供试品的取样量，g；
S——标示量，g。

二、注射剂的分析

注射剂系指药物与适宜的溶剂或分散介质制成的供注入体内的溶液、乳状液或混悬液，以及供临用前配制或稀释成溶液或混悬液的粉末或浓溶液的无菌制剂。注射剂可分为注射液、注射用无菌粉末与注射用浓溶液。

（一）外观性状

《中国药典》(2015 版)规定，溶液型注射液应澄明；除另有规定外，混悬型注射液药物粒度应控制在 15μm 以下，含 15 ~ 20μm(间有个别 20 ~ 50μm)者不应超过 10%，若有可见沉淀，振摇时应容易分散均匀；混悬型注射液不得用于静脉注射或椎管注射；乳状液型注射液应稳定，不得有相分离现象，不得用于椎管注射；静脉用乳状液型注射液中乳滴的粒度 90% 应在 1μm 以下，不得有大于 5μm 的乳滴。

（二）常规检查

1. 装量

为保证单剂量注射液的注射用量不少于标示量，以达到临床用药剂量的要求，需对单剂量注射液及注射用浓溶液的装量进行检查。

检查法；标示装量为不大于 2mL 者取供试品 5 支，2mL 以上至 50mL 者取供试品 3 支；开启时注意避免损失，将内容物分别用相应体积的干燥注射器及注射针头抽尽，然后注入经标化的量具内(量具的大小应使待测体积至少占其额定体积的 40%)，在室温下检视。测定油溶液或混悬液的装量时，应先加温摇匀，再用干燥注射器及注射针头抽尽后，同前法操作，放冷，检视，每支的装量均不得少于其标示量。

标示装量为 50mL 以上的注射液和注射用浓溶液，依照《中国药典》(2015 版)通则“最低装量检查法”检查，应符合规定。

2. 装量差异

为保证药物含量的均匀性，保证临床用药剂量的准确，需对注射用无菌粉末进行装量差异检查。凡规定检查含量均匀度的注射用无菌粉末，一般不进行装量差异检查。

检查法：取供试品 5 瓶(支)，除去标签、铝盖，容器外壁用乙醇擦净，干燥，开启时注意避免玻璃屑等异物落入容器中，分别迅速精密称定，倾出内容物，容器用水或乙醇洗净，在适宜条件干燥后，再分别精密称定每一个容器的重量，求出每瓶(支)的装量与平均装量。每瓶(支)装量与平均装量相比较，应符合规定。如有 1 瓶(支)不符合规定，应另取 10 瓶(支)复试，均应符合规定。《中国药典》(2015 版)对注射用无菌粉末装量差异限度的规定见表 5-4。

表 5-4　注射用无菌粉末的装量差异限度

平均装量	装量差异限度
0.05g 及 0.05g 以下	±15%
0.05g 以上至 0.15g	±10%
0.15g 以上至 0.50g	±7%
0.50g 以上	±5%

3. 可见异物

可见异物是指存在于注射剂、眼用液体制剂中，在规定条件下目视可以观测到的不溶性物质，其粒径或长度通常大于 50μm。注射液中若有不溶性微粒，使用后可能引起静脉炎、过敏反应，较大的微粒甚至可以堵塞毛细血管。因此需对注射液进行可见异物检查。可见异物的检查按照《中国药典》(2015 版)通则“可见异物检查法”进行，有灯检法和光散射法两种方法。一般常用灯检法，灯检法不适用的品种，如用深色透明容器包装或液体色泽较深(一般深于标准比色液 7 号)的品种可选用光散射法。现主要介绍常用的灯检法。

灯检法使用装有日光灯的伞棚式装置，背景用不反光的黑色绒布。无色透明容器包装的无色供试品溶液的检查，光照度应为 1000～1500lx；透明塑料容器包装或用棕色透明容器包装的供试品溶液或有色供试品溶液的检查，光照度应 2000～3000lx；混悬型供试品或乳状液的检查，光照度应增加至约 4000lx。

检查法：除另有规定外，取供试品 20 支(瓶)，除去容器标签，擦净容器外壁，必要时将药液转移至洁净透明的适宜容器内；置供试品于遮光板边缘处，在明视距离(指供试品至人眼的清晰观测距离，通常为 25cm)，分别在黑色和白色背景下，手持供试品颈部轻轻旋转和翻转容器，使药液中可能存在的可见异物悬浮(但应避免产生气泡)，轻轻翻摇后即用目检测，重复3次，总时限为20s。供试品装量每支(瓶)在10mL及10mL以下的，每次检查可手持2支(瓶)。

《中国药典》(2015版)规定，溶液型静脉用注射液、注射用浓溶液20支(瓶)供试品中，均不得检出可见异物；如检出可见异物的供试品不超过1支(瓶)，应另取20支(瓶)同法检查，均不得检出。混悬型注射液20支(瓶)供试品中均不得检出金属屑、玻璃屑、色块、纤毛等明显可见物。

4. 不溶性微粒

不溶性微粒的检查是在可见异物检查符合规定后，检查溶液型静脉注射液(溶液型注射液、注射用无菌粉末、注射用浓溶液)及供静脉注射用无菌原料药中不溶性微粒的大小和数量，依照《中国药典》(2015版)四部"不溶性微粒检查法"中光阻法和显微计数法检查(除另有规定外，一般先采用光阻法；当光阻法测定结果不符合规定或供试品不适于用光阻法测定时，应采用显微计数法进行测定，并以显微计数法的测定结果作为判断依据)，标示量为100mL及以上的静脉注射液，除另有规定外，光阻法为每1mL中含10μm及以上的微粒不得超过25粒，含25μm及以上的微粒不得超过3粒，而显微计数法分别为12粒、2粒。标示量为100mL以下的静脉注射液，除另有规定外，光阻法为每个供试品容器中含有10μm及以上的微粒不得超过6000粒，含25μm及以上的微粒不得超过600粒，而显微计数法分别为3000粒、300粒。

5. 无菌、细菌内毒素或热原

分别依照《中国药典》(2015版)四部"无菌检查法""细菌内毒素检查法""热原检查法"检查，应符合规定。

(三)含量测定

1. 注射剂中常见附加剂的干扰及排除

注射剂在生产过程中除主药和溶剂外，还要加入附加剂，如抗氧剂、等渗调节剂、助溶剂、抑菌剂等。目的是保证药液的稳定，减少对人体组织的刺激，抑制细菌生长等。这些附加剂有时会对药物的含量测定产生干扰，需予以排除。

(1)抗氧剂的干扰及排除：具有还原性药物的注射剂常需加入抗氧剂以增加药物的稳定性。常用的抗氧剂有亚硫酸钠、亚硫酸氢钠、焦亚硫酸钠、硫代硫酸钠、维生素C等。这些抗氧剂均具有较强的还原性，主要对氧化还原滴定法及亚硝酸钠滴定法测定注射液含量时有干扰。排除干扰的方法有以下几种：

①加入掩蔽剂消除干扰：当注射液中含有亚硫酸钠、亚硫酸氢钠、焦亚硫酸

钠等抗氧剂，如采用碘量法、铈量法或亚硝酸钠滴定法测定注射剂中的主药时，会产生干扰，使测定结果偏高，可加入丙酮或甲醛使其生成加成物，从而排除干扰。

$$Na_2S_2O_5 + H_2O \longrightarrow 2NaHSO_3$$

$$\left.\begin{matrix}H_3C\\H_3C\end{matrix}\right\}C=O + NaHSO_3 \longrightarrow \left.\begin{matrix}H_3C\\H_3C\end{matrix}\right\}C\left\{\begin{matrix}OH\\SO_3Na\end{matrix}\right.$$

$$HCHO + NaHSO_3 \longrightarrow \left.\begin{matrix}H\\H\end{matrix}\right\}C\left\{\begin{matrix}OH\\SO_3Na\end{matrix}\right.$$

例如，维生素 C 注射液的含量测定，《中国药典》(2015 版)采用碘量法，由于加入抗氧剂亚硫酸氢钠可产生干扰，故加入丙酮作掩蔽剂，消除干扰。又如安乃近注射液的含量测定，《中国药典》(2015 版)也采用碘量法，加入甲醛作掩蔽剂，以消除所含抗氧剂焦亚硫酸钠的干扰。

②加酸使抗氧剂分解：亚硫酸钠、亚硫酸氢钠、焦亚硫酸钠、硫代硫酸钠在强酸作用下均能分解，产生二氧化硫气体，经加热可全部逸出，除去干扰。

$$Na_2S_2O_5 + H_2O \longrightarrow 2NaHSO_3$$

$$NaHSO_3 + HCl \longrightarrow NaCl + H_2SO_3$$

$$H_2SO_3 \xrightarrow{\triangle} SO_2\uparrow + H_2O$$

$$NaS_2O_3 + 2HCl \longrightarrow 2NaCl + H_2S_2O_3$$

$$H_2S_2O_3 \longrightarrow H_2SO_3 + S\downarrow$$

$$H_2SO_3 + \xrightarrow{\triangle} SO_2\uparrow + H_2O$$

例如，盐酸普鲁卡因胺注射液的含量测定，《中国药典》(2015 版)采用亚硝酸钠滴定法，由于加入亚硫酸氢钠作抗氧剂可产生干扰，因此加入盐酸，使抗氧剂分解，并且盐酸也参与滴定反应，故消除干扰。

③加入弱氧化剂：一些弱氧化剂如过氧化氢或硝酸，能氧化亚硫酸盐和亚硫酸氢盐，而不能氧化被测物，也不消耗滴定液，故以此排除抗氧剂的干扰。

$$Na_2SO_3 + H_2O_2 \longrightarrow Na_2SO_4 + H_2O$$

$$NaHSO_3 + H_2O_2 \longrightarrow NaHSO_4 + H_2O$$

$$Na_2SO_3 + 2HNO_3 \longrightarrow Na_2SO_4 + H_2O + 2NO_2\uparrow$$

$$2NaHSO_3 + 4HNO_3 \longrightarrow Na_2SO_4 + 2H_2O + H_2SO_4 + 4NO_2\uparrow$$

(2)等渗溶液的干扰及排除：注射剂中常用的等渗调节剂是氯化钠。氯化钠中的氯离子与钠离子分别对银量法和离子交换法测定主药含量时产生干扰，应设法排除。

例如，复方乳酸钠注射液中含有氯化钠，当用离子交换法测定乳酸钠含量时，氯化钠会干扰测定。

用强酸性阳离子交换树脂处理时

$$R—SO_3H + CH_3CHOHCOONa \longrightarrow R—SO_3Na + CH_3CHOHCOOH$$

$$R—SO_3H + NaCl \longrightarrow R—SO_3Na + HCl$$

用氢氧化钠滴定液滴定时

$$CH_3CHOHCOOH + NaOH \longrightarrow CH_3CHOHCOONa + H_2O$$

$$HCl + NaOH \longrightarrow NaCl + H_2O$$

因此，必须另用银量法测得氯化钠的含量，再从离子交换法中所消耗的氢氧化钠物质的量中减去氯化钠所消耗的硝酸银物质的量，从而求得供试品中主药的含量。

(3)助溶剂的干扰及排除：在注射液中为增加主药溶解度，且使注射液比较稳定，常需加入助溶剂。助溶剂的存在可能会对主药的含量测定产生干扰。

例如，葡萄糖酸钙注射液因加入氢氧化钙等作助溶剂，可干扰配位滴定法。为排除氢氧化钙的干扰，常在制备过程中控制钙盐的用量。《中国药典》(2015版)规定添加入的钙盐按钙(Ca)计算，不得超过葡萄糖酸钙中含有钙量的5.0%。

(4)溶剂水的干扰及排除：注射液一般以水作溶剂，故当采用非水滴定法测定主药时有干扰，必须先除去水后，再进行测定。如果主药对热稳定，测定前，可在水浴上加热蒸发或在105℃下干燥，除去水分后，再按非水滴定法测定，如乳酸钠注射液的含量测定。如果主药遇热易分解，则在适当的pH条件下，用有机溶剂提取后，再按原料药的方法进行测定，例如盐酸氯胺酮注射液的含量测定，《中国药典》(2015版)采用在碱性条件下，用有机溶剂三氯甲烷提取主药，再按与原料药相同的非水滴定法测定含量。

(5)溶剂油的干扰及排除：对于脂溶性的药物，一般将其注射液配制成油溶液，且油溶液进行肌内注射时，可以延长作用时间。注射用油溶液我国多采用麻油、茶油或核桃油，植物油中往往含有固醇和三萜类等物质，对主药的含量测定常有干扰。消除干扰的方法有：

①用有机溶剂稀释：对主药含量较高，而测定方法中规定取样量较少的注射液，经有机溶剂稀释后，可使油溶液对测定的影响减至最小。例如己酸羟孕酮注射液为油溶液，《中国药典》(2015版)规定精密量取注射液1mL，加甲醇溶解并稀释至浓度为原来的1/1250，再用反相高效液相色谱法测定其含量。

②用有机溶剂提取后再测定：加入有机溶剂，将主药从油溶液中提取出来，再按不同方法测定。例如黄体酮注射液，先用乙醚溶解，再用甲醇分次提取黄体酮，然后采用高效液相色谱法测定含量。

综上所述，测定注射剂含量时，注射剂含主药量大，附加剂不干扰测定者，可按原料药相同的方法测定，也可直接蒸干后用重量法测定；注射剂含主药量较小，若采用与原料药相同的方法，会消耗更多的供试品，可选用微量、灵敏的方法；若附加剂对主药的含量测定有干扰时，应排除干扰后再进行测定。

2. 实例

实例　吡罗昔康注射液(规格 2mL: 20mg)含量测定

精密量取本品适量(约相当于吡罗昔康 0.2g)，置分液漏斗中，加 1mol/L 盐酸溶液约 2mL 使呈酸性，加三氯甲烷振摇提取 4 次，第一次 75mL，以后每次各 25mL，合并三氯甲烷液，用水洗涤 2 次，每次 2mL，弃去洗液，三氯甲烷液置水浴上蒸干，在 105℃干燥 3h，加冰醋酸 30mL 使溶解，加结晶紫指示液 1 滴，用高氯酸滴定液(0.1mol/L)滴定至溶液显蓝色，并将滴定结果用空白试验校正。每 1mL 高氯酸滴定液(0.1mol/L)相当于 33.14mg 吡罗昔康($C_{15}H_{13}N_3O_4S \cdot HCl$)。含吡罗昔康应为标示量的 93.0%～107.0%。

解析：本法采用非水溶液滴定法，吡罗昔康注射液中溶剂水对滴定有干扰，因吡罗昔康易溶于三氯甲烷，在水中几乎不溶，且对热比较稳定，故采取先提取再蒸干后采用和原料药相同的方法测定。

计算公式：

$$\text{标示量}\% = \frac{(V - V_0) \times T \times F \times 10^{-3} \times \text{每支容量}}{m \times S} \times 100\% \qquad (5-7)$$

式中　V——供试品消耗滴定液的体积，mL；

V_0——空白试验消耗滴定液的体积，mL；

T——滴定度，mg/mL；

F——高氯酸滴定液的浓度校正因数；

m——供试品的取样量，g；

S——标示量，g。

三、胶囊剂的分析

胶囊剂系指药物或加有辅料充填于空心胶囊或密封于软胶囊材料中的固体制剂。

（一）外观性状

《中国药典》(2015 版）规定，胶囊剂应整洁，不得有黏结、变形、渗漏或囊壳破裂现象，并应无异臭。

（二）常规检查

1. 装量差异

胶囊剂在生产过程中，由于空胶囊容积、粉末的流动性以及工艺、设备等原因，可引起胶囊剂内容物装量的差异。为了控制各粒装量的一致性，保证用药剂量的准确，需对胶囊剂进行装量差异的检查。

检查法：除另有规定外，取供试品 20 粒，分别精密称定重量后，倾出内容物（不得损失囊壳），硬胶囊用小刷或其他适宜用具拭净，软胶囊用乙醚等易挥发性溶剂洗净，置通风处使溶剂自然挥尽，再分别精密称定囊壳重量，求出每粒内容物的装量与平均装量。每粒的装量与平均装量相比较，超出装量差异限度的不得多于 2 粒，并不得有 1 粒超出限度 1 倍。《中国药典》(2015 版）对胶囊剂装量差异限度的规定见表 5-5。

表 5-5　胶囊剂的装量差异限度

平均装量	装量差异限度
0.30g 以下	±10%
0.30g 或 0.30g 以上	±7.5%

2. 崩解时限

胶囊剂的崩解是药物溶出及被人体吸收的前提，而囊壳常因囊材的质量、久贮或与药物接触等原因，影响溶胀或崩解。因此胶囊剂需检查崩解时限。凡规定检查溶出度或释放度的胶囊剂，可不进行崩解时限检查。

胶囊剂的崩解时限按片剂的崩解时限法检查，如果胶囊漂浮于液面，应加挡板，硬胶囊剂应在 30min 内全部崩解；软胶囊剂应在 1h 内全部崩解。如有 1 粒不能全部崩解，应另取 6 粒，按规定方法复试，均应符合规定。软胶囊剂可改在人工胃液中进行检查。

3. 其他项目检查

胶囊剂还需进行溶出度、释放度、含量均匀度、微生物限度等的检查，检查方法照《中国药典》(2015 版）四部规定方法检查，应符合要求。必要时，内容物包衣的胶囊剂应检查残留溶剂。

（三）含量测定

不加辅料的胶囊剂，其含量测定基本按原料药的含量测定方法进行；加入辅料的胶囊剂，由于其辅料与片剂的辅料十分相似，故在含量测定中，排除胶囊剂辅料干扰的方法可参照片剂分析中所采用的方法，其含量测定亦基本按片剂的含量测定方法进行。

实例　诺氟沙星胶囊（规格0.1g）含量测定

取装量差异项下的内容物，混合均匀，精密称取细粉适量（约相当于诺氟沙星125mg），置500mL量瓶中，加0.1mol/L盐酸溶液10mL使溶解后，用水稀释至刻度，摇匀，过滤；精密量取续滤液5mL，置50mL量瓶中，用流动相稀释至刻度，摇匀，精密量取20μL注入液相色谱仪，记录色谱图。另取诺氟沙星对照品，同法测定，按外标法以峰面积计算供试品中诺氟沙星 $C_6H_{18}FN_3O_3$ 的含量。含诺氟沙星应为标示量的90.0%～110.0%。

解析：

（1）本法采用高效液相色谱法。

（2）含量测定所用的供试品是取装量差异检查合格的内容物，取样方法与装量差异检查的取样方法相同。

（3）计算公式

$$标示量\% = \frac{c_R \times \frac{A_X}{A_R} \times V \times D \times 平均内容物重}{m \times S} \times 100\% \qquad (5-8)$$

式中　A_X——供试品的峰面积；

A_R——对照品的峰面积；

c_R——对照品的浓度，g/mL；

V——供试品初次配制的体积，mL；

D——供试品的稀释倍数；

m——供试品的质量，g；

S——标示量，g。

四、糖浆剂的分析

糖浆剂系指含有药物的浓蔗糖水溶液，供口服用。

（一）外观性状

《中国药典》（2015版）规定除另有规定外，糖浆剂应澄清。在贮存期间不得有发霉、酸败、产生气体或其他变质现象。

(二)常规检查

糖浆剂除按各品种项下规定检查相对密度、pH 等项目外，还应检查装量和微生物限度，以保证用药的安全、剂量的准确。装量和微生物限度分别照《中国药典》(2015 版)“最低装量检查法”“微生物限度检查法”检查，应符合规定。

(三)含量测定

1. 附加剂对测定的干扰及排除

糖浆剂除主药外，还含有蔗糖、水以及其他适宜的附加剂。附加剂的存在有可能对药物的含量测定产生干扰，需予以排除。蔗糖主要对氧化还原滴定法有干扰，而水主要对非水溶液滴定法有干扰，排除干扰的方法可分别参照片剂和注射剂分析中所采用的方法。

2. 实例

枸橼酸哌嗪糖浆(规格 1000mL∶160g)含量测定

用内容量移液管精密量取本品 5mL，置 50mL 量瓶中，用少量水洗出移液管内壁的附着液，洗液并入量瓶中，用水稀释至刻度，摇匀，精密量取 10mL，置 150mL 烧杯中，加三硝基苯酚试液 70mL，搅拌，加热，至上层溶液澄清，放冷，1h 后，用 105℃恒重的垂熔玻璃坩埚过滤，沉淀用枸橼酸哌嗪的三硝基苯酚衍生物的饱和溶液洗涤数次后，在 105℃干燥至恒重，精密称定，沉淀的重量与 0.4487 相乘，即得供试量中含有枸橼酸哌嗪的重量。本品含枸橼酸哌嗪应为 14.4% ~17.6% (g/mL)。

解析：

(1)本方法采用重量法测定。

(2)枸橼酸哌嗪原料药采用非水滴定法，糖浆剂含有水分干扰测定，故采用主药与试剂生成沉淀，附加剂无反应的方法消除附加剂的干扰。

(3)

$$\text{系数}\,0.4487=\frac{\frac{1}{3}\times\text{枸橼酸哌嗪相对分子质量}}{\text{三硝基苯酚哌嗪相对分子质量}\,544.4}=\frac{\frac{1}{3}\times 732.74}{544.4} \tag{5-9}$$

(4)计算公式

$$\text{标示量}\,\%=\frac{W\times 0.4487\times\frac{50}{10}}{5\times S}\times 100\% \tag{5-10}$$

式中　W——沉淀的重量，g；

S——标示量，g。

五、颗粒剂的分析

颗粒剂系指药物与适宜的辅料制成具有一定粒度的干燥颗粒状制剂。颗粒剂可分为可溶性颗粒(通称为颗粒)、混悬颗粒、泡腾颗粒、肠溶颗粒、缓释颗粒和控释颗粒等，供口服用。

(一)外观性状

《中国药典》(2015 版)规定，颗粒剂应干燥、颗粒均匀、色泽一致，无吸潮、结块、潮解等现象。

(二)常规检查

1. 粒度

为确保颗粒剂粒径的均一性，不使颗粒因受潮结块或在运输和贮藏中粉碎而影响质量，颗粒剂需进行粒度检查。

检查法：除另有规定外，照《中国药典》(2015 版)四部“粒度和粒度分布测定法”第二法中双筛分法检查，不能通过一号筛(2000μm)与能通过五号筛(180μm)的总和不得超过供试量的 15%。

2. 干燥失重

除另有规定外，照《中国药典》(2015 版)四部“干燥失重测定法”测定，于 105℃干燥至恒重，含糖颗粒应在 80℃减压干燥，减失重量不得超过 2.0%。

3. 溶化性

除另有规定外，可溶颗粒和泡腾颗粒需检查溶化性，应符合规定。混悬颗粒或已规定检查溶出度或释放度的颗粒剂，可不进行溶化性检查。

可溶颗粒检查法：取供试品 10g，加热水 200mL，搅拌 5min，可溶颗粒应全部溶化或轻微浑浊，但不得有异物。

泡腾颗粒检查法：取单剂量包装的泡腾颗粒 3 袋，分别置盛有 200mL 水的烧杯中，水温为 15～25℃，应迅速产生气体而呈泡腾状，5min 内颗粒均应完全分散或溶解在水中。

4. 装量差异

单剂量包装的颗粒剂需检查装量差异，应符合规定。凡规定检查含量均匀度的颗粒剂，一般不再进行装量差异检查。

检查法：取供试品10袋(瓶)，除去包装，分别精密称定每袋(瓶)内容物的重量，求出每袋(瓶)内容物的装量与平均装量。每袋(瓶)装量与平均装量相比较[凡无含量测定的颗粒剂，每袋(瓶)装量应与标示装量比较]，超出装量差异限度的颗粒剂不得多于2袋(瓶)，并不得有1袋(瓶)超出装量差异限度1倍。《中国药典》(2015版)对颗粒剂装量差异限度的规定见表5-6。

表5-6 颗粒剂的装量差异限度

平均装量或标示装量	装量差异限度
1.08及1.0g以下	±10%
1.0g以上至1.5g	±8%
1.5g以上至6.0g	±7%
6.0g以上	±5%

5. 其他项目检查

颗粒剂还需对溶出度、释放度、含量均匀度、微生物限度、多剂量包装的装量等进行检查，检查方法照《中国药典》(2015版)四部规定方法检查，应符合要求，必要时包衣颗粒剂应检查残留溶剂。

(三)含量测定

颗粒剂中的附加剂的干扰与排除及含量测定方法可参照胶囊剂分析中所采用的方法。

实例 头孢氨苄颗粒(规格125mg)含量测定

取装量或装量差异项下的内容物，混合均匀，精密称取适量(约相当于头孢氨苄0.1g)，置100mL量瓶中，加流动相[水-甲醇-3.86%醋酸钠溶液-4%醋酸溶液(742∶240∶15∶3)]适量，充分振摇，使头孢氨苄溶解，再加流动相稀释至刻度，摇匀，过滤；精密量取续滤液10mL，置50mL量瓶中，用流动相稀释至刻度，摇匀，取10μL注入液相色谱仪，记录色谱图。另取头孢氨苄对照品适量，同法测定，按外标法以峰面积计算出供试品中头孢氨苄($C_{16}H_{17}N_3O_4S$)的含量。本品含头孢氨苄应为标示量的90.0%~110.0%。

解析：

(1)本法为高效液相色谱法。

(2)颗粒剂的取样是取装量或装量差异检查合格的内容物，取样方法与装量或装量差异检查取样方法相同。

(3)计算公式：

$$标示量\% = \frac{c_R \times \frac{A_X}{A_R} \times V \times D \times 平均装量}{m \times S} \times 100\% \qquad (5-11)$$

式中　A_X——供试品的峰面积；

A_R——对照品的峰面积；

c_R——对照品的浓度，g/mL；

V——供试品初次配制的体积，mL；

D——供试品的稀释倍数；

m——供试品的质量，g；

S——标示量，g。

六、散剂的分析

散剂系指药物或与适宜的辅料经粉碎、均匀混合制成的干燥粉末状制剂，分为口服散剂和局部用散剂。

（一）外观性状

《中国药典》(2015 版）规定，散剂应干燥、疏松、混合均匀、色泽一致。

（二）常规检查

1. 粒度

除另有规定外，局部用散剂应检查粒度，应符合规定。

检查法：取供试品 10g，精密称定，置七号筛。照《中国药典》(2015 版）四部“粒度和粒度分布测定法”第二法中单筛分法检查，精密称定通过筛网的粉末重量应不低于 95%。

2. 外观均匀度

为控制散剂在生产中混合不匀、色泽不一致而影响药物的质量，散剂需进行外观均匀度检查，应符合规定。

检查法：取供试品适量，置光滑纸上，平铺约 $5cm^2$，将其表面压平，在亮处观察，应色泽均匀，无花纹与色斑。

3. 无菌

用于烧伤或创伤的局部用散剂，照《中国药典》(2015 版）四部“无菌检查法检查”，应符合规定。

4. 其他项目

检查散剂的干燥失重、微生物限度、单剂量包装的装量差异、多剂量包装的装量等的检查方法与颗粒剂相似，限度要求仅单剂量包装的装量差异与颗粒剂不同。《中国药典》(2015 版)对散剂装量差异的限度规定见表 5-7。

表 5-7　散剂的装量差异限度

平均装量或标示装量	装量差异限度
0.1g 及 0.1g 以下	±15%
0.1g 以上至 0.5g	±10%
0.5g 以上至 1.5g	±8%
1.5g 以上至 6.0g	±7%
6.0g 以上	±5%

(三)含量测定

散剂中附加剂的干扰与排除及含量测定方法可参照胶囊剂分析中所采用的方法。

实例　牛磺酸散(规格 0.4g)含量测定

取装量差异项下的内容物，混合均匀，精密称取适量(约相当于牛磺酸 0.2g)，加水 25mL，振摇使主成分溶解，用氢氧化钠滴定液(0.1mol/L)调节 pH 至 7.0，加入预先调节 pH 至 9.0 的甲醛溶液 15mL，摇匀，再用氢氧化钠滴定液(0.1mol/L)滴定至 pH 至 9.0，并持续 30s，以加入甲醛溶液后所消耗的氢氧化钠滴定液(0.1mol/L)的量(mL)计算。每 1mL 氢氧化钠滴定液(0.1mol/L)相当于 12.52mg 的牛磺酸($C_2H_7NO_3S$)。本品含牛磺酸应为标示量的 90.0% ~110.0%。

解析

(1)本法为置换酸碱滴定法。

(2)散剂的取样是取装量差异检查合格的内容物，取样方法与装量差异检查取样方法相同。

(3)计算公式

$$标示量\% = \frac{V \times T \times F \times 10^{-3} \times 平均装量}{m \times S} \times 100\% \qquad (5-12)$$

式中　T——滴定度，mg/mL；

V——供试品消耗滴定液的体积，mL；

F——氢氧化钠滴定液的浓度校正因数；

m——供试品的取样量，g；

S——标示量，g。

七、栓剂的分析

栓剂系指药物与适宜基质制成供腔道给药的固体制剂。栓剂因施用腔道的不同，分为直肠栓、阴道栓和尿道栓。

《中国药典》(2015 版)规定，栓剂中的药物与基质应混合均匀，栓剂外形要完整光滑，塞入腔道后应无刺激性，应能融化、软化或溶散，并与分泌液混合，逐渐释放出药物，产生局部或全身作用；应有适宜的硬度，以免在包装或贮存时变形。

(一)常规检查

1. 重量差异

照下述方法检查，应符合规定。

检查法：取供试品 10 粒，精密称定总重量，求得平均粒重后，再分别精密称定各粒的重量。每粒重量与平均粒重相比较，超出重量差异限度的不得多于 1 粒，并不得超出限度 1 倍。《中国药典》(2015 版)对栓剂重量差异的限度规定见表 5-8。

表 5-8　栓剂的重量差异限度

平均粒重	重量差异限度
1.0g 及 1.0g 以下	±10%
1.0g 以上至 3.0g	±7.5%
3.0g 以上	±5%

2. 融变时限

栓剂放入腔道后，在适宜温度下应能溶化、软化或溶散，与分泌物混合逐渐释放药物，才能产生局部或全身作用。为控制栓剂质量，保证疗效，《中国药典》(2015 版)规定对栓剂进行融变时限检查，应符合规定。缓释栓剂应进行释放度检查，不再进行融变时限检查。

检查法：融变时限检查采用仪器装置见《中国药典》(2015 版)。取供试品 3 粒，在室温放置 1h 后，分别放在 3 个金属架的下层圆板上，装入各自的套筒内，并用挂钩固定。除另有规定外，将上述装置分别垂直浸入盛有不少于 4L 的 37.0℃ ±0.5℃水的容器中，其上端位置应在水面下 90mm 处。容器中装一转动器，每隔 10min 在溶液中翻转该装置 1 次。

结果判定：除另有规定外，脂肪性基质的栓剂 3 粒均应在 30min 内全部融化、软化或触压时无硬心；水溶性基质的栓剂 3 粒均应在 60min 内全部溶解。如有 1 粒不符合规定，应另取 3 粒复试，均应符合规定。

3. 微生物限度

依照《中国药典》(2015 版)四部“微生物限度检查法”检查，应符合规定。

(二)含量测定

1. 基质的干扰与排除

栓剂在生产过程中，需加入如可可豆脂、甘油明胶、聚乙醇等油脂性或亲水性基质。这些基质的存在，往往包住主药，干扰主药的含量测定，应予以排除。排除干扰的方法有以下几种：

(1)加热液化后直接测定：某些药物可加入适宜的溶剂，在水浴上加热，使基质液化后，选用合适的方法进行测定。本法适用于对热稳定的药物。

(2)溶解基质后测定：选用可溶解基质的适宜有机溶剂如乙醚、三氯甲烷等溶解后直接测定；或加入有机溶剂后，过滤，再进行测定。

(3)滤除基质后测定：将制剂加热液化，选用适宜的溶剂溶解主药，然后放冷，基质重新凝固，滤除，再对主药进行测定。

(4)两相提取：供试品用与水不相溶的有机溶剂加热溶解，冷却后，用水或酸性溶液直接提取被测成分后测定。

(5)灼烧法：金属类药物经灼烧后，基质成为二氧化碳和水逸去，而主药可成金属氧化物，可称重后换算；或将残渣溶于酸中，再用配位滴定法进行含量测定。

2. 实例

双氯芬酸钠栓(规格 50mg)含量测定

取本品 10 粒，精密称定，水浴温热融化，在不断搅拌下冷却至室温，精密称取适量(约相当于双氯芬酸钠 50mg)，置 100mL 量瓶中，加水适量，在 50～60℃水浴中振摇使溶解后，放冷，加水至刻度，摇匀，过滤；精密量取续滤液 5mL，置分液漏斗中，精密加水 20mL，摇匀，加石油醚(60～90℃)20mL，振摇，静置，分取水层，过滤；精密量取续滤液 5mL，置 50mL 量瓶中，用 50% 乙醇溶液稀释至刻度，照紫外－可见分光光度法，在 282nm 波长处测定吸光度，按双氯芬酸钠的吸收系数为 415 计算，即得。含双氯芬酸钠应为标示量的 90.0%～110.0%。

解析：

(1)双氯芬酸钠栓采用紫外－可见分光光度法测定，而其原料药为非水溶液滴定法。

(2)利用双氯芬酸钠易溶于乙醇、在水中略溶、在石油醚中不溶的特点，与基质分离后测定。

(3)计算公式

$$标示量\% = \frac{\frac{A}{E_{1cm}^{1\%}} \times \frac{1}{100} \times D \times \overline{W}}{m \times S} \times 100\% \tag{5-13}$$

式中　A——吸光度；

$E_{1cm}^{1\%}$——百分吸收系数；

D——稀释倍数；

$\overline{W}$——平均栓重，g；

m——供试品的取样量，g；

S——标示量，g。

八、滴眼剂的分析

滴眼剂系指由药物与适宜辅料制成的供滴入眼内的无菌液体制剂。可分为水性或油性溶液、混浊液或乳状液。

1. 可见异物

除另有规定外，滴眼剂照《中国药典》(2015 版)四部“可见异物检查法”中的滴眼剂项下的方法检查，不得检出可见异物。

2. 装量

滴眼剂依照《中国药典》(2015 版)四部“最低装量检查法”，检查每个容器的装量，除另有规定外，应不超过 10mL。

3. 无菌检查

除另有规定外，滴眼剂依照《中国药典》(2015 版)四部“无菌检查法”中薄膜过滤法或直接接种法检查，至少从 2 支供试品抽取规定量(每种培养基各接种 2 支，每支 1mL)，直接或处理后接种于硫乙醇流体培养基及胰酪大豆胨液体培养基中。培养 14 天，不得有菌生长。若有菌生长，应重新取 2 倍量供试品，分别依法复试，各管均不得有菌生长。

第三节 药用辅料和包装材料的分析

我国药用辅料的应用历史悠久，早在公元前1766年就以水为溶剂制备了世界上最早的药剂，并逐渐开始用动物胶、蜂蜜、淀粉、醋、植物油、动物油等作为药剂辅料。当今欧美等发达国家的药用辅料发展迅速，而我国的药用辅料产业仍处于初步发展阶段，难以满足药品质量的需求，重要原因之一是药用辅料标准体系不健全。我国在《中国药典》(2005版)首次收载了药用辅料标准，经过10年不懈努力，《中国药典》(2015版)在药用辅料标准提升方面取得了明显进步，主要体现在将药用辅料标准与通则合并收入第四部；收载的辅料品种与类别显著增加；新方法、新技术得到广泛应用；注射剂用辅料标准更加严格并首次增加了《药用辅料功能性指标指导原则》，做到了安全性控制要求基本与国际接轨，实现了制剂常用辅料更加可控。

目前国家药品包装材料标准由国家颁布的药品包装材料标准和产品注册标准组成，它是国家保证药品包装材料质量，保证药品安全有效的法定标准，是我国药品生产企业使用药品包装材料、药品包装材料企业生产药品包装材料和药品监督部门检验药品包装材料的法定依据。

药品包装材料和药材辅料是药品不可分割的重要组成部分，它与药品的质量息息相关，确保药用辅料和药包材的质量和安全性是提高药品质量、保证药品安全有效的必要条件。

一、药用辅料的分析

(一)药用辅料概述

《中国药典》(2015版)规定：药用辅料是指生产药品和调配处方时使用的赋形剂和附加剂，是除活性成分以外，在安全性方面已进行了合理的评估，且包含在药物制剂中的物质。在作为非活性物质时，药用辅料除了赋形、充当载体、提高稳定性外，还具有增溶、助溶、调节释放等重要功能、是可能会影响到制剂质量、安全性和有效性的重要成分，其质量可靠性和多样性是保证剂型和制剂先进性的基础。因此，应关注药用辅料本身的安全性以及药物-辅料相互作用及其安全性。

药用辅料是药品重要组成部分，药品中大部分成分是药用辅料，若其质量出了问题，必然涉及用到该类辅料的所有制剂，直接影响到药品的使用安全。同时，药用辅料也是影响仿制药一致性评价的重要因素。

《中国药典》(2015 版) 自 2015 年 12 月 1 日起执行，该版药典较 2010 年版在定义、收载品种数目、品种覆盖的类别等方面都有新改变，总体上提升了药用辅料的质量标准水平，弥补了当前我国药用辅料标准短缺的问题，有利于推进我国药用辅料行业快速健康发展，主要表现在以下几个方面：

1. 科学定义药用辅料概念

《中国药典》(2015 版) 扩大了药用辅料定义的内涵，指出在作为非活性物质时，药用辅料除了赋形、充当载体、提高稳定性外，还具有增溶、助溶、调节释放等重要功能。强调其功能性，表明药用辅料并非可有可无的辅助成分；同时某些辅料本身具有药用活性，应符合药用标准，如卵磷脂、二甲基硅油、活性炭等。

2. 收载品种和类别增加

我国常用药用辅料有 500 多种，《中国药典》(2010 版) 收录 132 个品种，占常用辅料的 24%；《中国药典》(2015 版) 中药用辅料总数为 271 个，占常用辅料 49%，增长率为 105%，同时删去毒副作用较大的硫柳汞、邻苯二甲酸二乙酯两个品种。收载品种的大幅增加，有效缓解了我国药企使用的部分辅料无标准可依的局面。在药用辅料的类别方面，《中国药典》(2010 版) 中收载有 31 个不同类别的辅料，而《中国药典》(2015 版) 增加到 66 个，增长率达 113%。药用辅料类别的增加有利于药品生产企业使用合法来源的药用辅料。

3. 注射剂药用辅料质量标准得到强化

《中国药典》(2015 版) 药用辅料标准中加强了注射用辅料的标准，从 2010 年版的 2 种增加到 23 种，这与近年来辅料质量问题引发多起注射剂药害事件有关。单独设立注射剂药用辅料标准，对提升注射剂等高风险药品的安全性将发挥良好作用。标准中安全性项目，特别是对细菌内毒素、无菌、过敏性杂质、蛋白残留、溶血性物质、有毒有害物质等质量要求的提高，有助于降低注射剂的安全性风险。

4. 强调药用辅料的功能性

《中国药典》(2015 版) 首次增加了《药用辅料功能性指标指导原则》。为保证药用辅料在制剂中不但作为赋形剂而且能保证其质量，在药用辅料的正文中设置适宜的功能性指标是十分必要的，功能性指标的设置是针对特定用途的。同一辅料按功能性指标不同可以分为不同的规格，使用者可根据用途选择适宜规格的药用辅料以保证制剂的质量。药用辅料的功能性正在日益被列为评价其优劣的重要指标。

5. 质量标准水平整体提升

《中国药典》(2010 版)中药用辅料含量测定项目占总项目的 48%，而 2015 年版中增加至 63%。同时新技术、新方法等先进分析手段得到应用，如 HPLC、GC 技术在《中国药典》(2015 版)药用辅料中分别有 43 个和 52 个品种，较 2010 年分别增加 80% 和 108%；重金属检查逐渐由原子吸收法代替了原来的比色法。更多先进昂贵的仪器：核磁共振波谱仪、X 射线衍射仪、激光粒度测定仪等也被列入新版药典，这一切标志着药用辅料质量标准整体水平的提高。

(二)药用辅料的分类与质量标准特点

1. 药用辅料的分类

《中国药典》(2015 版)根据来源、作用与用途、给药途径等对药用辅料进行分类。

(1)按来源：天然物、半合成物和全合成物。

(2)按用于制备的剂型：片剂、注射剂、胶囊剂、颗粒剂、眼用制剂、鼻用制剂、栓剂、丸剂、软膏剂、乳膏剂等。

(3)按用途：溶媒、抛射剂、增溶剂、助溶剂、乳化剂、着色剂、黏合剂、崩解剂、填充剂、润滑剂、载体材料等。

2. 药用辅料质量标准特点

药用辅料的结构类型较多，在制定质量标准时既要考虑药用辅料自身的安全性，也要考虑其影响制剂生产、质量、安全性和有效性的性质。药用辅料标准与化学原料药标准的重要区别在于药用辅料的功能性指标，特别是大分子药用辅料的分子量分布、聚合度、取代度、支化度等关键性质量安全指标。

(1)药用辅料的国家标准应建立在经国家药品监督管理部门确认的生产条件、生产工艺以及原材料的来源等基础上，按照药用辅料生产质量管理规范进行生产。上述影响因素任何之一发生变化，均应重新验证，确认药用辅料标准的适用性。

(2)药用辅料可用于多种给药途径，同一药用辅料用于给药途径不同的制剂时，需根据临床用药要求制定相应的质量控制项目。质量标准的项目设置需重点考察安全性指标。药用辅料的质量标准可设置“标示”项，用于标示其规格，如注射剂用辅料等。

(3)药用辅料用于不同的给药途径或用途时，对质量的要求不同。药用辅料的试验内容主要包括两部分：与生产工艺及安全性有关的常规试验，如性状、鉴别、检查、含量测定等项目；影响制剂性能的功能性指标，如黏度、粒度等。

(4)药用辅料的残留溶剂、微生物限度、热原、细菌内毒素、无菌等应符合所应用制剂的相应要求。注射剂、滴眼剂等无菌制剂用辅料应符合注射剂或眼用制剂的要求，供注射用辅料的细菌内毒素应符合要求(通则 1143)，用于有除菌工艺或最终灭菌工艺制剂的供注射用辅料应符合微生物限度和控制菌要求(通则 1105 与通则 1106)，用于无菌生产工艺且无除菌工艺制剂的供注射用辅料应符合无菌要求(通则 1101)。

(三)药用辅料的分析方法

药用辅料的分析方法与原料药基本一致，在方法设计与检测技术手段上没有根本区别。

1. 药用辅料的性状

药用辅料性状描述是其质量控制的重要组成部分，包括外观、溶解度和物理常数项等。

液体制剂的溶剂对液体制剂的制备方法、稳定性及药效等都会产生影响。乙酸乙酯是液体制剂常用的溶剂，能溶解挥发油、甾体药物及其他油溶性药物，常用作搽剂的溶剂。

《中国药典》(2015 版)中对乙酸乙酯性状的描述：本品为无色澄清的液体；具挥发性，易燃烧，有水果香味；在水中溶解，与乙醇、乙醚、丙酮或二氯甲烷任意混溶；相对密度为 0.898 ~ 0.902，折光率为 1.370 ~ 1.373。

2. 药用辅料的鉴别

药用辅料是不同类型的化合物，鉴别方法主要有化学法、光谱法和色谱法等，要求专属性强、耐用性好、灵敏度高，操作简便、快速等。

丙二醇药用一般为 1，2 - 丙二醇，毒性小、无刺激性，能延缓许多药物的水解，增加稳定性，是常用的药用辅料，主要用于溶剂和增塑剂，其性质与甘油相近，但黏度较小，可作为内服及肌内注射液溶剂。而“二甘醇”是一种工业溶剂，常用于汽车防冻液，价格是丙二醇的一半，对人类及动物均具有毒性，可损坏肝脏和肾脏，严重者可致人死亡。“齐二药”(齐齐哈尔第二制药有限公司)事件中的，不法药企用“二甘醇”代替药用辅料丙二醇，由此导致恶性药害事件。

丙二醇与二甘醇在外观上相似，均为无色澄清的黏稠液体。《中国药典》(2015 版)收载的“丙二醇”鉴别试验可以有效区分两者：

(1)在含量测定项下记录的色谱图中，供试品溶液主峰的保留时间应与对照品溶液主峰的保留时间一致。

《中国药典》(2015 版)丙二醇的含量测定采用气相色谱法，利用样品与对照品保留时间一致性来定量。

(2)丙二醇样品的红外光谱图谱应与对照的图谱(光谱集 706 图)一致。

红外光谱法是一种专属性很强的鉴别方法，特别适用于其他方法不易区分的同类药物，丙二醇与二甘醇在官能团结构上有明显不同，红外光谱图是区分两者的最有效方法。

在“齐二药”事件中，药用辅料丙二醇与工业溶剂二甘醇的鉴别是关键因素。

3. 药用辅料检查的内容

辅料检查项主要包括杂质、功能性指标及安全性指标等。

(1)杂质检查。与原料药杂质检查相同，药用辅料中的杂质检查主要是检查与其合成工艺有关的、在贮藏或运输过程中产生的杂质，包括一般杂质和特殊杂质等。

大豆油是用于溶剂和分散剂的药用辅料，根据其合成工艺和结构特点，《中国药典》检查项下收录水分、重金属、砷盐作为一般杂质检查，同时收录过氧化物、不皂化物、棉籽油等作为特殊杂质检查项。

(2)功能性指标检查。药用辅料功能性指标主要针对一般的化学手段难以评价功能性的药用辅料，如稀释剂、黏合剂、崩解剂、润滑剂、助流剂和抗结块剂、空心胶囊等十二大类，在《中国药典》(2015 版)通则中均有详细描述。

(3)安全性指标。近年来，国内外药用辅料质量问题导致的药害事件频出，引起人们对药用辅料安全性指标的重视，尤其是注射用辅料标准应有更严格的要求。

安全性指标主要包括微生物限度、热原、细菌内毒素、无菌、蛋白残留、溶血性物质、过敏性杂质、有毒有害物质。

活性炭(供注射用)系由木炭、各种果壳和优质煤等作为原料，通过物理和化学方法对原料进行破碎、过筛、催化剂活化、漂洗、烘干和筛选等一系列工序加工制造而成具有很强吸附能力的多孔疏松物质，主要用作吸附剂。生产注射剂时加入活性炭主要是起到吸附热原、助滤、脱色和提高澄明度的作用，其本身安全性应得到保证，必须进行微生物限度、细菌内毒素等检查。

(1)微生物限度。取本品，依法检查(通则 1105 与通则 1106)，每 1g 供试品中需氧菌总数不得过 1000cfu，霉菌和酵母菌总数不得过 100cfu，不得检出大肠埃希菌，每 10g 供试品中不得检出沙门菌。

(2)细菌内毒素活性炭所含内毒素本底值。称取约75mg活性炭，加入约5mL细菌内毒素，配置成活性炭浓度为1.5%(1.58/100mL)的混合溶液，漩涡混合9min，然后1500转离心5min，离心后，取上清液用0.22μm无热原滤膜过滤，样品细菌内毒素应小于2EU/g。

(3)活性炭对细菌内毒素吸附力。取细菌内毒素国家标准品1支，按使用说明书配制成浓度为200EU/mL、20EU/mL的标准内毒素溶液备用，称取约75mg活性炭两份，分别加入约5mL浓度为200EU/mL和20EU/mL的标准内毒素溶液配制成活性炭浓度为1.5%的混合溶液，漩涡混合9min，1500转离心5min，离心后，取上清液用0.22μm无热原滤膜过滤，取续滤液，依法检查(通则1143)，应能使200EU/mL、20EU/mL的标准内毒素溶液内毒素含量均下降2个数量级(吸附率达到99%)。

(4)无菌(供无除菌工艺的无菌制剂用)。取本品，依法检查(通则1101)，应符合规定。

4. 含量测定

药用辅料含量测定常采用滴定法、光谱法和色谱法，而后者的比例逐渐增加。

(1)富马酸作为药用辅料主要用于pH值调节剂和泡腾剂。因其显酸性，可用甲醇溶解后直接用氢氧化钠滴定液进行滴定，方法如下。

取本品约1.0g，精密称定，加甲醇50mL，在热水浴中缓缓加热使溶解，放冷，加酚酞指示液数滴，用氢氧化钠滴定液(0.5mol/L)滴定，并将结果用空白试验校正。每1mL氢氧化钠滴定液(0.5mol/L)相当于29.02mg的$C_4H_4O_4$。

(2)羟苯丙酯钠主要作用是抑菌剂，其含量测定可采用HPLC法，照高效液相色谱法(通则0512)测定。

色谱条件与系统适用性试验：用十八烷基硅烷键合硅胶为填充剂，以甲醇-1%冰醋酸(60∶40)为流动相，检测波长为254nm。取羟苯丙酯钠与对羟基苯甲酸，加流动相配制成每1mL中含有0.1mg的混合液，取20μL注入液相色谱仪，记录色谱图，对羟基苯甲酸峰和羟苯丙酯峰的分离度符合要求。

测定法：取本品适量，精密称定，加流动相溶解并定量稀释制成每1mL中含羟苯丙酯钠0.1mg的溶液，精密量取20μL注入液相色谱仪，记录色谱图；另取羟苯丙酯对照品适量，同法测定。按外标法以峰面积乘以系数1.122后计算，即得。

总之，药用辅料是药品重要的组成部分，其质量直接关系到药品的安全性和有效性。《中国药典》(2015版)是药用辅料质量控制的重要保证。

5. 类别与贮藏

描述药用辅料的所属类别和贮藏条件。

二、药品包装材料的分析

(一)药品包装材料概述

药品是一种特殊商品，在流通、使用的过程中受到光照、水分、微生物污染等周围环境影响很容易分解变质，所以药品经过生产及质量检验后，无论在贮藏、运输以及分发使用等过程中，都必须有适当而完好的包装，才能保证药品的质量，提高药品的稳定性，延缓药品变质，保障患者用药安全。因此直接接触药品的包装材料和容器(简称药包材)是药品的一个重要组成部分。

药包材系指药品生产企业生产的药品和医疗机构配制的制剂所使用的直接与药品接触的包装材料和容器。作为药品的一部分，药包材本身的质量、安全性、使用性能以及药包材与药物之间的相容性对药品质量起着十分重要的作用。药包材是由一种或多种材料制成的包装组件组合而成，应具有良好的安全性、适应性、稳定性、功能性、保护性和便利性，在药品的包装、贮藏、运输和使用过程中起到保护药品质量、安全、有效、实现给药目的(如口服制剂、注射剂、气雾剂等)的作用。

药包材标准是为确保药包材的质量可控性而制定的质量指标、检验方法等技术要求，是我国药包材生产企业、药包材使用单位、药品监督管理部门和药包材检验部门共同遵循的法定依据。目前我国药包材标准由国家颁布的药包材标准(YBB 标准)和产品注册标准组成，从 2015 年 12 月 1 日起正式执行新版标准。YBB 标准分为方法标准和产品标准。药包材产品可使用国家颁布的 YBB 标准，如需制定产品注册标准的，其项目设定和技术要求不得低于同类产品的 YBB 标准。

《中国药典》(2015 版)首次将“药包材通用要求指导原则”和“药用玻璃材料和容器指导原则”独立归入第四部，是实现药品生产全面控制的重要举措之一，保障药品整个生命周期符合标准要求，必将对药品质量提升产生深远影响。执行好药包材标准，对指导我国药包材生产企业以质量求发展，保证人民群众用药安全、有效、方便有重要意义。

(二)药品包装材料的分类与分析特点

1. 药品包装材料的分类

《中国药典》(2015 版)第四部在“药包材通用要求指导原则”中，将药包材料按材质、形制和用途进行分类。

(1)按材质：塑料类、金属类、玻璃类、陶瓷类、橡胶类和其他类(如纸、干燥剂)等，也可以由两种或两种以上的材料复合或组合而成(如复合膜、铝塑组合盖等)。

常用的塑料类药包材，如药用低密度聚乙烯滴眼剂瓶、口服固体药用高密度聚乙烯瓶、聚丙烯输液瓶等；常用的玻璃类药包材有钠钙玻璃输液瓶、低硼硅玻璃安瓿、中硼硅管制注射剂瓶等；常用的橡胶类药包材有注射液用氯化丁基橡胶塞、药用合成聚异戊二烯垫片、口服液体药用硅橡胶垫片等；常用的金属类药包材如药用铝箔、铁制的清凉油盒等。

(2)按用途和形制：输液瓶(袋、膜及配件)、安瓿、药用(注射剂、口服或者外用剂型)瓶(管、盖)、药用胶塞、药用预灌封注射器、药用滴眼(鼻、耳)剂瓶、药用硬片(膜)、药用铝箔、药用软膏管(盒)、药用喷(气)雾剂泵(阀门、罐、筒)、药用干燥剂等。

2. 药品包装材料的分析特点

(1)药包材质量标准的内容。①物理性能：主要考察产品的物理参数、机械性能及功能性指标，如橡胶类产品的穿刺力、穿刺落屑，塑料瓶类产品的密封性及复合膜类产品的阻隔性能等。物理性能的检测项目应根据标准中规定的检验规则确定抽样方案，并对检测结果进行判断。②化学性能：考察影响产品质量的化学指标，如溶出物试验、溶剂残留量等。③生物性能：考察项目应根据所包装药物制剂的要求制定，如注射剂类药包材的检验项目包括细胞毒性、急性全身毒性试验和溶血试验等；滴眼剂瓶应考察异常毒性、眼刺激试验等。

(2)药包材与药物相容性试验。药包材作为药品的一部分，其配方组成、所选择的原辅料及生产工艺的不同，会导致不同成分的迁移、吸附甚至发生化学反应，使药物失效，有的还会产生严重的不良反应，因此必须考察药包材与药物相容性试验。药包材与药物的相容性研究是选择药包材的基础，药物制剂在选择药包材时必须进行药包材与药物的相容性研究。

(3)常用药包材进行相容性试验应重点考察的项目

①玻璃。常用于注射剂、片剂、口服溶液剂等剂型包装。玻璃按材质可分为低硼硅玻璃、中性硼硅玻璃、高硼硅玻璃和钠钙玻璃。不同成分的材质其性能有很大差别，应重点考察：玻璃中碱性离子的释放对药液 pH 值的影响；有害金属元素的释放；不同温度(尤其冷冻干燥时)、不同酸碱度条件下玻璃的脱片；含有着色剂的避光玻璃被某些波长的光线透过，使药物分解；玻璃对药物的吸附以

及玻璃容器的针孔、瓶口歪斜等问题。

②金属。常用于软膏剂、气雾剂、片剂等的包装。应重点考察：药物对金属的腐蚀；金属离子对药物稳定性的影响；金属涂层在试验前后的完整性等。

③塑料。常用于片剂、胶囊剂、注射剂、滴眼剂等剂型的包装。按材质可分为高密度聚乙烯、低密度聚乙烯、聚丙烯、聚对苯二甲酸乙二醇酯、聚氯乙烯等。应重点考察：水蒸气的透过、氧气的渗入；水分、挥发性药物的透出；脂溶性药物、抑菌剂向塑料的转移；塑料对药物的吸附；溶剂与塑料的作用；塑料中添加剂、加工时分解产物对药物的影响以及微粒、密封性等问题。

④橡胶。通常作为容器的塞、垫圈。按材质可分为异戊二烯橡胶、卤化丁基橡胶、硅橡胶。鉴于橡胶配方的复杂性，应重点考察：其中各种添加物的溶出对药物的作用；橡胶对药物的吸附以及填充材料在溶液中的脱落。在进行注射剂、口服液体制剂等试验时，应倒置、侧放，使药物能充分与橡胶塞接触。

3. 药包材质量标准制定要求

(1)药包材的质量标准应建立在经主管部门确认的生产条件、生产工艺以及原材料牌号、来源等基础上，按照所用材料的性质、产品结构特性、所包装药物的要求和临床使用要求制定试验方法和设置技术指标。上述因素如发生变化，均应重新制定药包材质量标准，并确认药包材质量标准的适用性，以确保药包材质量的可控性。

(2)制定药包材标准应满足对药品的安全性、适应性、稳定性、功能性、保护性和便利性的要求。

(3)不同给药途径的药包材，其规格和质量标准要求亦不相同，应根据实际情况在制剂规格范围内确定药包材的规格，并根据制剂要求、使用方式制定相应的质量控制项目。

(4)在制定药包材质量标准时既要考虑药包材自身的安全性，也要考虑药包材的配合性和影响药物的贮藏、运输、质量、安全性和有效性的要求。

(三)药品包装材料的分析方法

以下“聚丙烯输液瓶”(YBB00022002—2015)质量标准为例介绍药品包装材料的分析方法。本标准适用于50mL及以上聚丙烯输液用瓶。

1. 鉴别试验项目

(1)外观。根据塑料制品的质量要求，结合实样描述，应能充分体现产品的质量。

取输液瓶适量，在自然光线明亮处目测，应透明、光洁、内外应无肉眼可见的异物。

(2)鉴别。为有效控制产品的质量，加强对配方的监控而设置。应选择专属性强、灵敏度高、重现性好、操作简便快速的方法。主要是红外光谱鉴别和密度测定试验。

①红外光谱：为分子光谱，既能区分官能团的差异，也能根据指纹区的不同提高鉴别的专属性，是一种常用的鉴别方法。

取样品适量，照包装材料红外光谱测定法(YBB00262004—2015)测定，应与对照图谱基本一致，见图5-1。

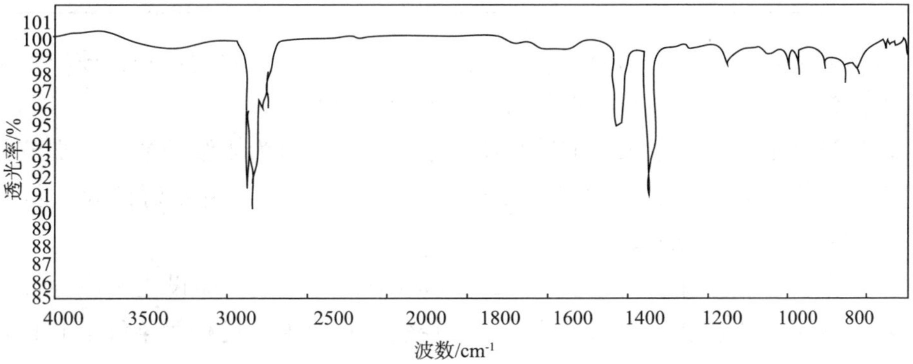

图5-1 聚丙烯输液瓶材料红外光谱图

②密度：为物理特性的鉴别，测定材料的密度，专属性强，对配方的控制有一定作用。

取输液瓶2g，加水100mL，回流2h，放冷，80℃干燥2h后，依法测定(YBB00132003-2015)应为0.900~0.915g/cm^3。

2. 一般检查项目

(1)适应性试验：聚丙烯材料制成的输液瓶根据使用的要求应经灭菌处理，所以应进行该项检查。

取输液瓶数个，用经0.45μm孔径滤膜过滤的注射用水进行灌装并封口。采用湿热灭菌后(标准灭菌F0值≥8，如湿热灭菌115℃，30min)，进行以下试验。

①温度适应性：输液产品在贮存、使用时，应能耐受不同温度、不同气候带的影响。温度适应性是一种模拟试验，它对产品的性能情况，提供一种预测。

取输液瓶数个，于-25℃±2℃条件下，放置24h，然后在50℃±2℃条件下，继续放置24h，再在23℃±2℃下，将本品置两平行平板之间，承受67kPa的内压，维持10min，应无液体漏出。

②抗跌落：输液产品应能承受在不同气候带条件下的运输、贮存，使用过程中可能发生坠落破坏，故进行该项检查。

取输液瓶数个，于 -25℃ ±2℃条件下，放置24h，然后在50℃ ±2℃下，继续放置24h，再在23℃ ±2℃下，按表5-9的跌落高度，分别跌落至水平硬质刚性的光滑表面上，不得有破裂和泄漏。

表5-9　跌落高度

公称容量/mL	跌落高度/m
50～749	1.00
750～1000	0.75

③透明度：输液产品的使用、生产过程中都需进行透明度检查，该项目是确认在经过湿热灭菌后，包装材料是否会影响到透明度。

取输液瓶数个，另取未装液输液瓶1个，装入级号为4级的浊度标准液作为对照液，在黑色背景下，以光照度2000～3000lx照射(避免照射试验人员的眼睛)，观察，应能与对照液区分。

④不溶性微粒：在《中国药典》(2015版)中，对输液产品设立了不溶性微粒检查项，为了防止包装材料污染药液，监控包装材料生产过程污染程度和材料本身微粒的脱落，应进行该项目检查。

取上述样品数个，照不溶性微粒检查法测定(YBB00272004—2015)，每1mL中含5μm及以上的微粒数不得过100粒；每1mL中含10μm及以上的微粒数不得过10粒；每1mL中含25μm及以上的微粒数不得过1粒。

(2)穿刺力：进行本试验的目的是模拟护士使用输液装置的过程中，防止因阻力太大不易刺穿或有可能导致注射针断裂，导致意外事件的发生。

取本品数个，用符合图5-2和图5-3的穿刺器，在200mm/min ±50mm/min的速度下穿刺输液瓶上的穿刺部位，塑料穿刺器穿刺力不得超过100N，金属穿刺器穿刺力不得超过80N。

(3)穿刺部位不渗透性：模拟使用输液装置的过程中，防止因注射器穿刺后，导致穿刺部位药液的渗漏，故应检查橡胶的密封性。

取装液输液瓶数个，先用符合图5-2和图5-3的穿刺器穿刺输液瓶上的穿刺部位，然后将容器与穿刺器置于两个平行板之间，施加20kPa内压，维持15s，穿刺部位不得有液体泄漏；压力试验完成后，从穿刺部位以(200 ±50)mm/min的速度拔下穿刺器，塑料穿刺器分离力不得低于5.0N，金属穿刺器力不得低于1.0N。拔出穿刺器后，再将容器置于两个平行平板之间，施加20kPa内压，维持

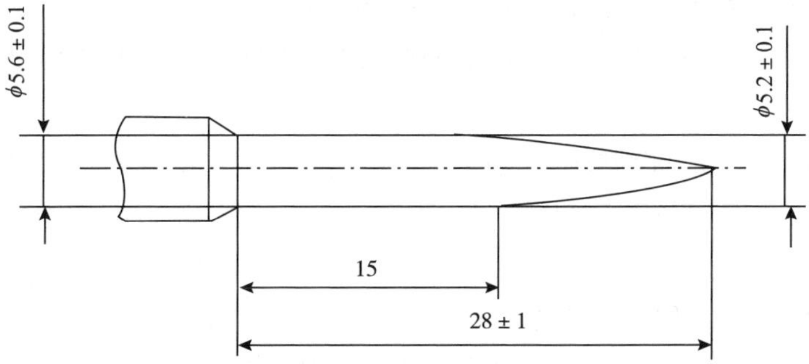

图 5－2　塑料瓶塞穿刺器尺寸

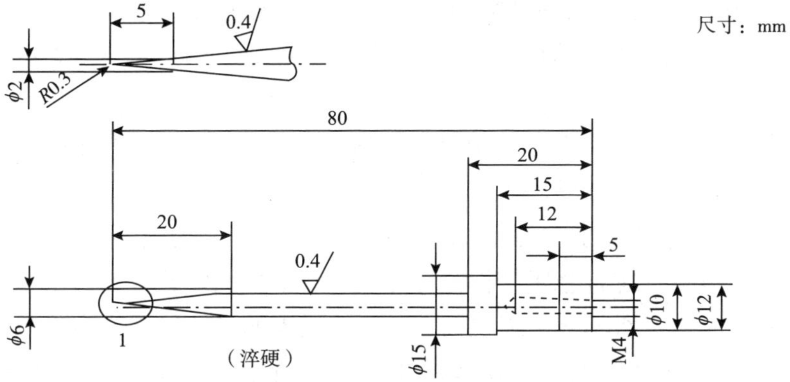

图 5－3　金属穿刺器尺寸

15s，穿刺部位不得有液体泄漏。

（4）悬挂力：模拟使用输液装置过程中，防止使用时输液瓶因悬挂不牢而断裂跌落，应检查悬挂装置的牢固性。

除另有规定外，取输液瓶数个，按表 5－10 对吊环施加拉力，60min 内不得断裂。

表 5－10　悬挂力

公称容量/mL	悬挂力/N
≤250	7
>250	15

（5）水蒸气渗透：鉴于药品的贮存期一般为 2 年，以 14 天失水 0.2% 计算，即 2 年的失水率为：（730 天/14 天）×0.2% =10.4%，符合大部分药品含量为标示量 90% ～110% 的规定。

取装液本品数个，照水蒸气透过量测定法[YBB00092003—2015，第三法(3)]，在温度20℃±5℃，相对湿度65%±5%的条件下，放置14天，每个输液瓶减少的重量不得过0.2%。

(6)透光率：为了控制瓶体透明度并适时量化，同时检测瓶体厚薄均匀性，以控制瓶中透光剂的量。塑料输液瓶应完全透明，便于临床应用时“三查七对”保证用药的安全性。

取输液瓶平整部位，切成5个0.9cm×4cm的切片，分别沿与入射光垂直的方向放入比色池中，加满水并以水作为空白，依照紫外-可见分光光度法(通则0401)，在450nm波长处测定透光率，均不得低于55.0%。

(7)炽灼残渣：在聚丙烯制粒的生产工艺中，常添加润滑剂、抗氧剂、光亮剂、透亮剂等，其毒性未知。为严格控制上述物质的加入量，故要进行该项检查。

取本品5.0g，剪碎，置于已恒重的坩埚中，先在100℃干燥1h，再在550℃灼烧至恒重，遗留残渣不得过0.05%。

(8)金属元素：为了控制聚丙烯聚合中催化剂、生产管道及设备中的混入金属元素，需对有毒、有害金属进行针对性检查。本标准中的试验方法不同于重金属检查，首先是数量级不同，表现在六种金属元素的指标控制均在百万分之三以下，总量为百万分之十八；其次是针对某一特定元素试验，不是对重金属的集合。

取炽灼残渣项下的残渣，加盐酸(1→2)25mL溶解后，依照原子吸收分光光度法(通则0406)测定，应符合以下规定。

铜在324.8nm的波长处测定，不得过百万分之三；

镉在228.8nm的波长处测定，不得过百万分之三；

铬在357.9nm的波长处测定，不得过百万分之三；

铅在217.0nm的波长处测定，不得过百万分之三；

锡在286.3nm的波长处测定，不得过百万分之三；

钡在553.6nm的波长处测定，不得过百万分之三。

(9)溶出物试验：为了控制材料中某些物质被水溶出，模拟输出液瓶的实际使用状况，监控溶出物的量，以确保药液的安全、有效。

取输液瓶平整部分内表面积600cm^2，切成5cm×0.5cm的小块，水洗，室温干燥后放于300mL的玻璃瓶中，加水200mL，密塞，置于高压蒸汽灭菌器中，121℃±2℃维持30min(若加热至121℃导致材料被破坏，则采用100℃±2℃维持

2h)，放冷至室温，作为供试液；另取水同法操作，作为空白液，进行以下试验。

①澄清度与颜色：输液产品的质量控制中也有该项检测，为了防止输液瓶对药液的影响，故进行该项检查。

取供试液，照澄清度检查法(通则0900)测定，溶液应澄清；如显浑浊，与2号浊度标准液比较，不得更浓。取供试液，依法检查(通则0901)，溶液应无色。

②pH值：由于人体血液为弱酸性，而通常输液的pH值为5～7，为了防止包装物对药液的影响，故进行该项检查。

取供试液20mL，加入氯化钾溶液(1→1000)1mL，依法测定(通则0631)，应为5.0～7.0。

③吸光度：为了控制产品中含有的水溶性浸出物，尤其是添加物的杂质量，故进行该项检查。

取供试品溶液适量，用孔径0.45μm的滤膜过滤，依照紫外－可见分光光度法(通则0401)测定。在220～350nm的波长范围内进行扫描。220～240nm间的最大吸光度不得超过0.08；241～350nm间的最大吸光度不得超过0.05。

④易氧化物：为控制产品水溶性浸出物中容易氧化的、可能会影响药液安全有效的杂质，采用剩余滴定法进行易氧化物限量检查。

精密量取供试液20mL，精密加入高锰酸钾滴定液(0.002mol/L)10mL和2mol/L硫酸10mL，加热微沸3min，冷却至室温。加0.1g碘化钾至供试液中，用硫代硫酸钠滴定液(0.01mol/L)滴定至浅棕色，再加入5滴淀粉指示液后滴定至无色。同时做空白试验。供试液与空白液所消耗滴定液，两者之差不得超过1.5mL。

⑤不挥发物：为控制产品中含有水溶性浸出物不易挥发杂质的总量，进行该项检查。

量取供试液与空白液各250mL，分别置于已恒重的蒸发皿中，水浴蒸干，105℃干燥至恒重，不挥发物残渣与其空白液残渣质量之差不得超过12.5mg。

⑥重金属：一是用以检查生产过程中，是否有重金属污染，二是输液产品的质量控制中也有该检查项目，因此本品中应检查重金属项目。

精密量取供试液20mL，加醋酸盐缓冲液(pH＝3.5)2mL，依法检查(通则0821，第一法)测定，含重金属不得超过百万分之一。

⑦铵离子：输液产品的质量控制中也有该项目的检查，同时为了防止输液瓶对药液的影响，故进行该项目检查。

精密量取供试液50mL，加碱性碘化汞钾试液2mL，放置15min；如显色，与氯化铵溶液（取氯化铵31.5mg加无氨水适量使溶解并稀释至1000mL）4.0mL，加空白液46mL与碱性碘化汞钾试液2mL制成的对照液比较，不得更深（0.00008%）。

⑧钡离子：取供试液适量，可通过蒸发供试液，使其浓缩来提高检测范围，依照金属元素项下测定，不得超过百万分之一。

⑨铜离子：取供试液适量，可通过蒸发供试液，使其浓缩来提高检测范围，依照金属元素项下测定，不得超过百万分之一。

⑩镉离子：取供试液适量，可通过蒸发供试液，使其浓缩来提高检测范围，依照金属元素项下测定，不得超过百万分之一。

⑪铅离子：取供试液适量，可通过蒸发供试液，使其浓缩来提高检测范围，依照金属元素项下测定，不得超过百万分之一。

⑫锡离子：取供试液适量，可通过蒸发供试液，使其浓缩来提高检测范围，依照金属元素项下测定，不得超过百万分之一。

⑬铬离子：取供试液适量，可通过蒸发供试液，使其浓缩来提高检测范围，依照金属元素项下测定，不得超过百万分之一。

⑭铝离子：取供试液适量，可通过蒸发供试液，使其浓缩来提高检测范围，依照原子吸收分光光度法（通则0406），在309.3nm波长处测定，不得超过百万分之零点零五。

3. 安全性检查项

（1）细菌内毒素：输液产品中也有该项目的检测，为了对制瓶期间生物污染程度的控制，避免聚丙烯输液瓶对药液的影响，故进行该项检验。

取输液容器剪成0.5cm×3cm小条，按内表面积（cm^2）与水（体积比6∶1）混合，经60min121℃±2℃灭菌，放冷，备用，作为供试液，并用同批水作为空白液，依法检查（通则1143），本品含细菌内毒素的量应不得超过0.25EU/mL。

（2）细胞毒性：输液产品是一种安全性要求极高的药品品种，从安全的角度出发应对聚丙烯输液瓶进行安全性评价。

本法适用于聚合物材料细胞毒性的测定。采用生理温度或非生理温度及各种不同时间进行提取，适用于高密度材料及剂量－反应程度评价。依照细胞毒性检查法（YBB00012003—2015）第四法测定，应符合规定。

（3）皮肤过敏：考察输液瓶浸提液对皮肤的反应。

本法系将一定量的供试液与豚鼠皮肤接触，以检测供试品是否具有引起接触性皮肤变态反应的可能性。

取本品适量，照皮肤致敏检查法（YBB00052003—2015）测定，致敏反应不得超过Ⅰ度。

（4）皮内刺激：考察供试品浸提液注入皮肤后，对人体可能产生的刺激性。

本法系将一定量的供试液注入家兔皮内，通过对局部皮肤反应的观察，评价供试品对接触组织的潜在刺激性。

取本品适量，照皮内刺激检查法（YBB00062003—2015）测定，应无刺激反应。

（5）急性全身毒性：在无菌条件下制备供试品浸提液，考察全身急性毒性。

本法系将一定剂量的供试液由静脉注入小鼠体内，在规定时间内观察小鼠有无毒性反应和死亡情况，以决定供试品是否符合规定的一种方法。

取本品适量，样品表面积与浸提介质的比例为 $6cm^2/mL$，浸提温度为37℃ ±1℃，浸提时间为24h ±2h，照急性全身毒性检查法（YBB00042003—2015）测定，应无急性全身毒性反应。

（6）溶血：考察供试品的溶血率。

本法系通过供试品与血液直接接触，测定红细胞释放的血红蛋白量以检测供试品体外溶血程序的一种方法。

取本品适量，照溶血检查法（YBB00032003—2015）测定，溶血率应符合规定。

4. 内包装

用药用低密度聚乙烯袋密封，保持于清洁、通风处。

5. 检验规则

外观、温度适应性、抗跌落、透明度、不溶性微粒、穿刺力、穿刺部位不渗透性、悬挂力、水蒸气透过量照《计数抽样检验程序第 1 部分：按接收质量限（AOL）检索的逐批检验抽样计划》（GB/T 2828. 1—2012）的规定执行，检验项目、接收质量限（AOL）及检验水平见表 5－11。

表 5－11　聚丙烯输液瓶检验项目、检验水平及接收质量限检验项目

检验项目	检验水平	接收质量限（AOL）
外观	一般检验水平 1	4.0
温度适应性	特殊检验水平 S－2	2.5
抗跌落	特殊检验水平 S－4	2.5
透明度	特殊检验水平 S－4	2.5

续表

检验项目	检验水平	接收质量限(AOL)
不溶性微粒	特殊检验水平 S-1	1.5
穿刺力	特殊检验水平 S-2	2.5
穿刺部位不渗透性	特殊检验水平 S-2	2.5
悬挂力	特殊检验水平 S-2	2.5
水蒸气透过量	特殊检验水平 S-1	1.5

第四节　药物稳定性试验

稳定性试验的目的是考察原料药或药物制剂在温度、湿度、光线的影响下随时间变化的规律，为药品的生产、包装、贮存、运输条件提供科学依据，同时通过试验建立药品的有效期。

一、药品的留样考察

药品的留样考察是药品质量控制的重要环节之一，原辅料、半成品及成品均需做留样考察。

(一)留样室管理办法

(1)留样室采用专人管理，非经专管人同意，其余人员不得入内。

(2)留样室建立温度、湿度检查制度，每天登记1次。

(3)进入留样室的样品应建立台账。

(4)除正常留样观察需动用的样品外，其余的留样样品的动用需经质检部负责人或其指定的人员批准，过期留样样品的处置要经质检部同意。

(5)留样室应采取避光措施，防止阳光直晒，应阴凉、干燥、通风，并经常保持室内清洁卫生。

(6)低温留样室出入注意关门，保持室内温度，同时也要注意制冷设备是否正常运行，以免造成不制冷或制冷过度的现象。

(二)留样管理办法

(1)留样包装应与市售品一致，贮存场所的环境温度、湿度与产品标签所述一致。

(2)每盒(瓶)留样均应贴上留样证，注明品名、规格、留样日期和抽样人等。

(3)各种留样均应保存至规定的留样期限。一般药品留样保存期限为有效期后1年，自生产之日起开始计算；中间产品为3个月；原辅料为半年；中药材等特殊药品为半年。

(4)留样由质检部专人保管，并建立留样台账，定期登记清理。

(5)留样应按品种、批号、年份分类存放，留样室的温、湿度应予以记录。

(6)当接到用户投诉产品质量问题，需对检验结果作仲裁分析，或生产出现异常等情况需动用留样进行分析时，应随时能够调用留样。

(7)期满后的留样做废弃处理。

(三)产品留样考察规定

(1)化验完毕，仓库质量监督员收到质量控制(QC)发放的检验报告单，在仓库进行留样，按照规定的留样量留取样品，留样样品应有代表性。

(2)产品留样考察分一般留样与稳定性留样两种。一般留样样品只留样，无特殊情况基本上不考察，只有当质量管理部认为有必要时，以书面下达考察命令。稳定性考察留样按规定进行考察检测。

(3)所有产品均应留样。稳定性考察品种于每季分别抽取正常生产3个连续批号(新药品种抽取5个连续批号)作为稳定性考察样品。

(4)稳定性考察一般以贮藏条件观察为主，新的样品进行留样考察，质量管理部认为有必要时可选择高温、高湿条件进行加速试验。加速试验通常以37～40℃恒温、75%相对湿度考察3个月。于4～8℃保存的产品，可在温度25℃±2℃、相对湿度60%±10%的条件下进行，时间为6个月。药品留样期限为有效期后1年。

(5)稳定性考察测试间隔时间为第一年每隔3个月考察1次，1年后每隔半年考察1次，至考察期满为止；新药留样考察品种在1个月、3个月和6个月各考察1次，以后每隔半年考察1次，至考察期满为止。考察测试项目除按质量标准全部检验外可另增内控项目，加速试验的考察方案另行制定。

(6)产品稳定性考察方案由质量管理部会同生产技术部制定，报副总经理批准后，由质量部负责实施。

(7)留样考察室应及时填写留样考察记录，每季度对每一品种的留样考察情况进行汇总，并做文字小结，经质量部负责人审核后分别报送副总经理、生产部、销售部及有关车间。

(8)留样考察期间，若发现样品在有效期内质量发生变化，应立即填写留样贮存期间质量变化通知单，通知部门负责人并报告总经理、副总经理、生产技术部、销售部和有关车间，同时对变质产品留样进行复查。对查出的变质产品，应按照成品销售记录和产品批号查明销售去向，主动予以回收处理。

(9)留样考察期间，要认真研究产品质量情况及影响产品质量的原因，提出改进产品质量的意见和建议，对暂时不能解决的问题可作为下一步质量攻关课题。同时，要负责研究产品质量标准的指标设置和检测方法技术，为修订产品质量标准和检验方法提供依据。

(10)用于留样考察的留样数量，一般应不少于1次全部检验用量的3倍；质量不稳定的产品、新产品等重点留样考察品种按不少于全部检验数量的5倍。

(11)在每个样品的规定复测日之前3天通知相关化验员，并给予足够的留样样品，做好测试前的准备。

(12)化验员复测完毕，应去管理员处在台账上登记、签名，保存测试原始记录归档。多余样品归还管理员，管理员再放入留样室内。

(13)留样管理员应对留样室的留样程序、清洁及留样样品的使用与收回负责。

(四)原辅料、半成品及成品的留样观察办法

(1)经QC中心化验室检验的原辅料、半成品在检验结束后应将规定数量的样品送留样室留样。

(2)原辅料、半成品与成品质量出现异常，或质检部、生产部认为有必要时抽留样检测。

(3)工艺用水不留样。

(4)留样数量应为检验量的3倍。

二、药物稳定性试验

(一)稳定性试验的基本要求

(1)包括影响因素试验、加速试验与长期试验。影响因素试验适用于原料药的考察，用1批原料药进行。加速试验与长期试验适用于原料药与药物制剂，要求用3批供试品进行。

(2)原料药供试品应是一定规模生产的，供试品量相当于制剂稳定性试验所要求的批量，原料药合成工艺路线、方法、步骤应与大生产一致。药物制剂的供

试品应是放大试验的产品（如片剂或胶囊剂在10000片左右或10000粒左右，特殊剂型、特殊品种所需数量根据具体情况灵活掌握），其处方和生产工艺应与大生产一致。

（3）供试品的质量标准应与各项基础研究及临床验证所使用的供试品质量标准一致。

（4）加速试验与长期试验所用供试品的容器和包装材料及包装方式应与上市产品一致。

（5）研究药物稳定性要采用专属性强、准确、精密、灵敏的药物分析方法与有关物质（含降解产物及其他变化所生成的产物）的检查方法，并对方法进行验证，以保证药物稳定性结果的可靠性。

（二）原料药的稳定性试验

1. 影响因素试验

此项试验是在比加速试验更激烈的条件下进行，其目的是探讨药物的固有稳定性，了解影响其稳定性的因素及可能的降解途径与降解产物，为制剂生产工艺、包装、贮存条件与建立降解产物的分析方法提供科学依据。供试品可以用1批原料药进行，将供试品置适宜的容器中（如称量瓶或培养皿），摊成小于或等于5mm厚的薄层，疏松原料药摊成小于或等于10mm厚的薄层，进行以下试验：

（1）高温试验：供试品开口置适宜的密封洁净容器中，60℃温度下放置10天，于第5天和第10天取样，按稳定性重点考察项目进行检测。若供试品含量低于规定限度则在40℃条件下同法进行试验。若60℃无明显变化，不再进行40℃试验。

（2）高湿度试验：供试品开口置恒湿密闭容器中，在25℃分别于相对湿度90% ±5%条件下放置10天，于第5天和第10天取样，按稳定性重点考察项目要求检测，同时准确称量试验前后供试品的重量，以考察供试品的吸湿潮解性能。若吸湿增重5%以上，则在相对湿度75% ±5%的条件下同法进行试验；若吸湿增重5%以下，且其他考察项目符合要求，则不再进行此项试验。恒湿条件可在密闭容器如干燥器下部放置饱和盐溶液，根据不同相对湿度的要求，选择NaCl饱和溶液（15.5～60℃，相对湿度75% ±1%）、KNO_3饱和溶液（25℃，相对湿度92.5%）。

（3）强光照射试验：供试品开口放在装有日光灯的光照箱或其他适宜的光照装置内，于照度为4500lx ±500lx的条件下放置10天，于第5天和第10天取样，按稳定性重点考重点考察项目进行检测，特别要注意供试品的外观变化。

2. 加速试验

此项试验是在超常的条件下进行的，其目的是通过加速药物的化学或物理变化，探讨药物的稳定性，为制剂设计、包装、运输及贮存提供必要的资料。供试品要求3批，按市售包装，在温度40℃ ±2℃、相对湿度75% ±5%的条件下放置6个月。所用设备应能控制温度 ±2℃、相对湿度 ±5%，并能对真实温度与湿度进行监测。在试验期间第1个月、2个月、3个月和6个月末分别取样1次，按稳定性重点考察项目检测。在上述条件下，如6个月内供试品经检测不符合制订的质量标准，则应在中间条件下，即在温度30℃ ±2℃、相对湿度60% ±5%的情况下(可用 $NaCrO_4$ 饱和溶液，30℃相对湿度64.8%)进行加速试验，时间仍为6个月。

3. 长期试验

长期试验是在接近药物的实际贮存条件下进行，其目的是为控制药物的有效期提供依据。供试品3批，市售包装，在温度25℃ ±2℃、相对湿度60% ±10%的情况下放置12个月，每3个月取样1次，分别于0、3个月、6个月、9个月和12个月取样，按稳定性重点考察项目进行检测。12个月以后仍需继续考察，分别于18个月、24个月和36个月取样进行检检测。将结果与0个月时比较，以确定药物的有效期。由于试验数据的分散性，一般应按95%可信限进行统计分析，得出合理的有效期。如3批统计分析结果差别较小，则取其平均值为有效期；若差别较大，则取其最短的为有效期。如果数据表明测定结果变化很小，说明药物是很稳定的，则不作统计分析。对温度特别敏感的药物，长期试验可在温度6℃ ±2℃的条件下放置12个月，按上述时间要求进行检测。12个月以后仍需按规定继续考察，制订在低温贮存条件下的有效期。

(三)制剂的稳定性试验

药物制剂的稳定性研究首先应检查原料药的稳定性有关资料，特别了解温度、湿度、光线对原料药稳定性的影响，并在处方筛选与工艺设计过程中，根据主药与辅料的性质，参考原料药的试验方法，进行必要的稳定性影响因素试验，同时考察包装条件，在此基础上进行以下试验。

1. 加速试验

试验方法、要求及设备与原料药相同。注意乳剂、混悬剂、软膏剂、乳膏剂、糊剂、凝胶剂、眼膏剂、栓剂、气雾剂、泡腾片及泡腾颗粒宜直接采用温度30℃ ±2℃、相对湿度65% ±5%的条件下进行试验，其他要求与原料药相同。对于包装在半透性容器中的药物制剂，则应在温度40℃ ±2℃、相对湿度20% ±2%的条件下进行试验。

2. 长期试验

试验方法、要求及设备与原料药相同。注意有些药物制剂还应考察临用时配制和使用过程中的稳定性。原料药及主要剂型的重点考察项目见表5-12。

表5-12　原料药及主要剂型的重点考察项目

剂型	稳定性重点考察项目	剂型	稳定性重点考察项目
原料药	性状、熔点、含量、有关物质、吸湿性及根据品种性质选择的考察项目	口服混悬剂	性状、含量、沉降体积比、有关物质、再分散性
片剂	性状、含量、有关物质、崩解时限或溶出度或释放度	散剂	性状、含量、粒度、有关物质、外观均匀度
胶囊剂	性状、含量、有关物质、崩解时限或溶出度或释放度、水分，软胶囊要检查内容物有无沉淀	气雾剂	泄漏率、每瓶主药含量、有关物质、每瓶总揿次、每揿主药含量、雾滴分布
注射剂	性状、含量、pH、可见异物、有关物质，应考察无菌	粉雾剂	排空率、每瓶总吸次、每吸主药含量、有关物质、麦粒分布
栓剂	性状、含量、融变时限、有关物质	喷雾剂	每瓶总吸次、每吸喷量、每吸主药含量、有关物质、雾滴分布
软膏剂	性状、均匀性、含量、粒度、有关物质	颗粒剂	性状、含量、粒度、有关物质、溶化性或溶出度或释放度
乳膏剂	性状、均匀性、含量、粒度、有关物质、分居现象	贴剂(透皮贴剂)	性状、含量、释放度、有关物质、黏附力
糊剂	性状、均匀性、含量、粒度、有关物质	冲洗剂、洗剂、灌肠剂	性状、含量、有关物质、分层现象(乳状型)、分散性(混悬型)，冲剂应考察无菌
凝胶剂	性状、均匀性、含量、粒度、有关物质、粒度，乳胶剂应检查分层现象	擦剂、涂剂、涂膜剂	性状、含量、有关物质、分层现象(乳状型)、分散性(混悬型)，涂膜剂还应考察成膜性
眼用制剂	如为溶液，应考察性状、澄明度、含量、pH、有关物质；如为混悬液，还应考察粒度、再分散性；洗眼剂还应考察无菌度；眼丸剂应考察粒度与无菌度	耳用制剂	性状、含量、有关物质，耳用散剂、喷雾剂与半固体制剂分别按相关剂型要求检查

续表

剂型	稳定性重点考察项目	剂型	稳定性重点考察项目
丸剂	性状、含量、有关物质、溶散时限	鼻用制剂	性状、含量、pH、有关物质，鼻用散剂、喷雾剂与半固体制剂分别按相关剂型要求检查
糖浆剂	性状、含量、澄清度、有关物质、相对密度、pH	口服乳剂	性状、含量、分层现象、有关物质
口服液溶剂	性状、含量、澄清度、有关物质		

习 题 五

一、单项选择题

1. 含量均匀度检查判别式($A+2.2S\leq15.0$)中 A 表示(　　)。

A. 初试中以 100 表示的标示量与测定均值之差

B. 初试中以 100 表示的标示量与测定均值之差的绝对差

C. 复试中以 100 表示的标示量与测定均值之差

D. 复试中以 100 表示的标示量与测定均值之差的绝对值

2. 注射用水与纯化水质量检查相比较，增加的检查项目是(　　)。

A. 亚硝酸盐　B. 氨　C. 微生物限度　D. 细菌内毒素

3. 片重在 0.3g 或 0.3g 以上的片剂的重量差异限度为(　　)。

A. ±7.5%　B. ±5.0%　C. ±6.0%　D. ±7.0%

4. 片剂的含量均匀度检查，初试结果符合规定的是(　　)。

A. $A+2.2S\leq15.0$　B. $A+2.2S>15.0$

C. $A+1.45S>15.0$　D. $A+1.45S\leq15.0$

5. 单剂量固体制剂含量均匀度的检查是为了(　　)。

A. 控制小剂量固体制剂、单剂中含药量的均匀度

B. 避免辅料造成的影响

C. 严格含量测定的可信度

D. 避免制剂工艺的影响

6. 药物制剂的崩解时限测定可被下列哪项试验代替(　　)。

A. 重量差异检查　B. 含量均匀度检查

C. 溶出度测定　D. 含量测定

7. 下列剂型中，必须进行无菌检查的是(　　)。

A. 片剂　B. 胶囊剂　C. 注射剂　D. 栓剂

8. 崩解时限检查法中，除另有规定外，供试品 6 片均应在(　　)分钟内全部崩解。如有(　　)片不符合规定，可另取 6 片复试。

A. 10　　B. 15　　C. 20　　D. 25　　E. 1

F. 2　　G. 3

9. 硫酸亚铁片含量测定中，为排除辅料糖类的干扰，所用检查法为(　　)。

A. 铈量法　　B. 溴量法　　C. 碘量法　　D. 高锰酸钾法

10. 下列剂型中，必须检查不溶性微粒的是(　　)。

A. 片剂　　B. 胶囊剂　　C. 注射剂　　D. 栓剂

11. 在维生素 C 注射剂的含量测定中，为消除抗氧剂的干扰，常加入的掩蔽剂是(　　)。

A. 甲醛　　B. 丙酮　　C. 甲醇　　D. 吡啶

12. 下列物质中不属于抗氧剂的是(　　)。

A. 硫酸钠　　B. 亚硫酸氢钠　　C. 硫代硫酸钠　　D. 焦亚硫酸钠

13. 糖类辅料对下列哪种定量方法可产生干扰(　　)。

A. 酸碱滴定法　　B. 非水溶液滴定液

C. 氧化还原滴定法　　D. 配位滴定法

14. 下列物质中对配位滴定法产生干扰的是(　　)。

A. 硫代硫酸钠　B. 硬脂酸镁　　C. 滑石粉　　D. 乳糖

15. 维生素 C 注射液碘量法定量时，常先加入丙酮，这是因为(　　)。

A. 丙酮可以加快反应速度

B. 丙酮与抗氧剂结合，消除抗氧剂的干扰

C. 丙酮可以使淀粉变色敏锐

D. 丙酮可以增大去氢维生素 C 的溶解度

16. 片剂溶出度的检查操作中，溶出液的温度应恒定在(　　)。

A. 30℃ ±0. 5℃　　B. 36°C ±0. 5°C

C. 37℃ ±0. 5°C　　D. 39°C ±0. 5°C

17.《中国药典》(2015 版)规定，凡检查含量均匀度的制剂可不进行(　　)。

A. 崩解时限检查　　B. 溶出度检出

C. 重量差异检查　　D. 脆碎度检查

18. 对硬脂酸镁的干扰排除方法包括，可利用其不溶于(　　)的特点。

A. 水　　B. 有机溶剂

19. 对滑石粉的干扰排除方法为，可利用其不溶于水和有机溶剂的特点，用(　　)方法排除。

A. 过滤　　B. 挥发

20. 下列物质中对配位滴定法产生干扰的是(　　)。

A. 硫代硫酸钠　B. 硬脂酸镁　　C. 滑石粉　　D. 乳糖

21. 片重在0.3g或0.3g以上的片剂的重量差异限度为(　　)。

A. ±7.5%　　B. ±5.0%　　C. ±6.0%　　D. ±7.0

二、多项选择题

1. 片剂的常规检查项目有(　　)。

A. 热原　　B. 崩解时限　　C. 溶出度　　D. 微生物限度　　E. 重量差异

2. 溶出度测定法包括(　　)。

A. 重量法　　B. 桨法　　C. 转篮法　　D. 小杯法　　E. 滴定法

3. 片剂中常用的赋形剂有(　　)。

A. 淀粉、糊精　　B. 乳糖　　C. 滑石粉　　D. 硬脂酸镁　　E. 缓冲溶液

4. 注射剂常规检查项目包括(　　)。

A. 装量或装量差异　　B. 可见异物

C. 无菌　　D. 不溶性微粒

E. 细菌内毒素或热原

5. 下列关于片剂崩解时限检查的叙述正确的是(　　)。

A. 普通片应在15分钟内全部崩解

B. 糖衣片应在60分钟内全部崩解

C. 薄膜衣片应在30分钟内全部崩解

D. 凡规定检查溶出度的不再检查崩解时限

E. 凡规定检查重量差异的不再检查崩解时限

6. 肠溶胶囊剂常规检查项目包括(　　)。

A. 装量差异　　B. 崩解时限　　C. 释放度　　D. 微生物限度

E. 干燥失重

7. 《中国药典》(2015版)收载的溶出度测定法有(　　)。

A. 篮法　　B. 搅拌法　　C. 桨法　　D. 升降式法　　E. 小杯法

8. 影响释放度测定的因素包括(　　)。

A. 温度　　B. 搅拌速度　　C. 溶出介质　　D. 取样时间　　E. 取样位置

9. 对于小剂量、难溶性的片剂需要检查的项目有(　　)。

A. 重量差异　　B. 崩解时限　　C. 溶出度　　D. 含量均匀度　　E. 释放度

10. 可溶性颗粒剂常规检查项目包括(　　)。

A. 粒度　　B. 干燥失重　　C. 溶化性　　D. 微生物限度

E. 装量差异或装量

11. 《中国药典》(2015版)规定，某片剂的重量差异限度为±5%，其规格可能是(　　)。

A. 0.1g　　B. 0.2g　　C. 0.3g　　D. 0.4g　　E. 0.5g

12. 用紫外-可见分光光度法的吸收系数法测定片剂含量，操作步骤有(　　)。

A. 称量并计算平均片重　　B. 精密称量供试品

C. 溶解定容—过滤—定量稀释　　D. 测定吸光度 A

E. 根据滴定度计算含量

三、配伍题

[1～5 题]

A. 崩解时限　　B. 装量差异　　C. 装量　　D. 溶出度

E. 含量均匀度

1. 注射用无菌粉末的常规检查(　　)
2. 大多数片剂的常规检查(　　)
3. 注射液的常规检查(　　)
4. 规格小于 25mg 的片剂需检查(　　)
5. 难溶性药物的片剂需检查(　　)

[6～10 题]

A. 丙酮　　B. 滑石粉　　C. 维生素 C　　D. 硬脂酸镁　　E. 乳糖

6. 为消除注射液中抗氧剂亚硫酸氢钠的干扰，可加入的掩蔽剂是(　　)
7. 属于注射液中常用抗氧剂的是(　　)
8. 一般可用简单滤过法除去的片剂分析中的干扰组分是(　　)
9. 片剂含量测定时，对配位滴定法有干扰的是(　　)
10. 氧化还原滴定法测定片剂含量时可能有干扰的赋形剂是(　　)

四、名字解释

1. 崩解时限法
2. 溶出度测定法
3. 释放度测定法
4. 含量均匀度检查法

实训情景四　药物制剂检测技术

任务一　片剂重量差异检查及崩解时限检查

【实训目的】

(1)掌握片剂重量差异检查与崩解时限检查的方法和判断标准。

(2)熟悉升降式崩解仪的使用方法。

(3)了解升降式崩解仪的构造。

【实训内容】

(一)用品

(1)仪器：称量瓶、分析天平、崩解仪、手术镊。

(2)试剂：维生素 B_1 片、纯化水。

(二)方法和步骤

(1)维生素 B_1 片重量差异检查：取空称量瓶，精密称定重量；再取供试品20片，置此称量瓶中，精密称定。两次称量值之差即为20片供试品的总重量。从已称定总重量的20片供试品中，依次用镊子取出1片，所减少的重量即为每片的重量。

(2)维生素 B_1 片崩解时限检查：采用升降式崩解仪检查，将吊篮通过上端的不锈钢轴悬挂于金属支架上，浸入1000mL烧杯中，并调节吊篮位置使其下降时筛网距烧杯杯底部25mm，烧杯内盛有温度为37℃ ±1℃的水，调节水位高度使吊篮上升时筛网在水面下15mm处。除另有规定外，取供试品6片，分别置上述吊篮的玻璃管中，每管各加1片，立即启动崩解仪进行检查，升降的金属支架上下移动距离为55m ±2mm，往返频率为30～32次/min。各片均应在15min内全部崩解。如有1片不能完全崩解，应另取6片复试，均应符合规定。

【实训注意】

(1)平均片重0.30g以下的片剂，用精度0.1mg的分析天平；平均片重

0.30g 及以上的片剂可用精度 1mg 的分析天平。

(2)在重量差异检查称量前后，均应仔细查对药片数。称量过程中，勿用手直接接触供试品，应用平头镊子拿取片剂。已取出的药品，不得再放回供试品原包装容器内。

(3)遇有检出超出重量差异限度的药片，宜另器保存，供必要时复核用。

(4)平均片重保留 3 位有效数字，修约至两位有效数字，选择相应的重量差异限度。

(5)在崩解时限检查过程中，烧杯内的水温应保持在 37℃ ±1℃。

(6)每次崩解时限检查后，应清洗吊篮的玻璃内壁及筛网、挡板等，并重新更换水或规定的介质。

【实训检测】

(1)进行片剂重量差异检查和崩解时限检查有何意义?

(2)崩解时限测定时应注意哪些问题?

任务二　装量差异检查

【实训目的】

(1)掌握注射用无菌粉末及胶囊剂装量差异检查的步骤、结果计算和判断标准。

(2)熟练使用分析天平。

【实训内容】

(一)用品

(1)仪器：分析天平、干燥器、称量瓶、小毛刷、剪刀或刀片、手术镊。

(2)试剂：注射用青霉素钠、诺氟沙星胶囊、维生素 E 胶丸、乙醚、纯化水、乙醇。

(二)方法和步骤

(1)注射用无菌粉末装量差异检查

取注射用青霉素钠 5 瓶，除去标签(若为纸标签，用水润湿后除去纸屑；若为直接在玻璃上印字标签，用适当有机溶剂擦除字迹)，容器外壁用乙醇擦净，置干燥器内放置 1 ~2h。干燥后，除去铝盖，分别编号，依次放于固定位置。

轻叩橡皮塞或安瓿颈，使其上附着的粉末全部落下，开启容器(注意避免玻璃屑等异物落入容器中)，分别迅速精密称定每瓶的质量，倾出内容物，容器用水、乙醇洗净，依次放回原固定位置，在适宜条件干燥后，再分别精密称定每一容器的重量，即可求出每一瓶的装量和平均装量。

(2)胶囊剂装量差异检查

①硬胶囊：取诺氟沙星胶囊 20 粒，分别精密称定每粒质量后，取开囊帽，倾出内容物(不得损失囊壳)，用小毛刷或其他适宜用具将囊壳(包括囊体和囊帽)内外拭净，并依次精密称定每一囊壳的质量，即可求出每粒内容物的装量和平均装量。

②软胶囊：取维生素 E 胶丸 20 粒，分别精密称定每粒质量后，依次放置于固定位置；分别用剪刀或刀片划破囊壳，倾出内容物(不得损失囊壳)，用乙醚等易挥发性溶剂洗净，置通风处使溶剂自然挥尽，再依次精密称定每一囊壳的质量，即可求出每粒内容物的装量和平均装量。

【实训注意】

(1)平均装量 0. 15g 及其以下的粉针剂用精度 0. 1mg 的分析天平；平均装量 0. 15g 以上的粉针剂用精度 1mg 的分析天平；平均装量 0. 3g 以下的胶囊剂用精度 0. 1mg 的分析天平；平均装量 0. 3g 及以上的胶囊剂用精度 1mg 的分析天平。

(2)开启安瓿装粉针时，应避免玻璃屑落入或溅失；开启橡皮塞铝盖玻璃瓶装粉针时，应先稍稍打开橡皮内塞使瓶内外的气压平衡，再盖紧后称重。

(3)用水、乙醇洗涤倾去内容物后的容器时，慎勿将瓶外编号的字迹擦掉，以免影响称量结果；并将空容器与原橡皮塞或安瓿颈部配对放于原固定位置。

(4)空容器的干燥一般可用 60 ~ 70℃ 加热 1 ~ 2h，也可在干燥器内干燥较长时间。

(5)称量空容器时，应注意瓶身与瓶塞(或折断的瓶颈部分)的配对。

(6)每粒胶囊的两次称量中，应注意编号顺序以及囊体和囊帽的号码是否相符，不得混淆。

(7)洗涤软胶囊壳应用与水不混溶又易挥发的有机溶剂，其中以乙醚最好。挥散溶剂时，应在通风处使自然挥散，不得加热或长时间置于干燥处，以免囊壳失水。

(8)在称量前后，均应仔细查对胶囊数。称量过程中应避免用手直接接触供试品。已取出的胶囊不得再放回供试品原包装容器内。

【实训检测】

在注射用无菌粉末及胶囊剂装量差异检查时应注意哪些问题?

任务三　溶出度检查

【实训目的】

(1)掌握用转篮法测定片剂溶出度的操作步骤、结果计算和判断标准。

(2)熟悉溶出度测定仪的使用方法。

(3)巩固紫外 - 可见分光光度计的正确使用。

【实训内容】

(一)用品

(1)仪器：溶出度测定仪、紫外 - 可见分光光度计、超声波清洗机、烧杯、量筒(1000mL)。

(2)试剂：阿莫西林胶囊、纯化水。

(二)方法和步骤

1. 仪器的调试

(1)溶出度测定仪每次使用前应检查仪器是否水平，转动轴是否垂直；检查转篮旋转时与溶出杯的垂直轴在任一点的偏离均不得大于2mm，检查转篮旋转时摆动幅度不得偏离轴心的 ±1. 0mm；检查篮轴运转时整套装置应保持平稳，均不能产生明显的晃动或振动(包括仪器装置所放置的环境)；检测仪器的实际转速与其仪器电子显示的数据是否一致，稳速误差不得超过 ±4%。

(2)调节水浴的温度应能使溶出杯中溶出介质的温度保持在 37. 0℃ ±0. 5℃。

(3)调节使转篮底部距溶出杯的内底部 25mm ±2mm。

2. 阿莫西林胶囊溶出度的测定

取本品，照溶出度测定法[中国药典(2015 版)四部通则 0931 第一法]，分别量取水 900mL 为溶出介质，注入到每个溶出杯内，加温使溶剂温度保持在 37. 0℃ ±0. 5℃。取供试品 6 粒，分别投入 6 个转篮内，将转篮降入容器内，转篮速度为 100r/min，开始计时。经 45min 时，取溶液适量，过滤，精密量取续滤液适量，用水定量稀释制成每 1mL 中约含阿莫西林 130μg 的溶液，照紫外 - 可见分光光度法[中国药典(2015 版)四部通则 0401]，在 272nm 的波长处测定吸收度；另取装量差异项下的内容物，混合均匀，精密称取适量(约相当于平均装量)，按标示量加水溶解并定量稀释制成每 1mL 中约含 130μg 的溶液，过滤，取续滤液，同法测定，计算每粒的溶出量，限度为标示量的80%。

【实训注意】

(1)溶出介质必须经脱气处理。气体的存在对测定可产生干扰。

(2)应保持水浴箱中水位略高于溶出杯内液面高度，否则将影响试验结果。

(3)在达到该品种规定的溶出时间时，应在仪器开动的情况下取样。自6杯中完成取样，时间应在1min以内。取样位置应在转篮的顶端至液面的中点，并距溶出杯内壁不小于10mm处。

(4)测定时，除另有规定外，每个溶出杯中只允许投入供试品1粒，不得多投。

(5)试验结束后，应用水冲洗篮轴、篮体，转篮必要时可用水或其他溶剂超声处理、洗净。

(6)计算公式

$$\frac{c_X}{c_R}=\frac{A_X}{A_R}$$

式中 c_X——阿莫西林胶囊供试品的浓度，μg/mL；

c_R——阿莫西林对照品的浓度，μg/mL；

A_X——为阿莫西林胶囊供试品的吸光度；

A_R——阿莫西林对照品的吸光度。

【实训检测】

(1)溶出度的测定主要针对哪些药物和制剂？

(2)测定溶出度时必须严格控制哪些试验条件？

(3)测定用的溶剂为什么需要脱气？在测定中转篮底部、顶部为什么不得附有气泡？

任务四　马来酸氯苯那敏片含量均匀度检查

【实训目的】

(1)掌握片剂含量均匀度的测定方法、结果计算和判断标准。

(2)熟悉高效液相色谱仪的使用方法。

【实训内容】

(一)用品

(1)仪器：量瓶(50mL)、漏斗、滤纸、烧杯(50mL)、高效液相色谱仪。

(2)试剂：马来酸氯苯那敏片、乙腈、磷酸盐缓冲液。

(二)方法和步骤

色谱条件与系统适用性试验：

用十八烷基硅烷键合硅胶为填充剂；以磷酸盐缓冲液(取磷酸二氢铵 11.5g，加水适量使溶解，加磷酸 1mL，用水稀释至 1000) – 乙腈(80∶20)为流动相；柱温为 30℃，检测波长为 262nm。出峰顺序依次为马来酸与氯苯那敏，理论板数按氯苯那敏峰计算，应不低 4000，氯苯那敏峰与相邻杂质峰的分离度应符合要求。精密称取马来酸氯苯那敏对照品约 16mg(对照品由中国药品生物制品检定所提供)置于 200mL 量瓶中，加流动相溶解并稀释至刻度，摇匀，精密量取 10μL 注入液相色谱仪，记录色谱图。

任取本品 1 片，置 50mL(4mg 规格)量瓶中，加流动相约 20mL，振摇崩散并使马来酸氯苯那敏溶解，用流动相稀释至刻度，摇匀，过滤，取续滤液 10μL，照上述色谱条件测定含量，应符合规定。照上述方法分别测定另外 9 片的含量。(通则 0941)

【实训注意】

(1)供试品的主药必须溶解完全，必要时可用超声处理，促使溶解。

(2)测定时溶液必须澄清，如过滤不清，可离心后取澄清液测定。

(3)用高效液相色谱法测定含量均匀度时，所用溶剂需一次配够，当用量较大时，即使是同批号的溶剂，也应混合均匀后使用。

【实训检测】

(1)一般哪些药物需要测定含量均匀度？

(2)测定药物含量均匀度有什么意义？

任务五　葡萄糖注射液中可见异物的检查

【实训目的】

(1)掌握可见异物检查中灯检法的操作步骤及判断标准。

(2)了解灯检法所用仪器装置。

【实训内容】

(一)用品

(1)仪器：澄明度检测仪。

(2)试剂：葡萄糖注射液。

(二)方法和步骤

取葡萄糖注射液20瓶，除去容器标签，擦净容器外壁。手持容器颈部轻轻旋转和翻转容器，使药液中存在的可见异物悬浮(注意不使药液产生气泡)，然后置容器于遮光板边缘处，在明视距离(指供试品至人眼的距离，通常为25cm)分别在黑色和白色背景下目视检查，重复3次，总时限为20s。20瓶供试品中，均不得检出明显可见异物。如未检出微细可见异物，判为符合规定；如检出微细可见异物的供试品仅有1瓶，另取20瓶同法复试。均未检出可见异物，判为符合规定；如仍有1瓶或以上供试品检出可见异物，判为不符合规定。

【实训注意】

(1)本试验采用可见异物检查法中灯检法。灯检法应在暗室中进行，检查时的光照度应为1000～1500lx；若用透明塑料容器包装，光照度应为2000～3000lx。

(2)环境：试验室检测时应避免引入可见异物，供试品溶液的容器不适于检测(如不透明、不规则形状容器等)，需转移至适宜容器中时，均应在100级的洁净环境(如层流净化台)中操作。

(3)检查人员条件：远距离和近距离视力测验均应为4.9或4.9以上(矫正后视力应为5.0或5.0以上)，应无色盲。

(4)检视距离：检查人员调节位置，使供试品位于眼部的明视距离处(指供试品至人眼的清晰观测距离，通常为25cm)。

【实训检测】

(1)在可见异物检查时，为什么旋转和翻转容器时不得使药物产生气泡?

(2)无色注射液、有色溶液注射液、混悬型注射液照灯检法检查可见异物所需的光照度各为多少?

任务六　阿莫西林分散片中水分的测定

【实训目的】

(1)掌握费休法测定药物中水分的步骤、方法和计算。

(2)熟悉水分测定仪的使用方法和步骤。

(3)了解费休试液保管的方法。

【实训内容】

(一)用品

(1)仪器：分析天平、水分测定仪、称量瓶。

(2)试剂：纯化水、费休试液、阿莫西林分散片、甲醇。

(二)方法和步骤

1. 费休试液的标定

精密称取纯化水 10～30mg，用水分测定仪直接标定费休试液。标定应取3份以上，3次连续标定的结果应在±1%以内，以平均值作为费休试液的滴定度。

2. 阿莫西林分散片中水分的测定

精密称取阿莫西林分散片细粉适量(消耗费休试液 1～5mL)，以无水甲醇为溶剂，用水分测定仪照水分测定法[中国药典(2015版)四部通则0832]测定，含水分不得超过12.0%。

【实训注意】

(1)本试验采用水分测定法中的费休法。

(2)费休试剂是毒性试剂，若接触到皮肤或眼睛应立即用大量水冲洗并视受损情况决定是否接受医生治疗。

(3)标定及测定中所用仪器均应洁净干燥(玻璃仪器须在120℃至少干烤2h，于干燥器内备用)。

(4)试液的标定、贮存及水分测定操作均应在避光、干燥环境处进行。

(5)测定完毕后，将费休试液移入贮存瓶中密闭保存，需用甲醇清洗滴定管、滴定池和电极，且用甲醇浸没滴定电极的滴头，以防滴头被析出结晶所堵塞。

【实训检测】

(1)阿莫西林分散片为什么需进行水分的检查?

(2)用费休试剂可以测定哪些类型药物中所含的水分?

任务七　释放度检查(盐酸吗啡缓释片)

【实训目的】

(1)掌握用转篮法测定片剂释放度的操作步骤、结果计算和判断标准。

(2)熟悉溶出度测定仪的使用方法。

(3)巩固高效液相色谱法的正确使用。

【实训内容】

(一)用品

(1)仪器：溶出度测定仪、高效液相色谱仪、超声波清洗机、烧杯、量筒(1000mL)。

(2)试剂：盐酸吗啡缓释片、纯化水。

(二)方法和步骤

1. 仪器的调试

(1)溶出度测定仪每次使用前应检查仪器是否水平，转动轴是否垂直；检查转篮旋转时与溶出杯的垂直轴在任一点的偏离均不得大于2mm，检查转篮旋转时摆动幅度不得偏离轴心的±1.0mm；检查篮轴运转时整套装置应保持平稳，均不能产生明显的晃动或振动(包括仪器装置所放置的环境)；检测仪器的实际转速与其仪器电子显示的数据是否一致，稳速误差不得超过±4%。

(2)调节水浴的温度，应能使溶出杯中溶出介质的温度保持在37.0℃±0.5℃。

(3)调节使转篮底部距溶出杯的内底部25mm±2mm。

2. 盐酸吗啡缓释片释放度的测定

取本品，照释放度测定法[中国药典(2015版)四部通则0931第一法]，采用溶出度测定法第一法装置，以水500mL为溶剂，转速为50r/min，依法操作，经1h、2h、3h、4h、5h、6h，分别取溶液2mL，用0.45μm滤膜过滤，并即时在溶出杯中补充相同的水2mL，取续滤液作为供试品溶液。照盐酸吗啡缓释片含量测定项下色谱条件依法操作，记录色谱图。高效液相色谱法(通则0512)。

【实训注意】

(1)溶出介质必须经脱气处理。气体的存在对测定可产生干扰。

（2）应保持水浴箱中水位略高于溶出杯内液面高度，否则将影响试验结果。

（3）在达到该品种规定的溶出时间时，应在仪器开动的情况下取样。自6杯中完成取样，时间应在1min以内。取样位置应在转篮的顶端至液面的中点，并距溶出杯内壁不小于10mm处。

（4）测定时，除另有规定外，每个溶出杯中只允许投入供试品1片，不得多投。

（5）试验结束后，应用水冲洗篮轴、篮体，转篮必要时可用水或其他溶剂超声处理、洗净。

（6）计算公式

$$\frac{c_X}{c_R}=\frac{A_X}{A_R}$$

式中　c_X——盐酸吗啡缓释片供试品的浓度，μg/mL；

c_R——盐酸吗啡对照品的浓度，μg/mL；

A_X——盐酸吗啡缓释片供试品的吸光度；

A_R——盐酸吗啡对照品的吸光度。

【实训检测】

（1）溶出度的测定主要针对哪些药物和制剂？

（2）测定溶出度时必须严格控制哪些试验条件？

（3）测定用的溶剂为什么需要脱气？在测定中转篮底部、顶部为什么不得附有气泡？

第六章　药品生物检定技术简介

药品生物检定技术是指利用生物体(微生物、细胞、离休组织或动物)对药物的特定药理、毒理作用，来测定生物药品的效价，检查药品中的有害物质以及对制剂进行微生物限度或无菌检查的技术方法。

本章重点介绍药物的无菌检查法、微生物计数法、抗生素效价的微生物检定法、生化药物效价的生物测定法及药品的安全性检查法等生物检定技术。

第一节　无菌检查法

活菌进入人体内会导致剧烈的反应，引起并发症，甚至危及生命。在药品制备或加工过程中，受药物性质的限制，有时不能进行可靠的高压、热压灭菌处理，而采取间歇灭菌、除菌过滤以及无菌操作法等技术，因此法定无菌制剂必须进行严格的无菌检查后才能用于临床。

无菌检查法系用于检查药典要求无菌的药品、医疗器具、原料、辅料及其他品种是否无菌的一种方法。若供试品符合无菌检查法的规定，仅表明供试品在该检验条件下未发现微生物污染。

常用的无菌检查法是将药品或材料在严格的无菌操作条件下，接种于适合各种微生物生长的不同培养基中，置于不同的适宜温度下培养一定的时间，逐日观察微生物的生长情况，并结合阳性和阴性对照试验的结果，判断供试品是否无菌。包括薄膜过滤法和直接接种两种方法。

一、常规技术要求

(1)应在环境洁净度 10000 级以下的局部洁净度 100 级的单向流空气区域内或隔离系统中进行检查。

(2)全过程应严格遵守无菌操作，防止微生物污染。

(3)单向流空气区、工作台面及环境应定期按《医药工业洁净室(区)悬浮粒子、浮游菌和沉降菌的测试方法》的现行国家标准进行洁净度验证。

二、培养基

无菌检查需按照药典规定选择适合需氧菌、厌氧菌或真菌生长的培养基，按规定处方(亦可使用商品脱水培养基)制备及灭菌，制备好的培养基应保存在2～25℃、避光的环境。试验前需做适用性检查。

(一)培养基的种类

《中国药典》(2015版)无菌检查法规定的培养基有7种，包括硫乙醇酸盐流体培养基(需氧菌、厌氧菌培养基)、胰酪大豆胨液体培养基(真菌培养基、需氧菌培养基)、胰酪大豆胨琼脂培养基、0.5%葡萄糖肉汤培养基(用于硫酸链霉素等抗生素的无菌检查)、沙氏葡萄糖液体培养基、沙氏葡萄糖琼脂培养基、中和或灭活用培养基。

(二)培养基的适用性检查

硫乙醇酸盐流体培养基及胰酪大豆胨液体培养基等在供试品的无菌检查进行前或检查的同时应做适用性检查，包括无菌性检查及灵敏度检查，检查合格后方可进行无菌检查方法验证试验和供试品的无菌检查。

(1)无菌性检查：每批培养基随机取不少于5支(瓶)，培养14天，应无菌生长。

(2)灵敏度检查：用以证明在做药物的无菌检查时，所加的菌种能够在培养基中生长良好。

适用性检查的菌种有金黄色葡萄球菌、铜绿假单胞菌、枯草芽孢杆菌、生孢梭菌、白色念珠菌和黑曲霉菌。

方法：取每管装量为12mL的硫乙醇酸盐流体培养基7支，分别接种小于100cfu的金黄色葡萄球菌、铜绿假单胞菌、生孢梭菌各2支，另1支不接种作为空白对照，培养3天；取每管装量为9mL的胰酪大豆胨液体培养基7支，分别接种小于100cfu的枯草芽孢杆菌、白色念珠菌、黑曲霉菌各2支，另1支不接种作为空白对照，培养5天。逐日观察结果。

结果判断：空白对照管无菌生长，加菌培养基管均生长良好，判定该培养基的灵敏度检查符合规定。

三、方法验证试验

在建立产品的无菌检查法时，应进行方法的验证，以证明所采用的方法适合于该产品的无菌检查，即需要先排除供试品是否具有抑细菌和抑真菌作用，避免假阴性结果。验证时，按供试品的“无菌检查”的规定及要求进行操作，操作方法包括薄膜过滤法和直接接种法。方法验证试验也可与供试品的无菌检查同时进行。

薄膜过滤法：取每种培养基规定接种的供试品总量按薄膜过滤法过滤，冲洗，在最后一次的冲洗液中加入小于100cfu 的试验菌，过滤，取滤膜接种至硫乙醇酸盐流体培养基或胰酪大豆胨液体培养基中，或将培养基加至滤筒内。另取一装有同体积培养基的容器，加入等量试验菌作为对照。置规定温度培养，培养时间不得超过 5 天。各试验菌同法操作。

直接接种法：取符合直接接种法培养基用量要求的硫乙醇酸盐流体培养基 6 管，分别接入小于 100cfu 的金黄色葡萄球菌、大肠埃希菌、生孢梭菌各 2 管；取符合直接接种法培养基用量要求的胰酪大豆胨液体培养基 6 管，分别接入小于 100cfu 的枯草芽孢杆菌、白色念珠菌、黑曲霉菌各 2 管；其中 1 管接入每支培养基规定的供试品接种量，另 1 管作为对照，置规定的温度培养，培养时间不得超过 5 天。

结果判断：与对照管比较，如含供试品各容器中的试验菌均生长良好，则说明供试品的该检验量在该检验条件下无抑菌作用或其抑菌作用可以忽略不计，可照此检查方法和检查条件进行供试品的无菌检查。如含供试品的任一容器中的试验菌生长微弱、缓慢或不生长，则说明供试品的该检验量在该检验条件下有抑菌作用，应采用增加冲洗量、增加培养基的用量、使用中和剂或灭活剂、更换滤膜品种等方法消除供试品的抑菌作用，并重新进行方法验证。

四、无菌检查法

(一) 检验数量及检验量

检验数量是指 1 次试验所用供试品最小包装容器的数量。检验量是指 1 次试验所用供试品总量(g 或 mL)。《中国药典》(2015 版) 四部列出批出厂产品最小检验数量表、液体制剂最小检验量及上市抽验样品的最少检验数量表和固体制剂最少检验量及上市抽验样品的最少检验数量表，可按表中的规定取量检验。

（二）对照试验

供试品在做无菌检查的同时还需做对照试验，包括阳性对照和阴性对照。

1. 阳性对照

应根据供试品特性选择阳性对照菌。无抑菌作用和抗革兰阳性菌为主的供试品，以金黄色葡萄球菌为对照菌；抗革兰阴性菌为主的供试品，以大肠埃希菌为对照菌；抗厌氧菌的供试品，以生孢梭菌为对照菌；抗真菌的供试品，以白色念珠菌为对照菌。阳性对照管培养72h内应生长良好。阳性对照试验用以证明微生物确实可在应用的试验条件下生长。

2. 阴性对照

取试验所用的相应溶剂和稀释液、冲洗液同法操作，作为阴性对照。阴性对照不得有菌生长。阴性对照用以检查试验过程中使用的溶剂、稀释液、冲洗液等对微生物生长及存活无影响。

如试验中需使用表面活性剂、灭活剂、中和剂等试剂，还应证明其有效性，且对微生物无毒性。

（三）检查方法

无菌检查法包括薄膜过滤法和直接接种法。只要供试品性状允许，应采用薄膜过滤法。检验方法和检验条件应与验证的方法相同。

1. 薄膜过滤法

该法适用性广，准确性强，适合于任何类型的药品，尤其适用于具有抑菌作用的供试品。该法通过滤膜过滤，将供试品中可能存在的微生物富集于滤膜上，再冲洗掉滤膜上的抑菌成分后，在薄膜过滤器滤筒内加入培养基，在所需温度下培养，观察是否有菌生长。

优先采用封闭式薄膜过滤器，也可使用一般的薄膜过滤器。滤膜孔径应不大于0.45μm，直径约50mm。不同类型的供试品，过滤操作的方法有所不同。《中国药典》（2015版）四部（通则1101）“无菌检查法”分别介绍了水溶液供试品、水溶性固体供试品、可溶于十四烷基异丙醇的膏剂和黏性油剂供试品、无菌气（喷）雾剂供试品、装有药物的注射器供试品、具有导管的医疗器具（输血、输液袋等）供试品的薄膜过滤操作方法。

2. 直接接种法

该法操作简便，适宜无抑菌作用的供试品无菌检查。该法系将规定量的供试品分别接种至各含硫乙醇酸盐流体培养基和胰酪大豆胨液体培养基的容器中，按照规定培养 14 天，观察是否有菌生长。

不同类型的供试品，样品的处理和接种方式也有所区别。《中国药典》(2015 版)分别介绍了混悬液等非澄清水溶液供试品、固体供试品、非水溶性供试品、敷料供试品，肠线、缝合线等供试品，灭菌医用器具供试品，放射性药品等的取样量、处理及接种方法。

3. 培养及观察

将含培养基的容器在规定的温度培养 14 天，逐日观察并记录是否有菌生长。如在加入供试品后或在培养过程中培养基出现浑浊，培养 14 天后，不能从外观上判断有无微生物生长，可取该培养液适量转种至同种新鲜培养基中，培养 3 天，观察接种的同种新鲜培养基是否再出现浑浊；或取培养液涂片，染色，镜检，判断是否有菌。

五、无菌检查结果判断

(1) 阳性对照管应生长良好，阴性对照管不得有菌生长。否则，试验无效。

(2) 若供试品管显澄清，或虽显浑浊但经确证无菌生长，判定供试品符合规定。

(3) 若供试品管中任何一管显浑浊并确证有菌生长，判定供试品不符合规定，除非能充分证明试验结果无效，即生长的微生物非供试品所含。

(4) 试验若经确认无效，需依法重试。

第二节　微生物计数法

药品中的微生物数量对判断药品被污染的程度有积极意义。细菌数越多，表明药品受到致病菌污染的可能性越大，安全性越差。多数中西药剂型属非密封品，不能做到绝对无菌，因此微生物限度检查成为非灭菌制剂保证药品质量的重要检查内容，也是综合评价药品生产各环节卫生状况的一个依据。

微生物限度检查法系检查非规定灭菌制剂及其原料、辅料受到微生物污染程度的方法，检查项目包括需氧菌数、霉菌数和酵母菌数及控制菌检查。

《中国药典》(2015 版) 四部制剂通则中规定需做微生物限度检查的制剂类型有片剂、栓剂、软膏剂、糖浆剂、气雾剂、口服溶液剂、洗剂、涂膜剂、凝胶剂、贴剂、丸剂、散剂、颗粒剂、煎膏剂、贴膏剂、滴丸剂、胶囊剂、搽剂等。

一、常规技术要求及检验量

(一)技术要求

(1)检查应在环境洁净度10000级下的局部洁净度100级的单向流空气区域内进行。检验全过程必须严格遵守无菌操作，防止再污染。

(2)单向流空气区域、工作台面及环境应定期按《医药工业洁净室(区)悬浮粒子、浮游菌和沉降菌的测试方法》的现行国家标准进行洁净度验证。

(3)供试品检查时，如果使用了表面活性剂、中和剂或灭活剂，应证明其有效性及对微生物无毒性。

(4)需氧菌培养温度为30～35℃；霉菌、酵母菌培养温度为20～25℃。

(5)检验结果以1g、1mL、10g、10mL或10cm^2为单位报告，特殊品种可以最小包装单位报告。

(二)检验量

检验量即1次试验所用的供试品量(g、mL或cm^2)。除另有规定外，一般供试品的检验量为10g或10mL；膜剂为100cm^2；贵重药品、微量包装药品的检验量可以酌减。要求检查沙门菌的供试品，其检验量应增加至20g或20mL。

检验时，应从2个以上最小包装单位中抽取供试品，膜剂不得少于4片。一般应随机抽取不少于检验用量(2个以上最小包装单位)的3倍量供试品。

二、样品供试液的制备

需要根据供试品的理化特性和生物学特性，采用适宜的方法制备供试液。《中国药典》(2015版)四部(通则1105)“微生物计数法”提供了水溶性供试品、水不溶性油脂类供试品、油脂类供试品以及需用特殊方法制备供试液的供试品的供试液制备方法，其中需用特殊方法制备供试液的供试品有膜剂供试品、肠溶剂及结肠溶制剂供试品、气雾剂与喷雾剂供试品、贴膏剂供试品。

三、菌种及培养基

(一)菌种

微生物(需氧菌、霉菌和酵母菌)计数检查的对照试验菌种为铜绿假单胞菌、金黄色葡萄球菌、枯草芽孢杆菌、白色念珠菌、黑曲霉菌，适用于计数培养基的适用性检查和计数方法的验证试验；控制菌检查的对照菌种为大肠埃希菌、金黄色葡萄球菌、沙门菌、铜绿假单胞菌、梭菌，适用于控制菌检查用培养基的适用性检查(促生长能力、抑制能力及指标能力检查)和方法的验证试验。试验用菌株传代次数不得超过5代，并采用适宜的菌种保藏技术，以保证试验菌株的生物学特性。

(二)培养基

微生物计数检查常用的培养基有胰酪大豆胨液体培养基、胰酪大豆胨琼脂培养基、沙氏葡萄糖液体培养基、沙氏葡萄糖琼脂培养基。

试验时需根据药典规定的方法使用。如金黄色葡萄球菌，做培养基适用性检查和计数方法适用性试验中需氧菌总数计数时所用培养基为胰酪大豆胨液体培养基、胰酪大豆胨琼脂培养基；白色念珠菌，做培养基适用性检查和计数方法适用性试验中霉菌、酵母菌总数计数时所用培养基为沙氏葡萄糖液体培养基、沙氏葡萄糖琼脂培养基。

四、方法的验证试验

建立微生物限度检查法时，应先进行方法验证，以确认所采用的方法适合于该药品的需氧菌、霉菌和酵母菌的菌落计数测定或控制菌的检查。方法验证时需选择法定试验菌按照规定的方法及要求进行。

五、药品的微生物计数法检验方法

微生物计数法的检查项目有需氧菌数、霉菌数和酵母菌数检查。

需氧菌数、霉菌和酵母菌数检查，检测的是药物在单位质量或体积内所存在的活菌数量，可评价生产过程中原辅料、设备、器具、工艺、环境及操作者的卫生状况。法定检查方法包括平皿法、薄膜过滤法和MPN法。

1. 计数方法的验证

需氧菌数、霉菌和酵母菌数计数方法的验证试验用以保证方法中供试液没有抗菌活性，培养条件适宜需氧菌、霉菌和酵母菌生长，制备过程中稀释剂未受微生物干扰、供试液稀释级选择适宜。验证试验包括试验组、菌液组、供试品对照组，各需进行3次独立的平行试验，通过各试验菌每次试验的菌数回收率来判断该试验方法是否适宜。

$$试验组的菌数回收率 = \frac{试验组的平均菌数 - 供试品对照的平均菌落数}{菌液组的平均菌落数} \times 100\% \qquad (6-1)$$

3 次试验中，当试验组的菌数回收率均为0.5～2 时，该供试液制备方法及计数法适合于测定其需氧菌数、霉菌和酵母菌数。

2. 供试品检查方法

(1)平皿法：根据菌数报告规则取相应稀释级的供试液 1mL，置于直径 90mm 的无菌平皿中，注入 15～20mL 温度不超过 45℃的溶化的胰酪大豆胨琼脂培养基(需氧菌)或沙氏葡萄糖琼脂培养基(霉菌和酵母菌)，混匀，凝固，倒置培养。每稀释级每种培养基至少制备 2 个平板。平皿法以培养后需氧菌、霉菌和酵母菌在琼脂平板上形成的独立可见的菌落为计数依据，按照菌数报告规则进行报告。

同时取试验用的稀释液 1mL，同法操作，作为阴性对照试验。每种计数用的培养基各制备 2 个平板，均不得有菌生长。

(2)薄膜过滤法：所用滤膜孔径不大于 0.45μm，直径一般为 50mm。取相当于每张滤膜含 1g、1mL 或 $10cm^2$ 供试品的供试液(或适宜稀释级的供试液 1mL)，加至适量的稀释剂中，混匀，过滤。用 pH7.0 的无菌冲洗液冲洗滤膜后，取出滤膜，菌面朝上贴于胰酪大豆胨琼脂培养基或沙氏葡萄糖琼脂培养基平板上培养，培养条件和计数方法同平皿法。每种培养基至少制备 1 张滤膜。根据菌数报告规定计数，如超过规定限量即可认定不合格。

同时取试验用的稀释液 1mL 同法操作，作为阴性对照，阴性对照不得有菌生长。

《中国药典》(2015 版)对不同类型的非灭菌制剂规定了相应的微生物限度标准，见表6-1，如计数超过规定限量即可认定不合格。

(3)MPN 法：标准项下培养基管中，分别加入 1∶10、1∶100、1∶1000、的供试液 1mL，用稀释剂 1mL 作为阴性对照，均培养 18～24h，观察结果。根据观察的结果，查最大可能数表，得到样品中微生物数量，必要时进行确认试验。

六、控制菌检查

控制菌检查旨在检查非规定灭菌制剂中是否存在有可疑的致病菌。《中国药典》(2015 版)(通则 1106)“控制菌检查法”项目包括大肠埃希菌、沙门菌、铜绿假单胞菌、金黄色葡萄球菌、梭菌。

1. 适用性检查

控制菌检查用培养基的适用性检查项目包括促生长能力、抑制能力及指示能力的检查。促生长能力检查用以保证在相应控制菌检查规定的培养温度及最短培养时间内，试验菌生长良好(液体培养基)，菌落大小、形态特征与对照菌一致(固体培养基)；抑制能力检查以保证其他试验菌无法生长；指示剂能力检查用以保证培养基上实用菌的生长情况(液体培养基)、菌落大小、形态特征(固体培养基)、指示剂反应情况等与对照培养基一致。

2. 方法验证试验

控制菌检查方法的验证试验用以保证方法中供试液没有抗菌活性，所采用方法适合于该产品的控制菌检查。验证方法系取规定量供试液及10～100cfu试验菌加入增菌培养液中(薄膜过滤法试验菌加在最后一次冲洗液中，过滤后，注入增菌培养基或取出滤膜接入增菌培养基中)，依相应控制菌检查法进行检查。要求试验组应检出试验菌，若未检出试验菌，应采用培养基稀释法、离心沉淀法、薄膜过滤法、中和法等方法消除供试品的抑菌活性，并重新进行方法验证。

3. 阳性对照试验和阴性对照试验

方法验证后，进行供试品控制菌检查时，还需进行试验菌的阳性对照试验和稀释液的阴性对照试验，阳性对照试验应检出相应的控制菌，阴性对照试验应无菌生长。

4. 控制菌检查法

(1)大肠埃希菌：大肠埃希菌即大肠杆菌，属肠杆菌科埃希菌属，是人和温血动物肠道内的栖居菌，可随粪便排出体外，是粪便污染的指示菌。致病性大肠埃希菌可引起婴幼儿、成人暴发性腹泻，化脓或败血症，口服药品必须检查大肠埃希菌。

检查法：取供试液接种至适量胰酪大豆胨液体培养基的试管内，30～35℃，培养18～24h；取培养物1mL接种至100mL麦康凯液体培养基中，42～44℃，培养24～48h；取培养物划线接种于麦康凯琼脂培养基平板30～35℃，18～72h培养；如有菌落生长，并经分离、纯化，鉴定试验，确认为大肠埃希菌，则报告检出大肠埃希菌。

(2)沙门菌：沙门菌属肠杆菌科沙门菌属，是人畜共患的肠道病原菌，可引起伤寒、肠炎、肠热病和食物中毒。《中国药典》(2015版)规定，含动物组织(包括提取物)的口服给药制剂，每10g或10mL不得检出沙门菌。

检查法：取10g供试品或10mL供试液至适宜体积的胰酪大豆胨液体培养基混匀，30～35℃，培养18～24h；取上述培养物0.1mL至10mLRV沙门增菌液体培养基，30～35℃，培养18～24h；取液体培养物划线接种于木糖赖氨酸脱氧胆酸盐琼脂培养基平板，30～35℃，18～48h；沙门菌在该平板上生长良好，菌落呈淡红色或无色，菌落中心有或无黑色；用接种针挑取疑似菌落于三糖铁琼脂培养基高层、斜面进行斜面和高层穿刺接种，培养18～24h，或采用其他方法进一步鉴定。

(3)铜绿假单胞菌：铜绿假单胞菌是常见的化脓性感染菌，在烧伤、烫伤、眼科及其他外科疾患中常引起继发感染，且对许多抗菌药物具有天然的耐药性。《中国药典》(2015版)规定，耳、鼻及呼吸道吸入给药制剂，阴道、尿道给药制剂，直肠给药制剂及其他局部给药制剂，均不得检出铜绿假单胞菌。

检查法：取供试液接种至适量胰酪大豆胨液体培养基的试管内，30～35℃，培养18～24h；取上述培养物，划线接种于溴化十六烷基三甲铵琼脂培养基平板上，30～35℃，培养18～72h；取上述平皿上生长的菌落进行氧化酶试验，并进行其他鉴别试验，以判断是否检出铜绿假单胞菌。

(4)金黄色葡萄球菌：金黄色葡萄球菌是化脓性感染重要的病原菌，分布广泛，可产生多种毒素及酶，引起局部及全身化脓性炎症，严重时可导致败血症和脓毒血症。《中国药典》(2015版)规定，耳、鼻及呼吸道吸入给药制剂，阴道、尿道给药制剂，直肠给药制剂及其他局部给药制剂，均不得检出金黄色葡萄球菌。

检查法；取供试液接种至适量胰酪大豆胨液体培养基的试管内，30～35℃，培养18～24h；取上述培养物，划线接种于甘露醇氯化钠琼脂培养基平板上，30～35℃，培养18～72h；根据培养后平板上有无菌落生长或生长的菌落形态特征，判断是否检出金黄色葡萄球菌。金黄色葡萄球菌菌落特点为：黄色菌落，或外周有黄色环的白色菌落。如菌落形态特征相符或疑似，应做分离、纯化，鉴定试验，确认为金黄色葡萄球菌。

(5)梭菌：梭菌的主要病原菌有产气荚膜梭菌、破伤风梭菌、肉毒梭菌、艰难梭菌和气性坏疽病原梭菌，可产生强烈的外毒素和侵袭性酶类使人和动物致病。对某些用于阴道、创伤、溃疡的药品，必须控制梭菌。

检查法：取供试液2份，其中1份置80℃保温10min后迅速冷却；将上述2份供试液接种至适量梭菌增菌培养基中，30～35℃，培养48h；取上述每一培养物分别涂抹接种于哥伦比亚琼脂培养基平板上，厌氧条件下，30～35℃，培养48～72h；若平板培养后无菌落生长，判定供试品未检出梭菌；如有菌落生长，应挑选2～3个菌落，分别进行革兰染色和过氧化氢酶试验做进一步判断。

(6)白色念珠菌：白色念珠菌(白假丝酵母菌，candida albicans)是内源性真菌，是医学全身性真菌感染病的重要组成之一，通常存在于健康人的口腔、上呼吸道、肠道及阴道，一般在正常机体中数量少，不引起疾病；当机体免疫功能或防御力下降或正常菌群相互制约作用失调时，则大量繁殖并改变生长形式(芽生菌丝相)侵入细胞引起疾病。白色念珠菌可侵犯人体许多部位，引起皮肤念珠菌病、黏膜念珠菌病、内脏及中枢神经念珠菌病。《中国药典》(2015版)规定，阴道、尿道给药制剂需进行白色念珠菌检查。

检查法：取供试液在沙氏葡萄糖液体培养基的培养物，划线接种于沙氏葡萄糖琼脂培养基平板上，若平板培养后无菌落生长或生长的菌落与规定的形态特征不符，判定供试品未检出白色念珠菌；如生长的菌落与规定的形态特征相符或疑似，应挑选2～3个菌落，分别接种至念珠菌显色培养基平板，以平板培养后无绿色或翠绿色的菌落生长，判定供试品未检出白色念珠菌。若生长的菌落为绿色或翠绿色，挑选相符或疑似的菌落接种于1%聚山梨酯80－玉米琼脂培养基上培养，取培养物进行染色、镜检及芽管试验，做进一步判断。

七、《中国药典》(2015版)四部微生物限度标准

非无菌药品的微生物限度标准是基于药品的给药途径及对患者健康潜在的危害而制订的。药品的生产、贮存、销售过程中的检验，原料及辅料的检验，新药标准制订、进口药品标准复核、考察药品质量及仲裁等，除另有规定外，其微生物限度依据见表6－1。

表6－1 《中国药典》(2015版)四部(通则1107)微生物限度标准

制剂类型	微生物限度检查项目	标　准
无菌制剂及标示无菌的制剂		符合无菌检查法规定
口服给药制剂	需氧菌数	每1g不得超过1000cfu
		每1mL不得超过100cfu
	霉菌和酵母菌数	每1g或1mL不得超过100cfu
		每1mL不得超过10cfu
	大肠埃希菌	每1g或1mL不得检出

续表

制剂类型	微生物限度检查项目	标　准
耳用制剂	需氧菌数	每1g、1mL不得超过100cfu
	霉菌和酵母菌数	每1g、1mL不得超过10cfu
	金黄色葡萄球菌、铜绿假单菌	每1g、1mL不得检出
阴道、尿道给药制剂	需氧菌数	每1g或1mL不得超过100cfu
	霉菌和酵母菌数	每1g、1mL不得超过10cfu
	金黄色葡萄球菌、铜绿假单胞菌、白色念珠菌	每1g、1mL不得检出
直肠给药制剂	需氧菌数	每1g不得超过1000cfu； 每1mL不得超过100cfu
	霉菌和酵母菌数	每1g、1mL不得超过100cfu
	金黄色葡萄球菌、铜绿假单胞菌	每1g、1mL不得检出
其他局部给药制剂	需氧菌数	每1g、1mL或10cm^{2}不得超过100cfu
	金黄色葡萄球菌、铜绿假单胞菌	每1g、1mL或10cm^{2}不得检出
原料及辅料	参照相应制剂的微生物限度标准执行	
含动物组织(包含提取物)的口服给药制剂	每10g或10mL不得检出沙门菌	

第三节　抗生素效价的微生物检定法

抗生素类药物的含量测定方法有理化方法和微生物检定法两种。抗生素微生物检定法是在适宜条件下，根据量反应平行线原理设计，通过检测抗生素对微生物的抑制作用，计算抗生素活性(效价)的方法。

该法以抗生素的抗菌活性为指标，测定原理与临床应用一致，直接反映抗生素的医疗价值，试验灵敏度较高，供试品用量较小，对产品纯度限度要求较宽。目前一些组分复杂的全生物合成的抗生素类药物仍旧沿用此法检测效价，该法亦为新发现的抗生素类药物效价测定的首选方法。

《中国药典》(2015 版)收载的抗生素微生物检定包括两种方法，即管碟法和浊度法。

一、检定原理

因标准品和供试品为同种抗生素，在相同试验条件下，标准品溶液和供试品溶液对试验菌所得的量反应曲线在一定剂量范围内互相平行，此为量反应平行线原理。利用此原理，检定方法可设计为二剂量法、三剂量法(管碟法和浊度法)和标准曲线法(浊度法)等。

二、试验菌

抗生素效价测定用的试验菌需与同品种国际通用药典所用的试验菌一致，应易于培养、保存，无致病性，对抗生素主要成分敏感，产生的抑菌圈应边缘清晰、测定误差小。

管碟法的试验菌有枯草芽孢杆菌、短小芽孢杆菌、金黄色葡萄球菌、藤黄微球菌、大肠埃希菌、啤酒酵母菌、肺炎克雷伯菌、支气管炎伯德特菌。浊度法的试验菌有金黄色葡萄球菌、大肠埃希菌、白色念珠菌。标准菌种由中国食品药品检定研究院提供，均为冷冻干燥菌种，试验前需制备成菌悬液备用。不同类别的抗生素需按照《中国药典》(2015 版)四部中“抗生素微生物检定试验设计表”选择相应的试验菌。

三、管碟法

管碟法是利用抗生素在琼脂培养基内的扩散作用，比较标准品与供试品两者对接种的试验菌产生抑菌圈的大小，以测定供试品效价的一种方法。该法是国际上抗生素药品检定的经典方法。

《中国药典》(2015 版)法定方法为二剂量法和三剂量法。通过测量和比较已知效价的标准品溶液与未知效价的供试品溶液对接种的试验菌产生抑菌圈的直径(或面积)，按照生物检定统计法计算供试品效价。

（一）双碟的制备

管碟法的"碟"即双碟，其制备过程包括底层及菌层的制备，应在半无菌室或洁净室内进行，避免微生物污染。不同类别的抗生素亦需按照"抗生素微生物检定试验设计表"选择试验培养基及培养条件。

1. 底层的制备

取直径约90mm、高16～17mm的平底双碟，分别注入加热融化的培养基20mL，使在碟底内均匀摊布，放置水平台上使凝固。

2. 菌层的制备

取培养基适量加热融化后，放冷至48～50℃（芽孢可至60℃），加入规定的试验菌悬液适量（以能得清晰的抑菌圈为度。二剂量法标准品溶液的高浓度所致的抑菌圈直径在18～22mm，三剂量法标准品溶液的中心浓度所致的抑菌圈直径在15～18mm），摇匀，在每一双碟中分别加入5mL，使在底层上均匀摊布，作为菌层。

双碟放置水平台上冷却后，在每一双碟中以等距离均匀安置不锈钢小管（内径6.0mm±0.1mm，高10.0mm±0.1mm，外径7.8mm±0.1mm），二剂量法需安置4个，三剂量法需安置6个，用陶瓦圆盖覆盖备用。

（二）检定法

1. 二剂量法

取双碟不得少于4个，在每一双碟中对角的2个不锈钢小管中分别滴装高浓度及低浓度的标准品溶液，其余2个小管中分别滴装相应的高、低两种浓度的供试品溶液；高、低浓度的剂距为2∶1或4∶1。在规定条件下培养后，测量各个抑菌圈的直径（或面积），照生物检定统计法进行可靠性测验及效价计算。

2. 三剂量法

取双碟不得少于6个，在每一双碟中间隔的3个不锈钢小管中分别滴装高浓度（S_3）、中浓度（S_2）及低浓度（S_1）的标准品溶液，其余3个小管分别滴装相应的高、中、低3种浓度的供试品溶液；高、低浓度的剂距为1∶0.8。在规定条件下培养后，测量各个抑菌圈的直径（或面积），照生物检定统计法进行可靠性测验及效价计算。

四、浊度法

浊度法系利用抗生素在液体培养基中对试验菌生长的抑制作用，通过测定培养后细菌浊度值的大小，比较标准品与供试品对试验菌生长抑制的程度，以测定供试品效价的一种方法。

《中国药典》(2015 版)法定方法为标准曲线法、二剂量法和三剂量法。细菌生长过程中，液体培养基中的细菌浊度与细菌数、细菌群体及细菌细胞容积的增加存在着相关性，在一定范围内符合比尔定律。抗生素对试验菌生长的抑制作用，可直接影响液体培养基中细菌浊度值的大小。通过测量加入不同浓度标准品溶液与供试品溶液的含试验菌液体培养基的浊度值(吸光度)，可计算供试品效价。

管碟法易受不锈钢小管放置位置、溶液滴装速度、液面高低、菌层厚度等因素影响造成结果差异或试验失败。而浊度法在液体中进行，影响因素少，结果比较准确。

(一)含试验菌液体培养基的制备

取规定的试验菌悬液适量(35～37℃培养 3～4h 后测定的吸光度在 0.3～0.7 之间，且剂距为 2 的相邻剂量间的吸光度差值不小于 0.1)，加入到各规定的液体培养基中，混合，使在试验条件下能得到满意的剂量－反应关系和适宜的测定浊度。已接种试验菌的液体培养基应立即使用。

(二)检定法

1. 标准曲线法

取适宜的已灭菌试管，精密加入含试验菌的液体培养 9.0mL，各浓度的标准品或供试品溶液 1.0mL，混匀后在规定条件下培养至适宜测量的浊度值(通常约为 4h)，在线测定或取出立即加入甲醛溶液(1→3)0.5mL 以终止微生物生长，在 530nm 或 580nm 波长处测定各管的吸光度。用药品稀释剂 1.0mL、含试验菌的液体培养基 9.0mL 及甲醛溶液 0.5mL，分别制备阳性对照和空白液。照标准曲线法进行可靠性检验和效价计算。

标准品溶液选择 5 个剂量(剂距 1∶1.25 或更小)，供试品溶液根据估计效价或标示量选择中间剂量，均在各品种项下规定的剂量－反应线性范围内，每一剂量不少于 3 个试管。

2. 二剂量法或三剂量法

取适宜的已灭菌试管，在各品种项下规定的剂量－反应线性范围内，选择适宜的高、(中、)低浓度，分别精密加入各浓度的标准品和供试品溶液各 1.0mL，二剂量法的剂距为 2∶1 或 4∶1，三剂量法的剂距为 1∶0.8。同标准曲线法操作，每一组浓度不少于4个试管，按随机区组分配，在规定条件下培养。照生物统计法进行可靠性测验及效价计算。

实例：

微生物检定方法测定氨基苷类抗生素的含量

《中国药典》(2015版)硫酸庆大霉素含量测定方法：精密称取本品适量，加灭菌水定量制成每1mL中约含1000U的溶液，照抗生素微生物检定法测定，可信限率不得大于7%。1000U庆大霉素单位相当于1mg庆大霉素。

按照“抗生素微生物检定管碟法试验设计表”规定，庆大霉素的试验菌为短小芽孢杆菌，培养条件为Ⅰ号培养基、pH为7.8～8.0、温度为35～37℃、培养14～16h，选择硫酸庆大霉素标准品。

第四节　生化药物效价的生物测定法

生化药物是指采用生物化学方法，从生物材料中分离、纯化、精制而成的用以治疗、预防和诊断疾病的药品，如氨基酸、肽、蛋白质、酶类。此类物质结构复杂，质量控制方法和检验项目与化学药物相比有很多不同。剂量以效价(单位)表示，在《中国药典》(2015版)有关品种正文下列入【效价测定】，而非【含量测定】。为反映此类药物的临床生物活性，生化药物多采用生物检定技术测定效价。

生化药物效价的生物测定法系通过比较相应的标准品与供试品两者所引起效价检定指标的变化程度，以测定供试品效价的方法。本节仅介绍《中国药典》(2015版)四部所收载的生化药物效价测定方法，所列品种有升压素、肝素、绒促性素、缩宫素、胰岛素、精蛋白锌胰岛素、硫酸鱼精蛋白、尿促性素(卵泡刺激素)、黄体生成素、降钙素、生长激素等。各品种的检定方法见表6-2。

表6-2　一些生化药物效价的生物测定法

名称	药物来源	效价检定指标	标准品	检定用生物体
升压素		血压升高的程度	垂体后叶标准品	成年雄性大鼠
肝素	猪或牛的肠黏膜	延长新鲜兔血或兔、猪血浆凝固时间的作用	肝素标准品	新鲜兔血或兔、猪血浆

续表

名称	药物来源	效价检定指标	标准品	检定用生物体
绒促性素	孕妇尿	对幼小鼠子宫增重的作用	绒促性素标准品	雌性幼小鼠的子宫
缩宫素	猪或牛的脑神经垂体；化学合成	引起离体大鼠子宫收缩的作用	垂体后叶或合成缩宫素标准品	成年雌性大限的子宫
胰岛素	猪或牛的胰脏	引起小鼠血糖下降的作用	胰岛素标准品	成年小鼠血
精蛋白锌胰岛素注射液	含有鱼精蛋白和气化锌的胰岛素（猪、牛）	降低家兔血糖的作用	胰岛素标准品	健康家兔血
硫酸鱼精蛋白	鱼类新鲜成熟精子	延长新鲜兔血或猪、兔血浆凝结时间的程度	肝素标准品	新鲜兔血或兔、猪血浆
尿促性素		对幼大鼠卵巢增重的作用	尿促性素标准品	雌性幼大鼠的卵巢
黄体生成素		对幼大鼠精囊增重的作用	尿促性素标准品	雄性幼大鼠的精囊
降钙素		对大鼠血钙降低的影响	降钙素标准品	大鼠血
生长激素		使幼龄去垂体大鼠体重和胫骨骨骺板宽度增加的程度	生长激素标准品	幼龄去垂体大鼠

第五节　药品的安全性检查

生物来源的药品常含有危害患者身体健康甚至影响生命安全的特殊杂质，如热原、细菌内毒素等。为保证用药的安全有效，这些药物除进行必要的理化、微生物检验外，还需进行安全性检查。由于这些有害杂质的结构和作用机制不清，目前安全性检查多采用试验动物学方法，常规检验的项目有异常毒性、热原、细菌内毒素、升压和降压物质、过敏反应及溶血与凝聚。方法收载于《中国药典》(2015 版)四部中，简述如下。

一、异常毒性检查

异常毒性检查法是给予小鼠一定剂量的供试品溶液，在规定时间内观察小鼠出现的死亡情况，以判定供试品是否符合规定的一种方法。

除另有规定外，《中国药典》(2015 版)以小鼠在给药后 48h 内不得有死亡为异常毒性检查合格。常规给药途径包括静脉注射、腹腔注射、皮下注射和口服给药。

二、热原检查

热原检查法是将一定剂量的供试品静脉注入家兔体内，在规定时间内观察家兔体温升高的情况，以判定供试品中所含热原的限度是否符合规定的方法。

热原系指药品中含有的能引起体温升高的杂质，目前多认为是指细菌内毒素的脂多糖。一些药品因存在干扰因素并不适合使用内毒素检查，而热原检查能直接反映产品致热物质在体内变化过程，直观、代表性好，较细菌内毒素更有实际意义。

热原检查需选取健康合格的家兔 3 只，测定正常体温后，自耳静脉缓缓注入供试品溶液，再每隔 30min 测量体温 1 次，共测 6 次，以 6 次体温中最高的一次减去正常体温为家兔体温的升高温度(℃)。必要时，需另取 5 只家兔复试。在初试的 3 只家兔中，体温升高均低于 0.6℃，并且 3 只家兔体温升高总和低于 1.3℃；或在复试的 5 只家兔中，体温升高 0.6℃或高于 0.6℃的家兔不超过 1 只，并且初试、复试合并 8 只家兔的体温升高总和≤3.5℃，均判定供试品的热原检查符合规定。

测量家兔体温应使用精密度为 ±0.1℃的测温装置，测温探头或肛温计插入肛门的深度和时间各兔应相同，深度一般约 6cm，时间不得少于 1.5min。

三、细菌内毒素检查

细菌内毒素检查系利用鲎试剂来检测或量化由革兰阴性菌产生的细菌内毒素，以判断供试品中细菌内毒素的限量是否符合规定的一种方法。

细菌内毒素是革兰阴性菌细胞壁的构成成分，其主要化学成分为脂多糖的类脂 A 成分，可激活中性粒细胞，造成内源性热原质释放，作用于体温调节中枢引起机体发热。细菌在生活状态时并不释放内毒素，只有当细菌死亡自溶或黏附在其他细胞时，其毒性才表现。细菌内毒素的生物活性主要有致热性、致死性、白细胞减少、降血压、休克、激活凝血系统、鲎细胞溶解物(鲎试剂)凝集、刺激淋巴细胞有丝分裂、肿瘤细胞坏死作用等。

内毒素是药品热原检查不合格的主要原因，在药品生产质量管理规范(GMP)条件下，药品生产的质量控制一般认为无内毒素即无热原，控制内毒素就是控制热原。细菌内毒素检查法因其方法灵敏、准确、快速和经济的优点，越来越多地被用于控制药品注射剂质量，成为静脉、鞘内给药药物以及放射性药物等质量检查的一个重要方面。

《中国药典》(2015 版)中细菌内毒素检查方法包括凝胶法和光度测定法。凝胶法系通过试剂与内毒素产生凝集反应的原理来检测或半定量内毒素的方法，分为限度试验和半定量试验。光度法分为浊度法和显色基质法。浊度法系利用检测鲎试剂与内毒素反应过程中的浊度变化而测定内毒素含量的方法；显色基质法系利用检测鲎试剂与内毒素反应过程中产生的凝固酶使特定底物释放出呈色团的多少而测定内毒素含量的方法。可使用任何一种方法进行试验，当测定结果有争议时，一般以凝胶法结果为准。

四、升压及降压物质检查

药物中的特殊杂质可引起患者血压升高或降低，《中国药典》(2015 版)四部分别收载了升压物质检查法和降压物质检查法。

升压物质检查法是比较垂体后叶标准品与供试品升高大鼠血压的程度，以判定供试品中所含升压物质的限度是否符合规定的方法。降压物质检查法是比较组胺对照品与供试品引起麻醉猫血压下降的程度，以判定供试品中所含降压物质的限度是否符合规定的方法。

试验时选择健康合格的成年雄性大鼠(升压物质检查法)或猫(降压物质检查法)，麻醉后手术安装供注射药液用的静脉插管，并通过颈动脉与血压测定装置相连。选定垂体后叶标准品或组胺标准品稀释液的剂量(d_s)以及供试品溶液品种项下规定的剂量(d_T)，按照 d_s、d_T、d_T、d_s 顺序注射，分别记录血压。比较第一与第三、第二与第四次的反应，以 d_T 所致的反应值均不大于 d_s 所致反应值的一半，判定供试品的升压物质或降压物质检查符合规定。

五、过敏反应检查

药物中一些生物来源的杂质，如蛋白或聚合物等，可能会作为抗原或半抗原导致机体的过敏反应，轻则不适，严重时会导致血压下降、窒息、血管神经性水肿，甚至休克、死亡。

过敏反应检查法是将一定量的供试品溶液注入豚鼠体内，间隔一定时间后静脉注射供试品进行激发，观察动物出现过敏反应的情况，以判定供试品是否引起动物全身过敏反应。

检查时选取健康合格的豚鼠 6 只，隔日腹腔注射供试品 0. 5mL，共 3 次，进行致敏。然后均分为 2 组，分别在首次注射后第 14 日和第 21 日，由静脉注射供试品 1mL 进行激发。规定静脉注射供试品后 30min 内不得出现过敏反应。如在同一只动物上出现竖毛、发抖、干呕、连续喷嚏 3 声、连续咳嗽 3 声、紫癜和呼吸困难等现象中的 2 种或 2 种以上，或出现大小便失禁、步态不稳或倒地、抽搐、休克、死亡现象之一者，判定供试品不符合规定。

习　题　六

一、单项选择题

1. 药品监督管理部门对无菌产品进行质量监督，判断产品是否被微生物污染的指标是(　　)。

A. 无菌检查　B. 微生物限度检查　C. 控制菌检查　D. 内毒素检查

2. 无菌检查需要的环境洁净度级别是(　　)。

A. 10 级　B. 100 级以下　C. 1000 级以下　D. 10000 级以下

3. 无菌检查时适用于需氧菌、厌氧菌检查的培养基是(　　)。

A. 硫乙醇酸盐流体培养基　B. 胰酪大豆胨液体培养基

C. 选择性培养基　D. 营养肉汤培养基

4. 在做药物的无菌检查时，用以证明所加的菌种能够在培养基中生长良好的试验是培养基的(　　)。

A. 无菌性检查　B. 灵敏度检查　C. 阳性试验　D. 阴性试验

5. 药品微生物计数法检查中，常用的需氧菌、霉菌及酵母菌计数方法是(　　)。

A，直接过滤法　B. 平皿法　C. 薄膜过滤法　D. 菌数回收率试验

6. 控制菌检查项目中被列为粪便污染指示菌的是(　　)。

A. 大肠埃希菌　B. 大肠菌群　C. 沙门菌　D. 金黄色葡萄球菌

7. 抗生素效价微生物测定法管碟法中，三剂量法需在双碟中以等距离均匀安置不锈钢小管(　　)。

A. 2 个　B. 3 个　C. 4 个　D. 6 个

8. 以是否引起小鼠血糖下降的作用为效价检定指标的药物是(　　)。

A. 肝素　B. 绒促性素　C. 缩宫素　D. 胰岛素

9. 鲎试剂是一种安全性检查项目的试验试剂，这种检查项目是(　　)。

A. 异常毒性　B. 热原　C. 细菌内毒素　D. 升压和降压物质

10. 热原检查使用的试验动物是(　　)。

A. 小鼠　B. 大鼠　C. 家兔　D. 猫

11. 微生物限度检查中，霉菌、酵母菌培养时间为(　　)。

A. 1 日　B. 3 日　C. 5 日　D. 7 日

12. 药厂常规微生物限度检查的控制菌是(　　)。

A. 大肠埃希菌　B. 沙门菌　C. 铜绿假单胞菌　D. 金黄色葡萄球菌

13. 微生物限度检查的细菌培养温度为(　　)。

A. 30～35℃　B. 20～25℃　C. 25～35℃　D. 30～40℃

14. 细菌内毒素的量用内毒素单位(　　)表示。

A. μg　B. mg　C. EU　D. mL

15.《中国药典》要求将内毒素国家标准品用细菌内毒素检查用水溶解后，需要在旋涡混合机上混匀(　　)分钟，以后每稀释一步均应在旋涡混合器上混匀(　　)秒钟。

A. 15　30　B. 12　25　C. 20　30　D. 15　40

16. 鲎试剂灵敏度复核实验时，若最大浓度(　　)管均为阳性，最低浓度(　　)管均为阴性，阴性对照管为阴性，试验方为有效。

A. 1λ　0.5λ　B. 1.5λ　0.3λ　C. 2λ　0.25λ　D. 2.5λ　0.4λ

17. 无菌检查应在环境洁净度(　　)级以下的局部洁净度(　　)级单向流空气区域内进行，其全过程应严格遵守无菌操作，防止微生物污染。

A. 10000　100　B. 9000　150　C. 11000　125　D. 9900　100

二、多项选择题

1. 药品生物检定技术所用的生物体包括(　　)。

A. 微生物　B. 细胞　C. 离体组织　D. 动物　E. 人

2. 微生物计数法系检查非规定灭菌制剂及其原料、辅料受到微生物污染程度的方法，检查项目包括(　　)。

A. 无菌检查　B. 需氧菌数

C. 霉菌数　D. 酵母菌数

E. 控制菌检查

3. 下列属于微生物控制菌检查项目的是(　　)。

A. 大肠埃希菌　B. 金黄色葡萄球菌

C. 枯草芽孢杆菌　D. 白色念珠菌

E. 沙门菌

4.《中国药典》(2015 版)抗生素效价微生物检定浊度法的检定法有(　　)。

A. 标准曲线法　B. 二剂量法　C. 三剂量法

5. 药品安全性检查常规检验的项目有(　　)。

A. 异常毒性　　B. 热原

C. 细菌内毒素　　D. 升压和降压物质

E. 过敏反应

6. 控制菌检查用培养基的适用性检查项目有(　　)。

A. 促生长能力　B. 抑制能力　C. 指示能力　D. 生长能力

7. 阴道、尿道给药制剂需检查的控制菌有(　　)。

A. 大肠埃希菌　　B. 金黄色葡萄球菌

C. 沙门菌　　D. 白色念珠菌

E. 铜绿假单胞菌

8. 热原是微生物的代谢产物，即能引起恒温动物和人体体温异常升高的致热物质。它包括(　　)。

A. 细菌性热原　　B. 内源性高分子热原

C. 内源性低分子热原　　D. 化学热原

E. 外源性高分子热原

9. 鲎试剂生物活性在 pH 为 6.0~8.0 时酶活性稳定；当 pH(　　)时，酶活性受到抑制。因此在试验时，供试品溶液的 pH 应调节为 6.0~8.0。

A. ≤4　B. ≤3　C. ≥9　D. ≥10　E. ≥11

10. 细菌内毒素检查包括两种方法，即(　　)。

A. 凝胶法　B. 光度测定法　C. 浊度法　D. 显色基质

E. 菌落计数法

11. 细菌内毒素国家标准品系自大肠埃希菌提取精制而成，用于标定、复核、仲裁(　　)的效价。

A. 鲎试剂灵敏度　　B. 内毒素限值

C. 细菌内毒素工作标准品　　D. 标示度

E. 鲎试剂准确度

三、简答题

1. 为什么要对鲎试剂进行灵敏度复核试验?

2. 以某一药品为例，简述如何进行微生物限度检查。

第七章　典型药物分析

第一节　巴比妥类药物的分析

巴比妥(Barbitals)类药物是巴比妥酸的衍生物，具有丙二酰脲类的环状结构，临床上多用于镇静、催眠，具有抑制中枢神经的作用。

一、结构、性质与鉴别

(一)结构

巴比妥类药物的基本结构式为

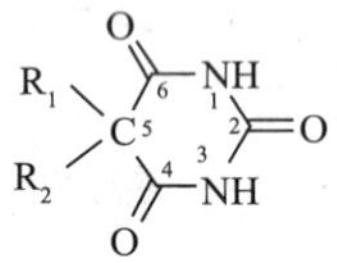

其中，母核巴比妥酸环状丙二酰脲结构是巴比妥类药物的共同部分，它决定了巴比妥类药物有别于其他类药物的共性；取代基部分的不同(即 R_1 或 R_2 的不同)，构成了不同的巴比妥药物，具有不同的理化性质，可用于各种巴比妥药物之间的相互区分和鉴别。

临床所用巴比妥多为巴比妥酸的5，5－取代物或 C_2 位为硫取代的硫代巴比妥的5，5－取代物。国内外药典收载的典型巴比妥类药物及结构列于表7－1中。

表7－1　常见巴比妥类药物及其结构

名　称	R_1	R_2	备　注
巴比妥	$—C_2H_5$	$—C_2H_5$	
苯巴比妥	$—C_2H_5$	$—C_6H_5$	
司可巴比妥	$—CH_2CH═CH_2$	$—CH(CH_3)(CH_2)_2CH_3$	
戊巴比妥	$—C_2H_5$	$—CH(CH_3)(CH_2)_2CH_3$	
硫喷妥钠	$—C_2H_5$	$—CH(CH_3)(CH_2)_2CH_3$	C_2 上硫取代物的钠盐

（二）性质与鉴别

巴比妥类药物一般为白色结晶或结晶性粉末；在空气中较稳定，加热多能升华；微溶或极微溶于水，易溶于乙醇及有机溶剂中；其钠盐则易溶于水，而不溶于有机溶剂。熔点最低者为96℃，最高者为205℃。其环状结构遇酸、氧化剂、还原剂时，一般情况下不会破裂，但与碱液共沸时则水解开环。

1. 弱酸性

巴比妥类药物环状结构中的1，3-二酰亚胺基团，易发生互变异构，形成烯醇式结构，在水溶液中可发生二次电离：

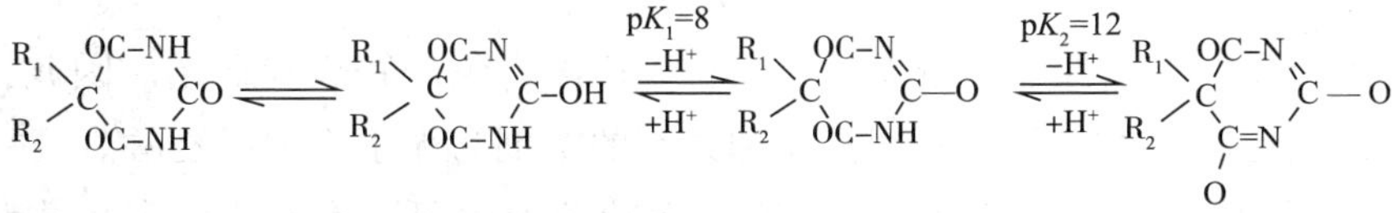

因此，巴比妥类具有弱酸性（pK_a 一般为7.3～8.4），可与强碱生成盐，通常为钠盐：

加酸于上述盐溶液中，析出游离巴比妥类，用乙醚或氯仿等有机溶剂提取，制备游离酸沉淀，过滤、干燥后，测定熔点，可鉴别巴比妥类药物。

2. 水解反应

巴比妥类结构中的酰亚胺基团与碱溶液共沸可水解产生氨气，使红色石蕊试纸变蓝。

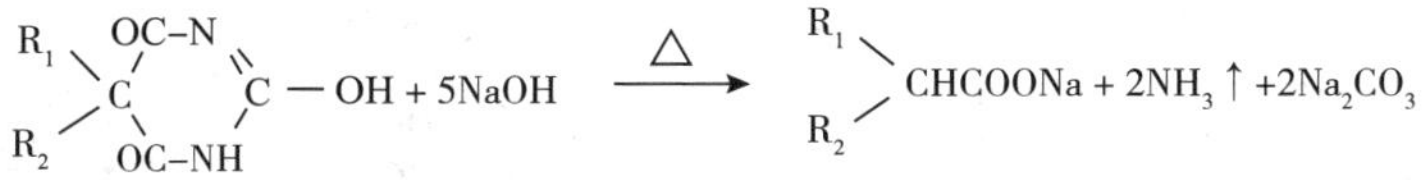

如游离巴比妥的鉴别：取供试品2g，加入10mLNaOH试液，加热、煮沸，产生的气体可使红色石蕊试纸变蓝。

巴比妥类的钠盐，在吸湿的情况下，也能水解成无效的物质，水解情况随取代基的不同和水解条件的不同而不同。一般在室温和 $pH < 10$ 时，水解较慢；$pH > 11$ 时，温度升高，水解加快。

3. 与重金属离子反应

在适宜的pH溶液中，巴比妥类化合物所含的丙二酰脲基团可与一些重金属离子，如 Ag^+、Cu^{2+}、Co^{2+}、Hg^{2+} 等反应生成可溶或不溶的有色物质。利用这一特点，可对该类药物进行鉴别和含量测定。

(1)与钴盐的反应。巴比妥类药物在碱性溶液中可与钴盐反应生成紫堇色配位化合物。反应式如下：

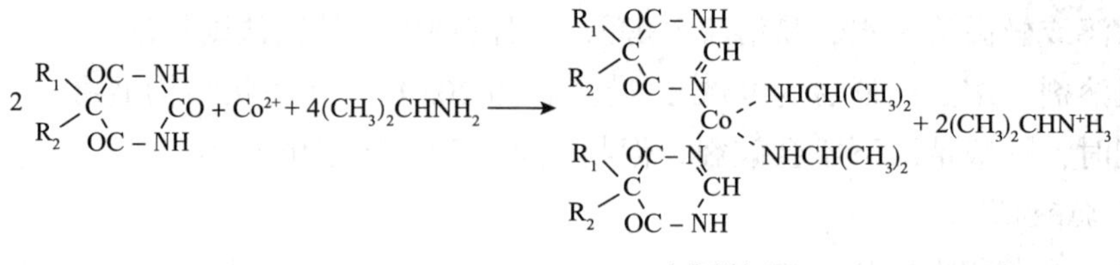

所用碱以有机碱为好，一般采用异丙胺。常用钴盐为醋酸钴、硝酸钴或氯化钴。

本反应在无水条件下比较灵敏，而且生成的有色产物也较稳定。因此，反应时所用试剂均应不含水分。常用样品和试剂的溶剂为无水甲醇或乙醇。

(2)与铜盐的反应。巴比妥类药物在吡啶溶液中可与铜盐反应，生成紫堇色或难溶性紫色物质；含硫巴比妥类药物与铜盐反应显绿色。利用这一反应，可以区别或鉴别巴比妥类药物和硫代巴比妥类药物。其反应如下：

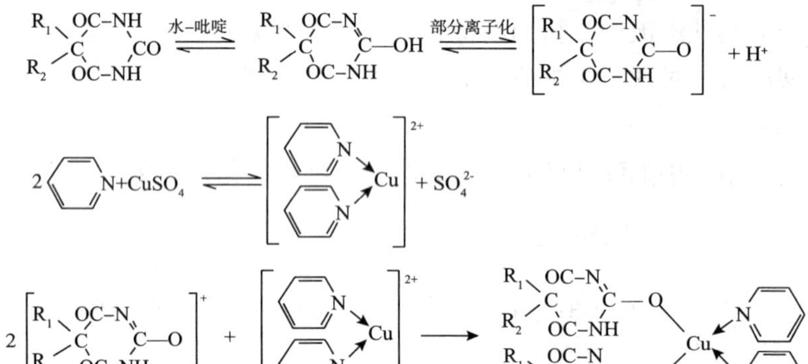

在不同 pH 溶液中，5，5 – 取代基不同的巴比妥类药物与铜盐生成的紫色物质在氯仿中的溶解度不同。5，5 – 取代基的亲脂性越强，与铜盐生成的紫色物质越容易溶于氯仿中。

(3)与银盐的反应。巴比妥类药物中含有的酰亚胺基团，在适宜的碱性条件下，可与银盐溶液反应，生成白色难溶性二银盐沉淀。这一反应可用于巴比妥类药物的鉴别和含量测定。

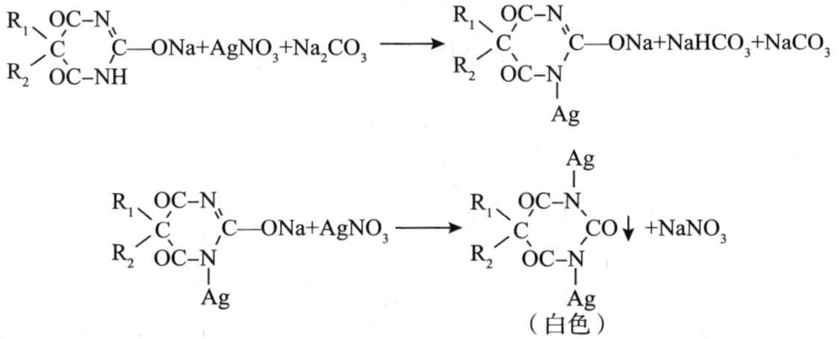

巴比妥一银盐可溶，而二银盐不溶。反应中第一次出现的白色沉淀是由于硝酸银局部过浓，产生少量巴比妥二银盐；振摇后，溶液中完全为可溶性的一银盐，继续滴加硝酸银至过量则巴比妥完全生成白色二银盐沉淀。

(4)与汞盐的反应。硝酸汞或氯化汞试液与巴比妥类药物反应，生成白色汞盐沉淀，沉淀能溶于氨溶液中。其反应式为：

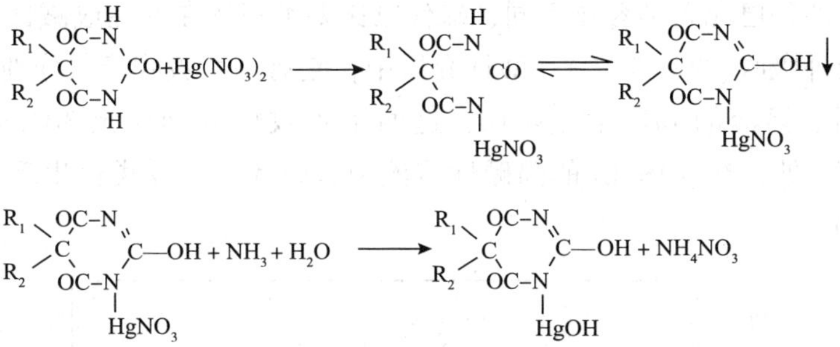

如巴比妥类药物为1，5，5－取代物，则与汞盐的反应如下式所示：

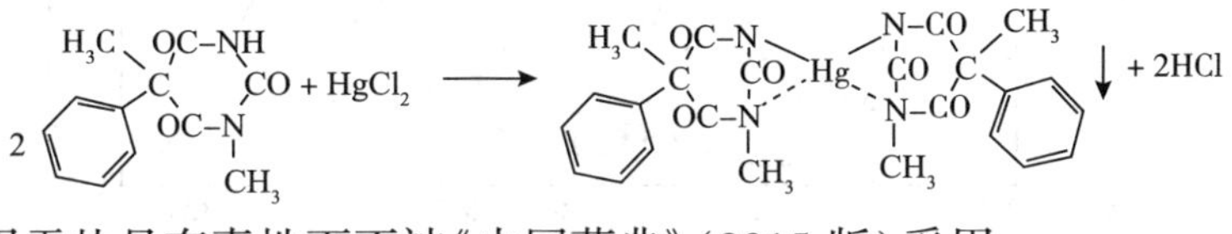

本法因汞盐具有毒性而不被《中国药典》(2015版)采用。

4. 紫外吸收光谱特征

巴比妥类药物的紫外吸收光谱特征和它们的电离程度有关。图7－1显示了不同酸碱度介质条件下，巴比妥类的紫外吸收变化。在0.05mol/LH_2SO_4溶液中，5，5－取代和1，5，5－取代巴比妥类药物几乎无明显吸收；pH增加为10，这两类药物发生一级电离，于240nm波长处产生最大吸收。碱性进一步增大，在pH＝13的强碱性溶液中，5，5－取代巴比妥类药物发生二级电离，最大吸收峰位移至255nm波长处，而1，5，5－取代巴比妥类药物因不产生二级电离，其最大吸收峰仍在240nm波长处。

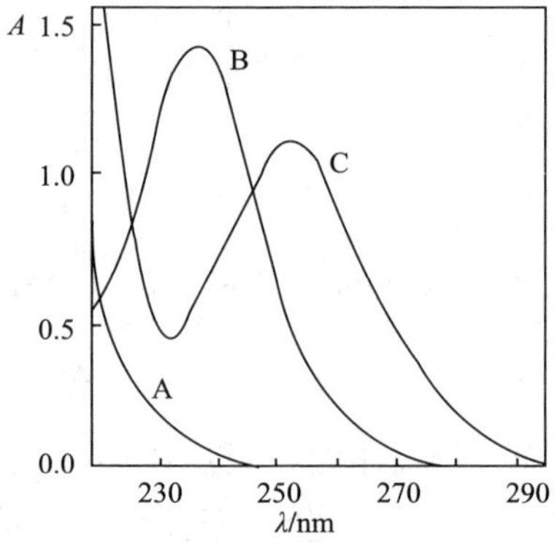

图 7-1　巴比妥类药物的紫外吸收光谱随溶液 pH 的变化(2.5mg/mL)

A. H_2SO_4 溶液(0.05mol/L，未电离)；B. pH = 9.9 缓冲溶液(一级电离)；

C. NaOH 溶液(0.1mol/L，pH = 13，二级电离)

与上述两种巴比妥类药物不同，硫代巴比妥类药物在酸性或碱性溶液中均有较明显的紫外吸收(见图 7-2)。酸性介质中，它有两个吸收峰，分别位于 287nm 和 238nm 处；溶液的 pH 增大为 10，这两个吸收峰分别移至 304nm(大峰)和 255nm(小峰)处；在 pH = 13 的强碱性溶液中，硫代巴比妥类仅出现一个吸收峰(峰 304nm)。

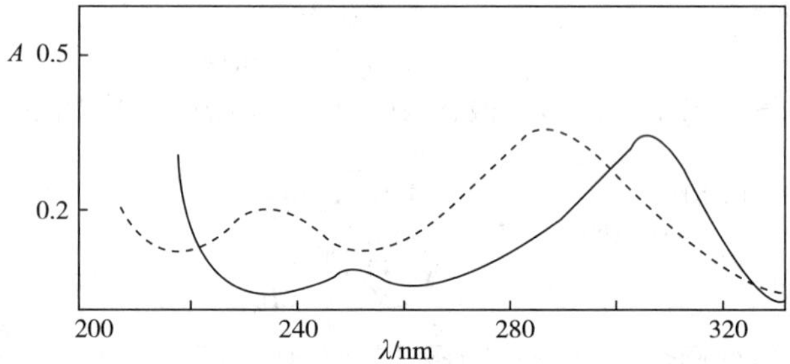

图 7-2　硫代巴比妥类药物的紫外吸收与溶液 pH 的变化

········ HCl 溶液(0.1mol/L)；——NaOH 溶液(0.1mol/L)

根据巴比妥类药物在不同 pH 的溶液中紫外吸收光谱特征，可以鉴别该类药物或对一些药物进行含量测定。

5. 红外吸收光谱特征

巴比妥类药物的基本结构中均含有酰胺基团，它们的红外光谱因而出现相应的特征吸收峰。随取代基的不同，各种巴比妥药物红外光谱又各具特色，因此可用于不同巴比妥药物的鉴别。《美国药典》对所收载的巴比妥类药物均采用红外光谱法鉴别。

例如，《美国药典》根据苯巴比妥等在不同溶剂中的溶解性差异，采用红外光谱法作为鉴别手段。方法为：取供试品约 50mg，溶于 15mL 水中，加盐酸 2mL，振摇，用氯仿提取四次，每次 25mL；合并提取液，过滤脱水；取氯仿提取液，水浴上、空气流下蒸干；加入 10mL 乙醚后，再蒸干；105℃ 干燥 2h；溴化钾压片测定红外光谱，应与对照品谱图一致。

由于红外光谱具有很好的专属性，《英国药典》对注射用硫喷妥钠的鉴别也采用先将其游离，氯仿提取、蒸干、干燥后，再用红外光谱法测定的方式。

图 7-3 为《英国药典》收载的硫喷妥钠标准红外光谱。

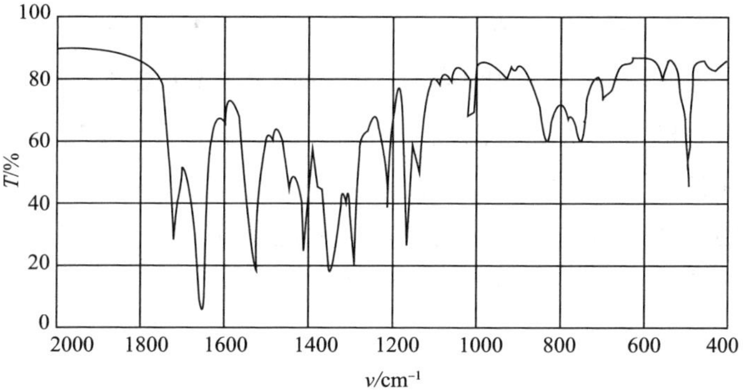

图 7-3　硫喷妥钠红外光谱图(溴化钾压片)

6. *薄层色谱行为*

巴比妥类药物的结构不同，其薄层色谱行为也各异，采用以下通用的薄层分离条件和步骤，可对巴比妥类药物进行鉴别。

《英国药典》(2015 版)方法：取苯巴比妥供试品和对照品适量，分别加乙醇制成每毫升约含 1mg 的溶液，作为供试品溶液和对照品溶液，各量取 10μL，点于硅胶 GF254 薄层板上，以氯仿 - 乙醇 - 浓氨水(80∶15∶5)混合液的下层溶液作展开剂，展开后，晾干，立即于 254nm 紫外光下检测，供试品溶液的主斑点位置和大小与对照品溶液一致。

7. *显微结晶*

大部分巴比妥类药物本身存在特殊晶型，或与某种试剂反应产生的化合物有特征的晶形。观察这些晶型，可对巴比妥类进行鉴别。

(1)药物本身的晶形。取 1 滴温热的 1% 巴比妥类药物的酸性水溶液，放置在载玻片上，显微镜下观察，可看到析出的固定形状的结晶。如供试药物为钠盐，则取 3 ~4 滴 5% 的钠盐水溶液于载玻片上，然后在液滴边缘上加 1 滴稀硫酸，显微镜下观察，即可发现不同巴比妥药物特殊结晶的出现。其中，巴比妥为长方形；苯巴比妥在开始时呈球形，然后变成花瓣状的结晶，如图 7-4 所示。

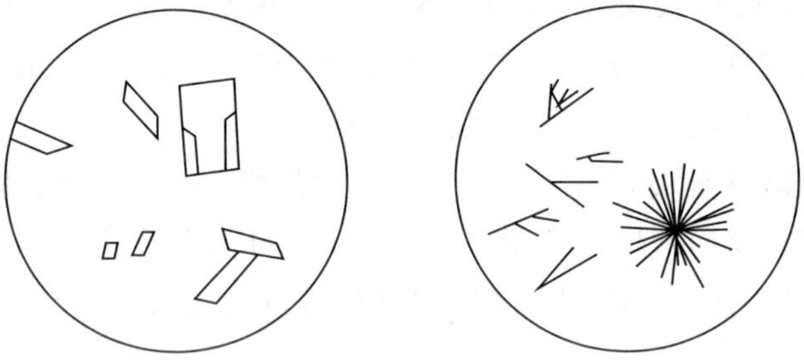

（a）巴比妥结晶　　（b）苯巴比妥结晶

图 7-4　巴比妥与苯巴比妥的显微结晶示意图

（2）反应产物的晶形。某些巴比妥药物与重金属离子反应后，生成具有特殊晶形的沉淀。例如，巴比妥可与硫酸铜 - 吡啶试液进行反应，生成具有十字形的紫色结晶（如图 7-5 所示）；苯巴比妥发生上述反应后，生成的是细小、不规则或看似菱形的浅紫色结晶；其他巴比妥类药物不能形成结晶。

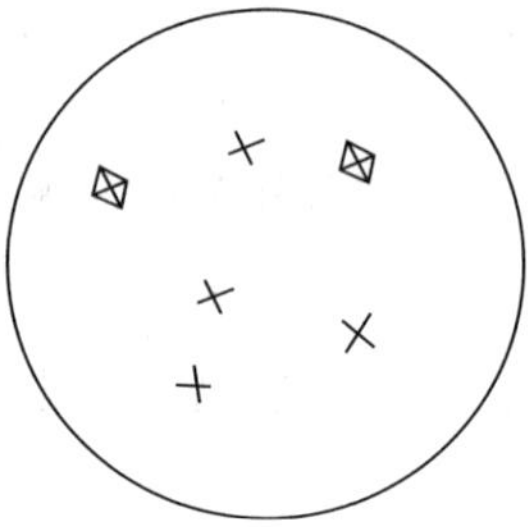

图 7-5　巴比妥铜吡啶的显微结晶示意图

8. 取代基的反应

（1）苯环取代基的反应。《中国药典》（2015 版）采用以下两种反应鉴别苯巴比妥。

①与亚硝酸钠 - 硫酸的反应。

方法：取供试品约 10mg，加硫酸 2 滴与亚硝酸钠约 5mg，混合，即显橙黄色产物，随即转橙红色。

②与甲醛 - 硫酸的反应。

方法：取供试品约50mg，置于试管中，加甲醛试液1mL，加热煮沸，冷却，沿管壁缓缓加硫酸0.5mL，使成两个液层，置水浴中加热，接界面显玫瑰红色。

这两个反应可用于区别苯巴比妥和其他不含苯环的巴比妥类药物。

(2)烯丙基的反应。司可巴比妥钠结构中含烯丙基，可与碘试液发生加成反应，使碘试液的棕黄色在几分钟之内消失。

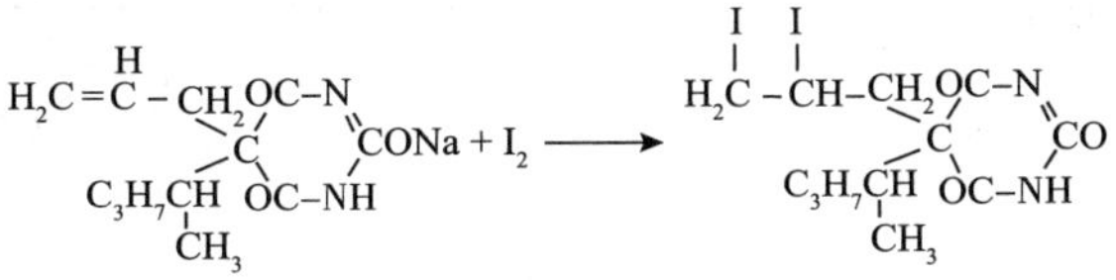

(司可巴比妥钠)

(3)硫元素的反应。硫喷妥钠分子结构中含有硫元素，可在氢氧化钠试液中与铅离子反应，生成白色沉淀；加热后，沉淀转变为黑色硫化铅。

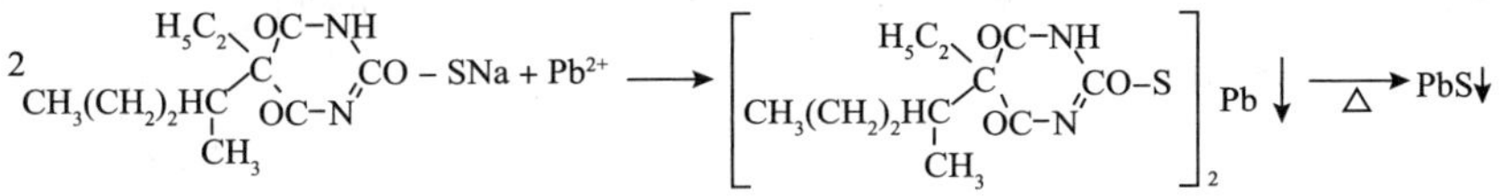

此鉴别试验可用于硫代巴比妥类与巴比妥类药物的区别。《中国药典》(2015版)采用该方法作为硫喷妥钠鉴别项目之一。

9. 钠盐的反应

巴比妥类药物多制成钠盐，故可采用钠盐鉴别反应对相关药物进行鉴别。

(1)鉴别试验一：取铂丝，用盐酸湿润后，蘸取供试品，在无色火焰中燃烧，火焰即显鲜黄色。

(2)鉴别试验二：取供试品的中性溶液，加醋酸氧铀锌试液，即生成黄色沉淀。

试验原理可用以下反应式说明：

$$Na^+ + Zn^{2+} + 3UO_2^{2+} + 9CH_3COO^- + 9H_2O \longrightarrow \underset{(黄色)}{NaCH_3COO \cdot Zn(CH_3COO)_2 \cdot 3UO_2(CH_3COO)_2 \cdot 9H_2O\downarrow}$$

本试验中，供试品溶液应为中性；有些有机酸盐(如水杨酸钠)遇醋酸氧铀锌试液能生成有色配位化合物，故在试验前应对供试品进行预处理。其处理方法是：在供试液中加入稀盐酸，过滤，取滤液蒸干，加水溶解后，再供试验用；试验中，醋酸氧铀锌试液要加过量；必要时，还需用玻璃棒摩擦试管壁，以促进黄色沉淀的析出。

二、特殊杂质的检查

以苯巴比妥为例说明特殊杂质的来源和检查方法。苯巴比妥的合成工艺如下：

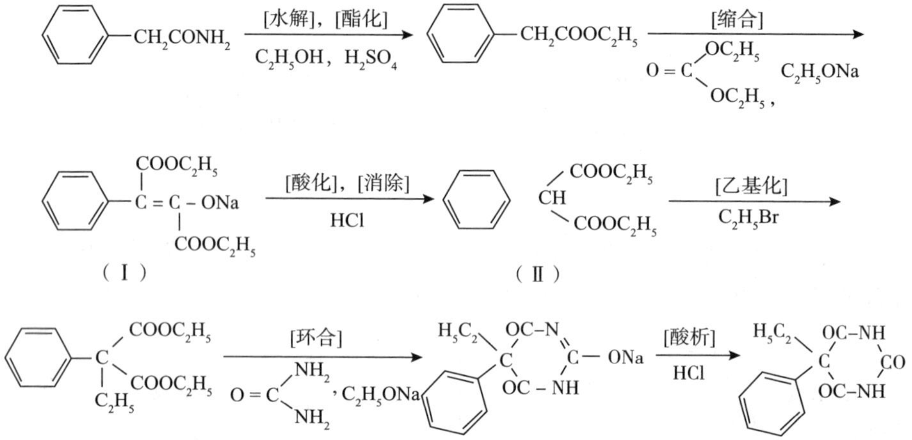

其中，中间体（Ⅰ）和（Ⅱ）的存在易带来副反应。《中国药典》（2015 版）在苯巴比妥质量标准中设立了“酸度”“乙醇溶液的澄清度”“有关物质”和“中性或碱性物质”检查项，以限制相关杂质的含量。

1. 酸度

当中间体（Ⅱ）的乙基化反应进行不完全时，会与尿素缩合生成苯丙二酰脲。该分子酸性较苯巴比妥要强，能使甲基橙指示剂显红色。规定：在一定量苯巴比妥供试品水溶液中加甲基橙指示剂，不得显红色，即可控制供试品中酸性物质的量。

2. 乙醇溶液的澄清度

苯巴比妥酸杂质在乙醇溶液中溶解度小，而主成分苯巴比妥溶解程度大，据此可以对苯巴比妥酸杂质进行限量检查。

方法：取供试品 1.0g，加乙醇 5mL，加热回流 3min，溶液应澄清。

3. 中性或碱性物质

这类杂质主要是中间体（Ⅰ）的副产物 2 – 苯基丁酰胺、2 – 苯基丁酰脲或分解产物。这些物质不溶于氢氧化钠试液而溶于醚，利用这一特性，将它们从主成分中分离、提取出来，再称重以确定是否超过规定的限量。

方法：取供试品 1.0g，置于分液漏斗中，加氢氧化钠试液 10mL 溶解后，加水 5mL 与乙醚 25mL，振摇 1min，分取醚层，用水振摇洗涤 3 次，每次 5mL，取醚液经干燥滤纸过滤，滤液置 105℃ 恒重的蒸发皿中，蒸干，在 105℃ 干燥 1h，遗留的残渣不得超过 3mg。

三、含量测定

根据巴比妥类药物不同的结构特点，可以采用银量法、溴量法、提取重量法、非水酸量法、紫外分光光度法及 HPLC 法来测定该类药物的含量。

（一）银量法

以《中国药典》（2015 版）对苯巴比妥的含量测定为例。

测定方法：取供试品约 0.2g，精密称定，加甲醇 40mL 使溶解，再加新制的 3% 无水碳酸钠溶液 15mL，用硝酸银滴定液（0.1mol/L）滴定，电位法指示终点。每 1mL 硝酸银滴定液（0.1mol/L）相当于 23.22mg 的 $C_{12}H_{12}N_2O_3$。

滴定反应的原理与“丙二酰脲类鉴别反应”中的银盐反应相同。理论上可以利用滴定过程中先生成可溶性的一银盐，化学计量点稍过，过量的银离子与巴比妥类形成难溶的二银盐浑浊来指示终点的到达。本法操作简便、专属性强，且巴比妥类药物的分解产物或其他一些可能存在的杂质不与硝酸银反应。但本法受到温度影响较大，实际操作时，近终点反应较慢，难以准确判断浑浊的出现。同时二银盐沉淀具有一定的溶解度，沉淀的乳光要在化学计量点以后才出现，因此测定结果偏高。采用电位法可以消除这一缺陷。同时用甲醇作为溶剂可以克服滴定过程中温度变化的影响。

《中国药典》（2015 版）对苯巴比妥钠、注射用苯巴比妥钠的含量测定均采用银量法。

（二）溴量法

司可巴比妥钠分子结构中含有丙烯基取代基，它的双键可与溴定量地发生加成反应。《中国药典》（2015 版）据此对司可巴比妥钠原料药及其胶囊进行含量测定。

测定方法：取供试品约 0.1g，精密称定，置于 250mL 碘瓶中，加水 10mL，振摇使溶解，精密加溴滴定液（0.1mol/L）25mL，再加盐酸 5mL，立即密塞并振摇 1min，在暗处放置 15min 后，注意微开瓶塞，加碘化钾试液 10mL，立即密塞，摇匀后，用硫代硫酸钠滴定液（0.1mol/L）滴定，至近终点时，加淀粉指示液，继续滴定至蓝色消失。并将滴定结果用空白试验校正。每 1mL 溴滴定液

(0.1mol/L)相当于13.01mg$C_{12}H_{17}N_2NaO_3$。

滴定反应式为

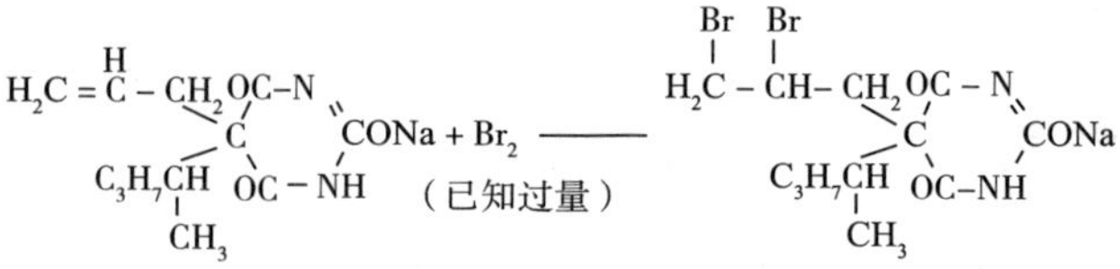

（司可巴比妥钠）

$$Br_2（剩余）+2KI \longrightarrow 2KBr+I_2$$

$$I_2+2Na_2S_2O_3 \longrightarrow 2NaI+Na_2S_4O_6$$

本法反应专属性强，针对结构中的双键特征，可与其他巴比妥类药物区别，不受干扰，操作简便。

(三)非水滴定法

基于巴比妥类药物的弱酸性，可在非水溶液中以标准碱液对其直接滴定，终点明显，可以得到较为满意的结果。最常用的有机溶剂为二甲基甲酰胺，其次有甲醇、氯仿、苯、吡啶、甲醇－苯(15∶85)、乙醛－氯仿(1∶10)、丙酮、无水乙醇等。常用的滴定剂为甲醇钠的甲醇溶液、氢氧化四丁基铵的氯苯溶液等。常用的指示剂为麝香草酚蓝，也有用玻璃－甘汞电极指示终点的方法。

例如《美国药典》对司可巴比妥的含量测定为：取本品约450mg，精密称定，加二甲基甲酰胺60mL使溶解。加麝香草酚蓝指示液4滴，在隔绝二氧化碳的情况下用电磁搅拌，以0.1mol/L甲醇钠液滴定，并将滴定的结果用空白试验校正。每1mL的甲醇钠(0.1mol/L)与23.83mg的$C_{12}H_{18}N_2O_3$相当。

非水滴定法可用于大部分巴比妥类药物及其制剂的分析。用于制剂时，可先用有机溶剂提取，然后按上法进行测定。片剂中如含有硬脂酸镁时，对本法有干扰。

(四)紫外分光光度法

硫代巴比妥类药物在酸性或碱性溶液中均有紫外吸收。硫喷要在酸性介质中的吸收峰分别位于287nm和238nm；在pH＝10的碱性条件下，吸收峰移至304nm和255nm(小峰)；强碱性溶液中，255nm峰消失，仅剩下304nm处一个吸收峰。《中国药典》(2015版)以硫喷妥钠为对照品，采用紫外分光光度法测定注射用硫喷妥钠的含量。

测定方法：取装量差异项下的内容物，混合均匀，精密称取适量(约相当于硫喷妥钠 0.25g)，置 500mL 量瓶中，加水稀释至刻度，摇匀，量取此溶液，用 0.4% 氢氧化钠液定量稀释制成每 1mL 中约含 5μg 的溶液；另取硫喷妥钠对照品，精密称定，加 0.4% 氢氧化钠溶液溶解并定量稀释制成每 1mL 中约含 5μg 的溶液。在 304nm 的波长处分别测定吸光度，根据每支的平均装量计算。每 1mg 的硫喷妥相当于 1.091mg$C_{11}H_{17}N_2NaO_2S$。

(五) HPLC 法

HPLC 法多用于制剂及体液中巴比妥类药物的含量测定。目前，临床上为了提高巴比妥类药物的疗效，减少毒副反应，为超剂量中毒诊断治疗提供依据，需要进行血药浓度检测，而 HPLC 是最常用的监测方法之一。

第二节 芳酸类药物的分析

芳酸类药物包括水杨酸及其酯类、苯甲酸及其酯类，以及其他一些含有芳环的羧酸及其酯类药物。

水杨酸及其酯类药物的典型代表有阿司匹林和对氨基水杨酸钠；苯甲酸及其酯类的典型药物如苯甲酸钠和丙磺舒。

本节以上述典型药物的分析为例，介绍芳酸类药物质量控制的方法与特点。

一、阿司匹林及其制剂的分析

(一) 阿司匹林

阿司匹林是临床常用的解热镇痛药，为水杨酸与醋酸所成的酯。其在水中微溶，在乙醇中易溶，遇湿气即缓缓水解。阿司匹林结构中有羧基，具有酸性，可采用酸碱滴定法测定含量。

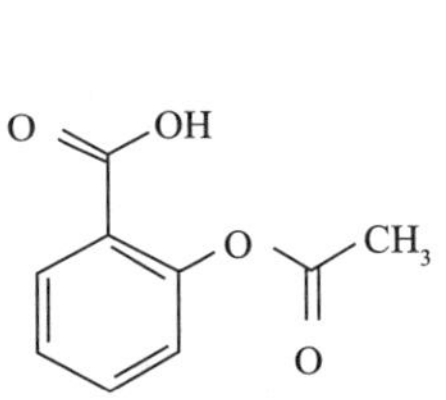

阿司匹林

1. 鉴别

阿司匹林属水杨酸类药物。水杨酸类药物包括水杨酸酯类、盐类，或另有取代的水杨酸类，该类药物可采用药典四部“一般鉴别试验”项下水杨酸盐的反应鉴别。

(1)与三氯化铁试液反应。阿司匹林结构中的酯键受热水解为水杨酸，水杨酸具酚性羟基，在中性或弱酸性(pH 为 4～6)条件下，与三氯化铁试液反应，生成紫堇色配合物。

方法：取供试品 0.1g，加水 10mL，煮沸，放冷，加三氯化铁试液 1 滴，即显紫堇色。

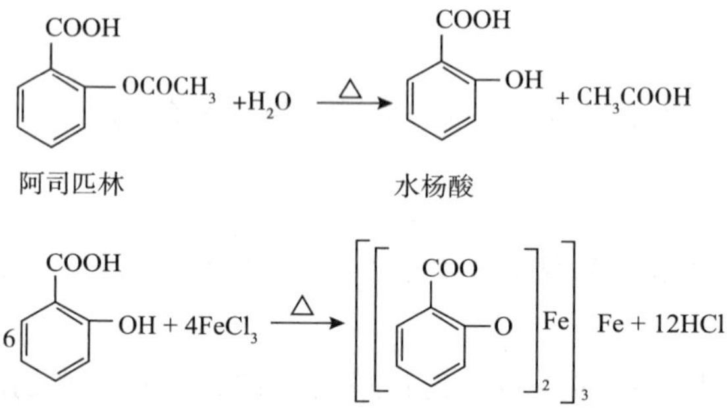

(2)水解反应。阿司匹林结构中的酯键与碳酸钠试液加热水解，生成水杨酸钠及醋酸钠，加过量稀硫酸酸化后，水杨酸白色沉淀析出，并产生醋酸的臭气。

方法：取供试品 0.5g，加碳酸钠试液 10mL，煮沸 2min，放冷，加过量的稀硫酸，即析出白色沉淀，并发生醋酸的臭气。

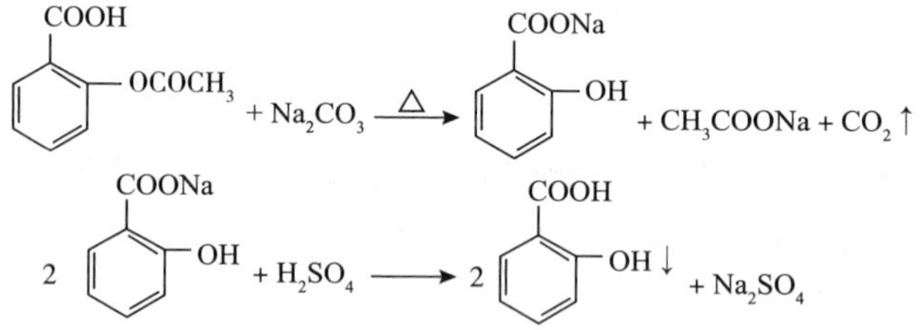

$$2CH_3COONa + H_2SO_4 \longrightarrow 2CH_3COOH + Na_2SO_4$$

(3)红外吸收光谱。红外吸收光谱由于具有较强的专属性，被多国药典用作药物的鉴别。《美国药典》一般采用标准品对照法，而《中国药典》(2015 版)则采用标准图谱对照法，即待测药物的红外吸收光谱应与标准图谱一致。《中国药典》(2015 版)阿司匹林鉴别亦采用了红外吸收光谱。阿司匹林红外图谱及主要特征蜂归属如图 7-6 所示。

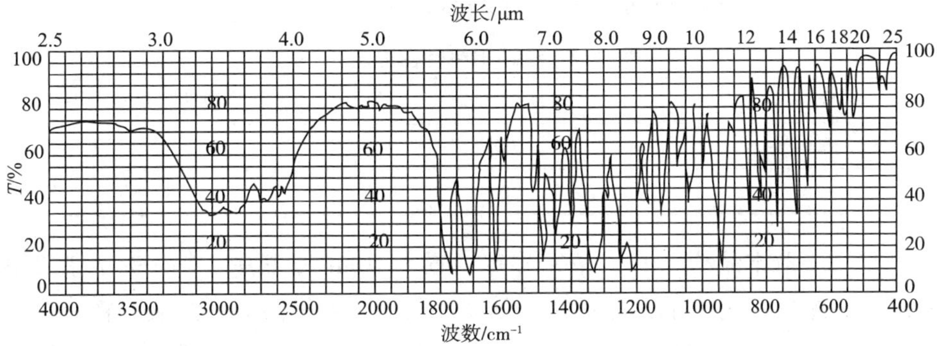

图7－6　阿司匹林红外吸收图谱

波数/cm^{-1}	归属
2300～3300	ν_{O-H}（羟基）
1760，1695	$\nu_{C=O}$（羰基）
1610，1580	ν_{Ar}
1310，1190	ν_{C-O}（酯基）
750	δ_{C-H}（邻位取代苯环）

2. 检查

阿司匹林的检查除包括炽灼残渣、重金属和干燥失重等一般检查项目外，还包括溶液澄清度、游离水杨酸、易炭化物及有关物质等检查项目。

(1)有关物质。有关物质包括阿司匹林制备工艺(如下式所示)中可能含有未完全反应的原料、中间体及副产物，在贮藏过程中还可能产生水解产物等。

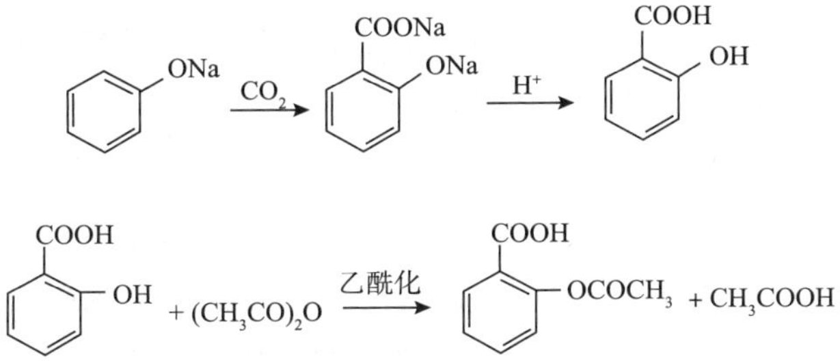

《中国药典》(2015 版)采用高效液相色谱法测定阿司匹林中的有关物质。方法如下：用十八烷基硅烷键合硅胶为固定相，以乙腈－四氢呋喃－冰醋酸－水(20∶5∶5∶70)为流动相 A，乙腈为流动相 B，按表 7－2 所示进行线性梯度洗脱；检测波长为276nm。阿司匹林峰的保留时间约为8min，理论板数按阿司匹林峰计算不低于5000，阿司匹林峰与水杨酸峰分离度应符合要求。

表7-2 流动相线性梯度洗脱表

时间/min	流动相A/%	流动相B/%
0.0	100	0
60.0	20	80

测定法：取本品约0.1g，精密称定，置于10mL量瓶中，加1%冰醋酸甲醇溶液适量，振摇使之溶解，并稀释至刻度，摇匀，即得供试品溶液；精密量取供试品溶液1mL，置于200mL量瓶中，用1%冰醋酸甲醇溶液稀释至刻度，摇匀，即得对照溶液；精密量取对照溶液1mL置于10mL量瓶中，用1%冰醋酸甲醇溶液稀释至刻度，摇匀，即得灵敏度试验溶液。分别精密量取供试品溶液、对照溶液、灵敏度试验溶液及水杨酸检查项下的水杨酸对照品溶液各10μL，注入液相色谱仪，记录色谱图。供试品溶液色谱图中如显杂质峰，除小于灵敏度试验溶液中阿司匹林主峰面积的单个杂质峰、溶剂峰及水杨酸峰不计外，其余各杂质峰面积的和不得大于对照溶液主峰峰面积(0.5%)。

(2)游离水杨酸。阿司匹林生产过程中乙酰化不完全或贮藏过程中水解均产生水杨酸，且易被空气氧化成一系列红棕甚至深棕色醌型有色物质，使阿司匹林成品变色，因此须加以控制。

《中国药典》(2015版)采用高效液相色谱法测定游离水杨酸。方法如下：用十八烷基硅烷键合硅胶为固定相；以乙腈-四氢呋喃-冰醋酸-水(20∶5∶5∶70)为流动相；检测波长为303nm，理论板数按水杨酸峰计算不低于5000，阿司匹林主峰与水杨酸主峰分离度应符合要求。

供试品溶液的制备：取本品约100mg，精密称定，置于10mL量瓶中，加1%冰醋酸甲醇溶液适量，振摇使溶解，并稀释至刻度；摇匀，即得(临用前新配)。

对照品溶液的制备：取水杨酸对照品约10mg，精密称定，置于100mL量瓶中，加1%冰醋酸甲醇溶液适量使溶解，并稀释至刻度，摇匀；精密量取5mL，置于50mL量瓶中，用1%冰醋酸甲醇溶液稀释至刻度，摇匀，即得。

测定法：立即精密量取供试品溶液、对照品溶液各10μL，分别注入液相色谱仪，记录色谱图。供试品溶液色谱图中如显水杨酸色谱峰，按外标法以峰面积计算供试品中水杨酸含量，含水杨酸不得过0.1%。

(3)易炭化物。此项检查适用于能被硫酸炭化呈色的低分子有机杂质。取规定量供试品炭化后如显色，与对照液比较，不得更深。

取内径一致的比色管两支：甲管加比色用氯化钴液0.25mL、比色用重铬酸钾液0.25mL、比色用硫酸铜液0.4mL，加水使成5mL作为对照；乙管中加硫酸[含 H_2SO_4 94.5%~95.5%]5mL后，分次缓缓加入供试品0.5g，振摇使溶解。静置15min后，将甲乙两管同置白色背景前，平视观察，乙管中所显颜色不得较甲管更深。

3. 含量测定

阿司匹林结构中含羧基，具有酸性，《中国药典》(2015版)采用酸碱滴定法测定阿司匹林含量。

(1)方法。取本品约0.4g，精密称定，加中性乙醇(对酚酞指示液显中性)20mL溶解后加酚酞指示液3滴，用氢氧化钠滴定液(0.1mol/L)滴定。每1mL的氢氧化钠滴定液(0.1mol/L)相当于18.02mg的 $C_9H_8O_4$。

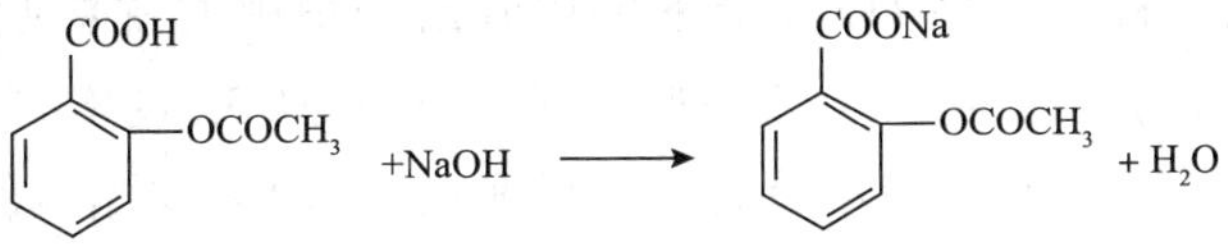

(2)讨论。为了防止阿司匹林水解，致使测定结果偏高，故不用水为溶剂，而用中性乙醇溶液溶解样品进行滴定。阿司匹林是弱酸，用强碱滴定时，化学计量点偏碱性，故指示剂选用在碱性区变色的酚酞。滴定时应在不断振摇下稍快地进行，以防止局部碱度过大而促使其水解。

(二)阿司匹林片剂

《中国药典》(2015版)收载的阿司匹林制剂包括片剂、肠溶片、肠溶胶囊和泡腾片。片剂需检查溶出度，肠溶片与肠溶胶囊需检查释放度。由于阿司匹林在制剂生产中可能水解产生水杨酸，故上述制剂均须检查水杨酸。片剂中水杨酸的限量为0.3%，肠溶片为1.5%，泡腾片中水杨酸的限量则为3.0%。

1. 游离水杨酸

片剂中游离水杨酸采用高效液相色谱法测定，色谱条件与原料药中水杨酸测定条件相同。供试品溶液的制备需取片粉适量，用1%冰醋酸的甲醇溶液振摇溶解并稀释，经有机相滤膜(孔径0.45μm)过滤进行分析。方法如下：

色谱条件与系统适用性试验：用十八烷基硅烷键合硅胶为固定相，以乙腈-四氢呋喃-冰醋酸-水(20:5:5:70)为流动相；检测波长为303nm。理论板数按水杨酸峰计算不低于3000，阿司匹林峰与水杨酸峰分离度应符合要求。

测定法：精密称取本品细粉适量(约相当于阿司匹林0.5g)，置于100mL量瓶中，用1%冰醋酸的甲醇溶液振摇溶解，并稀释至刻度，摇匀，用有机相滤膜（孔径0.45μm）过滤，立即精密量取续滤液10μL，注入液相色谱仪，记录色谱图；另取水杨酸对照品约15mg，精密称定，置于50mL量瓶中，用1%冰醋酸的甲醇溶液溶解，并稀释至刻度，摇匀；精密量取5mL，置于100mL量瓶中，用1%冰醋酸的甲醇溶液稀释至刻度，摇匀，同法测定。按外标法以峰面积计算，含游离水杨酸不得超过阿司匹林标示量的0.3%。

2. 溶出度

《中国药典》（2015版）采用高效液相色谱法测定片剂溶出度，所涉及阿司匹林片剂的规格有每片50mg、0.3g、0.5g。溶出度测定方法为：

取稀盐酸24mL加水至1000mL，制得盐酸溶液。取本品，以盐酸溶液500mL（50mg规格）或1000mL（0.3g、0.5g规格）为溶出介质，转速为每100r/min，依法操作，经30min时，取溶液10mL过滤，取续滤液作为供试品溶液。另取阿司匹林对照品，精密称定，加1%冰醋酸的甲醇溶液溶解并稀释制成每1mL中含0.08mg（50mg规格）、0.24mg（0.3g规格）或0.4mg（0.5g规格）的溶液，作为阿司匹林对照品溶液：取水杨酸对照品，精密称定，加1%冰醋酸的甲醇溶液溶解并稀释制成每1mL中含0.01mg（50mg规格）、0.03mg（0.3g规格）或0.05mg（0.5g规格）的溶液，作为水杨酸对照品溶液。照含量测定项下的色谱条件，精密量取供试品溶液、阿司匹林对照品溶液与水杨酸对照品溶液各10μL，分别注入液相色谱仪，记录色谱图。按外标法以峰面积分别计算每片中的阿司匹林与水杨酸含量，将水杨酸含量乘以1.304后，与阿司匹林含量相加即得每片溶出量，应符合≥标示量80%的限度要求（阿司匹林相对分子质量为180.16，水杨酸相对分子质量为138.12，校正因子为1.304）。

讨论：

上式中系数1.304是阿司匹林的相对分子质量与水杨酸相对分子质量之比（180.16/138.12），即将所测得的水杨酸的量折算为阿司匹林的量。

片剂的溶出度系指药物在规定溶剂中从片剂或胶囊剂等固体制剂溶出的速度和程度。测定时将供试制剂置于溶出仪的吊篮中，在37℃±0.5℃恒温下，在规定的转速、介质中依法检查，在规定的时间内测定其溶出的量。

片剂溶出度的测定主要用于一些难溶性的药物，它是观察生物利用度的一种简易的体外试验法。溶出度试验不一定和体内的生物利用度结果都有相关性，但对控制处方和生产过程中的各因素的变化是一种有效的方法，同时，它与药物在体内药效的真实情况仍有一定的平行关系。

3. 含量测定

（1）两步滴定法。阿司匹林片和阿司匹林肠溶片中除了加入少量酒石酸或枸橼酸稳定剂外，制剂工艺过程中也可能有水解产物（水杨酸、醋酸）产生，因此不能采用直接滴定法，而采用先中和与供试品共存的酸，再将阿司匹林在碱性条件下水解后测定。由于测定分两步进行，故称为两步滴定法。《中国药典》（2005版）曾采用两步滴定法测定片剂含量。

①中和。方法：取本品10片，精密称定，研细，精密称取适量（约相当于阿司匹林0.3g），置锥形瓶中，加入中性乙醇（对酚酞指示液显中性）20mL，振摇使阿司匹林溶解，加酚酞指示液3滴，滴加氢氧化钠滴定液（0.1mol/L）至溶液显粉红色。

在此过程中，中和了与阿司匹林共存的游离酸，阿司匹林也同时成为钠盐，如下列反应式所示：

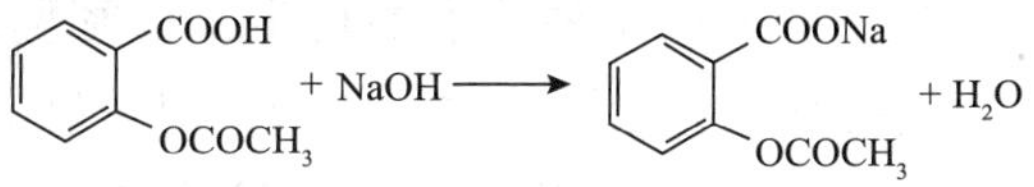

②水解与测定。于上述溶液中，再精密加氢氧化钠滴定液（0.1mol/L）40mL，置水浴上加热15min并时时振摇，迅速放冷到室温，用硫酸滴定液（0.05mol/L）滴定，并将滴定的结果用空白试验校正。每1mL的氢氧化钠滴定液（0.1mol/L）相当于18.02mg的$C_9H_8O_4$。

在此过程中，阿司匹林中酯结构水解而消耗碱，而共存酸不干扰测定，供试品中阿司匹林的含量，由水解时消耗的碱量计算。如下反应式所示：

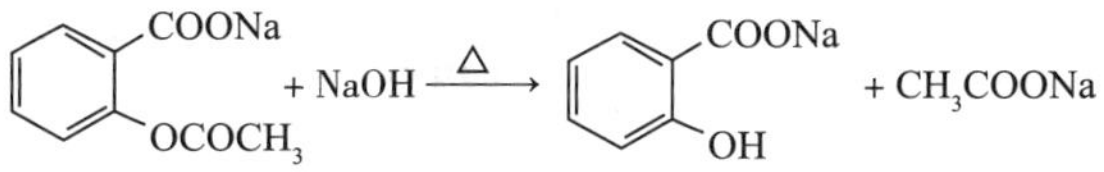

$$2NaOH + H_2SO_4 \longrightarrow Na_2SO_4 + 2H_2O$$

③讨论。该滴定为剩余滴定法，从空白溶液所消耗碱的量中，减去供试液消耗碱的量，即为阿司匹林中酯结构水解而消耗碱的量，由于氢氧化钠1mol与硫酸0.5mol、阿司匹林1mol相当，故1mL氢氧化钠滴定液（0.1mol/L）或1mL硫酸滴定液（0.05mol/L）相当于阿司匹林的量为：

$$滴定度\quad T = \frac{1}{1} \times 0.1 \times 180.2 = 18.02。$$

（2）高效液相色谱法。《中国药典》（2015版）采用高效液相色谱法测定片剂含量。高效液相色谱法可使混合物中各组分相互分离，而后逐个分析，因而是分析混合物的有力手段。此法具有灵敏度高、选择性好、分析速度快等优点，因而被各国药典广泛用作复杂体系中各组分的含量测定。

色谱条件与系统适用性试验：用十八烷基硅烷键合硅胶为固定相，以乙腈－四氢呋喃－冰醋酸－水(20∶5∶5∶70)为流动相；检测波长为276nm。理论板数按阿司匹林峰计算不低于3000，阿司匹林峰与水杨酸峰分离度应符合要求。

测定法：取本品20片，精密称定，充分研细，精密称取细粉适量(约相当于阿司匹林10mg)，置100mL量瓶中，用1%冰醋酸的甲醇溶液强烈振摇使溶解，并用1%冰醋酸的甲醇溶液稀释至刻度，摇匀，用有机相滤膜(孔径0.45μm)过滤，精密量取续滤液10μL注入液相色谱仪，记录色谱图；另取阿司匹林对照品，精密称定，加1%冰醋酸的甲醇溶液强烈振摇使溶解并定量稀释制成每1mL中约含0.1mg的溶液，同法测定。按外标法以峰面积计算，即得。

讨论：

本法为外标法。外标法是按各品种项下的规定，精密称(量)取对照品和供试品，配制成溶液，分别精密取一定量，注入仪器，记录色谱图。测量对照品溶液和供试品溶液中待测杂质的峰面积(或峰高)，按外标法计算含量。

二、对氨基水杨酸钠的分析

对氨基水杨酸钠是抗结核药，为4－氨基－2－羟基苯甲酸钠盐二水合物。其结构如下：

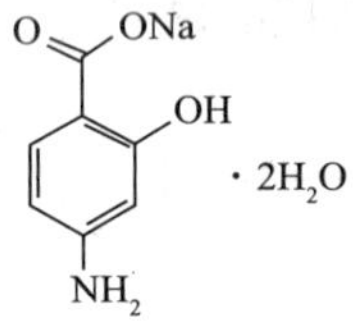

对氨基水杨酸钠为白色或类白色的结晶或结晶性粉末；无臭，味甜带咸；在水中易溶，在乙醇中略溶，在乙醚中不溶。

(一)鉴别

1. 与三氯化铁试液反应

取本品约10mg，加水10mL溶解后，加稀盐酸2滴使呈酸性，加三氯化铁试液1滴，应显紫红色；放置3h，不得发生沉淀(与5－氨基水杨酸钠的区别)。

2. 红外吸收光谱

《中国药典》(2015版)采用红外吸收光谱法进行对氨基水杨酸钠的鉴别。按照药典《药品红外光谱集》所规定的制备方法制备样品，测定供试品的红外光谱，规定供试品的红外吸收图谱应与对照的图谱一致。

（二）检查

对氨基水杨酸钠的检查项目有溶液的澄清度与颜色、氯化物、硫酸盐、间氨基酚、硫化物、干燥失重、重金属和砷盐等，若供注射用，还需检查热原与无菌。

对氨基水杨酸钠的合成方法有多种，以间氨基酚为原料的生产路线较为普遍，因此，在成品中可能有未反应完全的间氨基酚。对氨基水杨酸钠又很不稳定，在潮湿的空气中，置日光中或遇热受潮时，失去二氧化碳，生成间氨基酚，色渐变深，并被氧化成二苯醌型化合物（见下列反应式）。此化合物的氨基容易被羟基取代而生成3,5,3′,5′－四羟基联苯醌，呈明显的红棕色，间氨基酚的存在不仅导致变色，且有毒性，因此在检查项下进行限量控制。

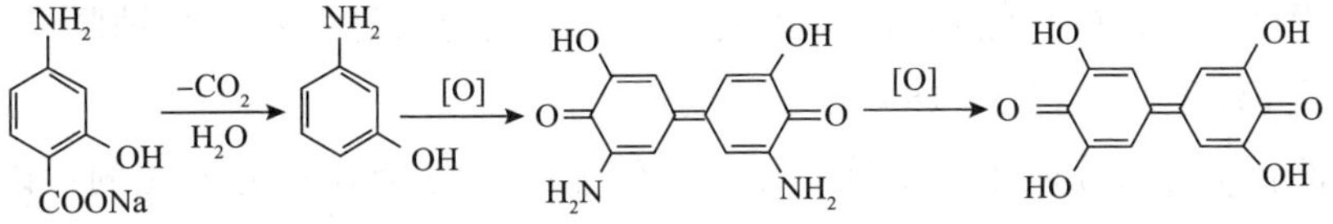

有关物质测定法：避光操作；临用新制；取本品适量，精密称定，加流动相溶解并定量稀释制成每1mL中约含1mg的溶液，作为供试品溶液；精密量取供试品溶液适量，用流动相稀释制成每1mL中含1μg的溶液，作为对照溶液；另取间氨基酚对照品适量，精密称定，加流动相溶解并定量稀释制成每1mL中含1μg的溶液，作为对照品溶液。用十八烷基硅烷键合硅胶为填充剂；以乙腈－10%四丁基氢氧化铵溶液－0.05mol/L磷酸二氢钠（100∶2∶900）为流动相；检测波长为220nm。分别取间氨基酚、5－氨基水杨酸（美沙拉嗪）和对氨基水杨酸钠对照品各适量，加流动相溶解制成每1mL中含间氨基酚和5－氨基水杨酸各5μg、对氨基水杨酸钠10μg的混合溶液作为系统适用性溶液，取系统适用性溶液20μL，注入液相色谱仪，记录色谱图，出峰顺序依次为间氨基酚、5－氨基水杨酸与对氨基水杨酸钠，相邻各色谱峰之间的分离度均应符合要求。精密量取供试品溶液、对照溶液与对照品溶液各20μL，分别注入液相色谱仪，记录色谱图至主成分峰保留时间的3.5倍。供试品溶液的色谱图中如有与对照品溶液主峰保留时间一致的峰，按外标法以峰面积计算，不得过0.1%，其他单个杂质峰面积不得大于对照溶液主峰面积（0.1%），各杂质峰面积的和不得大于对照溶液主峰面积的5倍（0.5%）。供试品溶液色谱图中任何小于对照溶液主峰面积0.1倍（0.01%）的峰忽略不计。

(三)含量测定

1. 亚硝酸钠滴定法

《中国药典》(2015版)采用亚硝酸钠滴定法进行对氨基水杨酸钠原料的含量测定。

测定的原理是对氨基水杨酸钠具有芳伯氨基，能在盐酸存在下与亚硝酸钠定量地发生重氮化反应，生成重氮盐，因此药典采用亚硝酸钠滴定法和永停指示终点法测定对氨基水杨酸钠及其制剂的含量。

方法：取本品约0.15g，精密称定，加水20mL溶解后，加50%溴化钠溶液10mL与冰醋酸25mL，照电位滴定法(通则0701)，快速加入亚硝酸钠滴定液(0.1mol/L)5mL后，继续用该滴定液滴定至终点。每1mL亚硝酸钠滴定液(0.1mol/L)相当于17.52mg的$C_7H_6NNaO_3$。

2. 高效液相色谱法

《中国药典》(2015版)采用高效液相色谱法测定对氨基水杨酸钠肠溶片含量。

依照高效液相色谱法(通则0512)测定。

色谱条件与系统适用性试验：用十八烷基硅烷键合硅胶为填充剂；以乙腈-10%四丁基氢氧化铵溶液-0.05mol/L磷酸二氢钠(100:2:900)为流动相；检测波长为265nm。分别取间氨基酚、5-氨基水杨酸(美沙拉嗪)和对氨基水杨酸钠对照品各适量，加流动相溶解制成每1mL中含间氨基酚和5-氨基水杨酸各5μg、对氨基水杨酸钠10μg的混合溶液作为系统适用性溶液，取系统适用性溶液20μL，注入液相色谱仪，记录色谱图，出峰顺序依次为间氨基酚、5-氨基水杨酸、对氨基水杨酸钠，相邻各色谱峰之间的分离度均应符合要求。

测定法：取本品10片，除去包衣，精密称定，研细，精密称取细粉适量(约相当于对氨基水杨酸钠100mg)，置于100mL量瓶中，加流动相使对氨基水杨酸钠溶解并稀释至刻度，摇匀，过滤，精密量取续滤液5mL，置100mL量瓶中，用流动相稀释至刻度，摇匀，作为供试品溶液，精密量取20μL注入液相色谱仪，记录色谱图；另取对氨基水杨酸钠对照品，精密称定，同法测定。按外标法以峰面积计算，即得。

三、苯甲酸钠的分析

苯甲酸钠以及丙磺舒属于苯甲酸类药物，苯甲酸钠系消毒防腐药，丙磺舒为抗痛风药，它们的结构如下：

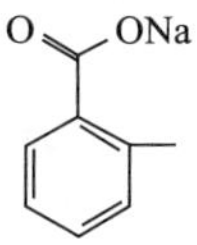
苯甲酸钠
（Sodium Benzoate）

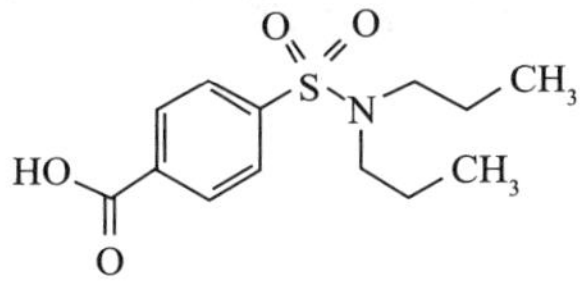
丙磺舒
（Probenecid）

苯甲酸钠为白色颗粒、粉末或结晶性粉末；无臭或微带臭气，味微甜带咸；其在水中易溶，在乙醇中略溶。

苯甲酸为白色有丝光的鳞片或针状结晶或结晶性粉末；质轻；无臭或微臭；在热空气中微有挥发性。

（一）鉴别

苯甲酸钠为苯甲酸的钠盐，显钠盐的鉴别反应；另外药典还采用红外吸收光谱法鉴别。

（1）钠盐的焰色反应。取本品约 0.5g，加水 10mL 溶解后，溶液作为供试品。取铂丝，用盐酸湿润后，蘸取供试品，在无色火焰中燃烧，火焰即显鲜黄色。

（2）本品的红外光吸收图谱应与对照的图谱（光谱集 234 图）一致（通则 0402）。

（二）检查

苯甲酸钠的检查项包括酸碱度、溶液的澄清度、溶液颜色、干燥失重、重金属和砷盐等一般检查项目。

酸碱度检查方法如下：取本品 1.0g，加水 20mL 溶解后，加酚酞指示液 2 滴；如显淡红色，加硫酸滴定液（0.05mol/L）0.25mL，淡红色应消失；如无色，加氢氧化钠滴定液（0.1mol/L）0.25mL 应显淡红色。

溶液的澄清度与颜色检查方法如下：取本品 1.0g，加水 10mL 使溶解，依法检查（通则 0901 与通则 0902），溶液应澄清无色。

（三）含量测定

（1）采用双相滴定法，可以测定苯甲酸钠的含量。

原理：苯甲酸钠为芳酸碱金属盐，易溶于水，其水溶液呈碱性，用盐酸滴定液滴定时，析出不溶于水的游离酸，并且使滴定终点的 pH 突跃不明显，不利于终点的正确判断。因此，利用苯甲酸能溶于有机溶剂的性质，在水相中加入与水不相混溶的有机溶剂（乙醚），并置于分液漏斗中进行滴定反应，将滴定过程中产生的苯甲酸不断萃取入有机溶剂层中，减少苯甲酸在水中的浓度，使滴定反应完全，终点清晰，同时可降低苯甲酸的离解，滴定反应原理如下：

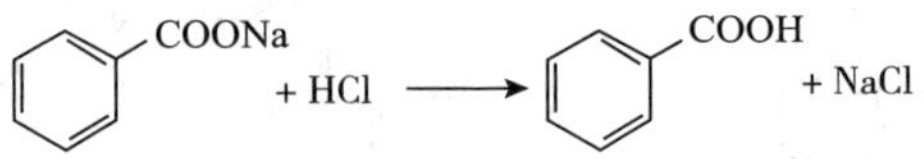

方法：取供试品约1.5g，精密称定，置于分液漏斗中，加水25mL、加乙醚50mL及甲基橙指示液2滴，用盐酸滴定液(0.5mol/L)滴定，边滴边振摇，至水层显橙红色；分取水层，置于具塞锥形瓶中，乙醚层用水5mL洗涤，洗液并入锥形瓶中，加乙醚20mL，继续用盐酸滴定液(0.5mol/L)滴定，随滴随振摇，至水层显持续的橙红色。每1mL的盐酸滴定液(0.5mol/L)相当于72.06mg的$C_7H_5NaO_2$。

讨论：①滴定中不断振摇，可使滴定中生成的苯甲酸不断地萃取入乙醚，同时降低苯甲酸的解离。

②为使滴定完全，最后将醚层分出用水洗涤，使混溶于醚中的盐洗出，洗液并入水层，继续滴定。

③滴定反应终点偏酸性，故不能选酚酞为指示剂，需选择在酸性条件下变色的指示剂甲基橙。

(2)非水溶液滴定法。《中国药典》(2015版)采用非水溶液滴定法测定苯甲酸钠的含量：本品经105℃干燥至恒重，取约0.12g，精密称定，加冰醋酸20mL使溶解，加结晶紫指示液1滴，用高氯酸滴定液(0.1mol/L)滴定至溶液显绿色，并将滴定的结果用空白试验校正。每1mL高氯酸滴定液(0.1mol/L)相当于14.41mg的$C_7H_5NaO_2$。

第三节　胺类药物的分析

胺类药物范围较广，临床上常用的药物较多。根据药物的化学结构，可分为芳胺类、芳烃胺类、脂肪胺类、季铵盐类等。本节选择芳胺类、苯乙胺类药物予以介绍。

一、芳胺类药物的分析

芳胺类药物的基本结构有两类；一类为对氨基苯甲酸酯类，另一类则为芳酰胺类药物。

（一）典型药物结构及性质

1. 对氨基苯甲酸酯类药物

对氨基苯甲酸酯类药物多为局部麻醉药，它们的分子结构中含有对氨基苯甲酸酯的基本结构：

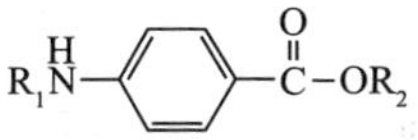

典型药物有盐酸普鲁卡因、苯佐卡因和盐酸丁卡因，它们的结构为：

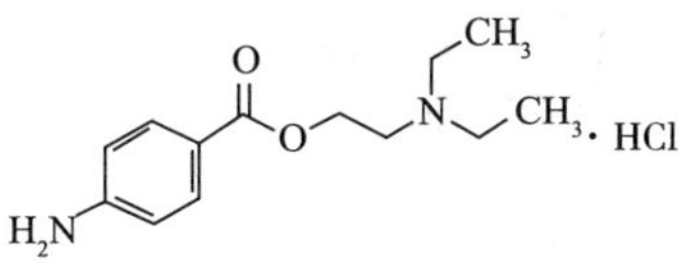

盐酸普鲁卡因
（Procaine hydrochloride）

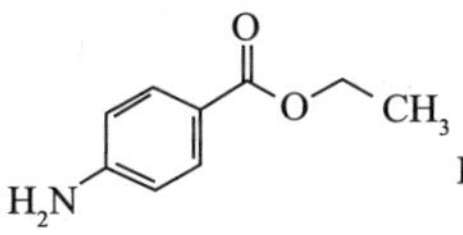

苯佐卡因
（Benzocaine）

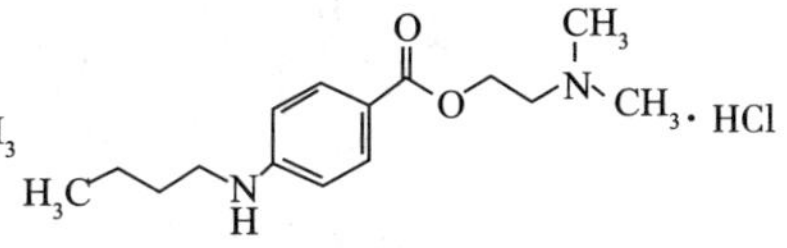

盐酸丁卡因
（Teteacaine hydrochloride）

对氨基苯甲酸酯类药物的游离碱多为碱性油状液体或熔点低固体，难溶于水，可溶于有机溶剂；它们的盐酸盐多为白色结晶性粉末，易溶于水和乙醇，难溶于有机溶剂。如普鲁卡因和丁卡因，临床多用其盐酸盐。苯佐卡因为白色结晶性粉末；遇光色渐变黄；在乙醇、氯仿或乙醚中易溶，在水中极微溶解，在稀酸中溶解。

本类药物中部分品种由于侧链具有脂肪族氮原子，呈一定的碱性，能与酸成盐，可采用非水溶液滴定法测定含量，并能与生物碱沉淀剂发生沉淀反应。

分子中具有芳伯氨基的对氨基苯甲酸酯类药物，可进行重氮化—偶合反应（芳香第一胺类反应）；可与芳醛缩合成席夫氏碱（Schiff 碱）。同时芳伯氨基对光及氧较敏感，易被氧化，所以盐酸普鲁卡因和盐酸丁卡因等需遮光、密闭保存。此外，本类药物分子结构中有酯键，容易水解，水解受酸、碱、高温等条件的影响。例如盐酸丁卡因在 20℃时，pH 为 3.5～5.5 时稳定性好，而其溶液加入氢氧化钠会加速水解；同时常温下储存 1 个月含量下降约 4%，冰箱放置 1 年，含量仅下降 2.1%。

2. 芳酰胺类药物

芳酰胺类药物均为苯胺的酰基衍生物，分子中具有芳酰氨基的基本结构：

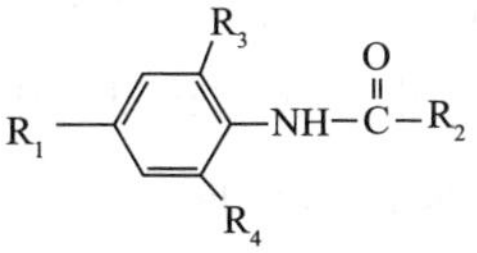

典型药物有对乙酰氨基酚(解热镇痛药)、盐酸妥卡尼(抗心律失常药)及盐酸利多卡因、盐酸布比卡因等局部麻醉药，它们的结构如下：

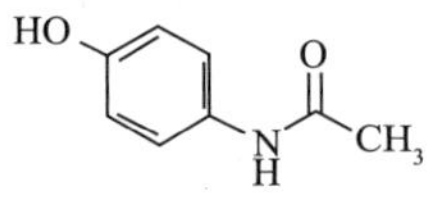

对乙酰氨基酚
(Paracetamol acetaminophen)

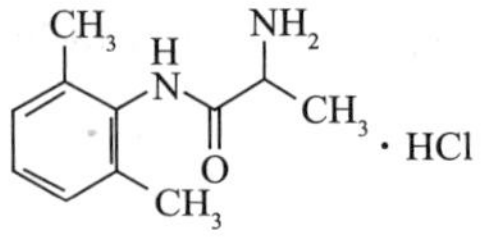

盐酸妥卡尼
(Tocainide hydrochloride)

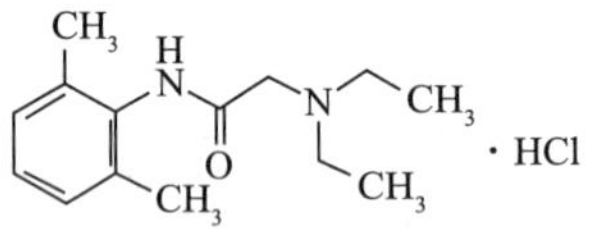

盐酸利多卡因
(Lidocaine hydrochloride)

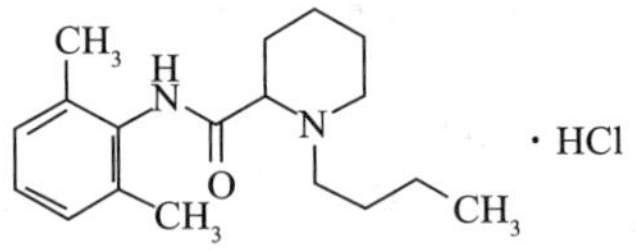

盐酸布比卡因
(Bupivacaine hydrochloride)

本类药物多为白色结晶或结晶性粉末；药物的游离碱在水中溶解性不好，它们的盐酸盐可溶于水、乙醇。如盐酸布比卡因为白色结晶性粉末，在乙醇中易溶，在水中溶解，在氯仿中微溶，在乙醚中几乎不溶。

本类药物为芳香胺的酰基衍生物，分子结构中具有潜在芳伯氨基，在酸性溶液中易水解得到具有芳伯氨基的产物，可发生重氮化或重氮化－偶合反应，用于鉴别及含量测定。对乙酰氨基酚的水解反应速率相对较快；盐酸利多卡因和盐酸布比卡因酰氨键的两个邻位均有甲基，由于空间位阻的影响，其水溶液不易水解，比较稳定。

盐酸利多卡因和盐酸布比卡因的脂烃胺侧链上有叔胺氮原子，显碱性，可以成盐，可与生物碱沉淀剂发生沉淀反应，可在水溶液中与铜离子或钴离子络合呈色。

此外，对乙酰氨基酚具有酚羟基，可与三氯化铁作用呈色，借此可与盐酸布比卡因等芳酰胺类药物区别。

(二)鉴别试验

1. 重氮化－偶合反应

凡分子结构中具有游离芳伯氨基的药物，如苯佐卡因和盐酸普鲁卡因，均可在盐酸溶液中，直接与亚硝酸钠进行重氮化反应，生成的重氮盐再与碱性β-萘酚偶合，生成有色的偶氮化合物。此反应收载于《中国药典》(2015 版)四部“一般鉴别试验”项下，用于芳香第一胺类的鉴别。

《中国药典》(2015 版)对盐酸普鲁卡因的鉴别方法为：取供试品约 50mg，加稀盐酸 1mL，必要时缓缓煮沸使溶解，放冷，加 0.1mol/L 亚硝酸钠溶液数滴，再加碱性 β－萘酚试液数滴，生成猩红色沉淀。

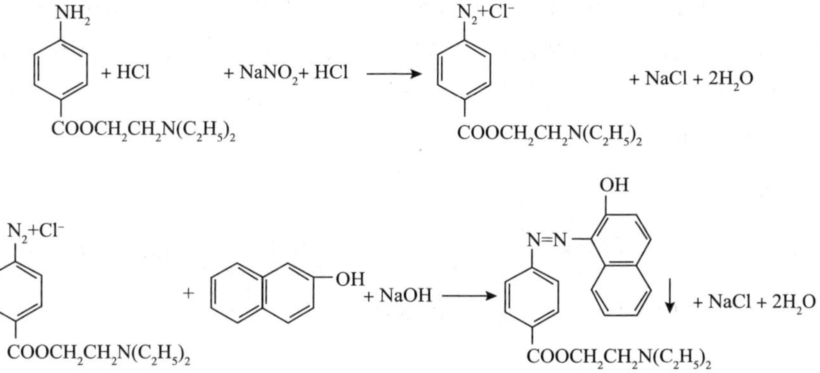

具潜在芳伯氨基的药物，经适当方法处理后，若能游离出芳伯氨基，也可发生重氮化－偶合反应。例如对乙酰氨基酚具有酰胺结构，在酸性溶液中受热水解，生成对氨基酚，该化合物与亚硝酸钠及碱性 β－苯酚试液作用，产生红色的偶氮化合物。

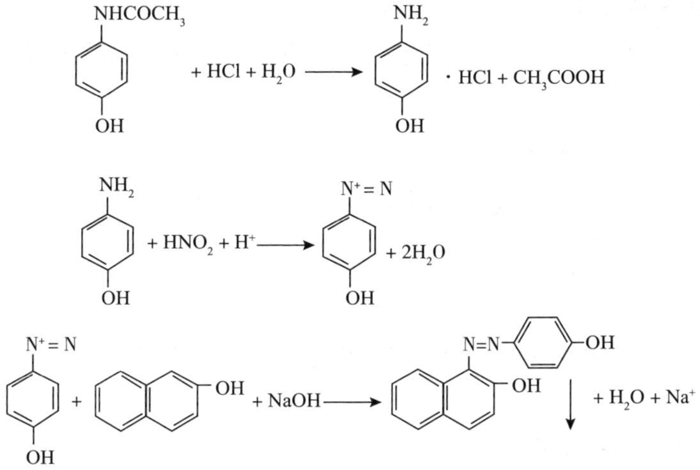

《中国药典》(2015 版) 中，对乙酰氨基酚的鉴别方法为：取供试品约 0.1g，加稀盐酸 5mL，置水浴中加热 40min 使水解，放冷；取 0.5mL，滴加亚硝酸钠试液 5 滴，摇匀，加水 3mL 后，加碱性 β－萘酚试液 2mL，振摇，即显红色。

2. 水解及水解产物反应

分子结构中有酯键(或酰胺键) 的药物，容易水解，其水解受酸、碱、高温等条件的影响。利用水解反应及水解产物的性质，可以对化合物进行鉴别。

如盐酸普鲁卡因具有对氨基苯甲酸酯的结构，向其水溶液加10%氢氧化钠溶液后，盐酸普鲁卡因转化为游离普鲁卡因，由于其水溶性小，析出白色沉淀。初热时，游离的普鲁卡因呈油状物；继续加热，则酯键水解释放出二乙氨基乙醇和对氨基苯甲酸钠(二乙氨基乙醇为碱性蒸气，能使润湿的红色石蕊试纸变为蓝色)；热至油状物消失，普鲁卡因完全水解后，放冷，加盐酸酸化，即析出对氨基苯甲酸的白色沉淀。

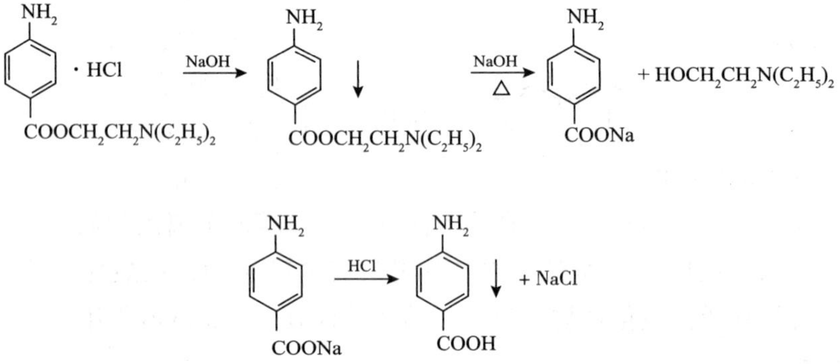

苯佐卡因与强碱液共沸，发生水解反应，生成乙醇及对氨基苯甲酸盐。乙醇可进一步与碘试液在加热条件下发生碘仿反应，生成碘仿的黄色沉淀，并有碘仿的臭气。

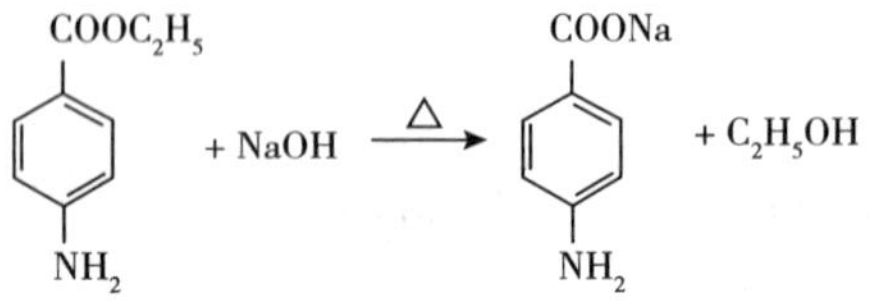

$$C_2H_5OH + 4I_2 + 6NaOH \xrightarrow{\triangle} \underset{\text{碘仿}}{CHI_3} \downarrow + 5NaI + 5H_2O + HCOONa$$

3. 与重金属离子反应

盐酸利多卡因分子结构中具有芳酰胺，在碳酸钠碱性条件下，可与硫酸铜反应生成蓝紫色配位化合物；加入氯仿适量，振摇后放置，有色物转溶入氯仿而使氯仿层显黄色，可用于盐酸利多卡因的鉴别。《中国药典》(2015版)中盐酸利多卡因鉴别方法为：取本品0.2g，加水20mL溶解后，取溶液2mL，加硫酸铜试液0.2mL与碳酸钠试液1mL，即显蓝紫色；加三氯甲烷2mL，振摇后放置，三氯甲烷层显黄色。

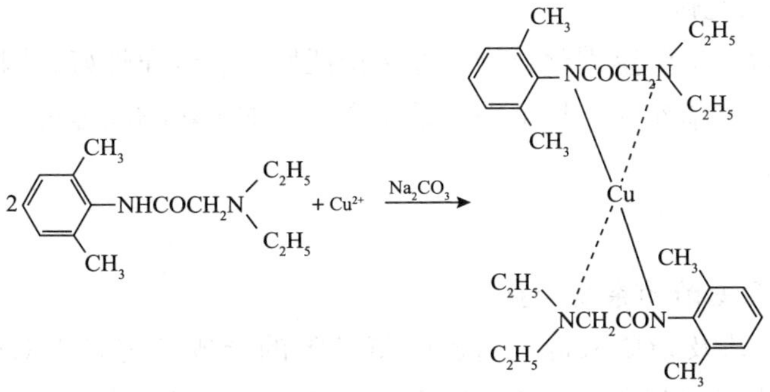

4. 与三氯化铁反应

对乙酰氨基酚具有酚羟基，向其水溶液加三氯化铁试液，酚羟基可与三氯化铁发生呈色反应，而使溶液呈蓝紫色。

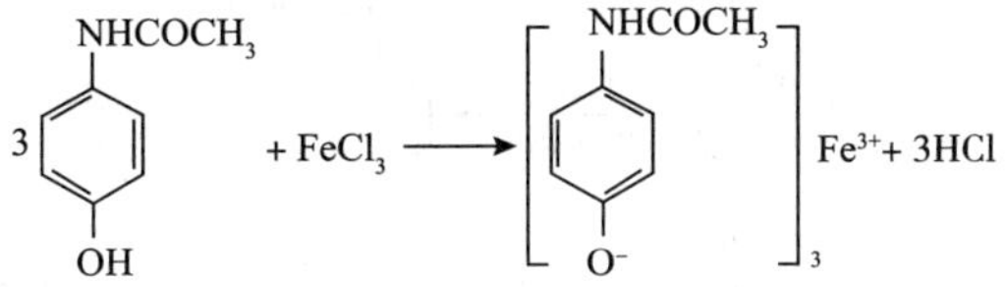

5. 氯化物的鉴别反应

盐酸普鲁卡因、盐酸丁卡因、盐酸利多卡因等药物均为有机碱的盐酸盐，应显氯化物的鉴别反应。根据《中国药典》(2015 版)四部收载的“一般鉴别试验”项下氯化物的鉴别反应，可以对它们进行鉴别。

(1)取供试品溶液，加入适量的硝酸使呈酸性，加入硝酸银试液，即生成白色凝乳状沉淀；分离，沉淀加氨试液即溶解，再加硝酸，沉淀复生成。如供试品为有机碱的盐酸盐，需先加氨试液使呈碱性，将析出的沉淀过滤除去，取滤液进行试验。

$$Cl^- + Ag^+ \longrightarrow AgCl\downarrow$$

此沉淀需分离后再加氨试液溶解，这是由于氯化银是在酸性溶液中析出的，溶液酸度很强，如不分离直接加氨试液，则所需量很大。

$$AgCl + 2NH_3 \cdot H_2O \longrightarrow Ag(NH_3)_2^+ + Cl^- + 2H_2O$$

$$Ag(NH_3)_2^+ + Cl^- + 2H^+ \longrightarrow AgCl\downarrow + 2NH_4^+$$

(2)取供试品少量，置试管中，加等量的二氧化锰，混匀，加硫酸湿润，缓缓加热，发生的氯气能使湿润的碘化钾淀粉试纸显蓝色。

6. 紫外吸收光谱

本类药物分子结构中均具有苯环，在紫外光区有特征吸收，可用于鉴别。

7. 红外吸收光谱

用红外吸收光谱法鉴别化合物，方法特征性强、专属性好。因此，国内外药典均把红外吸收光谱作为药物鉴别的重要指标。本类药物同样可以采用红外吸收光谱法加以鉴别。

(三)杂质检查

1. 对乙酰氨基酚的杂质检查

(1)合成工艺及杂质来源。对乙酰氨基酚的合成工艺是以对硝基氯苯为原料，水解后制得对硝基酚，经还原生成对氨基酚；也有工艺是以酚为原料，经亚硝化及还原反应制得对氨基酚。制得的对氨基酚再经乙酰化处理后可得对乙酰氨基酚。

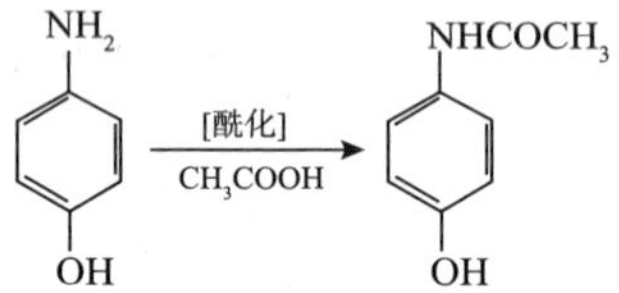

由于对乙酰氨基酚的生产工艺路线较多，不同的工艺路线所带入的杂质也有所不同，如以对硝基氯苯为原料，则可能引入对氯乙酰苯胺。此外，对乙酰氨基酚若暴露在潮湿条件下可水解成对氨基酚。

因此，本药物中可能有的特殊杂质包括中间体、副产物及分解产物，如对氨基酚、O-乙酰基对乙酰氨基酚、对氯乙酰苯胺、氧化偶氮苯、偶氮苯、醌亚胺和苯醌等。国内外药典均规定对乙酰氨基酚除需检查酸度、氯化物、硫酸盐等一般杂质外，还需检查药物中的特殊杂质，以控制药物的纯度。

(2)对氨基酚。对乙酰氨基酚的制备与贮存过程均可能引入对氨基酚。对氨基酚的毒性较大，应予检查，严格控制其存在的量。

《中国药典》(2015版)关于对乙酰氨基酚片中对氨基酚的检查方法为高效液相色谱法：用辛烷基硅烷键合硅胶为填充剂；以磷酸盐缓冲液(取磷酸氢二钠8.95g，磷酸二氢钠3.9g，加水溶解至1000mL，加10%四丁基氢氧化铵溶液12mL)-甲醇(90:10)为流动相；检测波长为245nm；柱温为40℃；理论板数按对乙酰氨基酚峰计算不低于2000，对氨基酚峰与对乙酰氨基酚峰的分离度应符合要求。

测定法：临用新制。取本品细粉，约相当于对乙酰氨基酚0.2g，精密称定，置10mL量瓶中，加溶剂[甲醇-水(4:6)]适量，振摇使对乙酰氨基酚溶解，加溶剂稀释至刻度，摇匀，过滤，取续滤液，作为供试品溶液；另取对氨基酚对照品和对乙酰氨基酚对照品适量，精密称定，加上述溶剂溶解并制成每 1mL 中各含约 20μg 的混合溶液，作为对照品溶液。取对照品溶液 20μL，注入液相色谱仪，调节检测灵敏度，使对氨基酚色谱峰的峰高约为满量程的 10%，供试品溶液的色谱图中如有与对照品溶液中对氨基酚保留时间一致的色谱峰，按外标法以峰面积计算，含对氨基酚不得超过标示量的 0.1%。

(3)乙醇溶液的澄清度与颜色。《中国药典》(2015 版)中收载的检查方法为：取供试品 1.0g，加乙醇 10mL 溶解后，溶液应澄清，无色；如显浑浊，与 1 号浊度标准溶液比较，不得更浓；如显色，与棕红色 2 号或橙红色 2 号标准比色液比较，不得更深。

2. 盐酸普鲁卡因注射液中对氨基苯甲酸的检查

盐酸普鲁卡因分子中含酯键，其水溶液稳定性较差，因此注射液在制备过程中，由于灭菌温度过高或时间过长，溶液的 pH 过高或过低，贮藏时间过久以及受光线和注射液中金属离子等因素的影响，可发生水解作用，生成对氨基苯甲酸。

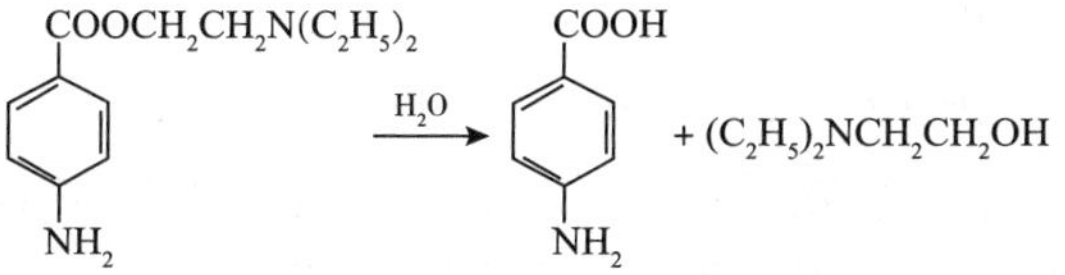

经长久贮藏或高温加热，对氨基苯甲酸还可进一步脱羧转化为苯胺，苯胺又可被氧化为有色物质，使注射液变黄。已变黄的注射液疗效下降，毒性增加。

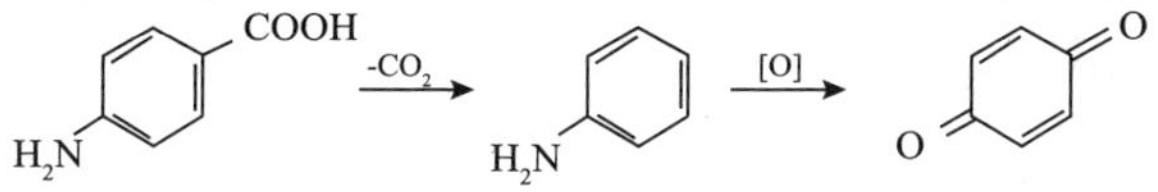

因此，《中国药典》(2005 版)在盐酸普鲁卡因注射液中，增加了“对氨基苯甲酸”项目的检查，自 2010 年版起，《中国药典》在原料药检查中也增加了此项检查。检查的方法为高效液相色谱法中的杂质对照品法，其中，原料药中对氨基苯甲酸限度为不得超过标示量的 1.2%，注射剂为不得超过标示量的 0.5%。

(四)含量测定

1. 亚硝酸钠滴定法(重氮化滴定法)

分子结构中具有芳伯氨基的药物(如盐酸普鲁卡因、苯佐卡因)以及水解后具有芳伯氨基的药物(如对乙酰氨基酚)，在酸性溶液中可与亚硝酸钠反应，因而可用亚硝酸钠滴定法测定含量。亚硝酸钠滴定法为具有芳伯氨基以及水解后具有芳伯氨基结构的药物含量测定的通用方法。

2. 非水溶液滴定法

盐酸丁卡因、盐酸利多卡因、盐酸布比卡因与盐酸妥卡尼侧链上的氮原子具有碱性，可采用非水溶液滴定法测定含量。由于药物均为盐酸盐，用高氯酸滴定时有氢卤酸生成，故在滴定前加入醋酸汞溶液，使成为氯化汞，以除去氢卤酸的干扰。以盐酸布比卡因为例，其滴定反应如下：

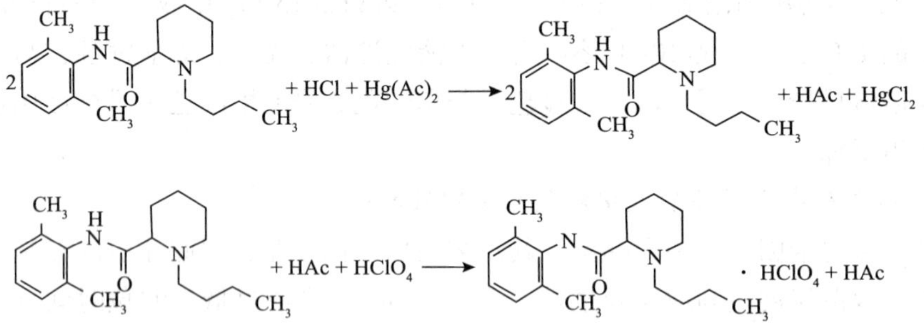

在滴定盐酸丁卡因时，因其在冰醋酸中显较弱的碱性，因此加入适量醋酐。醋酐解离生成的醋酐合乙酰氧离子比醋酸合质子的酸性还强，有利于丁卡因碱性增强，使滴定突跃敏锐。

$$2(CH_3CO)_2O \longrightarrow (CH_2CO)_3O^- + CH_3COO^-$$

但加入醋酐应注意防止氨基被乙酰化，乙酰化物碱性很弱，以结晶紫为指示剂时不能被滴定，为此，醋酐应按需要量加入。此外，低温可防止乙酰化，因此加冰醋酸溶解样品后，应放冷后再加醋酐。

本法灵敏准确，一般采用半微量法，应用10mL的滴定管，与其他滴定分析法相比，取样量较小。

3. 提取中和法

非水碱量法主要用于原料的含量测定。片剂中含有较多的赋形剂，若赋形剂中含有硬脂酸镁、滑石粉、碳酸钙或明胶，均能与高氯酸作用而干扰测定，所以不能直接测定，而需经过适当的方法处理后再用本法分析。

提取中和法利用有机碱类药物在游离和成盐时在有机相和水相溶解性差异大，而辅料等干扰物质在酸性、碱性条件下溶解性差异小的特点，将制剂中有机碱类药物提取分离后酸碱测定。基于此原理，盐酸妥卡尼片的含量测定采用了有机碱盐常用的提取中和法。

如盐酸妥卡尼片的含量测定方法：取供试品20片，除去糖衣后，精密称定，研细，精密称取细粉适量(约相当于盐酸妥卡尼0.8g)，置50mL量瓶中，加水约40mL，充分振摇，加水稀释至刻度，摇匀，过滤；精密量取续滤液25mL，置分液漏斗中，加氨试液 5mL 使呈碱性，用二氯甲烷振摇提取 4 次，每次 20mL，合并二氯甲烷液，置于 40～50℃水浴中加热蒸干，再用冷风吹干，精密加入硫酸滴定液(0.05mol/L)25mL，加甲基红-溴甲酚绿混合指示液数滴，用氢氧化钠滴定液(0.1mol/L)滴定至绿色。每 1mL 硫酸滴定液(0.05mol/L)相当于 22.87mg 的 $C_{11}H_{16}N_2O \cdot HCl$。

由于盐酸妥卡尼片中的赋形剂采用了磷酸氢钙，在含量测定时，用非水溶液滴定法直接滴定，终点不明显，故采用提取中和法。盐酸妥卡尼溶解后，加氨试液碱化，妥卡尼便游离出来，用二氯甲烷提取分离；蒸去二氯甲烷，残渣就是妥卡尼游离碱。因游离碱在水溶液中溶解度极小，故不能以酸直接滴定。可先精密加入过量的酸液使成盐溶解，然后以标准碱液滴定剩余的酸。

提取中和法应用范围广，可适用于多数有机盐类药物的含量测定，但提取手续繁多，应严格进行提取操作，否则易导致损失而影响测定结果。

4. 紫外分光光度法

本类药物均有紫外吸收，在适宜的溶剂及浓度下，可用紫外分光光度法进行含量测定。如对乙酰氨基酚在 0.4% 氢氧化钠溶液中，于 257nm 波长处有最大吸收，此紫外吸收特征可用于定量分析。该法较亚硝酸钠滴定法灵敏度高，操作简便。《中国药典》(2015 版)利用百分吸收系数($E_{1cm}^{1\%}$)法，测定对乙酰氨基酚原料、片剂、栓剂及胶囊剂的含量。

对乙酰氨基酚片的含量测定方法：取供试品 10 片，精密称定，研细，精密称取细粉适量(约相当于对乙酰氨基酚 40mg)，置于 250mL 量瓶中，加 0.4% 氢氧化钠溶液 50mL 与水 50mL，振摇 15min，加水稀释至刻度，摇匀，过滤；精密量取续滤液 5mL，置于 100mL 量瓶中，加 0.4% 氢氧化钠溶液 10mL，加水稀释至刻度，摇匀，在 257nm 的波长处测定吸光度，按 $C_8H_9NO_2$ 的吸收系数($E_{1cm}^{1\%}$)为 715 计算。

5. 高效液相色谱法

制剂产品一般比较复杂，往往含有多种成分和辅料等添加剂，通常要分离后再作定量分析。高效液相色谱法是一种专属性的分离分析方法，在制剂的含量分析中得到了广泛的应用。《中国药典》(2015 版)和很多其他国外药典都采用高效液相色谱法对盐酸利多卡因注射液、对乙酰氨基酚泡腾片等制剂进行含量测定。

例如《中国药典》(2015 版)对乙酰氨基酚泡腾片的含量测定方法如下：

色谱条件与系统适用性试验：用十八烷基硅烷键合硅胶为填充剂；磷酸盐缓冲液(pH4.5)－甲醇(80∶20)为流动相；检测波长为 254nm。理论板数按对乙酰氨基酚峰计算应不低于5000，对乙酰氨基酚峰与对氨基酚峰的分离度应符合要求。

测定法：取本品10片，精密称定，研细，精密称取适量(约相当于对乙酰氨基酚25mg)，置于50mL量瓶中，加流动相稀释至刻度，摇匀，过滤；精密量取续滤液10mL，置于50mL量瓶中，用流动相稀释至刻度，摇匀，作为供试品溶液，精密量取供试品溶液10μL注入液相色谱仪，记录色谱图；另取对乙酰氨基酚对照品适量，精密称定，加流动相溶解并稀释制成每1mL中含0.1mg的溶液，同法测定。按外标法以峰面积计算，即得。

二、苯乙胺类药物的分析

(一)典型药物的结构及性质

本类药物分子结构中具有苯乙胺的基本结构：

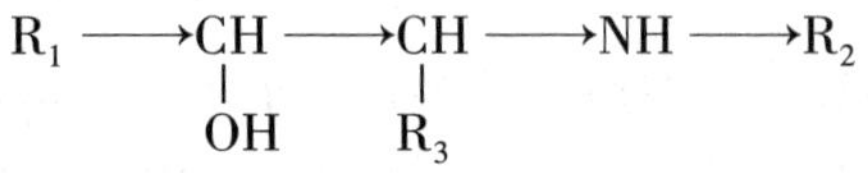

《中国药典》(2015版)中收载的本类原料药物近20种，现仅以肾上腺素类药物为例进行讨论，它们的结构如下：

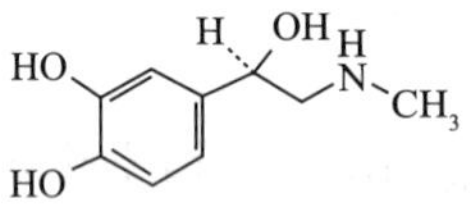

肾上腺素
(Adrenaline，Epinephrine)

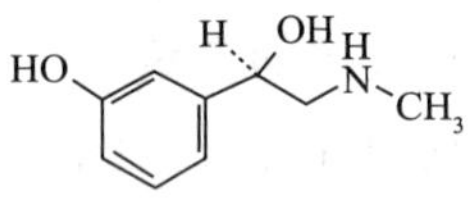

盐酸去氧肾上腺素
(Phenylephrine Hydrochloride)

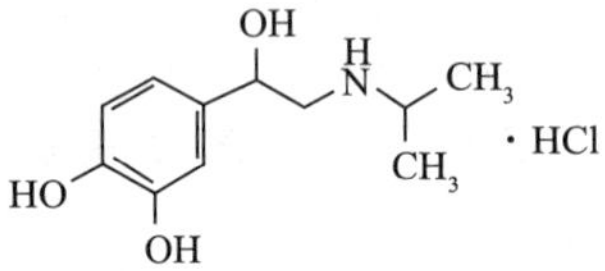

盐酸异丙肾上腺素
(Isoprenaline Hydrochloride)

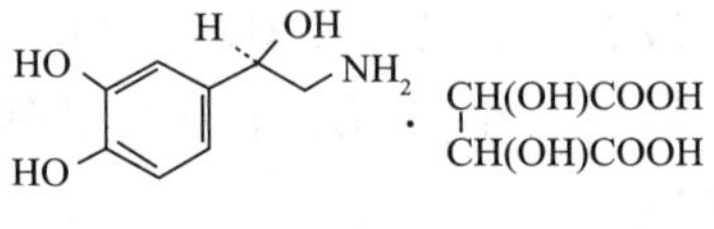

重酒石酸去甲肾上腺素
(Noradrenaline Bitartrate)

苯乙胺类药物分子结构中具有脂烃胺基侧链，显弱碱性，其游离碱难溶于水，在氯仿、乙醚等有机溶剂中溶解性较好，与酸成盐后在水中溶解性好；部分药物如肾上腺素等分子中具有酚羟基结构，可与重金属离子络合显色，同时其酚羟基易受空气中的氧、日光、热等影响而氧化变质，色渐变深，在碱性溶液中更易变色。此外，本类药物中多数具有手性碳原子，从而显示旋光性，可利用其旋光性进行鉴别或定量测定。药物中各官能团的性质及光谱特性均可用于鉴别、检查与含量测定。

（二）鉴别试验

1. 三氯化铁反应

肾上腺素和盐酸去氧肾上腺素等药物的分子结构中具有邻苯二酚（或苯酚）结构，在适宜的酸性条件下，可与 Fe^{3+} 络合显色；加入碱性溶液，随即被高铁离子氧化而显紫色或紫红色。不同肾上腺素类药物的颜色变化情况各不相同，可供区别。

如肾上腺素 2mg 加盐酸溶液（9→1000）2～3mL 溶解后，加入水 2mL 与三氯化铁试液 1 滴，即显翠绿色；再加氨试液 1 滴，即变紫色，最后变成紫红色。盐酸去氧肾上腺素与三氯化铁反应后，即显紫色。而盐酸异丙肾上腺素与三氯化铁反应后，显深绿色，滴加新制 5% 碳酸氢钠溶液，即变蓝色，然后变成红色。

2. 氧化反应

本类药物分子结构中多数具有酚羟基，易被氧化剂氧化。如肾上腺素在酸性条件下，被过氧化氢氧化后，溶液显血红色；盐酸异丙肾上腺素的水溶液加盐酸液（0.1mol/L），再加碘液放置 5min，异丙肾上腺素被碘氧化成异丙肾上腺素红，加入硫代硫酸钠溶液使碘液的棕色消退，溶液显淡红色。

除过氧化氢外，铁氰化钾也常被用作此类化合物的氧化剂。

（三）特殊杂质的检查

1. 酮体的检查

上述肾上腺素等四种药物在生产中均由其酮体氢化还原制得，故药物中易引入未被还原的酮体杂质。酮体的羰基和苯环共轭，而其还原加氢后羰基变为羟基，共轭结构减小，所以酮体在紫外光区的 310nm 波长处有最大吸收，而药物本身在此波长处几乎无吸收，可利用它们紫外吸收光谱的差异进行检查。

2. 有关物质的检查

《中国药典》（2015 版）规定盐酸去氧肾上腺素需进行此项检查，其方法为：取供试品，加甲醇制成 20mg/mL 的溶液，作为供试品溶液；精密量取该溶液适量，加甲醇稀释制成 100μg/mL 的溶液，作为对照溶液。吸取上述两种溶液各 10μL，分别点于同一硅胶 G 薄层板上，以异丙醇－氯仿－浓氨溶液（80∶5∶15）为展开剂，展开后，晾干，喷以重氮苯磺酸试液使显色。供试品溶液如显杂质斑点，与对照溶液的主斑点比较不得更深（0.5%）。该操作过程应避光进行。

本法为薄层色谱法（通则 0502）中的主成分自身对照法，当杂质的结构不能确定或无杂质的对照品时，可采用此法。本法虽不如杂质对照品法理想，但不需要杂质的对照品，比较简单易行。当供试品中杂质较多时，还可配成几种限量的对照溶液，即采用高低浓度对比法控制杂质存在的量。

（四）含量测定

1. 非水溶液滴定法

肾上腺素、重酒石酸去甲肾上腺素和盐酸异丙肾上腺素等苯乙胺类药物分子结构中具有脂烃胺基侧链，水溶液显弱碱性，在冰醋酸中碱性加强，它们的原料药均可采用非水溶液滴定法测定含量。常用的测定条件为：冰醋酸为溶剂，高氯酸为滴定剂，结晶紫指示剂指示终点。为消除氢卤酸的干扰，盐酸盐类药物滴定前加入醋酸汞试液。

2. 比色法

本类药物结构中含有苯环，都具有比较强烈的紫外吸收，为避免辅料等对直接紫外分光光度法的干扰，可利用本类药物与金属离子络合显色后，采用比色法测定含量。

3. 高效液相色谱法

高效液相色谱法具有样品用量少、分离效能高的优点，因而被各国药典采用。现以《中国药典》(2015 版)中盐酸肾上腺素注射液的含量测定为例，介绍这一方法的应用。

色谱条件与系统适用性试验：用十八烷基硅烷键合硅胶为填充剂；以0.14%庚烷磺酸钠溶液－甲醇(65:35)(用磷酸调节 pH 至 3.0 ±0.1)作为流动相；检测波长为280nm。理论板数按肾上腺素峰计算应不低于3000。

方法：精密量取供试品适量(约相当于肾上腺素 3mg)，置于 25mL 量瓶中，加醋酸溶液(1→25)稀释至刻度，摇匀，取 20μL 进样，记录色谱图；另取肾上腺素对照品适量，精密称定，加醋酸溶液(1→25)稀释至刻度制成 120μg/mL 的溶液，同法测定。按外标法以峰面积计算，即得。

讨论：本法采用了反相离子对色谱法，操作时将一种(或数种)与样品离子电荷(A^+)相反的离子(B^-，称为反离子)加入到色谱系统的流动相中，使其与样品离子结合生成弱极性的离子对。

当分离碱性物质时，常用的反离子有烷基磺酸盐，如戊烷磺酸钠与庚烷磺酸钠等。本色谱体系中，流动相为酸性，肾上腺素分子中的碱性氮原子质子化后带有正电荷，可与流动相中的反离子庚烷磺酸负离子形成疏水性的离子对，从而实现 HPLC 的有效分离。

第四节　杂环类药物的分析

杂环类化合物为环状结构中含有非碳原子的有机化合物。参与成环的非碳原子称为杂原子，一般为氮、氧和硫等。杂环类化合物种类繁多，数量庞大，在自然界广泛分布。不少的杂环类化合物具有生理活性，如生物碱；杂环类化合物在化学合成药中也占有较大的比例，已成为现代药物中品种最多、应用较广的一大类药物。

根据杂原子的种类与数目、环的元数与环数不同，可以将杂环类药物分成不同的类别，如吡啶类、喹啉类、托烷类、吩噻嗪类、苯并二氮杂䓬类、他汀类、二氢吡啶类等，而各类杂环化合物又可根据环上取代基的类型、数目、位置的不同，衍生出数目众多的同系列药物，本节重点讨论吡啶类、吩噻嗪类、苯并二氮杂䓬类药物。

一、吡啶类药物的分析

吡啶类药物的分子结构中均含有吡啶环，常用且具有代表性的药物有异烟肼（Isoniazid）、尼可刹米（Nikethamide）和托吡卡胺（Tropicamide），异烟肼为抗结核病药，尼可刹米为中枢兴奋药，托吡卡胺为散瞳药。

（一）化学结构与性质

1. 化学结构

基本结构：

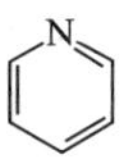

代表药物：

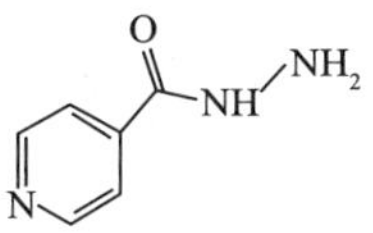

异烟肼

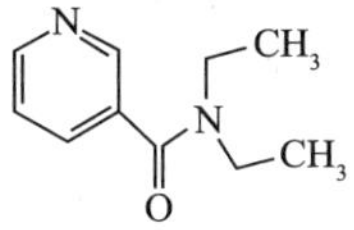

尼可刹米

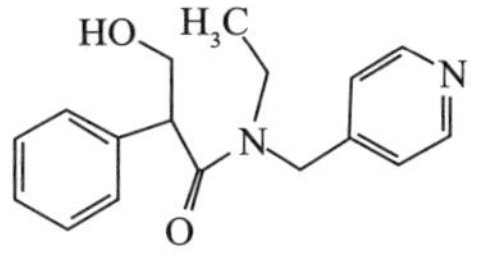

托吡卡胺

2. 性质

（1）性状。异烟肼为无色结晶，白色或类白色的结晶性粉末，无臭，味微甜后苦；遇光渐变质。尼可刹米为无色至淡黄色的澄清油状液体，放置冷处，即成结晶，有轻微的特臭，味苦，有引湿性。托吡卡胺为白色结晶性粉末，无臭。

(2)溶解性。异烟肼在水中易溶，在乙醇中微溶，在乙醚中极微溶解。尼可刹米能与水、乙醇、三氯甲烷或乙醚任意混合。托吡卡胺在乙醇或三氯甲烷中易溶，在水中微溶；在稀盐酸或稀硫酸中易溶。

(3)吡啶环的特性。本类药物分子结构中含有β或γ位被烷基或羧基衍生物取代的吡啶环，可发生开环反应。异烟肼和尼可刹米结构中的吡啶环是β或γ位被羧基衍生物所取代，托吡卡胺是γ位被烷基衍生物所取代。

(4)弱碱性。本类药物含有吡啶环，吡啶环在水中的 pK_b 值为 8.8，所以本类药物具有弱碱性。尼可刹米分子中，除了吡啶环上氮原子外，吡啶环β位被酰胺基取代，酰胺基遇碱水解后释放具有碱性的乙二胺，可用于鉴别。

(5)还原性。异烟肼的分子结构中，吡啶环γ位被酰肼取代，酰肼基具有较强的还原性，可被不同的氧化剂氧化，也可与某些含羰基的化合物发生缩合反应。

(6)紫外吸收特性。本类药物的分子结构中均含有芳杂环，在紫外光区有特征吸收，可用于鉴别。

(二)鉴别试验

1. 吡啶环的开环反应

本反应适用于吡啶环的β或γ位被羧基衍生物取代的尼可刹米和异烟肼。

(1)戊烯二醛反应(köning 反应)。

①原理：戊烯二醛反应是指溴化氰作用于吡啶环，使环上氮原子由三价态转变为五价态，吡啶环发生水解反应生成戊烯二醛，再与芳伯胺缩合生成有色的戊烯二醛衍生物。其颜色随所用芳伯胺的不同有所差异，如与苯胺缩合呈黄色至黄棕色，与联苯胺则是粉红色至红色。《中国药典》(2015 版)只用于尼可刹米注射液的鉴别，所用芳伯胺为苯胺。鉴别反应如下：

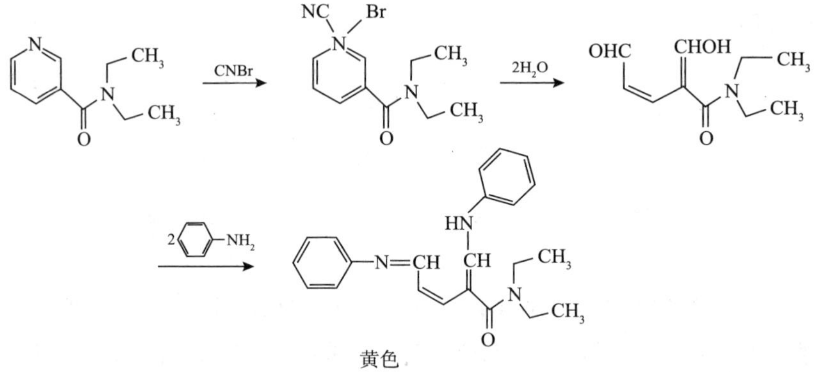

②方法：取尼可刹米 1 滴，加水 50mL，摇匀，分取 2mL，加溴化氰试液 2mL 与 2.5% 苯胺溶液 3mL，摇匀，溶液渐显黄色。

(2)二硝基氯苯反应(Vongerichten 反应)。

①原理：在无水条件下，将吡啶及其某些衍生物与 2，4－二硝基氯苯混合，共热或使其热至熔融，冷却后，加醇制氢氧化钾溶液将残渣溶解，溶液呈紫红色。《中国药典》(2015 版)将其用于托吡卡胺的鉴别，鉴别反应如下：

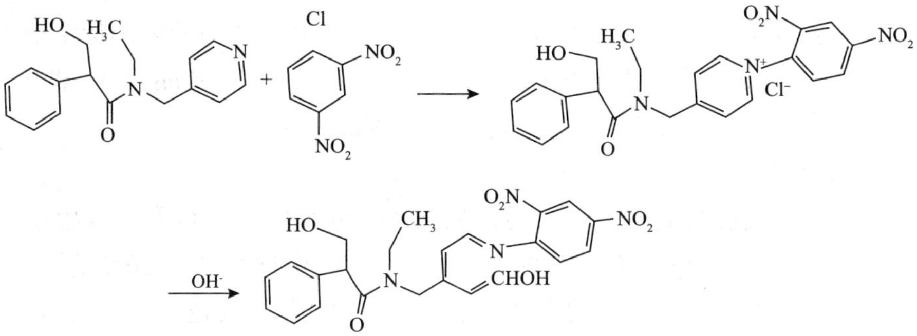

利用本法鉴别异烟肼和尼可刹米时，需经适当处理，即将酰肼氧化成羧基或将酰胺水解为羧基后才有此反应。

②方法：取托吡卡胺约 5mg，加乙醇 1mL 溶解后，加 2，4－二硝基氯苯 0.1g，置水浴上加热 5min，放冷，加氢氧化钠－乙醇溶液(1→100)1mL，溶液即显紫红色。

2. 酰肼基的反应

(1)还原反应。

①原理：异烟肼具有酰肼基，酰肼基的还原性较强，当与氨制硝酸银试液作用时，即被氧化成异烟酸铵，并生成金属银黑色浑浊和气泡(氮气)，在玻璃试管壁上产生银镜。《中国药典》(2015 版)将其用于异烟肼片的鉴别，鉴别反应如下：

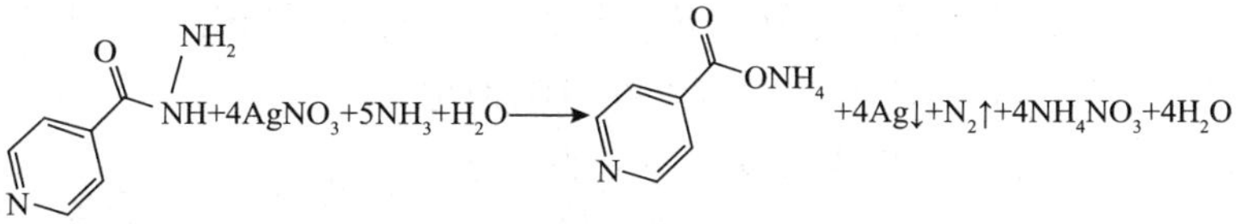

②方法：取异烟肼约 10mg，置试管中，加水 2mL 溶解后，加氨制硝酸银试液 1mL，即产生气泡与黑色浑浊，并在试管壁上生成银镜。

(2)缩合反应。

①原理：异烟肼末端具有酰肼基，可与芳醛进行缩合反应生成腙，析出晶

体，可测定其熔点用于鉴别。最常用的芳醛为香草醛，其次是对二甲氨基苯甲醛、水杨醛等。鉴别反应如下：

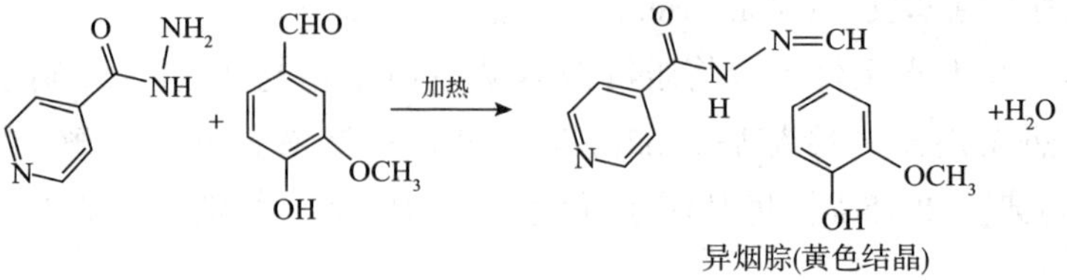

②方法：取本品约 0.1g，加水 5mL 溶解后，加 10% 香草醛的乙醇溶液 1mL，摇匀，微热，放冷，即析出黄色晶体；过滤，用稀乙醇重结晶，在 105℃ 干燥后，测定熔点，其熔点为 228～231℃，熔融时同时分解。

3. 沉淀反应

原理：本类药物具有吡啶环结构，吡啶环上的氮原子可与重金属盐类（如氯化汞、硫酸铜、碘化铋钾）及苦味酸等形成沉淀。《中国药典》（2015 版）通过尼可刹米与硫酸铜及硫氰酸铵作用生成草绿色配位化合物沉淀进行鉴别尼可刹米注射液，鉴别反应如下：

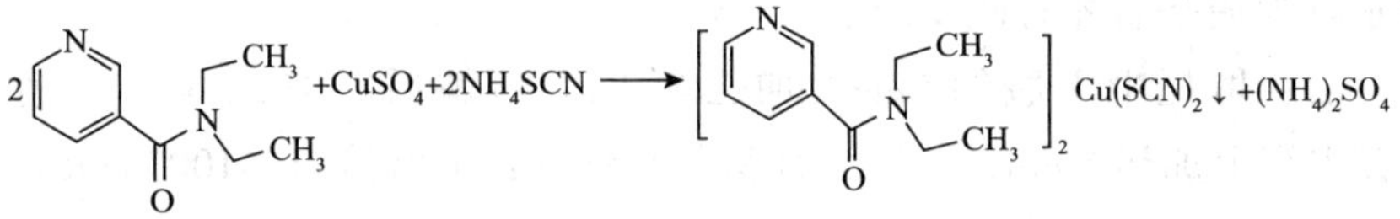

4. 分解产物的反应

（1）与氢氧化钠试液共热。

①原理：尼可刹米与氢氧化钠试液加热，酰胺键水解，即可有二乙胺臭味逸出，能使湿润的红色石蕊试纸变蓝。《中国药典》（2015 版）采用此方法鉴别尼可刹米注射液。

②方法：取尼可刹米 10 滴，加氢氧化钠试液 3mL，加热，即发生二乙胺的臭气，能使湿润的红色石蕊试纸变蓝色。

（2）与无水碳酸钠或氢氧化钙共热。异烟肼、尼可刹米等与无水碳酸钠或氢氧化钙共热，可发生脱羧降解，并有吡啶臭味逸出。

5. 紫外－可见分光光度法与红外分光光度法

本类药物的分子结构中均含有芳杂环，在紫外光区有特征吸收，利用其最大吸收波长及百分吸收系数可进行鉴别。典型吡啶类药物的紫外吸收特性见表 7-3。

表 7-3 典型吡啶类药物的紫外吸收特征

药物	溶剂	λ_{max}/nm	$E_{1cm}^{1\%}$
异烟肼	HCl(0.01mol/L)	265	约 420
	H_2O	266	378
尼可刹米	HCl(0.01mol/L)	263	285
	NaOH(0.1mol/L)	255/260	840/960

《中国药典》(2015 版)利用紫外－可见分光光度法对托吡卡胺进行鉴别，方法为：取本品，加 0.1mol/L 硫酸溶液制成每 1mL 中约含 25μg 的溶液，依照紫外－可见分光光度法测定，在波长 220～350nm 范围内，仅在 254nm 的波长处有最大吸收。

红外吸收光谱特征性强，能专属性地反映分子结构中的官能团信息，常用于原料药的鉴别。《中国药典》(2015 版)对异烟肼、尼可刹米等吡啶类药物均用红外分光光度法进行鉴别，利用供试品的红外吸收图谱与对照品的图谱一致进行鉴别。

6. 高效液相色谱法

高效液相色谱法具有高压、高速、高效、高灵敏性等优点，适用于分析含有较多有关物质的杂环类药物。《中国药典》(2015 版)利用该方法对异烟肼进行鉴别。规定：在含量测定项下记录的色谱图中，供试品溶液主峰的保留时间与对照品溶液主峰的保留时间一致。

(三)特殊杂质检查

1. 异烟肼的杂质检查项目和方法

异烟肼不太稳定，游离肼是其主要有关物质，可在制备时由原料引入，也可在异烟肼原料及制剂的贮藏过程中发生降解产生。肼是一种诱变剂和致癌物质，《中国药典》(2015 版)对异烟肼中游离肼和有关物质检查均作了规定。

(1)异烟肼中游离肼的检查。

①原理：《中国药典》(2015 版)对异烟肼中游离肼的检查采用薄层色谱法，利用薄层色谱法分离肼后，对二甲氨基苯甲醛与肼反应生成腙显色，进行比较检查。

②方法：取本品，加丙酮－水(1∶1)溶解并稀释制成每 1mL 中约含 100mg 的溶液，作为供试品溶液；另取硫酸肼对照品，加丙酮－水(1∶1)溶解并稀释制成每 1mg 中约占 0.08mg(相当于游离肼 20g)的溶液，作为对照品溶液；取异烟肼

与硫酸肼各适量，加丙酮－水(1∶1)溶解并稀释制成每1mL中分别含异烟肼100mg及硫酸肼0.08mg的混合溶液，作为系统适用性试验溶液。依照薄层色谱法试验，吸取上述三种溶液各5μL分别点于同一硅胶G薄层板上，以异丙醇－丙酮(2∶3)为展开剂，展开，晾干，喷以乙醇制对二甲氨基苯甲醛试液，15min后检视。系统适用性试验溶液所显游离肼与异烟肼的斑点应完全分离，游离肼的R_f值约为0.75，异烟肼的R_f值约为0.56。在供试品溶液主斑点前方与对照品溶液主斑点相应的位置上，不得显黄色斑点。

(2)异烟肼中有关物质检查。

取本品加水溶解并稀释制成每1mL中约含0.5mg的溶液，作为供试品溶液；精密量取1mL，置于100mL量瓶中，用水稀释至刻度，摇匀，作为对照溶液。依照含量测定项下的色谱条件，取对照溶液10μL注入液相色谱仪，调节检测灵敏度，使主成分色谱峰的峰高约为满量程的20%；再精密量取供试品溶液和对照溶液各10μL，分别注入液相色谱仪，记录色谱图至主成分峰保留时间的3.5倍。供试品溶液的色谱图中如有杂质峰，单个杂质峰面积不得大于对照溶液主峰面积的0.35倍(0.35%)，各杂质峰面积的和不得大于对照溶液主峰面积(1.0%)。

2. 尼可刹米中有关物质检查

取本品适量，用水稀释制成每1mL中约含4mg的溶液，作为供试品溶液；精密量取1mL，置于100mL量瓶中，用水稀释至刻度，摇匀，作为对照溶液。照高效液相色谱法试验，用十八烷基硅烷键合硅胶为填充剂，以甲醇－水(30∶70)为流动相，检测波长为263nm。理论板数按尼可刹米峰计算不低于2000，尼可刹米峰与其相邻杂质峰的分离度应符合要求。取对照溶液10μL注入液相色谱仪，调节检测灵敏度，使主成分色谱峰的峰高约为满量程的20%；再精密量取供试品溶液和对照溶液各10μL，分别注入液相色谱仪，记录色谱图至主成分峰保留时间的2倍，供试品溶液中各杂质峰面积的和不得大于对照溶液主峰面积的0.5倍(0.5%)。

(四)含量测定

1. 氧化还原滴定法

(1)原理。异烟肼含有酰肼基，具有较强的还原性，可采用氧化还原滴定法测定其含量。《中国药典》(2010版)中的注射用异烟肼采用溴酸钾法测定其含量，以甲基橙为指示剂指示终点的到达。《中国药典》(2015版)对注射用异烟肼采用高效液相色谱法测定其含量。

异烟肼的滴定反应为：

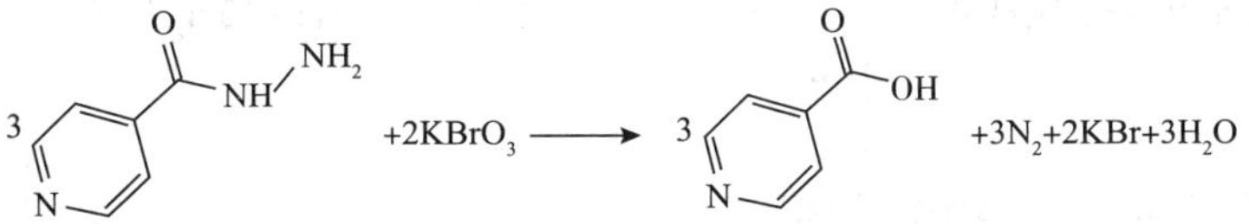

(2)方法。注射用异烟肼的氧化还原测定方法：取装量差异项下的内容物，混合均匀，精密称取约0.2g，置于100mL量瓶中，加水使溶解并稀释至刻度，摇匀；精密量取25mL，加水50mL、盐酸20mL与甲基橙指示液1滴，用溴酸钾滴定液(0.01667mol/L)缓缓滴定(温度保持在18～25℃)至粉红色消失。每1mL溴酸钾滴定液(0.01667mol/L)相当于3.429mg$C_6H_7N_3O$。

2. 非水溶液滴定法

(1)原理。吡啶类药物含有吡啶环，具有碱性，可在非水溶剂中与高氯酸定量生成高氯酸盐，从而通过非水溶液滴定法测定其含量。滴定剂为高氯酸的冰醋酸溶液，非水介质为冰醋酸，指示剂为结晶紫。

(2)方法。尼可刹米含量测定方法：取本品约0.15g，精密称定，加冰醋酸10mL与结晶紫指示液1滴，用高氯酸滴定液(0.1mol/L)滴定至溶液显蓝绿色，并将滴定的结果用空白试验校正。每1mL高氯酸滴定液(0.1mol/L)相当于17.82mg的$C_{10}H_{14}N_2O$。

3. 紫外－可见分光光度法

(1)原理。吡啶类药物含有吡啶环，具有特征的紫外吸收特性，测其最大吸收波长处的吸光度，再利用此波长处的百分吸光系数$E_{1cm}^{1\%}$计算其含量。《中国药典》(2015版)采用紫外－可见分光光度法对尼可刹米注射液的含量进行测定。

(2)方法。尼可刹米注射液的含量测定：用移液管精密量取本品2mL，置200mL量瓶中，用0.5%硫酸溶液分次洗涤移液管内壁，洗液并入量瓶中，加0.5%硫酸溶液稀释至刻度，摇匀；精密量取适量，加0.5%硫酸溶液定量稀释成每1mL中约含尼可刹米20μg的溶液，照紫外－可见分光光度法，在263nm的波长处测定吸光度，按$C_{10}H_{14}N_2O$的吸收系数($E_{1cm}^{1\%}$)为292计算，即得。

4. 高效液相色谱法

(1)原理。《中国药典》(2015版)采用高效液相色谱法对异烟肼片和注射用异烟肼的含量进行测定。

(2)方法。色谱条件与系统适用性试验：用十八烷基硅烷键合硅胶为填充剂；以0.02mol/L磷酸氢二钠溶液(用磷酸调pH值至6.0)－甲醇(85:15)为流动相，检测波长为262nm，理论板数按异烟肼峰计算不低于4000。

测定法：取本品，精密称定，加水溶解并定量稀释制成每1mL中约含0.1mg

的溶液，精密量取10μL注入液相色谱仪，记录色谱图；另取异烟肼对照品，同法测定。按外标法以峰面积计算，即得。

二、吩噻嗪类药物的分析

吩噻嗪类药物的分子结构中含有硫氮杂蒽母核，属于吩噻嗪类的衍生物。吩噻嗪类代表性药物有：抗精神病药物如盐酸氯丙嗪、奋乃静、癸氟奋乃静、盐酸氟奋乃静、盐酸三氟拉嗪、盐酸硫利达嗪等和抗组胺药盐酸异丙嗪。

(一)化学结构与性质

1. 基本结构

本类药物结构上的区别，主要体现在母核2位和10位的取代基不同，2位上的取代基通常为—H、—Cl、—CF_3、—$COCH_3$、—SCH_3 等，10位上的取代基通常为具有两个或三个碳链的二甲或二乙氨基，或为含氮杂环，如哌嗪和哌啶的衍生基团等。

2. 性质

(1)性状和溶解性。典型吩噻嗪类药物的性状和溶解性如表7-4所示。

表7-4　典型吩噻嗪类药物的性状和溶解性

药物	性状	溶解性
盐酸氯丙嗪	白色或乳白色结晶性粉末；有微臭，味极苦；有引湿性，遇光渐变色；水溶液显酸性反应	在水、乙醇或三氯甲烷中易溶，在乙醚或苯中不溶
盐酸异丙嗪	白色或类白色的粉末或颗粒；几乎无臭，味苦；在空气中日久变色，显蓝色	在水中极易溶解，在乙醇或三氯甲烷中易溶，在丙酮或乙醚中几乎不溶
奋乃静	白色至淡黄色的结晶性粉末；几乎无臭，味微苦	在三氯甲烷中极易溶解，在甲醇中易溶，在乙醇中溶解，在水中几乎不溶；在稀盐酸中溶解
癸氟奋乃静	淡黄色至黄棕色黏稠液体；遇光，色渐变深	在甲醇、乙醇、三氯甲烷、无水乙醚或植物油中极易溶解，在水中不溶
盐酸氟奋乃静	白色或类白色的结晶性粉末；无臭，味微苦；遇光易变色	在水中易溶，在乙醇中略溶，在丙酮中极微溶，在乙醚中不溶

续表

药物	性状	溶解性
盐酸三氟拉嗪	白色至微黄色的结晶性粉末；无臭或几乎无臭，味苦；微有引湿性；遇光渐变色	在水中易溶，在乙醇中溶解，在三氯甲烷中微溶，在乙醚中不溶
盐酸硫利达嗪	白色或类白色的结晶性粉末；微臭	在三氯甲烷中易溶，在乙醇或水中溶解，在乙醚中几乎不溶

(2)碱性。本类药物含有硫氮杂蒽母核，母核上氮原子由于与芳香环共轭，碱性较弱；但10位上的取代基多为脂肪烃氨基，碱性较强，可用于鉴别和含量测定。

(3)强还原性。硫氮杂蒽母核上的硫原子具有还原性，遇硫酸、硝酸、过氧化氢、三氯化铁试液等氧化剂时易被氧化成砜、亚砜等不同产物。当取代基不同时，氧化产物会呈现不同颜色，可用于本类药物的鉴别。由于本类药物见光易氧化变色，应避光贮存。

(4)与金属离子络合呈色。硫氮杂蒽母核上的硫原子具有孤对电子，可与金属离子如钯离子形成有色络合物，而氧化产物亚砜和砜无此反应，所以本法专属性强，可排除氧化产物干扰，用于鉴别和含量测定。

(5)紫外吸收特性。硫氮杂蒽母核是含S、N的三环共轭体系，在205nm、254nm和300nm波长处有最大紫外吸收。通常在254nm波长处的紫外吸收最强。由于2位和10位取代基不同，可使最大吸收峰的峰位和峰强发生变化。如2位有卤素取代时，可使吸收峰红移5～10nm，同时会使250～265nm区段的吸收峰强度增大。利用本类药物的紫外吸收特性可进行鉴别和含量测定。

(6)红外光吸收特性。吩噻嗪类药物红外光吸收图谱随硫氮杂蒽母核上的取代基的不同而不同，可用于鉴别。

(二)鉴别试验

1. 氧化显色反应

(1)原理。吩噻嗪类药物遇硫酸、硝酸、过氧化氢、三氯化铁试液等氧化剂时，根据药物取代基及氧化剂的不同，反应产物会呈现不同颜色，见表7－5。《中国药典》(2015版)对盐酸氯丙嗪原料药及制剂、盐酸异丙嗪原料药及制剂、奋乃静原料药及制剂、盐酸氟奋乃静原料药及制剂、盐酸三氟拉嗪及制剂、盐酸硫利达嗪原料药及制剂等均采用氧化显色反应进行鉴别。

表 7-5　典型吩噻嗪类药物的氧化显色反应

药物	硝酸	硫酸	过氧化氢
盐酸氯丙嗪	显红色，渐变淡黄色	—	—
盐酸异丙嗪	生成红色沉淀；加热，沉淀即溶解，溶液由红色变为橙黄色	显樱桃红色；放置后，色渐变深	—
奋乃静	—	—	显深红色；放置后，红色渐褪去
盐酸氟奋乃静	—	显淡红色；温热后变成红褐色	—
盐酸三氟拉嗪	生成微带红色的白色沉淀；放置后，红色变深，加热后变为黄色	与重铬酸钾的硫酸溶液共热，产生类似油垢物	—
盐酸硫利达嗪	—	溶液显蓝色	—

(2)方法。盐酸异丙嗪的鉴别：取本品约 5mg，加硫酸 5mL 溶解后，溶液显樱桃红色；放置后，色渐变深。或者取本品约 0.1g，加水 3mL 溶解后，加硝酸 1mL，即生成红色沉淀；加热，沉淀即溶解，溶液由红色变为橙黄色。

盐酸三氟拉嗪的鉴别：取本品约 20mg，加水 5mL 溶解后，加稀硝酸 1mL，生成微带红色的白色沉淀；放置后，红色变深，加热后变为黄色。或者取重铬酸钾的硫酸溶液(1→100)约 1mL，置于小试管中，转动试管，溶液应能均匀涂于管壁；然后加本品的细粉约数毫克，微热，转动试管，溶液应不能再均匀涂于管壁，而类似油垢存于管壁。

2. 与钯离子络合显色反应

(1)原理：硫氮杂蒽母核所含的二价硫可与金属钯离子络合形成有色(红色)化合物。该显色反应不受氧化产物亚砜和砜的干扰，专属性强。该方法用于癸氟奋乃静及其注射液的鉴别。

(2)方法：癸氟奋乃静鉴别法：取本品约 50mg，加甲醇 2mL 溶解后，加 0.1% 氯化钯溶液 3mL，即有沉淀产生，并显红色，再加过量的氯化钯溶液，颜色变深。

3. 氯化物的鉴别反应

盐酸氯丙嗪、盐酸异丙嗪、盐酸三氟拉嗪、盐酸硫利达嗪等为盐酸盐，应显氯化物的鉴别反应。《中国药典》(2015 版)要求对吩噻嗪类盐酸盐药物及其制剂进行氯化物鉴别。规定：供试品的水溶液显氯化物的鉴别反应。

4. 紫外－可见分光光度法

(1)原理。吩噻嗪类药物具有共轭体系，在205nm、254nm和300nm有最大紫外吸收。国内外药典根据本类药物紫外吸收光谱中的最大吸收波长、一定浓度的溶液在最大吸收波长处的吸光度、多个最大吸收波长处吸光度的比值、最大吸收波长处的吸收系数对本类药物及其制剂进行鉴别。本类药物在光照条件下易被氧化，使其紫外吸收光谱发生改变，应避光操作。

(2)方法。盐酸氯丙嗪的UV鉴别：取本品，加盐酸溶液(9→1000)制成每1mL中含5μg的溶液，依照紫外－可见分光光度法测定，在254nm与306nm的波长处有最大吸收，在254nm的波长处吸光度约为0.46。

奋乃静的UV鉴别：取本品，加甲醇溶解并稀释制成每1mL中含10μg的溶液，照紫外-可见分光光度法测定，在258nm与313nm的波长处有最大吸收，在313nm与258nm处的吸光度比值应为0.12～0.13。

癸氟奋乃静的UV鉴别：取本品，加乙醇制成每1mL含10μg的溶液，依照紫外-可见分光光度法测定，在260nm的波长处有最大吸收。

盐酸硫利达嗪的UV鉴别：取本品，加乙醇制成每1mL含8μg的溶液，依照紫外-可见分光光度法测定，在264nm与315nm的波长处有最大吸收。

5. 红外分光光度法

(1)原理。吩噻嗪类药物由于2位和10位取代基不同，可通过红外光谱法对原料药进行鉴别。本类药物的制剂可通过提取分离后再进行红外分光光度法鉴别。

(2)方法。盐酸异丙嗪的IR鉴别：本品的红外吸收图谱应与对照的图谱一致。

盐酸异丙嗪片的IR鉴别：取本品细粉适量(约相当于盐酸异丙嗪100mg)，加三氯甲烷10mL，研磨溶解，过滤，滤液水浴蒸干，残渣经减压干燥，依法测定。本品的红外光吸收图谱应与对照的图谱一致。

6. 薄层色谱法

(1)原理。薄层色谱法具有操作方便、设备简单、分离速度快、显色容易等特点，《中国药典》曾对盐酸异丙嗪片及注射液采用薄层色谱法进行鉴别。

(2)方法。盐酸异丙嗪片的TLC鉴别方法：取本品5片(50mg规格)或10片(25mg规格)或20片(12.5mg规格)，除去包衣，置研钵中研细，加甲醇-二乙胺(95∶5)适量使盐酸异丙嗪溶解，并转移至25mL量瓶中，再用上述溶剂稀释至刻度，摇匀，过滤，取滤液作为供试品溶液；另取盐酸异丙嗪对照品，加上述溶剂溶解并稀释制成每1mL中含10mg的溶液，作为对照品溶液。依照薄层色谱法试验，吸取上述两种溶液各10μg分别点于同一硅胶GF_{254}薄层板上，以乙烷-丙酮-二乙胺(8.5∶1∶0.5)为展开剂，展开，晾干，置紫外光灯(254nm)下检视。供试品溶液所显主斑点位置和颜色应与对照品溶液的主斑点相同。

7. 高效液相色谱法

《中国药典》(2015版)利用高效液相色谱法对盐酸异丙嗪片及注射液进行鉴别。规定：在含量测定项下记录的色谱图中，供试品溶液主峰的保留时间应与对照品溶液主峰的保留时间一致。

(三)有关物质检查

吩噻嗪类药物的有关物质主要包括：氧化产物、在合成过程中的残留原料、中间产物和副产物。现以盐酸氯丙嗪及其制剂为例介绍有关物质检查。

《中国药典》(2015版)规定，盐酸氯丙嗪原料药及其片剂、注射剂均需检查有关物质。

盐酸氯丙嗪原料药的有关物质检查：避光操作。取本品20mg，置50mL量瓶中，加流动相溶解并稀释至刻度，摇匀，作为供试品溶液；精密量取适量，用流动相定量稀释制成每1mL中含2μg的溶液，作为对照溶液。依照高效液相色谱法试验，用辛烷基硅烷键合硅胶作为填充剂：以乙腈－0.5%三氟醋酸(用四甲基乙二胺调节pH值至5.3)(50∶50)为流动相；检测波长为254nm。取对照溶液10μL注入液相色谱仪，调节检测灵敏度，使主成分色谱峰的峰高约为满量程的20%。精密量取供试品和对照溶液各10μL，分别注入液相色谱仪，记录色谱图至主成分峰保留时间的4倍。供试品溶液的色谱图中如有杂质峰，单个杂质峰面积不得大于对照溶液主峰面积(0.5%)，单个杂质峰面积不得大于对照溶液主峰面积(0.5%)，各杂质峰面积的和不得大于对照溶液主峰面积的2倍(1.0%)。

盐酸氯丙嗪片的有关物质检查：避光操作。取本品细粉适量(约相当于盐酸氯丙嗪20mg)，置于50mL量瓶中，加流动相使盐酸氯丙嗪溶解并稀释至刻度，摇匀，过滤，取续滤液作为供试品溶液；精密量取适量，用流动相定量稀释制成每1mL含2μg的溶液，作为对照溶液。照盐酸氯丙嗪有关物质项下的方法测定，供试品溶液的色谱图中如有杂质峰，单个杂质峰面积不得大于对照溶液主峰面积(0.5%)。

盐酸氯丙嗪注射液的有关物质检查：避光操作。精密量取本品适量，用流动相稀释制成每1mL中含盐酸氯丙嗪0.4mg的溶液，作为供试品溶液；精密量取适量，用流动相定量稀释制成每1mL含2μg的溶液，作为对照溶液。照盐酸氯丙嗪有关物质项下的方法测定，供试品溶液的色谱图中如有杂质峰，大于对照溶液主峰面积(0.5%)且小于对照溶液主峰面积10倍(5%)的杂质峰不得多于一个。其他单个杂质峰面积均不得大于对照溶液主峰面积(0.5%)。

(四)含量测定

1. 酸碱溶液滴定法

(1)非水溶液滴定法。

①原理。吩噻嗪类原料药母核上氮原子碱性极弱，滴定突跃范围小，不能在水溶液中直接滴定。由于10位的含氯取代基有碱性，可以在非水介质中，以高氯酸作为滴定剂进行滴定。非水介质可以是酸性溶剂如冰醋酸、酸酐等；也可以是中性或近中性溶剂如丙酮、三氯甲烷、乙腈等。非水溶液滴定法的终点确定，常用电位滴定法和指示剂法，常用的指示剂有结晶紫、橙黄Ⅳ等。吩噻嗪类药物的片剂或注射液由于其赋形剂与稳定剂或助溶剂的干扰，一般通过碱化、有机溶剂提取游离吩噻嗪类药物后再用本法进行滴定。

②方法。盐酸氯丙嗪含量测定：取本品约0.2g，精密称定，加冰醋酸10mL与醋酐30mL溶解后，照电位滴定法，用高氯酸滴定液(0.1mol/L)滴定，并将滴定的结果用空白试验校正。每1mL高氯酸滴定液(0.1mol/L)相当于35.53mg的$C_{17}H_{19}ClN_2S \cdot HCl$。

③实例解析：盐酸氯丙嗪含量测定。

精密称取本品0.2092g，加冰醋酸10mL与醋酐30mL溶解后，照电位滴定法，用0.09960mol/L高氯酸滴定液滴定，消耗高氯酸滴定液6.02mL，另取冰醋酸10mL与醋酐30mL，同法测定，消耗高氯酸滴定液0.06mL，试计算盐酸氯丙嗪的含量。每1mL高氯酸滴定液(0.1mol/L)相当于35.53mg的$C_{17}H_{19}ClN_2S \cdot HCl$。

解析：

$$含量\% = \frac{(V_s - V_o) \times F \times T}{W} \times 100\%$$

$$= \frac{(6.02 - 0.06) \times \frac{0.09960}{0.1} \times 35.53}{0.2092 \times 10^{-3}} \times 100\%$$

$$= 100.8\%$$

(2)乙醇-水溶液中的氢氧化钠滴定法。

①原理。吩噻嗪类药物盐酸盐的水溶液显酸性，可以在乙醇-水溶液介质中，

用氢氧化钠作为滴定剂测定其含量。在水中，吩噻嗪类药物的盐酸盐与氢氧化钠发生中和反应，生成的吩噻嗪类药物溶于乙醇，反应可定量进行。《中国药典》(2015 版)利用此方法对盐酸异丙嗪进行含量测定。在反应体系中加入适量的盐酸，利用电位法指示终点。根据滴定曲线上两个等当点间相应的氢氧化钠滴定液的体积计算盐酸异丙嗪的含量。

②方法。盐酸异丙嗪含量测定：取本品约 0.25g，精密称定，加 0.01mol/L 盐酸溶液 5mL 与乙醇 50mL 使溶解。照电位滴定法，用氢氧化钠滴定液(0.1mol/L)，出现第一个突跃点时记下消耗的毫升数 V_1，继续滴定至出现第二个突跃点时记下消耗的毫升数 V_2，V_2 与 V_1 之差即为本品消耗滴定液的体积。每 1mL 氢氧化钠滴定液(0.1mol/L)相当于 32.09mg 的 $C_{17}H_{19}ClN_2S \cdot HCl$。

2. 紫外－可见分光光度法

(1)原理。吩噻嗪类药物的硫氮杂蒽环具有共轭体系，产生特征的紫外吸收光谱，可测定其最大吸收波长处的吸光度，利用百分吸光系数($E_{1cm}^{1\%}$)计算含量；或与对照品同时测定，采用对照品比较法计算含量；当多组分共存，相互干扰，不能直接测定时，可利用双波长分光光度法进行含量测定。《中国药典》(2015 版)对盐酸氯丙嗪片采用紫外-可见分光光度法测定含量。由于该类药物在光照条件下易被氧化，进含量测定时应避光操作。

(2)方法。盐酸氯丙嗪片的含量测定：避光操作。取本品 10 片，除去包衣后，精密称定，研磨，精密称取适量(约相当于盐酸氯丙嗪 10mg)，置于 100mL 量瓶中，加溶剂[盐酸溶液(9→1000)]70mL，振摇使盐酸氯丙嗪溶解，用溶剂稀释至刻度，摇匀，过滤，精密量取续滤液 5mL，置于 100mL 量瓶中，加溶剂稀释至刻度，摇匀，照紫外－可见分光光度法，在 254nm 的波长处测定吸光度，按 $C_{17}H_{19}ClN_2S \cdot HCl$ 的吸收系数($E_{1cm}^{1\%}$)为 915 计算，即得。

3. 高效液相色谱法

(1)原理。可利用高效液相色谱法测定吩噻嗪类药物含量。由于吩噻嗪类药物的游离碱具有弱碱性，可采用反相高效液相色谱和离子对色谱进行分离；又由于该类化合物具有紫外吸收特性，常利用紫外检测器进行检测。《中国药典》(2015 版)应用该方法对盐酸异丙嗪片和注射液、癸氟奋乃静注射液、盐酸氟奋乃静原料药及片剂和注射液、盐酸硫利达嗪片等进行含量测定。

(2)方法。盐酸氟奋乃静含量测定方法：照高效液相色谱法测定。

色谱条件与系统适用性试验：用十八烷基硅烷键合硅胶为填充剂；以

0. 01mol/L 磷酸二氢钾溶液(用磷酸调 pH 值至 2. 5)-甲醇-乙腈(52∶28∶20)为流动相 A；以甲醇-乙腈(58∶42)为流动相 B，按表 7－6 进行梯度洗脱；检测波长为 259nm；理论板数按盐酸氟奋乃静峰计算不低于 3000。

表 7－6　高效液相色谱法测定盐酸氟奋乃静含量时的色谱梯度洗脱条件

时间/min	流动相 A/%	流动相 B/%
0	100	0
36	100	0
60	70	30
61	100	0
70	100	0

测定法：取本品约 20mg，精密称定，置于 50mL 量瓶中，加流动相 A 溶解并稀释至刻度，摇匀，精密量取 10mL，置于 50mL 量瓶中，用流动相 A 稀释至刻度，摇匀，精密量取 20μL 注入液相色谱仪，记录色谱图；另取盐酸氟奋乃静对照品，同法测定，按外标法以峰面积计算。

三、苯并二氮杂䓬类药物的分析

苯并二氮杂䓬类药物是苯环和七元含氮杂环稠合而成的有机药物，其中 1，4－苯并二氮杂䓬类药物是目前应用最广泛的抗焦虑、抗惊厥药。1，4－苯并二氮杂䓬类代表性药物有：地西泮(Diazepam)、奥沙西泮(Oxazepam)、劳拉西泮(Lorazepam)、氯硝西泮(Clonazepam)、氯氮䓬(Chlordiazepoxide)、三唑仑(Triazolam)、阿普唑仑(Alprazolam)等。

(一)化学结构与性质

1. 基本结构与代表药物

基本结构：

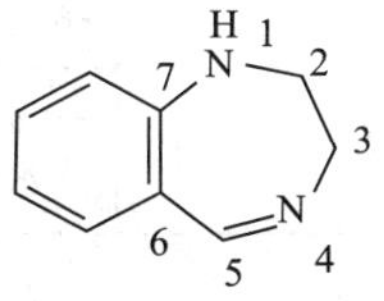

代表药物：

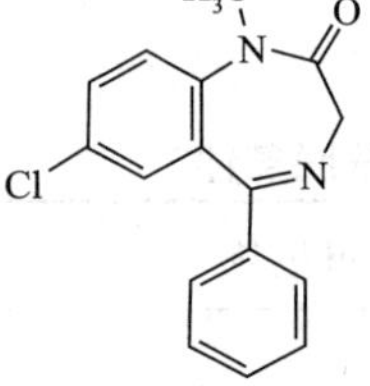

地西泮

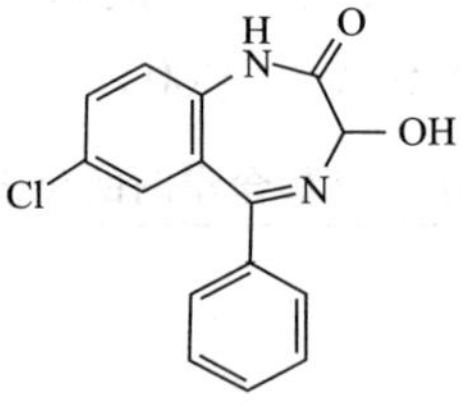

奥沙西泮

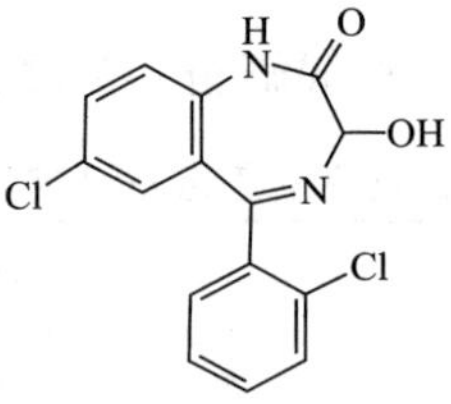

劳拉西泮

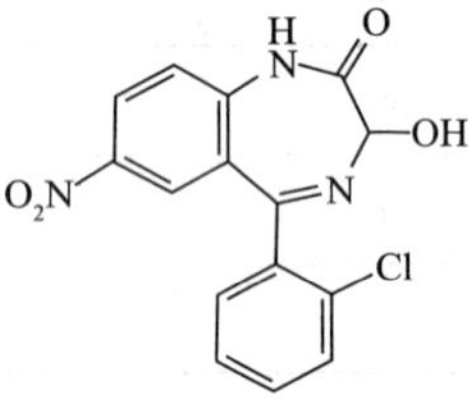

氯硝西泮

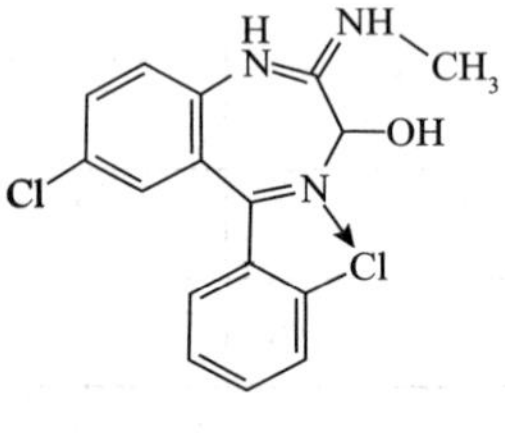

氯氮䓬

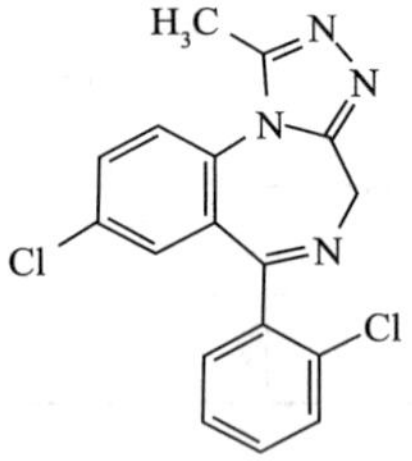

三唑仑

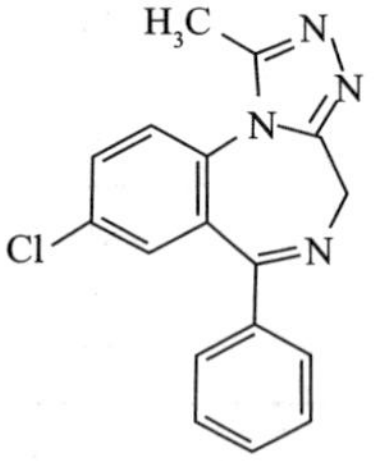

阿普唑仑

2. 性质

(1)性状和溶解性。苯并二氮杂䓬类药物的性状和溶解性如表7-7所示。

表7-7　苯并二氮杂䓬类药物的性状和溶解性

药物	性状	溶解性
地西泮	白色或类白色的结晶性粉末；无臭	在丙酮或三氯甲烷中易溶，在乙醇中溶解，在水中几乎不溶
奥沙西泮	白色或类白色的结晶性粉末；几乎无臭	在乙醇、三氯甲烷或丙酮中微溶，在乙醚中极微溶，在水中几乎不溶
劳拉西泮	白色或类白色的结晶性粉末；无臭	在乙醇中略溶，在水中几乎不溶
氯硝西泮	微黄色至淡黄色结晶性粉末；几乎无臭	在丙酮或三氯甲烷中略溶，在甲醇或乙醇中微溶，在水中几乎不溶
氯氮䓬	淡黄色结晶性粉末；无臭	在乙醚、三氯甲烷或二氯甲烷中溶解，在水中几乎不溶
三唑仑	白色或类白色的结晶性粉末；无臭	在冰醋酸或三氯甲烷中易溶，在甲醇中略溶，在乙醇或丙酮中微溶，在水中几乎不溶
阿普唑仑	白色或类白色的结晶性粉末	在三氯甲烷中易溶，在乙醇或丙酮中略溶，在水中或乙醚中几乎不溶

(2)弱碱性。苯并二氮杂䓬类药物是1，4-二氮杂䓬七元环和苯环并合结构的药物，1，4-二氮杂䓬七元环上的氮原子具有碱性，与苯环并合后使碱性降

低。氯氮䓬的二氮杂䓬七元环具有烯胺基，可与酸形成质子化分子。奥沙西泮、劳拉西泮、氯硝西泮等药物的二氮杂䓬七元环具有仲酰胺结构，在不同的pH介质中，可以形成不同的分子形式：质子化分子（H_2A^+）、中性分子（HA）或去质子化分子（A^-），从而影响其紫外可见吸收光谱性质。

（3）水解性。地西泮、奥沙西泮、劳拉西泮、氯硝西泮、氯氮䓬等苯并二氮杂䓬类药物，由于具有酰胺基或烯胺基，在强酸性溶液中可水解，生成相应的二苯甲酮衍生物。利用其水解产物的某些特性，可进行本类药物的鉴别和含量测定。

（4）紫外吸收特性。苯并二氮杂䓬类药物具有较大的共轭体系，具有特征的紫外吸收，可用于该类药物的鉴别和含量测定。10μg/mL地西泮的0.5%的甲醇溶液在284nm波长处具有最大吸收，对应的百分吸光系数（$E_{1cm}^{1\%}$）为440～468。5μg/mL劳拉西泮的乙醇溶液在230nm波长处具有最大吸收，对应的百分吸光系数（$E_{1cm}^{1\%}$）为1070～1170。15μg/mL氯氮䓬的盐酸（9→1000）溶液在308nm波长处具有最大吸收，对应的百分吸光系数（$E_{1cm}^{1\%}$）为309～329。

（二）鉴别试验

1. 沉淀反应

（1）原理。1，4-苯并二氮杂䓬类药物具有生物碱的性质，可以和一些生物碱沉淀试剂发生沉淀反应。地西泮注射液、氯硝西泮及注射液、氯氮䓬及片剂、阿普唑仑及片剂等均可采用沉淀反应进行鉴别。

（2）方法。地西泮注射液的鉴别：取本品2mL，滴加稀碘化铋钾试液，即生成橙红色沉淀。

氯硝西泮的鉴别：取本品约10mg，加稀盐酸1mL使溶解，滴加稀碘化铋钾试液，即生成橙红色沉淀，放置后，沉淀颜色变深。

阿普唑仑的鉴别：取本品约5mg，加盐酸溶液（9→1000）2mL溶解后，分为两份：一份加硅钨酸试液1滴，即生成白色沉淀；另一份加稀碘化铋钾试液，即生成橙红色沉淀。

2. 硫酸－荧光反应

（1）原理。1，4－苯并二氮杂䓬类药物溶于硫酸后，在紫外光（365nm）下呈现不同颜色的荧光。《中国药典》（2015版）对地西泮及片剂采用硫酸-荧光法进行鉴别。

（2）方法。地西泮的硫酸－荧光反应鉴别：取地西泮约10mg，加硫酸3mL，振摇使溶解，在紫外灯(365nm)下检视，呈黄绿色荧光。

3. 氯化物的鉴别反应

(1)原理。1，4－苯并二氮杂䓬类药物大多为有机氯化合物，用氧瓶燃烧法破坏，生成氯化氢，以氢氧化钠试液吸收，加稀硝酸酸化，显氯化物反应。《中国药典》(2015 版)对地西泮采用氯化物反应进行鉴别。

(2)方法。地西泮的氧化物鉴别：取本品 20mg，用氧瓶燃烧法进行有机破坏，以 5% 氢氧化钠溶液 5mL 为吸收液，燃烧完全后，用稀硝酸酸化，并缓缓煮沸 2min，溶液显氯化物的鉴别反应。

4. 芳伯胺的反应

(1)原理。1，4－苯并二氮杂䓬类药物中 1 位上的氮原子属于中酰胺上或烯胺上的氮原子时，遇酸水解产生芳伯胺，溶液显芳伯胺的鉴别反应。《中国药典》(2015 版)对奥沙西泮及片剂、劳拉西泮、氯氮䓬等采用酸水解后的芳伯胺反应进行鉴别。如奥沙西泮的芳伯胺反应式为：

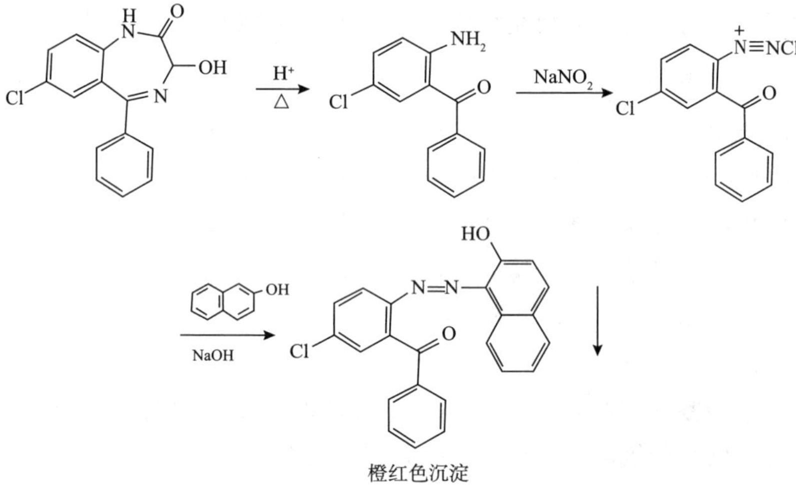

橙红色沉淀

地西泮的 1 位氮原子上有甲基取代，属于叔酰胺，水解产物无芳伯氨基，不能发生重氮化-偶合反应。

(2)方法。奥沙西泮的芳伯胺反应鉴别：取本品约 10mg，加盐酸溶液(1→2) 15mL，缓缓煮沸，置冰水中冷却，加亚硝酸钠试液 4mL，用水稀释成 20mL，再置于冰浴中，10min 后，滴加碱性 β－萘酚试液，即产生橙红色沉淀，放置色渐变暗。

5. 紫外－可见分光光度法

(1)原理。苯并二氮杂䓬类药物含有较大的共轭体系，具有特征的紫外吸收特性，可以根据紫外最大吸收波长、以及最大吸收波长处的吸光度或吸光度比值进行鉴别。《中国药典》(2015 版)对地西泮、奥沙西泮原料药及片剂、劳拉西泮片、氯硝西泮原料药及片剂和注射液、氯氮䓬、三唑仑等均采用紫外-可见分光光度法进行鉴别。

(2)方法。地西泮的紫外-可见分光光度(UV)鉴别法：取本品，加 0.5% 硫酸的甲醇溶液制成每 1mL 中含 5μg 的溶液，照紫外－可见分光光度法测定，在 242nm、284nm 与 366nm 的波长处有最大吸收；在 242nm 波长处的吸光度约为 0.51，在 284nm 波长处的吸光度约为 0.23。

6. 红外分光光度法

红外分光光度法具有专属性强、重复性好、灵敏度高、试样用量少，适用于固态、液态、气态样品等优点，广泛用于药物的鉴别反应。《中国药典》(2015 版)对地西泮、奥沙西泮、劳拉西泮、氯硝西泮、氯氮䓬、三唑仑、阿普唑仑等原料药均采用红外分光光度法进行鉴别。规定：供试品的红外吸收图谱应与对照的图谱一致。

7. 高效液相色谱法

《中国药典》(2015 版)对地西泮片及注射液、劳拉西泮原料药及片剂、氯氮䓬片、阿普唑仑片、三唑仑原料药及片剂采用高效液相色谱法进行鉴别。规定：在含量测定项下记录的色谱图中，供试品溶液主峰的保留时间应与对照溶液主峰的保留时间一致。

(三)有关物质检查

1. 原理

1，4－苯并二氮杂䓬类药物的有关物质来源于在制备过程和贮藏过程中产生的中间体、副产物和分解产物等有关物质。《中国药典》(2015 版)主要采用高效液相色谱法对有关物质进行检查。

2. 方法

氯氮䓬的有关物质检查：避光操作，临用新制。取本品适量，精密称定，加流动相溶解并稀释制成每 1mL 中约含 0.2mg 的溶液，作为供试品溶液；另取 2－氨基－5－氯二苯甲酮对照品适量，精密称定，加流动相溶解并稀释制成每 1mL 中含约 20μg 的溶液，作为对照品溶液；精密量取供试品溶液 0.2mL 与对照品溶液 1mL，置于同一 100mL 量瓶中，用流动相稀释至刻度，摇匀，作为对照溶液。照高效液相色谱法测定，用十八烷基硅烷键合硅胶为填充剂；以乙腈-水(50∶50)，为流动相；检测波长为 254nm。称取氯氮䓬对照品约 20mg，加流动相 5mL 振摇使溶解，加 1mol/L 盐酸溶液 5mL，室温放置约 20h，再用流动相稀释至 100mL，摇匀，作为系统适用性溶液，量取 10μL 注入液相色谱仪，记录色谱图。出峰顺序依次为 7－氯－5－苯基－1，3－二氢－1，4－苯并二氮杂䓬－2－酮－4－氧化物与氯氮䓬，杂质 7－氯－5－苯基－1，3－二氢－1，4－苯并二氮杂䓬－2－酮－4－氧化物的相对保留时间约为 0.7，二者分离度应大于 5.0。精密量取对照溶液与供试品溶液各 10μL，分别注入液相色谱仪，记录色谱图至主成分峰保留时间的 5 倍。供试品溶液色谱图中如有与 2－氨基－5－氯二苯甲酮保留时间一致的色谱峰，按外标法以峰面积计算，不得过 0.1%，如有与 7－氯－5－苯基－1，3－二氢－1，4－苯并二氮杂䓬－2－酮－4－氧化物的保留时间一致的色谱峰，其峰面积不得大于对照溶液中氯氮䓬峰面积(0.2%)，其他单个杂质峰面积不得大于对照溶液中氯氮䓬峰面积的 0.5 倍(0.1%)，各杂质峰面积的和不得大于对照溶液中氯氮䓬峰面积的 2.5 倍(0.5%)。供试品溶液色谱图中小于对照液中氯氮䓬峰面积 0.25 倍的色谱峰忽略不计。

氯氮䓬的酸性溶液的澄清度检查，主要控制中间体化合物，利用其在盐酸溶液(9→200)中的溶解性低的特征进行检查：取本品 0.50g，加盐酸溶液(9→200) 25mL，振摇使溶解，溶液应澄清；如发生浑浊，与对照液(取标准铅溶液 10mL，加 5% 碳酸氢钠溶液 1mL，混匀，再加水 14mL)比较，不得更浓。

(四)含量测定

1. 非水溶液滴定法

(1)原理。苯并二氮杂䓬类药物多为弱碱性，不能在水溶液中用酸直接滴定，可以在非水介质中进行直接滴定。《中国药典》(2015 版)对地西泮、奥沙西泮、氯硝西泮、氯氮䓬、阿普唑仑等均采用非水溶液滴定法测定含量，滴定剂是高氯酸的冰醋酸溶液，溶剂为冰醋酸、醋酐或冰醋酸和醋酐的混合溶剂等，以电位法或指示剂法指示终点。

(2)方法。地西泮的含量测定：取本品约 0.20g，精密称定，加冰醋酸与醋酐各 10mL 使之溶解，加结晶紫指示液 1 滴，用高氯酸滴定液(0.1mol/L)滴定至溶液显绿色。每 1mL 高氯酸滴定液(0.1mol/L)相当于 28.47mg 的 $C_{16}H_{13}ClN_2O$。

2. 紫外－可见分光光度法

(1)原理。1，4－苯并二氮杂䓬类药物含有较大的共轭体系，具有特征的紫外吸收特性，在其最大吸收波长处测定吸光度，再利用百分吸光系数法或对照品比较法可以计算其含量。《中国药典》(2015 版)对奥沙西泮片、氯硝西泮片及注射液、氯氮䓬片等采用紫外－可见分光光度法测定其含量。

(2)方法。奥沙西泮片的含量测定：取本品10片，分别置于200mL量瓶中，加乙醇150mL，超声使奥沙西泮溶解，放冷，用乙醇稀释至刻度，摇匀，过滤，精密量取续滤液5mL，置于100mL量瓶中，用乙醇稀释至刻度，摇匀，照紫外-可见分光光度法，在229nm的波长处测定吸光度；另取奥沙西泮对照品约15mg，精密称定，置于200mL量瓶中，加乙醇150mL，超声使溶解，放冷，用乙醇稀释至刻度，摇匀，精密量取5mL，置于100mL量瓶中，用乙醇稀释至刻度，摇匀，同法测定。计算每片的含量，并求得10片的平均含量，即得。

3. 高效液相色谱法

(1)原理。《中国药典》(2015版)对地西泮片和注射液、劳拉西泮原料药及片剂、氯硝西泮片及注射液、三唑仑原料药及片剂、阿普唑仑含片等采用高效液相色谱法测定其含量，按外标法以峰面积计算其含量。

(2)方法。劳拉西泮的HPLC含量测定：照高效液相色谱法测定。

色谱条件与系统适用性试验：用十八烷基硅烷键合硅胶为填充剂；以0.05mol/L磷酸二氢铵溶液(含0.5%三乙胺，用磷酸调节pH值至2.5)－甲醇－乙腈(40∶35∶30)为流动相；检测波长为230nm。取劳拉西泮对照品10mg，置50mL量瓶中，加30mL流动相溶解，加磷酸5滴，置80℃水浴中加热1h，放冷，用流动相稀释至刻度，摇匀，作为含杂质6－氯－4－(2－氯苯基)喹唑啉－2－甲醛的系统适用性溶液，取20μL注入液相色谱仪，记录色谱图。杂质2－氨基－2，5－二氯－苯甲酮峰的相对保留时间约为0.8；杂质6－氯－4－(2－氯苯基)喹唑啉－2－甲醛峰与劳拉西泮峰的分离度应大于4.0。

测定法：取本品，精密称定，加60%乙腈溶解并定量稀释制成每1mL中含20μg的溶液，摇匀，作为供试品溶液，精密量取10μL注入液相色谱仪，记录色谱图；另取劳拉西泮对照品，同法测定。按外标法以峰面积计算，即得。

第五节 维生素类药物分析

一、维生素A

维生素A(Vitamin A)并不是单一的化合物，而是一系列维生素A醇的衍生物，别称抗干眼病维生素。动物肝脏、鱼肝油中富含维生素A，目前多用人工合成方法制取。植物性食品中不含维生素A，但在深色蔬果中含有胡萝卜素，它在人体内可转变为维生素 A，故称为维生素 A 原。

（一）结构与性质

合成的维生素 A 和天然鱼肝油中的维生素 A 均为酯式结构，《美国药典》收载的是醋酸酯或棕榈酸酯，《中国药典》（2015 版）收载的则为醋酸酯。由于分子中含有一个共轭多烯侧链，维生素 A 因而具有多种异构体，其中全反式维生素 A 醇或醋酸酯的生物效价最高。

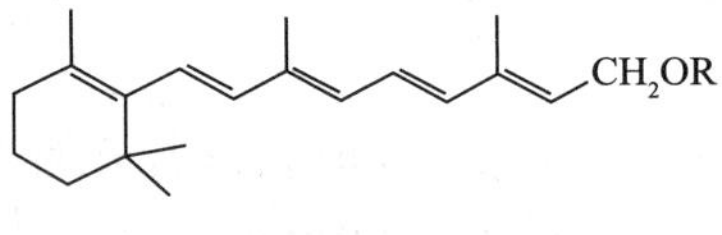

R H（维生素A醇）
R $COCH_3$（维生素A醋酸酯）

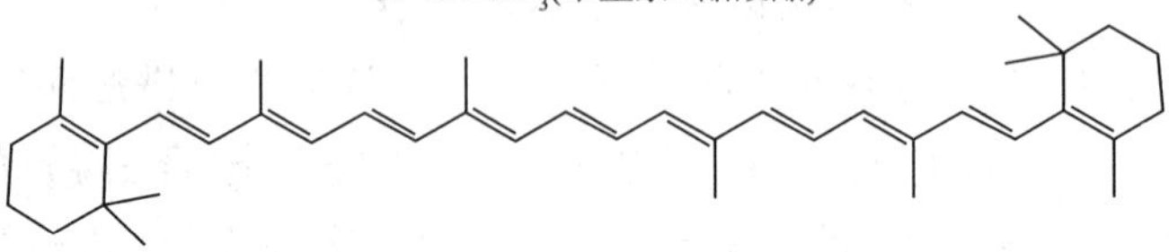

β-胡萝卜素

《中国药典》收载的维生素 A 为维生素 A 醋酸酯结晶加精制植物油制成的油溶液。其性状为淡黄色油溶液，或结晶与油的混合物（加热至 60℃ 应为澄明溶液）。其在空气中易氧化，遇光易变质。

维生素 A 能与三氯甲烷、乙醚、环己烷或石油醚任意混合，在乙醇中微溶，在水中不溶。

维生素 A 分子中具共轭多烯侧链结构，有紫外吸收，最大吸收位于 325 ~ 328nm。由于含有多个不饱和键，性质不稳定，可被空气中氧或氧化剂氧化，也能被紫外光分解，特别在加热和金属离子存在时，更易氧化变质，生成无生物活性的环氧化物、维生素 A 醛及维生素 A 酸等；加热和金属离子的存在也是导致维生素 A 分解的因素之一。

（二）鉴别

1. 三氯化锑反应（Carr – Price 反应）

维生素 A 在三氯甲烷中能与三氯化锑试剂作用，产生蓝色溶液，渐变为紫红色。《中国药典》（2015 版）、《美国药典》对收载的维生素 A 油溶液均采用三氯化锑反应鉴别。

方法：取供试品 1 滴，加三氯甲烷 10mL 振摇使溶解；取出 2 滴，加三氯甲烷 2mL 与 25% 三氯化锑的三氯甲烷溶液 0.5mL，即显蓝色，渐变成紫红色。

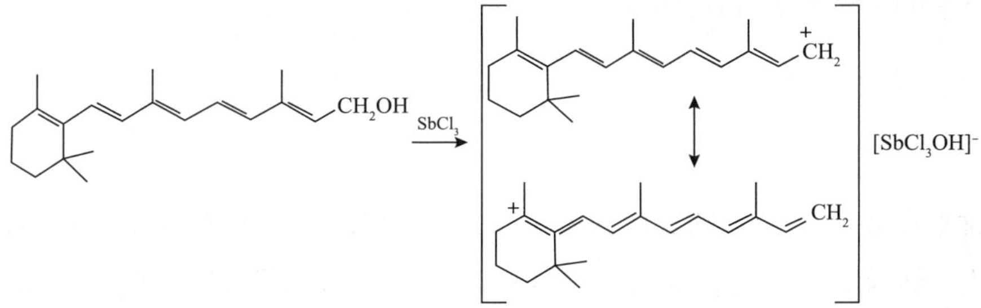

2. 紫外吸收光谱

全反式维生素A醇溶于异丙醇中时，应在325nm处有最大吸收。

由于分子中含有5个共轭双键，维生素A的无水乙醇溶液在紫外光区有很强的吸收。在盐酸催化下加热时，维生素A还将脱水生成脱水维生素A。脱水维生素A比维生素A多一个共轭双键，因此最大吸收峰向长波方向位移，并且在350～390nm波长范围内出现3个最大吸收峰，因此，可用于与维生素A相区分。

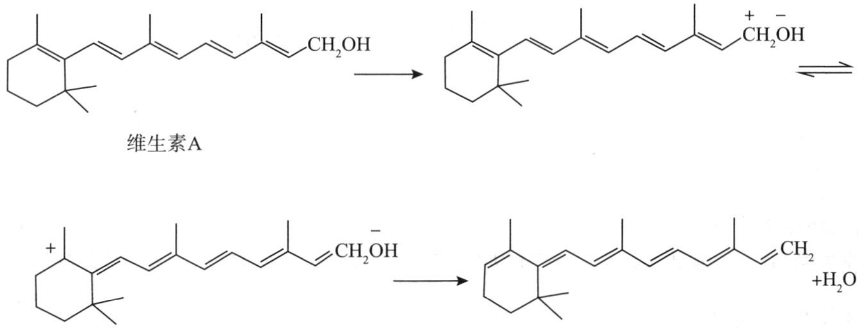

脱水维生素A

3. 薄层色谱法

《美国药典》以硅胶G为吸附剂，环己烷－乙醚(4∶1)为展开剂，依据比移值来鉴别维生素A。

方法：将一个《美国药典》参比标准的维生素A胶囊中的内容物溶解于25.0mL的三氯甲烷中，制成对照溶液。若维生素A供试品为液体形式，则溶解15000单位于10mL的三氯甲烷溶液中；若维生素A供试品为固体，则称量相当于15000单位的量，置于分液漏斗里，加75mL的水，剧烈振摇1min，用10mL三氯甲烷振摇1min提取，离心后取上清液作为供试液。分别取对照品溶液和供试品溶液15μL和10μL，点样，在上述条件下展开，展开剂上行10cm后，取出，空气中挥干，以磷钼酸为显色剂显色，比较供试品溶液和对照品溶液所显蓝绿色斑点位置，维生素A醇的R_f值约为0.1，维生素A醋酸酯的R_f值约为0.45，维生素 A 棕榈酸酯的 R_f 值约为 0.7。

二、维生素 B_1

（一）结构与性质

维生素 B_1 是由氨基嘧啶环和噻唑环通过亚甲基连接而成的季铵化合物，噻唑环上季铵及嘧啶环上氨基为两个碱性基团，药物为它们的盐酸盐。

维生素 B_1 为白色结晶或结晶性粉末；有微弱的特臭，味苦，有引湿性，露置在空气中，易吸收水分，其在酸性溶液中很稳定，在碱性溶液中不稳定，易被氧化和受热破坏。

维生素 B_1 由于含有共轭体系，对紫外光有吸收，本品浓度约为 12.5μg/mL 的盐酸溶液（9→1000），在 246nm 波长处的吸收系数（$E_{1cm}^{1\%}$）为 406～436。

维生素 B_1 在水中易溶，水溶液显酸性。在乙醇中微溶，在乙醚中不溶。

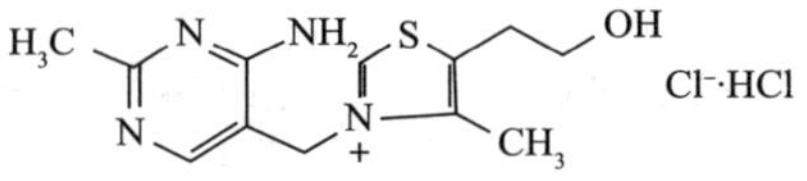

维生素 B_1

（二）鉴别

1. 硫色素反应

维生素 B_1 在碱性溶液中，可被铁氰化钾氧化成硫色素。硫色素溶于正丁醇中，显蓝色荧光。

方法：取供试品约 5mg，加氢氧化钠试液 2.5mL 溶解后，加铁氰化钾 0.5mL 与正丁醇 5mL，强力振摇 2min，放置使分层，上面的醇层显强烈的蓝色荧光。加酸使成酸性，荧光即消失。再加碱使成碱性，荧光又显出。反应式如下：

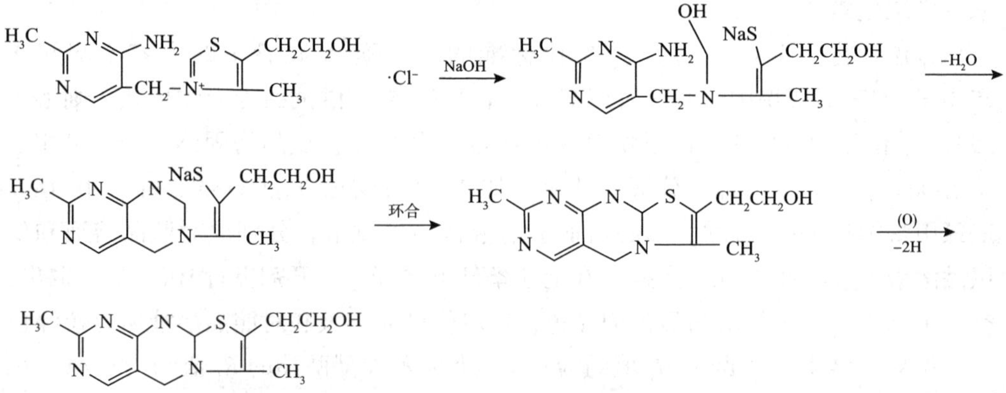

2. 氯离子的反应

本品的水溶液显氯化物的鉴别反应。

(1)取供试品溶液，加稀硝酸使成酸性后，滴加硝酸银试液，即生成白色凝乳状沉淀；分离，沉淀加氨试液即溶解，再加稀硝酸酸化后，沉淀复生成。

(2)取供试品少量，置于试管中，加等量的二氧化锰，混匀，加硫酸湿润，缓缓加热，即产生氯气，能使湿润的碘化钾淀粉试纸显蓝色。

3. 吸收系数

在维生素 B_1 的性状项下，收载有吸收系数的测定。吸收系数是物质的物理常数，随浓度 c 单位的不同，吸收系数 E 有不同的意义和表示方法。当 c 用“g/100mL”为单位时，E 称为比吸收系数，用 $E_{1cm}^{1\%}$ 表示。在药品检验中使用比吸收系数($E_{1cm}^{1\%}$)，简称吸收系数，其物理意义是当吸光物质溶液浓度为 1%（1g/100mL)，液层厚度为 1cm 时，在一定条件(波长、溶剂、温度)下的吸光度。

方法为取本品，精密称定，加盐酸溶液(9→1000)溶解并定量稀释制成每 1mL 约含 12.5μg 的溶液，照分光光度法，在 246nm 的波长处测定吸光度，吸收系数($E_{1cm}^{1\%}$)为 406～436。

(三)检查

维生素 B_1 检查项下除一般杂质检查外，还包括硝酸盐总氯量、有关物质检查等。

1. 硝酸盐

维生素 B_1 在合成过程中需使用硝酸盐，所以对其检查，采用靛胭脂法检查。

取本品 1.0g，加水溶解成 100mL，取 1.0mL，加水 4.0mL 与 10% 氯化钠溶液 0.5mL，摇匀，精密加入稀靛胭脂试液 1mL，摇匀，沿管壁缓缓加硫酸 5.0mL，立即缓缓振摇 1min，放置 10min，与标准硝酸钾溶液(每 1mL 相当于 50μg 的 KNO_3)0.50mL 用同一方法制成的对照液比较，不得更浅(0.25%)。

2. 总氯量

本品为盐酸盐，需检查总氯量。《中国药典》(2015 版)采用银量法检查。

取本品约 0.2g，精密称定，加水 20mL 溶解后，加稀醋酸 2mL 与溴酚蓝指示液 8～10 滴，用硝酸银滴定液(0.1mol/L)滴定至显蓝紫色。每 1mL 硝酸银滴定液(0.1mol/L)相当于 3.54mg 的氯(Cl)。按干燥品计算，含总氯量应为 20.6%～21.2%。

3. 有关物质

《中国药典》(2015 版)有关物质的检查方法如下：精密称取本品约 10mg，加流动相稀释制成每1mL中含维生素$B_1$1mg的溶液，作为供试品溶液；精密量取1mL，置100mL量瓶中，加流动相稀释至刻度，摇匀作为对照溶液。依照高效液相色谱法测定，用十八烷基硅烷键合硅胶为填充剂；以甲醇－乙腈－0.02mol/L庚烷磺酸钠溶液(含1%三乙胺，用磷酸调pH至5.5)(9∶9∶82)为流动相，检测波长为254nm，理论板数按维生素B_1计算不低于2000，主峰与前后峰的分离度应符合要求。取对照溶液20μL注入液相色谱仪，调节检测灵敏度，使主成分色谱峰的峰高约为满量程的20%。精密量取供式品溶液与对照溶液各20μL，分别注入液相色谱仪，记录色谱图至主成分保留时间的3倍，供试品溶液色谱图如有杂质峰(扣除溶剂峰)，各杂质峰面积的和不得大于对照溶液主峰面积1/2(0.5%)。

(四)含量测定

1. 维生素B_1

维生素B_1为有机碱盐酸盐，可采用非水溶液滴定法测定含量。非水溶液滴定法测定有机碱性药物的方法称为非水碱量法。非水溶液滴定法具有操作简便、结果准确的优点，故各国药典广泛用作原料药的测定方法，本法用于制剂的测定时，常需进行必要的前处理。

方法：取本品约0.15g，精密称定，加冰醋酸20mL微热使溶解，放冷至室温，加醋酸汞5mL与喹哪啶红－亚甲蓝混合指示液2滴，用高氯酸滴定液(0.1mol/L)滴定，并将滴定的结果用空白试验校正。每1mL高氯酸滴定液(0.1mol/L)相当于16.86mg的$C_{12}H_{17}ClN_4OS \cdot HCl$。

2. 维生素B_1片

《中国药典》(2015版)采用紫外－可见分光光度法测定维生素B_1片剂及注射液的含量。

维生素B_1分子中具有共轭双键结构，故在一定波长下可产生紫外吸收，测定一定浓度溶液的吸光度即可定量。

方法：取本品20片，精密称定，研细，精密称取适量(约相当于维生素B125mg)，置于100mL量瓶中，加盐酸溶液(9→1000)约70mL，振摇15min使维生素B_1溶解，加盐酸溶液(9→1000)稀释至刻度，摇匀，用干燥滤纸过滤，精密量取滤液5mL，置另一100mL量瓶中，再加盐酸溶液(9→1000)稀释至刻度，摇匀，照紫外－可见分光光度法，在246nm的波长处测定吸光度，按$C_{12}H_{17}ClN_4OS \cdot HCl$的吸收系数($E_{1cm}^{1\%}$)为421计算。以下式计算标示量的百分含量：

$$标示量\% = \frac{A \times 100 \times 10^3 \times \overline{W}}{E_{1cm}^{1\%} \times 5 \times W \times 标示量} \times 100\% \qquad (7-1)$$

式中　A——供试品溶液的吸光度；

$\overline{W}$——为平均片重，g/片；

W——片粉的称样量，g；

标示量的单位为 mg/片。

3. 维生素 B_1 注射液

精密量取本品适量(约相当于维生素 $B_1$50mg)，置于 200mL 量瓶中，加水稀释至刻度，摇匀，精密量取 5mL，置于 100mL 量瓶中，加盐酸溶液(9→1000)稀释至刻度，依照分光光度法，在 246nm 的波长处测定吸光度，按 $C_{12}H_{17}ClN_4OS \cdot HCl$ 的吸收系数($E_{1cm}^{1\%}$)为 421 计算。

$$标示量\% = \frac{A \times 200 \times 10^3}{E_{1cm}^{1\%} \times 5 \times V \times 标示量} \times 100\% \qquad (7-2)$$

式中　A——供试品溶液的吸光度；

V——取样量，mL；

标示量的单位为 mg/mL。《中国药典》(2015 版)规定，维生素 B_1 注射液的含量应为标示量的 93.0% ~107.0%。

三、维生素 C

维生素 C(Vitamin C)是一种己糖醛基酸，有抗坏血病的作用，所以又称作 L－抗坏血酸(ascorbic acid)。维生素 C 广泛存在于植物组织中，新鲜的水果、蔬菜，特别是枣、辣椒、苦瓜、柿子叶、猕猴桃、柑橘等食品中含量尤为丰富。

维生素 C 在化学结构上和糖类十分相似，它有 4 种光学异构体，其中以 L－构型右旋体的生物活性最强。

(一)结构与性质

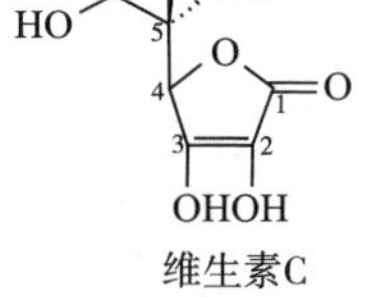

维生素C

维生素 C 在水中易溶，在乙醇中略溶，在三氯甲烷或乙醚中不溶。

维生素 C 结构中具有烯二醇基，因此具有酸性。由于受共轭效应的影响，

C_3—OH酸性较强（$pK_1=4.17$），而 C_2—OH 的酸性极弱（$pK_2=11.57$），故维生素 C一般表现为一元酸，能与碳酸氢钠作用生成稳定的钠盐，但在强碱中，内酯环可水解，生成酮酸盐。

维生素 C 结构中二烯醇羟基具有较强的还原性，可以被多种氧化剂氧化。分子中的二烯醇基易被氧化为二酮基而成为去氢维生素 C，加氢又可还原为维生素 C。在碱性溶液或强酸性溶液中能进一步水解为二酮古罗糖酸。

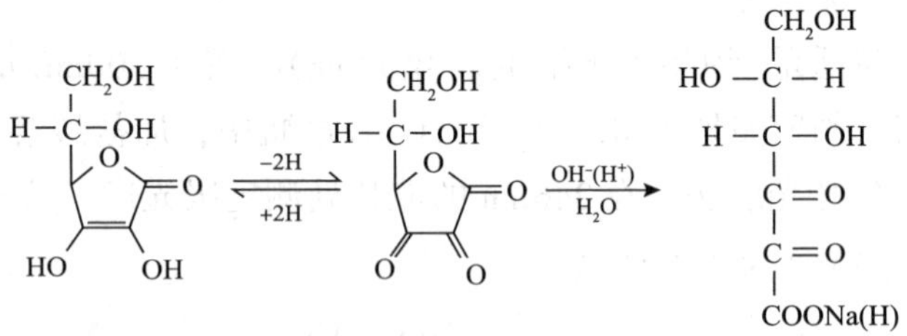

维生素 C 分子结构中具有两个手性碳原子（C_4、C_5），因此维生素 C 具有旋光性，本品的 0.10g/mL 水溶液的比旋度为 +20.5 ~ +21.5。

维生素 C 含有共轭双键，在稀盐酸溶液中，于 243nm 波长处有最大吸收；若在中性或碱性条件下，则红移至 265nm 处。

（二）鉴别

1. 与硝酸银试液反应

维生素 C 结构中烯二醇基具有较强的还原性，可被 Ag^+ 氧化为去氢抗坏血酸，同时产生黑色的单质银沉淀。《中国药典》（2015 版）采用该方法鉴别维生素 C。

方法：取供试品 0.2g，加水 10mL 溶解后，取该溶液 5mL，加硝酸银试液 0.5mL，即生成银的黑色沉淀。

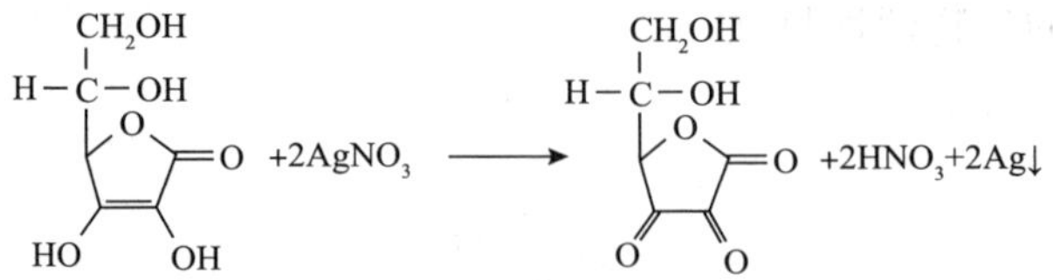

2. 与 2，6 - 二氯靛酚钠试液反应

2，6 - 二氯靛酚钠为一种染料，其氧化型在酸性介质中为玫瑰红色，在碱性介质中为蓝色，与维生素 C 作用后生成还原型的无色酚亚胺，颜色消失。

方法：取本品 0.2g，加水 10mL 溶解后，取溶液 5mL，加 2，6 - 二氯靛酚钠试液 1 ~2 滴，试液的颜色即消失。反应式如下。

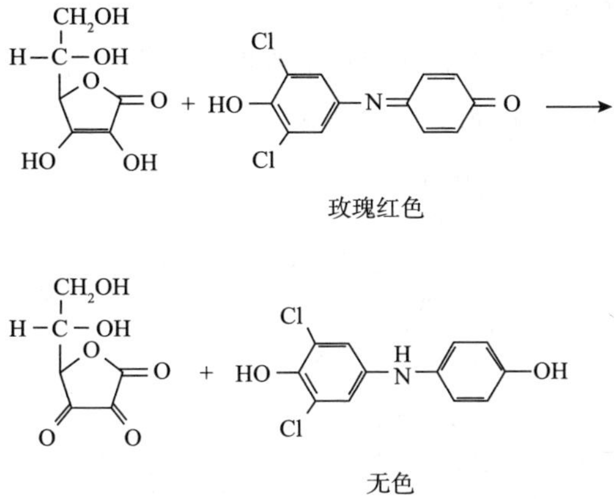

3. 红外吸收光谱

《中国药典》(2015 版)采用红外吸收光谱法鉴别维生素 C。本品的红外吸收图谱应与对照图谱一致。其主要特征峰如图 7－7 所示。

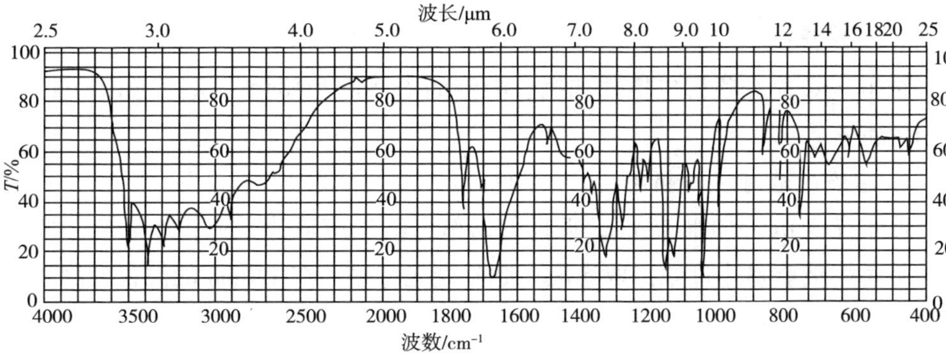

图 7－7　维生素 C 红外吸收图谱

波数/cm^{-1}	归属
3300～2300	ν_{O-H}(羟基)
1670	$\nu_{C=O}$(羰基)
1270，1320	ν_{C-O}(酯基)
1050，1140	ν_{C-H}(羟基)

4. 与其他氧化剂反应

维生素 C 还可被亚甲蓝、高锰酸钾、碱性酒石酸铜试液、磷钼酸、碘等氧化剂氧化为去氢维生素 C，同时，维生素 C 可使这些试剂褪色，产生沉淀或显色。

5. 利用糖类性质的反应

维生素 C 可在三氯醋酸或盐酸存在下水解、脱羧，生成戊糖，再失水，转变为糠醛，加入吡咯，加热至50℃产生蓝色。

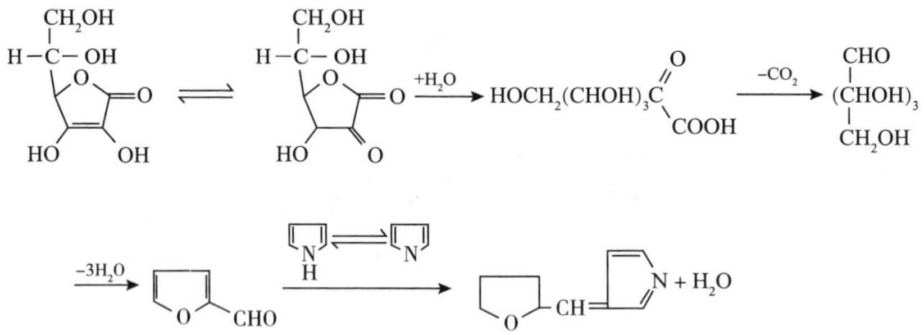

6. 紫外吸收光谱

维生素 C 在 0.01moL/L 盐酸液中，在 243nm 波长处有唯一的最大吸收，《英国药典》利用此特征进行鉴别，规定供试品溶液的吸收系数在 545 ~ 585 之间。

(三) 检查

维生素 C 检查项目包括铁和铜、溶液的澄清度和颜色、炽灼残渣、重金属、细菌内毒素等。

1. 溶液的澄清度与颜色

取本品 3.0g，加水 15mL，振摇使溶解，溶液应澄清无色；如显色，将溶液经 4 号垂熔玻璃漏斗过滤，取滤液，照分光光度法，在 420nm 的波长处测定吸光度，不得超过 0.03。

2. 铁和铜

由于微量的铁盐和铜盐会加速维生素 C 的氧化、分解，维生素 C 项下设立有铁盐和铜盐的检查项目，采用原子吸收分光光度法。

铁盐的测定在 248.3nm 的波长处，采用标准加入法检查，限量为百万分之二，应符合规定。

铜盐的测定在 324.8nm 的波长处，采用标准加入法检查，限量为百万分之五，应符合规定。

(四) 含量测定

维生素 C 具有还原性，《中国药典》(2015 版) 采用碘量法测定维生素 C 的含量。维生素 C 的制剂包括片剂、泡腾片、泡腾颗粒、颗粒剂、注射剂等，均采用碘量法测定含量。

1. 维生素 C 原料

当用碘滴定维生素 C 时，所滴定的碘被维生素 C 还原为碘离子。随着滴定过程中维生素 C 全被氧化，过量的碘将以碘分子形式出现。碘分子可以使含指示剂(淀粉)的溶液产生蓝色，即为滴定终点。

方法：取本品约 0. 2g，精密称定，加新沸过的冷水 100mL 与稀醋酸 10mL 使溶解，加淀粉指示液 1mL，立即用碘滴定液(0. 05mo1/L)滴定，至溶液显蓝色并在 30s 中内不褪色。每 1mL 碘滴定液(0. 05mol/L)相当于 8. 806mg 的 $C_6H_8O_6$。

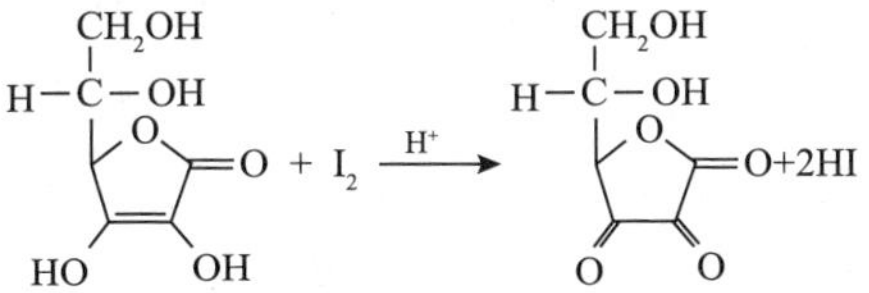

讨论：由上式可知，1mol 的 I_2 相当于 1mol 的维生素 C，维生素 C 的相对分子质量为 176. 13，因此每 1mL 碘滴定液(0. 05mo1/L)相当于 8. 806mg 的维生素 C ($C_6H_8O_6$)。

$$含量 = \frac{V \times T \times f \times 10^{-3}}{W} \times 100\% \qquad (7-3)$$

式中　V——消耗碘滴定液的体积，mL；

T——滴定度，即每 1mL 碘滴定液(0. 05mol/L)相当于的维生素 C 的量；

f——浓度换算因素，$f = c/0.05$，其中 c 为碘滴定液的实际浓度，mol/L；

W——称样量，g。

滴定前加入稀醋酸可使滴定时维生素 C 受空气中氧的氧化作用减慢，但供试品溶解于稀酸后，仍需立即滴定。使用新沸过的冷水作为溶剂，是为了减少水中溶解的氧对测定的影响。

2. 维生素 C 片与注射液

采用碘量法测定维生素 C 制剂时，为了消除制剂中辅料对测定的干扰，滴定前要做些必要的处理。如片剂溶解后应过滤，取续滤液测定；注射液测定时要加 2mL 丙酮，以消除注射内含有的抗氧剂亚硫酸氢钠对测定的影响。

维生素 C 片的测定方法：取本品 20 片，精密称定，研细，精密称取适量(约相当于维生素 C0. 2g)，置于 100mL 量瓶中，加新沸过的冷水 100mL 与稀醋酸 10mL 的混合液适量，振摇使维生素 C 溶解并稀释至刻度，摇匀，经干燥滤纸迅速过滤，精密量取续滤液 50mL，加淀粉指示液 1mL，用碘滴定液(0. 05mol/L)滴定，至溶液显蓝色并持续 30s 不褪色。每 1mL 碘滴定液(0. 05mol/L)相当于

8.806mg 的 $C_6H_8O_6$。

维生素 C 注射液测定时，先加丙酮 2mL，消除亚硫酸氢钠的影响(亚硫酸氢钠可以和丙酮发生加成作用)，然后用碘量法测定。

第六节　甾体激素类药物的分析

甾体激素类(steroid hormones)药物是一类具有环戊烷并多氢菲母核的激素类药物，包括天然激素类和人工合成品及其衍生物，目前临床应用的主要是后者。根据药理作用，甾体激素类药物可分为肾上腺皮质激素和性激素两大类，其中性激素又可分为雌激素、雄激素和同化激素、孕激素。

《中国药典》(2015 版)收载了该类药物的原料及制剂共 100 多个品种。其中肾上腺皮质激素代表药物有氢化可的松、地塞米松磷酸钠、醋酸去氧皮质酮、醋酸曲安奈德；孕激素有黄体酮、醋酸甲地孕酮、左炔诺孕酮、炔诺酮；雄激素和同化激素有睾酮(睾丸素)、甲睾酮、丙酸睾酮、十一酸睾酮；雌激素有雌二醇、雌酮、雌三醇，人工合成的炔雌醇、苯甲酸雌二醇等。

一、化学结构与性质

(一)化学结构

甾体激素药物的母核(甾烷)结构和碳原子编号如下所示，按 C_{10}、C_{13}、C_{17} 位上取代情况的不同，分为雌甾烷、雄甾烷和孕甾烷。

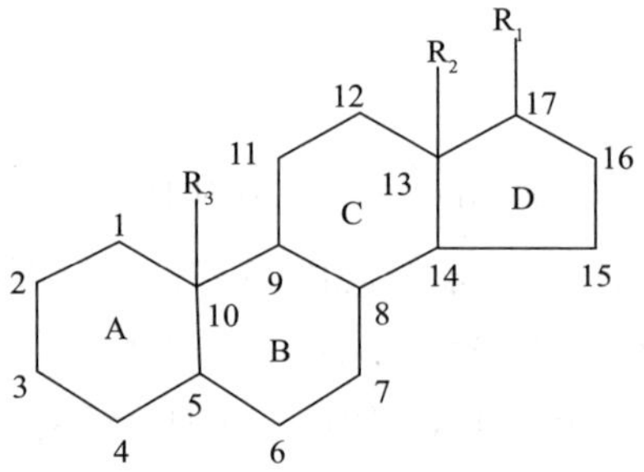

甾　烷	R_1=H	R_2=H	R_3=H
雌甾烷	R_1=H	R_2=CH_3	R_3=H
雄甾烷	R_1=H	R_2=CH_3	R_3=CH_3
孕甾烷	R_1=C_2H_5	R_2=CH_3	R_3=CH_3

1. 肾上腺皮质激素

肾上腺皮质激素肾(adrenocortical hormones)简称皮质激素，按其生理作用分为糖皮质激素和盐皮质激素，均具有孕甾烷母核，在临床上应用广泛。

本类药物具有以下结构特征。

①A 环有 Δ^4-3-酮基，为共轭体系，在波长为 240nm 附近有紫外吸收。

②C_{17}位上为 $\alpha-$醇酮基，具有还原性。多数药物有 $C_{17}-$羟基，如氢化可的松、地塞米松磷酸钠；部分药物 $\alpha-$醇酮基上的醇羟基与酸成酯，如地塞米松磷酸钠、醋酸去氧皮质酮、醋酸曲安奈德。

③一些药物的 C_6 或 C_9 位有卤素取代，如丙酸倍氯米松（C_9-Cl）、地塞米松（C_9-F）、醋酸氟轻松（C_6-F，C_9-F），可与有机氟或氯化物反应。

④一些药物的 C_1 与 C_2 之间或 C_6 与 C_7 之间为双键；C_{11}位上有羟基或酮基。

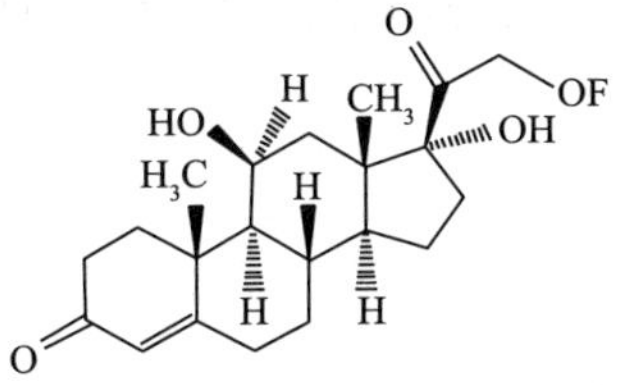

氢化可的松

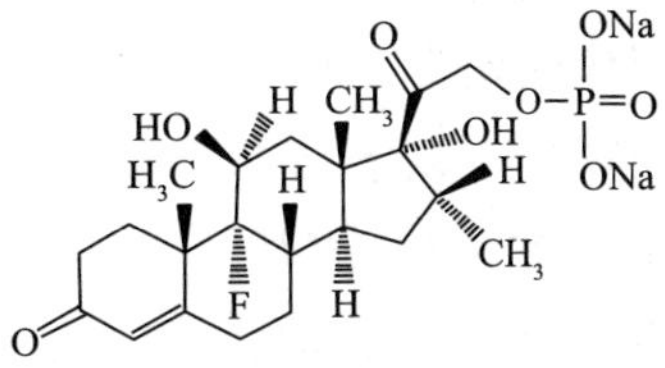

地塞米松磷酸钠

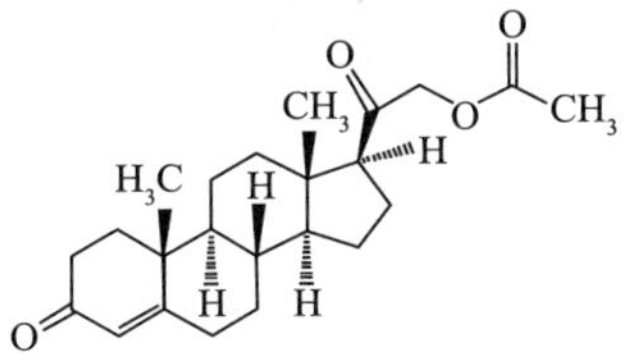

醋酸去氧皮质酮

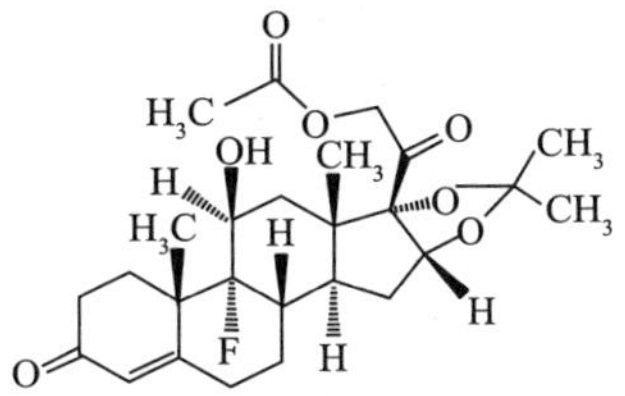

醋酸曲安奈德

2. 孕激素

孕激素类药物具有孕甾烷母核，是一类重要的口服避孕药。

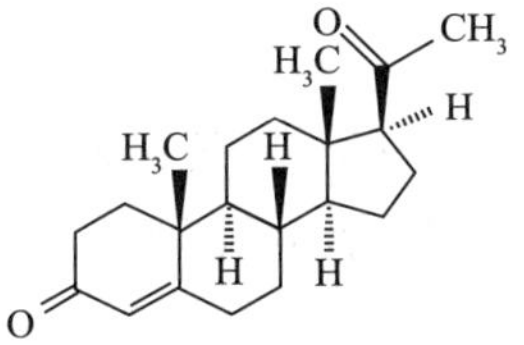

黄体酮

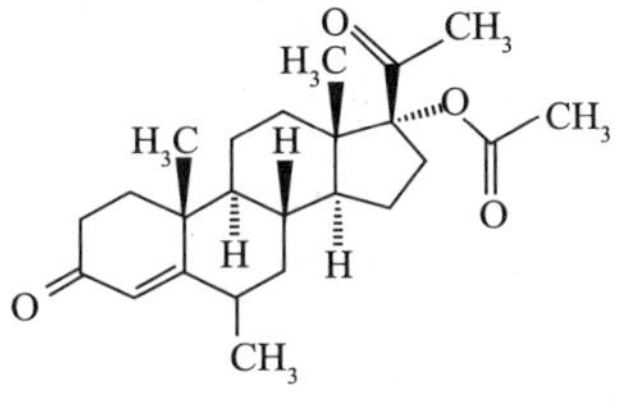

醋酸甲地孕酮

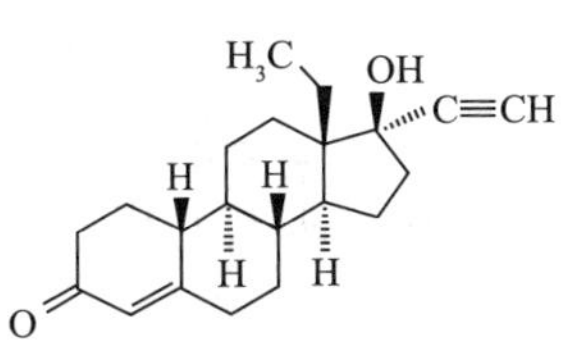

左炔诺孕酮

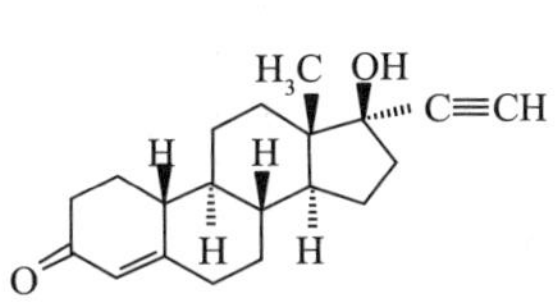

炔诺酮

本类药物具有以下结构特征。

①A 环有 Δ^4 –3 –酮基。

②C_{17}位上有甲酮基(17a –羟孕酮类，如黄体酮、醋酸甲地孕酮)或乙炔基(19 –去甲睾丸酮类，如炔诺酮、左炔诺孕酮)。

③多数在 C_{17}位上有羟基，部分药物的羟基被酯化(如己酸羟孕酮)。

3. 雄激素与同化激素

雄激素具有雄甾烷母核，具有维持男性生理、促进蛋白质合成等广泛的活性。对雄激素结构改造，可以大大降低其雄性激素的作用，但保留或增强同化作用，成为同化激素类药物。

本类药物具有以下结构特征。

①A 环有 Δ^4 –3 –酮基。

②C_{17}位上为羟基，部分药物的羟基被酯化。

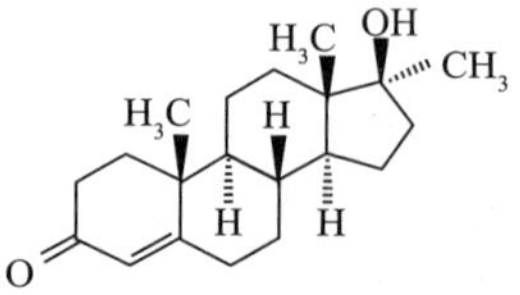

甲睾酮

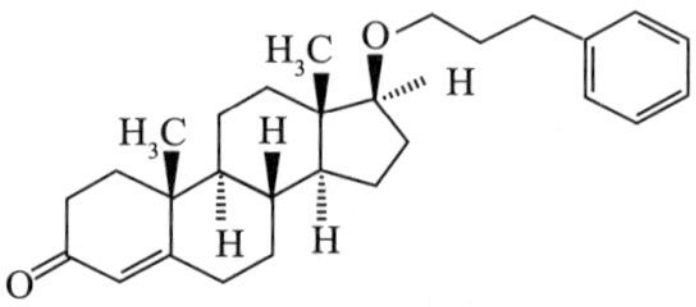

苯丙酸诺龙

4. 雌激素

雌激素类药物具有雌甾烷母核，具有促进女性身体发育、促使皮下脂肪富集、促使体内钠和水的潴留以及骨中钙的沉积等活性。

本类药物具有以下结构特征。

①A 环为苯环，C_3 位上有酚羟基，有的药物 C_3 位上的酚羟基成酯(如苯甲酸雌二醇)或成醚(如炔雌醚)。

②C_{17}位上有羟基，有些药物 C_{17}位上羟基变成了酯(如戊酸雌二醇)。

③有些药物在 C_{17}位上有乙炔基，构成 19 –去甲孕甾烷母核，如炔雌醇、炔雌醚。

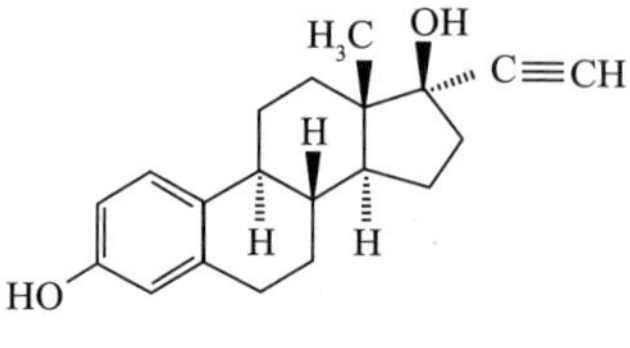

炔雌醇

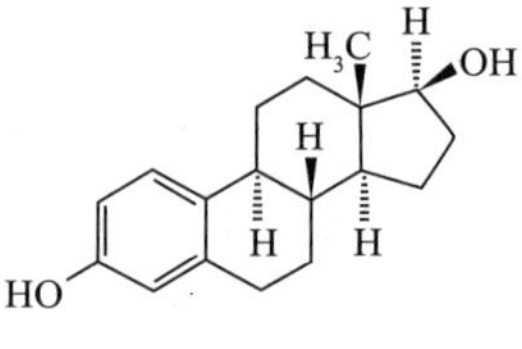

雌二醇

（二）性质

（1）性状：本类药物为白色至微黄色粉末或结晶性粉末。

（2）溶解性：甾体激素类药物多数在三氯甲烷中微溶至易溶，在甲醇或乙醇中微溶至溶解，在乙醚或植物油中极微溶解至略溶解，在水中不溶解或几乎不溶解。

（3）熔点：本类药物的熔点高低不等，肾上腺皮质激素类药物的熔点大多在200～270℃，熔融时同时分解；孕激素类药物的熔点多在200～240℃；雌激素类药物的熔点一般在100～200℃；雄激素类药物的熔点在60～170℃。

（4）比旋度：本类药物分子结构中有多个手性碳，具旋光性，在二氧六环、三氯甲烷或醇等溶剂中，多数药物显示右旋，左炔诺孕酮、炔诺酮和炔雌醇为左旋。

（5）紫外吸收特性：具 α，β－不饱和酮基团（Δ^4－3－酮结构）的药物在波长为240nm附近有最大吸收；A环为苯环并具有酚羟基的雌激素类药物在波长为280nm附近有最大吸收；在乙醇或无水乙醇溶液中，皮质激素类药物的 $E_{1cm}^{1\%}$ 值多数在350～450；性激素类药物的 $E_{1cm}^{1\%}$ 值大多在500～650。

（6）与硫酸呈色：甾体激素类药物能与多种强酸（如硫酸、盐酸、高氯酸等）反应呈色，其中与硫酸的呈色反应是各国药典常用的鉴别方法。本法操作简便，反应灵敏，多数甾体激素药物与硫酸形成的颜色或荧光不同，可相互区别。

（7）C_{17}－α－醇酮基的还原性：肾上腺皮质激素类药物的 C_{17}－α－醇酮基具有还原性，可与四氮唑、碱性酒石酸铜、氨制硝酸银等试液反应呈色，广泛用于皮质激素类药物的鉴别试验。其中四氮唑显色反应还用于皮质激素类药物薄层色谱的斑点检出和比色含量测定。

（8）酮基与羰基试剂的呈色反应：皮质激素、孕激素、雄激素和同化激素类药物分子结构中含有 C_3－酮基和 C_{20}－酮基，可与一些羰基试剂，如异烟肼、硫酸苯肼、2，4－二硝基苯肼等反应，形成黄色的腙。

（9）C_{17}－甲酮基的呈色反应：甾体激素类药物分子结构中含有甲酮基以及活泼亚甲基时，能与亚硝基铁氰化钠、间二硝基苯等反应呈色。其中亚硝基铁氰化钠反应被认为是黄体酮的专属、灵敏的鉴别方法，在一定条件下，黄体酮显示蓝紫色，其他常用甾体激素均不显蓝紫色，而呈现淡橙色或不显色。

（10）酚羟基的呈色反应：雌激素 C_3 位上的酚羟基，可与重氮苯磺酸反应生成红色偶氮染料进行鉴别。

二、鉴别试验

(一)与硫酸的呈色反应

1. 原理

甾体化合物中的酮基在酸性条件下先质子化形成碳正离子，然后与 HSO_4^- 结合呈色。由于甾体中存在共轭 π 键等结构，此外，HSO_4^- 本身也存在 π 键并与碳正离子结合，使其对光有特征吸收，因此产生不同的颜色。加水后，由于水解作用，产物结构发生变化，光谱特征吸收波长发生了移动，因此颜色也随之改变。反应式如下：

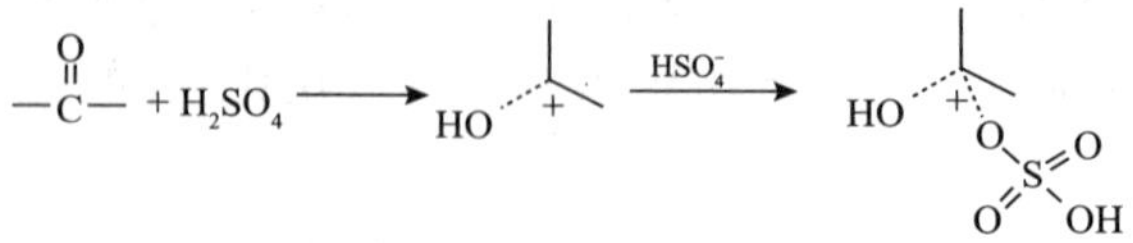

2. 方法

取氢化可的松 2mg，加硫酸 2mL 溶解，放置 5min，显棕黄至红色，并显绿色荧光，将此溶液倾入 10mL 水中，即变黄色至橙黄色，微带绿色荧光，同时有少量絮状沉淀生成。

3. 注意事项

试验操作过程中必须注意取样量，量大时，色泽太深，其变化不易观察。本法操作简便，反应灵敏，多数甾体激素类药物与硫酸形成的颜色或荧光不同，可相互区别。因此该方法是各国药典常用的甾体激素类药物的鉴别方法，见表 7-8。此外，还有部分甾体激素类药物采用硫酸 - 乙醇或硫酸 - 甲醇为显色剂进行鉴别，如甲睾酮、醋酸羟孕酮、十一酸睾酮等。

表 7-8　常见甾体激素类药物与硫酸的呈色反应

药品名称	加硫酸后颜色	加水稀释后颜色变化
地塞米松	淡红棕色	颜色消失
醋酸泼尼松	橙色	黄色，渐变成蓝绿色
醋酸可的松	黄色或微带橙色	颜色消失，溶液澄清
氢化可的松	棕黄至红色并显绿色荧光	黄至橙黄色，微带绿色荧光红色褪去，有灰色絮状沉淀
醋酸氢化可的松	黄色至棕黄色并带绿色荧光	颜色消失，有灰色絮状沉淀
泼尼松龙	深红色	交界面显蓝紫色
醋酸泼尼松龙	玫瑰红色	由绿变红，再变为红紫色并带蓝色荧光
醋酸甲羟孕酮	沿管壁加乙醇使成两液层	玫瑰红色絮状沉淀
己酸羟孕酮	微黄色	红色沉淀
炔雌醇	橙红色，反射光下显黄绿色荧光	蓝紫色
炔雌醚	橙红色，紫外光下显黄绿色荧光	淡橙色
尼尔雌醇	玫瑰红色	红色
苯甲酸雌二醇	黄绿色并显蓝色荧光	
雌二醇	黄绿色荧光，加三氯化铁后呈草绿色	

（二）与四氮唑的呈色反应

1. 原理

肾上腺皮质激素类药物的 $C_{17}-\alpha-$醇酮基具有还原性，在碱性条件下可将四氮唑还原为有色的甲臜；常用的四氮唑盐有两种：氯化三苯四氮唑（TTC 或 RT）和二聚体蓝四氮唑（BT）。两种试剂均无色，它们在碱性条件下与 $\alpha-$醇酮基发生氧化还原反应，$\alpha-$醇酮基在该反应中失去 2 个电子，其 C_{21} 位上醇被氧化为醛，TTC 和 BT 的结构及还原产物如下。

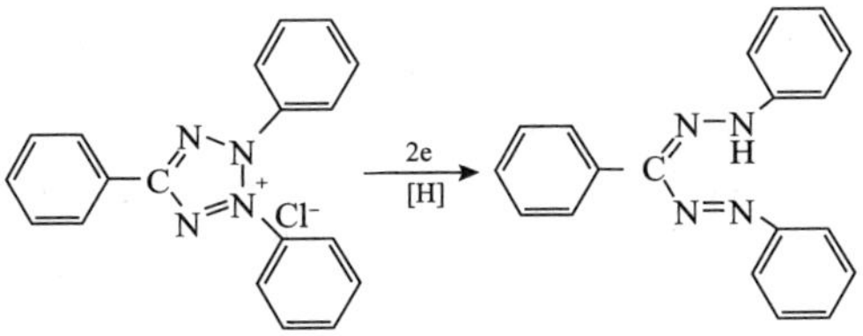

TTC　　　　甲膜（红色）

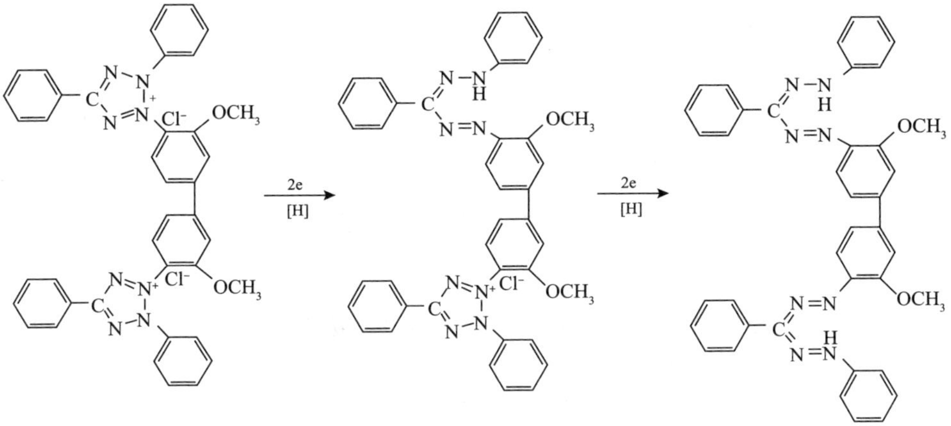

BT　　　　单甲膜（红色）　　　　双甲膜（蓝色）

2. 方法

取醋酸泼尼松约 1mg，加乙醇 2mL 使溶解，加 10% 氢氧化钠溶液 2 滴与氯化三苯四氮唑（TTC）试液 1mL，即显红色。

3. 注意事项

四氮唑试剂不仅用于 $C_{17}-\alpha-$醇酮基的鉴别，也常用作皮质激素中“其他甾体”检查的显色剂，同时，四氮唑比色法也是该类药物含量测定的依据。另外，利用 $C_{17}-\alpha-$醇酮基的还原性，肾上腺皮质激素类药物还可与碱性酒石酸铜、氨制硝酸银等试液反应呈色。最终碱性酒石酸铜还原为砖红色氧化亚铜；氨制硝酸银还原为黑色的金属银。这两种方法也被广泛用于皮质激素类药物的鉴别试验。

（三）酮基与羰基试剂的呈色反应

1. 原理

肾皮质激素、孕激素、雄激素和同化激素类药物分子结构中均含有 C_3 – 酮基和 C_{20} – 酮基，可与一些羰基试剂，如异烟肼、硫酸苯肼、2，4 – 二硝基苯肼等反应，形成黄色的腙类衍生物。其中硫酸苯肼法是 C_{17}，C_{21} – 二羟基 – C_{20} – 酮基的专属反应，该法在强酸性条件下，反应式如下：

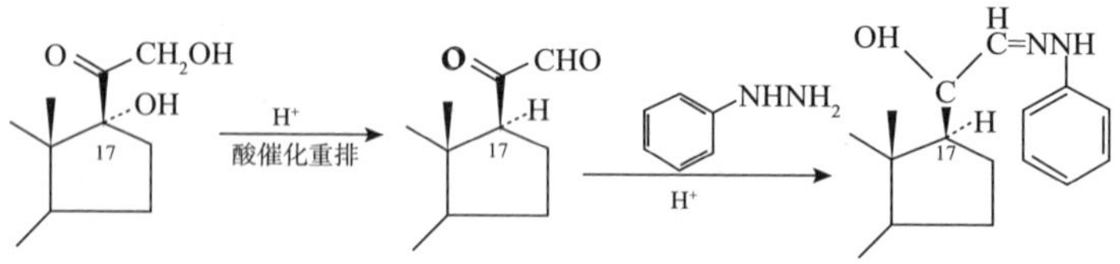

2. 方法

取氢化可的松约 0.1mg，加乙醇 1mL 溶解后，加临用新制的硫酸苯肼试液 8mL，在 70℃加热 15min，即显黄色。

3. 注意事项

该反应也可用于定量分析，异烟肼可选择性地作用于药物分子结构中的 C_3 – 酮基，用于比色法测定药物含量。

（四）C_{17} – 甲酮基与亚硝基铁氰化钠的呈色反应

1. 原理

甾体激素类药物分子结构中含有甲酮基以及活泼亚甲基时，能与亚硝基铁氰化钠反应呈色。其反应式如下：

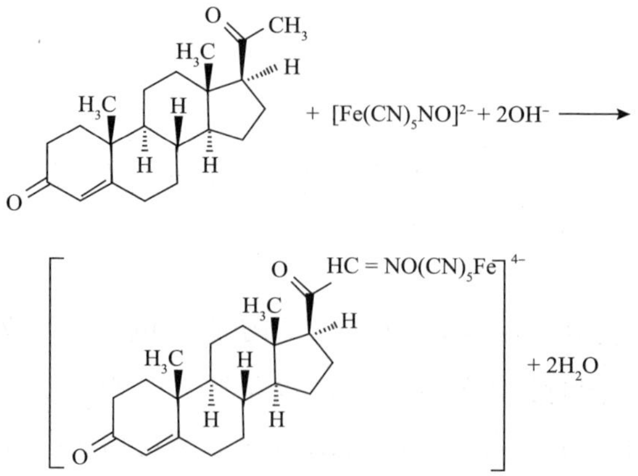

2. 方法

取黄体酮约5mg，置于小试管中，加甲醇0.2mL溶解后，加亚硝基铁氰化钠的细粉约3mg、碳酸钠及醋酸铵各约50mg，摇匀，放置10～30min，应显蓝紫色。

3. 注意事项

分子结构中含有甲酮基的甾体激素类药物，除能与亚硝基铁氰化钠反应外，还能与间二硝基苯、芳香醛等反应呈色。其中亚硝基铁氰化钠反应被认为是黄体酮专属、灵敏的鉴别方法，在一定条件下，黄体酮显示蓝紫色，其他常用甾体激素均不显蓝紫色，而呈现淡橙色或不显色。

(五) 紫外分光光度法

1. 原理

甾体激素类药物的紫外特性是基于分子中的A环及B环，而C环和D环一般不发生影响。具4－3－酮结构的甾体激素类药物在波长240nm附近有最大吸收，C_1位引入第二个双键，对吸收带位置的影响不显著，但C_6位双键的引入，则使吸收带红移约40nm，并且增色效应显著。A环具有酚羟基的雌激素类药物在波长280mn附近有最大吸收。在强碱性溶液中，酚羟基电离，吸收带红移约20nm，且吸收强度增加；酚羟基成为烷氧基衍生物后吸收带裂分，但碱化时不发生吸收带位移。

2. 方法

取丙酸倍氯米松适量，精密称定，加乙醇溶解并定量稀释制成每毫升中约含20μg的溶液，按照紫外分光光度法测定，在239nm的波长处有最大吸收，吸光度为0.57～0.60；在239nm与263nm波长处的吸光度比值应为2.25～2.45，见图7－8。

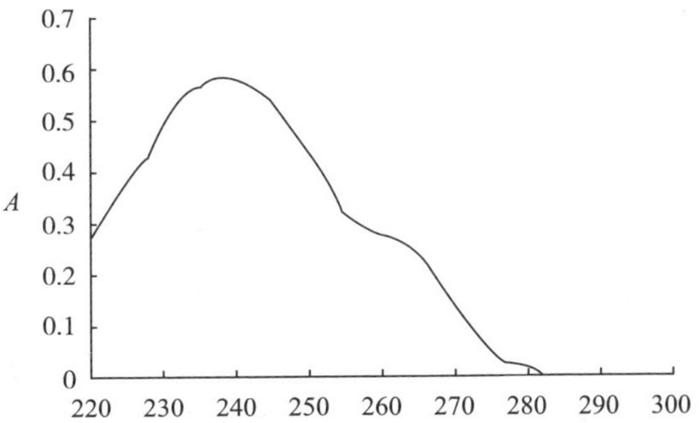

图7－8　丙酸倍氯米松的紫外吸收光谱图

3. 注意事项

甾体激素类药物的上述紫外吸收光谱特性是定性、定量分析的依据，在各国药典收载的甾体激素类药物的鉴别试验中，紫外分光光度法是常用方法之一。《中国药典》(2015 版)采用测定最大吸收的波长、最大吸收波长处的吸光度或吸收系数、某两个波长处吸光度比值等方法加以鉴别。

(六)红外分光光度法

各国药典几乎都采用红外光谱作为一项鉴别甾体激素类药物的方法。甾体激素类药物的主要官能团有羰基、羟基、乙炔基以及甾体骨架上的大量甲基、次甲基等，在红外光谱图谱上，这些基团显示强吸收峰。

由于各种型号的红外光谱仪性能不同，供试品制备时研磨程度的差异或吸水程度的不同等原因，均会影响光谱的形状。因此，进行光谱比对时，应考虑各种因素可能造成的影。

(七)薄层色谱法

薄层色谱法鉴别甾体激素类药物，是根据其分子结构及构型上的差异，在一定条件下测定比移值(R_f)或相对比移值(R_{st})来进行鉴别。在测定时，先将供试品中所含辅料的干扰排除，然后将处理好的供试品和对照品配制成规定浓度的溶液，按规定的方法进行点样、检测。要求供试液斑点与对照液斑点的比移值(R_f)或相对比移值(R_{st})应相同。

(八)高效液相色谱法

随着高效液相色谱法在甾体激素类药物及其制剂的含量测定中应用，高效液相色谱鉴别法的应用几乎同步增长。《中国药典》(2015 版)规定：在含量测定项下记录的色谱图中，供试品溶液主峰的保留时间应与对照品溶液主峰的保留时间一致。

三、杂质检查

大多数甾体激素类药物都是通过其他甾体化合物结构改造而成，生产过程中可能引入合成原料、中间体、异构体以及降解产物等结构类似的“其他甾体”杂质，《中国药典》(2015 版)将这类杂质定义为“有关物质”，采用薄层色谱法或高效液相色谱法进行限度检查。此外，有些甾体激素类药物还规定了游离磷酸盐、硒、乙炔基以及甲醇和丙酮等检查项目。

(一)有关物质的薄层色谱检查法

1. 方法

采用高低浓度法(主成分自身对照法)，将供试品制备成高、低两种浓度的溶液，高浓度溶液作为供试溶液，低浓度溶液作为对照溶液。供试溶液图谱中杂质斑点的数目与颜色与对照溶液的主斑点比较，即通过杂质斑点总数和各单一杂质的量(颜色)进行控制。

2. 示例

取醋酸去氧皮质酮适量，加三氯甲烷－甲醇(9∶1)制成每1mL中约含10mg的溶液，作为供试品溶液；精密量取适量，分别将上述溶剂稀释制成每1mL中约含0.1mg的对照溶液Ⅰ与每1mL中约含0.2mg的对照溶液Ⅱ。按照薄层色谱法进行试验，吸取上述3种溶液各5μL，分别点于同一硅胶GF254薄层板上，以二氯甲烷－乙醚－甲醇－水(77∶15∶8∶1.2)为展开剂，展开，晾干，在紫外光灯(波长254nm)下检视。供试品溶液如显任何杂质斑点，与对照溶液Ⅰ所显的主斑点比较，不得更深，如有1个斑点深于对照溶液Ⅰ的主斑点，则与对照溶液Ⅱ所显的主斑点比较，不得更深。

3. 注意事项

本方法适用于杂质的结构不确定，或虽然杂质结构已知但是没有杂质对照品的情况。该法仅限于杂质斑点的颜色与主成分斑点颜色相同或相近的情况下使用。

(二)有关物质的高效液相色谱检查法

1. 方法

将供试品溶液稀释成与杂质限量相当的溶液作为对照溶液，调节检测灵敏度后，取供试溶液和对照溶液，分别进样，除另有规定外，供试品溶液的记录时间应为主成分色谱峰保留时间的2倍，测量供试品溶液图谱中各杂质的峰面积，并与对照溶液的主成分的峰面积比较，计算杂质含量。

2. 示例

取丙酸睾酮适量，精密称定，加甲醇分别制成1mg/mL的供试溶液与0.02mg/mL的对照溶液。取对照溶液5μL注入液相色谱仪，调节检测灵敏度，使主成分峰高达记录仪的满量程。再分别取供试溶液和对照溶液各5μL，注入液相色谱仪，记录色谱图至主成分峰保留时间的2倍。供试品溶液如显示杂质峰，不得超过4个，各杂质峰面积及其总面积不得大于对照溶液主峰面积的0.5倍和

0.75倍。

3. 注意事项

该方法多在单一杂质含量较少、无法得到杂质对照品、杂质结构(吸收情况)与主成分相似，即杂质与主成分的响应因子基本相同的情况下使用。当已知杂质，特别是毒性杂质对主成分的相对响应因子在0.9~1.1时，可以用本法计算含量；超过此范围时，宜用加校正因子的主成分自身对照法或对照品对照法计算含量。

(三)杂质吸光度检查法

1. 原理

利用本类药物的Δ^4-3-酮结构在波长240nm附近有最大吸收，C_6位双键的引入则使吸收带红移约40nm的性质，可采用测定两波长处吸光度的方法，建立有关杂质的限度检查方法。根据纯品的两波长处吸光度比值为一定值，当混有一定量杂质后，该吸光度比值将发生改变这一原理，规定供试品溶液的两波长处吸光度比值应在某一定值以上或以下即可控制有关杂质的限量。

2. 方法

取醋酸甲地孕酮适量，精密称定，加无水乙醇溶解并定量稀释成每1mL中约含10μg的溶液，按照紫外-可见分光光度法，在287nm波长处有最大吸收，在240nm与287nm波长处的吸光度比值不得大于0.17。

3. 注意事项

醋酸甲地孕酮分子结构中具有C_6位双键，其最大吸收波长在287nm，而C_6位无双键的有关杂质的最大吸收波长在240nm。当被检样品中混有少量该杂质时，样品在240nm处的吸光度将增加，导致其A240/A287比值增加，控制该比值在0.17以下，即可控制有关杂质的量。

(四)游离磷酸盐检查——磷钼酸比色法

1. 原理

磷酸盐在酸性条件下与钼酸铵反应，生成磷钼酸铵[$(NH_4)_3PO_4 \cdot 12MoO_3$]，再经1-氨基-2-萘酚-4-磺酸溶液还原成磷钼酸蓝(钼蓝)后，在波长740nm处有最大吸收，通过比较供试品溶液和对照溶液的吸光度值大小来控制药物中游离磷酸盐的量。反应原理如下：

$$H_3PO_4 + 12(NH_4)_3MoO_4 + 21HNO_3 \longrightarrow (NH_4)PO_4 \cdot 12MoO_3 + 21NH_4NO_3 + 12H_2O$$

$$(NH_4)PO_4 \cdot 12MoO_3 \longrightarrow (MoO_2 \cdot 4MoO_3)2 \cdot H_3PO_4H_2O$$

2. 方法

精密称取地塞米松磷酸钠20mg，置于25mL量瓶中，加水15mL使溶解；另取标准磷酸盐溶液[精密称取经105℃干燥2h的磷酸二氢钾0.35g，置于1000mL量瓶中，加硫酸溶液(3→10)10mL与水适量使溶解，用硫酸稀释至刻度，摇匀；临用时再稀释10倍]4.0mL，置于另一25mL量瓶中，加水11mL。各精密加钼酸铵硫酸试液2.5mL与1-氨基-2-萘酚-4-磺酸溶液(取无水亚硫酸钠5g、亚硫酸氢钠94.3g与1-氨基-2-萘酚-4-磺酸0.7g，充分混合，临用时取此混合物1.5g加水10mL使溶解，必要时过滤)1mL，加水至刻度，摇匀，在20℃放置30~50min，在740mn的波长处测定吸光度。规定供试品溶液的吸光度不得大于对照溶液的吸光度。

(五)甲醇和丙酮残留量检查法

1. 原理

某些甾体激素类药物在生产过程中使用大量的甲醇和丙酮，因此规定需检查甲醇和丙酮的残留量。《中国药典》(2015版)采用气相色谱法对其进行检查，测定时不得出现甲醇峰，丙酮不得超过5.0%(质量分数)。

2. 方法

精密量取甲醇10μL(相当于7.9mg)，与丙酮100μL(相当于79mg)于100mL量瓶中，精密加0.1%(体积分数)正丙醇(内标物质)溶液2.0mL，加水稀释至刻度，摇匀，作为对照溶液；另取地塞米松磷酸钠0.16g，精密称定，置于10mL量瓶中，精密加入上述内标溶液2.0mL，加水溶解并稀释至刻度，摇匀，作为供试品溶液。取上述溶液，用气相色谱法测定，用高分子多孔小球色谱柱(按正丙醇计算的理论板数应大于700)，在柱温150℃测定。丙酮不得超过5.0%(质量分数)，并不得出现甲醇峰。

(六)硒元素检查法

1. 原理

采用氧瓶燃烧法对含硒甾体激素类药物进行有机破坏，使杂质硒转化为高价态氧化物(SeO_3)，以硝酸溶液吸收，再用盐酸羟胺将Se^{6+}还原为Se^{4+}；以亚硒酸钠溶液为标准硒对照，在pH=2.0±0.2条件下，Se^{4+}与二氨基萘显色，生成4，5-苯并苯硒二唑；分别用环己烷提取，波长378nm处测定吸光度，规定供试品溶液的吸光度不得大于硒对照溶液的吸光度。反应式如下：

$$SeO_3 + H_2O \longrightarrow H_2SeO_4$$

$$H_2SeO_4 + 2NH_2OH \longrightarrow H_2SeO_3 + N_2 + 3H_2O$$

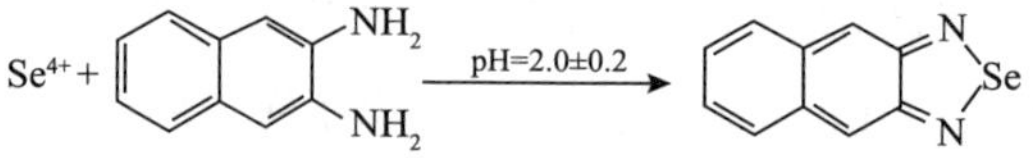

2. 方法

精密称取醋酸曲安奈德 0.10g，依硒检查法(《中国药典》(2015 版)(通则 0804)检查，应符合规定(0.005%)。

(七)乙炔基检查法

1. 原理

甾体激素类药物中乙炔基的检查是利用乙炔基上的活泼氢与硝酸银作用，生成炔银化合物和一分子的硝酸，再用氢氧化钠滴定液滴定生成的硝酸，电位法指示终点。反应式如下：

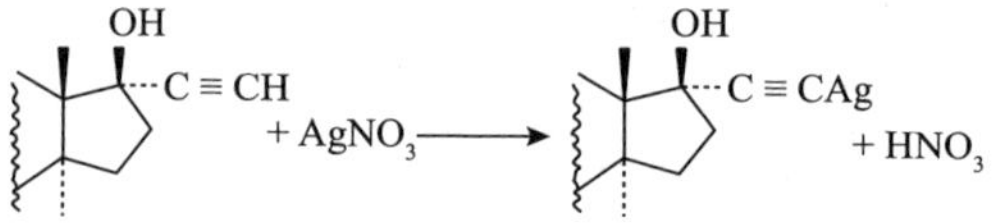

$$HNO_3 + NaOH \longrightarrow NaNO_3 + H_2O$$

2. 方法

取炔诺孕酮约 0.2g，精密称定，置于 50mL 烧杯中，加四氢呋喃 20mL，搅拌使溶解，加 5% 硝酸银溶液 10mL。按照电位滴定法，以玻璃电极为指示电极，饱和甘汞电极(玻璃套内装饱和硝酸钾溶液)为参比电极，用氢氧化钠滴定液(0.1mol/L)滴定。每 1mL 氢氧化钠滴定液(0.1mol/L)相当于 2.503mg 的乙炔基。含乙炔基应为 7.8% ~8.2%。

四、含量测定

甾体激素类药物及其制剂含量测定的方法，主要有紫外 - 可见分光光度法、四氮唑比色法、高效液相色谱法。《中国药典》(2015 版)主要收载了高效液相色谱法。

(一)紫外 - 可见分光光度法

紫外 - 可见分光光度法曾广泛用于甾体激素类药物的含量测定，但因其专属性不强，原料药中的其他甾体杂质、制剂中的一些辅料对此法均有干扰，已逐渐被高效液相色谱法所取代。

实例解析：氢化可的松片的含量测定。

取本品20片，精密称定2.098g，研细，精密称取0.1045g（约相当于氢化可的松20mg），置于100mL量瓶中，加无水乙醇约75mL，振摇1h使氢化可的松溶解，用无水乙醇稀释至刻度，摇匀，过滤，精密量取续滤液5mL，置于另一100mL量瓶中，加无水乙醇稀释至刻度，摇匀，按照紫外-可见分光光度法，在波长242nm处测得吸光度为0.432，按氢化可的松（$C_{21}H_{30}O_5$，20mg/片）的吸收系数（$E_{1cm}^{1\%}$）为435计算。

解析：

$$\text{标示量的百分含量} = \frac{A \times D \times 1000 \times \overline{W}}{E_{1cm}^{1\%} \times 100 \times m \times \text{标示量}} \times 100\%$$

$$= \frac{0.432 \times \frac{100mL \times 100mL}{5mL} \times 1000 \times \frac{2.098g}{20}}{435g/100mL \times 100 \times 0.1045 \times 20mg/\text{片}} \times 100\%$$

$$= 99.7\%$$

（二）四氮唑比色法

1. 方法原理

皮质激素类药物的$C_{17}-\alpha-$醇酮基结构具有还原性，在强碱溶液中能将四氮唑定量地还原为有色物，而自身失去2个电子被氧化为20-酮-21-醛。生成的颜色随所用试剂和条件的不同而不同。

2. 注意事项

四氮唑比色法受多种因素影响，空气中氧、光线，反应温度、时间、pH及反应液中水分等均对吸光度有影响。故反应需在暗处进行，同时在达到最大呈色时间后，需立即测定吸光度，四氮唑的反应时间在《中国药典》（2015版）所规定的试验条件下以40～45min为宜。反应混合物中水分含量应控制在5%以下，pH应在13.75以上。

在同样的试验条件下，皮质激素类药物的结构影响反应速度。一般认为，$C_{17}-$酮基的甾体反应速度快于$C_{11}-$羟基的甾体；$C_{21}-$羟基酯化后反应速度减慢，当与磷酸、琥珀酸等较大分子形成酯后，反应更慢，难以定量。

尽管影响本方法结果的干扰因素较多，但其优点是测定结果能指示药品的稳定性，因样品降解最易发生在C_{17}位侧链上，而氧化产物和水解产物是不发生四氮唑反应的，故本法能选择性地测定C_{17}位未被氧化或降解的药物含量。

实例解析：醋酸氢化可的松片的含量测定。

取本品20片，精密称定2.008g，研细，精密称取适量0.1010g(约相当于醋酸氢化可的松20mg)，置于200mL量瓶中，加无水乙醇适量，振摇使醋酸氢化可的松溶解并用无水乙醇稀释至刻度，摇匀，过滤，取续滤液，作为供试品溶液；另取精密称取醋酸氢化可的松对照品20.02mg，置于200mL量瓶中，加无水乙醇溶解并稀释至刻度，摇匀，作为对照品溶液。精密量取供试品溶液与对照品溶液各1mL，分别置于干燥具塞试管中，各精密加无水乙醇9mL与氯化三苯四氮唑试液1mL，摇匀，再加氢氧化四甲基铵试液1mL，摇匀，在25℃暗处放置40～45min，按照紫外－可见分光光度法，在485nm的波长处分别测定吸光度$A_{样}$为0.435，$A_{对}$为0.445，计算含量。

解析：

$$标示量的百分含量\% = \frac{A_{样} \times m_{对} \times \overline{W}}{A_{对} \times m \times 标示量} \times 100\%$$

$$= \frac{0.435 \times 20.02 \times \frac{2.008\text{g}}{20}}{0.445 \times 0.1010\text{g} \times 20\text{mg/片}} \times 100\% = 97.3\%$$

(三)异烟肼比色法

1. 原理

在一定条件下异烟肼可与Δ^4－3－酮甾体在室温下，迅速、定量地反应，生成黄色的腙，反应式如下：

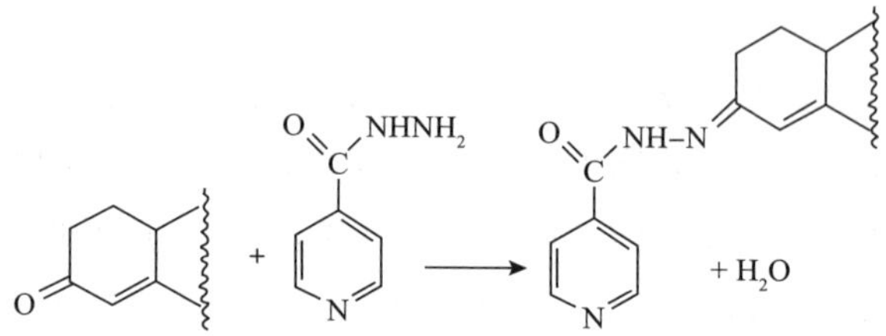

2. 注意事项

本反应要求在酸性溶液中进行，当酸与异烟肼的摩尔比为2∶1时，可获最大吸收，所用的酸可以是盐酸、硫酸或醋酸，其中盐酸最常用。考虑异烟肼盐酸盐的溶解度，反应溶剂以无水甲醇或乙醇最为适宜。本反应中羰基与肼缩合，脱去1分子水，这是一个可逆反应，水分可促使反应逆转水解，当在带塞玻璃管中不致使溶剂挥发及吸收水分情况下，光与氧并不影响反应，温度升高，反应加快。

本法对 Δ^4-3-酮甾体药物具有一定的专属性。由于甾体激素类药物多具有 Δ^4-3-酮结构，且比色法受多种因素影响，目前本法已很少使用。

(四)高效液相色谱法

各国药典收载的甾体激素类药物的高效液相色谱法有正相色谱和反相色谱法。《中国药典》(2015 版)主要采用反相色谱法，大多采用内标法定量。甾体激素类药物可以互为内标，制剂的含量测定，如注射用油、膏、霜基质等辅料对色谱分析有影响，一般需经过提取或稀释处理后再进行 HPLC 分析。对色谱系统适用性中分离效能的考察，内标法一般要求被测物与内标物的分离度符合要求。外标法中一般配制一个与被测物色谱行为相近的其他甾体的混合对照溶液，要求两者的分离度达到某一规定值以上。

实例解析：苯丙酸诺龙的含量测定。

色谱条件与系统适用性试验；用十八烷基硅烷键合硅胶为填充剂，以甲醇-水(82∶18)为流动相，检测波长为 241nm。理论板数按苯丙酸诺龙峰计算不低于 2300，苯丙酸诺龙峰与内标物质峰的分离度应符合要求。

测定法：取本品约 50.00mg，精密称定，置于 25mL 量瓶中，加甲醇溶解并稀释至刻度，摇匀；精密量取该溶液与内标溶液(1mg/mL 的丙酸睾酮-甲醇溶液)各 5mL，置于 25mL 量瓶中用甲醇稀释至刻度，摇匀；取 10μL 注入液相色谱仪，记录色谱图，得丙酸睾酮的色谱峰面积 A_s 为 121265，苯丙酸诺龙的色谱峰面积 A_r 为 201310；另取苯丙酸诺龙对照品适量，精密称定，同法测定，得丙酸睾酮的色谱峰面积A'_s 为 121958，苯丙酸诺龙的色谱峰面积 A_x 为 202910。按内标法以峰面积计算。

解析：

$$c_s=\frac{1\text{mg/mL}\times5\text{mL}}{25\text{mL}}=0.2000\text{mg/mL}$$

$$c_r=\frac{50.00\text{mg}\times5\text{mL}}{25\text{mL}\times25\text{mL}}=0.4000\text{mg/mL}$$

$$f=c_r=\frac{A_s/c_s}{A_r/c_r}=\frac{121265/0.2000}{201310/0.4000}=1.205$$

$$c_x=f\times\frac{A_x}{A'_s/c'_s}=1.205\times\frac{202910}{121958/0.2000}=0.3952$$

$$含量=\frac{c_x}{c_r}\times100\%=\frac{0.3952}{0.4000}\times100\%=98.8\%$$

第七节　抗生素类药物的分析

抗生素(antibiotics)是指在低微浓度下即可对某些生物的生命活动有特异抑制作用的化学物质的总称。抗生素是微生物的代谢产物，由真菌、细菌或其他微生物在繁殖过程中所产生的一类具有杀灭或抑制微生物生长的物质。

抗生素类药物的质量控制尤为重要，主要表现为：①生产工艺复杂，发酵过程不易控制，发酵过程易受污染；②稳定性差，分子结构多不稳定，降解后，疗效降低、失效或毒副作用增加；③抗生素的检查项目包括一般杂质、有关物质、聚合物及安全性检查(异常毒性、降压物质、热原、细菌内毒素和无菌)。

抗生素类药品的含量测定方法包括；①生物学方法，是以生物学方法或生化方法测定生理活性物质，并按效价单位计算的测定方法；②微生物检定法，根据抗生素对细菌作用的强度来测定其效价，灵敏度高，干扰物质少，可测未知药物，包括管碟法、浊度法；③理化方法，是以理化方法测定主药含量，包括容量法、紫外-可见分光光度法、高效液相色谱法。

在长期的抗生素选择之后出现的对相应抗生素产生耐受能力的微生物，统称耐药菌。所谓细菌耐药性又称抗药性，是指细菌产生的对抗菌药不敏感的现象，是细菌自身生存过程的一种特殊表现形式。耐药性可分为固有耐药性和获得性耐药性。固有耐药性又称天然耐药性，是由细菌染色体基因决定，代代相传，不会改变的。获得性耐药性是由于细菌与抗生素接触后，通过改变自身的代谢途径，使其不被抗生素杀灭。

抗生素的种类繁多，性质复杂，按结构和性质可分为九大类。

(1)β-内酰胺类抗生素；

(2)氨基糖苷类抗生素；

(3)四环类抗生素；

(4)大环内酯类抗生素；

(5)氯霉素类抗生素；

(6)多肽类抗生素；

(7)多烯大环类抗生素；

(8)抗肿瘤类抗生素；

(9)其他抗生素。

一、β－内酰胺类抗生素的分析

本类抗生素包括青霉素类(penicillins)和头孢菌素类(cephalosporins)，它们的分子结构中均含有β－内酰胺环，因此统称为β－内酰胺类抗生素。

(一)化学结构与性质

1. 化学结构

青霉素和头孢菌素同属β－内酰胺抗生素。分子中都有一个游离羧基和酰胺侧链。氢化噻唑环或氢化噻嗪环与β－内酰胺并合的杂环，分别构成二者的母核。不同之处在于青霉素类分子中的母核称为6－氨基青霉烷酸(6－aminopenicillanic acid，6－APA)；头孢菌素类分子中的母核称为7－氨基头孢菌烷酸(7－aminocephalosporanic，7－ACA)。由此也可以说，青霉素类的分子结构由侧链RCO－与母核6－APA两部分结合而成；头孢菌素类是由侧链RCO－与母核7－ACA组成。这一结构上的差异使头孢菌素能耐受青霉素酶。

通常青霉素分子中含有三个手性碳原子(C_2、C_5、C_6)，头孢菌素类分子中含有两个手性碳原子(C_6、C_7)。由于酰胺基上R以及R_1的不同，构成各种不同的青霉素和头孢菌素。青霉素类代表性药物有阿莫西林、青霉素钠、氨苄西林等；头孢菌素类代表性药物有头孢他啶、头孢克洛等。

2. 性质

(1)酸性。青霉素类和头孢菌素类分子中的游离羧基，具有较强的酸性，大多数青霉素类化合物的pK_a在2.5～2.8，能与无机碱或某些有机碱形成盐，如青霉素G钠、青霉素G钾等。其碱金属盐易溶于水，而有机碱盐难溶于水，易溶于甲醇等有机溶剂。

(2)旋光性。青霉素类分子中含有三个手性碳原子，头孢菌素类分子中含有两个手性碳原子，故都具有旋光性。根据这一性质，进行定性和定量分析。

(3)紫外吸收特性。青霉素类分子中母核部分没有共轭系统，没有紫外吸收，但其侧链酰胺基上R取代基若有苯环等共轭系统，则有紫外吸收特性。如青霉素钾(钠)的R取代基为苄基，因而其水溶液在264nm波长处具有较强的紫外吸收。而头孢菌素类母核部分具有O═C—N—C═C结构，R取代基具有苯环等共轭系统，有紫外吸收。

(4)β－内酰胺环的不稳定性。β－内酰胺类抗生素的稳定性与含水量和纯度有很大关系。干燥条件下青霉素和头孢菌素类药物均较稳定，室温条件下密封保存可贮存 3 年以上，但它们的水溶液很不稳定，不稳定的部分是 β - 内酰胺环。β - 内酰胺环在酸、碱、青霉素酶、羟氨及某些金属离子(铜、铅、汞和银)或氧化剂等作用下，易发生水解和分子重排，失去抗菌作用，形成一系列降解产物。

(二)鉴别试验

本类药物的鉴别试验，《中国药典》(2015 版)《美国药典》《英国药典》采用的方法主要为 HPLC、IR 和 TLC 法。

1. 呈色反应

(1)异羟肟酸铁反应。青霉素及头孢菌素在碱性溶液中与羟胺作用，β - 内酰胺环破裂生成异羟肟酸；在稀酸中与高铁离子呈色。哌拉西林(钠)、头孢哌酮、拉氧头孢钠采用此法鉴别。

(2)类似肽键的反应。青霉素和头孢菌素类药物具有—CONH—结构，一些取代基有 α—氨基酸结构，可显茚三酮和双缩脲反应。

(3)其他呈色反应。侧链含有—C_6H_5—OH 基团时，能与重氮苯磺酸试液产生偶合反应而呈色。此外，本类药物还可与变色酸 - 硫酸、硫酸 - 甲醛等试剂反应而呈色。

2. 各种盐的反应

钾、钠离子的火焰反应：青霉素类、头孢菌素类药物多制成钾盐或钠盐供临床使用，因而可利用 K^+、Na^+ 的火焰反应进行鉴别。如阿莫西林钠、头孢尼西钠、头孢西丁钠、头孢曲松钠等钠离子的鉴别；青霉素 V 钾、青霉素钾等钾离子的鉴别。

3. 光谱法

(1)红外吸收光谱(IR)。β - 内酰胺环羰基的伸缩振动(1800 ~ 1750cm^{-1})，仲酰胺的氨基、羰基的伸缩振动(3300cm^{-1}、1525cm^{-1}、1680cm^{-1})，羧酸离子的伸缩振动(1600cm^{-1}、1410cm^{-1})是该类抗生素共有的特征峰。

(2)紫外吸收光谱(UV)。通常根据其最大吸收波长或最大吸收波长处的吸光度进行鉴定。如头孢唑林钠的紫外鉴别法：取本品适量，加水溶解并稀释制成每 1mL 中约含 16μg 的溶液，在 272nm 的波长处有最大吸收。

4. 色谱法

利用比较供试品溶液主峰与对照品溶液主峰的保留时间(HPLC)是否一致或比较供试品溶液与对照品溶液所显主斑点的位置和颜色是否相同进行鉴别。《中国药典》(2015 版)对鉴别试验中既有 HPLC 法又有 TLC 法的，规定可在两种鉴别方法中选做一种。

(三)特殊杂质检查

本类抗生素药物中的杂质主要有高分子聚合物、异构体、有关物质等，一般采用 HPLC 法控制其限量，也有采用测定杂质的吸光度来控制杂质量的。此外，部分抗生素还检查吸光度和有机溶剂残留量。

1. 聚合物的检查

《中国药典》(2015 版)规定头孢他啶、头孢哌酮钠等杂质检查需进行聚合物的检查，检查采用分子排阻色谱法。

分子排阻色谱法是根据待测组分的分子大小进行分离的一种液相色谱技术，其分离原理为凝胶色谱柱的分子筛机制。色谱柱多以亲水硅胶、凝胶或经修饰凝胶，如葡聚糖凝胶等为填充剂，这些填充剂表面分布着不同尺寸的孔径，药物分子进入色谱柱后，它们中的不同组分按其分子大小进入相应的孔径内，大于所有孔径的分子不能进入填充剂颗粒内部，在色谱过程中不被保留，最早被流动相洗脱至柱外，表现为保留时间较短；小于所有孔径的分子能自由进入填充剂表面的所有孔径，在色谱柱中滞留时间较长，表现为保留时间较长，其余分子则按分子大小依次被洗脱。

其定量方法如下：

(1)主成分自身对照法：一般用于高分子杂质含量较低的品种。

(2)面积归一化法：同高效液相色谱法项下规定。

(3)限量法：规定不得检出保留时间小于对照品保留时间的组分，一般用于混合物中高分子物质的控制。

(4)自身对照外标法：一般用于 Sephadex G－10 凝胶色谱系统中 β－内酰胺抗生素中高分子杂质的检查。在该分离系统中，除部分寡聚物外，β－内酰胺抗生素中高分子杂质在色谱过程中均不保留，即所有的高分子杂质表现为单一的色谱峰，以供试品自身为对照品，按外标法计算供试品中高分子杂质的相对百分含量。

高效分子排阻色谱法的系统适用性试验中色谱柱的理论板数(n)、分离度、重复性、拖尾因子的测定方法，在一般情况下，同高效液相色谱法项下方法，但在高分子杂质检查时，某些药物分子的单体与其二聚体不能达到基线分离时，其分离度除另有规定外，分离度应大于 2.0。

实例解析：青霉素 V 钾中青霉素 V 聚合物的测定。

色谱条件与系统适用性试验：用葡聚糖凝胶 G－10(40～120μm)为填充剂，玻璃柱内径 1.0～1.4cm，柱长 30～40cm。流动相 A 为 pH＝7.0 的 0.1mol/L 磷酸盐缓冲液[0.1mol/L磷酸氢二钠溶液－0.1mol/L磷酸二氢钠溶液(61∶39)]，流动相B为水，流速为1.5mL/min，检测波长为254nm。取0.1mg/mL蓝色葡聚糖2000溶液100～200μL，注入液相色谱仪，分别以流动相A、B进行测定，记录色谱图。理论板数以蓝色葡聚糖2000峰计算均不低于400，拖尾因子均应小于2.0。在两种流动相系统中蓝色葡聚糖2000峰保留时间的比值应在0.93～1.07，对照溶液主峰和供试品溶液中聚合物峰与相应色谱系统中蓝色葡聚糖2000峰的保留时间的比值均应在0.93～1.07之间。称取本品约0.4g置于10mL量瓶中，用0.04mg/mL的蓝色葡聚糖2000溶液溶解并稀释至刻度，摇匀。取100～200μL注入液相色谱仪，用流动相A进行测定，记录色谱图，高聚体的峰高与单体与高聚体之间的谷高比应大于2.0。另以流动相B为流动相，精密量取对照溶液100～200μL，连续进样5次，峰面积的相对标准偏差应不大于5.0%。

对照溶液的制备：取青霉素V对照品适量，精密称定，加水溶解并定量稀释制成每1mL中约含青霉素V0.2mg的溶液。

测定法：取本品约0.4g，精密称定，置于10mL量瓶中，加水溶解并稀释至刻度，摇匀，立即精密量取100～200μL注入液相色谱仪，以流动相A为流动相进行测定，记录色谱图；另精密量取对照溶液100～200μL注入液相色谱仪，以流动相B为流动相进行测定，记录色谱图。按外标法以峰面积计算，含青霉素V聚合物以青霉素V计不得超过0.6%。

解析：青霉素V聚合物的分子大小适合选用葡聚糖凝胶作为填充剂，聚合物分子进入色谱柱后，其分子大小进入相应的孔径内，在色谱柱中滞留时间较长，达到分离效果好、分离速度快的优势，其分离度大于2.0。

2. 异构体和有关物质

β－内酰胺抗生素通常采用HPLC、反相HPLC检查。本类药物多数规定有关物质检查，部分还检查异构体杂质。

《中国药典》(2015版)采用高效液相色谱法检查头孢呋辛酯中的有关物质和异构体。

3. 吸光度

《中国药典》(2015版)常采用测定杂质吸光度方法来控制本类抗生素的杂质含量。

实例解析：青霉素钠(钾)的吸光度检查。

取本品，精密称定，加水溶解并定量稀释制成每1mL中约含1.80mg的溶液，在280nm的波长处测定吸光度，吸光度均不得大于0.10；在264nm的波长处有最大吸收，吸光度应为0.80～0.88。

解析：此法中264nm处吸收值用来控制青霉素钠(钾)的含量，280nm处吸收值用来控制杂质的量。

4. 有机溶剂

部分本类药物需检查有机溶剂，采用气相色谱法进行检查。如氨苄西林钠需检查丙酮、乙酸乙酯、异丙醇、二氯甲烷、甲基异丁基酮、甲苯与正丁醇；头孢哌酮钠需检查丙酮、乙醇、异丙醇、正丙醇、正丁醇、乙酸乙酯、甲基异丁基酮，甲醇、环己烷、四氢呋喃、二氯甲烷与乙腈。

(四)含量测定

各国药典收载的青霉素类和头孢菌素类的含量测定大多采用HPLC测定方法，少数几个样品采用抗生素微生物检定法测定。此外，利用本类药物β-内酰胺环的不稳定性，药典曾采用碘量法、电位配位滴定法、紫外-可见分光光度法测定本类药物的含量。现主要介绍高效液相色谱法。

高效液相色谱法是近年来发展最快的方法，本类药物的含量测定中应用日益广泛。它能有效地分离供试品中可能存在的降解产物、未除尽的原料及中间体等杂质，并能准确定量，适用于本类药物的原料、各种制剂及生物样本的分析测定。《中国药典》(2015版)收载的本类抗生素中除磺苄西林钠采用微生物检定法测定含量外，其余均采用HPLC法测定含量。

实例解析：头孢克洛含量的HPLC测定。

色谱条件与系统适用性试验：用十八烷基硅烷键合硅胶为填充剂；以磷酸二氢钾溶液(取磷酸二氢钾6.8g，加水溶解并稀释成1000mL，用磷酸调节pH至3.4)-乙腈(92:8)为流动相；检测波长为254nm。取头孢克洛对照品及头孢克洛δ-3-异构体对照品适量，加流动相溶解并稀释制成每1mL中分别含头孢克洛及头孢克洛δ-3-异构体约0.2mg的混合溶液，取20μL注入液相色谱仪，记录色谱图，头孢克洛峰与头孢克洛δ-3-异构体峰的分离度应符合要求。

测定法：取本品约20mg，精密称定，置100mL量瓶中，加流动相溶解并稀释至刻度，摇匀，取20μL注入液相色谱仪，记录色谱图；另取头孢克洛对照品适量，同法测定，按外标法以峰面积计算出供试品中$C_{15}H_{14}ClN_3O_4S$的含量。规定按无水物计算，含$C_{15}H_{14}ClN_3O_4S$不得少于95.0%。

解析：头孢克洛原料药中含有头孢克洛及头孢克洛δ-3-异构体，两者比例近乎相等，故对照品取两种，且其含量相等。本法流速为1mL/min；理论板数按头孢克洛峰计算不低于1500。

二、氨基糖苷类抗生素的分析

氨基糖苷类抗生素的化学结构都是以碱性环己多元醇为苷元，与氨基糖缩合而成的苷类，故称为氨基糖苷类抗生素，分为天然和半合成两大类。天然来源的包括由链霉菌属培养液中提取获得的链霉素、新霉素、妥布霉素、卡那霉素等，由小单胞菌属培养液中提取获得的小诺米星、西索米星、庆大霉素等。人工半合成的主要有阿米卡星、奈替米星等。它们的抗菌谱和化学性质都有共同之处。

(1)化学性质稳定，均呈碱性而其盐易溶于水。

(2)抗菌谱广且相同，抗菌作用相互间无显著性差异。

(3)临床起效快(特别是用于治疗革兰氏阴性杆菌感染)，不易产生耐药性。

(一)化学结构与性质

1. 化学结构

以链霉素、巴龙霉素、庆大霉素、奈替米星为例，说明此类抗生素的结构特征。

链霉素(即链霉素 A)的结构为一分子链霉胍和一分子链霉双糖胺而成的碱性苷。其中链霉双糖胺是由链霉糖和 *N* - 甲基 - L - 葡萄糖胺所组成。链霉双糖胺与链霉胍间的苷键结合弱于其内部双糖间的苷键，故此链霉素易分解为链霉胍和链霉双糖胺。

巴龙霉素是由巴龙胺和巴龙二糖胺结合而成的苷。巴龙霉素有两个立体异构体：巴龙霉素Ⅰ和巴龙霉素Ⅱ。药用巴龙霉素为巴龙霉素Ⅰ和巴龙霉素Ⅱ的混合物，而以巴龙霉素Ⅰ为主要成分，巴龙霉素Ⅱ为微量成分。

庆大霉素是由绛红糖胺、2 - 脱氧链霉胺(2 - deoxystreptosamine)和加洛糖胺(gamsiunine)缩合而成的碱性苷。它是庆大霉素 C 复合物，尚有少量次要成分。主要组分有 C_1、C_2、C_{1a}及 C_{2a}。

庆大霉素 C_1、C_2、C_{1a}三者结构相似，仅在绛红糖胺 C_6 位及氨基上甲基化程度不同。C_{2a}是 C_2 的异构体。

奈替米星的分子结构与庆大霉素 C_{1a}基本相同，主要差异在于绛红糖胺环的 4，5 位是双键。

2. 性质

(1)碱性与溶解性。该类抗生素的分子中含有多个羟基(故也称多羟基抗生素)和碱性基团，同属碱性、水溶性抗生素，能与强酸或有机酸成盐，临床应用主要为硫酸盐。

(2)旋光性。本类抗生素分子结构中含有多个氨基糖，具有旋光性。如《中国药典》(2015 版)二部中硫酸奈替米星的比旋度为 +88° ~ +96°(水溶液)；硫酸庆大霉素的比旋度为 +107° ~ +121°(水溶液)；硫酸巴龙霉素的比旋度为 +50° ~ +55°(水溶液)。

(3)水解性。含有二糖胺结构的抗生素，一般的化学反应只能将它们分解为一分子苷元和一分子双糖。链霉素的硫酸盐水溶液，一般以 pH =5.0 ~7.5 最为稳定，过酸或过碱条件下易水解失效。在酸性条件下，链霉素水解为链霉胍和链霉双糖胺，进一步水解为 *N* – 甲基 – L – 葡萄糖胺；碱性也能使链霉素水解为链霉胍、链霉双糖胺，随后链霉糖部分发生分子重排为麦芽酚(maltol)，此为链霉素所特有反应，可用于定性和定量。

(4)紫外吸收光谱。链霉素在 230nm 处有紫外吸收。庆大霉素、奈替米星无共轭双键，因此无紫外吸收。

(二)鉴别试验

1. 茚三酮反应

硫酸小诺米星具有羟基胺类和 α – 氨基酸的性质，可与茚三酮缩合成蓝紫色化合物。《中国药典》(2015 版)采用本法鉴别硫酸小诺米星及其制剂。其反应原理如下：

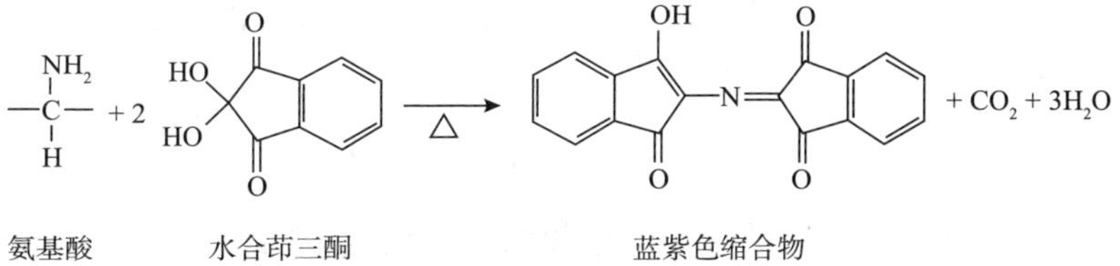

2. Molisch 试验

具有五碳糖或六碳糖结构的氨基糖苷类抗生素在酸性条件下水解后，在盐酸(或硫酸)作用下脱水生成糠醛(五碳糖)或羟甲基糠醛(六碳糖)。遇 α – 萘酚或蒽酮呈色。

(1)α – 萘酚呈色原理。

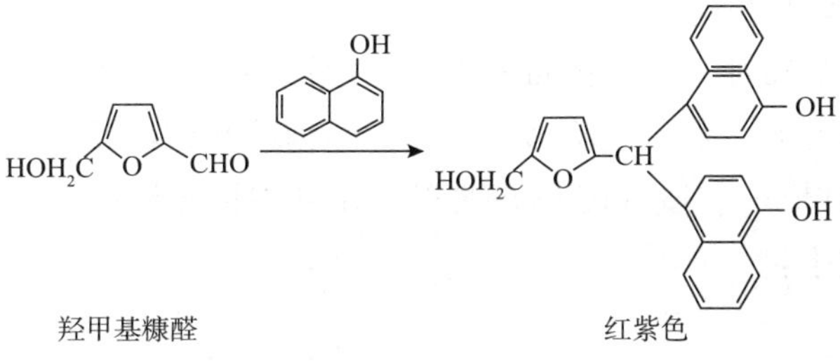

(2)蒽酮的呈色原理。

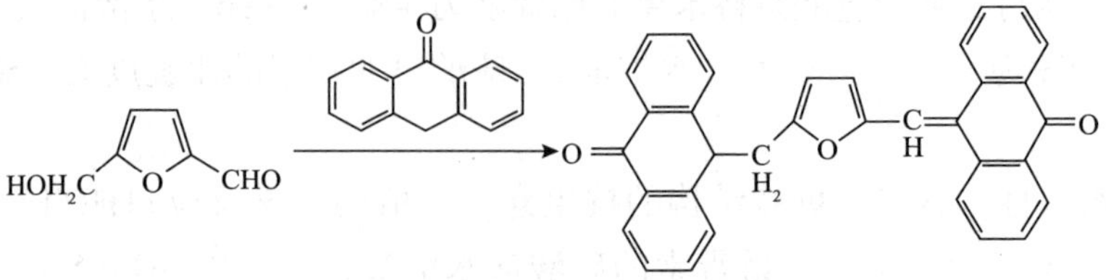

羟甲基糠醛　　　　蓝紫色

3. N－甲基葡萄糖胺反应

本类药物水解后产生葡萄糖胺衍生物，在碱性溶液中与乙酰丙酮缩合成吡咯衍生物(Ⅰ)，与对二甲氨基苯甲醛的酸性醇溶液(Ehrlich 试剂)反应，生成樱桃红色缩合物(Ⅱ)。

如链霉素、硫酸新霉素、硫酸巴龙霉素。

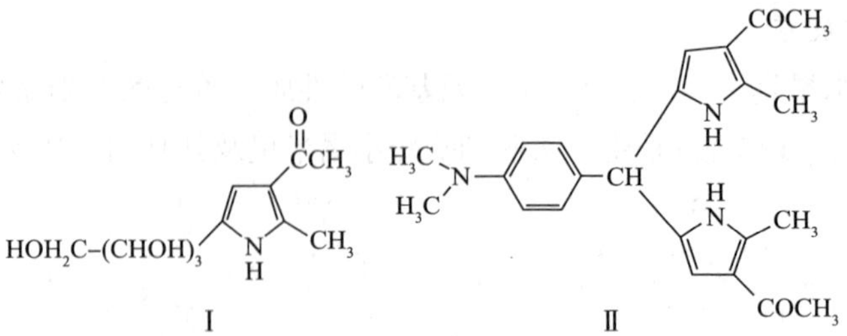

Ⅰ　　　　Ⅱ

实例解析：硫酸新霉素的 N－甲基葡萄糖胺反应鉴别。

取本品约 10mg，加水 1mL 溶解后，加 0. 9% 的盐酸溶液(9→100)2mL，在水浴中加热 10min，加 8% 氢氧化钠溶液 2mL 与 2% 乙酰丙酮水溶液 1mL，置水浴中加热 5min，冷却后，加对二甲氨基苯甲醛试液 1mL，即呈樱桃红色。

解析：新霉素水解后产生葡萄糖胺衍生物，故有此反应。加入盐酸的目的是既能催化新霉素的水解反应，又可以加快与对二甲氨基苯甲醛的反应速度。

4. 麦芽酚(Maltol)反应

此为链霉素的特征反应。链霉素在碱性溶液中，分子中的链霉糖经分子重排使环扩大形成六元环，然后消除 N－甲基葡萄糖胺和链霉胍生成麦芽酚(α－甲基 β－羟基－γ－吡喃酮)，麦芽酚与高铁离子在微酸性溶液中形成紫红色配位化合物，反应原理如下：

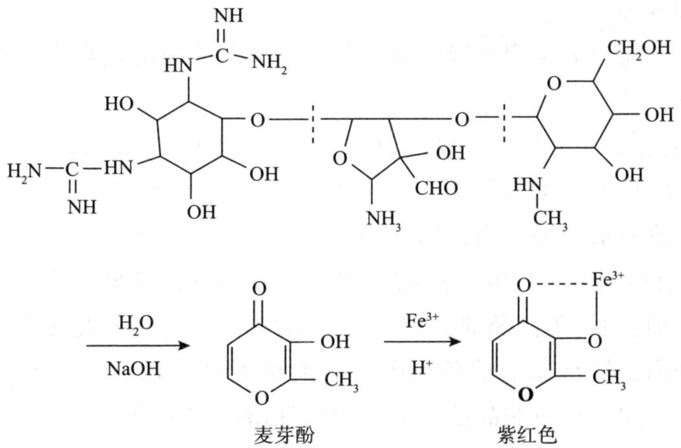

实例解析：硫酸链霉素的麦芽酚反应鉴别。

取本品约20mg，加水5mL溶解后，加氢氧化钠试液0.3mL，置水浴中加热5min，加硫酸铁铵溶液（取硫酸铁铵0.1g，加0.5mol/L硫酸溶液5mL使溶解）0.5mL，即呈紫红色。

解析：链霉素在碱性溶液中，分子中的链霉糖经分子重排形成六元环，加入氢氧化钠并加热，是发生反应的必要条件。

5. 坂口（Sakaguchi）反应

此为链霉素水解产物链霉胍的特有反应。链霉素水溶液加氢氧化钠试液，水解生成链霉胍。加入8-羟基喹啉（或α-萘酚）的乙醇溶液，放冷后至15℃，再与次溴酸钠溶液反应，生成橙红色化合物，反应原理如下：

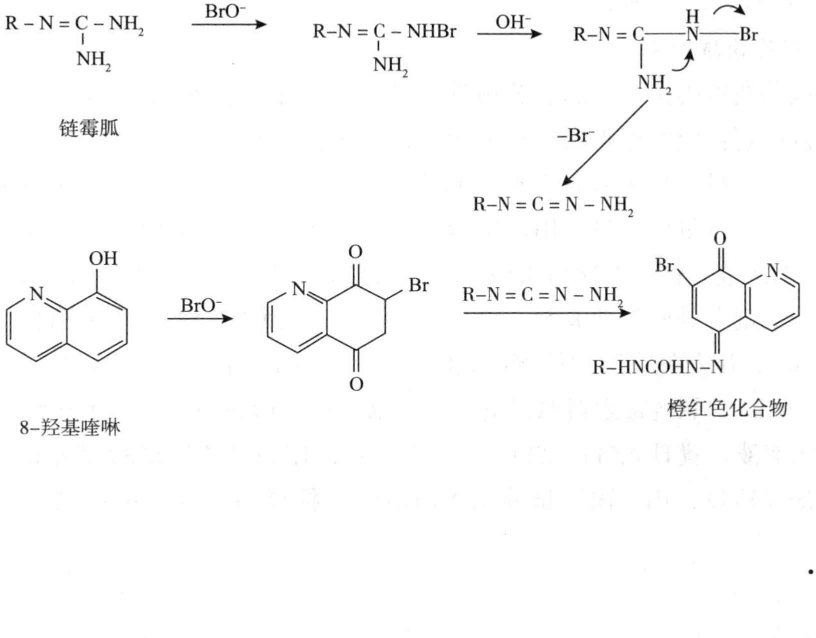

6. 硫酸盐反应

利用硫酸盐能与氯化钡试液生成白色硫酸钡沉淀对链霉素类药物进行鉴别。

7. 色谱法

(1)薄层色谱法。《中国药典》(2015 版)、美国药典 USP29 - NF27 和《英国药典》(2010 版)均采用 TLC 法对本类抗生素进行鉴别。多以硅胶为薄层板，三氯甲烷 - 甲醇 - 浓氨水为展开剂，茚三酮或碘蒸气为显色剂。

(2)高效液相色谱法。本类药物可按照组分检查或含量测定项下 HPLC 方法进行色谱图鉴别，如《英国药典》(2010 版)利用本法鉴别庆大霉素，根据组分分析测得的色谱图，供试品溶液色谱图中庆大霉素 C_1、C_{1a}、C_2、C_{2a} 和 C_{2b} 五组分的色谱峰保留时间应与对照品溶液的色谱峰保留时间一致。

8. 光谱法

(1)红外分光光度法。《中国药典》和《英国药典》均采用红外分光光度法鉴别本类药物，如硫酸庆大霉素、硫酸巴龙霉素、硫酸卡那霉素、硫酸阿米卡星、硫酸新霉素、硫酸链霉素等。

(2)紫外分光光度法。本类药物多无紫外吸收，故其鉴别试验中很少采用紫外分光光度法。利用这一性质，采用紫外分光光度法对庆大霉素进行鉴别。

《美国药典》硫酸庆大霉素的紫外分光光度法鉴别。

取硫酸庆大霉素 10mg，加水 1mL 和 40% 硫酸溶液 5mL；在水浴中加热 100min，冷却，用水稀释至 25mL。取该溶液进行紫外扫描，在 240 ~ 330nm 应无最大吸收。

(三)有关物质及组分分析

1. 有关物质检查

各国药典本类抗生素的有关物质检查主要采用 TLC 和 HPLC 法。

实例解析：硫酸链霉素中有关物质的 HPLC 检查。

取本品适量，加水溶解并稀释制成 1mL 中约含链霉素 3.5mg 的溶液，作为供试品溶液精密量取适量，用水定量稀释制成每 1mL 中约含链霉素 35μg、70μg 和 14μg 的溶液，作为对照溶液(1)、(2)和(3)。照高效液相色谱法测定，用十八烷基硅烷键合硅胶为填充剂，以 0.15mol/L 的三氟醋酸溶液为流动相，流速为 0.5mL/min，用蒸发光散射检测器检测(参考条件漂移管温度为 110℃，载气流速为 2.8L/min)。取链霉素对照品适量，加水溶解并稀释制成每 1mL 中约含链霉素 3.5mg 的溶液，置日光灯(3000lx)下照射 24h，作为分离度试验用溶液。取妥布霉素对照品适量，用分离度试验用溶液溶解并稀释制成每 1mL 中约含妥布霉素

0.06mg 的混合溶液，量取 10μL，注入液相色谱仪，记录色谱图。链霉素峰保留时间约为 10～12min，链霉素峰与相对保留时间约为 0.9 处的杂质峰的分离度和妥布霉素峰的分离度应分别大于 1.2 和 1.5。连续进样 5 次，链霉素峰面积的相对标准偏差应不大于 2.0。量取对照溶液(1)10μL，注入液相色谱仪，调节检测灵敏度，使主成分色谱峰的峰高约为满量程的 20%，精密量取对照溶液(1)、(2)和(3)各 10μL，分别注入液相色谱仪，记录色谱图。以对照溶液浓度的对数与相应峰面积的对数计算线性回归方程，相关系数(r)应不小于 0.99。另取供试品溶液，同法测定，记录色谱图至主成分峰保留时间的 2 倍，供试品溶液色谱图中如有杂质峰(硫酸峰除外)，用线性回归方程计算，单个杂质不得超过 2.0%，杂质总量不得超过 5.0%。

解析：相对标准偏差(RSD，relative standard deviation)是指标准偏差与计算结果算术平均值的比值。相对标准偏差(RSD)＝标准偏差(SD)/计算结果的算术平均值(X)×100%，该值通常用来表示分析测试结果的精密度。

2. 组分测定

本类抗生素多为同系物组成的混合物，同系物的效价、毒性各不相同，为保证药品的质量，必须控制各组分的相对含量，如《中国药典》(2015 版)对硫酸庆大霉素、硫酸小诺米星等规定了组分分析，规定采用蒸发光散射检测器和电化学检测器进行组分分析。

3. 硫酸盐检查

本类抗生素临床应用的主要为硫酸盐，各国药典规定 EDTA 络合滴定法或 HPLC 法测定硫酸盐含量，作为组分分析。

实例解析：硫酸卡那霉素中硫酸盐测定方法(EDTA 络合滴定法)。

取本品约 0.18g，精密称定，加水 100mL 使溶解，加浓氨溶液调节 pH 至 11 后，精密加氯化钡滴定液(0.1mol/L)10mL、酞紫指示液 5 滴，用乙二胺四醋酸二钠滴定液(0.05mol/L)滴定，注意保持滴定过程中的 pH 为 11，滴定至紫色开始消退，加乙醇 50mL，继续滴定至蓝紫色消失，并将滴定结果用空白试验进行校正。每 1mL 氯化钡滴定液(0.1mol/L)相当于 9.606mg 硫酸盐，本品含硫酸盐的量按无水物计算应为 23.0%～26.0%。

解析：以络合反应为基础的滴定分析方法称为络合滴定法，它主要以氨羧络合剂为滴定剂，这些氨羧络合剂对许多金属有很强的络合能力。乙二胺四醋酸是含有羧基和氨基的螯合剂，能与许多金属离子形成稳定的螯合物。

(四)含量测定

氨基糖苷类抗生素的效价测定有微生物检定法和 HPLT 测定法，HPLT 测定法可分为离子交换(酸性条件下在阳离子交换柱上分离)、离子对(以烷基磺酸盐为反离子)和反相 HPLC 法。本类抗生素多数无紫外吸收，不能直接用紫外或荧光检测器，需对其进行柱前或柱后衍生化，采用电化学检测器或者蒸发光散射检测器检测。《中国药典》(2015 版)采用 HPLC－蒸发光散射法测定硫酸卡那霉素、硫酸依替米星等药物的含量。

实例解析：HPLC－蒸发光散射法测定硫酸依替米星含量。

照高效液相色谱法(通则 0512)测定。

色谱条件与系统适用性试验：用十八烷基硅烷键合硅胶为填充剂(pH 范围是 0.8～8.0)：以 0.2mol/L 三氟醋酸－甲醇(84∶16)为流动相；流速为 0.5mL/min，用蒸发光散射检测器检测(参考条件：漂移管温度 100℃，载气流速为 2.6L/min)，取依替米星和奈替米星对照品各适量，加水溶解并稀释制成每 1mL 中各 0.2mg 的混合溶液，取 20μL 注入液相色谱仪，记录色谱图，依替米星峰和奈替米星峰的分离度应大于 1.2，连续 5 次进样，依替米星峰面积的相对标准偏差应不大于 2.0%。

测定法：取依替米星对照品适量，精密称定，分别加水溶解并定量稀释制成每 1mL 中约含依替米星 1.0mg、0.5mg 和 0.25mg 的溶液作为对照品溶液(1)、(2)、(3)。精密量取上述三种溶液各 20μL，分别注入液相色谱仪，记录色谱图，以对照品溶液浓度的对数值对相应的峰面积的对数值计算线性回归方程，相关系数(r)应不小于 0.99；另取本品适量，精密称定，加水溶解并定量稀释制成每 1mL 中约含依替米星 0.5mg 的溶液，同法测定，用线性回归方程计算供试品中 $C_{21}H_{43}N_5O_7$ 的含量。

解析：依替米星对照品和奈替米星标准品为系统适用性溶液，用于检测系统参数和稳定性，保证试验系统的可靠有效。

三、四环素类抗生素的分析

四环素类抗生素在化学结构上都具有四个并苯或萘并萘环构成，故统称为四环素类(tetracyclines)抗生素。

(一)性质

(1)酸碱性与溶解度。本类抗生素的母核上 C_4 位上的二甲氨基[—N(CH_3)$_2$]显弱碱性 C_{10} 位上的酚羟基(—OH)和两个含有酮基和烯醇基的共轭双键系统显弱酸性，故四环素类抗生素是两性化合物。遇酸及碱，均能生成相应的盐，临床上多应用盐酸盐。

本类药物多为黄色结晶性物质，具引湿性。其游离碱在水中溶解度很小，其溶解度与体液的 pH 有关，在 pH 为 4.5～7.2 时难溶于水；当 pH 高于 8 或低于 4 时，溶解度增加。其盐类在水中会水解，当溶液浓度较大时，会析出游离碱。其盐酸盐易溶于水，并溶于碱或酸性溶液中，难溶于三氯甲烷、乙醚等有机溶剂。

(2)旋光性。四环素类抗生素分子中具有不对称碳原子，因此有旋光性，可用于定性、定量分析。各国药典测定该类抗生素的比旋度，如《中国药典》(2015 版)规定盐酸土霉素在盐酸(9→1000)溶液中的比旋度为 $-188°$～$-200°$；盐酸四环素的比旋度为 $-240°$～$-258°$(0.01mol/L 盐酸溶液)；盐酸多西环素的比旋度为 $-105°$～$-120°$[盐酸溶液(9→1000)的甲醇溶液(1→100)]。

(3)与金属离子形成配位化合物。四环素类药物结构中的酚羟基和烯醇羟基，能与多种金属离子形成不溶性盐类或有色配位化合物。如与二价钙或镁离子形成不溶性的钙盐或镁盐，与三价铁或铝离子形成可溶性红色或黄色配合物。

(4)紫外吸收和荧光性质。本类抗生素分子内含有共轭双键系统，在紫外光区有吸收，如《中国药典》(2015 版)中盐酸多西环素的甲醇溶液在 269nm 和 353nm 的波长处有最大吸收，在 234nm 和 296nm 的波长处有最小吸收。盐酸美他环素的水溶液在 345nm、282nm 和 353nm 的波长处有最大吸收，在 264nm 和 222nm 的波长处有最小吸收。这些抗生素在紫外光照射下产生荧光，它们的降解产物也具有荧光。如：盐酸土霉素经酸性降解后，在紫外光下呈绿色荧光，盐酸金霉素经碱降解后在紫外光下呈蓝色荧光；盐酸土霉素经碱降解后在紫外光下呈绿色荧光，加热，荧光转为蓝色；盐酸四环素经碱降解后在紫外光下呈黄色荧光，可用于区别不同的四环素类抗生素。利用这一性质，在 TLC 鉴别法中常用于斑点检出。

(5)稳定性。干燥的四环素类游离碱和它们的盐类在避光条件下保存是稳定的，四环素类抗生素对各种氧化剂(包括空气中氧在内)、酸、碱都是不稳定的，尤其是在碱性水溶液特别容易被氧化，其颜色很快变深，形成色素。其水溶液随 pH 的不同会发生差向异构化、降解等反应。

(二)鉴别试验

1. 高效液相色谱法

《中国药典》(2015 版)和《美国药典》等均采用高效液相色谱法鉴别盐酸土霉素、盐酸四环素、盐酸多西环素、盐酸金霉素等。在含量测定项下记录的色谱图中，供试品溶液主峰的保留时间应与对照品溶液主峰的保留时间一致。

2. 薄层色谱法

《中国药典》(2015 版)、《英国药典》(2010 版)都采用本法鉴别四环素类抗生素。

3. 红外分光光度法

各国药典均利用本类药物的红外吸收光谱特征进行鉴别。《中国药典》(2015 版)收载的四环素类抗生素中，除土霉素外均采用了红外光谱法鉴别。

4. 紫外-可见分光光度法

本类药物的分子结构中含有多个共轭系统，在紫外光区有特征吸收，可用于鉴别。紫外-可见分光光度法多以甲醇或水溶液为溶剂，《中国药典》(2015 版)规定最大吸收波长和最小吸收波长。

实例解析：盐酸美他环素的紫外-可见分光光度法鉴别。

取本品，加水溶解并稀释制成每 1mL 中约含 10μg 的溶液，照紫外-可见分光光度法(通则 0401)测定，在 345nm、282nm 和 241nm 的波长处有最大吸收，在 264nm 和 222nm 的波长处有最小吸收。

解析：美他环素分子结构中有共轭结构，具有紫外吸收。最大吸收波长一方面可以用来定性鉴定某些物质，因为不同物质的最大吸收波长不一样；另一方面在最大吸收波长处通过测吸光度来测定浓度(朗伯-比尔定律)所得结果的误差最小，因吸光度增大，相对误差减小。

5. 显色法

四环素类抗生素遇硫酸立即产生颜色，不同的四环素类抗生素具有不同的颜色，有的有颜色变化。本类抗生素分子结构中具有酚羟基，遇三氯化铁试液即呈色。据此可区别各种四环素类抗生素，并进行鉴别。以上呈色反应见表 7-9。

表 7-9　四环素类抗生素呈色反应

名称	浓硫酸呈色	三氯化铁呈色
盐酸四环素	紫红色→红色	红棕色
盐酸金霉素	蓝色，橄榄绿色→金黄色或棕黄色	深褐色
盐酸土霉素	深朱红色→黄色	橙褐色
盐酸多西环素	黄色	褐色
盐酸美他环素	橙红色	
盐酸米诺环素	亮黄色→浅黄色	
盐酸地美环素	紫色→黄色	

（三）杂质检查

1. 有关物质

四环素类抗生素中的有关物质主要是指在生产和贮存过程中引入的异构杂质、降解杂质等，包括差向四环素 ETC、脱水四环素 ATC、差向脱水四环素 EATC 等，这些杂质的存在不仅使抗菌活性降低，而且会使部分患者出现恶心、呕吐、糖尿、蛋白尿及酸中毒等急性或亚急性毒副反应，是引起临床上毒副反应的主要物质。《中国药典》（2015 版）、《美国药典》和《英国药典》（2010 版）均采用 HPLC 法控制四环素类抗生素中的有关物质。

实例解析：盐酸四环素中有关物质的 HPLC 检查。

取本品，加 0.01mol/L 盐酸溶液溶解并定量稀释制成每 1mL 中约含 0.8mg 的溶液，作为供试品溶液；精密量取 2mL，置 100mL 量瓶中，用 0.01mol/L 盐酸溶液稀释至刻度，摇匀，作为对照溶液。取对照溶液 2mL，置 100mL 量瓶中，用 0.01mol/L 盐酸溶液稀释至刻度，摇匀，作为灵敏度溶液。照含量测定项下的色谱条件试验，量取灵敏度溶液 1μL 注入液相色谱仪，记录色谱图，主成分色谱峰峰高的信噪比应大于 10。再精密量取供试品溶液与对照溶液各 1μL，分别注入液相色谱仪，记录色谱图至主成分峰保留时间的 2.5 倍，供试品溶液色谱图中如有杂质峰，土霉素、4－差向四环素、盐酸金霉素、脱水四环素、差向脱水四环素按校正后的峰面积（分别乘以校正因子 1.0、1.42、1.39、0.48 和 0.62）分别不得大于对照溶液主峰面积的 0.25 倍（0.5%）、1.5 倍（3.0%）、0.5 倍（1.0%）、0.25 倍（0.5%）、0.25 倍（0.5%），其他各杂质峰面积的和不得大于对照溶液主峰面积的 0.5 倍（1.0%），供试品溶液色谱图中小于灵敏度溶液主峰面积的峰忽略不计。

解析：各杂质峰，如土霉素、4－差向四环素、盐酸金霉素、脱水四环素、差向脱水四环素按校正后的峰面积，即乘以各相应的校正因子，是根据杂质限度计算得来。

2. 杂质吸光度

杂质吸光度检查主要是为了控制本类药物中的异构体、降解产物等杂质。四环类抗生素多为黄色结晶性粉末；而异构体、降解产物颜色较深，如差向四环素为淡黄色，因其不稳定又易变成黑色；脱水四环素为橙红色；差向脱水四环素为砖红色。此类杂质的存在均可使四环素类抗生素的外观色泽变深。《中国药典》（2015 版）通过限制其在 430～530nm 波长处的吸光度，以控制有色杂质的量。

实例解析：盐酸四环素的杂质吸光度测定方法。

取本品，在20~25℃时，加0.8%氢氧化钠溶液制成每1mL中含10mg的溶液，依照紫外-可见分光光度法(通则0401)，置4cm的吸收池中，自加0.8%氢氧化钠溶液起5min时，在530nm的波长处测定，其吸光度不得超过0.12(供注射用)。

解析：测定530nm波长处的吸光度是用以控制碱性降解物的含量。在测定时，温度越高，加氢氧化钠溶液后放置的时间越长，则吸光度越高，故应严格控制温度和时间。

3. 残留有机溶剂

一些四环素类药物需要控制残留有机溶剂，如《中国药典》(2015版)和《英国药典》(2010版)规定盐酸多西环素检查乙醇，限量均为4.3%~6.0%。

(四)含量测定

高效液相色谱法分离效能高，可有效地分离异构体、降解产物等杂质，使测定结果更加准确，目前各国药典多采用高效液相色谱法测定四环素类抗生素的含量。

实例解析：盐酸四环素的HPLC含量测定。

照高效液相色谱法(通则0512)测定。

色谱条件与系统适用性试验：用十八烷基硅烷键合硅胶为填充剂；醋酸铵溶液[0.15mol/L醋酸铵溶液-0.01mol/L乙二胺四醋酸二钠溶液-三乙胺(100:10:1)，用醋酸调节pH至8.5]-乙腈(83:11)为流动相；检测波长为280nm。取4-差向四环素、土霉素、差向脱水四环素、盐酸金霉素及脱水四环素对照品各约3mg与盐酸四环素对照品约48mg，置100mL量瓶中，加0.1mol/L盐酸溶液10mL使溶解后，用水稀释至刻度，摇匀，作为系统适用性试验溶液，取10μL注入液相色谱仪，记录色谱图，出峰顺序为：4-差向四环素、土霉素、差向脱水四环素、盐酸四环素、盐酸金霉素、脱水四环素，盐酸四环素峰的保留时间约为14min。4-差向四环素峰、土霉素峰、差向脱水四环素峰、盐酸四环素峰、盐酸金霉素峰间的分离度均应符合要求，盐酸金霉素峰及脱水四环素峰的分离度应大于1.0。

测定法：取本品约25mg，精密称定，置50mL量瓶中，加0.01mol/L盐酸溶液溶解并稀释至刻度，摇匀，精密量取5mL，置25mL量瓶中，用0.01mol/L盐酸溶液稀释至刻度，摇匀，精密量取10μL注入液相色谱仪，记录色谱图；另取盐酸四环素对照品适量，同法测定。按外标法以峰面积计算供试品中盐酸四环素的量。

解析：四环素含多成分杂质，即4-差向四环素、土霉素、差向脱水四环素、盐酸四环素、盐酸金霉素、脱水四环素等，在系统适用性试验中，要密切检测各杂质峰的出峰时间和分离度，是准确测定四环素含量的关键。

习　题　七

一、单项选择题

1.《中国药典》(2015 版)阿司匹林及其制剂都需要检查的特殊杂质是(　　)。

A. 游离水杨酸　B. 溶液的澄清度　C. 重金属　D. 易炭化物

2. 阿司匹林与碳酸钠试液共热，放冷后用稀硫酸酸化，析出的白色沉淀是(　　)。

A. 乙酰水杨酸　B. 醋酸　C. 水杨酸钠　D. 水杨酸　E. 苯甲酸

3. 阿司匹林与碳酸钠试液共热，放冷后用稀硫酸酸化，析出的臭气是(　　)。

A. 硫酸　B. 醋酸　C. 水杨酸钠　D. 苯甲酸　E. 水杨酸

4. 可用直接酸碱滴定法测定阿司匹林的含量，是因为阿司匹林结构中具有(　　)。

A. 羧基　B. 酚羟基　C. 氨基　D. 苯环　E. 酯键

5. 检查阿司匹林中含有游离水杨酸，《中国药典》(2015 版)采用的方法是(　　)。

A. 薄层色谱法　B. 气相色谱法

C. 高效液相色谱法　D. 紫外—可见分光光度法

E. 旋光法

6. 阿司匹林与三氯化铁试液反应产生紫堇色配合物，是因为阿司匹林结构中具有(　　)。

A. 羧基　B. 酚羟基　C. 氨基　D. 苯环

E. 酯键水解产生水杨酸

7. 用酸碱滴定法测定阿司匹林含量时，使用酚酞指示剂，用氢氧化钠滴定液(0.1mol/L)进行滴定，滴定终点时溶液的颜色是(　　)。

A. 紫红色　B. 粉红色　C. 粉红色褪去　D. 蓝绿色　E. 蓝色

8. 阿司匹林与三氯化铁反应在(　　)条件下进行。

A. 强碱性　B. 强酸性　C. 碱性　D. 中性或弱酸性

9. 下列能发生重氮化—偶合反应的药物是(　　)。

A. 阿司匹林　B. 贝诺酯　C. 盐酸丁卡因　D. 盐酸利多卡因

10. 可采用非水溶液滴定法测定吡哌酸的含量，是因为其结构中含有(　　)基团。

A. 哌嗪　B. 吡啶　C. 哌啶　D. 噻吩

11. 能发生碘仿反应的药物是(　　)。

A. 盐酸普鲁卡因　B. 盐酸利多卡因

C. 本佐卡因　D. 盐酸布比卡因

12. 直接酸碱滴定法测定阿司匹林的含量，所用的溶剂是(　　)。

A. 水　B. 乙醇　C. 三氯甲烷　D. 中性乙醇

13. 在碱性溶液中与醋酸铅反应生产白色沉淀，加热后沉淀变黑的药物是(　　)。

A. 苯巴比妥钠　B. 苯巴比妥

C. 异戊巴比妥　　D. 司可巴比妥

E. 硫喷妥钠

14. 能与氨制硝酸银试液反应发生气泡和黑色浑浊，并在管壁上生成银镜的药物是(　　)。

A. 甲硝唑　　B. 尼可刹米　　C. 诺氟沙星　　D. 异烟肼　　E. 地西泮

15. 异烟肼应检查的特殊杂质是(　　)。

A. 对氨基苯甲酸　　B. 游离肼

C. 水杨酸　　D. 对氨基酚

E. 铁盐

16.《中国药典》(2015 版)，对异氨肼中游离肼的检查采用的方法是(　　)。

A. 纸色谱法　　B. 薄层色谱法

C. 高效液相色谱法　　D. 紫外分光光度法

E. 旋光法

17. 溴酸钾法测定异烟肼的含量，是利用异烟肼的(　　)。

A. 氧化性　　B. 还原性　　C. 水解性　　D. 酸性　　E. 碱性

18.《中国药典》(2015 版)测定异烟肼及其制剂的含量，所用方法是(　　)。

A. 溴酸钾法　　B. 碘量法

C. 高效液相色谱法　　D. 高效液相色谱法外标法

E. 高效液相色谱法内标法

19. 用亚硝酸钠滴定法测定药物含量，一般均加入溴化钾，其目的是(　　)。

A. 使终点变色明显　　B. 使氨基游离

C. 加快重氮化反应速度　　D. 增强药物碱性

E. 增加离子强度

20. 对乙酰氨基酚的化学鉴别反应，下列哪一项是正确的(　　)。

A. 直接重氮化偶合反应　　B. 氯化物反应

C. 重铬酸钾反应　　D. 银镜反应

E. 以上均不对

21. 下列鉴别反应中，适用于盐酸普鲁卡因的是(　　)。

A. 氧化反应　　B. 磺化反应

C. 三氯化铁反应　　D. 重氮化 – 偶合反应

E. 碘化反应

22. 存在于对乙酰氨基酚中的特殊杂质是(　　)。

A. 对氨基苯甲酸　　B. 二乙胺基乙醇

C. 重金属　　D. 苯酚

E. 对氨基酚

23. 用两步滴定法测定阿司匹林片剂是因为(　　)。
　A. 片剂中有其他酸性物质　　B. 片集中有其他碱性物质
　C. 与碱定量水解　　D. 阿司匹林具有酸碱两性

24. 药典二部对头孢菌素类抗生素进行高分子聚合物的检查方法是(　　)。
　A. HPLC 法　　B. TLC 法
　C. 分子排阻色谱法　　D. IR 法

25. 头孢菌素类抗生素中有关物质和异构体检查通常采用的方法是(　　)。
　A. HPLC 法　　B. TLC 法
　C. 分子排阻色谱法　　D. UV 法

26. 巴比妥类药物的基本母核是(　　)。
　A. 水杨酸　　B. 对氨基苯甲酸
　C. 环状丙二酰脲　　D. 对氨基本磺酰胺
　E. 吡啶环

27. 维生素 B_1 在碱性溶液中与铁氰化钾作用，产生(　　)。
　A. 荧光素钠　　B. 荧光素　　C. 硫色素　　D. 有色络合物

28. 维生素 C 中铁和铜的检查采用什么方法(　　)。
　A. 容量滴定法　　B. 比色法
　C. 原子吸收分光光度法　　D. TLC 法

29. 既具有酸性又具有还原性的药物是(　　)。
　A. 维生素 A　　B. 咖啡因　　C. 苯巴比妥　　D. 维生素 C

30. 非水滴定法测定维生素 B_1 含量，加醋酸汞的作用是(　　)。
　A. 消除盐酸的影响　　B. 消除样品中降解产物的干扰
　C. 水解药物　　D. 消除抗氧剂的干扰

二、多项选择题

1. 阿司匹林需要检查的特殊杂质有(　　)。
　A. 氯化物　　B. 重金属　　C. 溶液的澄清度　D. 游离水杨酸　　E. 有关物质

2. 下列药物中，加热水解后可与三氯化铁试液反应，产生颜色反应的有(　　)。
　A. 水杨酸　　B. 贝诺酯　　C. 苯甲酸　　D. 阿司匹林
　E. 对氨基水杨酸钠

3. 酸碱滴定法测定阿司匹林含量时，所用的试液溶剂有(　　)。
　A. 乙醇　　B. 中性乙醇　　C. 盐酸滴定液　　D. 氢氧化钠滴定液
　E. 酚酞指示液

4. 下列药物属于芳胺类的有(　　)。
　A. 肾上腺素　　B. 盐酸普鲁卡因　C. 盐酸利多卡因　D. 对乙酰氨基酚　E. 磺胺嘧啶

5. 下列药物中，可发生重氮化 – 耦合反应的有(　　)。

A. 苯佐卡因　B. 盐酸普鲁卡因　C. 盐酸利多卡因　D. 对乙酰氨基酚　E. 醋氨苯砜

6. 可利用水解产物进行鉴别的药物是(　　)。

A. 盐酸普鲁卡因　B. 苯佐卡因

C. 对乙酰氨基酚　D. 阿司匹林

E. 盐酸利多卡因

7. 喹诺酮类药物可采用的鉴别方法有(　　)。

A. 丙二酸反应　B. UV 法　C. IR 法　D. TLC 法　E. HPLC 法

8. 对乙酰氨基酚可采用的鉴别方法(　　)。

A. 三氯化铁反应　B. 重氮化 – 耦合反应

C. 额定衍生物熔点　D. 与重金属离子反应

E. IR 法

9. 对乙酰氨基酚中需检查的杂质有(　　)。

A. 对氨基酚　B. 对氯苯乙酰胺　C. 有关物质　D. 水杨酸

E. 对氨基苯甲酸

10. 巴比妥类药物共有的性质(　　)。

A. 弱酸性

B. 水解性

C. 与硝酸银试液反应生成白色沉淀

D. 与铜吡啶试液反应生成有色配合物

E. 与碘试液反应

11.《中国药典》(2015 版)鉴别苯巴比妥的反应有(　　)。

A. 银盐反应　B. 铜盐反应

C. 硫酸 – 亚硝酸钠反应　D. 甲醛 – 硫酸反应

E. 红外分光光度法

12. 属于杂环类药物的是(　　)。

A. 地西泮　B. 异烟肼　C. 阿司匹林　D. 对乙酰氨基酚　E. 尼可刹米

13.《中国药典》(2015 版)鉴别异烟肼的方法有(　　)。

A. 红外分光光度法　B. 硫酸 – 荧光反应

C. 高效液相色谱法　D. 与氨制硝酸银反应

E. 三氯化铁反应

14.《中国药典》(2015 版)地西泮的鉴别方法有(　　)。

A. 红外分光光度法　B. 硫酸 – 荧光反应

C. 高效液相色谱法　D. 紫外分光光度法

E. 氯化物的鉴别

15. 可用于测定水杨酸类药物含量的方法有(　　)。
A. 直接酸碱滴定法　B. UV 法
C. HPLC 法　D. 亚硝酸钠滴定法
E. 非水碱量法

16. 注射剂中含有亚硫酸钠、亚硫酸氢钠等抗氧剂时，可对(　　)产生干扰。
A. 碘量法　B. 银量法　C. 铈量法　D. 重氮化法　E. 重量法

17. 亚硝酸钠滴定法中，可用于指示终点的方法有(　　)。
A. 自身自实际法 B. 内指示剂法　C. 永停法　D. 外指示剂法
E. 电位法

18. 用非水碱量法测定盐酸麻黄碱原料药含量时，应使用(　　)。
A. 冰醋酸　B. 盐酸　C. 醋酸汞溶液　D. 氢溴酸
E. 高氯酸滴定法

19. 葡萄糖杂质检验项目有(　　)。
A. 溶液的澄清度与颜色　B. 还原糖
C. 亚硫酸盐和可溶性淀粉　D. 蛋白质
E. 乙醇溶液的澄清度

20. 采用与碱性酒石酸铜试液的反应可以鉴别的药物有(　　)。
A. 葡萄糖氯化钠注射液　B. 莪术油葡萄糖
C. 无水葡萄糖　D. 葡萄糖注射液
E. 盐酸麻黄碱

21. 以下哪种药物中规定不检查 5－羟甲基糠醛(　　)。
A. 无水葡萄糖　B. 葡萄糖
C. 葡萄糖注射液　D. 葡萄糖酸钙注射液
E. 葡萄糖氯化钠注射液

22. 葡萄糖与碱性酒石酸铜试液发生沉淀反应的依据是(　　)。
A. 葡萄糖的还原性　B. 葡萄糖的旋光性
C. 葡萄糖可灼烧性　D. 碱性酒石酸铜试液的碱性
E. 碱性酒石酸铜试液中铜离子的氧化性

23. 下列哪些不是维生素 C 所具有的性质(　　)。
A. 在乙醚、三氯甲烷中溶解　B. 具有还原性
C. 具有糖的性质　D. 分子中有两个手性碳原子
E. 在酸性溶液中成盐

24.《中国药典》(2015 版)规定维生素 E 的杂质检查项目有(　　)。
A. 酸度　B. 铁盐　C. 生育酚　D. 铜盐
E. 顺式异构体

25. 黄体酮的鉴别方法有(　　)。

A. 与三氯化铁反应　　B. 与亚硝酸钠反应

C. 与亚硝基铁氰化钠反应　　D. 与异烟肼反应

E. 红外分光光度法

三、配伍题

[1～4题]

A. 直接酸碱滴定法　　B. 两部酸碱滴定法

C. 比色法　　D. 比浊法

E. 高效液相色谱法

1. 阿司匹林片的含量测定,《中国药典》(2015版)采用的方法是(　　)
2. 阿司匹林的含量测定,《中国药典》(2015版)采用的方法是(　　)
3. 检查阿司匹林中游离水杨酸,《中国药典》(2015版)采用的方法是(　　)
4. 检查阿司匹林在碳酸钠试液中的不容物,《中国药典》(2015版)采用的方法是(　　)

[5～9题]

A. 盐酸　　B. 较慢　　C. 溴化钾　　D. NOBr

E. 滴定管尖端插入液面下滴定

5. 亚硝酸钠滴定法需要加入过量的试剂(　　)
6. 重氮化反应为分子间反应，反应速度(　　)
7. 为避免亚硝酸的挥发和分解，并缩短滴定时间，可采用(　　)
8. 为使反应速度加快，可加入催化剂(　　)
9. 溴化钾在盐酸溶液中与亚硝酸作用，可生成(　　)

[10～12题]

A. 酸碱滴定法　　B. 银量法　　C. 溴量法　　D. 紫外分光光度法

E. 高效液相色谱法

10.《中国药典》(2015版)规定，测定苯巴比妥的含量采用(　　)
11.《中国药典》(2015版)规定，测定注射用苯巴比妥钠的含量采用(　　)
12.《中国药典》(2015版)规定，测定苯巴比妥片的含量采用(　　)

[13～16题]

A. 氢溴酸山莨菪碱　　B. 盐酸伪麻黄碱

C. 盐酸小檗碱　　D. 奎尼丁

E. 利血平

13. 属于喹啉类生物碱的药物是(　　)
14. 属于异喹啉类生物碱的药物是(　　)
15. 属于托烷类生物碱的药物是(　　)
16. 属于苯烃胺类生物碱的药物是(　　)

［17～18 题］

A. 糊精　　B. 亚硫酸盐与可溶性淀粉

C. 钙盐　　D. 还原糖

E. 蔗糖

17. 葡萄糖乙醇溶液的澄清度检查的杂质是(　　)

18. 葡萄糖中加碘试液检查的杂质是(　　)

［19～21 题］

A. 硫色素反应

B. 与硝酸银试液生产黑色沉淀的反应

C. 与硝酸生产橙红色化合物的反应

D. 紫外分光光度法

E. 异羟肟酸铁反应

19. 维生素 B_1 的鉴别试验是(　　)

20. 维生素 E 的鉴别试验是(　　)

21. 维生素 C 的鉴别试验是(　　)

［22～26 题］

A. 银量法　　B. 非水溶液滴定法

C. 碘量法　　D. 紫外分光光度法

E. 气相色谱法

22.《中国药典》(2015 版)规定，测定维生素 B_1 含量采用(　　)

23.《中国药典》(2015 版)规定，测定维生素 B_1 片含量采用(　　)

24.《中国药典》(2015 版)规定，测定维生素 C 含量采用(　　)

25.《中国药典》(2015 版)规定，测定维生素 C 注射液含量采用(　　)

26.《中国药典》(2015 版)规定，测定维生素 E 含量采用(　　)

四、简答题

1.《中国药典》(2015 版)二部为什么采用非水溶液滴定法测定吡哌酸的含量，而采用紫外－可见分光光度法测定吡哌酸片剂和胶囊的含量？

2. 检查头孢菌素类抗生素中的高分子聚合物的目的是什么？

3. 测定维生素 C 含量时，为何要用煮沸冷却的水？为何加入稀醋酸？测定维生素 C 注射液时，为何加入丙酮？

4. 盐酸普鲁卡因含量测定的方法和原理是什么？

5. 苯乙胺类药物的主要鉴别反应有哪些？

6. 肾上腺素中酮体的检查方法和原理是什么？

7. 生物碱类药物含量测定常用方法有哪些？

第八章　中药制剂分析

中药制剂是在中医药理论指导下，以中药材或中药饮片为主要原料，按照药典、制剂规范及其他规定的处方和工艺制成的，具有一定规格、可以直接用于防病治病的药品。为了保证中药制剂的用药安全、稳定、有效，必须对其进行质量分析。

中药制剂分析是运用现代分析手段和方法对中药制剂的各个环节进行综合检验和质量控制，如原料药材是否合格、在制剂中是否可以检出、有效成分含量是否符合规定、有毒成分是否超出限量等，从而全面保证中药制剂质量。中药制剂分析的对象包括药材和饮片、制剂半成品及成品等。中药制剂分析的内容主要包括中药制剂的鉴别、检查及定量分析等。

第一节　中药制剂分析的特点

中药制剂与化学合成药及其制剂不完全相同。中药制剂从原料药材到制成一定剂型的制剂有其独特之处，如制备中成药的原料为中药饮片，有的用生品，有的需用炮制品，有的可直接粉碎，有的则需经过提取等。因此，与化学合成药及其制剂相比，中药制剂分析有如下特点：

(1)样品的预处理复杂。单味中药制剂本身就是多种成分的混合物，而由几味甚至几十味中药组成复方制剂后，所含成分就更为复杂，再由于制剂中附加剂的存在，会使样品的预处理方法复杂而繁琐。当用溶剂提取时，中药制剂中的化学成分易发生增溶、助溶、吸附等物理变化，或形成某些稳定或亚稳定的络合物或复合物，或产生新的物质，或提取液中含有多种性质相似的化学成分，给分析测试带来一定的难度。因此，中药制剂分析前，一般需根据药物的性质，选择适宜的提取、分离、纯化等预处理方法，以排除某些组分的干扰。

(2)鉴别方法简单且专属性强。薄层色谱法是中药制剂最常用的鉴别方法。

针对中药制剂所含成分多且复杂的特点，将供试品溶液用适宜的展开剂展开，能使药物中的多组分有效地分离。将供试品溶液和对照品(或对照药材)溶液在同一薄层板上展开、比较，即可达到鉴别的目的。该法具有操作简便、专属性强等特点，并具有分离和鉴别的双重作用。

显微鉴别法是对含中药材细粉的中药制剂较常用的鉴别方法。针对中药制剂中大多含有药材细粉的特点，根据某些中药制剂中粉末药材特有的组织、细胞及细胞内含物等细微的专属性特征进行显微观察，即可达到鉴别的目的。该法同样具有简便、快速、专属的特点。

(3)检测指标难以确定。中药制剂成分复杂，其疗效是多种成分的协同作用，因此，难以用一种成分作为疗效指标。并且，中药材中有效成分与无效成分的概念也是相对的，某一化学成分在一种药材中为有效成分，在另一种药材中就可能是无效成分。例如，鞣质，在麻黄中为无效成分，而在地榆中为有效成分，有止血之功效。再者，有的中药制剂有效成分目前还不甚明确，也会给检测带来一定的困难。因此，对有效成分难以确定的中药制剂进行分析时，应随处方确定待测药物，选择合适的检测指标，这是中药制剂质量分析的一大特点。

(4)对分析方法的灵敏度要求较高。中药制剂中各种成分的含量高低不一，许多成分的含量很低，有的甚至为十万分之几、百万分之几，定量分析需采用灵敏度高的方法，如高效液相色谱法和气相色谱法等。但由于目前检测技术所限，对含量在百万分之一以下的成分，只能进行定性鉴别或限量检查，不能用于含量测定。

目前，中药指纹图谱在中药制剂的鉴别上也得到了应用，从整体上提高了中药质量控制水平。另外，中药制剂的原料药材中，可能引入对人体有严重毒害的重金属、砷盐和残留有机氯农药等，因此，控制有毒杂质的量也是控制中药制剂质量的一个重要方面。再者，中药制剂中若水分含量过高，会引起制剂结块、霉变或有效成分的分解，因此，水分也是固体中药制剂的常规检查项目。

第二节　中药制剂分析样品的预处理

中药制剂成分复杂，剂型多样，大多需制成较纯的供试品溶液才能用于分析测定。不同剂型的中药制剂，其样品中赋形剂或溶剂的处理方法不同。制备供试品溶液的原则是最大限度地保留待测成分，除去干扰物质，将待测成分浓缩至分析方法最小检测限所需的浓度。其预处理方法一般是先采用适当的方法除去样品中的赋形剂或溶剂，再根据待测成分的性质和剂型不同，选用适宜的溶剂和方法，通过提取、分离、纯化、浓集等预处理过程，排除干扰，得到待测成分，以利于测定的顺利进行。

不同剂型的中药制剂，其样品中赋形剂或溶剂的处理方法见表8-1。

表8-1　不同剂型样品中赋形剂或溶剂的处理方法

剂型	赋形剂或溶剂	处理方法
蜜丸、小蜜丸	蜂蜜	将样品切成小块，加水洗涤除去蜂蜜；或加硅藻土、硅胶等分散剂，研磨混匀后，再用适宜的溶剂提取
水丸、水蜜丸、浓缩丸、糊丸	水、药汁、乙醇、醋、米糊等	直接粉碎或研细，再选择适宜的溶剂提取
蜡丸	蜂蜡	将蜡丸加水煮沸使蜡熔化，与药粉分离，置水浴中冷却，使蜡析出，除去蜡层，再用适宜的溶剂提取
滴丸	水溶性基质	直接用有机溶剂提取待测成分
	水不溶性基质	将样品加热熔化，冷却除去基质，再用适宜的溶剂提取
片剂	淀粉、糊精、糖粉、硬脂酸镁等	赋形剂对测定无干扰时，可直接测定；赋形剂对测定有干扰时，可根据赋形剂的性质和特点，采用适宜的方法将其除去
栓剂	水溶性基质	将栓剂与硅藻土研匀，用有机溶剂回流提取待测成分
	栓剂脂溶性基质	将栓剂与硅藻土研匀，用水或乙醇-水加热提取待测成分或将栓剂加适量水，水浴加热使其溶化，搅拌数分钟，取出，在水浴中使基质凝固，过滤以除去基质
糖浆剂	蔗糖	选用适宜的溶剂提取待测成分，或将糖浆调节至不同的pH值，以利于酸碱成分的提取
软膏剂	基质	滤除基质法：取软膏适量，加入适量的溶剂，加热，使软膏液化，再放冷，待基质重新凝固后，滤除基质，反复数次，合并滤液后测定 ·提取分离法在适宜的酸性或碱性介质中，用有机溶剂将基质提取后除去，再进行测定 ·灼烧法：如软膏中待测成分为无机化合物，经灼烧，基质分解除尽，然后对灼烧后的无机物进行测定
合剂、口服液	防腐剂、矫味剂、稳定剂	对测定无干扰时，可直接用样品作为供试品溶液；有干扰时，可采用萃取法、柱色谱法等排除干扰
酒剂、酊剂	乙醇	可挥去或蒸干乙醇，再以适宜的溶剂提取
膏药	基质	可先用三氯甲烷处理样品，将基质除去，再提取待测成分

续表

剂型	赋形剂或溶剂	处理方法
注射剂	增溶剂、稳定剂等	可直接进行测定或经分离纯化后再测定
胶囊剂	有或无填充剂	硬胶囊剂：倾出胶囊中的药物，用适宜的溶剂直接提取； 软胶囊剂：采用超声波直接提取，亦可剪破胶囊，倾出内容物，再用适宜的溶剂提取
颗粒剂、散剂	甜味剂、黏合剂等	选择适宜的溶剂直接提取

由上表可知，不同剂型的样品应采用不同的预处理方法。同一成分在不同的剂型中，提取分离、纯化的方法也可不同。例如，对马钱子中士的宁(既是有毒成分又是有效成分)进行定性和定量分析时，若马钱子存在于酊剂中，样品应先蒸去乙醇和水，残渣碱化后用有机溶剂直接提取，经分离制得样品的溶液；若存在于丸剂中，则应考虑大量蜂蜜的存在对提取分离操作的影响，首先要加硅藻土作为稀释剂，研匀，干燥后碱化，再用有机溶剂提取；在散剂中可用酸水提取，或在碱性条件下用有机溶剂回流提取；在软膏中则应在酸性条件下加入有机溶剂除去基质后，再按生物碱的性质提取分离。

下面简要介绍中药制剂样品的提取和分离方法。

一、样品的提取

中药制剂经除去赋形剂或溶剂后，再采用适宜的方法将待测组分与某些共存组分提取出来(待测组分必须完全溶出)，再对待测组分进行分离、纯化及测定。其提取方法主要有溶剂提取法、水蒸气蒸馏法、升华法、超临界流体萃取法等。

(一)溶剂提取法

溶剂提取法是根据中药制剂中各种成分在溶剂中的溶解性质，选用适宜的溶剂将待测成分提取出来的方法。常用的溶剂提取方法有冷浸法、回流提取法、连续回流提取法、超声波提取法等。

1. *冷浸法*

冷浸法适用于固体制剂中对热不稳定的待测组分的提取。该法是将溶剂加入样品粉末中，室温下放置一定时间，组分因扩散而从样品粉末中浸出的提取方法。样品需先粉碎成细粉后再提取，否则内部的组分不易浸出。作鉴别时，大部分测定组分被浸出即可；测定含量时，扩散需达平衡后才能分取浸出液。

一般方法是：精密称取一定量样品粉末，置具塞锥形瓶中，精密加入一定体积的溶液(一般为样品重的10～50倍)，密塞，室温下浸泡，前6h内需时时振摇，再静置一定时间，摇匀，过滤，残渣用溶剂洗涤至不含待测成分，合并滤液和洗液。精密量取一定量续滤液或全部滤液供分析用。浸泡时间的确定：可取同一样品，加溶剂后分别浸泡不同时间，测定溶液中浸出组分的含量，当浸出量不再随放置时间的延长而增加时，说明扩散已经达到平衡。

冷浸法操作简便且提取杂质少，但所需时间较长、溶剂用量大、提取效率低。

2. 回流提取法

回流提取法是将样品粉末置烧瓶中，加入一定量的单一溶剂或混合溶剂，加热回流提取。该法主要用于固体制剂中待测成分的提取。在加热条件下组分溶解度增大，溶出速度加快，有利于提取。用于含量测定时，可更换溶剂，多次提取至组分提取完全，合并每次提取液供分析用。也可精密加入一定体积溶剂至供试品中，称定重量，加热回流至组分浸出达到平衡，放冷后称重，补足减失重量，过滤，取续滤液供分析用。

该法提取效率高于冷浸法，且可缩短提取时间，但提取杂质较多，对热不稳定或具挥发性的组分不宜采用。

3. 连续回流提取法

连续回流提取法是将样品粉末置索氏提取器中，加入遇热易挥发的有机溶剂，进行连续回流提取至完全。提取液无需过滤，即可回收溶剂，再用适宜的溶剂溶解提取物，定容，供分析用。

该法操作简便，提取效率高，所需溶剂少，提取杂质少，但受热时间较长，对遇热不稳定的待测成分不宜采用。

4. 超声波提取法

超声波提取法完全适用于固体制剂中待测组分的提取。提取：是将样品粉末置具塞锥形瓶中，加入一定量提取溶剂，再将锥形瓶置超声振荡器(或超声清洗机内)槽内，槽内应加有适量的水。开启超声振荡器，进行超声振荡提取。由于超声波的助溶作用，超声提取较冷浸法速度快，一般仅需30min即可。但在超声波提取过程中溶剂可能会有一定的损失，所以用作含量测定时，应于超声振荡前先称定重量，提取完毕后，放冷至室温，再称重，并补足减失的重量，过滤后，取续滤液供分析用。

该法操作简便，收率高，且不需加热，提取时间短，应用日趋广泛。由于药材粉末在提取时组分是由细胞内逐步扩散出来的，速度较慢，加溶剂后宜先放置一段时间，再超声振荡提取。

（二）水蒸气蒸馏法

水蒸气蒸馏法适用于具有挥发性、可随水蒸气蒸出而不被破坏的组分的提取。采用水蒸气蒸馏法提取，收集馏出液供分析用。该法要求待测组分具有挥发性，与水不相混溶或仅微溶，且提取的组分对热应稳定。如挥发油、一些小分子的生物碱（如麻黄碱、槟榔碱）及某些酚类（如丹皮酚）等。

（三）升华法

升华法是将某些含升华性成分的药材及中药材制剂，先加热升华使其与其他成分分离，再进行测定。中药制剂中的某些游离羟基蒽醌类、香豆素类（如七叶内酯）、有机酸类（如苯甲酸）、斑蝥素等成分具有升华性，可用升华法提取分离。该法操作简便、迅速。

（四）超临界流体萃取法

超临界流体是指某种气体（液体）或气体（液体）混合物在操作压力和温度均高于临界点时，使其密度接近液体，而扩散系数和黏度均接近气体，性质介于气体和液体之间的流体。超临界流体萃取法就是利用超临界流体为提取溶剂，快速、有效地从固体或液体中萃取出某些有效组分，并进行分离的一种方法。可作为超临界流体的气体很多，如 CO_2、C_2H_4、NH_3、N_2O_2 等，其中最常用的超临界流体是 CO_2。

该法基本原理为：CO_2 的临界温度和临界压力分别为 31.05℃ 和 7.38MPa，当超过这个临界点时，CO_2 同时具有气体和液体的双重特性，是一个优良的溶剂，能通过分子间的相互作用和扩散作用将许多物质溶解。同时，在稍高于临界点的区域内，压力稍有变化，即引起其密度的很大变化，从而引起溶解度的较大变化。因此，超临界 CO_2 可以从基体中将物质溶解出来，形成超临界 CO_2 负载相；然后降低载气的压力或升高温度，超临界 CO_2 的溶解度降低，这些物质就沉淀出来（解析）与 CO_2 分离，从而达到提取分离的目的。由于不同物质在 CO_2 中的溶解度不同或同一物质在不同压力和温度下溶解状况不同，使这种提取分离过程具有较高的选择性。

操作时，将样品置于超临界流体萃取仪的萃取池中，用泵将超临界流体送入萃取池，萃取完毕后，将溶液送入收集器中，降低压力至常压状态，超临界流体立即变为气体逸出，即可得到被萃取的待测成分。

与常规的溶剂提取和蒸馏法相比，超临界萃取具有操作简单、提取速度快、提取率高、选择性强、纯度高、节省溶剂、不污染环境、萃取和分离一体化等特点，特别适用于对热不稳定、易氧化、具挥发性、极性小、分子量小的中药有效成分的提取，对许多传统法提不出来的物质可以用该法提取。

超临界流体萃取法与色谱和光谱等分析仪器联用已成为一种高效的分析手段，用于中药质量分析，能客观地反映中药有效成分的真实含量。

二、样品溶液的分离

样品经提取后，提取液中含有极复杂的成分，还需进行纯化处理才能用于测定。纯化时应根据被测成分的理化性质，选择性地除去干扰组分，而又不损失被测成分。常用的纯化方法主要有如下几种。

(一)液－液萃取法

液－液萃取法是利用提取液中各组分在两种互不相溶的溶剂中分配系数不同而达到分离的方法。可采用适宜的溶剂直接除去杂质或干扰物，如用石油醚除去色素等；也可以利用被测成分的酸碱性，用不同 pH 值的溶剂反复萃取，以达到分离成分或除去杂质的目的，如生物碱的提取；还可以利用被测成分与某些试剂反应而改变溶解度，从而易于提取，如生物碱可与酸性染料结合形成离子对而被有机溶剂提取。液－液萃取法在纯化操作中应用较多，但存在操作繁琐、易乳化等缺点。

(二)沉淀法

沉淀法是利用某些试剂与待测成分生成沉淀，使杂质存在于溶液中而得到纯化；也可利用某些试剂与杂质生成沉淀，过滤以除去杂质。常用的方法有水提醇沉法、醇提水沉法、醇提乙醚或丙酮沉淀法、酸提碱沉法、碱提酸沉法、雷氏铵盐沉淀法、胆甾醇沉淀法等。

采用该法时应考虑母液或沉淀中过量的试剂对待测成分是否有干扰，若有干扰，应采用适宜的方法除去留存的过量试剂，以免影响测定结果。

(三)蒸馏法

某些待测成分具有挥发性，可采用蒸馏法收集馏出液进行含量测定。如麻黄碱的测定、正骨水中挥发油的测定均可用此法纯化、分离。

(四)色谱法

色谱法为目前中药分析中最常用的样品分离纯化方法。包括柱色谱、薄层色谱、纸色谱、离子交换色谱、聚酰胺色谱及凝胶色谱等方法，其中以柱色谱法最常用。柱色谱大多数情况下是将待测成分吸留于柱上，而杂质留于溶液中，然后再设法将待测成分洗脱下来。采用色谱法进行分离、纯化处理后的样品液，若进行定量分析，需做空白试验以校正样品的损失。样品经提取、纯化处理后制成的样品溶液，可用于成分总量如总生物碱、总皂苷等的测定。若进行单一成分的测定，还需进一步处理。

(五)盐析法

盐析法是在样品水提液中加入 NaCl 或 Na_2SO_4 等无机盐至一定浓度或达到饱和状态，使某些成分溶解度降低而达到分离的方法。如用水蒸气蒸馏法测定制剂中丹皮酚的含量时，在提取用的水中加入一定量的 NaCl，可使丹皮酚较完全地被蒸馏出来，再在蒸馏液中加入一定量的 NaCl，则有利于用乙醚萃取出丹皮酚。

(六)有机破坏法

测定中药制剂中的无机元素时，由于大量有机物的存在，会严重干扰测定，因此必须采用适宜的方法破坏这些有机物质。常用的破坏方法有湿法破坏、干法破坏及氧瓶燃烧法。

(七)膜分离技术

膜分离技术是利用天然或人工合成的、具有选择透过性的薄膜作为过滤介质，以外界能量或化学位差为推动力，对双组分或多组分体系进行分离、提纯或富集的技术。目前电渗析、反渗透、超滤、微孔过滤及气体分离等膜分离技术已广泛用于中药制剂的生产和分析检验中。

此外，近年来发展起来的固相微萃取和液相微萃取技术在样品的分离、纯化方面具有良好的应用前景。

第三节　中药制剂的鉴别

中药制剂的鉴别系指根据中药制剂的药物组成、性状、显微特征、所含成分的理化性质、色谱和光谱特性以及相应的物理常数等，来鉴别中药制剂中单味药材的真伪或是否存在。鉴别方法主要包括性状鉴别、显微鉴别和理化鉴别三类。性状鉴别和理化鉴别适用于所有中药制剂的鉴别，但显微鉴别一般只适用于含原料药材粉末的中药制剂的鉴别。中药复方制剂一般药味较多，逐一鉴别比较困难，应选择其中的主药(君药)、辅药(臣药)作为主要对象，其次应鉴别剧毒药、贵重药材和易混品种。各种鉴别方法应互相配合，以期得出准确的结论。

一、性状鉴别

中药制剂的性状主要包括色泽、外观及内容物的形状或形态、气味等。外观性状及感官性质等可以作为其鉴别的特征和依据。通过性状鉴别可初步判断中药制剂的真伪。

二、显微鉴别

显微鉴别是利用显微镜来观察中药制剂中各粉末药材特有的组织、细胞或内含物等特征，以鉴别真伪的方法。同时也可用显微化学方法，确定某些品种中特殊化学成分的存在，以及在组织中的分布情况。常用中成药的具体显微鉴别方法，在《中国药典》(2015 版)一部中各个药品标准的鉴别项下均有详细的描述。《中国药典》(2015 版)，对含中药粉末的品种均增加了显微鉴别，并在标准正文中对显微特征进行了归属标注。

显微鉴别适用于两种情况：一是含原药材粉末的中药制剂，如大部分散剂、丸剂、片剂等以药材细粉掺和制粒成型的中成药的鉴别；二是处方中的主要药物及化学成分不清楚或尚无化学鉴别方法的药物，应做显微鉴别。

显微鉴别时，应选择专属性的特征进行鉴别，处方中多味药物共同具有的显微特征不能作为鉴别的特征。例如，如果黄连、吴茱萸两味药物同时存在于一种中药制剂中，因为它们均含有石细胞，所以不能采用石细胞作为显微鉴别的特征。选择的显微特征还应明显，易查见，否则可能做出假阴性的判定。多来源的药材应选择其共有的显微特征。例如，黄连有黄连、三角叶黄连、云连三种，其中前两种含有石细胞，云连不含，所以鉴别黄连时不能选石细胞，而应选三种均含的黄色纤维束作为显微鉴别的特征。

显微鉴别的取样应注意代表性，一般取 10 片(丸)研成细粉混匀后取样，水丸可粉碎后直接取样；蜜丸、含浸膏的片剂和冲剂等含糖较多的制剂，可先加水搅拌洗涤，离心后取沉淀装片检视；蜡丸可加极性小的有机溶剂搅拌，倾去溶剂，反复处理，待除尽蜡质后再装片检视。

例如，中成药“左金丸”是由黄连、吴茱萸两味药材粉末及有关辅料经一定工艺制备的水泛丸。《中国药典》(2015 版)在该药的鉴别项下规定：取本品，在显微镜下观察，可见纤维束鲜黄色，壁稍厚，纹孔明显。非腺毛 2～6 细胞，胞腔内有的充满红棕色物，腺毛头部多细胞，椭圆形，含棕黄色至棕红色物，柄 2～5 细胞。上述描述特征中，黄色纤维束为黄连的主要特征，腺毛则是吴茱萸的特征。通过简单的显微观察，即可对制剂中两味药材做出定性鉴别。

显微鉴别除用光学显微镜外，也可用电子显微镜，特别是用扫描电镜进行观察，可获得更多微细的微观信息和形态特征。扫描电镜在中药微观组织形态研究和鉴别中具有较高的实用价值。

三、理化鉴别

理化鉴别系指用物理的、化学的或物理化学的方法，对药材或制剂中所含某些化学成分进行鉴别，以确定药材或制剂真伪的方法。目前中药制剂的理化鉴别方法包括：微量升华鉴别法、化学反应鉴别法、分光光度法及色谱鉴别法等。

（一）微量升华鉴别法

微量升华鉴别法是利用升华法来鉴别中药制剂中某些具有升华性质的化学成分。这些成分在一定温度下能升华从而与其他成分分离。该法操作简便、迅速。

操作时，取金属片或载玻片，置石棉网上，金属片或载玻片上放一个高约 8mm 的金属圈，圈内放置适量药材粉末，圈上覆盖载玻片，在石棉网下用酒精灯缓缓加热，至粉末开始变焦，去火待冷，载玻片上有升华物凝集。将载玻片取下，反转，置显微镜下观察升华物的结晶形状、颜色，或取升华物加试液观察反应结果。

例如，大黄升华物为黄色棱柱状或羽毛状结晶的蒽醌类化合物，牡丹皮升华后得到白色丹皮酚的簇晶，薄荷升华为无色针晶簇（薄荷醇），斑蝥升华得到片状斑蝥素结晶。

（二）化学反应鉴别法

1. 颜色反应与沉淀反应法

颜色反应与沉淀反应法是利用化学试剂与中药制剂中的指标成分发生化学反应，根据所产生的颜色、沉淀或气体等现象，来判断某些药味或成分的有无，并以此鉴别药材及其制剂真伪的方法。该法具有操作简便、适用性强等优点，但由于选定的化学反应大多为某类成分的通用显色或沉淀反应，因此只能用于鉴别是何类成分而不能鉴别是何种成分，专属性不强。化学反应鉴别一般可在试管中进行，半微量试验也可用点滴试验板、薄层板及纸色谱法进行。

2. 显微化学反应法

直接取中成药粉末，或将药物粉末用适当的溶剂浸提，取少量，置载玻片上，滴加各种试剂，加盖玻片，在显微镜下观察产生的结晶、沉淀物以及特殊的颜色变化，作为鉴别特征。

(三)分光光度法

1. 荧光鉴别法

荧光鉴别法是利用中药制剂中某些组分在紫外光下能激发显示不同颜色荧光的特性，对药物进行定性鉴别。有的需经试剂处理后发出荧光。

操作时，将药材及其制剂直接或经酸碱处理后，置紫外光灯下约10cm处观察所产生的荧光。除另有规定外，紫外光灯的波长为365nm。例如，大黄和土大黄粉末，两者的显微特征和化学反应都很相似，但在紫外光灯下观察，前者具深棕色荧光，后者显蓝紫色荧光。

2. 紫外－可见分光光度法

利用中药制剂中某些组分在紫外光区或可见光区有明显的特征吸收峰，以此对药物进行定性鉴别。

(四)色谱鉴别法

色谱法分离效能高、灵敏，特别适宜于中药制剂的鉴别。常用的方法有纸色谱法、薄层色谱法、高效液相色谱法及气相色谱法等。

1. 纸色谱法

一般采用相同试验条件下与对照品比较的方法，来判断药物的真伪。药品鉴别时，供试品在色谱图中所显主斑点的位置与颜色(或荧光)，应与对照品相同。

2. 薄层色谱法

薄层色谱法是目前中药制剂中应用最多的鉴别方法。将供试品与对照品溶液点于同一薄层板上，在展开容器内用适宜的展开剂展开，使供试品所含各成分分离，比较供试品与对照品色谱图，以此对中药制剂进行鉴别。要求供试品溶液中应有与对照品或对照药材主斑点相对应的斑点。特征斑点最好选择已知有效成分或特征成分的斑点。若有效成分未知或无法检出，也可选择未知成分的特征斑点。但要求重现性好，斑点特征明显。由于中药制剂组成复杂，所以即使是色谱法也应注意其专属性。在建立方法时应取阴性对照与供试品和对照品在相同条件下试验，阴性对照中在特征斑点的位置应无斑点出现。此外，阴性对照的色谱加上对照药材的色谱应大致等于供试品的色谱。

用薄层色谱法作为中药鉴别的手段，其目的是鉴别而不是提取分离，因而在条件考察时，对吸附剂、展开剂的选择，不要一味地追求如何将检品分离成单一组分，而是如何在某一规定的条件下使检品的斑点清晰、圆整，比移值稳定，色谱图谱可重复，以便与对照品或标准中药材、标准中成药等进行对照比较。

薄层色谱法的条件考察可按下述方法进行。

(1)供试液的制备。一般取样品5g左右，适当粉碎，加10倍量蒸馏水煮沸提取30min，过滤，滤液分为两份，一份加盐酸至pH＝3，另一份加碳酸钠至pH＝11，分别以乙醚提取，回收乙醚后加0.5mL乙醇溶解，混匀后作为供试液点样。若样品为液体可直接加酸、碱后，分别用乙醚提取。有些样品不能按上述方法处理，可按其已知成分性质，选用合适的溶剂提取；有些样品尚需先行水解，然后用适当溶剂提取。

(2)吸附剂。一般常用硅胶G板，也可另加0.2%～0.5%的羧甲基纤维素钠水溶液作为黏合剂铺板，使板更均匀且有一定硬度。生物碱类成分使用氧化铝板较多。

展开系统原则上应选用能突出主要斑点，便于主要斑点分析、比较的展开剂。一般可选择无水乙醇－苯(1∶4)、苯－三氯甲烷(1∶3)、丙酮－甲醇(1∶1)三个系统作为展开剂。将供试液先以无水乙醇－苯(1∶4)展开后，如主要物质的R_f值在0.8以上，可改用苯－三氯甲烷(1∶3)，如主要物质R_f值在0.3以下，则选用丙酮－甲醇(1∶1)。在此基础上，可根据被分离目标物质的性质和图谱实际情况，再对展开系统作一定调整。

(3)点样。鉴别时，分别取用相同方法制备的供试品、对照药材或有效成分对照品溶液适量，点于同一薄层板上，展开、检视。

(4)显色。一般先采用在紫外光下观察有无荧光斑点，其次，可选用其他显色剂。

3. 高效液相色谱法

高效液相色谱法较少用于鉴别，若含量测定采用了高效液相色谱法，可同时用于鉴别。该法是将某一样品与其对照品在同一条件下，进行保留时间的直接比较作为鉴别依据。

4. 气相色谱法

气相色谱法适宜于中药制剂中含挥发性成分药材的鉴别，如冰片、麝香等。

除以上一些方法外，近年来DNA分子鉴定技术也逐渐应用于中药材鉴定中。薄层－生物自显影技术将中药制剂与生物活性测定相结合，使薄层色谱分离得到的结果，除了鉴别真伪之外，还能知道其中哪些成分有生物活性。该技术在生地黄、熟地黄和紫苏梗的分析中也有一定的应用。

第四节　中药制剂的检查

中药制剂的检查主要包括杂质检查、制剂通则检查及卫生学检查三类。

一、杂质检查

中药制剂的杂质包括两部分，一部分是常见杂质，另一部分是特殊杂质。

常见杂质系指在自然界中分布较广，在原料生产、收购、炮制及制剂制备中引入的杂质，如水分、总灰分、酸不溶性灰分、氯化物、铁盐、重金属、砷盐、农药残留等，可采用《中国药典》(2015 版)规定的方法进行检查。

特殊杂质系指制剂的制备和贮藏过程中产生的杂质，其性质随制剂品种的不同而异，可采用相关制剂项下规定的方法进行检查。如大黄流浸膏中土大黄苷的检查，阿胶中挥发性碱性物质的检查，水活络丸、五味麝香丸中乌头碱的限量检查等。

中药制剂的检查项目和方法，有的与化学药品及其制剂类似，有的在中药制剂的检查中有特殊要求或更为必要。以下简要介绍中药制剂中几种常见杂质的检查。

(一)水分测定法

中药及固体中药制剂所含的水分有一定的限量，若水分含量过高，可引起制剂结块、霉变或有效成分分解。因此，水分是中药及中药固体制剂的常规检查项目。《中国药典》(2015 版)一部收载有四种测定方法。

1. 第一法(烘干法)

第一法适用于不含或少含挥发性成分药品的水分测定。

(1)测定法。取供试品 2 ~ 5g，平铺于干燥至恒重的扁形称量瓶中，厚度不超过 5mm(疏松供试品不超过 10mm)，精密称定，打开瓶盖在 100 ~ 105℃ 干燥 5h，将瓶盖盖好，移置干燥器中放置 30min，精密称定，再于上述温度下干燥 1h，冷却，称重，至连续两次称重的差异不超过 5mg 为止。根据减失的重量，计算供试品中的含水量(片)。

(2)注意事项。若供试品含水量较多，又含大量糖类，直接在105℃干燥时易发生熔化现象，使表面结成一层薄膜，阻碍水分的继续蒸发，对此，应先在低温下烘去大部分水分，再在规定温度下干燥至恒重。

2. 第二法(甲苯法)

第二法可用于含挥发性成分的样品和含水量较高的中药制剂的水分测定，不适用于微量水分的测定。其方法与化学药的测定方法相同。

3. 第三法(减压干燥法)

第三法适用于含有挥发性成分的贵重药品的水分测定。

(1)测定法。取直径12mm左右的培养皿，加入新鲜五氧化二磷干燥剂适量，使铺成0. 5 ~1cm厚度，放入直径30cm的减压干燥器中。取供试品2 ~4g，混合均匀，分取约0. 5 ~1g，置已在与供试品同样条件下干燥并称重的称量瓶中，精密称定，打开瓶盖，放入上述减压干燥器中，减压至2. 67kPa(20mmHg)以下持续0. 5h。室温放置24h。在减压干燥器出口连接新鲜无水氯化钙干燥管，缓缓打开活塞，待内外压一致后，关闭活塞，打开干燥器，盖上瓶盖，取出称量瓶迅速精密称定重量。计算供试品的含水量(%)。

(2)注意事项。五氧化二磷和无水氯化钙为干燥剂，干燥剂应保持有效状态。

4. 第四法(气相色谱法)

应用第四法时制剂中是否含有挥发性成分，以及含水量的多少(从微量到常量)都不影响测定。故不像以上三种方法那样事先必须认定条件后才能选择其中某一方法进行测定。另外，气相色谱法还具有快速、灵敏、简便等特点。

该法用无水乙醇浸提供试品，提取样品中的水分，以净化水作标准对照，同法操作，在气相色谱仪上进样各5μL；用直径为0. 25 ~0. 18mm的二乙烯苯 - 乙基乙烯苯高分子多孔小球为载体，柱温140 ~150℃，热导检测器检测；用外标法计算样品中的含量。

(二)灰分测定法

灰分是指药物在高温下灼烧、灰化，所剩残留物的重量，又称“总灰分”。将干净而无任何杂质的饮片高温灼烧，所得的灰分称为“生理灰分”。在生理灰分中加入稀盐酸过滤，将残渣再灼烧，所得的灰分称为“酸不溶性灰分”。

总灰分和酸不溶性灰分是控制中药材质量的基本指标。中药制剂以合格的药材为原料，原则上可以不再检查。但对于某些以根、茎等原药材粉末为原料的制剂，为控制外来杂质，仍需检查。如《中国药典》(2015版)规定九味羌活丸的总灰分不得超过7. 0%；酸不溶性灰分不得超过2. 0%。

1. 总灰分的测定

总灰分除包含药物本身所含的无机盐(称为生理灰分)外，还包括药材外表黏附的泥土、沙石等外来杂质。因此，测定总灰分的目的主要是控制药材中泥土、沙土的量，同时还可以反映药材生理灰分的量。

测定方法：取供试品粉碎，过二号筛，混匀后取2～3g，置已炽灼至恒重的坩埚中，称定重量(准确至0.01g)，缓缓炽热(注意避免燃烧)，至完全炭化时，再在500～600℃炽灼至完全灰化并至恒重。根据残渣的重量，计算总灰分的含量。

2. 酸不溶性灰分的测定

有的中药生理灰分的差异较大，特别是组织中含草酸钙较多的药材，由于生长条件不同，总灰分可从8%到20%以上。此类药材的总灰分就不能说明外来杂质的量，而测定酸不溶性灰分，能更准确地反映出外来杂质的量。

测定方法：取上述总灰分置坩埚中，加入稀盐酸10mL，用表面皿覆盖坩埚，置水浴上加热10min，表面皿用热水5mL冲洗，洗液并入坩埚中，用无灰滤纸过滤，坩埚内的残渣用水洗于滤纸上，洗至洗液不显氯化物反应为止。滤渣连同滤纸移至同一坩埚中，干燥，炽灼至恒重。根据残渣重量，计算供试品中酸不溶性灰分的含量。

(三)重金属检查法

重金属系指在规定试验条件下能与硫代乙酰胺或硫化钠作用显色的金属杂质。重金属如铅、汞、镉、铜等对人体均有严重的毒害。药材由于环境污染和使用农药等原因，容易引入重金属杂质，所以中药制剂中重金属的量同样需要控制，特别是新研制的中药制剂和出口中成药品种。根据我国现行要求，重金属限量应控制在百万分之二十以下。世界卫生组织要求植物药中铅的限量控制在百万分之十以下，镉控制在百万分之零点三以下。

《中国药典》(2015版)一部收载的重金属检查法与二部相同。具体方法详见第三章“药物的杂质检查”。由于中药制剂组成复杂，部分制剂含有药材原粉，因此，需采用干法或湿法进行有机破坏后方能检查。

(四)砷盐检查法

砷盐为剧毒的物质。中药材由于受除草剂、杀虫剂和化学肥料的影响，容易引入砷。因此，控制砷盐的含量是控制中药制剂质量的一个很重要的方面。

《中国药典》(2015版)一部收载的砷盐检查法与二部相同，有古蔡法和二乙基二硫代氨基甲酸银法。由于中药制剂组成复杂，在检查前必须对样品进行有机破坏。《中国药典》(2015 版)多采用碱融法，即先加碱后再炽灼破坏，使砷形成砷酸盐，以避免砷的挥发损失。

例如，黄连上清片中砷盐的检查方法：为取本品 10 片，除去包衣，研细，称取 1.0g，加无砷氢氧化钙 1g，加少量水，搅匀，烘干，用小火缓缓炽灼至炭化，再在 500 ~600℃炽灼至完全灰化(同时作空白，留作标准砷斑用)，放冷，加盐酸 7mL 使溶解，再加水 21mL，依法检查，含砷量不得超过百万分之二。

对含糖量高的制剂，采用湿法破坏较为有利。供试品加硝酸、高氯酸或硫酸，加热使有机物破坏。《日本药典》还收载有加硝酸镁乙醇溶液破坏的方法：取供试品适量，加硝酸镁乙醇溶液(1→50)10mL，点火使乙醇燃尽后，先加热使炭化，待烟去尽后于 500 ~600℃炽灼至完全灰化。灰化不完全时，可加硝酸处理后，再炽灼至完全灰化。

砷盐的检查还可采用原子吸收分光光度法，该法专属、灵敏，定量限可达百万分之零点零五。

(五)农药残留量测定法

农药按防治对象可分为杀虫剂、杀菌剂、除草剂、杀鼠剂、杀螨剂等。按化学成分又可分为有机氯化合物、有机磷化合物、氨基甲酸酯、有机氮化合物、拟除虫菊酯、有机氟化合物、有机锡化合物等。农药对人体的危害主要表现为神经毒性，严重时可危及生命。

《中国药典》(2015 版)规定，药物中有机氯农药残留量为：六六六(总 BHC)不得超过 0.2μg/g、滴滴涕(总 DDT)不得超过 0.2μg/g、五氯硝基苯(PCNB)不得超过 0.1μg/g。有机磷类农药的残留量为：敌敌畏不得超过 0.2μg/g、甲胺磷不得超过 0.1μg/g、乙酰甲胺磷不得超过 0.1μg/g、氧化乐果不得超过 0.1μg/g、二嗪农不得超过 0.1μg/g、久效磷不得超过 0.1μg/g、乐果不得超过 0.1μg/g、甲基对硫磷不得超过 0.2μg/g、马拉硫磷不得超过 0.5μg/g、对硫磷不得超过 0.5μg/g、杀扑磷不得超过 0.1μg/g、乙硫磷不得超过 0.5μg/g。并规定采用气相色谱法测定中药及其制剂中部分有机氯类、有机磷类和拟除虫菊酯类农药的限量。

二、制剂通则检查

制剂通则检查项目及内容与剂型有关，如丸剂、片剂、滴丸剂、栓剂等需进行重量差异检查；片剂、胶囊剂、滴丸剂需进行崩解时限检查；颗粒剂需进行溶化性检查；酒剂、酊剂应进行乙醇和甲醇含量检查等。

三、卫生学检查

卫生学检查包括热原检查、无菌检查、微生物计数及细菌内毒素检查四种类型。

（一）热原检查

将一定剂量的供试品，静脉注入家兔体内，在规定时间内，观察家兔体温升高的情况，以判定供试品所含热原的限量是否符合规定。

（二）无菌检查

用于检查药典要求无菌的药品、原料、辅料及其他品种是否无菌。若供试品符合无菌检查法的规定，仅表明了供试品在该检验条件下未发现微生物污染。

无菌检查应在环境洁净度10000级下的局部洁净度100级的单向流空气区域内或隔离系统中进行，其全过程必须严格遵守无菌操作，防止微生物污染。单向流空气区、工作台面及环境应定期按《医药工业洁净室（区）悬浮粒子、浮游菌和沉降菌的测试方法》的现行国家标准进行洁净度验证。隔离系统按相关的要求进行验证，其内部环境的洁净度须符合无菌检查的要求。

（三）微生物计数

微生物计数用于检查非灭菌制剂及其原料、辅料受到微生物污染的程度，包括染菌量（需氧菌数、霉菌及酵母菌数）和控制菌（大肠埃希菌、大肠菌群、沙门菌、铜绿假单胞菌、金黄色葡萄球菌、梭菌等）的检查。

（四）细菌内毒素检查

利用鲎试剂来检测或量化由革兰阴性菌产生的细菌内毒素，以判定供试品中细菌内毒素的限量是否符合规定。此外，霉变或长螨的药制剂以不合格论。

第五节　含量测定

有效成分的含量测定是评价中药制剂内在质量的重要方法。进行有效成分含量测定前，必须根据待测成分和干扰成分的结构、理化性质、存在形式及含量等情况，采取提取、分离、纯化、浓集等预处理措施，保证待测成分提取完全，避免各成分之间以及辅料对测定成分的干扰，使其所选定的分析方法符合专属性和灵敏度的要求。但由于中药制剂成分十分复杂，加之大多数有效成分尚不十分清楚，因此，目前对有效成分的含量测定，还不能普遍应用。含量测定时应根据实际情况选择适宜的检测指标。

一、检测指标的选择

(一)检测单体有效成分

若中药制剂中的有效成分或毒性成分明确、含量较高，可对一至多个单体成分进行定量测定，以控制其质量或评价药物的安全性。如马钱子中士的宁，川乌中乌头碱的测定等。

(二)检测某类别成分的总量

若中药制剂中的有效成分明确，但并非单体，而是属于某类有效物质，如生物碱类、黄酮类、蒽醌类、皂苷类等；或含量偏低，提取难度大；或缺乏理想的检测方法时，可测定某类成分的总量，如总生物碱、总黄酮等。含氮的中药制剂，多采用“氮测定法”测定含氮量，以控制其质量。

(三)检测与药物质量相关的成分

若中药制剂中的有效成分尚不十分清楚或尚无理想的定量方法，可测定药物中相关的一些化学成分来间接反映药物的质量，如含有大青叶、板蓝根的制剂可检测靛玉红等。

(四)检测浸出物的总量

若中药制剂中的有效成分不明确，或含量偏低提取难度大，或目前尚无确切的定量方法，可测定中药制剂中与疗效相关的总固体量，即浸出物量作为质量指标。

另外，还可利用生物体的反应来鉴别中药制剂有效成分的含量或效价，以测定其疗效或毒性。或通过测定中药制剂中某一特性或某一药理作用的强弱，来评价其质量，如苦味指数、泻下作用、抗癌活性、抗凝血作用的测定等。

检测指标确定后，根据待测指标的性质，选用合适的方法进行含量测定。

二、含量测定方法

(一)化学分析法

化学分析法用于中药制剂的含量测定时，一般要求待测组分含量较高，且多用于测定某类成分的总量。其基本原理已在第四章“药典中常见定量分析方法概述”中作了介绍，下面举例说明其在中药制剂分析中的应用。

1. 重量分析法

重量分析法包括挥发法、萃取法和沉淀法。《中国药典》(2015 版)一部中，挥发法主要用于中药制剂中水分、灰分、浸出物、炽灼残渣及干燥失重的测定；萃取法和沉淀法主要用于中药制剂的测定。例如，萃取法用于昆明山海棠片中总生物碱的含量测定、姜流浸膏中醚溶性物质的含量测定；沉淀法用于西瓜霜润喉片中西瓜霜的含量测定、地奥心血康胶囊中甾体总皂苷的含量测定。

2. 滴定分析法

《中国药典》(2015 版)一部中，北豆根片及颠茄酊中生物碱的含量测定用酸碱滴定法。九一散、保赤散、益元散、琥珀抱龙丸和暑症片中朱砂的含量测定采用硫氰酸铵法。

(二)分光光度法

1. 紫外－可见分光光度法

由于中药制剂成分复杂，不同组分的紫外吸收光可能彼此重叠，干扰测定，因此在含量测定前必须经过适当的提取、净化，或采用专属性显色反应等步骤，以排除干扰。同时，取阴性对照品在相同条件下测定，应无吸收。对于中药制剂，《中国药典》(2015 版)用紫外－可见分光光度法主要是测定某些在最大吸收波长处吸收峰较高、吸光度较大的组分的含量。

2. 原子吸收分光光度法

原子吸收分光光度法主要用于中药制剂中重金属、有害元素及微量元素的检测。《中国药典》(2015 版)一部收载的龙牡壮骨颗粒中钙的测定，雄黄胶囊中铜、锰、锌、铁等微量元素的测定，朱砂包衣的中成药丸剂、至宝三鞭丸中汞含量的测定，麻杏石甘汤中微量元素的含量测定等，均采用该法。

(三)色谱法

中药制剂的指标成分往往含量高低不一，许多成分的含量很低，需采用灵敏度高的分析方法进行含量测定。色谱法以其灵敏度高、结果的精密度和准确度高、选择性强、快速、简便等特点，在中药制剂含量测定中的应用越来越广泛，特别是高效液相色谱法在《中国药典》(2015 版)一部中的应用进一步扩大。

下面举例说明薄层色谱法、高效液相色谱法和气相色谱法在中药制剂含量测定中的应用。

1. 薄层色谱法测定大山楂丸中山楂(以熊果酸计)的含量

取重量差异项下的大山楂丸，剪碎，混匀，取约3g，精密称定，加水30mL，60℃水浴温度使充分溶散，加硅藻土2g，搅匀，过滤，残渣用水30mL洗涤，100℃烘干，连同滤纸一并置索氏提取器中，加乙醚适量，加热回流提取4h，提取液回收溶剂至干，残渣用石油醚(30～60℃)浸泡2次(每次约2min)，每次5mL，倾去石油醚液，残渣加无水乙醇－三氯甲烷(3∶2)混合液适量，微热使溶解，转移至5mL量瓶中，用上述混合溶液稀释至刻度，摇匀，作为供试品溶液。另取熊果酸对照品适量，精密称定，加无水乙醇制成每1mL含0.5mg的溶液，作为对照品溶液。照薄层色谱法试验，分别精密吸取供试品溶液5μL、对照品溶液4μL与8μL，分别交叉点于同一硅胶G薄层板上，以环已烷－三氯甲烷－乙酸乙酯－甲酸(20∶5∶8∶0.1)为展开剂，展开，取出，晾干，喷以10%硫酸乙醇溶液，在110℃加热至斑点显色清晰，在薄层板上覆盖同样大小的玻璃板，周围用胶布固定，依照薄层色谱扫描法进行扫描，波长 $\lambda_s=535nm$，$\lambda_R=650nm$，测量供试品吸光度积分值与对照品吸光度积分值，计算，即得。本品每丸含山楂以熊果酸($C_{30}H_{48}O_3$)计，不得少于7.0mg。

2. 高效液相色谱法测定牛黄解毒丸中黄芩苷的含量

色谱条件与系统适用性试验：以十八烷基硅烷键合硅胶为填充剂，以甲醇－水－磷酸(45∶55∶0.2)为流动相；检测波长为315nm。理论板数按黄芩苷峰计算应不低于3000。

对照品和供试品溶液的制备：取黄芩苷对照品适量，精密称定，加甲醇制成每1mL含30μg的溶液，作为对照品溶液；取重量差异项下的本品大蜜丸，剪碎，混匀，取约1g，精密称定，或取本品水蜜丸，研碎，取约0.6g，精密称定，加70%乙醇30mL，超声处理30min，放冷，过滤，滤液置于50mL量瓶中，用少量70%乙醇分次洗涤容器和残渣，洗液滤入同一量瓶中，加70%乙醇至刻度，摇匀；精密量取2mL，置于10mL量瓶中，加70%乙醇至刻度，摇匀，作为供试品溶液。

测定方法：分别精密吸取对照品溶液与供试品溶液各10μL，注入液相色谱仪，测定，即得。本品每丸含黄芩以黄芩苷($C_{21}H_{18}O_{11}$)计，水蜜丸每1g不得少于10.0mg；大蜜丸每丸不得少于20.0mg。

3. 气相色谱法测定冰硼散中冰片(以龙脑和异龙脑总量计)的含量

色谱条件与系统适用性试验：固定液为聚乙二醇2000的毛细管柱；柱温为程序升温，初始温度100℃，以10℃/min的速度升至200℃；分流进样。理论板数按龙脑峰计算，应不低于5000。

校正因子测定：取正十四烷适量，精密称定，加无水乙醇制成每1mL含8mg的溶液，作为内标溶液。另取龙脑对照品、异龙脑对照品各10mg，精密称定，置具塞锥形瓶中，精密加入无水乙醇25mL与内标溶液2mL，摇匀。吸取2μL，注入气相色谱仪，分别计算校正因子。

测定方法：取本品约0.5g，精密称定，置具塞锥形瓶中，精密加入无水乙醇25mL与内标溶液2mL，称定重量，超声处理20min，放冷，再称定重量，用无水乙醇补足减失的重量，摇匀，过滤。吸取续滤液2μL，注入气相色谱仪，测定，即得。本品每1g含冰片以龙脑（$C_{10}H_{18}O$）和异龙脑（$C_{10}H_{18}O$）的总量计，不得少于30mg。

在《中国药典》（2015版）中，测定成分逐步由单一指标性成分的定性定量分析向活性、有效成分及生物测定的综合检测过渡，向多成分测定整体质量控制模式转化。而且，根据中药具有多组分、多靶点、相互协同作用的特点，建立多成分多组分的含量测定方法控制和评价中药的质量。

习　题　八

一、单项选择题

1. 中药制剂中产生治疗作用的有效成分有（　　）。

A. 有机成分　　B. 无机成分

C. 目前认为无生物活性的无效成分　　D. 以上均是

2. 对中药制剂进行残留农药检查，当接触农药不明时，一般可测定（　　）。

A. 总有机磷量　　B. 总有机氯量

C. 总有机溴量　　D. 总有机氯量和总有机磷量

3. 化学分析法主要用于测定中药制剂中（　　）。

A. 含量较高的一些成分

B. 含矿物药制剂中的无机成分

C. 含量较高的一些成分和含矿物药制剂中的无机成分

D. 含量较高的一些成分和含贵重分药制剂中的有机成分

4. 对于测定酸不溶性灰分，下列说话正确的是（　　）。

A. 测定酸不溶灰分能更准确的反映外来杂质的含量

B. 在总灰分中加入稀硫酸后依法测定

C. 对于各种重要制剂都必须测定酸不溶灰分

D. 组织中含草酸钙较多的药材，酸不溶灰分较高

5. 对中药制剂进行含量测定，首先应当选择的含量测定项目是(　　)。

A. 一类总成分的含量　　B. 浸出物的含量

C. 君药及贵重药　　D. 臣药及其他药

二、多项选择题

1. 中药制剂分析的基本程序有(　　)。

A. 取样和供试品溶液的制备　　B. 鉴别

C. 检查　　D. 含量测定

E. 供试品溶液的制备

2. 影响中药制剂质量的因素(　　)。

A. 原料药材的影响　　B. 炮制方法的影响

C. 生产工艺的影响　　D. 中药制剂的包装、贮藏、保管的影响

3. 用色谱法对重要制剂进行鉴别时，常用的鉴别方法有(　　)。

A. 对照品对照法　　B. 阴、阳对照法

C. 空白对照法　　D. 对照药材对照法

E. 阳性对照法

4. 中药制剂的杂质检查项目有(　　)。

A. 水分　　B. 灰分和酸不溶性灰分

C. 重金属　　D. 砷盐

E. 残留农药

5. 中药制剂分析定性鉴别的主要方法有(　　)。

A. 性状鉴别　　B. 理化鉴别　　C. 显微鉴别　　D. 色谱鉴别

E. 原植物鉴别

三、简答题

1. 中药制剂分析的特点有哪些?

2. 中药制剂含量测定的方法有哪些?

3. 中药制剂分析的基本程序是什么?

第九章　体内药物分析

体内药物分析是通过分析人或动物体液及各组织器官中的药物及其代谢物浓度，了解药物在体内数量和质量的变化，以此获得药物代谢动力学的各种参数以及药物在体内的吸收、分布、代谢及排泄等信息，从而对药物研究、药品生产、临床合理应用等方面作出估计和评价。

体内药物分析具有以下特点：被测药物和代谢物的浓度低；样品复杂，存在各种各样直接或间接影响测定结果的物质，大多需要分离和净化；仅有少量样品可供分析，尤其是在连续测定过程中，很难再度获得完全相同的样品。

第一节　样品的采集

一、样品的种类

体内药物分析用的生物样品为生物的体液、组织和排泄物等，包括血液、尿液、唾液、乳汁、精液、脑脊液、泪液、胆汁、胃液、胰液、淋巴液、毛发、脏器组织、粪便等。其中，常用且易于获得的分析样品主要有血液、尿液和唾液三种。只有在某些特定情况下，其他体液或组织才会被选用。本节简要介绍血样、尿液、唾液的采集方法。

二、样品的采集

（一）血样的采集

血样包括血浆、血清和全血，是体内药物分析中最常采用的样品。血药浓度的测定通常指测定血浆或血清中的药物浓度，而不是全血中的药物浓度，特殊要求除外。一般认为，当药物浓度在体内达到稳定状态时，其在血浆中的浓度与在药物作用点的浓度是密切相关的，即血浆中的药物浓度反映了药物在体内的状况，可以作为药物在作用部位浓度的可靠指标。

1. 血样的采集方法

血样的采集方法一般是用注射器直接采集人体的静脉血（成人从肘正中静脉取血，小儿从颈外静脉取血），有时根据血药浓度和分析方法的灵敏度，也可从毛细管取血。动物试验时，最理想的方法是直接抽取动脉血或从心脏取血，但此法只能用于动物，不能用于人。供分析的血样应能代表整个人体的血药浓度。

2. 血样的采集时间

血样采集时间间隔与次数应根据测定目的来决定。例如，测定药物动力学参数时，需绘测药物在体内的药物－时间曲线，应根据动力学模型、给药方式来确定取样次数与时间间隔，要在曲线首尾及峰值附近或浓度较大处取样；测定血药浓度时，需待药物在血液中的浓度达到稳定状态后（一般为连续给药，经过 4～5 个半衰期）采集血样才有意义。但每种药物的半衰期不同，达到稳态的时间也不同，取样时间也随之不同。

3. 血样的采集量

人体药代动力学研究需要在多个时间点（一般为 12～20 点）取样，一般用注射器直接采集静脉血，每次 1～5mL，随着分析方法灵敏度的增高，取样量可以更少。动物试验时，采血量不宜超过动物总血量的十分之一。

4. 血样的制备

血浆或血清由采集的全血制备。

（1）血浆的制备。将采集的静脉血液置含有抗凝剂的试管中，缓缓转动试管使其充分混合后，离心（2500～3000r/min）5～10min，促进血红细胞沉降，所得淡黄色上清液即为血浆，其量约为全血量的一半。

常用的抗凝剂有肝素、EDTA、枸橼酸盐、草酸盐等。其中肝素最为常用，它是体内正常的生理成分，因而不会改变血样的化学组成，也不会引起药物的变化，一般不干扰测定。通常 1mL 全血需加 0.1～0.2mg 肝素。

（2）血清的制备。采集的静脉血液置试管中，于 37℃或室温放置 30min 至 1h。待血液凝固后，用细竹棒或玻璃棒轻轻剥去试管壁上的血饼，再离心（2500～3000r/min）5～10min，促进血红细胞沉降分离，上层淡黄色液体即为血清，其量约为全血量的 30%～50%。

血清与血浆基本成分相同，只比血浆少一种纤维蛋白原。因为药物与血浆纤维蛋白原几乎不结合，所以，血清与血浆中药物浓度通常相同。血浆比血清分离速度快，而且制取量多，因而多数情况下用血浆进行分析。当血浆中含有的抗凝剂对药物能发生作用并对浓度测定有影响时，才使用血清样品。

(3)全血的制备。将采集的血液置含有抗凝剂试管中，轻轻摇匀，防止凝血，但不经离心操作，保持血浆和血细胞均相状态，即为全血。全血的净化较血浆与血清麻烦，尤其是溶血后，血色素等可能会给测定带来影响。当某些药物可与红细胞结合，或药物在血浆和血球的分配比率不是一个常数的情况下，则宜采用全血。

血样采集后应及时分离血浆和血清，并最好立即进行分析。如不能立即测定时，应妥善贮藏，一般是置具塞硬质玻璃试管或聚塑料管中完全密塞后保存。不宜将全血未经分离直接冷冻保存，以免因冷冻引起细胞溶解，妨碍血浆和血清的分离，或因溶血导致药物浓度发生变化。

(二)尿液的采集

在所有体液样品中，尿样最容易获得。体内药物的清除主要是通过尿液以原型、代谢物或结合物等多种形式排出。健康人的尿液中不含蛋白质，所以常用作药物体内代谢研究。通过测定尿液可以对药物剂量回收、药物肾清除率、生物利用度以及代谢物类型等进行研究。尿液中的药物浓度与血药浓度相关性差，不能直接反映血药浓度。

1. 尿液的采集

尿样的采集应该是自然排尿。尿液包括随时尿、晨尿、白天尿、夜间尿及时间尿等。测定尿液中药物浓度时一般采集时间尿。因尿药浓度高，随时间变化较大，所以应测定一定时间内尿中的药物总量(如 8h、12h、24h 内的累计量)，这就需要同时测定在规定时间内的尿量(体积)及尿药浓度。

尿液主要成分是水、尿素及盐类，放置时间长会因细菌繁殖而变浑浊，因此取样后应立即测定。若不能立即测定，而保存时间为 24～36h，可置冰箱(4℃)中保存，若时间再长则需冰冻保存。如果在室温下保存，收集尿样后应立即加入防腐剂，或改变尿液的酸碱性以抑制微生物的生长繁殖。

常用的防腐剂包括有机溶剂和无机溶剂。甲苯、二甲苯、三氯甲烷等有机溶剂，可以使尿液的表面形成一层保护膜；而醋酸、浓盐酸等无机溶剂，可以改变尿液的酸碱性，抑制细菌的繁殖。

2. 尿液的制备

尿液中的药物大多呈缀合状态，首先需将缀合物水解，释放出缀合的药物或其代谢物后，再作进一步的处理和测定。常用的水解方法有酸水解法和酶水解法。酸水解通常使用无机酸，如盐酸或磷酸溶液等；酶水解法通常用葡萄糖醛酸苷酶或硫酸酯酶，或二者的混合物。

（三）唾液

唾液中的药物浓度通常与血浆浓度相关，可用唾液中的药物浓度来反映血浆中的药物浓度。唾液作为样品，容易获得，取样对人体无损害，患者容易接受，并且取样不受时间、地点的限制。

1. 唾液的采集

唾液的采集一般是于漱口后15min、在安静状态下采集口腔内自然流出的唾液或舌在口腔内搅动后流出的混合唾液。也可通过物理和化学刺激，在短时间内得到大量唾液，但此法采集可能影响唾液中的药物浓度。常用的物理方法主要是口嚼石蜡片、小块聚四氟乙烯块或玻璃大理石等；化学方法是将柠檬酸或维生素C等置于舌尖，弃去初始部分后采集。以化学法应用较广泛。

唾液采集后，应在4℃以下保存，阻止黏蛋白的生成。若对分析无影响，可用碱处理，使唾液中的黏蛋白溶解而降低其黏度。冷冻保存唾液时，解冻后应将容器内的唾液充分搅匀后再用，以避免因浓度不均匀而产生误差。

2. 唾液的制备

唾液样品采集后，应立即测量其除去泡沫部分的体积，离心（2000～3000r/min）15min，吸取上清作为药物浓度测定的样品。

三、样品的储存与稳定性

（一）样品的储存

生物样品取样后最好立即进行分析，以免药物产生分解或发生其他化学变化。但由于试验设计的要求，需在一定的时间内采集大量的样品，而往往又受分析速度的限制，不能做到边采集边分析，这就需要将部分样品适当储藏。冷冻（－20℃）保存是最常用的方法。若取样后不能立即进行分析测定，为防止药物发生变化，短期保存置冰箱（4℃）中，长期保存置冷柜（－20℃）或低温冷柜（－80℃）中，冷冻样品应按测定时需要的体积分装贮存，每次按计划取一定数量进行测定，防止反复冻融导致药物含量下降。

如果待测药物在生物样本中易受酶或酸碱等作用发生进一步的变化，则需根据其自身性质选择合适的方法进行处置。通常的处置方法包括低温冷冻、调节酸碱度、加酶抑制剂（如氟化钠）或抗氧剂（如维生素C）等，防止药物发生变化，延长保存时间。

(二)稳定性

生物样品的稳定性通常包括短期稳定性和长期稳定性。短期稳定性是考察模拟生物样品在室温、4℃、-20℃以及冻融循环条件下的稳定性；长期稳定性是考察实际生物样品经长期冷冻(-20℃或-80℃)后的稳定性。考察内容包括分析生物样品中待测药物或特定代谢物的降解情况。

为防止含酶样品中的被测组分进一步代谢，采样后必须立即终止酶的活性。常采用的方法有液氮中快速冷冻、微波照射、匀浆及沉淀、加入酶活性阻断剂(通常加入氟化钠)等。另外，某些生物样品中的药物易被空气氧化，如儿茶酚类的阿扑吗啡易被空气氧化产生醌类物质，因此，收集的血浆样品应加入抗坏血酸，增加稳定性。又如卡托普利，由于采血后该药仍会被血浆中的酶继续氧化，使血药浓度大大降低，因而必须低温下立即分离出血浆并加入抗氧剂和稳定剂。对于见光易分解的药物(如硝苯地平等)，在采集生物样品时还需注意避光。

第二节　样品的预处理

体内药物分析时，仅在少数情况下可取样品直接测定，大多数情况下，样品分析前都需要进行预处理，即将样品中的药物经过分离、纯化和浓集后再供测定。对纯化程度的要求，取决于使用的分析方法及样品所含杂质的情况。

样品的预处理是体内药物分析的一个重要环节，往往也是分析中最难、最繁琐的步骤。因为生物样品中的药物常以多种形式(如游离型药物、与蛋白质结合药物、代谢物等)存在，需要分离后测定；再者，生物样品中存在大量内源性物质(如蛋白质、多肽、内脂及色素等)对检测有很大干扰，需净化、浓集后测定。

生物样品的类型众多，性质各异，很难用一个固定的程式和方法处理样品，必须结合实际要求和情况灵活运用各种手段和方法解决问题。

一、方法的选择

选择样品预处理的方法应从样品的类型、药物的理化性质以及测定的目的几个方面来考虑。

（一）根据样品的类型选择

1. 血浆和血清

血浆和血清中所含的蛋白质能与药物结合而影响分析测定，因此，需去除蛋白质后，再用适宜的方法提取分离待测成分。

2. 唾液

唾液中含有黏蛋白，若对分析无影响，可用碱处理，使黏蛋白溶解而降低其黏度；若对分析有影响，可用离心法去除黏蛋白。

3. 尿液

一般健康人的尿液中不含蛋白质，不需要除蛋白处理，但尿液中的药物大多以配合物的形式存在，常用酸碱水解后使药物从配合物中游离后提取。若药物以原型排泄，则可简单用水稀释后测定。

（二）根据药物的理化性质选择

1. 药物的理化性质

样品的分离和净化依赖于待测药物及其代谢物的理化性质。例如，药物的酸碱性和溶解度关系到药物的提取分离手段，应根据药物酸碱性的不同，通过调节样品溶液的 pH 值，使待测药物以非电离的形式存在，降低其在水相中的溶解度，再选用适宜的有机溶剂提取。另外，药物的化学稳定性关系到样品制备时条件的选择，药物的光谱性及官能团性质关系到分析仪器的选择。

2. 药物的浓度

不同药物在生物样品中的浓度相差很大，药物浓度大的样品制备要求较低；反之，则较高。

（三）根据药物测定的目的选择

药物测定的目的不同，要求也就不同。如对急性中毒的病例，要求快速提供中毒物及其浓度的情况，对样品制备的要求也就可适当放宽；测定药物及其代谢物，要求药物及其代谢物从其结合物或配合物中释放出来，并加以分离后测定，这对样品的制备就要全面考虑了。

此外，样品分离、净化的程度与所用分析方法的专属性、分析能力、检测系统对不纯样品玷污的耐受程度以及测定效率等密切相关。

二、蛋白质的去除

生物样品如血浆、血清中含有大量的蛋白质，能与药物结合，因此，在测定血样及组织匀浆等样品中的药物时，应首先去除蛋白质，使与蛋白结合的药物游离，以便测定药物的总浓度。去除蛋白质，一方面能预防其在提取过程中的干扰，另一方面还能保护仪器性能和延长仪器使用。去除蛋白质的方法有蛋白沉淀法和蛋白酶解法两类方法。

(一)蛋白沉淀法

1. 加入水溶性有机溶剂

该法可使蛋白质分子内及分子间的氢键发生变化而使蛋白质凝聚，使与蛋白质结合的药物释放出来。

常用的水溶性有机溶剂有：乙腈、甲醇、乙醇、丙醇、丙酮、四氢呋喃等。例如，血样与1～3倍体积的有机溶剂混合(若仅用小比例溶剂，则仅有少量蛋白质沉淀)，离心(1000r/min)1～2min后，可使90%以上的蛋白质沉淀析出。

2. 加入中性无机盐

该法能使溶液的离子强度发生变化，把与蛋白质水合的水置换出来，从而使蛋白质脱水而沉淀。

常用的无机盐有硫酸铵、硫酸钠、氯化钠等。例如，含药物的血清与饱和硫酸铵按1∶2的比例混合后，离心(1000r/min)1～2min，可去除90%以上的蛋白质。

3. 加入强酸

当pH低于蛋白质的等电点时，蛋白质以阳离子形式存在。此时加入强酸，可与蛋白质阳离子形成不溶性盐而沉淀。

常用的强酸有10%三氯醋酸、6%高氯酸、硫酸－钨酸混合液及5%偏磷酸等。例如，含药物的血清与10%的三氯醋酸按1∶0.6的比例混合后，离心(1000r/min)1～2min，可去除90%以上的蛋白质。

4. 加入重金属沉淀剂

当溶液的pH高于蛋白质的等电点时，蛋白质分子中带负电荷的羧基与重金属阳离子形成不溶性盐而沉淀。

常用的沉淀剂有$CuSO_4-NaWO_4$、$ZnSO_4-NaOH$等。例如，含药物血清与沉淀剂按1∶2的比例混合后，离心(1000r/min)1～2min，除去蛋白质后所得的上清液pH分别为5.7～7.3和6.5～7.5。

应当注意的是，上述四种蛋白质沉淀方法对于与蛋白质结合力强的药物回收率较差。

（二）蛋白酶解法

在测定某些与蛋白结合牢固且对酸不稳定的药物时，特别是测定组织中的药物时，常用酶解法。该法是先将待测组织中加入氨基丁三醇缓冲液（pH = 10.5）及蛋白水解酶，在60℃培育1h后，用玻璃棉过滤，所得的澄清液即可供药物提取用。

常用的蛋白水解酶是枯草菌溶素。该水解酶在50～60℃时活力最强，可在较宽pH范围（7.0～11.0）内使蛋白质的肽链降解，并释放出药物。

因蛋白酶解法是在温和、平稳条件下进行的，其优点在于可避免某些药物在酸中水解或在较高温度时降解；对与蛋白结合率强的药物，可显著提高回收率；可用有机溶剂直接提取消化液而无乳化生成；在用HPLC时，无需再进行过多的净化操作。其缺点是不适用于一些在碱性条件下易水解的药物。

三、样品的分离、纯化与浓集

（一）样品总浓度测定的处理方法

药物或其代谢物（包括游离型和结合型）总浓度测定前，样品的分离、纯化与浓集一般用液－液提取法和液－固提取法两种方法。

1. *液－液提取法*

液－液提取法是体内药物分析中应用最多的分离、纯化方法。样品在去除（或不去除）蛋白质后，在适当的pH值条件下，用有机溶剂提取其中的药物或代谢物，其目的是为了从大量的共存物（干扰物）中分离出所需要的微量成分，并通过溶剂的蒸发使样品得到浓集，以供测定。溶剂提取的效果受溶液的pH值、提取溶剂和提取技术等多种因素的影响。现讨论如下：

（1）溶剂的选择。合适的溶剂可以减少提取和净化操作。溶剂的选择应该根据溶剂的极性、被测定成分及共存的其他物质的性质来决定，同时应考虑溶剂使用是否安全、是否便于浓缩等问题。

体内药物分析中的大多数药物为脂溶性，在有机溶剂中的溶解度大于在水中的溶解度，而大多数内源性杂质是强极性的水溶性物质。因此，提取中多采用极性小的有机溶剂，既可得到合适的提取回收率，又能尽量减少干扰物的提取，且极性小的有机溶剂沸点低，易于挥发浓缩。若在极性小的溶剂中加入少量醇类，可克服其提取能力弱的缺点，并能减少药物被容器表面吸附而造成的损失。在许多情况下，采用单一溶剂不能有效地提取待测成分，需采用不同极性的混合溶剂。

(2)溶剂的 pH 调节。溶剂提取时，水相最佳 pH 值的选择与药物的 pK_a 有关。当 pH 与 pK_a 相当时，50% 的药物以非电离形式存在。若碱性药物最佳 pH 值高于 pK_a 值 1 ~ 2 个单位，酸性药物最佳 pH 值低于 pK_a 值 1 ~ 2 个单位，可以分别抑制碱性或酸性药物的解离，使 90% 的药物以非电离的形式存在，而易被有机溶剂提取。

生物样品在碱性或近中性的情况下大多提取效果较好。因为生物样品中内源性物质多为酸性，而多数药物是亲脂性的碱性药物，在碱性条件下提取时，酸性干扰物不会被有机溶剂提取出来。一般规则：碱性药物在碱性条件下用有机溶剂提取，酸性药物在酸性条件下用有机溶剂提取，中性药物在近中性条件下用有机溶剂提取。而对于碱性很强的药物，如季铵类药物，即使控制 pH 值也不能抑制它们的电离，所以不能用有机溶剂从体液中提取出来，往往采用“离子对”技术进行提取。

(3)溶剂的用量。提取时所用的有机溶剂要适量，一般有机相与水相的容积比为 1∶1 或 1∶2。但具体用量要根据被测药物的性质和分析测定方法来确定。

(4)提取技术。在体内药物分析中，由于样品量少、药物含量低，且一次分析测定的样品数量较多，提取时通常不采用像常量分析那样反复提取的方法，一般只提取一次(至多两次)，在改变 pH 后，从有机相回提至水相也只进行一次，一般并不考虑“提尽药物”。但提取前要先加入定量内标物，再依法提取，且测定含量时应精确加入提取溶剂，提取液也要定量分出，以待测组分峰高(或峰面积)与内标峰高(或峰面积)之比值与浓度作标准曲线。这样，即使在一系列操作过程中有微量损失，虽可影响被测组分与内标物的绝对值，但并不影响二者的比值，可以消除误差。

提取时将体液样品、缓冲液和萃取溶剂置具塞试管内，再将试管在旋涡混合器上旋涡混合进行提取。振荡时间与强度视情况而定。

提取液往往不能直接供气相色谱或高效液相色谱测定，需挥去溶剂使被测组分浓集后再进行测定。但应避免直火加热浓缩以免破坏被测组分或引起被测组分挥发损失，常吹入氮气流使溶剂挥散；对于易随气流挥发或遇热不稳定的药物可采用减压法挥去溶剂。溶剂蒸发所用的试管，底部为尖锥形，这样可使最后的数毫升溶剂集中在管尖，便于量取。若已发生严重的乳化现象，可将试管置于冰箱中冷冻破乳，融化后再离心。

液 - 液提取法的优点在于它的选择性好，在使用非专属性的光谱分析时，药物也能与多数内源性物质分离，避免杂质的干扰；缺点在于乳化现象的产生，会引起药物的损失。通常在提取前于水中加入适量固体氯化钠，可减轻乳化程度。已发生轻微乳化时，可经适当转速离心，使水相和有机相完全分开。

2. 液-固提取法

液-固提取法是将不同填料作为固定相装入微型小柱，将含有药物的生物样品溶液通过小柱，利用药物或干扰物在固定相和液相中吸附、分配、离子交换或其他亲和力作用的差异，使药物或干扰物被保留在固定相上而达到分离。该法能显著减少所需样品量、避免乳化现象、简化样品预处理过程，在样品预处理中应用广泛。

较常用的方法是使药物被保留在固定相上，选用适当溶剂洗除干扰物质，然后再用适当溶剂洗脱药物。也可使干扰物被保留在固定相上，而让药物流出，或同时吸附杂质和药物，再使用合适的溶剂选择性地洗脱药物，而杂质留在固定相上。

(1)固定相的选择。固定相是固相分离柱中最重要的部分，它的选择将取决于分析物质和样品溶剂的性质。分析物的极性与固定相极性非常相似时，可得到分析物的最佳保留，两者极性越相似保留越好，所以要尽量选择极性相似的固定相。固定相的选择还受样品溶剂强度的制约，弱溶剂会增强分析物在吸附剂上的保留，样品溶剂强度相对该固定相应该较弱。

常用于填充柱的担体大致分为三类：第一类是亲脂性(疏水性)担体，如药用炭、聚苯乙烯或 C_{18} 化学键合硅胶等，样品中的亲脂性药物被吸附在担体上，然后用有机溶剂分离药物；第二类是亲水性担体，如硅胶、硅藻土、棉纤维等，样品中的全部药物与干扰物均被吸附在担体颗粒表面，然后用有机溶剂冲洗药物使其与干扰物分离；第三类是离子交换树脂。其中亲脂型应用最多。

(2)操作步骤。①活化：除去柱内的杂质并创造一定的溶剂环境。通常需要两种溶剂来完成此任务，一个溶剂(初溶剂)用于净化固定相，另一个溶剂(终溶剂)用于建立一个合适的固定相环境使样品分析物得到适当的保留。②上样：将样品用一定的溶剂溶解，转移入柱，这时药物和干扰物质保留在固定相上。③淋洗：通常需要淋洗固定相以便最大程度地除去干扰物质。④洗脱：选择适当的溶剂将被测物质洗脱下来，收集洗脱液。洗脱剂用量一般为每 100mg 固定相用 0.5 ~0.8mL。

液-固分离法的优点在于样品用量少，可富集痕量分析物，回收率高，重现性好，引入杂质少，也可消除乳化现象，易于自动化。其缺点在于价格高，技术要求高，柱子易阻塞。

（二）血浆中游离药物测定的处理方法

测定血浆或血清中游离药物浓度时，可利用游离型和结合型药物分子大小的差异进行分离。常用的方法有超速离心法、平衡透析法、超滤法以及凝胶过滤法等。

1. 超速离心法

样品以每分钟数万转的速度进行离心，得到不含蛋白质的上清液，测定上清液中的药物浓度即为游离型药物浓度。

2. 平衡透析法

将半透膜制成软袋，样品放于袋中，袋外为缓冲液。待放置平衡后，游离药物透过半透膜进入到缓冲液中，从而将游离药物分离出来。也可将玻璃槽用半透膜隔开，一半放样品，一半放缓冲液，进行透析。

3. 超滤法

超滤法是将样品放于半透膜制成的软袋中，采用离心的方法分离游离型药物。

4. 凝胶过滤法

凝胶过滤法以具有分子筛作用的交联葡聚糖颗粒装柱，样品过柱，用缓冲液洗脱，分取游离型药物。

第三节　样品的玷污与损失

生物样品在采集、贮存与分析测定过程中由于所用的试剂和溶剂不纯、接触的器皿有杂质等可能造成样品的污染或损失，使分析测定的结果出现偏差。

一、样品的玷污

（一）增塑剂造成的污染

血样采集过程中使用的塑料血样采集管含有增塑剂。增塑剂是脂溶性成分，易从塑料中溶出造成血样的污染。

（二）溶剂带入的杂质

一些溶剂由于种种原因总是含有杂质。在生物样品制备的过程中，由于使用溶剂体积较大，即使原来杂质浓度较低，但当浓缩时或通过色谱柱时，杂质浓度显著增大而干扰测定。

（三）衍生化产生的杂质

由于衍生化试剂未经纯化使色谱分析中往往呈现额外的杂质峰，干扰药物的检测。

（四）环境和器皿造成的污染

由于试验室不够清洁，或者因通风不当可能造成污染；使用的玻璃器皿不够洁净，蒸馏水和试剂的纯度不够等，也可能造成污染。

二、待测药物的损失

（一）吸附与共沉淀导致损失

1. 吸附

样品制备过程中使用的玻璃容器或橡胶塞对某些药物产生吸附是不可忽略的，特别是脂肪胺类及含硫化合物。对所使用的玻璃器具采用硅烷化处理，或在提取溶剂中加入异戊醇或二乙胺，能减少玻璃壁的吸附性。

2. 共沉淀

在全血样品测定中，红细胞和纤维蛋白原凝块的形成，常能引起待测物的共沉淀。所以，应将全血样品加入缓冲液后再用有机溶剂提取。由于溶剂能使血细胞散开，药物易从细胞表面解吸，从而减少了共沉淀引起的药物损失。同时，缓冲液的一定离子强度，也可使蛋白质变性时形成疏松的絮状物，减少了药物因物理性滞留造成的损失。

（二）化学降解导致损失

在样品制备过程中，加入强酸、强碱等试剂会使一些遇酸及受热不稳定的药物发生分解、开环等情况。因此，应尽量采用条件温和的方法制备样品。对光化学不稳定的药物还需避光操作。

（三）衍生化导致损失

某些药物需制成衍生物后再进行测定。药物在衍生化过程中，由于反应不完全，待测药物仅部分转化为所需的产物或部分生成副产物而造成损失。有时在蒸发去除过量衍生化试剂时，也会使衍生物与溶剂形成共沸混合物而导致损失。

（四）络合导致损失

某些药物能与重金属离子络合，或与内源性大分子相互作用，此种情况虽较少遇到，但往往是制备某些样品时药物损失的一个因素。此时，可加入适当的金属离子配位剂（如EDTA）进行掩蔽，可减少由于络合而导致的损失。

（五）蒸发导致损失

挥发性的药物在挥去溶剂时易造成损失；不挥发的药物为使组分富集，需将提取液蒸发后再加少量溶剂溶解，但有时残渣中的药物未能完全溶于所加的小体积溶剂中而造成损失；在吹氮过程中药物可以气溶胶形式逸出而造成损失。

第四节 常用的分析方法

体内药物分析是指借助于现代化的仪器与技术来分析药物在体内数量与质量的变化，以获得药物在体内的各种药代动力学参数、代谢方式、代谢途径等信息。目前，用于体内药物分析的方法有很多，常用的体内药物分析方法的检测限量和专一性见表9－1。

表9－1 常见的体内药物分析方法及其检测限量和专一性

分析方法	检测限量/ng	专一性
分光光度法		
紫外－可见分光光度法	100	－
原子吸收分光光度法	1	＋
荧光分析法	1	＋－
薄层扫描法		
紫外扫描	10	＋＋
荧光扫描	1	＋＋
高效液相色谱法		
紫外检测器	1	＋＋
荧光检测器	0.1	＋＋＋
电化学检测器	0.001～0.01	＋＋＋
气相色谱法		
氢焰检测器	1～10	＋＋
氮磷检测器	0.01～0.1	＋＋＋
电子捕获检测器	0.01	＋＋＋
质量碎片选择离子检测器	0.01	＋＋＋＋
免疫法		
放射免疫法	0.01	＋＋
酶免疫法	0.01	＋＋
荧光免疫法	0.01～0.1	＋＋
游离基免疫法	0.001	＋＋

注：＋越多表示专一性越好，－越多表示专一性越差。

下面简要介绍紫外－可见分光光度法、荧光分析法、高效液相色谱法、气相色谱法、电泳法及免疫分析法在体内药物分析中的应用。

（一）紫外－可见分光光度法

在体内药物分析中，紫外－可见分光光度法灵敏度低、分离能力差，由于生物样品中内源性物质的干扰较大，往往使测得结果偏高，不适用于药物动力学参数的测定。但在实际应用中，该法操作简便、测试费用较低，早期的许多血药浓度测定大多采用该法。目前，该法在体内药物分析的应用日趋减少，逐步被色谱分析法所取代，仅用于少数浓度高、干扰成分少的生物样品测定。

（二）荧光分析法

荧光分析法灵敏度高（检测限量为 $10^{-12} \sim 10^{-10}$g/mL）、专属性强，适用于体液中痕量药物及其代谢物的浓度测定，被广泛应用于药物的吸收、分布、代谢及排泄的速度与机理的研究中。由于生物体内的许多化合物都有荧光，对样品的测定存在干扰，常需预先分离待测组分。

生物样品中常采用的荧光分析法有直接荧光分析法和间接荧光分析法。直接荧光分析法主要适用于自身具有荧光特性的待测药物的测定，如含有芳环或高度共轭的脂肪族基团的药物及其代谢物。间接荧光分析法主要适用于自身不具有荧光或荧光较弱的待测药物的测定，该法是选用适当化学反应将待测物转变为有荧光的物质，或利用待测药物的特性增强或减弱某种荧光染料的荧光强度，然后进行测定。间接荧光分析法拓宽了荧光分析法在体内药物分析中的应用范围，但存在专属性差、易受官能团和类似化合物干扰的缺点。

例如，体液中氨苄西林的测定，常采用间接荧光分光光度法。

测定方法：精密取待测血清样品1.0mL，加10%三氯醋酸溶液1.0mL，超声振荡30s，离心（5000r/min）5min，精密取上清液1mL，置于内含0.1mol/L盐酸溶液1.0mL的试管中，超声振荡30s，置沸水浴中加热90min，加入乙二醇单甲醚2mL，在360nm和430nm波长处测定。以空白血清为空白对照，内加氨苄西林标准品的血清为标准对照，同法操作。

原理：氨苄西林在酸性溶液中加热水解得到荧光产物，最大激发波长和荧光波长分别为360nm和430nm。反应液加入乙二醇单甲醚可增加荧光强度。该法对血清中氨苄西林浓度在0.5～10μg/mL范围内线性关系好，最低检测浓度为0.016μg/mL（当信噪比 $S/N=3$ 时），该方法平均回收率为90.5%，批内相对标准偏差为3.7%（$n=10$）。

体液中氨苄西林的测定除了可采用上述荧光分光光度法外，还可采用紫外－

可见分光光度法、微生物法、薄层色谱法、高效液相色谱法等进行测定。

(三)色谱法

1. 高效液相色谱法

在体内药物分析中，高效液相色谱法占有主导地位。它具有分离效能好、灵敏度高、快速、流动相选择范围广、样品不受气化条件限制等特点。与紫外-可见分光光度法相比，该法分离、分析可同时进行，且与药物具有相同吸收的杂质不干扰测定；与气相色谱法相比，该法对强极性药物、药物代谢物及高分子药物等的处理比较容易，同时从体液中净化待测药物的操作也比较容易；与免疫法比较，该法对多组分药物及其代谢物可同时分别定量；与微生物法相比较，该法分离操作简便、快速、结果重现性好。

例如，血清中对乙酰氨基酚浓度的测定，可采用反相高效液相色谱法。该法可用于测定危急情况下的中毒患者的血药浓度，也可测定服用治疗量药物后血清中药物的浓度。其测定方法如下：

色谱条件：色谱柱为25cm×4.6mm，内填Partisil-10ODS；以乙腈磷酸钾溶液(乙腈50mL，加0.1mol/L pH为2.7的磷酸钾溶液)为流动相，流速为1.0mL/min；柱温40℃；紫外检测器，检测波长250nm；内标溶液为N-丙酰基-ρ-氨基苯酚(取N-丙酰基-ρ-氨基苯酚20mg，溶于甲醇10mL中，吸取0.25mL，加乙醇100mL，即得)。

测定方法：取血清样品或标准溶液(10g/L对乙酰氨基酚甲醇液，再用不含药物的血浆稀释至一定浓度)0.5mL于15mL的具塞试管中，加固体氯化钠0.25~0.5g和内标液5mL，用手振摇50~100次进行提取，离心分层，将醚液转移入尖底的离心管中，室温下在空气流中蒸发除去乙醚，将残渣溶于50mL的甲醇，每次进样5μL，注入液相色谱仪，按内标法计算含量。

2. 气相色谱法

气相色谱法适用于具有挥发性和热稳定性或采取裂解、酯化、硅烷化等衍生化处理方法后具有挥发性的药物及代谢物的测定。该法具有分离和分析的双重功能，同时具有灵敏度高、专属性强、分析速度快等特点，适合组分比较复杂的生物样品中微量有机药物及代谢产物的分离测定。在最佳的测定条件下，可分离检测化学结构类似的药物及其代谢产物和血样中的内源性杂质。

3. 电泳法

《中国药典》(2015版)附录中电泳法收载了五种方法，其中的醋酸纤维素膜电泳法和琼脂糖凝胶电泳法适用于体内药物的分析。醋酸纤维素膜电泳法是以醋酸纤维素膜作为支持介质的电泳法，多用于血清蛋白、脂蛋白的分离和定量测定。琼脂糖凝胶电泳法是以琼脂糖凝胶作为支持介质的电泳法，多用于血清蛋白的分离和定量测定。

(四)免疫分析法

免疫分析法是利用半抗原药物与标记药物竞争抗体结合的原理来检测各种物质(药物、激素、蛋白质、微生物等)的分析方法。根据标记物种类的不同，可分为放射免疫分析、酶免疫分析、化学发光免疫分析、荧光免疫分析等，测定其放射性、酶反应后的紫外吸收和荧光强度。该法具有灵敏度高、选择性强、操作简便快速、样品用量少，且一般不需预处理即可直接测定等特点。

免疫分析法建立时，需针对每一种药物制备特异性的抗体和标记药物，在一般试验室中难于办到。目前通常采用试剂盒，因此，免疫分析法的适用在很大程度上受到试剂盒种类的限制。

免疫分析法的应用主要集中在以下几方面：

(1)在试验药物动力学和临床药物学中测定生物利用度和药物代谢动力学参数等生物药剂学中的重要数据，以便了解药物在体内的吸收、分解、代谢及排泄情况。

(2)在药物的临床检测中，对治疗指数小、超过安全剂量易发生严重不良反应、最佳治疗浓度和毒性反应浓度有交叉的药物进行血液浓度监测。

(3)在药物生产中从发酵液或细胞培养液中快速测定有效组分的含量，以实现对生产过程的在线监测。

(4)对药品中是否存在特定的微量有害杂质进行评价。

习　题　九

一、单项选择题

1. 唾液的 pH 值在(　　)。

A. 6.9 ±0.5　　B. 6.0 ±0.5　　C. 6.9 ±0.1　　D. 4.0 ±0.5

2. 进行体内药物分析血样采集时，一般取血量为(　　)。

A. 1mL　　B. 1 ~ 2mL　　C. 1 ~ 3mL　　D. 2mL

3. 体内药物分析中最繁琐，也是极其重要的一个环节是(　　)。

A. 样品的采集　　B. 样品的贮存　　C. 样品的制备　　D. 样品的分析

4. 溶剂提取药物及其代谢物时，碱性药物在(　　)。

A. 酸性 pH 中提取　　B. 近中性 pH 中提取

C. 弱碱性 pH 中提取　　D. 碱性 pH 中提取

5. 提取溶剂的一般选择原则是在满足提取需要的前提下(　　)。

A. 尽可能选用极性大的溶剂　　B. 选用极性适中的溶剂

C. 选用极性溶剂　　D. 尽可能选用极性小的溶剂

6. 溶剂提取时，水相的最佳 pH 选择从理论上讲对于碱性药物的最佳 pH 应是(　　)。

A. 高于药物的 pK_a 值 1 ~2 个单位　　B. 低于药物的 pK_a 值 1 ~2 个单位

C. 等于药物的 pK_a　　D. 与药物的 pK_a 无关

7. 在治疗药物监测中，应用最为广泛的一种分析方法是(　　)。

A. 放射免疫法(RIA)　　B. 酶免疫法(EIA)

C. 荧光免疫法(FIA)　　D. 游离基免疫法(FRAT)

8. 对高效液相色谱法描述错误的是(　　)。

A. 快速、灵敏度高、分析效能好

B. 对多组分药物及其代谢物可同时分别定量

C. 对高沸点及对热不稳定的化合物均可分离

D. 结果重现性不好

二、多项选择题

1. 蛋白质的去除常采用的方法有(　　)。

A. 加入沉淀剂和变性试剂　　B. 加入可与水混溶的有机溶剂

C. 酶消化法　　D. 加入水

E. 增加样品的取量

2. 体内药物分析的发展趋势是(　　)。

A. 仪器化　　B. 自动化　　C. 微机化　　D. 网络化　　E. 优先化

三、简答题

1. 体内药物分析的对象是什么？

2. 体内药物分析样品的种类有哪些？其中最常用的有哪些样品？

3. 溶剂提取时溶剂的 pH 调节的一般规则是什么？

4. 在样品制备过程中，常见的影响待测药物损失的因素有哪些？

5. 常用的体内药物分析的方法有哪些？

《中国药典》(2015版)凡例

总　　则

一、《中华人民共和国药典》简称《中国药典》，依据《中华人民共和国药品管理法》组织制定和颁布实施。《中国药典》一经颁布实施，其同品种的上版标准或其原国家标准即同时停止使用。

《中国药典》由一部、二部、三部、四部及其增补本组成。一部收载中药，二部收载化学药品，三部收载生物制品，四部收载通则和药用辅料。

二、国家药品标准由凡例与正文及其引用的通则共同构成。药典收载的凡例与通则对未载入本版药典但经国务院药品监督管理部门颁布的其他中药标准具同等效力。

三、凡例是正确使用《中国药典》进行药品质量检定的基本原则，是对《中国药典》正文、通则及与质量检定有关的共性问题的统一规定。

四、正文中引用的药品系指本版药典收载的品种，其质量应符合相应的规定。

五、正文所设各项规定是针对符合《药品生产质量管理规范》的产品而言。任何违反《药品生产质量管理规范》或有未经批准添加物质所生产的药品，即使符合《中国药典》或按照《中国药典》没有检出其添加物质或相关杂质，亦不能认为其符合规定。

六、《中国药典》的英文简称为 Chinese Pharmacopoeia，英文缩写为 ChP。

七、《中国药典》各品种项下收载的内容统称为标准正文，正文系根据药物自身的理化与生物学特性，按照批准的来源、处方、制法和贮藏、运输等条件所制定的、用以检测药品质量是否达到用药要求并衡量其质量是否稳定均一的技术规定。

正　　文

八、《中国药典》各品种项下收载的内容统称为标准正文，正文系根据药物自身的理化与生物学特性，按照批准的来源、处方、制法和贮藏、运输等条件所制定的、用以检测药品质量是否达到用药要求并衡量其质量是否稳定均一的技术规定。

九、药用辅料标准正文内容一般包括：(1)品名(包括中文名、汉语拼音与英文名)；(2)有机物的结构式；(3)分子式、分子量；(4)来源；(5)制法；(6)性状；(7)鉴别；(8)理化检查；(9)含量测定；(10)类别；(11)贮藏；(12)标示等。

通　　则

十、通则主要收载制剂通则、通用检测方法和指导原则。制剂通则系按照药物剂型分类，针对剂型特点所规定的基本技术要求；通用检测方法系各正文品种进行相同检查项目的检测时所应采用的统一的设备、程序、方法及限度等；指导原则系为执行药典、考察药品质量、起草与复核药品标准等所制定的指导性规定。

名称及编排

十一、正文收载的药品中文名称通常按照《中国药品通用名称》收载的名称及其命名原则命名，《中国药典》收载的药品中文名称均为法定名称；本版药典收载的原料药英文名除另有规定外，均采用国际非专利药名(INN)。

有机药物的化学名称系根据中国化学会编撰的《有机化学命名原则》命名，母体的选定与国际纯粹与应用化学联合会(IUPAC)的命名系统一致。

十二、药品化学结构式按照世界卫生组织(World Health Organization，WHO)推荐的“药品化学结构式书写指南”书写。

十三、正文按药品中文名称笔画顺序排列，同笔画数的字按起笔笔形“一丨丿丶乛”的顺序排列；通则包括制剂通则、通用检测方法和指导原则，按分类编码；索引分按汉语拼音顺序排序的中文索引以及英文名和中文名对照的索引。

项目与要求

十四、制法项下主要记载药品的重要工艺要求和质量管理要求。

(1)所有药品的生产工艺应经验证，并经国务院药品监督管理部门批准，生产过程均应符合《药品生产质量管理规范》的要求。

(2)来源于动物组织提取的药品，其所用动物种属要明确，所用脏器均应来自经检疫的健康动物，涉及牛源的应取自无牛海绵状脑病地区的健康牛群；来源于人尿提取的药品，均应取自健康人群。上述药品均应有明确的病毒灭活工艺要求以及质量管理要求。

(3)直接用于生产的菌种、毒种、来自人和动物的细胞、DN重组工程菌及工程细胞，来源途径应经国务院药品监督管理部门批准并应符合国家有关的管理规范。

十五、【性状】项下记载药品的外观、质地、断面、臭、味、溶解度以及物理常数等，在一定程度上反映药品的质量特性。

(1)外观是对药品的色泽外表感官的描述。

(2)溶解度是药品的一种物理性质。各品种项下选用的部分溶剂及其在该溶剂中的溶解性能，可供精制或制备溶液时参考。药品的近似溶解度以下列名词术语表示：

极易溶解：系指溶质1g(mL)能在溶剂不到1mL中溶解；

易溶：系指溶质1g(mL)能在溶剂1～不到10mL中溶解；

溶解：系指溶质1g(mL)能在溶剂10～不到30mL中溶解；

略溶：系指溶质1g(mL)能在溶剂30～不到100mL中溶解；

微溶：系指溶质1g(mL)能在溶剂100～不到1000mL中溶解；

极微溶解：系指溶质1g(mL)能在溶剂1000～不到10000mL中溶解；

几乎不溶或不溶：系指溶质1g(mL)在溶剂10000mL中不能完全溶解。

试验法：除另有规定外，称取研成细粉的供试品或量取液体供试品，置于25℃±2℃一定容量的溶剂中，每隔5min强力振摇30s；观察30min内的溶解情况，如无目视可见的溶质颗粒或液滴时，即视为完全溶解。

(3)物理常数包括相对密度、馏程、熔点、凝点、比旋度、折光率、黏度、吸收系数、碘值、皂化值和酸值等；其测定结果不仅对药品具有鉴别意义，也可反映药品的纯度，是评价药品质量的主要指标之一。

十六、鉴别项下规定的试验方法，系根据反映该药品某些物理、化学或生物学等特性所进行的药物鉴别试验，不完全代表对该药品化学结构的确证。

十七、检查项下包括反映药品的安全性与有效性的试验方法和限度、均一性与纯度等制备工艺要求等内容；规定中的各种杂质检查项目，系指该药品在按既定工艺进行生产和正常贮藏过程中可能含有或产生并需要控制的杂质(如残留溶剂、有关物质等)；改变生产工艺时需另考虑增修订有关项目。

对于生产过程中引入的有机溶剂，应在后续的生产环节予以有效去除。除正文已明确列有“残留溶剂”检查的品种必须对生产过程中引入的有机溶剂依法进行该项检查外，其他未在“残留溶剂”项下明确列出的有机溶剂或未在正文中列有此项检查的各品种，如生产过程中引入或产品中残留有机溶剂，均应按通则“残留溶剂测定法”检查并应符合相应溶剂的限度规定。

供直接分装成注射用无菌粉末的原料药，应按照注射剂项下相应的要求进行检查，并应符合规定。各类制剂，除另有规定外，均应符合各制剂通则项下有关的各项规定。

十八、含量测定项下规定的试验方法，用于测定原料及制剂中有效成分的含量，一般可采用化学、仪器或生物测定方法。

十九、类别系按药品的主要作用与主要用途或学科的归属划分，不排除在临床实践的基础上作其他类别药物使用。

二十、制剂的规格，系指每一支、片或其他每一个单位制剂中含有主药的重量（或效价）或含量（%）或装量。注射液项下，如为"1mL：10mg"，系指1mL中含有主药10mg；对于列有处方或标有浓度的制剂，也可同时规定装量规格。

二十一、【贮藏】项下的规定，系对药品贮藏与保管的基本要求，除矿物药应置干燥洁净处不作具体规定外，一般以下列名词术语表示：

遮光：系指用不透光的容器包装，例如棕色容器或黑色包装材料包裹的无色透明、半透明容器；

避光：系指避免日光直射；

密闭：系指将容器密闭，以防止尘土及异物进入；

密封：系指将容器密封，以防止风化、吸潮、挥发或异物进入；

熔封或严封：系指将容器熔封或用适宜的材料严封，以防止空气与水分的侵入并防止污染；

阴凉处：系指不超过20℃；

凉暗处：系指避光并不超过20℃；

冷处：系指2～10℃；

常温：系指10～30℃。

除另有规定外，【贮藏】项未规定贮存温度的一般系指常温。

二十二、制剂中使用的原料药和药用辅料，均应符合本版药典的规定；本版药典未收载者，必须制定符合药用要求的标准，并需经国务院药品监督管理部门批准。

同一原料药用于不同制剂（特别是给药途径不同的制剂）时，需根据临床用药要求制定相应的质量控制项目。

制剂生产使用的药用辅料，应符合现行国务院药品监督管理部门关于药用辅料管理的有关规定，以及本版药典四部药用辅料（通则0251）的有关要求。

本版药典收载的药用辅料标准是对在品种【类别】项下规定相应用途辅料的基本要求。

制剂生产企业使用的药用辅料即使符合本版药典药用辅料标准，也应进行药用辅料标准的适用性验证。药用辅料标准适用性验证应充分考虑药用辅料的来源、工艺，以及制备制剂的特点、给药途径、使用人群以及使用剂量等相关因素的影响。

药用辅料生产用原料以及生产工艺应得到国家药品监督管理部门的认可，药用辅料生产全过程中不得加入任何未经许可的物质成分。

在采用本药典收载的药用辅料时，还应考虑制备制剂的给药途径、制剂用途、配方组成、使用剂量等其他因素对其安全性的影响。根据制剂的安全风险的程度，选择相应等级的药用辅料。特别是对注射剂、眼用制剂等高风险制剂，在适用性、安全性、稳定性等符合要求的前提下应尽可能选择供注射用级别的药用辅料。

采用本版药典收载的药用辅料对制剂的适用性及安全性等可能产生影响时，生产企业应根据制剂的特点，采用符合要求的药用辅料，并建立相应的药用辅料标准，经药品监管部门批准后执行。

检验方法和限度

二十三、采用本版药典收载的方法，应对方法的适用性进行确认。

二十四、本版药典正文收载的所有品种，均应按规定的方法进行检验。如采用其他方法，应将该方法与规定的方法做比较试验，根据试验结果掌握使用，但在仲裁时仍以本版药典规定的方法为准。

二十五、本版药典中规定的各种纯度和限度数值以及制剂的重(装)量差异，系包括上限和下限两个数值本身及中间数值。规定的这些数值不论是百分数还是绝对数字，其最后一位数字都是有效位。

试验结果在运算过程中，可比规定的有效数字多保留一位数，而后根据有效数字的修约规定进舍至规定有效位。计算所得的最后数值或测定读数值均可按修约规则进舍至规定的有效位，取此数值与标准中规定的限度数值比较，以判断是否符合规定的限度。

二十六、原料药的含量(%)，除另有注明者外，均按重量计。如规定上限为 100% 以上时，系指用本版药典规定的分析方法测定时可能达到的数值，它为药典规定的限度或允许偏差，并非真实含量；如未规定上限时，系指不超过 101.0%。

制剂的含量限度范围，是根据该药味含量的多少、测定方法、生产过程和贮存期间可能产生的偏差或变化而制定的，生产中应按处方量或成分标示量 100% 投料。如已知某一成分在生产或贮存期间含量会降低，生产时可适当增加投料量，以保证在有效期内含量能符合规定。

标准品与对照品

二十七、标准品与对照品系指用于鉴别、检查、含量测定的标准物质。标准品系指用于生物检定或效价测定的标准物质，其特性量值一般按效价单位计；对照品系指采用理化方法进行鉴别、检查或含量测定时所用的标准物质，其特性量值一般按纯度(%)计。

标准品与对照品的建立或变更批号，应与国际标准品或原批号标准品或对照品进行对比，并经过协作标定。然后按照国家药品标准物质相应的工作程序进行技术审定，确认其质量能够满足既定用途后方可使用。

标准品与对照品均应附有使用说明书，一般应标明批号、特性量值、用途、使用方法、贮藏条件和装量等。标准品与对照品均应按其标签或使用说明书所示的内容使用或贮藏。

计　量

二十八、试验用的计量仪器均应符合国务院质量技术监督部门的规定。

二十九、本版药典采用的计量单位。

(1)法定计量单位名称和符号如下：

长度：米(m)、分米(dm)、厘米(cm)、毫米(mm)、微米(μm)、纳米(nm)。

体积：升(L)、毫升(mL)、微升(μL)。

质(重)量：千克(kg)、克(g)、毫克(mg)、微克(μg)、纳克(ng)、皮克(pg)。

物质的量：摩尔(mol)、毫摩尔(mmol)。

压力：兆帕(MPa)、千帕(kPa)、帕(Pa)。

温度：摄氏度(℃)。

动力黏度：帕秒(Pa·s)、毫帕秒(mPa·s)。

运动黏度：平方米每秒(m^2/s)、平方毫米每秒(mm^2/s)。

波数：厘米的倒数(cm^{-1})。

密度：千克每立方米(kg/m^3)、克每立方厘米(g/cm^3)。

放射性活度：吉贝可(GBq)、兆贝可(MBq)、千贝可(kBq)、贝可(Bq)。

(2)本版药典使用的滴定液和试液的浓度，以mol/L(摩尔/升)表示者，其浓度要求需精密标定的滴定液用“XXX滴定液(YYYmol/L)”表示；作其他用途不需精密标定其浓度时用“YYYmol/LXXX溶液”表示，以示区别。

(3)温度描述，一般以下列名词术语表示：

水浴温度：除另有规定外，均指98～100℃；

热水：系指70～80℃；

微温或温水：系指40～50℃；

室温(常温)：系指10～30℃；

冷水：系指2～10℃；

冰浴：系指约0℃；

放冷：系指放冷至室温。

(4)符号“%”表示百分比，系指重量的比例；但溶液的百分比，除另有规定外，系指溶液100mL中含有溶质若干克；乙醇的百分比，系指在20℃时容量的比例。此外，根据需要可采用下列符号：

%(g/g)：表示溶液100g中含有溶质若干克；

%(mL/mL)：表示溶液100mL中含有溶质若干毫升；

%(mL/g)：表示溶液 100g 中含有溶质若干毫升；

%(g/mL)：表示溶液 100mL 中含有溶质若干克。

(5)缩写“ppm”表示百万分比，系指重量或体积的比例。

(6)缩写“ppb”表示十亿分比，系指重量或体积的比例。

(7)液体的滴，系指在 20℃时，以 1.0mL 水为 20 滴进行换算。

(8)溶液后标示的“(1→10)”等符号，系指固体溶质 1.0g 或液体溶质 1.0mL 加溶剂使成 10mL 的溶液；未指明用何种溶剂时，均系指水溶液；两种或两种以上液体的混合物，名称间用半字线隔开，其后括号内所示的“：”符号，系指各液体混合时的体积(重量)比例。

(9)本版药典所用药筛，选用国家标准的 R40/3 系列，分等如下：

筛号	筛孔内径(平均值)	目号
一号筛	2000μm ±70μm	10 目
二号筛	850μm ±29μm	24 目
三号筛	355μm ±13μm	50 目
四号筛	250μm ±9.9μm	65 目
五号筛	180μm ±7.6μm	80 目
六号筛	150μm ±6.6μm	100 目
七号筛	125μm ±5.8μm	120 目
八号筛	90μm ±4.6μm	150 目
九号筛	75μm ±4.1μm	200 目

粉末分等如下：

最粗粉：指能全部通过一号筛，但混有能通过三号筛不超过 20% 的粉末；

粗粉：指能全部通过二号筛，但混有能通过四号筛不超过 40% 的粉末；

中粉：指能全部通过四号筛，但混有能通过五号筛不超过 60% 的粉末；

细粉：指能全部通过五号筛，并含能通过六号筛不少于 95% 的粉末；

最细粉；指能全部通过六号筛，并含能通过七号筛不少于 95% 的粉末；

极细粉：指能全部通过八号筛，并含能通过九号筛不少于 95% 的粉末。

(10)乙醇未指明浓度时，均系指 95%(mL/mL)的乙醇。

三十、计算分子量以及换算因子等使用的原子量均按最新国际原子量表推荐的原子量。

精确度

三十一、本版药典规定取样量的准确度和试验精密度。

(1)试验中供试品与试药等“称重”或“量取”的量，均以阿拉伯数码表示，其精确度可根据数值的有效数位来确定。如称取“0.1g”系指称取重量可为 0.06～0.14g；称取“2g”系指称取重量可为1.5～2.5g；称取“2.0g”系指称取重量可为1.95～2.05g；称取“2.00g”，系指称取重量可为1.995～2.005g。

“精密称定”系指称取重量应准确至所取重量的千分之一；“称定”系指称取重量应准确至所取重量的百分之一；“精密量取”系指量取体积的准确度应符合国家标准中对该体积移液管的精密度要求；“量取”系指可用量筒或按照量取体积的有效数位选用量具。取用量为“约”若干时，系指取用量不得超过规定量的±10%。

(2)恒重，除另有规定外，系指供试品连续两次干燥或炽灼后称重的差异在0.3mg以下的重量；干燥至恒重的第二次及以后各次称重均应在规定条件下继续干燥1h后进行；炽灼至恒重的第二次称重应在继续炽灼30min后进行。

(3)试验中规定“按干燥品(或无水物，或无溶剂)计算”时，除另有规定外，应取未经干燥(或未去水，或未去溶剂)的供试品进行试验，并将计算中的取用量按【检查】项下测得的干燥失重(或水分，或溶剂)扣除。

(4)试验中的“空白试验”，系指在不加供试品或以等量溶剂替代供试液的情况下，按同法操作所得的结果；【含量测定】中的“并将滴定的结果用空白试验校正”，系指按供试品所耗滴定液的量(mL)与空白试验中所耗滴定液的量(mL)之差进行计算。

(5)试验时的温度，未注明者，系指在室温下进行；温度高低对试验结果有显著影响者，除另有规定外，应以25℃±2℃为准。

试药、试液、指示剂

三十二、试验用的试药，除另有规定外，均应根据通则试药项下的规定，选用不同等级并符合国家标准或国务院有关行政主管部门规定的试剂标准。试液、缓冲液、指示剂与指示液、滴定液等，均应符合通则的规定或按照通则的规定制备。

三十三、试验用水，除另有规定外，均系指纯化水。酸碱度检查所用的水，均系指新沸并放冷至室温的水。

三十四、酸碱性试验时，如未指明用何种指示剂，均系指石蕊试纸。

动物试验

三十五、动物试验所使用的动物应为健康动物，其管理应按国务院有关行政主管部门颁布的规定执行。动物品系、年龄、性别、体重等应符合药品检定要求。

随着药品纯度的提高，凡是有准确的化学和物理方法或细胞学方法能取代动物试验进行药品质量检测的，应尽量采用，以减少动物试验。

说明书、包装、标签

三十六、药品说明书应符合《中华人民共和国药品管理法》及国务院药品监督管理部门对说明书的规定。

三十七、直接接触药品的包装材料和容器应符合国务院药品监督管理部门的有关规定，均应无毒、洁净，与内容药品应不发生化学反应，并不得影响内容药品的质量。

三十八、药品标签应符合《中华人民共和国药品管理法》及国务院药品监督管理部门对包装标签的规定，不同包装标签其内容应根据上述规定印制，并应尽可能多地包含药品信息。

三十九、麻醉药品、精神药品、医疗用毒性药品、放射性药品、外用药品和非处方药品的说明书和包装标签，必须印有规定的标识。

习题答案

习题一

一、填空题

1. 凡例、正文、通则

2. 千分之一，百分之一，±10%

3. 3

4. 1.5%

二、单项选择题

1～8　D　C　C　B　B　D　D　A

9～15　C　C　E　D　A　C　A

三、多项选择题

1～7　ABCD　ABCDE　ABCDE　ABCD　ABC　ABC　BCD

四、配伍选择题

1～10　E　B　A　D　C　D　A　C　E　D

五、问答题

略。

习题二

一、填空题

1. 不对称的手性碳原子

2. 3

3. 25℃；5；30；30

二、单项选择题

1～6　B　E　C　B　A　B

7～18　B　A　B　B　D　D　A　B　B　B

三、多项选择题

1～5　ABCDE　ABDE　ABCDE　AB　CDE

四、配伍题

1 ~ 3　E　C　D

五、名词解释

略。

习题三

一、填空题

1. 生产　贮藏
2. 新生态氢　砷化氢　砷斑
3. 硝酸酸性　硝酸银　氯化银　氯化钠
4. 铅　弱酸性(pH = 3.5 醋酸盐缓冲液)　硫代乙酰胺试液

二、单项选择题

1 ~ 15　D B B D B　A A C C B　B A C D C

16 ~ 25　D B C D B　B A B C E

三、不定项选择题

1 ~ 6　ACE　BC　CDE　ACE　D　AB

四、名词解释

略。

五、配伍题

1 ~ 9　C　B　A　D　B　A　C　A　D

六、计算题

1. 解：$L = CV/S \quad V = LS/C = 5 \times 10^{-6} \times 4/10 \times 10^{-6}$ (mL)
2. 解：$S = CV/L = 2 \times 1 \times 10^{-6}/0.00001\% = 2$ (g)
3. 解：$S = CV/L = 2 \times 1 \times 10^{-6}/10^{-6} = 2.0$ (g)

七、简答题

略。

习题四

一、填空题

1. 酸碱滴定法、非水溶液滴定法、氧化还原滴定法
2. 十八烷基硅烷键合硅胶
3. 2 ~ 8

4. 5%

5. 好

6. >1.5

二、单项选择题

1~11 D C A D B C AC C A A B

12~21 B C D E A D A B D A

三、多项选择题

1~7 ABCDE ABCE ABCE ABC ABCDE BC ABC

四、配伍题

1~10 C B A E D A D E C B

习题五

一、单项选择题

1~10 B D B D A C C BE A C

11~21 B A C B B B C A B A B

二、多项选择题

1~6 BCDE BCD ABCD ABCDE ABCD AC

7~12 ACE ABCDE CD ABCE CDE ABCD

三、配伍题

1~10 B A C E D A C B D E

四、名字解释

略。

习题六

一、单项选择题

1~10 A B A B B A D D C C

11~17 C A A C A C A

二、多项选择题

1~7 ABCD BCD ABDE ABC ABCDE ABC BDE

8~11 ABCD BD AB AC

三、简答题

略。

习题七

一、单项选择题

1～15 C D D A C C B D B A C D E D B

16～30 B B D C E D E A C A C C C D A

二、多项选择题

1～10 CDE BD BDE BCD ABD ABCD ABCDE ABE ABC ABCD

11～20 ABCDE ABE ACD ABDE ABC ACD BCDE ACE ACDE ABCD

21～25 ABD AE AE AC CDE

三、配伍题

1～15 E AE D A B E C D B E D C A B

16～26 B A B A C B B D C C E

四、简答题

略。

习题八

一、单项选择题

1～5 D D C A C

二、多项选择题

1～5 ABCDE ABCD ABD ABCDE BCD

三、简答题

略。

习题九

一、单项选择题

1～8 A C C D D A C B

二、多项选择题

1～2 ABC AB

三、简答题

略。

参考文献

[1]国家药典委员会．中华人民共和国药典 2015 年版(二部)[M]. 北京：中国医药科技出版社，2015.

[2]国家药典委员会．中华人民共和国药典 2015 年版(四部)[M]. 北京：中国医药科技出版社，2015.

[3]国家药典委员会．药品红外光谱集 第五卷(2015)[M]. 北京：中国医药科技出版社，2015.

[4]曾苏．药物分析学[M]. 北京：高等教育出版社，2014.

[5]齐永秀．药物分析[M]. 北京：中国医药科技出版社，2012.

[6]彭红，文红梅．药物分析[M]. 北京：中国医药科技出版社，2015.

[7]赵春杰．药物分析[M]. 北京：清华大学出版社，2012.

[8]孙立新．药物分析[M]. 北京：人民卫生出版社，2014.

[9]冯芳．药物分析[M]. 南京：东南大学出版社，2011.

[10]张振秋，马宁．药物分析[M]. 中国医药科技出版社，2016.